1200

HISTORIA Y CRÍTICA
DE LA
LITERATURA ESPAÑOLA

II
SIGLOS DE ORO: RENACIMIENTO

PÁGINAS
DE
FILOLOGÍA
Director: FRANCISCO RICO

FRANCISCO RICO
HISTORIA Y CRÍTICA DE LA LITERATURA ESPAÑOLA

HISTORIA Y CRÍTICA DE LA LITERATURA ESPAÑOLA

AL CUIDADO DE
FRANCISCO RICO

II

FRANCISCO LÓPEZ ESTRADA

SIGLOS DE ORO: RENACIMIENTO

EDITORIAL CRÍTICA
Grupo editorial Grijalbo
BARCELONA

Coordinación
de
MODESTA LOZANO

Traducciones
de
CARLOS PUJOL

Diseño de la cubierta:
ENRIC SATUÉ
© 1980 de la presente edición para España y América:
Editorial Crítica, S. A., Pedró de la Creu, 58, Barcelona-34
ISBN: 84-7423-139-6
Depósito legal: B. 34.419 - 1980
Impreso en España
1980. — Alfonso impresores, Recaredo, 4, Barcelona-5

EL PRESENTE VOLUMEN
SE PUBLICA EN MEMORIA DE
MARCEL BATAILLON, AMÉRICO CASTRO,
LUIS CERNUDA, VICENTE GAOS, JOSEPH E. GILLET,
OTIS H. GREEN, JOSÉ F. MONTESINOS, ENRIQUE MORENO BÁEZ,
ANTONIO RODRÍGUEZ-MOÑINO Y LEO SPITZER

HISTORIA Y CRÍTICA DE LA LITERATURA ESPAÑOLA

INTRODUCCIÓN

I

Historia y crítica de la literatura española quisiera ser varios libros, pero sobre todo uno: una historia nueva de la literatura española, no compuesta de resúmenes, catálogos y ristras de datos, sino formada por las mejores páginas que la investigación y la crítica más sagaces, desde las perspectivas más originales y reveladoras, han dedicado a los aspectos fundamentales de cerca de mil años de expresión artística en castellano. Nuestro ideal, pues, sería dar una selección de ensayos, artículos, fragmentos de libros..., que proporcionara una imagen cabal y rigurosamente al día de las cimas y los grandes momentos en la historia de la literatura española, en un conjunto bien conexo (dentro de la pluralidad de enfoques), apto igual para una ágil lectura seguida que para la consulta sobre un determinado particular. Ese objetivo es aún inalcanzable, por obvias limitaciones de hecho y por la inexistencia en bastantes dominios de los materiales adecuados para tal construcción. Pero no renunciamos a irnos acercando a la meta: *Historia y crítica de la literatura española* sale con el compromiso explícito de remozarse cada pocos años, bien por suplementos sueltos, bien en ediciones enteramente rehechas.

Por ahora, en cualquier caso, la presente obra (*HCLE*), capítulo a capítulo, es un intento de ensamblar en la dirección dicha dos tipos de elementos:

1. Una selección de textos ordenados cronológica y temáticamente para dibujar la trayectoria histórica de la literatura española, en una visión centrada en los grandes géneros, autores y libros, en las épocas y cuestiones principales, según las conclusiones

de la crítica de mayor solvencia. Esos textos, además de organizarse en semejante secuencia histórica, constituyen de por sí una antología de los estudios más valiosos en torno a la literatura española realizados en los últimos años.

2. Cada uno de los capítulos en que se han distribuido tales textos se abre con una introducción y un estricto registro de bibliografía. La introducción pasa revista —más o menos detenida— a los escritores, obras o temas considerados; y, ya simultáneamente, ya a continuación (véase abajo, III, 4), ofrece un panorama del estado actual de los trabajos sobre el asunto en cuestión, señalando los problemas más debatidos y las respuestas que proponen los diversos estudiosos y escuelas, las aportaciones más destacadas, las tendencias y criterios en auge... Como norma general, la bibliografía —nunca exhaustiva, antes cuidadosamente elegida— no pretende tener entidad propia, sino que ha de manejarse con la guía de la introducción, que la clasifica, criba y evalúa.

II

La razón de ser de *HCLE* no radica tanto en ninguna teoría como en el público a quien se dirige. Antes de añadir otras precisiones, permítaseme, pues, indicar los servicios que en mi opinión es capaz de prestar a lectores de preparación e intereses distintos; y perdóneseme si al hacerlo me paso de entusiasta (e ingenuo): no tengo reparo en declarar que en el curso del quehacer me ha ido ganando la convicción de que, si algo vale la buena literatura, individual y socialmente, algo de valor en tales sentidos podía significar nuestra obra.

Pensemos, para empezar al hilo del *curriculum*, en el sufrido estudiante de Letras (y aún del actual Curso de Orientación Universitaria: pero mejor no detenerse en cosa tan esquiva y tornadiza). En los primeros años de facultad, junto a varias asignaturas más, va a seguir dos o tres cursos de literatura española, correspondientes a otros tantos períodos. A un alumno en sus circunstancias, es difícil (o inútil) pedirle que, sobre familiarizarse con un número no chico de textos primarios, se inicie en el empleo de la bibliografía básica; y es cruel y dañino confinarlo a un manual para los datos y las imprescindibles referencias a la erudición y la crítica (que tampoco pueden agobiar la clase). Ahora bien: equidistante del manual y de la bibliografía básica, copiosa en secciones destinadas a abordar directamente los textos primarios, *HCLE* se deja usar con ventaja, de modo gradual y discriminado, para satisfacer las exigencias de esa etapa universitaria.

Tomemos a nuestro estudiante un par de años después. Entonces, verosímilmente, ya no tendrá que matricularse en un curso tan amplio como 'Literatura española del Siglo de Oro' —digamos—, sino en otros de objeto más reducido y atención más intensa: 'La épica medieval', verbigracia, 'Garcilaso', 'El teatro neoclásico' o el inevitable (en buena hora) 'Galdós'. En tal caso, los respectivos capítulos de *HCLE* —con un nuevo equilibrio entre la selección de textos y la *mise au point* que la precede— le permitirán entrar decidida y fácilmente en la materia monográfica que le atañe; y el resto del volumen le brindará unas coordenadas o un contexto que, si no, quizá debería ganarse con más esfuerzo del requerido.

Sigamos. Dejemos volar la loca fantasía e imaginemos que el estudiante de antaño, ya licenciado, ha descubierto ¡y obtenido! un puesto de trabajo como profesor de lengua y literatura en la enseñanza media o en un estadio docente similar. (En España, quién sabe si ello todavía habrá ocurrido tras unas oposiciones a la manera tradicional: el pudor, sin embargo, me veda insinuar la utilidad de *HCLE* para el casticísimo opositor.) Probablemente le cumplirá ahora desempeñar su tarea en condiciones no óptimas: sin tanto sosiego para preparar las clases como todos quisiéramos, tal vez lejos de una biblioteca no ya buena sino mediana, dudando con frecuencia por dónde abordar una explicación o una lectura en la forma apropiada para bachilleres en cierne... Pienso, por supuesto, en el profesor novel, a quien *HCLE* se propone ofrecer una variada gama de incitaciones y subsidios para enseñar literatura por caminos más atractivos y pertinentes que los muchas veces trillados. Pero no olvido tampoco al profesor veterano, cuya experiencia se matizará refrescando ciertos temas o explotando nuevas directrices; y que, responsable de un pequeño seminario, con una asignación de fondos siempre demasiado corta, se verá obligado a calcular despacio la 'política de compras' o —en plata— en qué libros y revistas se gasta el dinero de que dispone.

O supongamos que el licenciado de nuestra fábula ha querido y podido preparar una tesis doctoral, investigar, consagrarse a la docencia universitaria. También él hallará de qué beneficiarse en *HCLE*. Es evidente que al especialista en un dominio nunca le sobrará enterarse de la situación en otros terrenos, más o menos próximos, pero al fin en continuidad (la *literatura* y hasta la *literaturnost* son en medida decisiva 'historia de la literatura'). No es solo eso, con todo: las introducciones a cada capítulo se deben a estudiosos de probada competencia, cuyos juicios tienen valor específico y que entre los comentarios a la bibliografía ajena deslizan multitud de pistas y aportaciones propias, cuando no incorporan, en síntesis, los resultados de investigaciones inéditas. Hay aquí numerosos materiales que ni el erudito harto avezado puede descuidar tranquilamente.

No obstante, me atrevo a suponer que para el especialista *HCLE* será esencialmente una no desdeñable invitación a reflexionar sobre *the state of the art*, sobre la situación de las disciplinas que cultiva y que aquí se le aparecerán compendiosamente con sus logros y sus lagunas, con sus protagonistas individuales y colectivos, en un cuadro que a muchos propósitos no encontrará en otro lugar. En tal sentido, no sólo los balances contenidos en las introducciones, sino la misma antología de la crítica (o de los críticos) que es la selección de textos, esperan valer tanto por las cotas que muestran conquistadas cuanto por los horizontes que estimulan a alcanzar.

No descuido, por otra parte, la posibilidad (confesadamente optimista) de que *HCLE* llegue a lectores que estén fuera del *curriculum* que acabo de esbozar, pero que, presumiblemente con formación universitaria, compartan con quienes están dentro el interés por la literatura. Tras disfrutar con el *Cantar del Cid* o *La Regenta*, tras asistir a una representación de *El caballero de Olmedo* o *La comedia nueva*, es normal que una persona con gustos literarios se quede con ganas de saber más sobre la obra y contrastar su opinión con el dictamen de los expertos. Difícilmente le bastará entonces la información accesible en el manual o en la enciclopedia familiar: en cambio, entre los textos seleccionados en *HCLE* es probable que halle exactamente el tipo de alimento intelectual que le apetece.

A ese vario público busca *HCLE*. Casi como Juan Ruiz, y desde luego con «buen amor», a cada cual, «en la carrera que andudiere, querría este nuestro libro bien dezir: *Intellectum tibi dabo*».

III

Con parejos destinatarios en mente, sospecho que se comprenderán mejor los criterios que han presidido nuestro quehacer.

1. El núcleo de *HCLE* son las obras, autores, movimientos, tradiciones... verdaderamente de primera magnitud y mayor vigencia para el lector de hoy. En especial en el marco de las introducciones, no faltan, desde luego, referencias a escritores, libros o géneros relativamente menores; pero el énfasis se marca en los mayores, y a la línea que ellos trazan se fía la ambicionada organicidad del conjunto. No es una visión de la historia de la literatura sometida a la pura moda del día ni reducida a un desfile de 'héroes': es que sólo así los materiales críticos y eruditos disponibles se podían enhebrar en una serie trabada, dentro de la pluralidad de perspectivas inherente a la empresa. Ejercicio no siempre sencillo ha sido compaginar la importancia real de obras y autores con el volumen y altura de la bibliografía existente al respecto. Vale decir: no por haberse trabajado más sobre una figura de segunda fila había que otorgarle más espacio que a otra de superior categoría y, sin embargo, menos estudiada; pero sí era necesario dejar constancia, en las introducciones, de las anomalías por el estilo y procurar salvarlas con un cuidado particular en la selección de textos.

2. La materia se distribuye en volúmenes (y capítulos) *no* rotulados de acuerdo con un concepto único y sistemático de periodización. Epígrafes como *Siglos de Oro: barroco, Modernismo y 98* o *Época contemporánea: 1914-1939* ni son demasiado satisfactorios ni responden a iguales principios demarcadores; pero pocos sentirán ante ellos las dudas que tal vez les provocarían etiquetas del tipo de * *La edad conflictiva*, * *La crisis de fin de siglo* o * *Del novecentismo a las vanguardias*, y a bastantes quizá se les antojarán una pizca más locuaces que una mera indicación cronológica (que tampoco permite excesivas precisiones). Los problemas de 'períodos', 'edades', etc., se asedian en detalle en cada tomo que así lo exige: para los títulos me he contentado con identificar *grosso modo* el ámbito de que se trata.

3. Más comprometido era resolver en qué volumen insertar a ciertos autores o cómo reflejar la multiplicidad de sus obras. ¿Cervantes o el *Guzmán de Alfarache* entraban mejor en el tomo II o

en el III? ¿Convenía despiezar a Lope y Quevedo por géneros o reservar capítulos singulares al conjunto de su producción? Los dilemas de esa índole han sido numerosos, y el criterio predominante ha consistido, por un lado, en conceder capítulo exclusivo a las *opera omnia* de cada escritor de talla excepcional —aun si pertenecen a especies diferentes—, y, por otra parte, con más incertidumbre, situarlo en el volumen correspondiente a los años decisivos de su experiencia literaria y vital, a la etapa de sus libros más característicos o al momento en que se definen las líneas de fuerza del movimiento al que se asocia. Así, pongamos, Cervantes me parece que se encuadra con mayor nitidez en la época de su formación que de sus publicaciones («frutos tardíos», sí), mientras el *Guzmán de Alfarache* se aprecia más claramente puesto al lado de la picaresca y de la narrativa toda del Seiscientos, ininteligible sin él (por más que *Ozmín y Daraja* forme prieto bloque con el *Abencerraje*); Guillén o Aleixandre seguramente han escrito más versos, y más excelsos, después que antes de 1936, pero sería un despropósito perturbador dedicarles sección en tomos distintos del que acoge a Salinas y Lorca. Etc., etc. No ha habido inconveniente, sin embargo, en hacer excepciones y, por ejemplo, encabalgar a un mismo autor entre dos capítulos o, más raramente, volúmenes. Los índices de cada entrega y, especialmente, el tomo complementario (véase abajo, 9) paliarán esas perplejidades inevitables: pues, en resumidas cuentas, ni siquiera con el recurso a técnicas cortazarianas (*Rayuela*, 34) puede el lenguaje, lineal, captar la simultaneidad compleja de la historia.

4. Como se ha dicho, la introducción a cada capítulo intenta pasar revista a los escritores, obras o temas en cuestión, y compaginar ese repaso con un panorama del estado actual de los estudios sobre el asunto considerado. La combinación de ambos factores —historia e historiografía— se mueve entre dos extremos posibles. En unos casos, se echa mano de la simple yuxtaposición: en primer término, se bosquejan rápidamente los hechos históricos que interesan; después, se presentan y se enjuician las conclusiones de la historiografía y la crítica pertinentes. En otros casos, tales elementos se ofrecen más íntimamente unidos, de suerte que la exposición de los hechos se apoye paso a paso en el comentario de la bibliografía, y viceversa. Los autores de las introducciones respectivas han procedido aquí con plena libertad, pero, no obstante, tampoco ahora ha faltado una orientación general. En principio, pues, cuando

una materia se presumía más ardua y lejana al lector (según ocurre con todo el volumen sobre la Edad Media), se ha tendido a dar primero un apretado sumario histórico, inmediatamente después del cual el principiante —saltándose la *mise au point* bibliográfica— pudiera pasar a la selección de textos, y sólo en un tercer momento, de interesarle, consultar el panorama de la historiografía al respecto. En cambio, cuando el tema del capítulo se creía más llano, atractivo o conocido, corrientemente ha parecido preferible no establecer fronteras entre historia e historiografía (y la selección de textos, entonces, se muestra en mayor medida como una ilustración parcial de algunos puntos llamativos de entre los señalados en la introducción).

5. Los trabajos históricos y críticos examinados en las introducciones, registrados en las bibliografías y antologados en el cuerpo de cada capítulo no abarcan, desde luego, el curso entero, a través de los siglos, de los estudios en torno a la literatura española. Salvo en las necesarias referencias ocasionales, no se discutirán ni se incluirán aquí las opiniones de Herrera sobre Garcilaso, Luzán sobre Calderón, Clarín sobre Galdós..., ni siquiera de Menéndez Pelayo sobre casi todo. Para la mayoría de las cuestiones abordadas en los volúmenes I-V, hemos dado por supuesto que como medio siglo atrás existía una cierta versión *vulgata* de la historia literaria, y que en los tres, cuatro o cinco decenios pasados se ha producido un reajuste en nuestros conocimientos (y sentimientos) al propósito. Ese nuevo marco, dentro del cual se mueven la crítica y la investigación más responsables y prometedoras, es justamente el ámbito de la presente obra.

Unas veces, la raya divisoria entre lo actual y lo anticuado (o definitivamente caduco) la trazan los descubrimientos factuales, aun si no llegan a tener la extraordinaria importancia del hallazgo de las jarchas. Otras veces, el cambio brota de una distinta actitud estética, incluso cuando cristaliza de manera menos resonante que la exaltación de Góngora en 1927. Otras, todavía, es un libro magistral —por ejemplo, *Erasmo y España*— el que divide en dos épocas las exploraciones de un determinado dominio. Obviamente, no siempre cabe fijar límites precisos. Pero no por ello es menos cierto que en los últimos decenios —el arranque se sitúa habitualmente alrededor de las guerras *plus quam civilia*—, en debate con las viejas certezas, al arrimo de las vanguardias artísticas, en diálogo con los hechos recién averiguados y las ideas latentes, se han transformado los instrumentos de trabajo y los modos de comprensión en la historia y la crítica de la literatura española. Nuestra intención ha sido levantar acta de cómo se ha operado —cómo se está operando— esa transformación y recoger una parte de sus logros más firmes.

En los volúmenes que llegan hasta finales del siglo XIX, nos hemos concentrado, así, en ese período propiamente 'moderno' de los estudios literarios. Para los tomos siguientes, claro está que los términos no eran iguales. Ciertamente, la valoración de Valle-Inclán, Cernuda o Celaya ha conocido vuelcos considerables en pocos años, pero de una entidad diversa a los que se han experimentado en la apreciación de autores más remotos. En los volúmenes VI, VII y VIII, por ende, se ha procurado sobre todo documentar el desarrollo —o el nacimiento— de una crítica honda y significativa sobre los temas contemplados, y, en la selección de textos, se han primado las contribuciones en tal sentido, por encima de los abundantes testimonios demasiado anecdóticos o impresionistas.

6.   No me resisto a la tentación de ilustrar con alguna muestra dos tipos de problemas que hemos debido afrontar. Uno bien manifiesto planteaba la larga e ingente actividad de don Ramón Menéndez Pidal. No era el caso reproducir unas páginas del capital trabajo de 1898 en que don Ramón proponía dar el título de *Libro de buen amor* a la obra de Juan Ruiz y le negaba el carácter didáctico: esa propuesta y esa negativa pasaron pronto a la *vulgata* de las opiniones sobre el Arcipreste, la *vulgata* a cuya discusión o refutación atiende *HCLE*. Pero sí había de estar representada aquí la espléndida ancianidad de Menéndez Pidal, cuando el maestro repensaba su interpretación de los cantares de gesta a la luz de las novísimas inquisiciones sobre la epopeya oral yugoslava o cuando, al refundir un tratado de 1924, polemizaba con E. R. Curtius en torno al papel de clérigos y juglares en los orígenes de las literaturas románicas.

De una punta a otra de *HCLE*, a nadie se le ocultará que en buena parte del volumen VIII (*Época contemporánea: 1939-1980*) la dificultad mayor no estaba ya en calibrar y elegir la bibliografía, sino lisa y llanamente en localizarla. Los materiales más decisivos ahí a menudo andan dispersos en las entregas fugaces de los periódicos —que apenas dejan rastro en los repertorios—, en las revistas de la provincia, la clandestinidad y el exilio, y únicamente era hacedero dar fe de una parte de ellos, quizá no siempre con una perspactiva lo bastante completa.

7. En las introducciones, al esbozar el estado actual de los trabajos sobre cada asunto, se ha procurado mantener el número de referencias bibliográficas dentro de los límites estrictamente imprescindibles. Había que citar a los principales estudiosos y tendencias, realzar los libros y artículos de mayor utilidad —por sí mismos o por las indicaciones que brindan para profundizar en el tema—, insistir en lo positivo. Pero convenía reducirse a cuarenta, sesenta o, cuando mucho, un centenar de entradas bibliográficas (y ese extremo sólo se ha alcanzado excepcionalmente), que debieran ser suficientes para apuntar las grandes sendas en la selva feracísima en que se han convertido los estudios sobre la literatura española. Si de pecado se trata, en tales circunstancias, hemos preferido pecar por parcos.

8. Nuestro ideal —según declaraba arriba— sería que la selección de textos formara un todo bien conexo (dentro de la pluralidad de enfoques), apto igual para la lectura seguida que para la consulta de un determinado particular. Capítulo a capítulo, hubiéramos querido conjugar visiones de conjunto, análisis de piezas singulares y ejemplos de la erudición más perspicaz. No siempre era factible: no sólo por nuestras limitaciones, por las lagunas de la bibliografía o por otros impedimentos de diversa especie, sino también, a menudo, porque trabajos de gran valor no se prestaban a ser despojados del fragmento con la relativa coherencia (a nuestro objeto, naturalmente) que permitiera tenerlos representados en la antología. Adviértase que los textos seleccionados habían de versar sobre cuestiones sustanciales, allanar el camino a la lectura de las fuentes primarias, no ser de tono excesivamente especializado para el común de los lectores... Por eso, y no únicamente por una convicción compartida por todos los colaboradores —y que en cierto sentido es la 'novedad' esencial del período crítico aquí revisado—, la selección de textos tiende a resaltar las contribuciones más sensibles a los factores propiamente literarios y más diestras en relacionarlos con la entera trama de la historia. Pero, por supuesto, ha sido el estado actual de la bibliografía sobre el dominio quien ha moldeado cada capítulo, y ninguna orientación provechosa ha quedado deliberadamente al margen.

9. Las ocho entregas de *HCLE* tendrán por complemento un volumen que contendrá un diccionario de la literatura española, junto a otros materiales (tablas cronológicas, prontuario de bibliografía, etc.), coordinados todos con envíos al tomo y capítulo de la presente serie donde se traten más por extenso los asuntos ahí presentados desde un punto de vista escuetamente informativo y factual. Ese volumen en preparación espera tener validez autónoma, pero ha sido concebido contando con la existencia de *HCLE*.

En el aludido diccionario figurarán las oportunas noticias biobibliográficas sobre los principales estudiosos de la literatura española, y en particular, claro es, de todos aquellos de quienes se recogen textos en nuestra antología.

10. Empezaba por confesar (1) que *HCLE*, primera aproximación a una meta sin duda ambiciosa, nace con el compromiso explícito de remozarse cada pocos años, bien por suplementos sueltos. bien —apenas las circunstancias lo aconsejen y permitan— en ediciones íntegramente rehechas. Todos los colaboradores estimaremos de veras la ayuda que para tal fin se nos preste en forma de comentarios, referencias, publicaciones...

IV

Pocas veces me ha sido tan necesaria y gustosa una expresión de gratitudes. Gratitud, primero, a los autores de los textos seleccionados que han accedido a su reproducción en las condiciones que imponía el carácter de la empresa (y aquí me importa consignar el inolvidable estímulo que en su día me dispensó don Dámaso Alonso). Gratitud, luego, a los colaboradores de los ocho volúmenes, por la calidad de su esfuerzo y por la paciencia con que han sobrellevado el diálogo conmigo. Gratitud, en fin, a Editorial Crítica, que ha puesto el mayor entusiasmo en el proyecto y ha hecho acrobacias inverosímiles para conseguir que *HCLE* resultara todo lo accesible económicamente y cuidada tipográficamente que cabía en los tiempos que corren.

Francisco Rico

NOTAS PREVIAS

1. A lo largo de cada capítulo (y particularmente en la introducción, desde luego), cuando el nombre de un autor va asociado a un año entre paréntesis rectangulares, [ ], debe entenderse que se trata del envío a una ficha de la bibliografía correspondiente, donde el trabajo así aludido figura bajo el nombre en cuestión y en la entrada de la cual forma parte el año indicado.* En la bibliografía, las publicaciones de cada autor se relacionan cronológicamente; si hay varias que llevan el mismo año, se las identifica, en el resto del capítulo, añadiendo a la mención de año una letra (*a*, *b*, *c*...) que las dispone en el mismo orden adoptado en la bibliografía. Igual valor de remisión a la bibliografía tienen los paréntesis rectangulares cuando encierran referencias como *en prensa* o análogas. El contexto aclara suficientemente algunas minúsculas excepciones o contravenciones a tal sistema de citas. Las abreviaturas o claves empleadas ocasionalmente se resuelven siempre en la bibliografía.

2. En muchas ocasiones, el título de los textos seleccionados se debe al responsable del capítulo; el título primitivo, en su caso, se halla en

---

* Normalmente ese año es el de la primera edición o versión original (regularmente identificadas, en cualquier caso, en la bibliografía, cuando el dato tiene alguna relevancia); pero a veces convenía remitir más bien a la reimpresión dentro de unas obras completas, a una edición revisada o más accesible, a una traducción notable, etc., y así se ha hecho sin otra advertencia.

la ficha que, a pie de la página inicial, consigna la procedencia del fragmento elegido. Si lo registrado en esa ficha es un artículo (o el capítulo de un volumen, etc.), se señalan las páginas que en el original abarca todo él y a continuación, entre paréntesis, aquellas de donde se toman los pasajes reproducidos. En el presente tomo II, cuando no se menciona una traducción española ya publicada o no se especifica otra cosa, los textos originariamente en lengua extranjera han sido traducidos por Carlos Pujol.

3.   En los textos seleccionados, los puntos suspensivos entre paréntesis rectangulares, [...], denotan que se ha prescindido de una parte del original. Corrientemente no ha parecido necesario, sin embargo, marcar así la omisión de llamadas internas o referencias cruzadas («según hemos visto», «como indicaremos abajo», etc.) que no afecten estrictamente al fragmento reproducido.

4.   Entre paréntesis rectangulares van asimismo los cortos sumarios con que los responsables de *HCLE* han suplido a veces párrafos por lo demás omitidos. También de ese modo se indican pequeños complementos, explicaciones o cambios del editor (traducción de una cita o sustitución de esta por sólo aquella, glosa de una voz arcaica, aclaración sobre un personaje, etc.). Sin embargo, con frecuencia hemos creído que no hacía falta advertir el retoque, cuando consistía sencillamente en poner bien explícito un elemento indudable en el contexto primitivo (copiar entero un verso allí aducido parcialmente, completar un nombre o introducirlo para desplazar a un pronombre en función anafórica, etc.).

5.   Con escasas excepciones, la regla ha sido eliminar las notas de los originales (y también las referencias bibliográficas intercaladas en el cuerpo del trabajo). Las notas añadidas por los responsables de la antología —a menudo para incluir algún pasaje procedente de otro lugar del mismo texto seleccionado— se insertan entre paréntesis rectangulares.

VOLUMEN II

SIGLOS DE ORO: RENACIMIENTO

AL CUIDADO DE

FRANCISCO LÓPEZ ESTRADA

CON INTRODUCCIONES

DE

JUAN BAUTISTA AVALLE-ARCE, ALBERTO BLECUA,
ANTONIO CASTRO DÍAZ, CRISTÓBAL CUEVAS,
VÍCTOR INFANTES DE MIGUEL, BEGOÑA LÓPEZ BUENO,
PEDRO M. PIÑERO, ROGELIO REYES CANO,
MERCEDES DE LOS REYES PEÑA

1. TEMAS Y PROBLEMAS DEL RENACIMIENTO ESPAÑOL

FRANCISCO RICO

No parece que la palabra y el concepto de «Renacimiento» hayan tenido todavía mucha fortuna para designar un período bien caracterizado en la historia de la literatura española. Es cierto que de por sí el término y la noción han sido largamente controvertidos; [1] pero, en nuestro caso, por el escenario de la polémica se ha paseado además el fantasma secular del «problema de España»; y, una y otra vez, el deslinde del Renacimiento español se ha planteado como respuesta —positiva o negativa— a la vieja pregunta de Nicolas Masson de Morvilliers (1782): «Que doit-on à l'Espagne?».

La situación es ya diáfana a finales del siglo pasado. Por Renacimiento entendía Menéndez Pelayo, como «todo el mundo —confesaba en 1878—, la resurrección de las ideas y de las formas de la Antigüedad clásica... hasta en sus últimas concreciones de lengua y ritmo»; pero resurrección matizada, sin embargo, por las secuelas del «cristianismo, las invasiones germánicas y la Edad Media». El propio don Marcelino reconocía, para

---

1. El trabajo fundamental sobre la historia de esa controversia sigue siendo W. K. Ferguson [1948], que debe actualizarse, por ejemplo, con E. Panofsky [1960], T. Helton [1961], C. Angeleri [1964], C. Vasoli [1969], E. Garin [1975, 1981], M. Ciliberto [1975], D. Hay en *Problemi* [1979]. Desde 1965 la oceánica bibliografía sobre cuanto atañe al Renacimiento se halla cómodamente consignada y clasificada en la anual *Bibliographie internationale de l'Humanisme et de la Renaissance*, Librairie Droz, Ginebra, cuyo retraso en la publicación puede compensarse consultando el *Renaissance Quarterly*, de la Renaissance Society of America, y, más específicamente, para el terreno de la literatura española, el *Year's Work in Modern Language Studies*, de The Modern Humanities Research Association de Gran Bretaña, o las secciones bibliográficas de la *Nueva Revista de Filología Hispánica*, del Colegio de México, y de las *Publications of the Modern Languages Association of America*.

España, unos «albores del Renacimiento» en los días de Juan II y en la corte de Alfonso el Magnánimo; un «triunfo del Renacimiento» bajo los Reyes Católicos, y un «apogeo» renacentista en el siglo xvi, centuria que concebía —y así lo remachó en 1910— como «el centro de cualquier historia que con criterio español se escriba». No obstante, por más que sus obras completas giren efectivamente en torno a ese centro y se propongan dilucidarlo a multitud de propósitos, la etiqueta de «Renacimiento» se utiliza en ellas con curiosa parquedad.

Es que no era una etiqueta cómoda. En el romanticismo, la reivindicación de la Edad Media, la exaltación de la época «nacional» de Lope y Calderón, y la polémica contra el neoclasicismo dieciochesco habían despertado un «odio a la moderna filosofía, a las artes y a la literatura gentílicas del Renacimiento» (según atestigua don Juan Valera en 1862); y Menéndez Pelayo, sintiéndose latino «hasta la medula de los huesos», había de subrayar el amor del Renacimiento por las lenguas romances o los refranes, para defenderlo del patriotismo airado de los románticos conservadores. Por otro lado, el tradicionalista don Marcelino no podía ver con buenos ojos la interpretación liberal que hacía una virtud del supuesto anticristianismo y paganismo del Renacimiento, lo convertía en un «aliado de la Reforma», o lo daba por idéntico «de cœur avec l'âge moderne» (según proclamaba Jules Michelet); mas, al rechazar tal interpretación «por lo que toca a España», él mismo mostraba aceptarla en parte para el resto de Europa. Se comprende que fuera cauto en emplear una etiqueta connotada negativamente para unos, positivamente para otros, y en ambos casos por razones que no dejarían de proyectar una sombra de perplejidad sobre las convicciones estéticas y doctrinales del gran santanderino.

Fue justamente en tiempos de Menéndez Pelayo cuando la noción del Renacimiento como período de la historia occidental entró para siempre en el repertorio de conocimientos de toda persona de mediana formación. Entró con los trazos diseñados por Jacob Burckhardt en un libro inolvidable: *La cultura del Renacimiento en Italia* (*Die Kultur der Renaissance in Italien*, Basilea, 1860). Con elementos de dispar procedencia y copiosas intuiciones suyas, inspirado por un determinismo hegeliano y servido por una pluma de enorme atractivo, Burckhardt pintó un cuadro de la Italia renacentista que presentaba todos los varios factores de su cultura como expresión de una y la misma forma del espíritu, de un *Zeitgeist* omnipresente (E. H. Gombrich [1977]). La síntesis burckhardtiana (que puede ser instructivo comparar con otras recientes, como A. Chastel-R. Klein [1963] o P. Burke [1974]) se vertebra sobre media docena de fórmulas sugerentes: «el Estado, obra de arte» (del Príncipe) (i), «desarrollo del individuo» (ii), «resurgir de la Antigüedad» (iii), «descubrimiento del mundo y del hombre» (iv), «la vida social y las fiestas» en un marco urbano de nobles y burgueses mezclados gracias al dinero y la cultura (v), grave «crisis» de fe y moral (vi). De ahí salen los rasgos —irremediablemente lábiles— que desde entonces han brindado el estereotipo más común para concebir al «hombre del Renacimiento» en Italia y fuera de Italia: subjetivismo, conciencia de sí, gusto por la singularidad, optimismo, sensualidad, gozo de vivir, culto por el mundo antiguo, ambición, deseo de fama, escepticismo, secularización, vago teísmo, escasez de escrúpulos, nacionalismo, pasión por la naturaleza..., todo orientado «hacia su representación mediante el lenguaje y el arte».

En el ámbito de la literatura española, el Renacimiento según Burckhardt tuvo primero curso quizá menos interesante entre los estudiosos que entre los creadores (Azorín, Valle-Inclán, Baroja...). De hecho, del lado de la erudición, una amplia visión del Renacimiento de raíces burckhardtianas no llegó sino con la brillante monografía de Américo Castro [1925] sobre *El pensamiento de Cervantes*. Por supuesto, don Américo se hacía cargo de los retoques con que en aquellos años se perfilaba el esquema ya convencional: en particular, su discutida interpretación de la religiosidad crítica y el «hábil disimulo» cervantinos debe leerse teniendo en cuenta que en fechas cercanas J.-R. Charbonnel (1917) hallaba en la Italia del Quinientos la fuente del libertinismo, H. Busson (1922) ponderaba el papel de las teorías de la «doble verdad» (que disocian la razón y la revelación) en el Renacimiento francés, o A. Lefranc (1923) adivinaba en Rabelais «une pensée secrète», un ateísmo encubierto con admirable hipocresía (cf. L. Febvre [1942], M. Bataillon [1944], P. O. Kristeller [1975]). De modo similar, Castro hacía suyas las posiciones entonces nuevas de G. Toffanin [1920], quien relacionaba el auge de las teorías literarias basadas en la *Poética* de Aristóteles con la exigencia contrarreformista de una literatura de intención didáctica (aparte resaltar la diferencia entre un Cuatrocientos latino y cristiano y un Quinientos romance, laico, naturalista). Así, indicando los aspectos de Cervantes que lo delataban como «una de las más espléndidas floraciones del humanismo renacentista», don Américo abrió una nueva etapa en los trabajos sobre el Renacimiento español y fijó unas influentísimas coordenadas para su comprensión. Pues no sólo aparecieron pronto publicaciones cuyo punto de partida explícito era *El pensamiento de Cervantes* (tales los ensayos de M. Arce sobre Garcilaso [cf. cap. 2] y de B. Isaza [1934] sobre el sentimiento de la naturaleza), sino que a la formulación de Castro se remontan las opiniones corrientes sobre numerosas cuestiones relativas a las letras renacentistas en la Península: la doctrina poética, la actitud ante la realidad, la tradición pastoril, el aprecio del castellano, las lucubraciones en torno al amor y al honor, los motivos de la Edad de Oro, las armas frente a las letras o el desprecio del vulgo, etc.

Por supuesto, acentuar las posibles dimensiones laicas, racionalistas o escépticas de Cervantes (véase abajo, pp. 620-626) equivalía a hacer entrar al máximo escritor español en una de las órbitas esenciales de la «modernidad» europea, según los paradigmas del momento. Por esa senda iban también otras reflexiones sobre el Renacimiento español. Como era cosa normalmente admitida que el Renacimiento fue «la época básica y constitutiva de la Edad Moderna», F. de Onís [1926] apuntaba que «desde 1492 a 1536» España se transformó por obra de unas «fuerzas nuevas..., típicamente modernas» y análogas a las que actuaron en otros países de Europa; la monarquía absoluta, por caso, podría parecer retrógrada al «vulgar criterio progresista del siglo xix», pero era fundamentalmente moderna frente a la sociedad feudal (y logro conseguido en España con extraordinaria precocidad). Onís insistía además en que España no llegó a romper por completo con la Edad Media, antes bien tendió a conciliarla con las aportaciones renacentistas (de ahí el original arte plateresco o la pervivencia de la poesía tradicional), pero precisamente «el espíritu de conciliación y armonía, que es la nota dominante del Renacimiento en España, es al mismo tiempo la nota más elevada del Renacimiento en general». Muy al revés lo veía Viktor Klemperer [1927], quien concluía que «no hubo un Renacimiento español» (*Es gibt keine spanische Renaissance*) por esa falta de ruptura con el pasado medieval y por la sobra de ingredientes religiosos o preocupaciones como la limpieza de sangre: conclusión enfrentada repetidas veces con las de A. Castro [1925], y, sin embargo, anticipo sustancial de las posiciones posteriores del propio don Américo (véase S. Gilman [1977]).

En el marco del «problema de España» —y con tendencia a resolverlo en términos de «caracteres nacionales»— seguían moviéndose las trescientas nutridas páginas en que Aubrey F. G. Bell [1930] ofrecía una imagen de conjunto del Renacimiento español fundada en abundantes lecturas y en publicaciones suyas anteriores. Frente a A. Castro, subrayaba la ortodoxia de Cervantes y los grandes escritores contemporáneos de la Contrarreforma; frente a Klemperer, valoraba positivamente —como Onís— las pervivencias medievales y ponderaba el europeísmo de las aportaciones peninsulares. El Renacimiento, según él, se extendía en España por casi tres siglos (preliminares; 1492-1522: desarrollo; 1520-1550: críticas erasmistas y críticas constructivas; 1550-1580: reacción mística; 1570-1600: edad teórica; 1600-1640: formas convencionales y grandes realizaciones; 1640-1680: decadencia) y se distinguía por la moderación, la tolerancia y la libertad, el entusiasmo por el saber y el eco entre el pueblo, el afinamiento de la sensibilidad... Bell ilustraba tales facetas con una buena miscelánea de datos y de estimaciones sobre no pocos temas (la filología clásica, el acceso de las mujeres a la cultura, el amor a la naturaleza, la dimensión renacentista de la mística, etc., etc.) y con copiosas disquisiciones sobre los «modos de ser» españoles, en la vida y en la literatura (integralismo, equilibrio, sentido práctico, realismo, individualismo, popularidad, etc.).

Américo Castro, desde antes de [1925] interesado en seguir las huellas españolas del Erasmo crítico, racionalista y naturalista, animó las investigaciones iniciales que a tal asunto dedicaba el joven Marcel Bataillon y que con los años desembocaron en una *thèse* considerada por muchos como la obra maestra del hispanismo moderno: *Érasme et l'Espagne*, impresa en 1937 con el modesto subtítulo de *Recherches sur l'histoire spirituelle du XVIe siècle*, corregida y aumentada en las ediciones castellanas de 1950 y 1966, y objeto de revisión [en prensa] y complementos [1977] hasta la misma muerte del autor. Si Menéndez Pelayo se fijaba en el Erasmo satírico y destructor, Bataillon recalca «los elementos positivos de Erasmo, cuya eficacia sobre las almas españolas descansa en su piedad reflexiva nutrida, sí, de pensamientos clásicos, pero sobre todo de San Pablo, del Evangelio, de la Patrística y de la *Devotio moderna*. Cuatro motivos dominantes impregnan sus escritos y los hacen gratos a los fieles de España: el retorno a las fuentes primitivas del cristianismo; la exhortación a la lectura de la Biblia por todos los cristianos y en lengua vulgar; la superioridad del cristianismo interior sobre las exterioridades y ceremonias; la preeminencia de la oración mental sobre la vocal» (Eugenio Asensio, en *Ínsula*, n.º 231, febrero 1966, p. 3). Bataillon historiaba con extraordinaria profundidad la repercusión de ese Erasmo de la *philosophia Christi* en los años capitales de 1525 a 1536, al amparo del propio Carlos V y frente a las iras de los frailes; analizaba los nuevos problemas (la justificación por la fe, el beneficio de Cristo, la preparación para la muerte) que en los dos decenios siguientes privilegiaron los erasmistas hispanos en los escritos del maestro; o señalaba la estela erasmiana en las letras profanas: en el disgusto por las ficciones de entretenimiento, en la floración de los diálogos, los apotegmas y los proverbios, en el cultivo de la lengua vernácula... No pretendía, sin embargo, que sus *recherches* agotaran el asunto: y si en 1969 se acusaba de haber minusvalorado la fortuna española del *Elogio de la locura* y ensayaba nuevas vías de aquilatar su presencia en el *Lazarillo* y en el *Quijote* (véase pág. 81, n. 2), desde el mismo arranque había renunciado a rastrear la influencia del Erasmo de los difundidísimos manuales de retórica, epistolografía o estilística latina. Menos aun pretendía Bataillon, claro está, haber ofrecido un panorama del Renacimiento en España (sí, en cambio, la muestra más relevante de «la contribución española a la renovación cristiana del Renacimiento»); pero la excepcional calidad de su libro, la enjundia objetiva del tema —entre religión, política y literatura— y la falta de monografías comparables en envergadura sobre otros aspectos y tendencias del período han hecho de *Erasme et l'Espagne* punto de referencia indispensable para cuanto atañe al Renacimiento peninsular.

El *magnum opus* de Bataillon fue saludado por Américo Castro [1940-
1942] con un replanteamiento de sus premisas, en el intento de dejar
sentado que en la España de los siglos XIV al XVI se daban unas actitudes
mesianistas, espiritualistas y personalistas («la conciencia del valor de la
intimidad de la persona y de sus deseos») que en un cierto momento se
apoyaron en el «ilusionismo erasmista». En su epílogo de [1937], Bataillon había realzado que «los cristianos nuevos venidos del judaísmo
constituyeron un terreno de elección para las nuevas tendencias morales
y místicas» del Quinientos, y había apuntado la conveniencia de explicar
el erasmismo tomando en cuenta la herencia «de la vieja España de las
tres religiones». Al redactar Castro sus artículos de [1940-1942], las actitudes que en ellos destacaba, fundidas con otras afines, se le aparecían
ya como aspectos permanentes del «vivir hispánico», forjado en la convivencia de cristianos, moros y judíos; para entonces —tras la tragedia de
la guerra civil—, invitado a escribir un ensayo sobre el Renacimiento en
España, vio «con claridad que tal tarea era imposible, si no iba articulada,
iluminada, en una visión general de la historia hispánica»: y el ensayo
nonato —refiere— se convirtió en *España en su historia* [1948] y *La
realidad histórica de España* [1954, 1962 ²]. Ahí, el problema del Renacimiento —que tanto había apasionado al don Américo joven, poniéndolo
en la pista del erasmismo— se reputaba irrelevante o naufragaba en las
tormentas de una «edad conflictiva» surgida de «la tensión entre los cristianos viejos y los nuevos», en la lucha de dos «casticismos» [1963 ²].

Bataillon [1950], ante el replanteamiento de Castro, llamó la atención
sobre el peligro de una historia basada en «formules infiniment simples»,
pero sintió cada vez más la urgencia de esclarecer las tendencias medievales y coetáneas convergentes con el erasmismo, al par que precisaba
«que l'époque dite "Renaissance" est pleine de mouvements que prolon-
gent un lointain passé, pleine aussi de germes "modernes" dont le déve-
loppement sera lent à travers la "Contre-Reforme"». En parecido sentido
hubo de pronunciarse Eugenio Asensio, cuyo esencial estudio de [1952],
tras preguntarse si los textos quinientistas no dibujan una fisonomía de
Erasmo más compleja que la propuesta por Bataillon (concentrado en el
serio y fervoroso pietista), allega materiales preciosos para no confundir
el erasmismo con corrientes espirituales afines y concurrentes, como la
tradición escriturística previa, el franciscanismo y las multiformes inspiraciones venidas de Italia (véase p. 79, n. 1). Prosiguiendo en ese camino
de clarificación, Asensio ha hecho capitales contribuciones al deslinde del
Renacimiento en España, documentando cómo se cruzan ahí las mismas
fuerzas intelectuales que en el resto de Europa, en una sucesión de estímulos que lleva de la filología de Nebrija al ciceronianismo o al ramismo
(según las distintas directrices de Pierre de la Ramée) de decenios posteriores (véase sólo [1968, 1969, 1974, 1978, 1980]); y también en tal

perspectiva Asensio [1976] ha opuesto objeciones de gran peso a las últimas hipótesis de A. Castro.

En [1947] Otis H. Green ofreció una oportuna reseña de los estudios en torno a las letras renacentistas españolas realizados entre 1914 y 1944. En una medida notable, la reseña recogía el índice de temas de Bell [1930] (individualidades, núcleos y ámbitos de la erudición clásica, difusión de la cultura —«hasta extenderse a las mujeres y, en un caso célebre, a un esclavo negro», Juan Latino—, orientaciones filosóficas, etc.) y se enfrentaba a las interpretaciones de Castro [1925], al afirmar el carácter nítidamente cristiano de Cervantes o desmentir cualquier relación entre *La Celestina*, la literatura pastoril o la poesía bucólica con una supuesta concepción de la Naturaleza en tanto principio divino. La mayoría de los temas repasados en [1947] se desarrolla en los cuatro volúmenes [1963-1966] en que Green culmina su carrera de investigador y, en oposición ahora no ya sólo al Castro de [1925], sino aun con más énfasis al de [1948, 1954, 1962 2], examina la cultura literaria de España entre los siglos XII y XVII para definirla como inequívocamente occidental, «clearly Western». La obra de Green, y en especial el vol. III, ve en el Renacimiento peninsular una «época de expansión» (geográfica, cultural, política, intelectual y religiosa) mejor que una nueva base de arranque, pues no en balde su objetivo (en coincidencia con la llamada «rebelión de los medievalistas» contra Burckhardt) es señalar las continuidades —mejor que las rupturas— de pensamiento desde la Edad Media hasta el Barroco (cf. además Green [1970]). Si ese enfoque desdibuja un poco el panorama de nuestro período, ante los ojos del lector se despliega, a cambio, una rica serie de textos y datos valiosos para descifrar la literatura renacentista «a partir de sus ideas dominantes»: el amor, el Creador y las criaturas, la concordia y la discordia del universo, la gran cadena del ser, la naturaleza, el conflicto y la avenencia de alma y cuerpo, la dignidad y la miseria del hombre, la razón, la fortuna, el libre albedrío, etc., etc. La asepsia y el tono un poco monocorde de la exposición —en el cuadro de Green apenas hay fisuras, excepciones, asuntos en duda— se compensa merced a la falta de pruritos nacionalistas o fervores apologéticos.

Los útiles tomos de Green y las estimulantes teorías de Castro han moldeado en uno o en otro sentido varias aproximaciones recientes a la determinación del Renacimiento español. Comparando las posiciones de ambos estudiosos, a beneficio del primero, A. A. Parker [1967, 1968] ha bosquejado un interesante cuadro de la época, insistiendo en el flujo y reflujo literario de las especulaciones sobre el amor y las creencias religiosas, particularmente vinculadas a través del neoplatonismo, desde los tiempos de Garcilaso y el énfasis en los «valores puramente humanos» hasta la mística de la Contrarreforma. En cambio, F. Márquez Villanueva [1970] reprocha a Green no aceptar la existencia de «un *problema* de fondo peculiar a España y a los españoles», apreciado con la óptica de Castro y que en el siglo XVI se concreta, por ejemplo, en una retardataria aversión al quehacer intelectual —tildado de cosa de conversos— que convive conflictivamente con «dos modernidades: la de signo *europeo* de los médicos filósofos [Gómez Pereira, Huarte de San Juan y Francisco Sánchez el escéptico], implícitamente heterodoxa en el sentido del criticismo postcartesiano, y también la de un renovado universo intelectual cristiano entrevisto por místicos y biblistas». Por su parte, en una muy original taracea de sugerencias de A. Castro [1925 y 1948], V. Klemperer [1927] y otros, S. Gilman [1977] opina que en la conciencia histórica de los españoles entre los siglos XV y XVII, en vez del sentimiento de ruptura con la Edad Media, pesaba más bien la nostalgia del pasado nacional perdido (según seguía incluso celebrándolo el romancero oral): la «Edad de Oro» soñada eran los tiempos austeros y combativos de la Reconquista, voluntariamente restaurados por los Reyes Católicos («the epic past was self-conciously reestablished, accompanied by the wild enthusiasm of the reunited nation»), de suerte que hasta la segunda mitad del Quinientos —cuando la Inquisición se endureció— el Renacimiento a la europea (clasicismo, erasmismo, etc.) se acompañó de un renacimiento casticista, «the native program of historical revival».

Esa tradición que desde Burckhardt y Menéndez Pelayo pasa por las dos etapas de A. Castro, la obra maestra de Bataillon y los repertorios —mejor o peor articulados— de Bell y Green ha dado posiblemente las líneas de referencia más usuales para abordar el Renacimiento en España desde la crítica y la historia de la literatura. Es típico el proceder de María Rosa Lida de Malkiel: a fin de situar a Juan de Mena («tardíamente medieval visto desde el humanismo italiano ..., prematuramente moderno considerado dentro de la historia de España»), analiza [1950] su «posición ante la Antigüedad» (subrayando el uso de la alusión clásica —medieval, si didáctico; renacentista, si estético— y el vacilante «sentido de la forma»), su «individualismo» e «idea de la fama» (de raíces medievales, pero ya en la dirección del Renacimiento) y su «idea nacional», connotada por su supuesta condición de cristiano nuevo; y al asediar «la tradición clásica en España», asunto vital para cualquier enfoque del Renacimiento, se demora [1951] en extractar de Menéndez Pelayo un catálogo de traducciones castellanas de autores antiguos, destaca «el racionalismo de Cervantes, con su aspiración a un arte regular y verosímil», o avisa de la necesidad de entender a la luz de *España en su historia* «la reacción postrenacentista» y «el debate conjetural sobre las causas de que España careciera de pensamiento filosófico y científico en la Edad Moderna».

El eclecticismo dentro de una tradición erudita bien determinada, según se advierte en M. R. Lida y en muchos otros estudiosos menos insignes, no ha impedido, desde luego, el recurso a otras autoridades e inspiraciones historiográficas. Así, la escuela que al arrimo de Heinrich Wölfflin procura establecer una morfología de los estilos artísticos acotándolos mediante polaridades (estático/dinámico, etc.) se hace oír en el ensayo en que Joaquín Casalduero [1969], marchando de la forma al sentido, señala «algunas características de la literatura española del Renacimiento» (simetría, sencillez, claridad, orden, equilibrio, idealización, visión esencial, etc.) por contraposición a la del Barroco, cuyos inicios pone en los días de Herrera y fray Luis (véase también E. Moreno Báez [1968 ²], J. Gimeno Casalduero [1977]).² Pero, aunque los investigadores no hayan dejado de aprovechar otras fuentes (compárense las calas de A. S. Trueblood [1961] y el resumen de J. B. Avalle-Arce [1978]), su imagen del Renacimiento español ha solido enmarcarse en la tradición esbozada en las páginas anteriores; y sólo en los últimos años han empezado a consolidarse nuevas pautas para la explicación de nuestro período y orientaciones susceptibles de llevar por distintas vías el acopio de materiales al propósito.

Esas nuevas pautas y orientaciones con frecuencia están en deuda o, cuando menos, en armonía con ciertos criterios metódicos que se hicieron bien patentes en torno a 1940 y, por supuesto, en campos ajenos al hispanismo. Las reiteradas críticas a Burckhardt (en especial con miras a reforzar la conexión entre Edad Media y Renacimiento; cf. W. Ullmann, en *Problemi*) y el cansancio de las elaboraciones ideológicas de los esquemas burckhardtianos movió a varios estudiosos a volver a los textos primarios y hacerles unas cuantas preguntas elementales. Verbigracia: ¿qué designaban con el nombre de «renacimiento», no Burckhardt, W. Dilthey o E. Cassirer, sino los mismos autores que entre los siglos XIV y XVI menudearon tal palabra (y otras análogas)? La respuesta a semejante cuestión (véanse sólo F. Simone [1939-1940, 1949, 1965], W. K. Ferguson [1948], B. L. Ullman [1952]) contribuyó decisivamente a fijar los límites del período y a definir las constantes y las variables de su contenido (compárese E. Garin [1975], abajo, pp. 28-34); cuando luego la pregunta se reformuló respecto a España, José Antonio Maravall [1966] pudo ofrecer la imagen de toda una sociedad animada en múltiples facetas —de la literatura a la política, la economía o la técnica— por un impulso de emulación y progreso hacia cotas superiores que esclarecía largamente la sustancia y las dimensiones del fenómeno renacentista en la Península (cf. aún O. H. Green [1965]). Paralelamente, A. Campana [1946] se interrogaba sobre los orígenes del término *humanista*, y, al descubrirlos en la jerga universitaria italiana de hacia 1500, daba pie a un entendi-

2. Para el llamado «manierismo», véase *HCLE*, vol. III, cap. 1.

miento del Humanismo como el programa teórico y la praxis del cultivador de los *studia humanitatis*, y no según las resonancias anacrónicas que la voz «humanismo» (invención alemana del siglo XIX) suscitara en los oídos modernos (véase ahora G. Billanovich [1965], R. Avesani [1970], F. P. Grendler [1971], y abajo, pp. 36, 87); y sucede que el mero inventario de las apariciones de la palabra *humanista* en castellano vale por una pequeña sociología del Renacimiento en España (F. Rico [en preparación]).

Los trabajos dedicados a valorar en sus fuentes el concepto de «Renacimiento» y el vocablo *humanista* tienen el común denominador de privilegiar los testimonios coetáneos de los fenómenos descritos —por encima de las divagaciones más o menos hegelianas o neokantianas—, rescatar textos y documentos nada o mal conocidos —frente al habitual manoseo de un puñado de citas tópicas—, comenzar a reconstruir desde los cimientos. Pero no sólo por ello son representativos de los rumbos que la investigación tomó a la altura de la segunda guerra mundial: porque ese común denominador se potencia al comprobar que desde entonces, en los terrenos más próximos a la crítica y la historia literarias, las principales averiguaciones sobre el Renacimiento se han hecho merced a una dilucidación previa de la actividad de los humanistas (comp., por ejemplo, G. M. Logan [1977], W. M. Jones [1978], y las referencias dadas en la n. 1). Tal hincapié en el Humanismo se debe en buena medida a la lección de Paul Oskar Kristeller y Eugenio Garin. Ocupados ambos particularmente en la trayectoria de la filosofía italiana y excepcionales exhumadores de materiales inéditos, ambos han reflexionado también con insistencia sobre los rasgos peculiares del Humanismo: Kristeller, para deslindarlo en el mapa de las corrientes intelectuales del Renacimiento [1956, 1961-1965, 1964], aunque sin olvidar su influjo sobre ellas y sobre otros dominios [1972]; Garin, para acentuarlo como paradigma y núcleo de las innovaciones renacentistas [1952, 1957, 1973 [3], 1975, 1981].

En la actualidad, las contribuciones de Kristeller, Garin y otros estudiosos permiten juzgar adecuadamente el alcance del Humanismo. Nacido alrededor del 1300 en los *comuni* italianos, en cuya activa vida urbana valían tan poco los silogismos de la escolástica cuanto interesaba un saber abierto a más amplias experiencias personales y colectivas, el movimiento humanístico, en los siglos XIV, XV y XVI, se propuso restaurar el ideal educativo de la Antigüedad, orientándose, como la vieja *paideia*, a dar al hombre un cierto tipo de «cultura general» a través de los *studia humanitatis*, es decir, fundamentalmente, a través de las artes del lenguaje, adquiridas mediante la lectura, el comentario exhaustivo y la imitación de los grandes autores grecolatinos, sobre todo los poetas, historiadores y moralistas (vid. aún R. Sabbadini [1920]).

El método predominante en las escuelas de la baja Edad Media —en todas las disciplinas, de la gramática a la teología, pasando por el derecho o la medicina— se caracterizaba por plantearse *quaestiones* minúsculas y sumamente técnicas que intentaba resolver con razonamientos lógicos y pretensiones metafísicas, en una jerga sólo inteligible para los iniciados. Frente al esoterismo escolástico, los humanistas predican que la lengua y la literatura clásicas —dechados de claridad y belleza, a cuyas coordenadas puede referirse cualquier asunto de auténtica importancia— deben ser la puerta de entrada a todo conocimiento o quehacer estimables, y que la corrección y la elegancia de estilo —según el *buen uso* de los antiguos cultivadores de la latinidad— constituyen requisito ineludible de cualquier manifestación oral o escrita. En la polémica contra los extravíos medievales y en el estudio de los logros clásicos, los humanistas adquieren un agudo sentido de la historia y erigen la filología en instrumento de análisis de la realidad.

Esos son probablemente los supuestos definitorios del Humanismo: convicciones que cabe asumir en diversos modos, desde la especialización propia del profesor, erudito o escritor, hasta el mero asentimiento tácito de quien se mueve con comodidad en el universo intelectual proporcionado por semejante tipo de formación. Pero asimismo se aceptó en general que ese enfoque lingüístico y literario de la educación daba al hombre la verdadera *humanitas*, consistente no sólo en una cultura, sino además en una forma de civilización, en una conducta pública y privada tan atenta al pulimiento individual como al bienestar de la comunidad (cf. sólo C. Trinkaus [1970] y en *Problemi*; A. Paparelli [1973 2]). Por ahí, el renacer de los *studia humanitatis*, notorio en el hallazgo de obras clásicas desconocidas, en la divulgación de los textos griegos, etc. (R. Sabbadini [1967 2], Reynolds-Wilson [1974 2], R. Pfeiffer [1976]), se contempló a menudo como el renacimiento de la ejemplar civilización antigua, o como el alumbramiento de un mundo capaz de competir con ella.

Claro está que los designios del Humanismo suponían todo un programa para la creación literaria: prescribían modelos y géneros, brindaban instrumentos gramaticales y retóricos, proponían temas y tonos, etc. En literatura, pues, el Renacimiento no es sino la faceta creativa del Humanismo, en latín o en vulgar. Pero, por otra parte, si bastantes humanistas soñaron una sociedad en la que se realizaran punto por punto las implicaciones máximas de su ideal educativo, no es dudoso que el desarrollo del Humanismo coincide en el tiempo con un período de profunda mutación en toda Europa: el paso del feudalismo al capitalismo incipiente, de la Cristiandad medieval a la Reforma y la Contrarreforma, de la disgregación del poder político a su concentración en el Estado moderno, de la vida rural a la vida urbana, y otras transformaciones de inmensa transcendencia se acompañaron de sustanciales cambios en las artes plásticas, en la ciencia y en la técnica, en la filosofía... Por arduo que sea precisar la interrelación de semejantes fenómenos, es evidente que el desarrollo del Humanismo está en deuda con algunas de las principales novedades de ese momento histórico: los funcionarios o burócratas, que proliferaron con el advenimiento del Estado moderno, mostraron predilección por la cultura humanística, en tanto única alternativa al modelo de saber escolástico adecuada a unos profesionales de la palabra y la pluma con relevante intervención en la cosa pública (vid. sólo F. Chabod [1967], J. A. Maravall [1972], L. Gil [1979]); la invención y la difusión de la imprenta no sólo contribuyeron a consolidar los *studia humanitatis* —como pedagogía, erudición o fuente de ingresos—, sino que propiciaron originales concepciones filológicas (Febvre-Martin [1958], E. Eisestein [1979]; C. Dionisotti [1967]), etc., etc. Más perceptible es aún que muchas de las novedades en cuestión están en deuda con el desarrollo del Humanismo: el mismo descubrimiento de América y el arte de navegar que revolucionaron la economía y la política no se explican debidamente sin los textos publicados, comentados y traducidos por los humanistas (G. Billanovich [1958], R. B. Tate [1979 *a*], J. M. López-Piñero [1979 *b*], F. Rico [en prensa]); los avances de la historia natural fueron grandemente favorecidos por la lexicografía (G. Pozzi [1974], C. G. Nauert [1979]); el arte de la composición pictórica adapta el esquema retórico de la *compositio* recomendada por Quintiliano (M. Baxandall [1971]), etc., etc.

Parece legítimo, pues, llamar Renacimiento a ese período de la historia europea que, entre tantas novedades de vario calibre, tuvo al Humanismo por suprema novedad educativa y literaria, al par que encontraba en él a un destacado exponente del proyecto de una sociedad también nueva, a cuya concreción contribuyó en infinidad de casos. Pero, incluso si no se acepta tal planteo, es difícil rehuir la designación de Renacimiento para identificar el conjunto en que se articulan el movimiento humanístico y las actividades —de toda especie y en los más distintos ámbitos— que en el Humanismo hallaron estímulos, métodos, principios rectores y hasta explícitos planes de trabajo.

En cualquier caso, los estudios más prometedores con vistas a remozar nuestra comprensión del Renacimiento español marchan hoy en una de esas dos direcciones: o atienden a situar el Humanismo en las grandes coordenadas de una sociedad en proceso de mutación o aspiran a caracterizar la cultura renacentista en tanto despliegue de las posibilidades del Humanismo. En la primera de tales direcciones, ha sido José Antonio Maravall el más decidido e ilustre partidario de llamar «Renacimiento» a una etapa concreta de la historia general de España. «En el período de cambios estructurales que se presentaron en las sociedades europeas —no todos, ni en todas partes, de la misma profundidad— conexos con el proceso de formación del Estado moderno», es decir, en la época de la

«Revolución estatal» de los siglos XV a XVII, Maravall [1966, 1972, *Colloque 1976*, 1980 [2]] señala un momento, de la segunda mitad del siglo XV al último cuarto del XVI, en el que se suscita una situación histórica nueva, cuyos rasgos reflejan la imagen de una «sociedad expansiva» (mientras la retracción caracteriza el Barroco subsiguiente). Al coincidir la fase positiva de la coyuntura europea y las favorables circunstancias españolas (mercado de Indias, explosión demográfica, aumento de la oferta y la demanda, etc.), las cuantiosas novedades de toda especie (geográficas, etnográficas, económicas, militares, etc.) a las que entonces se asistió crearon una conciencia de cambio histórico y de progreso que se hizo sentir tanto en las letras y las artes como en las ciencias, la política o la administración. A la compleja «estructura histórica» iluminada por esa conciencia correspondería propiamente la calificación de Renacimiento; y a dilucidar su mentalidad, buscando siempre el engarce de los factores sociales y los intelectuales, ha dedicado Maravall una nutrida serie de indispensables investigaciones (véase abajo, pp. 44-53, y en el índice, *s.v.*).

La vasta perspectiva de Maravall tiene un útil complemento en M. Fernández Álvarez [1970]. Entre varios excelentes libros de conjunto (J. H. Elliott [1963], J. Lynch [1965-1969], A. Domínguez Ortiz [1973], J. Pérez [1973], P. Chaunu [1976]) y capitales monografías (como las de R. Carande [1943-1967], F. Braudel [1966 [2]] o P. Vilar [1962]), el libro de Fernández Álvarez es quizá el único de relieve que contempla el período en cuestión bajo el signo específico de Renacimiento; la clara distribución de la materia (con capítulos sobre el marco urbano y el rural, las clases sociales, la Iglesia, los cristianos viejos y los conversos, y la vida cotidiana), la buena información y la abundancia de testimonios literarios lo recomiendan también a nuestro propósito. Los documentos seleccionados por F. Díaz-Plaja [1958] pueden prestar un cierto servicio; pero el lector del presente volumen de *HCLE* que desee apreciar más de cerca la interrelación de literatura y acontecer histórico debe recurrir a trabajos como los de J. M. Jover [1963], sobre la actitud de los españoles frente a la política imperial, y J. H. Elliott [1972], sobre su imagen del Nuevo Mundo; J. Pérez [1970] y J. A. Maravall [1979 [3]], sobre las Comunidades; J. Caro Baroja [1963] y A. Domínguez Ortiz [1971], sobre los conversos, y L. Cardaillac (véase cap. 4), sobre los moriscos; B. Bennassar [1967], sobre Valladolid en el siglo XVI, y N. Salomon [1964], sobre la vida campesina en Castilla la Nueva; A. A. Sicroff [1960], sobre los estatutos de limpieza de sangre, etc., etc. Aun si no se proyectaron específicamente en la perspectiva que aquí nos atañe, tales monografías (entre las muchas que convendría citar) son hoy imprescindibles para cualquier intento de definir el Renacimiento como período, formación económico-social o coyuntura en la historia general de España.

La otra dirección señalada en los estudios recientes —el enfoque de la cultura renacentista como desarrollo del núcleo humanístico— ha tenido que preguntarse con especial énfasis, claro está, por los orígenes del Humanismo peninsular (véase *HCLE*, I, cap. 10). Pese al escaso aprecio que la España cuatrocentista dispensaba al trabajo intelectual, sobre todo si ajeno al cauce de la escolástica (N. G. Round [1962], P. E. Russell [1978]), es un hecho que desde principios del siglo XV fueron llegando a la Península —o siendo conocidos por españoles en viaje fuera de ella— no pocos textos clásicos puestos en circulación por los humanistas italianos y un número menor de escritos de los propios humanistas (cf., por ejemplo, R. B. Tate [1970] en cap. 4, F. Rico [1976] en cap. 2, J. N. H. Lawrance [1980]). Con ese trasfondo, O. Di Camillo [1976] ha creído hallar rastros de un primer brote castellano del Humanismo en las líneas de preocupación cívica y moral que lo marcaron en la Florencia del temprano siglo XV (según las tesis de H. Baron [1966], impugnadas por J. E. Seigel [1968]); mas si tales líneas tuvieron alguna incidencia positiva en la Península, desde luego no pudo ser —contra la propuesta de Di Camillo— en Alfonso de Cartagena (que proclamó con toda claridad su oposición al programa fundacional del Humanismo; comp. Lawrance [1979]), ni tampoco en el ambiente que lo alentaba, sino, si acaso, harto después, en algunas facetas de Alonso de Palencia, finamente apuntadas por Tate [1979 *b*]. También al arrimo de Baron, por otra parte, H. Nader [1979] ha postulado que el Renacimiento distintivamente castellano fue impulsado por la aristocracia caballeresca —cuyo más típico exponente era la familia Mendoza— y se malogró por culpa de los Reyes Católicos, patrocinadores del Humanismo de los funcionarios estatales, los «letrados»: explicación inaceptable, pero servida con datos valiosos —si correctamente interpretados— para precisar el juego de fuerzas sociales en los inicios del Humanismo hispánico. La óptica exclusivamente castellana de gran parte de la bibliografía sobre el Renacimiento peninsular debe corregirse atendiendo con mayor asiduidad al mirador privilegiado de la Corona de Aragón, y en particular a Cataluña y Valencia, donde varios madrugadores gérmenes humanísticos se agostaron en un cúmulo de circunstancias adversas (cf. P. Vilar [1962]), y alrededor del 1500 la siembra hubo de recomenzarse casi por completo (J. Rubió [1948, 1964, 1973], M. de Riquer [1964], Tate [1976], J. F. Alcina Rovira [1978]).

Últimamente, por otro lado, he pretendido mostrar cómo, en el deseo de ampliar su cultura estrictamente medieval, los miembros más perspicaces del alto clero, la nobleza y la burocracia cuatrocentistas no podían por menos de tropezar con las aportaciones del Humanismo y lentamente se las fueron incorporando: en distintos grados —según el talento y la preparación de cada cual—, pero siempre superficialmente, limitándose a dar un barniz de clasicismo a su producción literaria (con nombres antiguos, referencias mitológicas, etc.) y a latinizar su estilo según las técnicas que les sugería la retórica medieval. Los esfuerzos de esa minoría, sin embargo, fueron creando un clima de mayor receptividad al Humanismo y haciéndolo aceptable como cultura de vanguardia y de moda. Fue en semejante clima cuando el Humanismo como pedagogía —y no simple mimetismo de apariencias—, el Humanismo de los profesores, pudo echar raíces firmes y perdurables, esencialmente gracias al entusiasmo de Antonio de Nebrija, cuyas *Introductiones latinae* (1481) se convirtieron en la piedra angular de una vasta remodelación del saber basada en el buen uso clásico y en los *studia humanitatis*. Pese a la posterior venida de preceptores italianos tan influyentes como Lucio Marineo Sículo y Pedro Mártir de Anglería (cf. cap. 4), llamados por los Reyes, la nobleza o la universidad, Nebrija fue unánimemente considerado patriarca del Renacimiento español, en cuanto autor de las *Introductiones* (que fueron creciendo hasta adquirir proporciones enciclopédicas) y erudito de excepcional altura (propugnador, así, de una filología bíblica trilingüe veinte años antes de Erasmo). En Nebrija, sus discípulos y un pequeño grupo de personalidades afines, a lo largo del medio siglo que corre desde el regreso del maestro a España hasta su muerte en 1522, se dibujan con nitidez las actitudes y los métodos que cambiaron decisivamente el panorama intelectual de la Península: en todas las disciplinas —por ejemplo— cultivadas en las facultades universitarias y, a nuestro propósito, en los criterios que inspiraron las grandes creaciones literarias del siglo XVI (Rico [1978, 1980, en preparación]).

Un valioso libro reciente (*Colloque 1976*), el volumen de actas del XIX Coloquio Internacional de Estudios Humanísticos, puede servirnos aquí como índice de las investigaciones más actuales sobre el Renacimiento español analizado a la luz del Humanismo. El tomo se abre precisamente con unas significativas páginas de M. Bataillon (cf. cap. 2), quien, corrigiendo ciertas apreciaciones de [1937, 1966 2], muestra que las invectivas de Cristóbal de Villalón contra la enseñanza reaccionaria que repudia a los clásicos —por pura ignorancia, y no por los escrúpulos religiosos que alega— revelan que el Erasmo «profano» de los *Antibarbari* vino a entrar en el cauce previamente abierto por Nebrija y los suyos (comp. Rico [1978]). En apropiado complemento, A. Blecua (cf. caps. 3 y 5) señala que el auge del apotegma —en colección o bien como recurso ocasional— tiene su fuente en los procedimientos pedagógicos comunes a las tradiciones nebrisense y erasmiana. Uno y otro trabajo conducen, así, al ámbito fundamental de la enseñanza, ya en sus grandes rasgos teóricos, ya en su práctica diaria: respecto a ambos extremos es importante la monografía de R. L. Kagan [1974] sobre el sistema educativo y sus implicaciones sociales en la España de los Austrias, así como muy ilustrativas las contribuciones de E. Asensio-J. F. Alcina [1980], M. Morreale (cf. cap. 3) y A. Gallego Barnés [1979] en torno a Juan

Maldonado, Pedro Simón Abril y Juan Lorenzo Palmireno, respectivamente. Los impecables datos de F. J. Norton [1968, 1978] para los primeros veinte años del siglo XVI dan un dechado de cómo enfrentarse con la producción tipográfica de la época, con vistas a dilucidar —entre tantas cuestiones— la función de la imprenta en la trayectoria pedagógica y universitaria del Renacimiento español (cf. además A. Domínguez Guzmán [1975], J. M. López Piñero [1979 *a*]).

En línea con otras indagaciones suyas [1970, 1979] sobre la fortuna editorial de los textos clásicos, T. S. Beardsley (pp. 51-64) repasa las traducciones publicadas entre 1488 y 1586; por su lado, A. Vilanova (cf. cap. 6) precisa la huella de Apuleyo en el *Lazarillo*. Pero el clasicismo definitorio del Humanismo no sólo repercute en romanceamientos e influencias en la literatura en vulgar, sino que se explaya quizá más característicamente en las varias ramas de la filología y en las letras neolatinas. Una lucidísima valoración global y perceptivas aproximaciones a los obstáculos con que se enfrentó la actividad filológica ofrece L. Gil [1967, 1979, 1980], mientras J. López Rueda [1973] contempla sus logros y azares en el terreno del helenismo, y por fin van recibiendo atención competente algunos de sus grandes protagonistas: Hernán Núñez (M. de D. Asís [1977]), Alvar Gómez de Castro (A. Alvar [en prensa]), Antonio Agustín (C. Flores [1980]) o Francisco Sánchez, el Brocense, discutido éste sobre todo en el marco de la historia de la lingüística (L. Michelena [1975], G. A. Padley [1976], G. Clerico [1980]). En cuanto al género más representativo de la literatura hispanolatina, la poesía, J. F. Alcina Rovira le ha dedicado una esclarecedora serie de trabajos (cf. cap. 8 y [1978]), nacidos de su exhaustivo catálogo [en prensa] y en parte sintetizados en su ponencia de Tours (cf. cap. 2).

También en sendas intervenciones en Tours, F. López Estrada (páginas 151-168) apunta ciertas dimensiones humanísticas en el *Arte de poesía* de Juan del Encina, D. Devoto (pp. 177-192) se fija en las ideas de Nebrija y Francisco Salinas sobre la métrica romance, y E. L. Rivers (pp. 169-176) esboza el flujo y reflujo entre teoría y práctica en la poesía quinientista en lengua vulgar. En esos campos, contamos hoy con los panoramas de A. Vilanova [1953] y K. Kohut [1973], con un par de inventarios de las retóricas de la época (A. Martí [1972], J. Rico Verdú [1973]) y principalmente con los densos volúmenes de A. García Berrio [1977-1980] sobre las secuelas peninsulares de la Poética aristotélica y la Tópica horaciana (volúmenes ricos además en observaciones en torno a la génesis de Manierismo y Barroco), cuyo más interesante escoliasta, Alonso López Pinciano, ha motivado excelentes acotaciones de J. Canavaggio y E. C. Riley (cf. *Cervantes*; vid. aún S. Shepard [1970 ^{2}]). La proyección creadora de la preceptiva literaria está todavía por determinar con más detalle, en espera de un próximo libro de F. Lázaro Carreter, quien por el momento ha dado un admirable bosquejo de la doctrina renacentista de la imitación (cf. cap. 7); pero, por otro lado, la magistral *Historia* de R. Lapesa [1980 8], los meditados ensayos de L. Terracini y E. Asensio (cf. cap. 3) o la recuperación de textos como los de Ambrosio de Morales y Villalón publicados por V. Scorpioni (cf. cap. 4) y C. García [1971] hacen cada vez más claro el pensamiento lingüístico que configura la poesía y la prosa de nuestro período.

En el mismo *Colloque 1976*, K. A. Blüher (pp. 299-310) matiza algunos aspectos de su anterior tratamiento del neoestoicismo [1969], y por mi parte (pp. 31-50) introduzco más de una corrección en el planteo que en [1970] hice de otro asunto en deuda decisiva con el mundo intelectual de los humanistas: el tema de la dignidad del hombre. Sobre ambas cuestiones y en general sobre la producción filosófica del Humanismo español, sigue siendo necesario consultar los tres tomos de M. Solana [1941], en algunos aspectos puestos al día por J. L. Abellán [1979]; sobre la figura eximia de Luis Vives, es útil la biografía de C. G. Noreña [1970], trae novedades J. Jiménez Delgado [1978] y hay varios artículos estimables y amplia bibliografía en P. Sainz Rodríguez [1977]. M. Andrés [1976-1977], aparte de buena información sobre la espiritualidad, brinda ahora una adecuada guía a la teología del Quinientos, cuya floración neoescolástica no siempre estuvo reñida con el Humanismo (R. García Villoslada [1938, y cf. 1951], J. Pérez [1978]), antes a menudo se apoyó en él para leer la Sagrada Escritura.

En romance, concretamente, Humanismo, espiritualidad, Biblia y teología fueron de la mano con especial resonancia, como en sus comunicaciones de Tours comprueban M. Morreale, a propósito de Juan de Valdés (cf. cap. 3, también para E. Asensio [1979]), y J. I. Tellechea (pp. 219-232), en una nueva adición a su ciclópea labor sobre el arzobispo Carranza (cf., vgr., [1978]). Pero igualmente la mezcla de esos cuatro factores despertó especial suspicacia en la Inquisición, según puede advertirse en la copiosa bibliografía reciente sobre la censura de libros y los índices expurgatorios, de la que son muestra aceptable el resumen de J. M. de Bujanda [1972] y su escrutinio de las obras castellanas prohibidas en 1559 (en el *Colloque 1976*, pp. 205-215). Por otra parte, aunque H. Kamen [1979 2] da una ponderada visión de conjunto del funcionamiento y sentido del Santo Oficio, el papel de la Inquisición sólo puede juzgarse debidamente si se penetra con la profundidad de J. Caro Baroja [1978] en las «formas complejas de la vida religiosa» en la España renacentista.

En el Coloquio que nos sirve de punto de referencia, las disertaciones de A. Cloulas —sobre el parangón establecido por el Padre Sigüenza entre El Escorial y los monumentos de la Antigüedad (pp. 193-204)— y de M. Gendreau-Massaloux —sobre la tradición española de algunas nociones cosmológicas y matemáticas, hasta los días de Quevedo (pp. 311-326)— inciden en la apasionante materia de la expansión del Humanismo a las artes plásticas y a las ciencias (comp. A. Chastel y M. Boas Hall, en *Problemi*). Los estudios iconológicos (comp. E. Panofsky [1962 ²], E. H. Gombrich [1972]) sobre pintura, escultura y arquitectura del Renacimiento español, así, han cobrado ya la suficiente envergadura para permitir a S. Sebastián [1978] una primera síntesis bien documentada, y continúan ensanchándose con aportaciones como la modélica de V. Lleó [1979] sobre la Sevilla quinientista. En cuanto a la historia de la ciencia, el libro capital de J. M. López Piñero [1979 *a*] no sólo ayuda a verla en fuerte vínculo con el Humanismo, sino que deslinda diáfanamente las coyunturas de su esplendor renacentista y su decadencia desde el último tercio del siglo XVI.

La curiosidad humanística, sin embargo, no se limitó a esas áreas luminosas, antes se encandiló en explorar el universo de lo irracional, lo maravilloso y lo esotérico (para la magia y la kábala, véase simplemente J. Caro Baroja [1967] y F. Secret [1964]). F. Márquez Villanueva, que en [1975] había perseguido los rastros de la paradoja de origen clásico (cf. Rico [1976 *b*] en cap. 6), revisa en Tours (pp. 233-250) y en [1980] la literatura española del «loco», en quien los humanistas vieron una vía para conocer realidades en otro modo inaccesibles (cf. D. Pamp [1980] en cap. 4). La figura del loco suele asociarse al motivo del «mundo al revés» (cf. H. Grant y otros, en J. Lafond-A. Redondo [1979]), y ambos aparecen con frecuencia en el escenario de los Carnavales (J. Caro Baroja [1965]). Porque si el Renacimiento se complace en revestir de ropajes antiguos sus fiestas y celebraciones (cf. M. Bataillon, D. Devoto, A. Rodríguez-Moñino, etc., en J. Jacquot [1960], y vid. cap. 4), también se muestra receptivo a la cultura popular que se explaya triunfal en las Carnestolendas (P. Burke [1978]) y bulle por doquiera en cancioneros, romanceros y pliegos sueltos (cf. caps. 2 y 8). De hecho, la predilección renacentista por ciertas venas populares —demasiadas veces afirmada con escasos fundamentos— se constata en la actividad de varios humanistas como compiladores de refranes e historietas tradicionales: asunto abordado por M. Chevalier en el Coloquio (cf. cap. 3) con la autoridad que le otorgan sus abundantes contribuciones al propósito (cf. cap. 5) y su interpretación del Renacimiento español en la perspectiva de los cuentecillos folklóricos que proliferaron en la literatura del período (vid. pp. 333-339).

BIBLIOGRAFÍA

Abellán, José Luis, *Historia crítica del pensamiento español*, II: *La edad de oro (siglo XVI)*, Espasa-Calpe, Madrid, 1979.

Alcina Rovira, Juan F., *Juan Ángel González y la «Sylva de laudibus poeseos»* *(1525)*, Universidad Autónoma de Barcelona (Publicaciones del Seminario de Literatura Medieval y Humanística), Bellaterra, 1978.

—, *La poesía hispanolatina en el siglo XVI. Ensayo de un catálogo*, Fundación Universitaria Española, Madrid, en prensa.

Alvar Ezquerra, Antón, *La poesía de Alvar Gómez de Castro*, Universidad Complutense, Madrid, en prensa.

Andrés, Melquiades, *La teología española en el siglo XVI*, Biblioteca de Autores Cristianos, Madrid 1976-1977, 2 vols.

Angeleri, Carlo, «Interpretazioni dell'Umanesimo e del Rinascimento», en *Grande antologia filosofica*, vol. VI, Milán, 1964, pp. 91-270.

Asensio, Eugenio, «El erasmismo y las corrientes espirituales afines (conversos, franciscanos, italianizantes)», *Revista de Filología Española*, XXXVI (1952), pp. 31-99.

—, «Los estudios sobre Erasmo, de Marcel Bataillon», *Revista de Occidente*, VI (1968), pp. 302-319.

—, ed., Desiderio Erasmo, *Tratado del Niño Jesús* ... (Sevilla, 1516), Castalia, Madrid, 1969.

—, *Estudios Portugueses*, Fundação Calouste Gulbenkian, Centro Cultural Português, París, 1974.

—, *La España imaginada de Américo Castro*, El Albir, Barcelona, 1976.

—, «Ciceronianos contra erasmistas en España. Dos momentos (1528-1560)», *Revue de littérature comparée*, LII (1978), pp. 135-154.

— y Alcina Rovira, Juan, «Paraenesis ad litteras». *Juan Maldonado y el humanismo español en tiempos de Carlos V*, Fundación Universitaria Española y Universidad Autónoma de Barcelona (Seminario de Literatura Medieval y Humanística), Madrid y Bellaterra, 1980.

Asís, María Dolores de, *Hernán Núñez en la historia de los estudios clásicos*, s.e. Madrid, 1977.

Avalle-Arce, Juan Bautista, «Aproximaciones al Renacimiento literario español», en *Dintorno de una época dorada*, Porrúa, Madrid, 1978, pp. 1-56.

Avesani, Rino, «La professione dell'*umanista* nel cinquecento», *Italia Medioevale e Umanistica*, XIII (1970), pp. 205-232.

Baron, Hans, *The Crisis of the Early Italian Renaissance*, Princeton University Press, Princeton, New Jersey, 1966.

Bataillon, Marcel, *Érasme et l'Espagne. Recherches sur l'histoire spirituelle du XVIe siècle*, E. Droz, París, 1937; trad. cast. de Antonio·Alatorre, puesta al día y aumentada: *Erasmo y España*, Fondo de Cultura Económica, 1950, 1966[2] (con nuevas adiciones); reimpresión de [1937], con apéndices: Cambridge University Press, Cambridge, en prensa.

—, «Le problème de l'incroyance au XVIe siècle, d'après Lucien Febvre», *Mélanges d'Histoire Sociale*, V (1944), pp. 5-26.

—, «L'Espagne religieuse dans son histoire. Lettre ouverte à Américo Castro», *Bulletin Hispanique*, LII (1950), pp. 5-26.

—, *Erasmo y el erasmismo*, Crítica (Filología, 1), Barcelona, 1977.

Baxandall, Michael, *Giotto and the Orators. Humanist observers of painting in*

Italy and the discovery of pictorial composition (1350-1450), Clarendon Press, Oxford, 1971.

Beardsley, Theodore S., *Hispano-Classical Translations Printed Between 1482 and 1699*, Duquesne University Press, Pittsburgh, 1970.

—, «Spanish Printers and the Classics: 1482-1599», *Hispanic Review*, XLVII (1979), pp. 25-35.

Bell, Aubrey F. G., «Notes on the Spanish Renaissance», *Revue Hispanique*, LXXX (1930), pp. 319-652; trad. cast. de Eduardo Juliá Martínez: *El Renacimiento español*, Ebro, Zaragoza, 1944.

Bennassar, Bartolomé, *Valladolid au Siècle d'Or. Une ville de Castille et sa campagne au XVIᵉ siècle*, Mouton, París-El Haya, 1967.

Billanovich, Giuseppe, «Dall'antica Ravenna alle biblioteche umanistiche», *Annuario a.a. 1955-57*, Università Cattolica del S. Cuore, Milán, 1958, pp. 71-107.

— ,«Auctorista, humanista, orator», *Rivista di cultura classica e medioevale*, VII (1965), pp. 143-163.

Blüher, Karl Alfred, *Seneca in Spanien. Untersuchungen zur Geschichte der Seneca-Rezeption in Spanien vom 13. bis 17. Jahrhundert*, Francke, Berna-Munich, 1969.

Braudel, Fernand, *La Méditerranée et le monde méditerranéen à l'époque de Philippe II*, Armand Colin, París, 1949, 1966²; trad. cast.: Fondo de Cultura Económica, México, 1968.

Bujanda, J. M. de, «La censure littéraire en Espagne au XVIᵉ siècle», *Canadian Journal of History. Annales canadiennes d'Histoire*, VII (1972), pp. 1-15.

Burke, Peter, *Tradition and Innovation in Renaissance Italy*, Fontana, Londres, 1974.

—, *Popular Culture in Early Modern Europe*, Temple Smith, Londres, 1978.

Campana, Augusto, «The Origin of the Word 'humanist'», *Journal of the Warburg and Courtauld Institutes*, IX (1946), pp. 60-73.

Carande, Ramón, *Carlos V y sus banqueros*, Sociedad de Estudios y Publicaciones, Madrid, vol. I: 1943 (1965²), II: 1949, III: 1967; ed. abreviada, en dos vols.: Crítica, Barcelona, 1977.

Caro Baroja, Julio, *Los judíos en la España moderna y contemporánea*, Madrid, 1963, tres vols.

—, *El Carnaval*, Taurus, Madrid, 1965.

—, *Vidas mágicas e Inquisición*, Taurus, Madrid, 1967, dos vols.

—, *Las formas complejas de la vida religiosa. (Religión, sociedad y carácter en la España de los siglos XVI y XVII)*, Akal, Madrid, 1978.

Casalduero, Joaquín, «Algunas características de la literatura española del Renacimiento y del Barroco» (1969), en *Estudios de Literatura Española*, Gredos, Madrid, 1973³.

Castro, Américo, *El pensamiento de Cervantes*, Centro de Estudios Históricos (Anejo VI a la *Revista de Filología Española*), Madrid, 1925; nueva ed. ampliada con notas del autor y de J. Rodríguez Puértolas, Noguer, Barcelona, 1972.

—, «Lo hispánico y el erasmismo», en *Revista de Filología Hispánica*, II (1940), pp. 1-34, IV (1942), pp. 1-66; reimpr. con correcciones en *Aspectos del vivir hispánico*, Cruz del Sur, Santiago de Chile, 1949, y Alianza, Madrid, 1970.

—, *España en su historia: cristianos, moros y judíos*, Losada, Buenos Aires, 1948; 2.ª versión, *La realidad histórica de España*, Porrúa, México, 1954; nueva ed. (incompleta), 1962 ².

—, *De la edad conflictiva*, Taurus, Madrid, 1963 ².

Ciliberto, Michele, *Il Rinascimento. Storia di un dibattito*, La Nuova Italia, Florencia, 1975.

Clerico, Geneviève, trad., pról. y notas, Franciscus Sanctius, *La Minerve*, Presses Universitaires de Lille, Lille, 1980.

Colloque 1976 = A. Redondo, ed., *L'Humanisme dans les lettres espagnoles (XIXᵉ Colloque international d'Études humanistes, Tours 5-17 juillet 1976)*, J. Vrin, París, 1979.

Chabod, Federico, *Scritti sul Rinascimento*, Einaudi, Turín, 1967.

Chastel, André, y Robert Klein, *L'âge de l'Humanisme. L'Europe de la Renaissance*, París, 1963; trad. cast.: *El Humanismo*, Salvat, Barcelona, 1971.

Chaunu, Pierre, *La España de Carlos V*, Península, Barcelona, 1976, dos vols.

Di Camillo, Ottavio, *El humanismo castellano del siglo XV*, Fernando Torres, Valencia, 1976.

Díaz-Plaja, Fernando, *La historia de España en sus documentos. El siglo XVI*, Instituto de Estudios Políticos, Madrid, 1958.

Dionisotti, Carlo, «Discorso sull'umanesimo italiano», en *Geografia e storia della letteratura italiana*, Einaudi, Turín, 1967.

Domínguez, Aurora, *El libro sevillano durante la primera mitad del siglo XVI*, Universidad de Sevilla, 1975.

Domínguez Ortiz, Antonio, *Los judeoconversos en España y América*, Istmo, Madrid, 1971.

—, *El Antiguo Régimen: Los Reyes Católicos y los Austrias*, Alianza (Historia de España [de] Alfaguara, III), Madrid, 1973.

Eisestein, Elisabeth, *The Printing Press as an Agent of Change*, Cambridge University Press, Cambridge, 1979, dos vols.

Elliott, J. H., *Imperial Spain. 1469-1716*, Londres, 1963; trad. cast.: *La España imperial*, Vicens Vives, Barcelona, 1965.

—, *The Old World and the New 1492-1650*, Cambridge University Press, Cambridge, 1972; trad. cast.: *El viejo mundo y el nuevo*, Alianza, Madrid, 1976.

Febvre, Lucien, y H. J. Martin, *L'apparition du livre*, A. Michel, París, 1958 (1971 ²); trad. cast. de A. Millares Carlo: *La aparición del libro*, UTEHA, México, 1959.

—, *Le problème de l'incroyance au XVIᵉ siècle. La religion de Rabelais*, Albin Michel, París, 1942, reimpr. 1968.

Ferguson, Wallace K., *The Renaissance in Historical Thought. Five Centuries of Interpretation*, Boston, 1948; trad. francesa: *La Renaissance dans la pensée historique*, Payot, París, 1959; trad. italiana: *Il Rinascimento nella critica storica*, Il Mulino, Bolonia, 1969.

Fernández Álvarez, Manuel, *La sociedad española del Renacimiento*, Anaya, Salamanca, 1970, 1974 ².

Flores Sellés, Cándido, *Epistolario de Antonio Agustín,* Universidad de Salamanca, 1980.

Gallego Barnés, Andrés, *Juan Lorenzo Palmireno. Contribution à l'histoire de l'Université de Valencia,* Université de Toulouse le Mirail, 1979 (tesis).

García, Constantino, ed., C. de Villalón, *Gramática castellana,* CSIC, Madrid, 1971.

García Berrio, Antonio, *Formación de la teoría literaria moderna,* vol. I, Cupsa, Madrid, 1977; vol. II, Universidad de Murcia, Murcia, 1980.

García Villoslada, Ricardo, *La Universidad de París durante los estudios de Francisco de Vitoria,* Pontificia Universidad Gregoriana, Roma, 1938.

—, «Humanismo y Renacimiento», en G. Díaz-Plaja, ed., *Historia general de las literaturas hispánicas,* vol. II, Editorial Barna, Barcelona, 1951, páginas 319-433.

Garin, Eugenio, *L'umanesimo italiano,* Laterza, Bari, 1952 (1964[3] y reimpresiones).

—, *L'educazione in Europa, 1400-1600,* Laterza, Bari, 1957, 1966[2], 1976[3].

—, *La cultura del Rinascimento,* Laterza, Bari, 1973[3].

—, *Rinascite e rivoluzioni,* Laterza, Bari, 1975.

—, *La revolución intelectual del Renacimiento,* Crítica, Barcelona, 1981 (selección de estudios del autor).

Gil Fernández, Luis, «El humanismo español del siglo XVI», *Estudios clásicos,* núm. 11 (1967), pp. 209-297.

—, «Apuntamientos para un análisis sociológico del humanismo español», *Estudios clásicos,* núm. 83 (1979), pp. 143-171.

—, «Gramáticos, humanistas, dómines», *El Basilisco,* núm. 9 (enero-abril, 1980), pp. 20-30.

Gilman, Stephen, «The Problem of Spanish Renaissance», *Folio,* núm. 10 (1977): *Studies in the Literature of Spain, 16th and 17th Centuries,* ed. M. J. Ruggerio, Brockport, Nueva York, pp. 37-57.

Gimeno Casalduero, Joaquín, *La Creación Literaria de la Edad Media y del Renacimiento,* Porrúa, Madrid, 1977.

Gombrich, Ernst H., *Symbolic Images. Studies in the Art of the Renaissance,* Phaidon, Londres, 1972.

—, *Tras la historia de la cultura,* Ariel, Barcelona, 1977 (contiene la trad. castellana de *In Search of Cultural History,* Oxford, 1969, y de otros ensayos dispersos).

Green, Otis H., «A Critical Survey of Scholarship in the Field of Spanish Renaissance Literature, 1914-1944», *Studies in Philology,* XLIV (1947), páginas 228-262.

—, *Spain and the Western Tradition. The Castillian Mind in Literature from El Cid to Calderón,* University of Wisconsin Press, Madison, 1963, 1964, 1965, 1966, 4 vols.; trad. cast.: *España y la tradición occidental. El espíritu castellano en la literatura desde El Cid hasta Calderón,* Gredos, Madrid, 1969, 4 vols.

—, *The Literary Mind of Medieval & Renaissance Spain,* University Press of Kentucky, Lexington, 1970.

Grendler, Paul F., «The Concept of Humanist in Cinquecento Italy», en *Renaissance Studies... H. Baron,* Sansoni, Florencia, 1971, pp. 447-463.

Helton, Tinsley, ed., *The Renaissance. A Reconsideration of the Theories and Interpretations of the Age,* University of Wisconsin Press, Madison, 1961.

Isaza y Calderón, Baltasar, *El retorno a la naturaleza. Los orígenes del tema y sus direcciones fundamentales en la literatura española,* Madrid, 1934.

Jacquot, Jean, ed., *Les fêtes de la Renaissance,* II: *Fêtes et cérémonies au temps de Charles-Quint,* CNRS, París, 1960.

Jiménez Delgado, José, pról. y trad., Juan Luis Vives, *Epistolario,* Editora Nacional, Madrid, 1978.

Jones, William M., ed., *The present State of Scholarship in Sixteenth-Century Literature,* University of Missouri Press, Columbia y Londres, 1978 (pp. 71-104: Beardsley, Theodore S., Jr., «Spanish Literature»).

Jover, José María, *Carlos V y los españoles,* Madrid, 1963.

Kagan, Richard I., *Students and society in Early Modern Spain,* The Johns Hopkins University Press, Baltimore, 1974.

Kamen, Henry, *La Inquisición española,* Crítica, Barcelona, 1979 [2].

Klemperer, Victor, «Gibt es eine spanische Renaissance?», *Logos. Internationale Zeitschrift für Philosophie der Kultur,* XVI: 2 (1927), pp. 129-161.

Kohut, Karl, *Las teorías literarias en España y Portugal durante los siglos XV y XVI,* Consejo Superior de Investigaciones Científicas, Madrid, 1973.

Kristeller, Paul Oskar, *Studies in Renaissance Thought and Letters,* Storia e Letteratura, Roma, 1956, 1969 [2].

—, *Renaissance Thought,* [I] y II, Harper, Nueva York, 1961 y 1965.

—, *Eight Philosophers of the Italian Renaissance,* Stanford University Press, Stanford California, 1964; trad. cast.: *Ocho filósofos del Renacimiento italiano,* trad. M. Martínez Peñaloza, Fondo de Cultura Económica, México, 1970.

—, «The Impact of Early Italian Humanism on Thought and Learning», en B. S. Levy, ed., *Developments in the Early Renaissance,* State University of New York, Albany, 1972, pp. 120-157.

—, «Le mythe de l'athéisme de la Renaissance et la tradition française de la libre pensée», *Bibliothèque d'Humanisme et Renaissance,* XXXVII (1975), pp. 337-348.

Lafond, Jean, y Augustin Redondo, *L'image du monde renversé et ses représentations littéraires et para-littéraires de la fin du XVIe siècle au milieu du XVIIe,* J. Vrin, París, 1979.

Lapesa, Rafael, *Historia de la lengua española,* Gredos, Madrid, 1980 [8] (refundida y muy aumentada).

Lawrance, Jeremy N. H., *Una epístola de Alfonso de Cartagena sobre la educación y los estudios literarios,* Universidad Autónoma de Barcelona (Publicaciones del Seminario de literatura medieval y humanística), Bellaterra, Barcelona, 1979.

—, «Nuño de Guzmán and early Spanish humanism: some reconsiderations», *Medium Aevum,* XLIX (1980).

Lida de Malkiel, María Rosa, *Juan de Mena, poeta del Prerrenacimiento español,* Colegio de México, México, 1950.

Lida de Malkiel, María Rosa, «La tradición clásica en España» (1951), *La tradición clásica en España*, Ariel, Barcelona, 1975, pp. 339-397.

Logan, George M., «Substance and form in Renaissance humanism», *Journal of Medieval and Renaissance Studies*, VII: 1 (1977), pp. 1-34.

López Piñero, José María, *Ciencia y técnica en la sociedad española de los siglos XVI y XVII*, Labor, Barcelona, 1979.

—, *El arte de navegar en la España del Renacimiento*, Labor, Barcelona, 1979.

López Rueda, José, *Helenistas españoles del siglo XVI*, CSIC, Madrid, 1973.

Lynch, John, *Spain under the Habsburgs*, Basil Blackwell, Oxford, 1965, 1969; trad. cast.: *España bajo los Austrias*, Península, Barcelona, 1970, dos vols.

Lleó Cañal, Vicente, *Nueva Roma: mitología y humanismo en el Renacimiento sevillano*, Diputación Provincial de Sevilla, Sevilla, 1979.

Maravall, José Antonio, *Las Comunidades de Castilla. Una primera revolución moderna*, Revista de Occidente, Madrid, 1963; Alianza Editorial, 1979 [3] (revisada).

—, *Antiguos y modernos: la idea de progreso en el desarrollo inicial de una sociedad*, Sociedad de Estudios y Publicaciones, Madrid, 1966.

—, *Estado moderno y mentalidad social (siglos XV a XVII)*, Revista de Occidente, Madrid, 1972, 2 vols.

—, «Un humanisme tourné vers le futur: littérature historique et vision de l'histoire en Espagne au XVIe siècle», en *Colloque 1976*, pp. 337-348.

—, *La cultura del Barroco*, Ariel, Barcelona, 1980 [2].

Márquez Villanueva, Francisco, «Sobre la occidentalidad cultural de España» (1970), *Relecciones de literatura medieval*, Universidad de Sevilla, Sevilla, 1977, pp. 135-168.

—, *Personajes y temas del «Quijote»*, Taurus, Madrid, 1975.

—, «Planteamiento de la literatura del 'loco' en España», *Sin Nombre*, X: 4 (1980), pp. 7-25.

Martí, Antonio, *La preceptiva retórica española en el Siglo de Oro*, Gredos, Madrid, 1972.

Michelena, Luis, «El Brocense, hoy», *Homenaje a la memoria de D. Antonio Rodríguez-Moñino*, Castalia, Madrid, 1975, pp. 429-442.

Moreno Báez, Enrique, *Nosotros y nuestros clásicos*, Gredos Madrid, 1968 [2] (corregida).

Nader, Helen, *The Mendoza Family in the Spanish Renaissance (1350 to 1550)*, Rutgers University Press, New Brunswick, N. J., 1979.

Nauert, Charles G., «Humanists, Scientists, and Pliny: Changing Approaches to a Classical Author», *The American Historical Review*, LXXXIV (1979), pp. 72-85.

Noreña, Carlos G., *Juan Luis Vives*, M. Nijhoff, El Haya, 1970; trad. cast.: Ediciones Paulinas, Madrid, 1978.

Norton, F. J., *Printing in Spain (1501-1520)*, Cambridge University Press, Cambridge, 1968.

—, *A descriptive Catalogue of Printing in Spain and Portugal (1501-1520)*, Cambridge University Press, Cambridge, 1978.

Onís, Federico de, «El concepto de Renacimiento aplicado a la literatura española» (1926), *Ensayos sobre el sentido de la cultura española*, Residencia de Estudiantes, Madrid, 1932, pp. 197-223.

Padley, G. A., *Grammatical Theory in Western Europe, 1500-1700. The Latin Tradition*, Cambridge University Press, Cambridge, 1976.

Panofsky, Erwin, *Studies in Iconology. Humanistis Themes in the Art of Renaissance*, Harper, Nueva York, 1962[2]; trad. cast.: Alianza Editorial, Madrid, 1972.

—, *Renaissance and Renascences in Western Art* (1960), Penguin, Harmondsworth, 1970; trad. cast.: Alianza Editorial, Madrid, 1975.

Paparelli, Gioacchino, *Feritas, humanitas, divinitas. Le componenti dell'umanesimo*, G. D'Anna, Messina-Florencia, 1960, 1973[2].

Parker, Alexander A., «An Age of Gold: Expansion and Scholarship in Spain», en Denis Hay, ed., *The Age of the Renaissance*, McGraw Hill, Nueva York, 1967, pp. 221-248.

—, «Recent Scholarship in Spanish Literature», *Renaissance Quarterly*, XXI (1968), pp. 118-122.

Pérez, Joseph, *La Révolution des «Comunidades» de Castille (1520-1521)*, Institut d'Études Ibériques et Ibéro-américaines, Burdeos, 1970; trad. castellana, Siglo XXI, Madrid, 1978.

—, *L'Espagne du XVIᵉ siècle*, Armand Colin, París, 1973.

—, «Humanismo y escolástica», *Cuadernos hispanoamericanos*, núm. 334 (1978), pp. 28-39.

Pfeiffer, Rudolf, *History of Classical Scholarship. From 1300 to 1850*, Clarendon Press, Oxford, 1976.

Pozzi, Giovanni, «Appunti sul *Corollarium* del Barbaro», en *Tra latino e volgari. Per Carlo Dionisotti*, Antenore, Padua, 1974, pp. 619-640.

Problemi = M. Boas Hall, A. Chastel y otros, *Il Rinascimento. Interpretazioni e problemi*, Laterza, Bari, 1979.

Reynolds, L. D., y N. G. Wilson, *Copisti e filologhi*, trad. M. Ferrari, Antenore, Padua, 1974[2].

Rico, Francisco, *El pequeño mundo del hombre. Varia fortuna de una idea en las letras españolas*, Castalia, Madrid, 1970.

—, «*Laudes litterarum*: humanisme et dignité de l'homme dans l'Espagne de la Renaissance», en *Colloque 1976*, pp. 31-50 (original español en *Homenaje a Julio Caro Baroja*, Centro de Investigaciones Sociológicas, Madrid, 1978, pp. 895-914).

—, *Nebrija frente a los bárbaros*, Universidad de Salamanca, Salamanca, 1978.

—, «Un prólogo al Renacimiento español», en *Homenaje al profesor Marcel Bataillon*, Universidad de Sevilla, Sevilla, 1980, pp. 59-94.

—, «Colombo e Nebrija. La geografia umanistica e il contesto culturale della scoperta dell'America», en *Testimonia Antiquitatis. Per Giuseppe Billanovich*, Antenore, Padua, en prensa.

—, *La invención del Renacimiento en España*, Crítica (Filología), Barcelona, en preparación.

Rico Verdú, José, *La retórica española de los siglos XVI y XVII*, Consejo Superior de Investigaciones Científicas, Madrid, 1973.

Riquer, M. de, *Història de la literatura catalana*, vols. II y III, Ariel, Barcelona, 1964.

Round, Nicholas G., «Renaissance Culture and its Opponents in Fifteenth-century Castile», *Modern Language Review*, LVII (1962), pp. 204-215.

Rubió i Balaguer, Jordi, *De l'Edat Mitjana al Renaixement*, Aymà, Barcelona, 1948; Teide, Barcelona, 1979 ².

—, *La cultura catalana del Renaixement a la Decadència*, Edicions 62, Barcelona, 1964.

—, «Humanisme i Renaixement», *VIII Congreso de Historia de la Corona de Aragón*, vol. III: 2, Valencia, 1973, pp. 9-36.

Russell, Peter E., «Las armas contra las letras: para una definición del humanismo español del siglo xv», *Temas de «La Celestina» y otros estudios*, Ariel, Barcelona, 1978, pp. 207-239.

Sabbadini, Remigio, *Le scoperte dei codici latini e greci ne' secoli XIV e XV* (1905-1914), Sansoni, Florencia, 1967 ², con pról. de E. Garin.

—, *Il metodo degli umanisti*, Florencia, 1920.

Sainz Rodríguez, Pedro, *La siembra mística del cardenal Cisneros y las reformas en la Iglesia ...*, Real Academia Española, Madrid, 1979.

— y otros, *Homenaje a Luis Vives*, Fundación Universitaria Española, Madrid, 1977.

Salomon, Noël, *La Campagne de Nouvelle Castille à la fin du XVIe siècle d'après les «Relaciones topográficas»*, SEVPEN, París, 1964; trad. castellana: Planeta, Barcelona, 1973.

Sebastián, Santiago, *Arte y humanismo*, Cátedra, Madrid, 1978.

Secret, François, *Les Kabbalistes chrétiens de la Renaissance*, París, 1964; traducción cast.: Taurus, Madrid, 1979.

Seigel, Jerrold E., *Rethoric and Philosophy in Renaissance. Humanism. The Union of Eloquence and Wisdom, Petrarch to Valla*, Princeton University Press, Princeton, 1968.

Shepard, Sanford, *El Pinciano y las teorías literarias del Siglo de Oro*, Gredos, Madrid, 1970 ².

Sicroff, A. A., *Les controverses des status de «pureté de sang» en Espagne du XVe au XVIIe siècle*, Didier, París, 1960.

Simone, Franco, «La coscienza della Rinascita negli umanisti», *La Rinascita*, II (1939), pp. 838-871, y III (1940), pp. 163-186.

—, *La coscienza della rinascita negli umanisti francesi*, Storia e Letteratura, Roma, 1949.

—, *Il Rinascimento francese*, SEI, Turín, 1965.

Solana, Marcial, *Historia de la filosofía española. Época del Renacimiento*, Asociación española para el progreso de las ciencias, Madrid, 1941, tres vols.

Tate, Robert B., *Joan Margarit i Pau, Cardenal i Bisbe de Girona*, Curial, Barcelona, 1976.

—, «La geografía humanística y los historiadores españoles del siglo xv», en P. S. N. Russell-Gebbett y otros, *Belfast Spanish and Portuguese Papers*, The Queen's University of Belfast, Belfast, 1979, pp. 237-242.

—, «The civic humanism of Alonso de Palencia», *Renaissance and Modern Studies*, XXIII (1979), pp. 25-44.

Tellechea Idígoras, J. Ignacio, «Cartas inéditas de un inquisidor por oficio. El Dr. Simancas y el proceso romano de Carranza», *Homenaje a Julio Caro Baroja*, Centro de Investigaciones Sociológicas, Madrid, 1978, pp. 965-999.

Toffanin, Giuseppe, *La fine dell'Umanesimo*, Milán-Turín, 1920, reelaborado, con otros libros del autor, en su *Storia dell'Umanesimo dal XII al XVI secolo*, Nápoles, 1933, y Bolonia, 1950 [4].

Trinkaus, Charles, «*In Our Image and Likeness*». *Humanity and Divinity in Italian Humanist Thought*, Chicago y Londres, 1970, dos vols.

Trueblood, Alan S., «Tres calas en el Renacimiento español», *Anales de la Universidad de Chile*, núm. 121-122 (1961), pp. 15-29.

Ullman, B. L., «Renaissance: The Word and the Underlying Concept» (1952), en sus *Studies in the Italian Renaissance*, Storia e Letteratura, Roma, 1973 [2], pp. 11-26.

Vasoli, Cesare, *Umanesimo e Rinascimento*, Palumbo, Palermo, 1969.

Vilanova, Antonio, «Preceptistas de los siglos XVI y XVII», en G. Díaz-Plaja, ed., *Historia general de las literaturas hispánicas*, vol. III, Barna, Barcelona, 1953, pp. 567-692.

Vilar, Pierre, *La Catalogne dans l'Espagne moderne*, SEVPEN, París, 1962, 3 vols.; versión cast. abreviada: Crítica, Barcelona, 1978.

Eugenio Garin

DE LAS «TINIEBLAS» A LA «LUZ»:
LA CONCIENCIA DE UNA REVOLUCIÓN INTELECTUAL

Fue precisamente en la misma época del Renacimiento cuando comenzó a delinearse la imagen de las «tinieblas» medievales, la imagen de un período intermedio de crisis entre la ejemplar civilización clásica y su renacer a través de una progresiva «iluminación» de las mentes. Edad Media y Renacimiento, considerados como períodos históricos netamente caracterizados, no son abstracciones conceptuales elaboradas por la historiografía: su matriz común reside en la viva polémica humanística mantenida entre los siglos XIV y XV, polémica que también de otras fuentes tomó imágenes y formas, sobre las cuales los historiadores han llamado la atención con variable énfasis y acierto. [...]

Los humanistas —notaba Ferguson [1948]— fueron sin duda conscientes de estar viviendo en un clima de gran revitalización cultural, pero en cuanto a cuáles eran los elementos nuevos en su época limitaron su conciencia al campo de la literatura clásica y las bellas artes. Y fue precisamente tomando por punto de referencia esta área tan restringida como echaron los cimientos sobre los que iba a construirse la periodización tripartita de la historia europea [antigüedad, medioevo, nuevos tiempos], esa convención tan ampliamente aceptada en siglos posteriores.

Eugenio Garin, «Età buie e rinascite: un problema di confini», *Rinascite e rivoluzioni. Movimenti culturali dal XIV al XVIII secolo*, Laterza, Bari, 1975, pp. 5-38 (13, 19, 21-23, 28-30, 33-35); trad. cast. de D. Bergadà, *La revolución intelectual del Renacimiento*, Crítica, Barcelona, 1981.

A decir verdad, la cuestión es mucho más compleja. [...] En los orígenes no hallamos en ningún caso la conciencia histórica de estar gestando una renovación: la famosa «conciencia de renacimiento». No obstante, sí encontramos, modulada de formas muy diversas, la denuncia de una crisis en profundidad: la rebelión, o los intentos de hacerla realidad, frente a una situación cultural insostenible. En sus inicios, la antítesis se configura como apelación a los «antiguos» contra los «modernos». Los «bárbaros» contra los que se combate en el siglo XIV, y ante los que se esgrime la obra de los clásicos gre-corromanos, son los «modernos»: lógicos, físicos, teólogos, profesores de moda y famosos en las universidades francesas e inglesas (entre los autores escolásticos, el propio término «modernos» es de muy compleja delimitación). Así, ya en la polémica del siglo XII, eran «modernos» cuantos al estudio de los *auctores* tradicionales oponían el de las nuevas corrientes histórico-científicas, la *brevitas* de las *res* a la elegancia de las formas «retóricas». [...]

Por extraño que parezca, no se ha insistido como sería de desear en que para los diversos autores «renacentistas» la duración de la tenebrosa noche medieval llega a oscilar entre el siglo y el milenio. Para Domenico di Bandino, la luz se extingue en Occidente con Alain de Lille —con el *Anticlaudianus* para ser más exactos— y vuelve a refulgir con Dante. [...] Para Filippo Villani, el *abismo de las tinieblas* se abre, por culpa y avaricia de los césares, con la muerte de Claudiano, cerrándose con la aparición de Dante. Para Leonardo Bruni la noche medieval se prolonga durante siete siglos, desde la caída del Imperio, si bien el período más lóbrego a sus ojos será precisamente la era imperial hasta su crisis y el renacer las autonomías ciudadanas. Para Mateo Palmieri la edad de las tinieblas se habría prolongado ochocientos años, para Giannozzo Manetti novecientos (*per noningentos circiter annos vel demortuam vel sopitam*); para Valla, quien más que en las artes y la poesía fija su atención en la teología, el punto en que estalla la crisis lo marca Boecio. No es raro que se extienda el período oscurantista hasta alcanzar el milenio, y Flavio Biondo intentará encerrar en los mil años que van del 412 al 1412 un período histórico completo. De estas observaciones se desprende de inmediato que, a pesar de mantenerse constantes ciertas imágenes arquetípicas como luces-tinieblas, muerte-renacimiento, etc., no se está hablando de lo mismo cuando se hace referencia a un siglo o a un milenio. [...]

[Desde el siglo XII, en las escuelas, especialmente en las francesas, se desdeña a los *auctores* clásicos, las artes del lenguaje, las disciplinas morales, en favor de la lógica, la física, la ciencia aristotélica; y la nueva concepción de un mundo con frecuencia deshumanizado y fatalmente determinado —Dios es 'el motor inmóvil' antes que el 'Padre' de los cristianos— se difunde en una lengua cada vez más lejana de la elegante pureza antigua y más llena de fórmulas y tecnicismos. Pero la polémica contra esos planteos de los «modernos» escolásticos es ya frontal en Petrarca y no pocos coetáneos suyos.]

La tesis por muchos sostenida de que la naciente reforma humanística poseía únicamente un carácter retórico-literario, sin ningún propósito de actuar en cierta medida en los terrenos teórico y filosófico, menosprecia un dato básico, fundamental. A saber, la polémica se desplazó casi de inmediato y con plena conciencia a un ámbito general, contra una visión «filosófica» de la función de la lógica, contra un determinado modo de plantear los problemas del hombre y la sociedad, contra un modo de contemplar las relaciones entre ciencias morales y ciencias naturales, contra una presunta hegemonía de la «física». Sea cual fuere el origen de los fermentos de los primeros humanistas, no debe olvidarse cuán precisa fue su individualización del adversario a batir y su declaración de vínculos con el siglo XII, y a través de éste, con los *antiqui*. Su crítica está contra una concepción del mundo elaborada a través de la «lógica» y del lenguaje en que ésta se manifiesta y del que se sirve. La «poesía» que se defiende, y cuyo elogio se teje, es una teología poética del mismo tipo que la poesía filosófica de los pensadores del XII, los filósofos de Chartres y Alain de Lille. Ésta será la poesía del «teólogo» Dante. Las «tinieblas» no equivalen a una «barbarie» lingüística, si no es en tanto que una lengua no puede por menos de ser bárbara si expresa un pensamiento bárbaro. En resumen, no se trata de introducir una corrección «gramatical» o adornar con ribetes retóricos una teoría válida de por sí; se trata de oponer una teoría a otra teoría; se trata de refutar el reduccionismo de todas las artes, ciencias y filosofías a dialéctica. [...]

Llegados a este punto, podemos sacar algunas conclusiones. La primera rebelión contra la edad de las tinieblas y la ignorancia se planteó objetivos bien delimitados, incluso con referencia al tiempo. La época oscura comprendía el siglo XIII y parte del XIV; las tinieblas se concretaban en el logicismo y la física aristotelizante, con su pretensión de invadir todo campo de la cultura. En contrapartida, y desde una perspectiva más «humana» de las cosas, se defendía el valor de la «poesía», por lo general entendida como «teología poética»; frente a los «modernos», se propugnaba un retorno a aquellos *auctores antiqui* que habían dominado el panorama durante el siglo XII. En otras palabras, se trataba de una edad de las tinieblas de poco más de un siglo de duración, caracterizada por una «barbarie» «dialéctica» y frente a la que se enarbolaban las banderas de los *auctores* y la teología de los Padres de la Iglesia. [La confluencia en un escenario común de fermentos de muy diverso orden y la gran obra mediadora de Petrarca dieron nuevo ímpetu al movimiento original y llegaron a cambiarlo de raíz.]

Cada vez se presentía con más fuerza la necesidad de establecer una reforma de la Iglesia, y ello en una atmósfera agitada por fermentos de renovación religiosa y de crisis política, entre las repercusiones del exilio del pontificado en Aviñón y las vicisitudes de Ludovico el Bávaro. Confluían, en una atmósfera generalizada de desconcierto y expectación, anuncios proféticos, esperanzas de palingenesia y previsiones «científicas» fundadas en una visión cíclica de la historia que se ajustaba al ritmo de periódicas revoluciones cósmicas. Se entretejían en las más diversas combinaciones ecos joaquimitas, temas herméticos e influjos astrológicos. Está a punto de perecer una época, el mundo decae, envejece, y muere toda una era para dejar paso a una ansiada *renovatio*. Roma, ciudad santa de la Iglesia y *caput mundi*, y la «sacra Italia», deben retornar a sus orígenes religiosos y políticos para hacer frente a la amenaza de los «bárbaros», tanto europeos como de fuera de Europa: godos, galos y orientales. El exilio aviñonés y las injerencias imperiales alimentan una polémica cultural y religiosa veteada de nacionalismos, mientras que la tensión ante la permanente amenaza que representa el mundo musulmán se entremezcla con posiciones antigálicas, antibritánicas y antigóticas. A mediados del siglo XIV la confluencia de la batalla cultural contra la barbarie de los «modernos» y el complejo de fermentos apuntado más arriba provocan una profunda transformación en el modo de contemplar, ya sea aquello contra lo que se revelaban, ya sea el mismísimo sentido de la rebelión. Y así fue como la *ignorantia* de poco más de un siglo se transformaba en un milenio de tinieblas, mientras que los «lógicos británicos» quedaban vinculados a las hordas bárbaras que habían arrasado el Imperio romano. Así fue como la *renovatio* quedó transfigurada en nacimiento de un nuevo Adán y en reunificación del género humano bajo el signo de una paz universal. [...] Ahora, lo «antiguo» y su «renacer», la *reformatio* y la *renovatio*, se transforman en idealidades universales, con un peso que no sólo trasciende los confines de todo conflicto literario, lingüístico y genéricamente cultural, sino también los de un resurgimiento nacional, para asumir una profunda resonancia pedagógica, metafísica y teológica universales. Los «antiguos» ya no son los viejos *auctores* tan caros a los hombres del siglo XII, sino los griegos, con su lengua y su poesía, con su filosofía y su ciencia, y Melanchton subrayará con acierto el decisivo peso que para el cambio representa la enseñanza del griego en Florencia. Pero junto a los griegos, los orientales y la sugerente invitación que representaban los textos bíblicos en sus versiones originales, la apelación a las fuentes de la vida, la verdad y la luz, la reivindicación de la inocencia primigenia y la pureza natural en la unidad y la paz de un género humano indiviso. Constátese, no obstante, que se trata de temas que irán aflorando paso a paso, acentuándose en razón de los cambios concretos de horizonte, agostándose o aislándose según las vicisitudes, variando a un mismo tiempo la configuración de los objetivos a combatir, las tinieblas a disipar y los enemigos a vencer (la «nueva» Roma, la «nueva» Atenas, la «nueva» Jerusalén).

De ahí que varíe la duración de la edad de las tinieblas, pues en realidad lo que cambia es el carácter mismo de la edad de las tinieblas, y lo hace hacia posturas cada vez más radicales porque así lo hace la revuelta, su interpretación y los ideales y mitos que le acompañan en el viaje. De ahí los setecientos años de Bruni, los ochocientos de Palmieri, los novecientos de Manetti ¡y finalmente, el milenio! La «conciencia», aquella «conciencia» sobre la que tanto se ha insistido, no es más que la compleja elaboración y ampliación progresiva de una batalla cultural —y no sólo cultural— que, mientras condena una época, quiere precisar el objeto de condenación en todos sus aspectos y definir sus contrapropuestas; los patrones de medida quiere además ubicarlos, no sólo en el terreno de las ideas, sino también en el de las técnicas y las instituciones. Por consiguiente, no es tanto «conciencia» de cuanto sucede sino de lo que *debe* acaecer para que las luces acaben triunfando sobre las tinieblas. A un mismo tiempo, son deseos de determinar las causas de dichas tinieblas y de los monstruos que las pueblan, desde la barbarie del latín corrupto en el terreno lingüístico al declive de la educación ofrecida en el terreno pedagógico, desde la estupidez filosófica a la crisis religiosa (teológica, moral y política). La intervención de Lorenzo Valla en los tres puntos neurálgicos, lingüístico, filosófico y teológico, tiene un valor decisivo, y también le debemos una periodización destinada a consolidarse con el tiempo, la que hacía arrancar de Boecio y el aristotelismo latino el gran declive de la religión cristiana, con todas sus consecuencias. La batalla lingüística, las requisitorias contra los juristas o el ataque al legado constantiniano se convierten casi en corolarios de una revuelta religiosa que identifica la Edad Media y sus tinieblas con el abandono por parte de la Iglesia y sus sacerdotes del auténtico sentido del mensaje de Cristo. La filología bíblica, la discusión jurídica, la nueva «dialéctica», lo mismo que la nueva moral «humana» o la rebelión antitomista y, más en general, antiescolástica, extraen todo su vigor de profundas ansias religiosas, de la sentida necesidad de llevar a cabo una renovación radical. A finales de siglo, en clave hermética, Giovanni Pico esboza los rasgos del «nuevo Adán», mientras Giovanni Nesi, ferviente admirador de Pico y discípulo de Savonarola, anunciará el advenimiento del «siglo nuevo». Obviamente, cuando se cierra un milenio, el que transcurre del 500 al 1500.

De un lado, Vives y Erasmo, del otro, la batalla escolástica de los protestantes, definirán y perfilarán de modos diversos las tinieblas anticristianas del Medioevo, la larga noche vivida por la filología y la teología, el extravío de las ciencias y las *bonae artes*, la pérdida de la *humanitas*, y lo harán cargando el acento sobre uno u otro tema según les convenga. Vives escribirá: «con el tiempo, yendo siempre la humanidad de mal en peor, la ignorancia de griego y latín sumió en la máxima obscuridad a los siglos posteriores». Contra el carácter abstracto del saber escolástico [y en pro de conjugar práctica (*usus*) y teoría], he aquí la rotunda y espléndida afirmación de Pierre de la Ramée: «philosophiae coniunctus usus, philosophiae dies est; a philosophia disiunctus usus, philosophiae nox est».

Al iniciarse el siglo XVI ya se halla bien delimitada en sus trazos fundamentales la silueta del período de las tinieblas, de la edad del medio. Al difundirse fuera de Italia la nueva cultura, con la crisis y la polémica derivadas de la Reforma, con el avance turco hacia los confines del Imperio (otra entidad que «concluye» definitivamente), con las nuevas conquistas técnicas (por ejemplo, la imprenta), con los descubrimientos geográficos («siglo nuevo» y «nuevos mundos»), con la revolución copernicana (los «nuevos» cielos), cambia también de tonalidad la visión de los nuevos tiempos y su concreta relación con el pasado. Los orígenes se alejan para remontarse hasta la inocencia de la primitiva edad de oro, se introducen nuevas subdivisiones dentro de los siglos oscuros y, por encima de todo, se habla con enorme insistencia sobre lo «nuevo», sobre la luz emergida de las tinieblas, sobre un mundo que se ha ampliado, sobre un universo que ha mudado el rostro.

PAUL OSKAR KRISTELLER

EL TERRITORIO DEL HUMANISTA

El humanismo reúne en sus aspiraciones y en sus logros la destreza literaria, la erudición histórica y filológica y la sabiduría moral: tres facetas que para nosotros son claramente distintas pero que para los humanistas eran inseparables. La destreza literaria podía hasta cierto punto aprenderse, y tenía una gran importancia a los ojos de los humanistas, puesto que servía para conseguir una expresión efectiva, tanto en el habla como en la transmisión escrita, en verso como en prosa, en latín como en las lenguas vernáculas, de cualesquiera contenidos, ya sea en el terreno de las ideas, de las imágenes, de los sentimientos o de los hechos. La sabiduría debe ir unida con la elocuencia, según gustaban de repetir muchos humanistas, y según decía Ermolao Barbaro polemizando con G. Pico della Mirandola. Estamos acostumbrados a la idea de que el estilo literario carece de importancia para el filósofo, el científico o el teólogo, en compara-

Paul Oskar Kristeller, «Los antecedentes medievales del humanismo renacentista», en *Ocho filósofos del Renacimiento italiano* (1964), trad. M. Martínez Peñaloza, Fondo de Cultura Económica, México, 1970, pp. 191-212 (193-206); pero el primer párrafo está tomado de «The Impact of Early Italian Humanism on Thought and Learning», en B. S. Levy, ed., *Developments in the Early Renaissance*, State University of New York Press, Albany, 1972, pp. 120-157 (126-127).

ción con la validez de sus ideas; podríamos mencionar muchas autoridades antiguas, medievales y modernas en apoyo de esta idea, la cual puede incluso resultar correcta. Se trata de una idea que puede ayudarnos a comprender la filosofía escolástica medieval (y Pico nos apoyaría), pero que nos impediría por completo comprender adecuadamente el humanismo italiano y su contribución al pensamiento filosófico o general. Además, según los humanistas, la elocuencia y el saber estaban inextricablemente unidos con los estudios clásicos, con la historia y la filología, pues los humanistas tenían la firme convicción de que tanto el saber como la elocuencia, tanto el contenido como la forma de los textos, dependían del estudio e imitación de los autores griegos y latinos antiguos. Y a la inversa, la profunda aspiración al saber y a la elocuencia, junto con la convicción de que ambos pueden aprenderse con el máximo provecho de los antiguos, daba a los estudios clásicos una relevancia que probablemente no han tenido nunca más, ni antes ni después. Me siento impulsado incluso a dar un paso más: el pensamiento de los humanistas es inseparable de sus intereses literarios y académicos, análogamente a como el pensamiento de los filósofos escolásticos es inseparable de su teología, o el de los filósofos del siglo XVII de su física. El pensamiento renacentista, por lo menos en su parcela humanista, es siervo de las humanidades, y no de la teología —como ocurría con algunas filosofías medievales— ni de las ciencias —como ocurre con buena parte de la filosofía moderna—.

Entender el humanismo renacentista o dar una definición satisfactoria de él no es tan fácil como podemos desear. Naturalmente, deberíamos empezar por descartar la noción contemporánea de humanismo que indica, de una manera más bien nebulosa, cualquier clase de hincapié en los valores humanos y en los problemas humanos. Gran parte de la discusión reciente sobre el humanismo renacentista ha sufrido por el uso consciente o inconsciente de las resonancias modernas del término, y el resultado ha sido una gran confusión. Sin embargo, aunque eludamos esta trampa, la dificultad sigue siendo bastante grande. En años recientes la controversia sobre el significado del humanismo renacentista ha sido casi tan compleja y confusa como la controversia sobre el Renacimiento mismo. Algunos historiadores han asociado el humanismo renacentista con ciertas ideas políticas, teológicas y filosóficas, y hablan de humanismo cívico, o de humanismo cristiano o religioso, o extienden el término para incluir todo el conjunto de pensamiento y filosofía seculares producidos durante el período renacentista. Otros, siguiendo una tradición que se remonta al siglo XIX, han considerado al humanismo renacentista principalmente por sus contribuciones a la erudición clásica o al desarrollo de la literatura. Para complicar las cosas todavía más, el humanismo renacentista ha sido asociado con el paganismo o con el protestantismo o con el catolicismo, y en consecuencia se ha discutido si el humanismo fue reemplazado por la Reforma protestante y católica, o si cambió su complexión como resultado de estos acontecimientos, o si continuó viviendo en su forma original.

La mayor parte de estas opiniones, si bien incompatibles entre sí y sujetas a crítica, parecen contener algún núcleo de verdad. No puedo entrar aquí en una discusión completa de ellas, pero sí trataré de presentar mi propia opinión sobre el tema. He tratado de encontrar una fórmula que hiciera justicia a la mayoría de los aspectos y realizaciones del humanismo renacentista, si no a todos, y al mismo tiempo, de aproximarme tanto como es posible a lo que el mismo Renacimiento entendía por el término *humanista*. Porque el término *humanismo* fue acuñado a principios del siglo XIX, pero el término *humanista* se remonta al siglo XV tardío y estuvo en uso común durante el XVI. A partir de los documentos del período, se manifiesta más allá de toda duda que el Renacimiento tardío entendía por *humanista* un maestro o estudioso de las humanidades, de los *studia humanitatis*. Porque el término *studia humanitatis* es aún más antiguo que el término *humanista*, que se derivó de él. Aparece en los escritos de autores romanos antiguos tales como Cicerón y Gelio, y eruditos del siglo XIV como Coluccio Salutati lo tomaron de ellos. En este uso antiguo, las humanidades significaban una especie de educación liberal, es decir, una educación literaria digna de un caballero.

En el siglo XV, el término *studia humanitatis* adquirió un significado más preciso y técnico y aparece en documentos escolares y universitarios, así como en esquemas de clasificación para bibliotecas. La definición de entonces de los *studia humanitatis* comprendía cinco materias: gramática, retórica, poética, historia y filosofía moral. En otras palabras, en el lenguaje del Renacimiento un humanista era un representante profesional de estas disciplinas, y nosotros deberíamos tratar de entender el humanismo renacentista principalmente en términos de los ideales profesionales, intereses intelectuales y producciones literarias de los humanistas. Es cierto que muchos humanistas renacentistas acariciaban el ideal de una persona universalmente educada, y Vives diseñó una enciclopedia de erudición sobre una base humanística más que sobre principios escolásticos. También es cierto que muchos humanistas, o sabios con una formación humanista, tenían fuertes intereses en otras materias, además de las humanidades, e hicieron contribuciones importantes a estas materias. Sin embargo, es importante darse cuenta de que el territorio doméstico profesional de los humanistas era un círculo de estudios bien definido y limitado, que incluía un determinado grupo de disciplinas y excluía otras.

Porque el Renacimiento había heredado de la Edad Media tardía un cuerpo de conocimientos altamente articulado y especializado. Los días de las siete artes liberales en que la suma total de conocimientos seculares podía ser fácilmente dominada por cualquier estudiante competente se habían acabado hacía mucho. Su lugar había sido tomado —después del tremendo aumento de conocimientos en los siglos XI y XII, de la introducción de grandes cantidades de textos científicos y filosóficos traducidos del árabe y del griego y del surgimiento de la instrucción avanzada en las universidades durante el siglo XIII— por un número de disciplinas especializadas que ya no estaban dominadas por las mismas personas y por tanto desarrollaron cada una su propia tradición distinta: teología, derecho romano y canónico, medicina, matemáticas, astronomía y astrología, lógica y filosofía natural y finalmente gramática y retórica.

Esta articulación de los conocimientos que caracterizó a la Edad Media tardía proporcionó el esquema de la instrucción todavía durante el Renacimiento, aunque sufrió una serie de cambios y adiciones. En otras palabras, si queremos entender la historia de aquellas disciplinas doctas que no pertenecían a las humanidades, tenemos que estudiar la teología, jurisprudencia, medicina, matemática, lógica y filosofía natural del Renacimiento sobre el fondo de las tradiciones medievales en estos campos, aun cuando todas estas disciplinas sufrieran algunos cambios importantes durante el Renacimiento, en parte bajo la influencia del humanismo y en parte por otras razones. Así la lógica aristotélica y la filosofía natural del Renacimiento están ligadas al aristotelismo medieval de la Edad Media, y lo mismo es verdadero de las demás disciplinas que acabamos de mencionar. Viceversa, si buscamos la continuación de la lógica o física aristotélica medieval en el Renacimiento, tenemos que explorar el aristotelismo renacentista, algo que todavía no se ha hecho suficientemente. Cuando los historiadores de la ciencia afirman que el humanismo renacentista retardó el progreso de la ciencia en un siglo o dos, la observación está completamente fuera de foco. Es como decir que el progreso de la ciencia en el siglo xx es obstaculizado por la crítica literaria o por los filósofos existencialistas. El Renacimiento, como la Edad Media tardía, fue un período de intereses y tradiciones intelectuales diversificados y a menudo en competencia, y no podemos entender con propiedad a ningún pensador o movimiento a menos que los coloquemos firmemente donde les corresponde. [...]

Hemos puesto en lista los nombres de las cinco disciplinas humanísticas, pero podría ser bueno explicar los significados específicos de los términos como se entendían entonces, ya que a menudo difieren del uso ordinario de nuestro tiempo. La enseñanza de la primera materia, gramática, incluía —como ahora— las reglas formales que rigen el uso del lenguaje; pero además implicaba los elementos de latín que el escolar tenía que aprender como un instrumento preliminar para todos los demás estudios, ya que el latín seguía sirviendo como la lengua no solamente de la Iglesia, sino también de la erudición y de la instrucción universitaria, y de la conversación y correspondencia internacionales. Por tanto era de importancia vital para cualquier persona profesional poder no solamente leer latín, sino escribirlo y hablarlo. Más aún, desde la Antigüedad clásica ha sido tarea del maestro de gramática leer con sus estudiantes los poetas y prosistas romanos clásicos. Con el siglo xiv, el estudio de la poética empieza a separarse del de la gramática, y la gramática tiende a confinarse a un nivel más elemental. El estudio de la poética tenía claramente doble finalidad, como podemos ver en un gran número de documentos. Al estudiante se le enseñaba a leer y entender los poetas latinos clásicos, y al mismo tiempo aprendía a escribir poesía latina. Las dos tareas eran casi inseparables, porque la habilidad para escribir versos latinos se adquiría y desarrollaba a través de un estudio e imitación estrechos de los antiguos modelos latinos. En otras palabras, ninguno de los dos aspectos del estudio humanista de la poética se ocupaba de la poesía vernácula, y el concepto humanista de la poesía y del poeta estaba muy alejado de las ideas a las que el Romanticismo y las teorías modernas de estética y crítica literaria nos han acostumbrado. Cuando Petrarca fue coronado como poeta en el Capitolio, el acontecimiento debe entenderse en términos de este concepto humanista de la poesía, como la sabemos por el discurso que Petrarca dijo en esa ocasión y por el diploma que le fue otorgado. Para los humanistas, el concepto de poesía, tal como hemos tratado de explicarlo, era de gran importancia. Durante el siglo xv, antes de que se hubiera acuñado el término *humanista*, a los humanistas se les conocía generalmente por el nombre de *poetas*, aunque muchos de ellos difícilmente merecerían la etiqueta para las normas modernas. Esta noción puede también ayudarnos a entender por qué la defensa de la poesía, uno de los tópicos favoritos de la literatura humanista primitiva, implicaba una defensa del saber humanista en conjunto.

No menos importante que la poética era el estudio humanista de la retórica u oratoria, y nuevamente los humanistas eran identificados a menudo como *oradores*, o como *poetas* y *oradores*, antes de que el término *humanista* hubiera entrado en uso. En cierto sentido, el estudio de la retórica era el estudio de la literatura en prosa como algo distinto del estudio de la poesía, y consistía de una manera análoga en la lectura e interpretación de los prosistas latinos antiguos, y en el ejercicio y práctica de composición de prosa latina a través de la imitación de modelos antiguos. En el estudio de la retórica, se insistía mucho en dos ramas de la literatura en prosa que tenían importancia y aplicación prácticas mucho más amplias que cualquiera de los géneros poéticos: la carta y el discurso.

En el Renacimiento, como en otros períodos, la carta no era simplemente un vehículo de comunicación personal, sino también un género literario que servía a una gran variedad de finalidades: informes de noticias, manifiestos o mensajes políticos, tratados cortos sobre temas eruditos, filosóficos u otras materias doctas, todo se vertía en forma de cartas. El humanista era un hombre entrenado para escribir bien, y cuando no escogía convertirse en maestro de escuela o universitario de su materia, la carrera más común y lucrativa que se le abría era convertirse en canciller de una república o ciudad, o en secretario de un príncipe o de otra persona prominente. En tales posiciones, su tarea principal era actuar como escritor fantasma de cartas privadas u oficiales, y sus servicios se valoraban altamente, ya que componía estas cartas en el estilo que el gusto de la época exigía, y así ayudaba a mantener el prestigio cultural y social de su patrón.

Casi de igual importancia práctica era el género literario del discurso.

Los historiadores han dicho a menudo que los humanistas componían sus arengas para mimar su vanidad personal, y así obligaban a sus auditorios a oír a la fuerza sus enmarañados discursos. Esta opinión es bastante equivocada, aunque no desearía negar que los humanistas se inclinaban a ser vanidosos. Los documentos muestran que en el Renacimiento, y especialmente en la Italia del siglo xv, la oratoria pública era una forma favorita de esparcimiento comparable al papel desempeñado al mismo tiempo, o en otras épocas, por las representaciones musicales o teatrales, o por los recitales de poesía. Más aún, la sociedad italiana había llegado a establecer en una variedad de ocasiones un discurso obligado en el programa. Se requería un discurso para el funeral o la boda de personas prominentes, para una serie de ceremonias públicas tales como la investidura de un magistrado o la bienvenida que se daba a un distinguido visitante extranjero, y para ejercicios académicos tales como la apertura del año escolar o de un curso de conferencias y la otorgación de un grado, para no mencionar sino algunos de los géneros más comunes. No nos sorprendamos de que la literatura existente de discursos humanistas sea tan grande, y sin embargo, obviamente no representa sino una pequeña porción de lo que en realidad se compuso y se pronunció. De nuevo, el humanista era la persona entrenada para hablar bien y era requerido como un escritor de discursos que habían de ser pronunciados ya sea por él mismo o por otros. De aquí que se supusiera que los cancilleres y secretarios humanistas componían tanto discursos como cartas para sus protectores o patronos, y como se acostumbraba que un embajador iniciara su misión con un discurso público en nombre de su gobierno, a menudo encontramos a un humanista actuando, si no como el embajador principal, al menos como uno de los miembros subordinados de la misión.

La cuarta materia entre los *studia humanitatis*, la historia, había estado tradicionalmente ligada a la oratoria, y durante el Renacimiento también se enseñaba generalmente como parte de la oratoria. Los historiadores antiguos estaban entre los prosistas favoritos estudiados en las escuelas, y nuevamente la finalidad práctica de la imitación estaba encadenada al estudio de los textos. Se acostumbraba que los príncipes, gobiernos y ciudades comisionaran a un humanista para que escribiera su historia, y el trabajo del historiógrafo oficial a menudo estaba combinado con el de canciller o maestro de retórica. Después de mediado el siglo xv, esta práctica fue imitada por príncipes extranjeros, y encontramos a un número de humanistas italianos sirviendo a reyes extranjeros como biógrafos o historiadores oficiales, y algunas veces también como secretarios.

La quinta y última rama de los *studia humanitatis*, la filosofía moral, es en cierto sentido la más importante, y la única que pertenece al dominio de la filosofía. A su interés en la filosofía moral deben los humanistas ante todo su lugar en la historia de la filosofía, aparte de su obra como eruditos y escritores. Porque gran parte de la obra de los humanistas no tenía nada que ver con la filosofía, y gran parte del pensamiento filosófico del Renacimiento cae fuera del área del humanismo, como hemos tratado de definirlo. Por eso me resisto a identificar el humanismo con la filosofía del Renacimiento, como algunos eruditos se inclinan a hacer. Desde el tiempo de Petrarca afirmaban los humanistas que eran filósofos morales y algunos de ellos realmente ocuparon cátedras universitarias de filosofía moral, juntamente con las de retórica y poética.

Cuando los humanistas eran apremiados por los ataques de teólogos intolerantes a defender sus estudios, insistían en su interés por los problemas humanos y morales, y afirmaban que proporcionaban una formación tanto moral como intelectual a los jóvenes, una pretensión que también se expresa en el ambicioso término *studia humanitatis*. Por tanto, no debería sorprendernos encontrar una fuerte nota moralista en el estudio humanista de la historia y de la literatura antigua, y observar que los discursos y otros escritos de los humanistas están cuajados de máximas morales. Sin embargo, la principal expresión de este aspecto del humanismo se encuentra en el gran conjunto de tratados y diálogos morales que tratan una gran variedad de tópicos. Hay tratados sobre la felicidad o sobre el sumo bien, que se hacen eco de los sistemas éticos de filósofos antiguos, y sobre las virtudes, vicios y pasiones particulares. Otras obras tratan de los deberes de un príncipe, un magistrado o un ciudadano; de profesiones particulares y de las mujeres y la vida de matrimonio. Otros tópicos favoritos son la educación de los hijos; el origen de la nobleza; los méritos relativos de las diferentes artes, ciencias y profesiones, y de la vida activa y contemplativa; la dignidad del hombre y la relación entre fortuna, destino y libre albedrío. Los pareceres presentados en estos tratados son rara vez originales, a menudo interesantes y siempre históricamente importantes. De conformidad con los intereses de los humanistas, la preocupación por la erudición y elegancia literaria era por lo menos tan grande como la formulación de ideas precisas. Las opiniones personales y las observaciones de la vida contemporánea están entremezcladas con repeticiones o reafirmaciones de antiguas teorías filosóficas. Respecto al pensamiento antiguo, la tendencia era más bien ecléctica, y los humanistas tomaban ideas más o menos libremente de muchos autores y escuelas. Sin embargo, también hay intentos importantes de revivir y adaptar las posiciones de autores o escuelas específicos. Incluso Aristóteles, a quien los humanistas tomaron de los escolásticos pero colocaron en un contexto diferente, tuvo sus admiradores y defensores, mientras que las opiniones morales de Platón y los neoplatónicos y de los estoicos, epicúreos y escépticos se discutieron más ampliamente y fueron apoyadas más frecuentemente de lo que había sido posible en centurias precedentes. Así el saber humanista, si no produjo un cuerpo de ideas sistemáticas, tuvo un efecto fermentador en el campo del pensamiento moral, y proporcionó un gran conjunto de ideas seculares que habían de influir en los siglos siguientes, y que de ninguna manera fueron eliminadas por la Reforma, como se cree tan a menudo. [...]

El resultado de estas actividades representa una combinación peculiar y única de intereses intelectuales que dejó su impronta sobre todo el período, incluso fuera del área de los estudios humanistas. La preocupación por los problemas morales y humanos, el ideal literario de elocuencia y poesía, el estudio erudito de los escritores clásicos que servían como modelos indispensables para la imitación, todos estos factores estaban combinados en la obra de los humanistas de tal manera, que los hilos separados son a menudo muy difíciles de desenredar. [...]

El lugar del griego en el humanismo renacentista es algo diferente del del latín, y algunas de las opiniones que están en conflicto acerca del saber clásico del Renacimiento se deben a la atención que los estudiosos han prestado ya sea a la erudición latina o a la griega del período. Después de todo, el latín como una lengua viva del saber y de la literatura se había heredado del Medioevo, durante el cual el estudio de la gramática latina y la lectura de por lo menos algunos autores clásicos romanos nunca habían sido interrumpidos desde los tiempos antiguos. En consecuencia, las innovaciones llevadas a cabo por los humanistas en el campo de los estudios latinos pueden parecer menos radicales, aunque sería erróneo subestimar sus vastas contribuciones: el intento de reformar el uso escrito del latín, de purificarlo de los usos «bárbaros» y de devolverlo tanto como fuera posible a la antigua práctica clásica; el gran aumento en el número de textos romanos antiguos que ahora se leían y estudiaban, se comentaban, se copiaban e imprimían; y la vasta producción de una literatura neolatina en poesía y prosa, en una gran variedad de géneros, que tuvo un éxito e influencia extremos en su propio tiempo y despúes hasta el siglo XVIII. [Con todo, a falta —con pocas excepciones— de precedentes medievales], en el campo de los estudios griegos la contribución humanista fue mucho más incisiva que en latín y se hizo sentir sólo durante lo que podríamos llamar la segunda fase del humanismo renacentista. Su resultado fue la introducción de la instrucción griega en las universidades y escuelas secundarias occidentales, y la difusión, estudio, traducción e interpretación graduales de todo el cuerpo de literatura griega antigua.

Los eruditos occidentales se familiarizaban ahora no solamente con escritos científicos griegos o con Aristóteles, sino también con los demás filósofos griegos, con los poetas, oradores e historiadores, y aun con una gran parte de la patrística griega. La Edad Media seguramente conoció a Virgilio y Ovidio, Cicerón y Aristóteles; pero nosotros estamos en deuda con el humanismo renacentista por el hecho de que también conocemos a Lucrecio y Tácito, Homero y Sófocles, Platón y Plotino. Sin embargo, importantes como eran estas contribuciones al saber griego, no tuvieron el alcance y la influencia de las innovaciones en los estudios latinos. Aun en el Renacimiento, menos gente sabía griego que latín, y menos todavía sabía griego tan bien como latín. En consecuencia, los autores griegos se difundieron más ampliamente en traducciones latinas o en ediciones bilingües (griego y latín) que en sus textos originales como tales. Más aún, los casos en que los humanistas occidentales intentaron escribir en griego fueron extremadamente raros, y la necesidad práctica de correspondencia griega desapareció en gran parte con la caída de Constantinopla en 1453. Así, el estudio de la lengua y literatura griegas tuvo desde el mismo principio un carácter mucho más puramente erudito que el del latín; carecía de la amplia importancia práctica y literaria que el estudio del latín siguió poseyendo durante varios siglos más.

A la luz de lo que he tratado de mostrar, se entenderá fácilmente cuando digo que la literatura producida por los humanistas está llena de ideas importantes, pero que no hay una sola idea filosófica o teológica, mucho menos una serie de ideas, que sea común a todos los humanistas del Renacimiento. Siempre que encontramos una opinión interesante en la obra de un humanista, debemos estar preparados para encontrar la idea exactamente opuesta defendida por otro humanista (o incluso por el mismo humanista en algún otro pasaje). Más aún, una gran área de la literatura humanística no es relevante para la historia de la filosofía de ninguna manera: por ejemplo, la poesía e historiografía de los humanistas, sus traducciones y comentarios, y gran parte de su oratoria. De aquí que todos los intentos recientes para definir el humanismo cívico o el humanismo cristiano puedan ser válidos para un grupo específico de humanistas, pero no puedan ayudarnos a entender el movimiento humanista en conjunto. Porque una gran cantidad de literatura humanista no es cívica, sino despótica, o sin relación con el pensamiento político; y una gran cantidad no es que no sea cristiana, sino que no tiene relación con la materia de la religión. El estudio de las humanidades se había hecho profesional como la jurisprudencia, la medicina, las matemáticas, la lógica y la filosofía natural lo habían sido por algún tiempo. Con excepción de aquellos escritos humanistas que tratan explícitamente de temas religiosos o teológicos, la literatura humanística es cristiana sólo en el sentido de que fue escrita por cristianos, justamente como Tomás de Aquino no es un filósofo cristiano —como E. Gilson quiere que creamos—, sino un teólogo cristiano y un filósofo aristotélico. Al hacer estas afirmaciones, no deseo implicar que el humanismo renacentista fuera pagano en modo alguno o anticristiano, como se le ha llamado a menudo. No se opuso a la religión o a la teología en su propio fundamento; más bien creó un gran cuerpo de conocimientos, literatura y pensamiento seculares que coexistieron con la teología y la religión.

José Antonio Maravall

LA ÉPOCA DEL RENACIMIENTO

La historia, como todo conocimiento —de tipo científico, en un amplio sentido de esta palabra— no puede prescindir de conceptos de cierto grado de generalidad, conceptos categoriales que se aplican a un conjunto de hechos o datos y nos hacen entender éstos. A esos conceptos de conjuntos, que nos dan los datos articulados en cone-

José Antonio Maravall, «La época del Renacimiento», en Pedro Laín Entralgo, ed., *Historia universal de la medicina*, vol. IV, Salvat, Barcelona, 1975, pp. 1-19 (1-2, 7, 9-10, 12-13, 17).

xiones, constituidas según una lógica de la interpretación, es a lo que hemos propuesto, en el terreno de la historia, llamar estructuras. El Renacimiento es el concepto de una estructura histórica, sin acudir al cual nunca captaremos cognoscitivamente unos siglos de historia europea y de historia universal.

Claro que, en atención a las concepciones historiológicas de nuestro tiempo, esa interpretación del Renacimiento ha de darnos cuenta de muchas cosas: de un cuadro de Piero della Francesca o de Rafael, de una escultura de Donatello o de Verrocchio, de un monumento arquitectónico de Brunelleschi o de Bramante, de un soneto de Ronsard o de Garcilaso, de una página latina de Erasmo o de Nebrija, pero también de la psicología de Vives, de la utopía de Moro, de la antropología política de Las Casas, de la anatomía de Vesalio, de los dibujos de Durero y de Leonardo, de las funciones bancarias de los Fugger, de la religiosidad de Rabelais y de San Juan de la Cruz, de la invención de la imprenta, de la artillería y otras armas de fuego, de los efectos de la corriente monetaria de los metales preciosos, de la generalización de la diplomacia, de los sistemas estatales de las grandes monarquías, de la empresa colosal de moldear todo un nuevo continente conformándolo según la cultura europea, de esa Europa, en fin, despegada en franca superioridad, según el modelo de un poderoso *take-off*, coincidente con todas esas y otras muchas novedades. Cualquiera de ellas, por separado, no nos dirían nada. Los emperadores Ming, en la China del siglo xv, promovieron grandes expediciones, pero no se corresponden con el sentido de los «descubrimientos» europeos en el xv y xvi; la pólvora y el papel, conocidos en Oriente, no suscitaron desarrollos o aplicaciones como los de la artillería o el libro, que tanta admiración levantan en el Renacimiento europeo, que fueron factores inspiradores de toda una nueva actitud porvenirista en la mentalidad de la época y que tan eficazmente contribuyeron a transformar la sociedad. No se integraron esos hechos semejantes, en otras áreas, bajo un esquema de «Renacimiento», porque éste se encuentra sólo en la amplia conexión de tantos y tantos elementos —los más de ellos heredados, algunos nuevos, pero todos con apreciable alteración en su recíproco entrelazamiento—, tal como en cambio puede observarse en la vida europea de una cierta época. Visto así, pues, el Renacimiento no puede reducirse a una limitada esfera de la cultura en un momento dado: el arte o la literatura; ni a un país, por muy relevante que haya sido el papel jugado por éste: Italia, Flandes; ni siquiera podemos pretender encerrar entre dos fechas tal período, ya que, teniendo en cuenta la multiplicidad de elementos a considerar, sus relaciones se desbordan en antecedentes y consecuencias. [...]

Hemos de dar por descontado que ni aun dentro de esos límites [que para nosotros sitúan la fase más caracterizada del período entre 1450 y 1550], ni siquiera en las primeras décadas del siglo XVI, en ningún lugar de Europa encontraremos que todo lo que vemos es Renacimiento y nada más que novedad renacentista. De ahí la impropiedad de aplicar al conocimiento de la historia el método maxweberiano de los «tipos ideales», como en relación con el Renacimiento ha hecho A. von Martin, porque todo queda reducido a la pura abstracción de lo nuevo. Y lo cierto es que una estructura histórica encierra siempre una tan múltiple variedad de elementos que para entenderla hay que conservar en su ajustada conexión lo nuevo y lo heredado. Ello explica algo que ha confundido a más de un historiador del Renacimiento: la *mezcla de elementos «renacentistas» y «tradicionales»*, reservando —aunque ello no resulte demasiado justificado— el primer nombre para las novedades del tiempo. Esa mezcla, que nosotros preferimos reconocer como una coherente articulación en zigzag, característica de la realidad histórica, y que otros interpretan contrariamente como confusión, da lugar al insuperable carácter bifronte de las personalidades consideradas como más representativas del momento y que no por eso dejan de serlo. Pensemos en un Durero, a considerar como gótico y medieval en ciertos aspectos, como renacentista y caracterizado amigo de la Antigüedad en otros, al que podemos admirar como artista e ingeniero, y de quien se ha señalado su anticipada evocación de modos barrocos. ¿Es, acaso, esta variedad de caras cosa propia y exclusiva de Durero? Recordemos los ejemplos de Kepler, capaz de concebir una «física del cielo» y de acudir, para descifrarla, a formas de pensamiento de simbolismo tradicional; y de Marsilio Ficino, platónico y tomista (esto último, según E. Gilson); de Coluccio Salutati, clasicista y exaltador de los modernos; del Padre Las Casas, impregnado de escolástica y lleno de ideas de preilustrado; de fray Antonio de Guevara, que por estar en medio del Renacimiento resulta más barroco que medievalizante. [...]

Es significativo que haya sido la aportación de los cultivadores de la historia social y de la historia de la economía la que haya transformado en su raíz la interpretación del Renacimiento. No queremos decir que esa transformación haya sido operada por tales historiadores, pero sí que su obra ha hecho posible una corrección y ensanchamiento del enfoque. Ahora se ha puesto de relieve el papel de profesiones y grupos sociales que antes se dejaban fuera y tal vez se ha reducido el que se venía atribuyendo a tanto personaje dedicado a las «humanidades» y que probablemente tuvo muy escasa influencia sobre la evolución de su tiempo. Con ello, el Renacimiento deja de ser un mero fenómeno del campo del arte o cultural o intelectual, para convertirse en una categoría histórica que hemos de aplicar en todos los terrenos de la investigación. Hay una economía del Renacimiento (Strieder, Mollat), una diplomacia del Renacimiento (Mattingly), un arte militar del Renacimiento (Pieri), una medicina del Renacimiento (Laín), una jurisprudencia del Renacimiento (Mesnard), una política del Renacimiento (Ercole, etc.). Y estamos a punto de suponer que para establecer el proceso histórico de la época, tiene probablemente más importancia que la retórica de Cola di Rienzo la invención y desarrollo de la contabilidad por partida doble. No deja de tener su sentido el hecho de que un mismo escritor sistematice esta técnica contable y componga una obra sobre la preceptiva artística del número áureo, como hizo Luca Pacioli. Por lo menos, es necesario reconocer, aunque sea sin negar tantos otros aspectos, que cuenta decisivamente y más que otras cosas ese espíritu de organización, de orden, el cual permite llevar adelante con favorables resultados una gran empresa, con todo lo que ésta representa de esfuerzo para cambiar las condiciones previas, o lo que es lo mismo, de novedad por la que se introduce en virtud del trabajo una transformación en las condiciones económicas, técnicas y sociales que venían dadas. Más quizá que unas epístolas en un perfecto latín, como ejercicio escolar —aunque ello no deja de tener su relevancia en los casos de Erasmo, Vives, etc.—, cuentan los miles de cartas salidas del escritorio de Simón Ruiz, y no hace falta ni referencias a las de los conocidos grandes negociantes italiano o alemanes. [...]

El Renacimiento es una cultura de ciudad: por quienes la producen, por sus destinatarios, por sus temas, por sus manifestaciones, es una cultura urbana. Coincide con un período de desarrollo pujante de las ciudades, en el orden económico y demográfico y, en cuanto a la esfera de la política, si ésta no se centra ya en ellas, de ellas salen los grupos de la burocracia al servicio del estado. Desde esa crisis renacentista, se producirá tal efecto sobre la curva de la evolución demográfica que, en adelante, aunque en ciertas fases coyunturales especialmente favorables el aumento de población llegue también al campo, siempre será mayor en proporción el incremento en los ámbitos urbanos. El Renacimiento, que, por la circunstancia técnica de la reciente invención de la imprenta y las condiciones económicas expansivas en que ese hecho se da, es la primera cultura de un fuerte carácter libresco, necesitaba de la ciudad. El crecimiento urbano vino a ser una de las causas de la nueva cultura y determinó, en gran parte, los caracteres con que se presenta aquélla.

Pero por esto no debe entenderse, contra lo que algunos han querido deducir, que la explotación de la tierra pasara a segundo plano. Ni en Londres, ni en París, ni en Roma, durante el XVI, predomina una economía artesanal, sino que tiene más importancia económica el alrededor campesino. Si Florencia conoce un gran desarrollo bancario o Sevilla un gran auge mercantil, la economía agraria sigue predominando en todas partes, incluso en las tan evolucionadas ciudades italianas, sin más, a lo sumo, que alguna brevísima excepción. Ello da lugar a que, con una sensibilidad urbana, se viva con temas y recursos de una herencia agraria, desde la mitología y, en general, la iconografía artística, hasta en el campo de las ideas, como la vigencia del mito de los ciclos en la concepción de la historia o la estimación del trabajo esforzado en la vida económica que, contra lo que Heckscher supone, el mercantilismo hereda de la sociedad campesina. Claro que esto no quiere decir que no haya transformaciones estructurales importantes. El enriquecimiento, logrado en otras actividades, de burócratas, mercaderes, señores, da lugar, en grandes proporciones, a la compra de las tierras por los ricos de la ciudad, y con la separación entre cultivador y propietario, las formas de vida y de cultura agraria se alteran —algo de ello han observado N. Salomon en el área castellana y Heers en la región de Pisa—. Posiblemente, la concentración de rentas en las ciudades facilitó lo que pudiéramos llamar financiación del arte y de la cultura renacentistas. Economía dineraria y comercialización del campo no sólo aumentan las disponibilidades de riqueza, sino que proporcionan al hombre una esfera más extensa de movimientos e iniciativas.

Probablemente esta nueva situación se conecta con el carácter *«dinámico y revolucionario» del siglo XVI*, conforme lo ha calificado un A. Weber, con esa renovadora, progresiva modernidad que atribuyera a esa época H. Hauser. [...] Retengamos en el XVI la idea de ese dinamismo; de ese su sentido renovador —que se impone, incluso, en la economía de los productos agrícolas (piénsese en lo que significa en la época la política cerealista)—; reconozcamos en él esa inclinación por los propios valores del tiempo presente; o esa apertura de iniciativas que la vida urbana lleva consigo. Añadamos, por otro lado, el testimonio de la conciencia incipiente de los males y vicios que el desarrollo de la vida en ciudad trae consigo. Quizá con esto último se relacionen las manifestaciones de un cierto pesimismo que tiñen también la imagen de la sociedad renacentista. [...] En otra ocasión [1966] hemos escrito:

Es cierto que la época que va de los *Discorsi*, de Maquiavelo, al *Leviathan,* de Hobbes, de *La Celestina* al *Criticón,* ofrece manifestaciones de un pensamiento pesimista en moral, en antropología, en política; pero no menos cierto es que esa época siente un franco entusiasmo por sí misma, por sus conquistas, por sus realizaciones. Si se compara con otras, se ve inclinada a reconocerse finalmente superior a todas. Conoce sus méritos y, aunque tenga conciencia de sus males, no deja de estimar en éstos el resultado positivo de un enriquecimiento cultural, económico, social, una acumulación de aportes que hace ascender el nivel de los tiempos.

Tal vez en la medida en que el grupo más directamente beneficiario de este movimiento ascensional sea el de la burguesía, se pueda llamar a ése que acabamos de enunciar un sentimiento burgués. Los procuradores de las Cortes castellanas de Valladolid, en 1523, muchos de ellos equiparables tipológicamente al grupo de los burgueses, coincidiendo con la opinión de Erasmo algunos años antes (carta entre 1515 y 1519), creen, uno y otros, encontrarse ante una nueva edad de oro. Tan infundado entusiasmo caerá pronto; pero, en medio de las lamentaciones constantes que levantan las guerras, los gastos principescos, el empobrecimiento resultante en ciertos sectores, etc., quedará siempre una valoración del presente que se sitúa sobre cualquiera otra edad. Y esto es un rasgo de Renacimiento en toda Europa. [...]

La imagen de «renacimiento» lo que ante todo implica es el renacer de los presentes, de los modernos. Renacimiento no quiere decir que vuelvan los antiguos, sino que de las cenizas del pasado emergen, sobre todos los precedentes, los tiempos nuevos. Son los «hombres nuevos» los verdaderos protagonistas de esta renovación de la historia, los cuales podrán haber aprendido la lección de los antiguos y servirse de ella para su pristinación. Sólo algún humanista de segunda fila, tan mediocre como ineficaz, puede mostrarse sumiso y achicado ante los antiguos. Las grandes figuras representativas toman el parangón de los «antiguos» como motivo de emulación —a esta decisiva actitud hemos dedicado un anterior estudio [1967]—, considerando desde muy pronto que los presentes han sobrepasado el paradigma que la Antigüedad les ofrecía. De ahí que los representantes de una auténtica mentalidad renacentista —y no algunos vulgares profesores de gramática— piensen en medirse con los antiguos, emprendiendo en su tiempo alguna obra equivalente a la que aquéllos realizaron en su mundo, ya irremediablemente pasado, para demostrar plenamente que ellos y su tiempo presente valen más. Esta actitud, por el especial campo que se daba en España —nos referimos al incomparable escenario del Nuevo Mundo— es entre nosotros muy característica del siglo XVI: Fernández de Oviedo, el Padre Acosta, Sahagún, quieren compararse con Plinio y demostrar que tienen sus obras más interés, entre otras cosas, porque más interesante es la historia natural del Nuevo Mundo y más meritorias sus personales experiencias en tierra americana. Pero incluso en materias propiamente humanistas, Nebrija, en relación con la lengua, Juan de la Cueva, con el teatro, tuvieron la misma actitud. [...] Con «conciencia de avance o progresiva», las gentes de la época, esas gentes que desde comienzos del siglo XV empiezan a llamarse a sí mismas «modernos», viven un sentimiento de novedad que se extiende al área entera de la obra humana: a las ciencias, los inventos técnicos, la economía, la guerra, el Estado, el arte, la poesía, la filosofía, etc. La misma relación con la Antigüedad es vivida bajo este signo: conocerla, admirarla, para ir más allá. Es significativo que Vasari exponga una marcha de la pintura que va avanzando en un movimiento ascensional, esquema que se hace común a cuantos se ocupan de la materia (en España aparece en Francisco de Holanda, Céspedes, Pacheco, etc.). Hemos dicho, por eso, que Italia tenía un papel no menor en esta versión progresiva del Renacimiento. He aquí otro curioso dato: es en el prólogo a su traducción de la obra de arquitectura de Alberti donde el alarife Francisco Lozano expone un desarrollo evolutivo y progresivo de ese arte, diciéndose cómo los hombres empezaron viviendo en chozas y cabañas, fueron luego inventando maneras nuevas de construcción e incorporando nuevos elementos a sus viviendas, hasta llegar a la perfección del arte de edificar que en su momento se conoce.

Sólo desde esta perspectiva se explica, con toda la importancia que posee, un aspecto del Renacimiento que siempre se cita, pero muchas veces sin darle la hondura que le corresponde. También aquí han sido los historiadores sociales los que han puesto en claro el relieve del tema. Hablamos ahora del *individualismo*. [...] Ese individualismo va de lo religioso a lo científico, a lo económico y jurídico, hasta las manifestaciones más banales de la vida social. El yo tiende a colocarse en el centro de todo sistema, presagiando una a modo de revolución copernicana que quedará consumada en la filosofía de Descartes. Pero desde el siglo XVI tiende a situarse como punto de partida, como instancia de comprobación, como centro de imputación de todo sistema de relaciones, con Dios, con el mundo, con los demás hombres. Así la experiencia personal se convierte en la suprema autoridad o, por lo menos, en la más eficaz y máximamente convincente que ese yo individualista puede reconocer. La teología, en Luis de Molina, parte del yo; la experiencia religiosa, en San Juan de la Cruz, igualmente (recordemos la inversión de términos que entrañan estas palabras suyas: «el primer paso para el conocimiento de Dios es el conocimiento de sí mismo»); en filosofía, son múltiples las frases que barruntan, con mayor o menor aproximación, el *cogito* cartesiano; en el campo de los conocimientos científicos, inspira la lucha contra el argumento de autoridad y la apelación a la razón y a la experiencia personal —en geógrafos, físicos, naturalistas, etc.—; en literatura aparece (no sabemos si primero en Inglaterra o en España, esto es secundario) la narración en primera persona; en economía rige el mismo individualismo, subraya Strieder: la «libre concurrencia», en que empieza a creer el mercader burgués, es un principio correlativo al que venimos exponiendo; el régimen absoluto de la propiedad privada traduce un radical individualismo semejante, que el Derecho reconoce no menos en otros campos; y P. Mesnard ponía en la cuenta de la misma actitud de que hablamos, esto es, en la cuenta del yo, el banal ejercicio epistolar de los humanistas, como un fenómeno social de exaltación de la personalidad. Tal vez la más importante manifestación, más repleta de graves consecuencias de todo orden, que podemos señalar de ese individualismo, fue la difusión del régimen de «salario», como modo de remuneración de las relaciones de trabajo. Ese cada vez más generalizado régimen salarial habituó al hombre a relaciones abstractas y cuantificadas, que potenciaron la tendencia al individualismo y recibieron de éste un apoyo definitivo para el futuro.

¿Fue este individualismo resultado de una real *movilidad social* en los siglos XV y XVI? J. Delumeau se ha hecho esta pregunta en su modernísima síntesis *La civilisation de la Renaissance* (1967). Reconoce la innegable presencia de una movilidad física u horizontal en muy considerable escala: una frecuencia en el desplazamiento de personas que alteró la estructura demográfica y trajo consigo unas importantes consecuencias económicas —reducción de la población en ciertas áreas, aparición de nuevos mercados, transformaciones en la demanda, incremento de operaciones de cambio y similares, etc.—; en España, con la emigración a América, este fenómeno tiene tal vez más importancia numérica que en parte alguna. En cuanto a una movilidad social vertical, o de paso de una clase a otra, la referencia que Delumeau hace a la aparición de un gran número de ricos nuevos es un dato imprescindible para entender el Renacimiento: las guerras, el comercio, el crédito, los comienzos de la colonización, influyen grandemente. En la España del XV son numerosos los testimonios de desplazamientos de fortuna y constitución de grupos de ricos nuevos —a los que la traducción del *Espejo de la vida humana*, de Sánchez de Arévalo (1491), llama «frescos ricos»—. También como en el resto de Europa, aunque probablemente con más fuerza y amplitud, se observa en España, crecientemente a medida que la centuria avanza, un estancamiento que, a fines de siglo, asegura el predominio a las economías más señoriales, acompañado de un considerable número de casos de ennoblecimiento. Estos contribuyen a mantener la fuerza de los estamentos privilegiados, con el incremento de su potencia económica, y si en toda Europa, al llegar a su término la época que consideramos, hay que aceptar, con Delumeau, que «el Renacimiento no ha provocado el triunfo de la burguesía en cuanto tal; al contrario, ha consolidado la jerarquía tradicional», no menos cierto es que de todas formas ese movimiento no pudo ser nunca una simple marcha atrás: las alteraciones operadas por el tipo de los recién ennoblecidos; los cambios en la economía de los señores que trajeron consigo la comercialización y, en general, las relaciones de mercado, relaciones precisamente que habían renovado y fortale-

cido esas economías; el vigoroso factor de la intervención económica
y social del estado; las ya incontenibles modificaciones en la mentalidad de las gentes que los avances del individualismo había provocado, etc., dieron lugar a que la vuelta o restablecimiento de la
economía agraria de estructura señorial no representara un puro y
simple paso atrás, sino la aparición de una nueva sociedad y una
nueva cultura. Ese final del Renacimiento aboca a la cultura del
Barroco, al sistema de la economía mercantilista intervenida por el
estado —con acierto o con mortal error, esto es secundario— y al
régimen de la monarquía absoluta. [...]

Tal vez nada más adecuado para poner fin a esta exposición que
trasladar el retrato moral y psicológico del hombre renacentista
que Thámara, el traductor español de Polidoro Virgilio, nos dejó
hecho en el prólogo de su edición:

Nuestro ánimo y entendimiento nunca se satisface de cosa deste mundo, nunca se harta, nunca se contenta, siempre está hambriento, siempre
desabrido, siempre descontento, continuamente desea más, espera más,
procura más. Y de aquí proviene que nunca haze sino inquirir, investigar,
ymaginar y pensar cosas nuevas, inauditas y nunca vistas, y en la inquisición, invención y conocimiento dellas, se macera y aflige, hasta que al
fin, acertando o errando, cayendo o tropezando, o como mejor puede,
halla y alcanza lo que quiere.

Es difícil dar con otro texto que exprese con mayor vivacidad el
drama histórico del Renacimiento.

ALEXANDER A. PARKER

DIMENSIONES DEL RENACIMIENTO ESPAÑOL

No hace aún mucho tiempo, solía negarse que el Renacimiento hubiera tenido gran repercusión en España. En buena parte, ello se debía a la gran simplicidad con que se oponía el humanismo a la Edad Media y a la Contrarreforma; pero también se debía a la consideración de que España era distinta del resto de la Europa occidental. Históricamente, la diferencia radica en el hecho de la conquista musulmana, de que desde 711 hasta 1492 algunas partes de la Península Ibérica pertenecieron al Islam y no a la Cristiandad. Aunque desde mediados del siglo XIII el dominio árabe se limitó al pequeño reino de Granada, entre Gibraltar y Cartagena, la presencia del Islam aún se dejaba sentir con fuerza en época del Renacimiento. En realidad, hoy hay una proclividad a explicar todas las diferencias entre España y la Europa occidental, tanto actuales como pretéritas, por la persistencia de los efectos del elemento semítico en su civilización. Pero, si bien es cierto que esta influencia fue profunda, es una exageración deducir de ello que la cultura española no es fundamentalmente europea. En efecto, España desarrolló un tipo peculiar de Renacimiento, pero con raíces en Italia, no en el Islam. Sin embargo, las diferencias entre Italia y España eran muy grandes, pese a que los contactos políticos y culturales entre ambas fueron bastante estrechos durante los siglos XV y XVI. El Renacimiento es el período en que España emergió como nación unida —aunque no centralizada—; en que se inició la expansión imperial en ultramar, y en que tuvo que asumir unas responsabilidades imperiales de otro tipo cuando, en 1519, su rey fue elegido sacro emperador romano con el nombre de Carlos V. La España renacentista fue una «potencia mundial» —la primera de los tiempos modernos— en un sentido que no podía aplicarse a ningún otro país en esa época. [...]

Alexander A. Parker, «An Age of Gold: Expansion and Scholarship in Spain», en Denys Hay, ed., *The Age of Renaissance*, McGraw Hill, Nueva York, 1967, pp. 221-248; trad. cast.: *La época del Renacimiento*, Labor, Barcelona, 1969 (1972²), pp. 235-248 (235-245).

El reinado conjunto de Isabel I en Castilla, a partir de 1474, y de su esposo Fernando II (V de Castilla) en Aragón, desde 1479, marca una clara línea divisoria entre la España medieval y la moderna. Isabel falleció en 1504 y, nominalmente, le sucedió en Castilla su hija mayor Juana la Loca, cuyo esposo, Felipe I, gobernó hasta su muerte, acaecida en 1506. Entonces, Fernando fue nombrado regente de Castilla y gobernó ambos reinos hasta su propia muerte, en 1516. En realidad, estos cuarenta y dos años abarcan un solo reinado, el de los Reyes Católicos. Este reinado presenció la unificación de España, primero, por la unión de Castilla con los reinos de la Corona de Aragón a través del matrimonio de ambos soberanos; luego, por la conquista del último reino moro de Granada, en 1492, y, en fin, por la conquista de Navarra, en 1512. También presenció el descubrimiento de América, en 1492. Política, social y culturalmente, fue un período de vitalidad y renovación. A medida que la anarquía daba paso a la disciplina y se ponía a raya a los nobles rebeldes, el retorno al orden se manifestó como el fruto de la nueva unidad nacional, y los españoles conocieron el alborear de una nueva época.

Pero lograr la unidad no sólo consistía en agrupar bajo un solo gobierno diferentes estados con tradiciones distintas. España estaba desunida de un modo más profundo, pues era el único país europeo que albergaba tres razas y tres religiones. Los judíos habían prosperado bajo la tolerancia ilustrada de los árabes españoles. A medida que la reconquista fue empujando la frontera hacia el Sur, y que los judíos y los musulmanes fueron cayendo bajo dominio cristiano, la tolerancia y la protección oficial caracterizaron la política de los nuevos gobernantes, pues en las tierras conquistadas no se habría podido mantener la paz con una política de represión. Durante toda la Edad Media la tolerancia entre las tres religiones fue, por tanto, tradicional allí donde coexistían. Sin embargo, la religión había sido el único vínculo de unión entre los distintos reinos cristianos; tan sólo espiritualmente se mantenían unidos cuando luchaban por la cruz contra la media luna. Por tanto, la religión era la base lógica del nuevo espíritu nacional que mantendría unidos a Castilla y Aragón. Para conseguir la unidad religiosa, los Reyes Católicos decidieron proscribir las dos religiones extrañas. Fueron expulsados de los reinos españoles todos los judíos (año 1492) y todos los musulmanes (año 1502) que no quisieron abrazar el cristianismo. Antes de ello, en 1478, se estableció la Inquisición para asegurarse de que las conversiones de judíos —ya eran muchos los que se habían convertido, como medida de protección ante un creciente antisemitismo— no fueran tan sólo nominales. La Inquisición española no fue una prolongación del Santo Oficio (que nunca existió en Castilla), sino un tribunal de un nuevo tipo, órgano del Estado, no de la Iglesia.

Establecida para prevenir o extirpar la desviación herética de la ortodoxia católica entre los cristianos profesos, la Inquisición se convirtió en instrumento de una política de conformidad forzosa, a través de una persecución que nunca había caracterizado a España antes de su unificación. Este cambio estuvo dictado por motivos más políticos que religiosos. Al parecer, la uniformidad religiosa se consideró esencial para cimentar la unidad nacional, mediante la creación de una nación homogénea. A este respecto conviene señalar que la Inquisición fue el único instrumento de gobierno que rompió las barreras regionalistas; el Consejo de Estado que la gobernaba era el único que funcionaba con uniformidad en todos los estados que constituían «las Españas»; pese a la diversidad de sus parlamentos y sistemas administrativos, había una sola Inquisición.

La intolerancia y la persecución religiosa significaban que un elemento de reacción se oponía a los elementos ilustrados que penetraban con el Renacimiento. En la España cristiana, las profundas raíces del mahometanismo y el judaísmo crearon una situación social muy compleja, precisamente porque el Renacimiento infundía energía y vitalidad a la creación y consolidación de una nueva nacionalidad. No se hará justicia a España mientras no se comprenda que la Inquisición representó, en efecto, una política de «europeización», aproximadamente hasta fines del reinado de Carlos V. Por su misma naturaleza, la Inquisición actuaba contra la humanidad (y los españoles tardaron en comprenderlo), pero no actuó contra el humanismo.[1]

1. [Tal opinión no es compartida por todos los estudiosos. O. H. Green [1969], así, juzga que «la obra de la Inquisición fue mucho más entorpecedora en el campo de la erudición e investigación» que en el de la literatura creadora, y al propósito recuerda que en 1556 Pedro Juan Núñez escribía al historiador Jerónimo Zurita que, si no fuera por el apoyo y la aprobación de éste, «la vida intelectual le sería imposible, pues los doctos tienen otros intereses y otros objetivos, "y lo peor es desto que querrían que nadie se aficionase a estas letras humanas, por los peligros como ellos pretenden que en ellas hay de, como emienda el humanista un lugar de Cicerón, así emendaría uno de la Escritura, y diciendo mal de comentadores de Aristóteles, que hará lo mismo de los Doctores de la Iglesia"». Precisamente —subraya Green—, «el caso más famoso que se conoce del siglo XVI y en que se ve la injusticia de la Inquisición contra un hombre de letras es el de fray Luis de León, el cual hubo de pasar cerca de cinco años en la cárcel por orden de los inquisidores. Se le acusaba de que en la exégesis bíblica prefería las interpretaciones de los rabinos a las del texto de la Vulgata, de que mostraba escaso respeto por ésta y de que se había atrevido a traducir al español el *Cantar de los Cantares*, de Salomón. Al fin se

El humanismo, en el sentido limitado de resurgimiento de los estudios clásicos, es la principal característica innovadora de la educación española durante el reinado de los Reyes Católicos. Pero la influencia de los clásicos no comienza aquí: existe un largo período de preparación que hace que, por lo que respecta a la literatura española —castellana o catalana—, resulte imposible separar un siglo XVI

le declaró inocente en punto a ortodoxia, y volvió a su cátedra en la Universidad de Salamanca. También tuvo dificultades con el Santo Oficio en 1584 otro insigne letrado, Francisco Sánchez de las Brozas: el sagrado tribunal hubo de reprenderle y amonestarle. Y sin embargo, en 1587 la Inquisición demostró tener suficiente confianza en su ortodoxia como para encargarle ayudase a una comisión a la que se había confiado la tarea de revisar el *Index Expurgatorius*. Entre 1593 y 1600 fue víctima nuevamente de las sospechas del Santo tribunal, que terminó por confiscarle sus libros y papeles en el año últimamente citado. El sabio murió el 5 de diciembre de 1600, antes de haber sido absuelto... Indiqué hace un momento que fray Luis de León se ganó aquellos cinco años de cárcel por su crítica textual de la Escritura y por su supuesta falta de respeto a la Vulgata de San Jerónimo —que constituía la manzana de la discordia entre modernistas y conservadores desde el tiempo de Nebrija—. A medida que avanzaba el siglo XVI se hizo cada vez más peligroso el abogar por la utilización de la ciencia textual rabínica en los estudios de la Biblia: testigo de ello, el *Proceso criminal contra el hebraísta salmantino Martín Martínez de Cantalapiedra* (editado por M. de la Pinta Llorente, Madrid, 1946). Mucho más destacado por su gran erudición fue Benito Arias Montano († 1598), autor precisamente de un *Index Expurgatorius* (1571) en el que se propuso salvar para la ciencia el mayor número de obras posibles. Arias Montano fue quien más contribuyó a que saliese a la luz la segunda Biblia políglota española: la *Biblia Políglota de Amberes*. Él corrigió la versión latina del Antiguo Testamento propuesta por Santes Pagnini; y su propia traducción latina del texto griego del Nuevo Testamento era tan buena, que se la reprodujo muchas veces en ediciones posteriores. Este "bel ouvrage", como lo califica el *Dictionnaire de la Bible* de Vigouroux, honró a su autor, pero también le suscitó un enemigo en la persona de León de Castro, profesor de lenguas orientales en la Universidad de Salamanca, el cual lo denunció a la Inquisición. Arias hubo de presentarse en Roma para defender su causa; se le absolvió en 1580». Por otro lado, Green señala que, «en materias profanas, la Inquisición suprimió en su *Index Expurgatorius* de 1584 el cap. VII del *Examen de ingenios para las ciencias*, de Huarte de San Juan, y lo hizo aterrada por la novedad científica de sus enseñanzas. Según explicó Diego Álvarez a Huarte, todos los teólogos estaban de acuerdo en que la inmortalidad del alma se debe a su independencia del cuerpo, y así lo enseñaban como cosa sabida e indiscutible. Si se abría brecha en esta muralla, como parecía abrirla Huarte al insistir en el influjo que ejerce el cuerpo en la memoria y en el entendimiento —que son potencias del alma—, habría que rehacer todos los tratados escolásticos *Da Anima* y toda la psicología escolástica, y hasta el mismo catecismo habría de refundirse: todo

«renacentista» de un siglo XV «medieval». [En ese período, por ejemplo,] declinó el predominio cultural del clero. Los aristócratas feudales dejaron de ser guerreros para convertirse en caballeros ociosos, muchos de los cuales coleccionaron manuscritos, formaron bibliotecas particulares y cultivaron la literatura. El Marqués de Santillana, poeta de singular distinción, es un notable ejemplo de este patrocinio

---

esto a pesar de que su primera edición (1575) había contado con una aprobación eclesiástica entusiasta. La edición revisada salió en 1594».

Sin embargo, el profesor Green nota asimismo que «en general se procedía con bastante lenidad en la censura de libros literarios. Hemos observado, por ejemplo, que los tan denostados libros de caballerías podían circular con bastante libertad. La misma amplitud de criterio notó Gerhard Moldenhauer en la censura de las novelas picarescas. A una conclusión parecida llegó el profesor Gillet después de cotejar las ediciones originales de la *Propalladia* de Torres Naharro con la edición expurgada de 1573: las modificaciones no afectaban a la sustancia. Yo mismo hice ver que, a pesar de las sombras que arrojaba sobre la moralidad del clero, no se mandó expurgar *La Celestina* hasta 1640, y aun entonces se procedió a la corrección del texto con un criterio sumamente amplio: el inquisidor sólo se preocupó por ciertos pasajes que consideraba derogativos de los privilegios de la Iglesia como institución. Después de publicado el *Diálogo de las cosas ocurridas en Roma*, de Alfonso de Valdés (aparecido anónimamente ¿en 1528?), la Inquisición encargó a Pedro Olivar que lo examinase; éste no encontró en él ninguna idea herética, pero recomendó se lo retirase de la circulación por hablar demasiado claro, pues podría soliviantar a los ignorantes. En cambio, Jorge de Montemayor encontró dificultades de orden doctrinal cuando intentó publicar su *Cancionero espiritual*. Le dijeron que él no estaba bien preparado para escribir libros de espiritualidad y teología. La Inquisición de Toledo mandó retirar las obras poéticas de fray Pedro de Padilla y de fray Hernando del Castillo. En un caso se indica la causa: por la tendencia del autor a presentar las Horas Canónicas en lengua vernácula. Padilla redactó una solicitud pidiendo se nombrase una comisión para decidir las enmiendas que había que introducir».

«Cervantes —acota Green— marca el principio del nuevo siglo. A pesar de su indiscutible espíritu religioso, no se distinguió precisamente por su exceso de respeto; y sin embargo, apenas hubo de sufrir molestias de parte de la Inquisición. Ésta puso reparos a un pasaje de *Don Quijote* (1615) en el que se dice que las obras sin caridad son inútiles (II, 36). Era ésta una idea que se había asociado con los alumbrados y con el protestantismo, aunque en boca de Cervantes era sólo la expresión del carácter esencialmente erasmiano de su experiencia religiosa. En el capítulo I, 6, en que se refiere el famoso "escrutinio" de los libros de don Quijote, hay un pasaje del que parece traslucirse que Cervantes se daba cuenta de la creciente suspicacia con que miraban las autoridades a Ariosto, aunque en realidad no figuraba *Orlando furioso* entre los demás libros de la biblioteca. Dice el cura: "Si aquí le hallo, y que habla en otra lengua que la suya, no le guardaré respeto alguno; pero si habla en su

de la erudición literaria. La secularización de la cultura, emparejada con el creciente interés por los clásicos —más como causa que como efecto—, fue el resultado natural de estas modificaciones.

Este interés por los clásicos, aunque muy real, no se puede denominar erudito hasta el reinado de los Reyes Católicos. La fama de la reina Isabel como protectora del saber atrajo a España a los humanistas italianos, y a uno de ellos, Pedro Mártir, a la corte misma.

---

idioma, le pondré sobre mi cabeza". Cuando observa el barbero que él posee un ejemplar del poema de Ariosto en italiano, pero que no puede entenderlo, el cura replica enigmáticamente: "Ni aun fuera bien que vós le entendiérades". Esto parece demostrar que el control social de la literatura amena en el siglo XVI influyó poco en el desarrollo de ésta. Por lo que hace al teatro, la censura se hizo mucho más severa a partir de 1600. Escritores de la altura de Quevedo y de Tirso de Molina tuvieron sus roces con la Inquisición, pero no era cuestión de fe, sino de decencia. Si queremos elegir una objeción típica contra la literatura creadora en general, podemos seleccionar la del moralista Alejo de Venegas: en su informe sobre los *Coloquios satíricos* de Antonio de Torquemada, observa que el diálogo pastoril es más propio de académicos que de pastores, y que las advertencias del autor contra el amor encierran muchas trampas en las que de hecho aprenden los ignorantes las artes de hacer el amor. Afirma Venegas que no se debiera abrirle los ojos a la gente sencilla con ese tipo de lecturas, que les enseñan a hacer cosas que nunca hubieran hecho si se les hubiera dejado en su ignorancia; por tanto, no debiera imprimirse la obra de Torquemada sin refundirla a base de las observaciones hechas sobre el manuscrito. Así, aunque el censor no prohíbe se publique el libro, lo desaconseja. Las correcciones, dice, no son muchas, pero sí sustanciales —lo cual supongo quiere decir que la obra contenía ciertos puntos doctrinales teológicamente inaceptables—».

«En el poema de Juan de Mal Lara *La Psyche* —advierte aún el profesor Green— tenemos una ilustración documental del pánico que podía causar en los estudiosos la posibilidad de incidentes semejantes [a los de fray Luis o Arias Montano]. En 1561 se sospechó de Mal Lara con ocasión de un episodio ocurrido en Sevilla, y que recordaba el "affaire des Placards" de París en 1534: y es que circularon ciertas octavillas dirigidas contra la Iglesia y especialmente contra el clero. Las sospechas cayeron sobre Mal Lara por una coincidencia puramente circunstancial, y fue que en otro tiempo había escrito unos versos en alabanza de Constantino Ponce de la Fuente, teólogo erasmista a quien se había acusado de tendencias luteranas y que había fallecido en los calabozos de la Inquisición en Triana. Entre el 7 de febrero de 1561 y el 14 de mayo siguiente en que se le absolvió, Mal Lara hubo de experimentar el más profundo abatimiento y desesperación de que es capaz un hombre. En el citado poema elogia a su esposa, María, por la fe y fortaleza que demostró durante su proceso, en el que dice de sí mismo Mal Lara: "estuve en aquel término de verme / sin hazienda, sin vida, ni honor y alma, / de no ser ya en el mundo más entre hombres"» (pp. 522-527).]

El primer nombre importante de la erudición clásica es el de Antonio de Nebrija (1442-1522), que ocupó varias cátedras en Salamanca desde 1476 hasta 1513, cuando se trasladó a la cátedra de Retórica en la nueva universidad de Alcalá. Consideraba como objetivo de su obra «desterrar la barbarie de España», con lo cual se refería al propósito de elevar el conocimiento y uso del latín al nivel de la pureza clásica. Su *Gramática latina* y su *Diccionario latino* se convirtieron en instrumentos básicos. [...] Arias Barbosa (fallecido en 1540), desde su cátedra de Salamanca, hizo por el griego lo que Nebrija había hecho por el latín. La primera gramática griega se publicó en 1538, y otras siete, obra de distintos eruditos, se sucedieron a intervalos hasta 1600: al contrario de lo que solía creerse, no declinó el estudio del griego durante el reinado de Felipe II. Los principales sucesores de Nebrija y Barbosa fueron Hernán Núñez de Guzmán (1475-1553) y Francisco Sánchez «el Brocense» (1523-1601). Ambos ocuparon cátedras de griego en Salamanca, y ambos editaron muchos textos latinos y griegos; el último fue, además, teórico y crítico literario, y también publicó muchos tratados eruditos tales como *Minerva, sive de causis linguae latinae* (1587), que se consideró como obra básica en Europa durante dos siglos, siendo reeditada constantemente con nuevos comentarios.

El gran mecenas del humanismo durante el reinado de los Reyes Católicos fue el arzobispo de Toledo y primado de España, cardenal Francisco Jiménez de Cisneros (1436-1517). Presenta éste un notable contraste con los grandes prelados del Renacimiento italiano, pues antes de que la Reina lo llamara a ocupar un alto puesto, era un fraile franciscano observante, de humilde origen, hombre santo y austero, y reformador práctico de la vida eclesiástica. Una vez nombrado primado, puso su mayor empeño en reformar las costumbres de indisciplina y relajación que, en este campo —especialmente entre las órdenes religiosas—, abundaban tanto en España como en otras partes. Isabel había adoptado enérgicas medidas para acabar con la anarquía social, y Cisneros las emuló en el ambiente de su propia jurisdicción. [...] Cisneros comprendió que estas medidas no llegaban a la raíz del problema y que, en última instancia, la reforma religiosa tenía que ser fruto de una reforma en la educación. Así, aunque no era un erudito, se convirtió en el máximo protector individual de los nuevos estudios. En este aspecto siguió los pasos de su predecesor en Toledo, el cardenal Mendoza, el cual, en 1479, había fundado el Colegio de Santa Cruz en Valladolid. Este colegio es uno de los primeros edificios renacentistas (1486-1493) de España y, en este caso, el estilo se importó de Italia por el arquitecto Lorenzo Vázquez de Segovia. Originariamente era de tipo gótico, pero cuando Mendoza visitó el lugar quedó tan decepcionado por la falta de grandeza del edificio, que volvió a diseñarse y se reconstruyó. Por su parte, Cisneros fundó, en 1498, la universidad de Alcalá de Henares, la cual superó inmediatamente en prestigio e influencia a todas las demás universidades excepto la de Salamanca, que se convirtió en su mayor rival. El plan de Alcalá se orientaba hacia la filosofía y la teología, pero dando especial importancia a las lenguas y literaturas clásicas. En cuanto a los profesores, Cisneros deseaba lo mejor. Ofreció cátedras a Erasmo y Luis Vives, pero ninguno de los dos aceptó. [Pero convenció a Nebrija de que se trasladara desde Salamanca.]

Ya desde sus comienzos, la nueva universidad se asociaría con uno de los monumentos de la erudición renacentista, la *Biblia Poliglota Complutense*, llamada así por el nombre romano de la ciudad, *Complutum*, que los moros cambiaron por el de Alcalá. La orientación humanística de la mentalidad reformadora de Cisneros resulta evidente en su convicción de que la Escritura era la base de la teología, y de que la Escritura no se podía estudiar con propiedad sin la restauración de los textos auténticos. Por ello, encargó a un grupo de eruditos la preparación de los textos del Antiguo Testamento en hebreo, griego (Versión de los Setenta), latín (Vulgata) y, en cuanto al Pentateuco, también en arameo (Tárgum); y para el Nuevo Testamento, los textos en griego y latín. La impresión se comenzó en 1502 y se terminó en 1517, en seis grandes volúmenes, el último de los cuales contenía los vocabularios. Cisneros vivió bastante para ver terminada esta gran empresa, que bendecía como «un poderoso medio para la resurrección de la teología». Medio siglo después, Felipe II alentaría, y la erudición española llevaría a cabo, una empresa similar, la gran *Biblia Poliglota Antuerpiense* (de Amberes), de 1569-1572, bajo la dirección del exegeta y orientalista Benito Arias Montano (1527-1598); como era de esperar, ésta superó a la Biblia complutense en su *apparatus criticus*, mucho más extenso.

La orientación que Cisneros dio a los nuevos estudios coincidía con el tipo de reforma religiosa propugnada por Erasmo. Pero, antes de adentrarnos en este tema [vid. abajo, pp. 71-84], interesa considerar algunos ejemplos particulares del espíritu renacentista, seleccionados para indicar el alcance de este movimiento en España. La cultura no se limitaba a los maestros de las universidades. Por ejemplo, era típico de esta época el que un hombre dedicado profesionalmente a la administración municipal de una gran ciudad, pudiera ser al mismo tiempo un erudito con vastos conocimientos enciclopédicos. Éste fue el caso de Pedro Mexía (hacia 1499-1551), autor de la *Silva de varia lección* (1540), obra que fue muy conocida en el extranjero, sobre todo en Francia. Es una miscelánea de información científica, filosófica e histórica de un tipo «curioso», sacada de autores antiguos y de los humanistas italianos del siglo xv. Las tendencias de Mexía son humanísticas, en cuanto este autor exalta la dignidad del hombre y la nobleza de la razón, si bien —como su época en general— en las cuestiones científicas aún no es capaz de distinguir entre realidad y fantasía. Otro tipo de humanista fue Juan de Mal Lara (1524-1571), que en 1548 fundó en Sevilla un colegio en el cual enseñó él mismo. También presidió una especie de Academia literaria que fue el centro de la vida intelectual de la ciudad. No fue, en modo alguno, el único español que seguiría los pasos de Erasmo dedicándose a coleccionar proverbios, los cuales reunió en *La filosofía vulgar* (1568); pero fue el único que los utilizó como exposición de una «filosofía natural», glosando sus consideraciones sobre el mundo y los hombres y ordenándolas sistemáticamente; de hecho, consideraba los proverbios nada menos que como los orígenes del pensamiento. Es un ejemplo de la tendencia renacentista a la idealización: en este caso, la convicción de que la sabiduría puede extraerse de la gente común, cuya pura tradición la ha conservado, porque el pueblo está y siempre estuvo cerca de la naturaleza.

En filosofía, España nunca se caracterizó por una gran originalidad especulativa: sus pensadores más bien han pertenecido a escuelas de pensamiento ya existentes, cuyos principios han expuesto y desarrollado. Durante el período renacentista, tendieron a seguir el platonismo recientemente resucitado, o bien la tradición del escolasticismo aristotélico, que dentro de la Iglesia católica romana conoció una renovación, principalmente centrada en la España del siglo xvii. Este mismo resurgimiento se debió a una vitalización infundida por el espíritu crítico del humanismo. Francisco de Vitoria (1483?-1546), por ejemplo —una de las mentes más preclaras de su época— era un teólogo dominico, profesor en Salamanca, y rechazó la sutileza dialéctica y toda argumentación basada en puras consideraciones metafísicas, en favor del estudio de los problemas reales que planteaba la vida política y social contemporánea, a cuya discusión aplicaba los principios de la filosofía y la teología. Era un escolástico, pero al mismo tiempo fue uno de los fundadores del moderno derecho internacional. Incluso un teólogo como Melchor Cano (1509-1560), que demostró ser un conservador clerical en su vida pública, insistió en un retorno de la teología a las fuentes originarias y reafirmó el valor de la tradición y la autoridad de la Iglesia con un espíritu independiente y liberal. Entre los laicos, podemos citar dos pensadores como ejemplo de esta tendencia a ampliar los horizontes mentales y —dentro de ciertos límites— a independizarse de la tradición. Gómez Pereira (1500-1560) declara: «En no tratándose de cosas de religión, no me rendiré al parecer y sentencia de ningún filósofo, si no está fundado en razón. En cuestiones de especulación, no de fe, toda autoridad debe ser condenada». Ésta es una cita de su tratado filosófico *Antoniana Margarita* (1554), cuyo extraño título está compuesto por los nombres de sus padres. Fiel a este principio, abrió nuevos caminos al intentar deducir las ideas únicamente de los sentidos, y convertir el análisis mental individual de su propio proceso de cognición en el punto de partida de la especulación. Mayor fue la influencia de Juan Huarte de San Juan (1529-1588?), quien, en cierto sentido, fue el primero que propuso la especialización de la enseñanza. En la escuela observó que uno de sus condiscípulos era el mejor en latín; otro, en astronomía, y otro, en filosofía, y, más tarde, se preguntó por qué. Su *Examen de ingenios* (1575) estudia los distintos tipos de capacidad intelectual, a fin de determinar la especial aptitud que apunta hacia una excelencia en cada disciplina y, así, facilitar a edad temprana la elección de la profesión más adecuada. También especuló sobre la posibilidad de que los padres forjaran un genio creando un sistema de educación adecuado al «tipo» intelectual del niño. Esta interesante obra ejerció una influencia considerable en el extranjero, sobre todo en Bacon; casi dos siglos después, constituiría el tema de la tesis doctoral de Lessing.

En el mundo de las ideas, el optimismo, el idealismo y el humanismo del Renacimiento están muy bien representados en las controversias sobre la actividad colonial de España en el Nuevo Mundo. El principal promotor de la causa antiimperialista fue el fraile dominico Bartolomé de las Casas (1474-1566) que durante más de cincuenta años —en el curso de los cuales atravesó varias veces el

Atlántico— luchó sin descanso contra la esclavitud y la opresión de los indios americanos. Escritor infatigable, además de predicador, en una serie de libros y tratados propagó sus principios básicos: que la guerra es irracional y contraria a la civilización; que no debe emplearse fuerza alguna contra los nativos, pues incluso la conversión forzosa al cristianismo es reprobable; que la racionalidad y libertad del hombre exige que la religión y todo lo demás sólo se le enseñe mediante una suave y amable persuasión. Desde su cátedra de teología de Salamanca, Vitoria encuadró estos principios humanitarios dentro del contexto de un derecho internacional en su famosa lección *De indis*, explicada en 1539, que ha llegado hasta nosotros en forma de apuntes tomados por sus alumnos.

A los que alegaban que el rey de España, como sacro emperador romano, tenía derecho a dominar en todo el orbe —puesto que el papa había delegado en el emperador la jurisdicción universal temporal que le correspondía por derecho divino, como dirigente espiritual—, y que América, por tanto, pertenecía de derecho a Carlos V y, en consecuencia, no existía problema alguno de conquista injusta, Vitoria replicó que el papa no poseía jurisdicción universal de carácter temporal, y que aun suponiendo que la tuviera, no podía delegarla en el emperador ni en ningún otro gobernante; que, por tanto, Carlos V no podía fundar en estas razones la reivindicación de sus posesiones americanas, y que el derecho de conquista no justificaba tal reivindicación; que los indios eran seres plenamente racionales, libres por naturaleza, como todos los hombres, y que, por tanto, eran los únicos dueños legítimos del Nuevo Mundo. Sin embargo —continuaba—, había títulos por donde los españoles podían reivindicar legalmente la ocupación de esas tierras, y, al enunciarlos, Vitoria fue el primero en establecer los conceptos básicos del derecho internacional moderno. Toda la raza humana —enseñaba— constituye una sola familia, y la amistad y la libre comunicación entre los hombres, como hermanos, es regla del derecho natural. Está bien que los hombres de distintas naciones y razas comercien en paz entre sí, siempre y cuando no se perjudiquen mutuamente. Vitoria afirmaba así las libertades fundamentales de las relaciones internaciones: libertad de palabra, de comunicación, de comercio y de tránsito por los mares. Puesto que estas libertades son inherentes a la sociedad humana, los españoles tenían el derecho de ir a América y entablar relaciones comerciales y de otro tipo con los indios, con tal que no los perjudicaran física y políticamente; pero no tenían derecho —afirmaba— a declararles la guerra, excepto en defensa del derecho de la humanidad a la libre comunicación y el libre comercio.

En este plano de las relaciones internacionales, la guerra sólo está justificada si debe redundar en beneficio de la comunidad internacional en conjunto. Pero, naturalmente, el hecho de que los indios constituyeran comunidades subdesarrolladas, sin organización política ni medios de comercio, significaba que entre ellos y los españoles no se daban todas las condiciones para ejercer su natural libertad de comunicación; en consecuencia, Vitoria propugnaba el sistema de mandato, que establecía el derecho y el deber de un Estado —por propia iniciativa o por mandato de la comunidad internacional— de preparar a los pueblos atrasados para la soberanía en un plano de igualdad con los demás estados. Éstas eran las únicas razones por las cuales España podía reivindicar una misión colonizadora en América: «El dominio español debía ejercerse en interés de los indios, y no tan sólo en provecho de los españoles».

La causa opuesta, o imperialista, era defendida por Juan Ginés de Sepúlveda (1490?-1573), distinguido latinista e historiador, en su tratado titulado *Democrates alter, sive de iustis belli causis apud Indos*. Al regresar a España en 1547, después de un viaje por México y Guatemala, Las Casas descubrió que esta obra circulaba en forma manuscrita, e inmediatamente la atacó como perniciosa, a fin de impedir que se autorizara su publicación. Con gran indignación por parte de Sepúlveda, de hecho, se pronunciaron contra su publicación las universidades de Alcalá y de Salamanca. Como resultado de la furiosa controversia que siguió, Carlos V tomó la sorprendente decisión de ordenar que cesara toda conquista en ultramar hasta que un consejo especial, formado por teólogos y miembros de los Consejos de Estado, decidiera sobre la cuestión, que Sepúlveda y Las Casas debatirían ante él. Las sesiones tuvieron lugar en Valladolid, durante 1550 y 1551. La causa de Sepúlveda era consecuencia de su negación de lo que había postulado Vitoria, o sea, un derecho universal internacional que uniera a todos los pueblos. Para él, en cambio, sólo las naciones civilizadas podían tener una concepción del derecho y la moral; los pueblos incivilizados, incapaces de comprender estos conceptos, no podían tener derechos morales. Las razas inferiores debían ser gobernadas por las superiores, y esta doctrina de la aristocracia nacional implicaba una doctrina del servilismo natural. Basándose en la autoridad de los antiguos griegos —en particular, de Aristóteles—, Sepúlveda afirmaba que los pueblos inferiores, como los indios americanos, eran esclavos por naturaleza, y que redundaba en su propio interés el ser conquistados y gobernados por razas superiores. Las naciones civilizadas tenían el mandato natural de someter a las naciones incivilizadas; si estas últimas se negaban a someterse voluntariamente, la guerra contra ellas era moralmente legítima. Por ello, Sepúlveda defendía el derecho a la conquista y la esclavitud. Contra esta teoría del imperialismo, Las Casas reiteró ampliamente una doctrina que puede resumirse en esta frase suya: «Hoy

día no existe ni puede existir nación alguna, por bárbaras, feroces o de-
pravadas que sean sus costumbres, que no pueda ser atraída y convertida
a todas las virtudes políticas y a toda la humanidad del hombre doméstico, político y racional». Esta impresionante afirmación es un ejemplo
del idealismo y la fe en la humanidad característicos del Renacimiento.
Debe observarse que en esta controversia, el reaccionario era el humanista clásico, que se aferraba a los conceptos del pasado, mientras que el
apóstol de la ilustración era miembro de una de las órdenes religiosas
estigmatizadas no hacía mucho por Erasmo como beatas y oscurantistas.
No se ha conservado la decisión del Consejo de Valladolid; los historiadores han deducido de ello que tal vez no fuera concluyente. Sin embargo,
el hecho es que nunca se permitió la publicación de *Democrates alter*,
mientras que Las Casas continuó sin impedimento su actividad propa-
gandista.

Las controversias sobre América son un signo del progresismo
liberal que informaba el espíritu de muchos eclesiásticos españoles
durante la primera mitad del siglo XVI. El resurgimiento de los estudios clásicos, que en España nunca constituyó un fin en sí, sólo era
un aspecto del movimiento general de revitalización y reforma en
el ámbito de la educación, la vida social, la moral y, sobre todo, la
religión. En este aspecto, la mayor influencia individual, posterior a
las reformas eclesiásticas de Cisneros, fue la de Erasmo, [cuya condena, sin embargo, tras un cuarto de siglo en que el humanista holandés despertó entusiasmos, odios y polémicas,] sobrevino con el
fin de la segunda fase (1552) del concilio de Trento. No se había
llegado a ninguna reconciliación ni compromiso entre protestantes
y católicos, y era evidente que ello ya no sería posible. La necesidad
de escoger entre Lutero y Roma desmoronó el movimiento erasmista.
Para España no cabía duda en cuanto a la elección. En consecuencia,
se persiguió a los pequeños núcleos protestantes que se habían formado en su suelo, y el camino emprendido fue, una vez más, el de la
unidad religiosa —ahora, dentro de la misma Cristiandad—, lo mismo
que lo hicieran Fernando e Isabel sesenta años antes. Puesto que del
concilio de Trento surgió un catolicismo reformado —aunque no en
el sentido protestante—, no es correcto considerar el período de la
historia española que le siguió como un período de «reacción», en el
moderno sentido de la palabra, por más que sí fue francamente conservador. Comenzaba la Contrarreforma y, en este terreno, había
terminado el Renacimiento. Sin embargo, España estaba en el umbral

de la máxima vitalidad y actividad creadora en materia de religión —especulación teológica, literatura espiritual, misticismo, arte—, pero este espíritu creador se inscribía dentro de unos límites más estrechos que los que el Renacimiento señalara al principio. Con Erasmo, en España murió el espíritu de tolerancia, y ello supuso una pérdida enorme. Pero en cuanto a la profundidad del sentimiento religioso no se perdió nada; la piedad de Erasmo es reprimida, fría y carente de imaginación comparada con el ardor exaltado de San Juan de la Cruz, el calor humano de Santa Teresa o la visión poética del platonismo cristiano de Luis de León. La literatura de los erasmistas españoles resulta superficial en comparación con la gran literatura posterior. El factor que más influyó en esta transformación religiosa fue la nueva orden de la Compañía de Jesús, fundada por San Ignacio de Loyola (1491-1556), una de las máximas figuras religiosas de la historia de España. Los jesuitas prolongaron gran parte del movimiento humanista dentro y más allá de la Contrarreforma, no sólo al dar a España una larga sucesión de eruditos casi en todos los campos, sino también al incorporar en sus escuelas los estudios clásicos a la educación religiosa católica.

[La idealización del amor humano, traducido en términos religiosos implícitos o explícitos, como se aprecia ya en la poesía del siglo xv, en la novela sentimental o en el *Amadís*], cristalizó en la filosofía del neoplatonismo, la filosofía característica del Renacimiento que llegó a España procedente de Italia. Dos de las obras que sirven como ejemplo tuvieron gran influencia sobre la literatura española. Se trata de los *Dialoghi d'amore*, de León Hebreo (Judá León Abravanel), judío sefardita exiliado de España, publicada póstumamente en 1535, y del *Cortigiano* (1528) de Castiglione, que en su última parte contiene una exposición de la doctrina neoplatónica del amor. Platón basa su filosofía del amor en la elevación de lo material a lo inmaterial, elevación en la cual el espíritu es transportado por su amor a la belleza. A partir de la belleza de las cosas materiales, la mente pasa a la belleza de los cuerpos humanos; luego, a la belleza de la bondad; luego, a la belleza de las ideas, y luego, al conocimiento y amor de la Belleza Absoluta, que es Dios. Sobre esta base, los neoplatónicos renacentistas establecieron una concepción del amor humano ideal, atribuyéndole aún mayor importancia y un papel más relevante que el mismo Platón; para ellos, el hombre progresa en y a través del amor humano, desde el plano físico al espiritual, pasando por el nivel intelectual.

Castiglione y Bembo desarrollaron el concepto del llamado «amor platónico» (que no aparece en absoluto en Platón), según el cual un hombre supera la sensualidad cuando su razón le hace comprender que la belleza es tanto más perfecta cuanto más apartada está de la materia corruptible. A través de este conocimiento, el amor se transforma en un afecto casto y platónico, que es la unión exclusiva de la mente y la voluntad de ambos amantes. Este mutuo afecto conducirá a ambos a la contemplación de la belleza universal y, por tanto, a la contemplación de Dios, que Castiglione expresa en términos de misticismo cristiano. Para Hebreo, la belleza tampoco reside en la materia, que es esencialmente fea; la belleza de las cosas materiales consiste en las ideas que configuran la materia. De modo que, si bien la belleza física impulsa a la mente a amarla, ese amor sólo es bueno si induce a la mente a amar la belleza del espíritu. La belleza física de un cuerpo no es corpórea en sí misma, es la imagen o reflejo de la belleza espiritual, y el alma humana debería aspirar a conocer y amar esta belleza esencial. Por ello, el amor a la belleza física es un paso hacia el objetivo final de unión con la belleza última, y única real, que es Dios. Así, la unión física de los amantes se puede trascender y superar en la unión de sus almas a través de la comunicación de su mente y la fusión de sus voluntades; y esta unión espiritual entre el hombre y la mujer conduce a la unión con Dios. Por tanto, para Hebreo, la naturaleza y finalidad últimas del amor humano son religiosas. No existe laguna entre lo humano y lo divino, sino una elevación natural.

Resulta difícil tomarse en serio como ideal moral de carácter práctico el amor platónico, tal como lo expone Castiglione, e incluso Bembo. Tras el culto y elegante modo de vida retratado en *El cortesano*, se oculta la afectación de una aristocracia satisfecha de sí misma, capaz de sancionar la frivolidad de unas relaciones platónicas con las esposas de otros hombres, rodeándolas de una aureola de misticismo religioso. Sin embargo, no ocurre así con Hebreo, cuya profunda sinceridad es indiscutible. Ello queda claro, sobre todo, en el tono de sufrimiento que impregna su presentación del amor humano, imbuida de una sensación de angustia subyacente, verdadero dolor existencial de no poder conseguir nunca, en esta vida, lo que la mente y el corazón humano se ven impulsados a desear; incluso el cuerpo se siente herido ante la imperfección del único amor a su alcance. Se trata de un tono religioso sincero y profundo, muy lejos de todo optimismo complaciente, y por ello Hebreo llegó a ejercer en España una influencia más profunda y perdurable que Castiglione. Este tono de sufrimiento subyacente convierte su filosofía del amor en un puente entre el neoplatonismo y la forma de amor cortés del siglo xv.

Así, la filosofía del neoplatonismo sitúa el amor humano dentro del marco del amor divino y le da un valor espiritual, que es lo que intentaban hacer de modo muy confuso la poesía amorosa del siglo xv y la *Cárcel de amor*. El amor a la mujer es una etapa hacia el amor a Dios, y forma parte del amor a Dios; es una etapa que no queda atrás, sino que se integra. Se trata de una filosofía que, en efecto, idealiza y glorifica el amor humano hasta el grado sumo dentro de una concepción religiosa y teística de la vida. Como tal, al dar sanción filosófica al concepto de amor ideal, ofrecía una justificación para centrar los valores de la vida exclusivamente en el amor humano, sin considerar todos los demás valores humanos. [...] Pero, al mismo tiempo, este retorno a Platón también podía atraer (como ha ocurrido siempre con el platonismo) a otro tipo de mentalidad, aquella cuyos intereses y aspiraciones eran puramente religiosos; podía tener este efecto al subrayar que, en última instancia, el amor ideal era el amor divino, que la respuesta a la atracción de la belleza encontraba su plena realización en la aprehensión y contemplación de Dios. Así, el neoplatonismo podía apuntar en dos direcciones distintas: el amor ideal podía continuar siendo la principal preocupación de la literatura, pero ahora, por decirlo así, a dos niveles distintos en vez de uno solo.

[Si bien los teólogos platónicos de la Contrarreforma atacan directamente la literatura humanista secular], al mismo tiempo continúan y llevan a su punto culminante la filosofía en la cual se basaba el concepto de amor ideal. En ellos, la doctrina platónica encuentra su plena realización en el amor divino, sin dejarse arrastrar por una ilusión ideal de amor humano espiritualizado. Un ejemplo representativo es *La conversión de la Magdalena* (1588), obra del fraile agustino Pedro Malón de Chaide (fallecido en 1589). Es un tratado sobre el amor; de hecho, la primera parte constituye la exposición más clara y simple de la doctrina del amor platónico de toda la literatura castellana, en la cual Malón lo presenta como un movimiento cósmico circular que procedente de Dios llega a las criaturas, para regresar otra vez a Dios; este círculo ininterrumpido es el amor ideal. En esta primera parte de su obra, Malón es el platónico puro y, como tal, un hombre del Renacimiento; se convierte en platónico cristiano y hombre de la Contrarreforma por su insistencia, después de esta primera parte, en que este ideal no está al alcance de todos, a punto de ser captado y absorbido sin dificultad. La tragedia del hombre radica en el hecho de que, puesto que en su naturaleza el espíritu se combina con la materia, se ve fuertemente impulsado a romper el círculo cósmico del amor, quedando anclado en un amor imperfecto e inferior. En su prefacio, Malón ataca a Garcilaso, el *Amadís de Gaula* y la *Diana*, por no advertir que representan un círculo roto. Por contraste, la figura de amante que propone es la histórica María Magdalena. Una prostituta arrepentida se convierte en heroína de amor como sustituta de Oriana y las pastoras de *Diana*. Por el hecho de haber sido una pecadora representa, a diferencia de las heroínas de ficción, la realidad de la experiencia humana; sin embargo, en su respuesta, a través del arrepentimiento, a la llamada de un amor superior, también representa el ideal. Por tanto, en la representación de la doctrina del amor platónico de Malón, lo que se subraya no es la búsqueda confiada de la belleza divina a través de la belleza de la mujer, ni la fe confiada en la naturaleza espiritual del amor humano, sino la debilidad esencial de la naturaleza humana, debilidad que es tal que los hombres no pueden confiar en su capacidad natural para alcanzar lo divino, sino que sólo pueden buscar el amor a Dios a través de una súplica de perdón y piedad. De este modo, la literatura religiosa de la Contrarreforma hizo bajar el ideal del amor perfecto, conservando al mismo tiempo la visión del ideal: la unión del alma con Dios. Contrarrestó el humanismo idealista predominante, situando el ideal donde realmente le correspondía, en el reino de lo espiritual, y poniendo el acento sobre el mundo real, sobre la realidad de la naturaleza humana y sobre las obligaciones sociales y los deberes morales. En este último aspecto, la Contrarreforma influyó en la transformación de la literatura secular española, que era una literatura idealista y se convirtió en realista, y como tal conoció su período de mayor esplendor. La conservación del ideal del amor, espiritualizado, se encuentra en el movimiento místico de la Contrarreforma.

MARCEL BATAILLON Y EUGENIO ASENSIO

EN TORNO A ERASMO Y ESPAÑA

1. Desde la aparición de la Biblia Políglota de Alcalá hasta la de *Don Quijote*, el humanismo cristiano de Erasmo ejerció, del otro lado de los Pirineos, una influencia singularmente fecunda.[1] La historia del erasmismo español ilustra de manera impresionante el significado de Erasmo en la revolución espiritual de su tiempo.

Con él, el humanismo se propone como tarea restituir el mensaje cristiano en su auténtica pureza, y lograr la unidad de los mejores pensamientos humanos en torno a una *filosofía de Cristo* en que el hombre moderno pueda encontrar la alegría y la paz. Erasmo no es el profeta de un Renacimiento que venga a divinizar al hombre y a

I. Marcel Bataillon, *Erasmo y España* (1937), trad. A. Alatorre, Fondo de Cultura Económica, México, 1966[2], pp. 802-805; pero los párrafos impresos en un cuerpo menor proceden de M. Bataillon, *Erasmo y el erasmismo*, trad. C. Pujol, Crítica, Barcelona, 1977, pp. 155-158.

II. Eugenio Asensio, «Los estudios sobre Erasmo, de Marcel Bataillon», *Revista de Occidente*, VI (1968), núm. 63, pp. 302-319 (313-318).

1. [«Simplificando para lectores apresurados las sinuosidades y altibajos del camino [de Erasmo en España], podríamos distinguir tres períodos. El primero va desde 1516, fecha de la primera versión española, de la primera cita de su nombre entre nosotros y de la entronización de Carlos V, hasta 1536, año en que muere Erasmo y sufren persecuciones los más apasionados erasmistas: es un período batallador en que los partidarios, escudados tras el nombre del Emperador y la protección de altas jerarquías eclesiásticas, traban combate en campo abierto y desafían la oposición de los mendicantes, exaltando la religiosidad del espíritu. El segundo período va de 1536 hasta 1556, data de la abdicación del Emperador y de la última impresión de Erasmo en castellano y en España (*Enquiridión*, Juan Ferrer, Toledo), o si se quiere, hasta 1559, año en que Fernando de Valdés, el Supremo Inquisidor, publica su devastador Índice prohibitorio, y Felipe II regresa a España: es un tiempo de erasmismo adaptado a las circunstancias españolas, lleno de cautelas y discreciones, que pone en el centro de sus meditaciones, más que el menosprecio de las ceremonias y la sublimación del espíritu, el problema de la justificación por la fe y del beneficio de Cristo. El último período, de erasmismo soterrado, que no osa confesar su nombre, se prolonga hasta fray Luis de León y Cervantes» (E. Asensio [1968], p. 307).]

prometer inhumanos triunfos a su intelecto y a su energía. Le basta con que el hombre, por mediación de Cristo, participe de lo divino y penetre así en un reino de amor y de libertad. De él se ha podido decir que fue «religioso por modestia». Por diferente que sea de un Savonarola o de un Lutero, está más cerca de ellos, gracias a su filosofía, que de los humanistas paganizantes.

Pero tal vez esto no sea mucho decir. Su obstinada negativa a elegir entre Lutero y Roma, su evangelismo enamorado de «paz» y de «unanimidad», le hicieron representar en grado eminente, durante su ancianidad, y aún mucho tiempo después de su muerte, un cristianismo esencial, centrado en torno a la salvación por la fe en Cristo, pero sobrio en afirmaciones dogmáticas, en cuyo seno debían hallarse de acuerdo todos los cristianos. Al predicar al Cristo paulino, cabeza invisible de la humanidad, extrajo del cristianismo su más humana significación. Enseñó a los hombres a orar a un Dios que es el de los Salmos y el de los Evangelios, y que es al mismo tiempo un lazo divino entre todos los hombres, la promesa, para todos ellos, de una renovación divina. ¿No es éste, después de todo, el profundo sentido de la resurrección del misticismo paulino en la época del humanismo? ¿Justificación por sola la fe? Más bien fe nueva en la fe misma, y en el valor y en el amor que esa fe infunde. Llamamiento a las almas para que se liberen del formalismo y del temor servil...

Conviene detenerse un poco en los temas principales de reforma de la piedad a los que el nombre de Erasmo, sin convertirse en el de un jefe de secta, ha estado particularmente unido, y que fundaron su reputación de teólogo de punta a punta de Europa, sin distinción de católicos y de protestantes. Sería superfluo insistir en el más característico de todos estos temas: *el elogio del culto en espíritu*, con la desvalorización correlativa de las ceremonias, de las devociones rutinarias y sin alma, y del ritualismo de las observancias monásticas. Se trata, por así decirlo, de un tema central del *Elogio de la Locura*. Es el principal de los que movilizaron en Erasmo y en sus lectores las fuerzas aliadas del fervor y de la ironía. Este mensaje, para los historiadores del siglo xx, es el del *Enchiridion militis christiani*, libro demasiado olvidado en el xviii y en el xix, pero que en vida de Erasmo y durante los veinte años que siguieron a su muerte fue el libro erasmiano por excelencia.

Hay que detenerse un poco más en otro tema apenas menos importante, el que he llamado *evangelismo*, y que tiene como contrapartida la desvalorización de la teología escolástica. Pues si ninguna de las manifestaciones positivas del retorno a la fuente genuina del mensaje evangélico es exclusivamente erasmiana, Erasmo desplegó en su fecundidad de «polígrafo» una variedad tal de estas manifestaciones que su nombre y el adjetivo *erasmianus* han quedado vinculados con toda justicia a este gran movimiento.

Un fenómeno muy erasmiano es el del auge de la enseñanza del griego, unido a la fundación de los colegios trilingües en Lovaina o en París. Pero, ¡cuidado!, si Erasmo está en la vanguardia de este movimiento, si lo representa de forma eminente, es porque su edición grecolatina del Nuevo Testamento va acompañada de un *Método* de teología que se funda en la misma Escritura, y de audaces *Annotationes* en las que no vacila en discutir las afirmaciones de los grandes escolásticos y hasta de los mismos Padres de la Iglesia. Un debate como el del *Comma johanneum*, [un versículo apócrifo introducido tardíamente en una epístola de San Juan (I, v, 7-8)], es un buen ejemplo de su voluntad de redescubrir el texto puro y su espíritu, disociando de él las glosas debidas a la intrusión abusiva de la dogmática.

Pero, después de evocar esta tendencia docta a reivindicar los derechos de la crítica textual (por muy insegura que aún pudiese ser la exégesis neotestamentaria de un Erasmo), hay que señalar también una exigencia no menos erasmiana de *popularización del Evangelio en todas las lenguas vernáculas*. La *Paraclesis* o *Exhortación* al estudio de las Sagradas Escrituras, añadida asimismo al *Novum Instrumentum*, formula en términos muy enérgicos el deseo de que la palabra divina proporcione la materia de canciones que canten el tejedor en su telar o el viajero por el camino. Estas canciones cristianas se advierte en seguida que son algo más familiar, más popular que los Salmos que el protestantismo convertirá en uno de los vehículos de su fe. No parece que Erasmo compartiera la opinión que apegó tan fuertemente a la Reforma a la lectura íntegra de la Biblia en lengua vulgar, incluyendo el Antiguo Testamento, que para él no fue un gran motivo de inspiración, y que no comentó, haciendo la salvedad de unos cuantos salmos.

En cambio, una manifestación típica del evangelismo erasmiano es el conjunto constituido por las *Paráfrasis* de las Epístolas, de los Evangelios, de los Hechos de los Apóstoles, es decir, de todo el Nuevo Testamento con la excepción del Apocalipsis. Erasmo aclara cuidadosamente el sentido literal de estos libros sin permitirse ningún excurso, ni crítico ni alegórico, y sin ningún afán de elegancia estilística. Esta elaboración del «pan evangélico» que respeta su sabor, pareció valiosísimo a los hombres de su tiempo. Y más aún que la nueva traducción latina intentada por Erasmo en su *Novum Instrumentum*, ayudó a los predicadores a rejuvenecer, a actualizar el contenido de los textos sagrados, en los que la costumbre de las palabras inmutables de la Vulgata hacía correr el riesgo de embotar la atención de los cristianos. Es significativo que las *Paráfrasis* erasmianas fuesen recomendadas, por el lado católico por el beato Juan de Ávila en la primera fase de su apostolado de Andalucía, y adoptadas entre los protestantes por un Pellican, quien se tomó la molestia de dar una traducción alemana y de completar el volumen con una paráfrasis del Apocalipsis.

Otro libro de Erasmo que al parecer influyó mucho en los predicadores y que contribuyó a difundir una nueva opinión del cristianismo, fue su gran tratado de la predicación: el *Ecclesiastes sive concionator evangelicus* (1535). Cuando el canónigo de Valencia Jerónimo Conqués en 1563 es procesado por la Inquisición, se descubre que tenía ocultos numerosos fragmentos manuscritos del *Ecclesiastes*, que había sido prohibido en fecha muy temprana (en 1551). Evidentemente en esta obra encontraba un espíritu que le estimulaba en sus escaramuzas contra los predicadores rutinarios, necios o presuntuosos. Esta obra, terminada por Erasmo poco antes de su muerte, debió de integrar en su influencia póstuma una concepción esencialmente pastoral del clero, que le distingue de otros reformadores católicos, sobre todo de Clichtove, quien insistía en cambio en las «funciones sacrificiales» del sacerdocio. Un rasgo más por el que el erasmismo está en la línea divisoria entre el catolicismo y las confesiones que se separan de éste. El «buen pastor» o *concionator evangelicus* según Erasmo, como el «buen predicador evangélico» según Rabelais, se parece a un pastor protestante, al mismo tiempo que señala el camino a los esfuerzos de la reforma católica para sustituir por buenos pastores a los clérigos mercenarios e ignorantes. Hay que recordar también que el ideal pastoral del erasmismo es un ideal misionero. No se excluye que haya influido de un modo tácito en la naciente Compañía de Jesús, gran admiradora del apostolado de Juan de Ávila, y gran organizadora de misiones interiores en el corazón de los viejos países nominalmente cristianos que aún tenían tanto que aprender del cristianismo. Hecho aún poco destacado, el *Ecclesiastes* de Erasmo formuló también la exigencia misionera con respecto a pueblos lejanos recientemente descubiertos. Ahora bien, entre los franciscanos que organizaron las misiones de Nueva España, fray Juan de Zumárraga, primer obispo de México, en sus *Doctrinas* —que figuran entre los «incunables americanos» más antiguos (1543-1544)— se hace eco de la llamada de la *Paraclesis* en favor de la difusión de la Escritura en todas las lenguas; y aunque lo hace sin nombrar la obra que utiliza, poseía las *Opera omnia* de Erasmo: su ejemplar fue sin duda el primero que cruzó el Atlántico.

¿Cómo llegó este cristianismo erasmiano a florecer en España más brillantemente que en otras partes? ¿Cómo pudo la libertad religiosa, aliada a un fervor místico, expresarse tan vigorosamente en este país en que la Inquisición estaba consolidando su poder? El enigma no es insoluble. Hay que dejar aquí, seguramente, su lugar al destino. Pensemos en esa «rosa de los vientos» sobre la cual un ingenioso español [Ángel Ganivet] ha inscrito las grandes orientaciones de la política mundial de su patria. La elevación al trono de Carlos V significó de manera decisiva, para España, la irrupción del Norte, o la atracción del Norte. El saqueo de España por la corte flamenca, y la conquista de Carlos V por España; el rey-emperador, brazo secular de la ortodoxia en Alemania, pero en lucha con el papa y obstinado en proseguir su política de los coloquios de religión hasta el día en que, vencido, va a retirarse en Yuste: tales son las grandes imágenes con las cuales hay que asociar, en el orden de la cultura, la de un Vives adoptado por la ciudad de Brujas y la de un Erasmo ídolo de España. Tal es la coyuntura política en que viene a insertarse el movimiento erasmiano.

Pero no se explicaría la contribución española a la renovación cristiana del Renacimiento si se olvidara el legado oriental de la vieja España de las tres religiones. Una de las originalidades étnicas de la España moderna es la de ser la gran nación occidental que ha asimilado más elementos semíticos. Aquí se puede, al parecer, pasar un poco por alto la aportación árabe: ésta representó sobre todo su papel cultural entre el siglo XI y el siglo XIII. A fines del siglo XV el hecho cargado de consecuencias es la reciente cristianización de gran número de elementos judíos que ocupaban un lugar de primer orden en la burguesía comerciante, y que tenían lazos con la aristocracia. La Inquisición se instituye para vigilar la pureza de su catolicismo, y no tarda en extender esta vigilancia a los moriscos valencianos y granadinos, poblaciones rurales que distaban mucho de tener la importancia social y cultural de los judíos conversos.

Pues bien —y en esto no se ha puesto hasta hoy [1936] la atención debida—, los cristianos nuevos venidos del judaísmo constituyeron un terreno de elección para las nuevas tendencias morales y místicas que la revolución espiritual del siglo XVI oponía al formalismo ceremonial, y que se encadenaban, pasando por encima de la Edad Media, por encima también de los orígenes cristianos, con la tradición de los Salmos y del profetismo hebreo. Al mismo tiempo

que la Inquisición vigilaba sobre los conversos sospechosos de judaizar en secreto, y castigaba cruelmente a oscuras familias culpables
de abstenerse de carne de cerdo, o de mudar de ropa los sábados,
toda una porción selecta de clérigos de origen judío estaba luchando
ardientemente, con Erasmo, en contra del «judaísmo» de las ceremonias, y predicando la libertad cristiana y el «dejamiento» a la
inspiración divina.

Ciertamente, este iluminismo no fue patrimonio exclusivo de los
cristianos nuevos. De ellos, sin embargo, es de quienes parece haber
tomado su vigor. Si el injerto erasmiano prendió tan bien en el
tronco español, se lo debe a esa savia. En todo caso, no se comprende la influencia de Erasmo, en este país por lo menos, si no es
en el seno del iluminismo. El iluminismo atraviesa todo el reinado
de Carlos V, anima en Sevilla y en otros centros urbanos una predicación religiosa que es la de un protestantismo en estado naciente,
contribuye al auge de una espiritualidad más respetuosa de los dogmas y de los ritos, pero peligrosa todavía para ellos a causa de su
intrépida interioridad: rico y confuso movimiento casi no tocado,
entonces, por las intermitentes persecuciones contra el «luteranismo»
o «iluminismo» que encubre.

Después de la derrota del Emperador, a raíz de la promulgación
de los cánones de Trento, se lleva a cabo una polarización, lo mismo
para España que para el resto de Europa, definitivamente dividida
entre católicos y protestantes. La Inquisición sabe, desde ese momento, lo que tiene que hacer. Y lo hace inflexiblemente. Constantino, después de haber sido la gloria del púlpito sevillano, es quemado en efigie como luterano. Bajo la misma inculpación, Carranza,
arzobispo de Toledo, pasa dieciséis años en la cárcel. Fray Luis de
Granada tiene que rehacer radicalmente sus manuales de oración
para que puedan escapar a la sospecha de iluminismo, de la cual no
se verán libres ni Santa Teresa ni San Juan de la Cruz. Todo aquello
que se ha convenido en llamar Contrarreforma en la España de Felipe II saca su vitalidad y su poder de irradiación de ese impulso iluminista que viene de la España de Cisneros a través de la de Carlos V.
Nada tiene de extraño que Erasmo, intérprete de las mejores aspiraciones de la Prerreforma, haya sido adoptado por los alumbrados
de Castilla; que el erasmismo haya hecho aquí las veces de Reforma
protestante; que algunos de los más grandes espirituales españoles
de la Contrarreforma —un Arias Montano, un Luis de León— le

hayan perdonado a Erasmo el *Monachatus non est pietas* en agradecimiento de las lecciones de interioridad que había dado a tantos religiosos.

La excepcional eficacia de los libros de Erasmo se debió a la agilidad y a la universalidad de su genio, servido a pedir de boca por la nueva técnica del libro. Cargado con los tesoros de la antigüedad cristiana y con todo aquello que la cristiandad podía reivindicar de la herencia grecorromana, Erasmo supo administrar esos bienes con asombrosa conciencia de las necesidades del mundo moderno. Le habló con el lenguaje familiar y serio que hacía falta para seducirlo. Fue sabio y edificante; refinado y popular. La imprenta, por vez primera desde que los hombres hacían libros, permitió a un escritor llegar en muy poco tiempo, de un extremo a otro de Europa, hasta inmensos públicos en que se contaban lo mismo reyes que artesanos.

¿Estaría España predestinada a sentir mejor que ningún otro país esta mezcla de ironía y fervor que caracteriza a Erasmo? Tal vez. España no fue menos sensible a las lecciones de reflexión crítica de los *Coloquios* que a las lecciones de misticismo paulino del *Enchiridion*. España concibió, al leer a Erasmo, la idea de una literatura a la vez festiva y verdadera, sustancial, eficaz para orientar a los hombres hacia la sabiduría y la piedad. Este ideal está presente en los diálogos políticos y morales de Alfonso de Valdés lo mismo que en el *Viaje de Turquía* del doctor Laguna. Hizo que la minoría selecta despreciara las pueriles y maravillosas ficciones de los libros de caballerías. Si España no hubiera pasado por el erasmismo, no nos habría dado el *Quijote*.

II. Corre por el mundo la idea de que las obras perfectas son estériles y las imperfectas fecundas. Pero ¿dónde está la historia perfecta, redonda como el universo de los eleatas? La más valiosa y acabada abrirá caminos que no sigue hasta el fin, interrumpirá, por secundarios u oscuros, argumentos apenas esbozados, sostendrá opiniones polémicas y en litigio. Cuanto mayor sea su riqueza informativa y el alcance de su hermenéutica, sugerirá más continuaciones tentadoras. En *Erasmo y España*, el problema que ha suscitado mayor volumen de pesquisas y mayores apasionamientos es el de los cristianos nuevos. Sin buscarlo, se le impuso [a Bataillon comprobar el importante papel de los cristianos nuevos en las corrientes espirituales que se enfrentaban al formalismo ceremonial del mero culto exterior]. Una oleada de estudios de valor desigual, casi siempre mal avenidos con el rigor metódico y la investigación paciente, han demostrado la fecundidad a la vez que los riesgos de estas indagaciones. Riesgos inherentes al desborde imaginativo con que, sin bases sólidas, se anticipan deducciones hijas del deseo. Con peligro de incurrir en el mismo pecado, quiero insinuar tímidamente una de las causas porque los conversos se lanzaron a la lucha contra las ceremonias y el sobreprecio de las obras de devoción, alistándose entre los defensores de la justificación por la fe y de la religiosidad inspirada.

El *Lucero de la vida cristiana*, de Pedro Ximénez de Préxano (1493) es, sin duda, la más ambiciosa exposición de las creencias cristianas que se compuso en castellano y para uso de castellanos durante el reinado de Fernando e Isabel. Tuvo, hasta su prohibición en 1559, más ediciones que cualquier obra española de piedad entre la toma de Granada y la abdicación de Carlos V, Garcilaso de la Vega la poseía en su corta biblioteca toledana, y Diego de Uceda, el erasmista laico procesado en 1528, la mentaba para respaldar la antigüedad de las doctrinas que le censuraban como nuevas. Es, no cabe duda, un libro medieval pródigo en milagros apócrifos tomados de la guía de Tierra Santa, no exento de aquellas cuestiones tan sutiles como ociosas que indignaban a Erasmo y sus discípulos; verbigracia, si habrá machos y hembras entre los resucitados y si sentirán vergüenza de contemplarse desnudos. Pero fue concebido para la situación española, para adoctrinar a los cristianos, cuya ignorancia de su religión contrastaba con la instrucción que moros y judíos tenían de la suya. El *Lucero* se encara a menudo con los judíos, discute ampliamente la ley de Moisés, arremete contra los preceptos ceremoniales que da por caducados, afirma que en la ley de gracia «no avían de ser justificados e salvos los hombres por sus propias obras..., mas por la fe del salvador» (cap. 130), mientras que la ley de Moisés «no podía justificar salvo por obras, porque no contenía en sí salvo preceptos e prohibiciones. Pero la fe justifica por la gracia de Dios». Y ahora cabe legítimamente inferir: si el libro más difundido de la piedad española, vocero de la común mentalidad, reprochaba a los judíos sus ceremonias y su confianza en las obras, ¿qué cosa más puesta en razón que el que los cristianos nuevos, para señalar su distanciamiento del pasado y su adhesión a la fe cristiana, atacasen lo que se estimaba distintivo y típico del judaísmo, es decir, las ceremonias y las obras, exagerando con fervor de neófitos los rasgos definitorios de su nueva creencia? Antes de separarme del *Lucero*, deseo anotar un curioso pormenor que lo liga a la literatura erasmiana. El capítulo 87 contiene —acaso con prioridad a cualquier texto redactado e impreso en castellano— la imagen paulina del cuerpo místico, predilecta de Erasmo y sus discípulos españoles, que Guzmán de Alfarache, en nombre de los pícaros, invocaría para recordar su igualdad sustancial con los demás miembros de la Iglesia de Cristo. El *Lucero* no desarrolla el aspecto social, sino la participación de todos los cristianos en la pasión y virtudes de Cristo, su cabeza.

Cuando un libro importante sigue una avenida central orillada de sendas laterales, no faltan críticos o admiradores que lamentan su derechura. El autor debería haber ampliado materias marginales por las que pasa rápidamente, en suma, debería haber escrito un libro diferente. Así Lucien Febvre, el eminente historiador, deploraba que Bataillon no expusiese el problema de las estructuras sociales sostenedoras del erasmismo, ni se preguntase, por ejemplo, en qué medida la economía condicionaba la meditación religiosa y la oración mental. Es imposible satisfacer tan extremas exigencias sin perder el sentido de dirección y la justa proporción: es imposible coordinar un libro inteligente sin renuncia a otros posibles y tentadores.[1]

1. [«La más sensible deficiencia [de *Érasme et l'Espagne*] es lealmente reconocida por Bataillon en el prólogo nuevo [a la primera edición en castellano (1950) de la obra]: su gran libro no esclarece bastante las raíces medievales comunes a Erasmo y la religiosidad española, ni da justo relieve a la actividad misionera y revolucionaria de Juan de Ávila y los primeros jesuitas.» Así lo señala el propio Eugenio Asensio, en un estudio fundamental [1952], donde insiste en «cuántas aguas venidas de otros manantiales se confundían con la corriente erasmiana» y, como muestra, atiende a «subrayar el parentesco del erasmismo con tres linajes de espiritualidad: el biblismo de hebreos, conversos y cristianos viejos en la España de los siglos XV y XVI; el espiritualismo franciscano, y los gérmenes de renovación religiosa que por sendas diferentes nos llegan de Italia». A propósito de la segunda tendencia, por ejemplo, opina que «la vena franciscana es mucho más potente y caudalosa que la erasmista». En cuanto al tercer punto, escribe, para empezar: «No es el momento de repetir cuánto debe nuestro Renacimiento a Italia. A veces, parece más adecuado aplicarle el nombre de italianismo. El modo de asimilar los importados elementos, y sobre todo el modo de actuar las fuerzas que producen, interesan mucho más que la pedantesca enumeración de "influencias". Pero hay que seguir dando un lugar a éstas. Desde que lo acentuó Menéndez Pelayo, pasa como pleito

Por eso no echaré en cara a nuestro autor el que haya omitido casi enteramente el tema de Erasmo pedagogo, maestro de escolares y productor de los más influyentes textos de humanidades de la época, para concentrarse sobre el Erasmo maestro de piedad y espiritualidad. [...] Voy, a título de homenaje, a exponer dos interesantes casos de influencia erasmiana no mencionados en sus páginas. El primero constituye la más antigua imitación de Erasmo, y por añadidura del Erasmo osado, que yo conozco. El segundo, ejempli-

---

juzgado que nuestro renacimiento en la época de Carlos V es erasmiano, más que italiano. Algún epígono, como el benemérito Pfandl, ha llevado esta afirmación a extremos inaceptables. De otra parte hay en Italia —y aun en italianistas extranjeros como P. de Nolhac— un desmedido afán de llevarse a Erasmo para casa. En Alemania, I. Pusino ha exagerado —según los especialistas— el influjo de Pico de la Mirandola sobre el *Enquiridion.* De la deuda de Erasmo hacia Valla no hay para qué hablar: en Valla encuentra esbozado, aparte del método filológico, uno de sus grandes motivos: "Non exterior homo, sed interior placet deo". Nada tiene, pues, de asombroso que algunos españoles, criados en Italia o en contacto con su literatura humanística, hayan compartido actitudes y gustos de Erasmo, hayan sido erasmianos *avant la lettre.* Sería curioso perseguir los rasgos comunes, no sólo en hombres más viejos que Erasmo, como Nebrija y el portugués Arias Barbosa, sino en casi estrictos contemporáneos, como Hernán Núñez, apasionado de San Jerónimo y de los refranes. Han pertenecido a idéntica generación, han respirado el mismo aire. ¡Qué difícil es discernir y separar estas naturales concomitancias! Los erasmistas mezclan sin escrúpulo su gusto por Italia y su gusto por Erasmo. Juan de Vergara compone versos macarrónicos a la zaga de Folengo. Alfonso de Valdés combina las reminiscencias de Pontano —tan poco querido por el autor de los *Coloquios*— con las de su ídolo, al componer el *Diálogo de Mercurio y Caron.* En el terreno religioso Italia, capital católica, irradia, a través del clero y de las órdenes, todas sus inquietudes, todos sus anhelos de renovación religiosa. La reforma de Savonarola, el platonismo de Egidio de Viterbo, la unión de la vida mística y la vida activa de barnabitas y teatinos, repercuten en España. Por último, en los momentos de tirantez con el papado —saco de Roma, reforma curial, convocación del concilio—, España, que ha implantado su dominio en Italia, se siente un poco solidaria de la herencia gibelina, y la asocia, como Mercurino Gattinara, al movimiento erasmiano. Los maestros de Alcalá —y de Salamanca, que se los disputaba— deben bastante al humanismo de Poliziano y a la sabiduría de Pico de la Mirandola. España continúa, quizá más tenazmente que Italia, leyendo a Poliziano y adorando a Platón. Este humanismo florentino aspiraba a crear un tipo de hombre universal, versado en teología y filosofía, cosmografía y literatura. Los erasmistas, desconfiados como Sócrates de la especulación pura, no cultivaban las matemáticas ni la física que el ensanchamiento del mundo situaba en primer plano: la vieja generación les superaba en curiosidad desinteresada» (pp. 85-86).]

fica el hondo surco que dejó en la enseñanza, mostrando cómo la más vieja retórica en castellano ha entrado a saco en el almacén de Erasmo, ya extractando, ya modificando a la callada, ya adaptando a las necesidades nacionales y sustituyendo el canon de escritores latinos recomendado en Erasmo, por un canon de autores castellanos dignos de ser imitados.

[Así, en los *Triumphos de Locura* (hacia 1521), de Hernán López de Yanguas], el marco medieval —viaje del autor, encuentro con Locura cercada de vicios menores o subdivisiones personificadas, aparición final de Prudencia que ahuyenta a Locura y moraliza— sirve de molde a una nítida imitación del *Encomium Moriae* o *Elogio de la Locura*. El elenco de estados y profesiones [...] corresponde inequívocamente al elenco de Erasmo, si bien Yanguas ha eliminado a no pocos y añadido algunos de sabor hispánico, el estado de escuderos pobres. Locura de Yanguas proclama que es principio de vivir, que señorea las tres edades del hombre, igual que Moria de Erasmo. Enumera los principales estados y oficios que siguen su bandera, entre ellos los poetas como el autor, recuenta sus flaquezas, sin omitir las de los clérigos que toca rápidamente en dos estrofas de doce versos. Todo parece mera preparación o telón de fondo para satirizar a los teólogos y religiosos. Mientras la reseña de cada grupo suele llenar 24 versos, la de los teólogos abarca 72, la de los religiosos, 156. Sobre los teólogos repite las quejas de Erasmo, por lo que el holandés llamaba sus «sutilezas sutilísimas», y en especial por el abandono del Evangelio, pues prefieren «nombrar al sutil Escoto / y luego a Santo Tomás / y muchos doctores más». Las zumbas de los religiosos son más mordaces. Satiriza la ignorancia de los monjes que «se podrían bien llamar santos / si idiotas es santos ser»; sus cantos «y psalmos mal entendidos»; sus ociosas cuestiones «sobre contar bien los nudos / del cordón y del çapato»; su constante proclamar «uno, yo soy agustino, / otro, yo soy bernardino, / òtro, yo soy carmelita... / que de llamarse christianos, / parece que se avergüençan»; sus ascetismos sin espíritu: «bien sé yo quien se alabó / que siempre peces comió; / otro contó mil millones / de ayunos y devociones». Ni siquiera falta la cara positiva, pues Locura afirma que Dios se reirá de sus reglas y ceremonias, preguntándoles por la caridad y la fe que les faltaba. Inútil seguir: bien claro está que se trata de una imitación del *Elogio*. El preceptor ambulante, el ripioso coplero, el mediocre dramaturgo se ha anticipado a todos en seguir y castellanizar a Erasmo.[2]

2. [«*Erasmo y España* —escribe el propio M. Bataillon en [1977], pp. 327 ss.— era una tesis doctoral, y en ella sostenía una *tesis* que en conjunto ha sido aceptada por los historiadores de la espiritualidad: la de que España, predispuesta por corrientes. iluministas a comprender el espiritualismo del *Enchiridion*, había sido un país singularmente acogedor, bajo Carlos V, al evangelismo erasmiano y a su alegato en favor del culto en espíritu; que en España, donde la mayor parte de los miembros de las órdenes mendicantes se habían apresurado, al igual que los teólogos de la Sorbona, a acusar a Erasmo, una élite eclesiástica y monástica no había temido hacerse eco del "monachatus non est pietas" como un aviso contra todo formalismo petrificado, contra lo que Erasmo llamaba el nuevo judaísmo de las prácticas externas, y que este erasmismo había calado tan profundamente que existen huellas suyas hasta en la época de Felipe II, en maestros de espiritualidad de la reforma católica como fray Luis de Granada y fray Luis de León, y hasta en el autor del *Quijote*. Mis erasmistas españoles habían traducido al castellano, no sólo el *Enchiridion*, la *Paraclesis* y el *Modus orandi*, sino también una selección de los *Coloquios*, los *Silenos de Alcibíades* y la *Lingua*. Pero me parecían muy recelosos ante el *Elogio de la Locura*, obra de la que no se conoce [aunque sí parece que existió] ninguna traducción española antigua. Y sin duda yo ya me había resignado con excesiva facilidad a no descubrir al otro lado de los Pirineos una influencia apreciable de la *Moria*. Este libro audaz, que había escandalizado a los teólogos conservadores incluso antes de que se pudiera decir de su autor que preparaba el terreno al luteranismo, ¿no era natural que en España no pasase de ser una lectura reservada a una ínfima minoría? ¿Y acaso mis erasmistas no habían ratificado tácitamente la afirmación de Erasmo, en su carta a Dorp, de que la *Moria*, bajo una forma más irónica, más mordaz, venía a decir lo mismo que el *Enchiridion*? Para conquistar la Europa de su tiempo el pensamiento de Erasmo de Rotterdam no necesitaba de esa obra maestra de la paradoja y del humor en la que, desde el siglo XVIII, se funda casi exclusivamente la gloria de Erasmo. Ahora bien, en estos últimos años se ha percibido mejor la significación filosófica original de este libro irónico, y además hemos descubierto por fin rastros indiscutibles del *Elogio de la Locura* en España, y, como yo mismo soy más receptivo que antes a la fuerza singular del elogio de la locura por sí misma, donde se produce una turbadora amalgama de la necedad, de la enajenación mental y de la locura de la cruz, he prestado más atención a la idea de que la locura itinerante y comunicativa de don Quijote pudiera ponerse bajo el estandarte de la *Moria* erasmiana. De un modo más general me he preguntado si algunas de las geniales innovaciones de la literatura narrativa española, relato autobiográfico del ingenuo *Lazarillo de Tormes*, autonomía irónicamente concebida por Cervantes a sus dos criaturas literarias más ilustres, no podrían deber algo, o al menos emparentarse con la aparición de esa *stultitia* que Erasmo personificó para hacerle pronunciar su elogio en primera persona. En síntesis, el problema que

Los libros pedagógicos de Erasmo fueron, o directamente o a través de compendios y adaptaciones, frecuentados por maestros y alumnos. El de Rotterdam fue no sólo maestro de latinidad, sino de hispanidad a pesar suyo. Un soplo de su espíritu reanimó la enseñanza del estilo y composición castellana. El *De duplici copia* (1512) andaba en 1516 en las manos de Diego de Alcocer, fue dos veces reimpreso en Alcalá, sumariado y floreado por incontables maestros hasta el siglo XVII bajo el ojo benévolo de los inquisidores. Todavía en 1625, en su *De arte rhetorica* impresa en Sevilla con versos liminares de Góngora, el jesuita Francisco de Castro menciona entre los autores aprovechados a «Desiderius Erasmus, *De duplici copia verborum ac rerum*». Y esto a pesar de que Erasmo había utilizado la ejemplificación con fines de propaganda, dando máximas sobre la verdadera y falsa piedad, disertando contra la guerra y en favor del estado matrimonial. El muchacho aprendía de memoria, so capa de ejercitarse, puntos sueltos de la religión y hasta de la intimidad de Erasmo: por ejemplo, al ofrecer trescientas variaciones de la frase «Mientras viva te recordaré», injería no pocas en que recordaba su entrañable amistad por Tomás Moro. Entrar en detalles sería embarcarse en interminable travesía. Pero a lo menos daré un ejemplo de cómo el espíritu de Erasmo penetra en la enseñanza del castellano.

Fray Miguel de Salinas, el jerónimo aragonés, publicó anónima la *Rhetorica en lengua castellana* (Alcalá, 1541), que pretende con razón ser la primera en nuestra lengua. En ella, no contentándose con copiar a Erasmo y extractar abundantes trozos, aplicó las pautas del erasmismo a la composición de discursos, cartas mensajeras y otros géneros. Al principio se limita a ser una compilación de varios tratadistas con reiteradas infusiones de los textos pedagógicos del de Rotterdam. Claro es que al trasplantar un ejercicio, lo acomoda a las circunstancias españolas, mencionando, por ejemplo, las nuevas «comedias o farsas que hazen» y elogiando sus retratos al natural del enamorado o el rufián. A partir del folio 69 las consideraciones originales o personales se abren paso. Discute aquella extraña técnica de la memoria que dominó la cultura occidental desde Cicerón hasta

planteo hoy es saber si el legado de Erasmo en España podría estribar no sólo en una cierta actitud religiosa y moral, sino también en sugerencias literariamente fecundas de la única estructura literaria memorable que Erasmo creó, creación a la que en resumidas cuentas debe su inmortalidad de escritor.»]

el XVIII y que Pierre de la Ramée combatió: esta técnica se ayudaba de representaciones plásticas complejísimas de lugares o edificios, de artificios refinados que recientemente ha puesto en claro Francis Yates, *The Art of Memory* (Londres, 1966). Confiesa repetidamente que toma material de Erasmo, sin privarse de modificarlo a veces: verbigracia, al sugerir un ejercicio en pro y en contra de la virginidad, desvirtúa el de su modelo, porque Erasmo insiste en las ventajas del estado matrimonial y los inconvenientes del virginal, mientras Salinas recarga el encomio del celibato. Como la obra está destinada también a los que ni saben latín ni se proponen aprenderlo, al escoger los modelos de variación y abundancia, ha de echar mano de escritores castellanos: «Es muy bueno leer siempre en autores que escribieron bien en castellano, como es Torres Naharro, Hernando del Pulgar; y no es menos buena la *Comedia de Calisto y Melibea*, y otros. Especialmente son buenos algunos traslados de latín en romance, como *Marco Aurelio, Enchiridion*, de Erasmo...». Torres Naharro y Fernando de Rojas, en vez del Terencio tan recomendado por Erasmo, parecen ser sus modelos predilectos: hasta el predicador tendrá que imitar su arte insuperable en escenas tales como «si quisiese Pármeno quitar de la voluntad a Calisto el amor que tiene a Melibea; o Jusquino a Floribundo el amor que tiene a Calamita». Esta hispanización de Erasmo apunta al futuro en que la literatura nacional acabará viviendo en términos de igualdad con la grecorromana, y ofrece, a mi ver, más interés que la simple adhesión admirativa a los cánones del humanismo. El proceso de asimilación irá revelando la propia identidad.

Bataillon ha sabido trazar la cartografía de la espiritualidad española en un momento en que España se abría esperanzada a Europa. Ha explorado igualmente de la mano de Erasmo las provincias colindantes y esbozado un mapa de la cultura de la época. Hay, claro es, zonas oscuras, puntos insuficientemente aclarados. Pero mientras no surjan obras y explicaciones rivales dotadas de la misma coherencia, plausibilidad y a veces evidencia, nos veremos forzados a contemplar *sub specie Erasmi* muchos aspectos de la vida y cultura española del siglo XVI.

Francisco Rico

HUMANISMO Y DIGNIDAD DEL HOMBRE EN LA ESPAÑA DEL RENACIMIENTO

En el otoño de 1520, el día de San Lucas, Juan de Brocar inauguró el curso académico en Alcalá de Henares pronunciando una *Oratio paraenetica*, una invitación panegírica a la gramática, ante el claustro y los estudiantes de la Universidad. [...] La *Oratio* tiene un propósito múltiple, perfectamente establecido: disertar sobre el valor de la gramática y sobre las demás disciplinas en cuanto inseparablemente unidas a la gramática, para mostrar, por fin, cuánto se equivocan quienes no estiman debidamente la una e intentan avanzar en las otras.

Según Brocar, la gramática —depósito de las tres lenguas de la Iglesia: hebrea, griega y latina—, la *res litteraria*, es tan esencial para los que estudian las cosas divinas como para los ocupados en las artes liberales, *libero homine dignae*. Si ella pereciera, perecerían todos los saberes que mejoran nuestra vida y se apagaría el esplendor de las letras sagradas que nos instruyen en la religión. Sin la gramática, por ejemplo, es imposible entender la Biblia, llena de alusiones y nombres cuya comprensión exige varia experiencia y universal lectura de los clásicos. Sin la gramática, resultan igualmente ininteligibles las ciencias que conducen a la acción y las que desembocan en la contemplación. Brocar presenta un impresionante repertorio de casos en los cuales la ignorancia de la gramática ha sido fuente de error para médicos, jurisconsultos, teólogos, incapaces de interpretar correctamente a Celso, el Digesto o las Escrituras. Ninguna disciplina *humanae vitae commodior*, ninguna más apropiada al hombre que la gramática. Los españoles superan a todos los pueblos en vigor de espíritu (*viribus animi*): ¿por qué habrán de dejarse vencer en ingenio y arte? Para conseguir la victoria, también ahí, el precepto de Brocar no ofrece dudas: partiendo de la gramática, hay que vincular

Francisco Rico, «*Laudes litterarum*: humanismo y dignidad del hombre en la España del Renacimiento», *Homenaje a Julio Caro Baroja*, Centro de Investigaciones Sociológicas, Madrid, 1978, pp. 895-914 (896-898, 900-901, 905-907).

sapientia y *eloquentia*; leer a poetas, historiadores y dramaturgos; cultivar, en suma, la lengua latina, el *sermo latinus*, vía a todas las artes y todas las ciencias.

La genealogía y la posición intelectual de la *Oratio* se pueden averiguar fácilmente. Un dato anecdótico nos pone en seguida sobre la pista. La *prolusio* o lección de apertura del curso de 1520 era misión que correspondía a Antonio de Nebrija, *bonarum litterarum praesidium*; pero el maestro, inmerso en trabajos de mayor enjundia, confió el encargo al «praeceptor» de Juan de Brocar, y ese anónimo personaje se lo encomendó al jovencísimo discípulo. Brocar se preparó laboriosamente para la tarea; y el fruto de tal esfuerzo gustó tanto a Nebrija, que movió al padre de Juan («Arnaldus Guillermus, typicae artis vir dissertissimus») a imprimir la *Oratio* rápidamente.

No sorprende el entusiasmo del glorioso humanista ante la primicia del aprendiz. Porque la *Oratio* está escrita bajo la inspiración esencial de Nebrija, refleja fielmente la actitud del Nebrija maduro y aun resume la trayectoria de Nebrija. Juan de Brocar es básicamente un portavoz, y, de hecho, la *Oratio* consiste en un mosaico de citas y reminiscencias tácitas de Nebrija. Definiciones y principios provienen, por ejemplo, de las *Introductiones* y de la *repetitio* segunda, *De vi ac potestate litterarum*; ilustraciones y fraseología se toman, entre otros, del *Dictionarium*, la *Apologia*, la *Tertia Quinguagena*, el *Lexicon* de Medicina, etc. Nebrija aparece ahí como modelo excelso del *grammaticus*, y ese título nobilísimo se le adjudica con las mismas palabras con que lo reivindicaba él y con una evocación, idéntica a las suyas, de la primera etapa de la lucha que sostuvo contra la barbarie, para expulsar «ex nostra Hispania caeterisque nationibus Ebrardos, Pastranas, Alexandros atque alios grammatistas litteratores» («los *Dotrinales*…, los Ebrardos, Pastranas i otros no se qué apostizos i contrahechos grammáticos no merecedores de ser nombrados», había dicho Nebrija en castellano). Mas es sabido que a la primera etapa siguió el momento de plenitud, descrito por el propio Nebrija como una invasión en los dominios de otros saberes sin abandonar la perspectiva peculiar del filólogo (*tamquam grammaticus*). La cima de pareja empresa fue la compilación de una serie de vocabularios dedicados a la explicación o *enarratio* de textos de Derecho, Medicina y Sagrada Escritura. Pues bien, no otro programa expone Brocar: una vasta imagen de la gramática como clave de todas las disciplinas, de extraordinaria trascendencia para el Derecho, la Medicina y los estudios sacros. Un programa que entronizaba la gramática en el corazón no ya de Alcalá (la Alcalá del *gymnasium* y de la academia bíblica), sino de la nueva cultura española.

Los más decisivos antecedentes o paralelos de la doctrina de Nebrija y Brocar se documentan con nitidez en Poliziano y Lorenzo Valla. Así, Poliziano había ofrecido una visión inolvidable del *grammaticus* (que no *grammatista* ni *litterator*) como el erudito consagrado a examinar y elucidar «todo género de escritores: poetas, historiadores, oradores, filósofos, médicos, juriconsultos». Años atrás, en una página capital para Nebrija, Valla había cantado egregiamente el poderío del latín: en él se hallan «todas las disciplinas dignas del hombre libre», y cuando el latín decae, decaen ellas; por eso, desde el declinar del Imperio romano, «los estudiosos de la filosofía no han entendido ni entienden a los filósofos, ni los abogados a los oradores, ni los leguleyos a los juriconsultos, ni los demás lectores los libros de los antiguos». De ahí la receta de Valla: la conversión del *ars grammatica* en núcleo de la actividad intelectual, desde los rudimentos hasta la teología y la exégesis de la Biblia.

No dudemos en llamar «humanismo» al común denominador en el pensamiento de Valla y Poliziano, Nebrija y Brocar, pese a la obvia diversidad de contextos. «Humanismo» es palabra moderna y se presta a empleos polémicos. «Humanista» es palabra de hacia el 1500, pero bastarda, vulgar, cargada incluso de sentido peyorativo y, por ello, poco usada por los mismos que recibían tal nombre corrientemente. Sin embargo, cuando menos para la España de Nebrija y Brocar, podemos aplicar la etiqueta de «humanismo» (aunque no sin distingos) allá donde encontremos una valoración positiva de los *studia humanitatis*, las *litterae humaniores* o *politiores*, las «artes», «ciencias» o «letras de humanidad», «humanas». Tras esa valoración, bajo la bandera de tales sintagmas, el arrimo de Isócrates, Cicerón, Quintiliano, se alberga no sólo la profesión del «humanista», del experto en filología antigua, sino igualmente el ideal que justifica la figura del «humanista». Un ideal que propone como fundamento de toda educación la expresión correcta y la comprensión completa de los clásicos; un ideal que se centra en las materias del *trivium*, según están encarnadas en los grandes escritores grecolatinos, y desde ellas —si quiere— camina hacia otros campos; el ideal de una formación literaria que no se cierra ningún horizonte práctico ni teórico.

[Ese ideal alimenta singularmente unas piezas en que los humanistas cumplían solemne y casi oficialmente su condición exponiendo en público una imagen del saber construida sobre los *studia humanitatis*: los discursos en alabanza de las disciplinas, análogos al de J. de Brocar, con que solía abrirse el año académico. Para su objeto, sintomáticamente, tales discursos asumían a menudo los motivos característicos de una tradición muy viva en el Renacimiento: el elogio de la dignidad del hombre, donde confluían aportaciones clásicas y bíblicas, herméticas y patrísticas.]

Puesto a reducir a síntesis provisional los principales puntos de coincidencia entre las apologías de la dignidad humana y las apologías de la cultura que se alimenta en las *litterae humaniores*, yo propondría un «arquetipo» similar al siguiente. *El hombre es superior a los animales por obra de la razón, cuyo instrumento esencial es la palabra. Con la palabra se adquieren las letras y las* bonae artes, *que no constituyen un factor adjetivo, sino la sustancia misma de la* humanitas. *La* humanitas, *por tanto, mejor que cualidad recibida pasivamente, es una* doctrina *que ha de conquistarse. No sólo eso: la auténtica libertad humana se ejerce a través del lenguaje, a través de las disciplinas, ya en la vida civil, ya en la contemplación. Porque con esas herramientas puede el hombre dominar la tierra, edificar la sociedad, obtener todo conocimiento y ser así todas las cosas (un microcosmos), realizar verdaderamente las posibilidades divinas que le promete el haber sido creado a semejanza de Dios.*

Tal esquema teórico subyace al conjunto de las *prolusiones* que nos ha conservado la España renacentista, y subyace al *De dignitate et excellentia hominis* de Giannozzo Mannetti o a la celebérrima *Oratio* de Pico della Mirandola, igual que subyace a las más notables versiones españolas de la *dignitas hominis* en la edad de Carlos V, de Vives a Fox Morcillo (por aducir sólo dos nombres de extraordinaria magnitud vinculados a cuanto aquí nos concierne). Por supuesto, cada autor elige ciertos aspectos con preferencia a otros y se extiende sobre ellos en diversa medida y profundidad; pero el «modelo» conceptual en que los inserta se mantiene con ostensible fijeza a lo largo de la serie entera.

[Un ejemplo particularmente vivo y aun pintoresco ofrece la *Oratiuncula* de Juan Maldonado en una apertura de curso de 1545, en Burgos. El texto se centra en dos puntos]: la ceguera de la humanidad antes de la invención de las letras y las artes liberales, «ante

literas et ingenuas artes inventas», y, en cambio, la luz que después
brilló en el mundo merced al conocimiento de ambas, «ex artium et
literarum cognitione». En la primera edad —refiere—, los hombres
vivían como fieras, sin «religionis... ratio», sin derecho, sin saber
siquiera quién era hijo de quién. Sin embargo, algunos mitifican
aquellos tiempos bestiales y afirman que «los mortales nunca han
errado menos que antes de la proclamación de las leyes y el hallazgo
de las disciplinas». Contra esos optimistas ilusos, Maldonado alega
una prueba tomada de la historia contemporánea (junto a otras espi-
gadas en la Antigüedad). Al llegar a las islas y al continente americano, los españoles encontraron pueblos bárbaros, «ferino ritu nudi,
sine lege», caníbales que sacrificaban a los demonios... Como castigo,
la naturaleza les había privado de animales de carga y de labranza,
manteniéndolos expuestos a los dientes de las terribles alimañas que
allí habitan. Desde luego, carecían de «artes et bonae disciplinae».
Porque es hecho constante y universal: donde han faltado las leyes
y las letras, los hombres han sido salvajes y totalmente desprovistos
de la verdadera condición humana, «humanitatem penitus exuerant».
Mas, para apreciar cuánto valen las letras y las disciplinas anejas para
despojarse de la condición animal, «ad deponendam feritatem», basta
advertir que en las Indias recién descubiertas casi hay ya más cristianos que en Europa e incluso algunos, «posita feritate», se han
consagrado a las doctrinas y a las artes. Óptima comprobación —opí-
na Maldonado— de que los aborígenes «no carecían de ingenio, sino
de cultura, no de voluntad de aprender y ánimo pronto, sino de preceptores y maestros». [...]

En el pasaje que acabo de resumir, se advierte que la naturaleza
había sancionado la impiedad de los americanos dejándolos sin acé-
milas ni bestias de labor: «privaverat natura... equis, mulis, asinis,
bobus ad portanda onera et colendos agros...». Es comprensible que
nos sintamos inclinados a leer el texto a la luz de las anécdotas sobre
el estupor que causó la llegada a las Indias de los primeros caballos
o pensando en el papel que los animales de carga y labranza desem-
peñaron en la configuración de las colonias. No diré que esa perspectiva haya de descartarse enteramente. Pero sí creo que el párrafo
está tan en deuda con las lecturas como con la realidad y que recoge
uno de los tópicos de la *dignitas hominis*. Cierto, en el *De natura
deorum*, raíz robustísima de esa tradición, al exponer los privilegios
humanos, Cicerón señala que la naturaleza creó los animales para el

servicio de los hombres, y se demora en ponderar la importancia de bueyes, mulos, asnos, etc. [...] Manetti no descuidó amplificar el concepto («Nostri equi, nostri muli, nostri asini, nostri boves...»), ni tampoco, a la manera de un *hexaemeron* patrístico, casarlo con los Salmos («Omnia subiecisti sub pedidus eius: oves et boves universas...»). Pues ni Cicerón, ni Manetti, ni tantos más vacilaron en alinear entre las glorias humanas, igual los bueyes y los mulos que el descubrimiento de las disciplinas merced al entendimiento y a la palabra.

En esa dirección, claro está, avanza Maldonado al proclamar: «En sólo dos cosas aventajamos los mortales a las bestias: en la razón y en el lenguaje»; por ende, vivir sin disciplinas equivale a no ser ya hombre, «humanitatem... renunciare». ¿Quiénes sino los sabios han frustrado el intento de Lutero de dividir a la sociedad cristiana? ¿Qué sino la barbarie y la escasa erudición, mezclando sagrado y profano, ha sido la causa de todas las herejías? Combatir las letras por culpa de los errores de unos pocos letrados es tan estúpido como atacar la teología por culpa de unos cuantos teólogos viciosos: el mal se halla en las flaquezas del estudioso, no en la materia de estudio. De hecho, darse a las letras supone seguir la mejor parte de la propia naturaleza... Porque las letras no simplemente ornan, pulen y dan lustre, no simplemente separan de las fieras, antes bien constituyen la verdadera piedra de toque del ser hombres: «Jóvenes ya formados o por formar: que nadie, nadie, os lo suplico, os borre la convicción y la certeza de que *las letras son la única prueba de que se es verdaderamente hombre*» («Rogo vos atque obsecro, iuvenes eruditi ac erudiendi, ut hanc opinionem et veram sententiam nemo vobis eradicet, *literas esse solas ... quae homines esse vere convincant*»). La afirmación sintetiza la principal zona de coincidencia de la *dignitas hominis* y los *studia humanitatis*, de un viejo ideal del hombre y la revolución pedagógica que propuso y a veces logró el humanismo.

Fernando Lázaro Carreter

IMITACIÓN Y ORIGINALIDAD EN LA POÉTICA RENACENTISTA

Nadie ponía en duda la necesidad de imitar. Al poeta podía servirle de modelo la Naturaleza misma, pero otra vía tan fecunda y más segura era la de imitar a los grandes maestros que la habían interpretado con sublimidad. El deseo de inventar sin modelo resultaba peligroso: «Se adunque l'artificio del scrivere consiste sommamente nella imitatione, come nel vero consiste, è necessario che, volendo far profitto, habbiamo maestri eccellentissimi ... Coloro che ... ci propongono le compositioni di proprio ingegno ci ponno fare grandissimo danno», escribía Marco Antonio Flaminio a Luigi Calmo. Por otra parte, los antiguos habían propuesto y habían practicado ellos mismos dicho método. La imagen aristofanesca de la abeja que, libando en múltiples flores, elabora su propia miel, se repite insistentemente entre los latinos: Lucrecio, con versos que recordará Poliziano; Horacio, confesando proceder como ella para componer sus «operosa carmina»; Séneca: «Hemos de imitar, dicen, a las abejas». Este último formula, incluso, un procedimiento: conviene coleccionar cuanto resulte atractivo en las lecturas, y tratar luego de dar a lo recogido un único sabor. Otra imagen suya: la digestión de alimentos diversos, «de suerte que, de muchas, resulte una sola cosa». Así debe proceder el espíritu, celando aquello de que se ha nutrido, y mostrando únicamente lo que ya ha convertido en sangre propia. ¿Hay riesgo con ello de que el imitador sea descalificado porque se descubre la imitación? No, si la ha practicado bien —responde Séneca—, si un espíritu vigoroso ha sabido fundir en un solo tono las voces que ha escuchado: «Tal quiero que sea nuestro espíritu: pleno de muchas artes, de muchos preceptos, de ejemplos de muchas épocas, pero todo orientado a la unidad».

Los humanistas hicieron fervientemente suya esta doctrina, bajo

Fernando Lázaro Carreter, «Imitación compuesta y diseño retórico en la oda a Juan de Grial», *Anuario de estudios filológiços*, Universidad de Extremadura, II, 1979, pp. 89-119 (94-101, 117-119).

la égida de Petrarca, que, a su vez, se había acogido al pensamiento de Séneca. En la invención —amonestaba a Tommaso da Messina—, procédase como las abejas, que combinando néctares florales producen cera y miel. Por supuesto, sería mejor que el escritor emulara a los gusanos que segregan seda de sus vísceras, creando con sólo su ingenio los conceptos y el estilo; pero ello no está al alcance de cualquiera: «a ninguno... o a poquísimos le es dado». La norma senequista, convalidada por Petrarca, se constituyó en centro de la poética renacentista. Hubo, claro es, disidentes: si, entre los clásicos, algunos fueron modelos que otros imitaron, ¿por qué no fijarse en ellos sólo, por qué no atenerse a los indiscutibles maestros, Cicerón, Virgilio y Horacio entre todos? Poliziano reaccionó vigorosamente contra tal sistema poético (y oratorio), que jamás permitiría exceder al dechado. De ahí su defensa de Estacio como lírico, y de Quintiliano como guía de la elocuencia. En su oración sobre estos *minores*, se leen palabras terminantes: siendo máximo vicio querer imitar a uno solo, no constituye extralimitación proponer como modelos a cuantos lo merezcan, tomando lo útil de donde convenga, como dice Lucrecio: al igual que las abejas liban por doquier en los prados floridos, por doquier debemos nutrirnos de dichos áureos.

Pero aún alcanzó mayor resonancia en Europa su epístola al pío ciceroniano Paolo Cortese, que le había dado a leer una colección de cartas en las cuales creía ver reproducido fielmente el estilo del gran orador romano. Poliziano se las devuelve indignado por haberle hecho perder el tiempo. Él cree más respetable el aspecto del toro o del león que el de la mona, aunque ésta se parezca más al hombre. Y truena contra quienes componen imitando así: son como loros, carecen de fuerza, de vida, de energía, «iacent, dormiunt, stertunt». Si alguien le advierte a él que no se expresa como Cicerón, contesta orgulloso: «Non enim sum Cicero; me tamen, ut opinor, exprimo» ['No soy Cicerón; es a mí mismo, pienso, a quien expreso']. En esta celebérrima carta se contiene, tal vez como en ningún otro texto humanístico, el más claro y sencillo razonamiento sobre las virtudes de la imitación compuesta. Cuando el poeta fija su admiración en uno sólo, cuando su ideal es acercarse a él, nunca logrará ponerse a su altura. Nadie puede correr con más velocidad que otro si ha de ir pisando sus huellas. Hay que leer profundamente a Cicerón, sí, pero «cum bonos alios», con otros muchos que son sus paraiguales. Sólo entonces, dice a Cortese, si tu pecho está repleto de lecturas, te será posible componer algo que sea verdaderamente tuyo, algo en que sólo estés tú. Los consejos de Poliziano —algunos semejantes recibieron los Pisones— tratan, pues, de proteger la personalidad, que se desvanece al ser invadida por una única devoción. (No de otro modo un gran humanista contemporáneo, T. S. Eliot, defiende la lectura múltiple para el desarrollo del individuo y la defensa de su propio juicio. Casi a cinco siglos de distancia, sorprende la similitud de sus razonamientos.)

La discusión se reanimó, también con amplia audiencia, en el siglo XVI, a raíz del *Ciceronianus* de Erasmo, fiel a Séneca, y de la sonada polémica que mantuvieron, entre 1512 y 1513, Gian Francesco Pico, sobrino del polígrafo, y Pietro Bembo. Fue éste quien disintió de la imitación compuesta, por cuanto, según él, mide a todos los antiguos con el mismo rasero, y subvierte el orden de su indiscutible jerarquía. No son «todos los buenos» quienes deben ser imitados, como sostenía Pico, pues «si, entre los tenidos por tales, uno, con mucho, es el mejor y más excelente de todos» ¿por qué no ha de ser él, y sólo él, el modelo?

La imitación compuesta ofrecía el riesgo previsto por Séneca: la de que resultara un zurcido inhábil. Una simple taracea es fácil de urdir para disimular la carencia de fuerzas propias. Pero si lo ajeno, forzosamente disperso al ser múltiple, se vertebra y refunde en un organismo único, y si en éste resplandece el espíritu del escritor, nadie podrá negarle el dictado de original. Pico della Mirandola, halagando a Lorenzo de Médicis, le confiesa haber reconocido en una obra suya ciertas sentencias platónicas y aristotélicas, pero tan transformadas, «que parecen tuyas y no suyas». Por otra parte, el método impone otra condición inexcusable: el escritor ha de tener bien nutrida su memoria de versos y prosas que le hayan impresionado por su verdad o su hermosura. El ideal del humanista aparece en el retrato que, puesto en labios de Coluccio Salutati, hace Leonardo Bruni de Luigi Marsili en el primer libro de su diálogo *Ad Petrum Paulum Histrum* (1401). Tenía presente, dice, no sólo cuanto se refiere a la religión, sino cuanto atañe a las cosas gentiles. Siempre aducía las opiniones de Cicerón, Virgilio, Séneca «aliosque veteres»; y no se limitaba a las sentencias, sino que reproducía exactamente sus palabras, de tal manera que no parecían ajenas, sino creadas por él. Y añade: «podría haber recordado a muchos otros capaces de lo mismo». Sí, eran muchos los capaces de proezas así, antes, entonces y después: cuantos aspiraban a la palma de poetas y oradores. Al principio, en Italia; después, en toda Europa: un temprano humanista nuestro, el valenciano Juan Ángel González, remata su *Sylva de laudibus poeseos* (1525) con un exhorto característico: «Disce puer vatum carmina, disce senex» ['los versos de los poetas, apréndelos de niño, apréndelos de viejo'].

Ni que decir tiene que la poesía en vulgar, con los ejemplos de Dante y de Petrarca, entró por la vía de la imitación compuesta. Y no sólo los antiguos fueron beneficiados, sino, en la práctica, también los modernos. Ello no siempre mereció la aprobación de los sabios, pero halló por fin sanción docta favorable en las *Prose* de Bembo. [...] Esta fue, pues, la doctrina común en todas partes donde triunfó el Renacimiento, y una comprensión profunda de nuestra lírica del Siglo de Oro —ideal aún remoto— sólo podrá alcanzarse a partir de un trabajo filológico que restaure el prestigio de la investigación de fuentes. Se trata de actuar con el mismo espíritu con que procedieron los humanistas en el comentario de los poetas. No puede caber duda de que en su esfuerzo por descubrir influencias, traducciones o adaptaciones había un componente de autocomplacencia: hallarlas en el escritor admirado representaba descubrirle un secreto, hombrearse con él, atraerse parte de su prestigio. Pero había también el noble intento de entender y de glorificar. Herrera, en trance de ilustrar a Garcilaso, escribe: «Deseo que sea esta mi intención bien acogida de los que saben; y que se persuadan a creer que la honra de la nación y la nobleza y excelencia del escritor presente me obligaron a publicar estas rudezas de mi ingenio». Esas rudezas eran, ya se sabe, en su mayor parte, un rastreo por antiguos y modernos, para exhibir la propia cultura, claro, pero sobre todo la cultura del toledano. [...]

Para los renacentistas, las fuentes eran de dominio público, que podían hacer privado mediante un golpe de genio si, renunciando a la fiel sumisión, se salían del círculo mostrenco que dichas fuentes delimitaban. [...] Un poeta grande suele serlo también como inventor o difusor de diseños retóricos [es decir, secuencias de ciertos rasgos característicos, normalmente gramaticales, que articulan el fluir del discurso poético]; él mismo puede reiterar los que acuñó: es el caso de Petrarca, por ejemplo, cuyo arranque similar promueve movimientos discursivos bastante análogos en muchos sonetos:

Quand'io mi volgo indietro a mirar gli anni...
Quand'io son tutto volto in quella parte...
Quand'io movo i sospiri a chiamar voi...

Garcilaso tuvo muy en cuenta ese comienzo al componer el soneto I («Cuando me paro a contemplar mi estado...»); su filiación petrarquista queda más sólidamente garantizada por él que por las dudosas afinidades temáticas hasta ahora señaladas con el *Canzoniere*. [...]

El escritor de aquella edad, educado en la doctrina que consagró el humanismo, sitúa la imitación en el centro de su actividad. La originalidad absoluta constituye un ideal remoto que no se niega, pero tampoco se postula exigentemente: es privilegio concedido a poquísimos, y existe, además, la posibilidad de alcanzarla con el método imitativo. La imagen del gusano de seda, que elabora sacándolos de sí sus hilos, atrae; pero se presenta como más segura la de la abeja, que es capaz de fabricar su dulce secreción libando el néctar de diversas flores. En los bordes del método, amenazándolo siempre, está la posibilidad de que el escritor se limite a acarrear material ajeno, almacenándolo sin elaboración. A la imagen de la abeja, tan persuasiva, Lorenzo Valla oponía, en el prefacio al cuarto libro de sus *Elegantiae* (1471), otra como vitanda: la de las hormigas, «que esconden en sus nidos los granos robados al vecino»; y añadía: por lo que a mí respecta, prefiero ser abeja.

El poeta, el verdadero poeta, ha de *sentir* él. Unas veces, la lectura le provocará un deseo de escribir, porque percibe una real homología entre el autor que lee y el estado de su espíritu. Otras, ante una emoción que sacude su alma, busca en sus recuerdos de lector aquellos pasos que, en un antiguo —o moderno— bueno y a ser posible óptimo, permitan expresarla. Pero, si se limita a él, si se encierra en el cuadro que trazó, ningún esfuerzo le permitirá superarlo. La imitación de uno solo no pasaría de mero ejercicio escolar; de ahí, la necesidad de acudir a varios que, bien asimilados, transformados y *reducidos a unidad*, es decir, convertidos al sentimiento personal que impulsa a la escritura, permite no identificarse con ninguno y, si se triunfa en el empeño, obtener un resultado patentemente original. Urgido el poeta en su alma para escribir, no se dirige, pues, directamente a la expresión de su sentimiento, sino que da un rodeo por su memoria, bien abastecida de lecturas, de temas, conceptos y hasta *iuncturae* verbales, que pueden servirle en aquel, en cualquier momento. No está excluido que, conforme Séneca recomendaba, los escritores construyeran su propio archivo de lugares recordables, perfectamente clasificados [...]: algunas compilaciones, como las muy conocidas de Ravisio Textor, no tenían otra finalidad que sistematizar un repertorio útil para la imitación. No son enciclopedias para descifrar tanto como recetas ordenadas para cifrar, para componer, que los grandes (pero ¿lo hacían siempre?) tenían que desechar.

En cuanto a la práctica misma de la imitación, debió diferenciar a unos poemas y a unos poetas de otros. Fray Luis, en la oda a Grial *Recoge ya en el seno...*, para lamentar la imposibilidad de aplicarse a la poesía cuando el tiempo lo exige, se acuerda de un *epigramma* de Poliziano que exalta los beneficios de la estación fría; y mantiene la línea fundamental de su diseño, articulada sobre el sintagma «*iam + indicativo*» y la sucesión de las personas gramaticales, [según un esquema de Horacio]. Pero no olvida que Tasso se había valido de un expediente parecido —un cuadro estacional, si bien de primavera— como preámbulo para exhortar a Capilupo; y, muy probablemente conforme a ese modelo, cambia la invitación que Poliziano dirigía a sus alumnos. Sin embargo, dado que su situación no tiene parangón con la de tales autores, y sí con la de Ovidio perseguido y privado de paz para escribir, es a éste, a su desaliento póntico, al que acude para rematar su discurso. No es eso sólo. El tono melancólico y abatido del poema excluye la referencia a los gozos otoñales de los campesinos, que Poliziano había recibido de Virgilio. A cambio, va incorporando saberes más o menos comunes, junto con otros más exigentes. Así, la extraña presentación de la grulla, que lo acredita de culto; sintagmas griegos —«el yugo al cuello atados»—; alusiones insólitas: Febo dictando...; rasgos no inventados, pero sí recónditos. Y, puesto que exhorta a un poeta, no olvida un par de cuestiones que debatían los humanistas, y ante las que toma postura: las renuncias del escritor y la posibilidad de igualar o exceder a los antiguos. Se ha posado en múltiples flores, y ha fabricado un producto de gusto único, mediante una elaboración personalísima, en el cual resaltan el reparto del material en sectores tripartitos y equilibrados; el trazado del cuadro otoñal sin agentes humanos (lo cual permite un emotivo contraste con la entrada del *nos* en la estrofa cuarta —contraste inexistente en Poliziano—, y la reducción al *yo* de la soledad y el desamparo en la última); y un acento de sinceridad, de autenticidad, revelador de que el sentimiento ha precedido a la búsqueda de los materiales, y no al revés.

Este sistema de la oda a Grial lo aplica fray Luis en varios poemas; no podría asegurar aún que en todos. Ni que lo adopten todos los líricos que compusieron en el siglo XVI, los cuales emplearon quizás otros procedimientos. Importa describir éstos con pormenor si queremos que el concepto historiográfico «poesía renacentista» adquiera alguna profundidad. Entre otras cosas, hay que saber quiénes fueron, y cómo, gusanos de seda, abejas y hormigas.

2. GARCILASO DE LA VEGA Y LA POESÍA EN TIEMPOS DE CARLOS V

BEGOÑA LÓPEZ BUENO
ROGELIO REYES CANO

En la consideración histórica del desarrollo de la poesía lírica de la primera mitad del siglo XVI, la crítica reconoce la existencia de varias corrientes paralelas que vienen a confluir en dos grandes líneas: una que perpetúa los temas y formas procedentes de la tradición medieval, y otra, más innovadora, que introduce en España los modos poéticos de inspiración petrarquista vigentes en la Italia del Renacimiento. La primera recoge tanto las resonancias de la llamada lírica tradicional (villancicos, cancioncillas de amor, textos romanceriles...) como las de la poesía de cancionero del siglo XV en su doble vertiente amorosa y didáctico-moral.[1] La segunda refleja el desarrollo de las innovaciones de Boscán y Garcilaso según el patrón de la lírica culta italiana de su tiempo. En la confección crítica de este esquema dual ha desempeñado importante papel el problema de las formas métricas: la línea tradicional y cancioneril aparece ligada al uso de metros cortos, especialmente el verso octosílabo, y la italianizante al empleo del endecasílabo, del soneto y de diversas formas estróficas derivadas de la canción petrarquista. La coexistencia de estas dos corrientes es un hecho que no puede ponerse en duda, pues está avalado por una amplia producción literaria reseñada por numerosos estudios críticos. Estamos, por otra parte, frente a un fenómeno habitual en toda etapa de transición: las formas innovadoras, que acaban imponiéndose, conviven durante algún tiempo con las antiguas, que no siempre se limitan a languidecer, sino que, como ocurre en este caso, cobran incluso virtualidad e informan no pocos aspectos de la nueva lírica. Como

---

1. Para los pliegos sueltos y las compilaciones que contribuyeron en especial a la difusión de ambas modalidades líricas de tradición medieval, así como para otros rasgos de la transmisión poética en el siglo XVI, véase abajo, cap. 8.

señala José Manuel Blecua [1952], no hay que perder de vista, por ejemplo, la influencia que ejerce en la lírica del XVI una obra como el *Cancionero General* de Hernando del Castillo, publicado en 1511, o el *Cancionero* de Pedro Manuel de Urrea, de 1513, libros que encajan de lleno en los gustos poéticos del siglo anterior. Pero el problema de la convivencia entre poesía tradicional y poesía italianizante no siempre ha sido correctamente planteado. Por regla general esa dualidad se ha presentado en términos dicotómicos, oponiendo de una manera rígida tradicionalismo e italianización. No pocas veces la modernidad renacentista se ha atribuido en exclusiva a la línea italianizante, asimilando la otra corriente a una suerte de reaccionarismo poético cerrado a toda innovación, lo que supone, evidentemente, una simplificación del problema.

El enfoque correcto para una caracterización general del panorama lírico español de la primera mitad del XVI ha de partir de estudios más recientes, entre otros los de José Manuel Blecua [1952, 1972] y Rafael Lapesa [1962]. Sus trabajos tienen en común la virtud de haber demostrado la improcedencia de toda rígida dicotomía en el análisis de las dos corrientes. Tanto la poesía tradicional como la italianizante no pueden contemplarse como dos compartimentos estancos, sino como dos «brazos de un mismo río» (Lapesa), ya que ambas descienden de la fuente común de la poesía provenzal. En la lírica española del XV existía ya un clima «petrarquista» procedente de ese fondo trovadoresco que los poetas del *dolce stil nuovo* y el mismo Petrarca habían recogido también en Italia mucho antes de la crisis renacentista. Por otra parte, es notoria la vitalidad de lo popular y cancioneril en nuestro Siglo de Oro, precisamente en la obra de autores de probada pericia en el manejo de las formas italianas como fray Luis de León, Cervantes, Lope, etc. (J. M. Blecua [1952]). El verso octosílabo no se circunscribió en exclusiva a la temática tradicional, sino que amplió su capacidad para recoger los nuevos ideales renacentistas.

Para el surgimiento de la lírica italianizante en España contamos con una fecha clave: el año 1526, cuando Boscán —según cuenta en la dedicatoria del segundo libro de sus obras poéticas (1543)— tiene el famoso encuentro en Granada con el embajador Navagero, quien le insta a que pruebe «en lengua castellana sonetos y otras artes de trobas usadas por los buenos poetas de Italia». Quizá, como ya señaló A. Gallego Morell [1950], sin esta conversación el rumbo hubiese sido el mismo, porque la principal causa del cambio será el contacto directo con la literatura que se hacía en Italia en el decenio del 1530, por parte de los poetas españoles, soldados y cortesanos al servicio de la política imperial. Con todo, tenemos en aquella fecha de 1526 un símbolo del inicio, titubeante en Boscán, y pronto consolidado por Garcilaso y tres poetas más, Diego

Hurtado de Mendoza, Hernando de Acuña y Gutierre de Cetina. A este conjunto de autores, que por similitud de vivencias y lenguajes poéticos A. Zamora Vicente [1945] caracterizó como *generación,* a veces se unen los nombres de Sá de Miranda y Gregorio Silvestre, que evolucionan en sus poéticas —también Boscán y Mendoza, y los otros en menor proporción— hacia el italianismo.

La frecuente designación de petrarquistas para los autores del grupo pone de manifiesto su filiación poética. Desde luego Petrarca era ya conocido antes en España: al moralista y filósofo apreciado a fines de la Edad Media (Rico [1976]), se unía un creciente interés por el *Canzoniere,* creándose un clima afín al petrarquista, como mostró Lapesa [1948, 1962], en un momento clave para la poesía española (analizado por Caravaggi [1973]) que precede a la innovación italianizante propiamente dicha. En los poetas que llevan ésta a cabo hay una nueva actitud hacia sus modelos literarios, que se evidencia, en primer lugar, en la imposibilidad de separar la temática petrarquista de sus aspectos formales (por eso la métrica adquiere valor sintomático). En realidad, como ha observado Francisco Rico [1978], no son ya reminiscencias de Petrarca que penetran en un código distinto, cual era el de la poesía de cancionero, sino que en Garcilaso encontramos la lengua del petrarquismo y su *ars combinatoria* característica. Los sutiles análisis introspectivos, junto al sentimiento de la naturaleza, en una visión idealizadora a la que contribuyeron sin duda las teorías neoplatónicas, constituyen la base de una temática amorosa (en la que inciden también otras orientaciones, según hizo ver Aparici Llanas [1968]) que será acervo común del referido grupo poético. Los autores que lo forman, operando dentro del concepto renacentista de la *imitatio,* al inscribirse en el petrarquismo, lo hacen en una línea poética y no sólo en la imitación del maestro, pues sus propios contemporáneos italianos les proporcionan también abundantes modelos, según señaló Fucilla [1960]. Además, en Italia asisten al común entusiasmo por las letras grecolatinas, una de cuyas principales repercusiones fue el resurgimiento del bucolismo, que encontró en la *Arcadia* (1504) de Sannazaro el nuevo modelo del género. Y junto al sueño pastoril de la Edad de Oro otros mitos clásicos se incorporan a la nueva lírica (Cossío [1952]), seleccionándose aquéllos (Hero y Leandro, Dafne y Apolo, Ícaro, Faetón, etc.) que mejor pudieran servir para la comunicación del sentimiento amoroso. Porque éste fue el gran tema y casi único: los poetas italianizantes españoles, si participantes en repetidas empresas militares de gran alcance, raramente distraen su pluma del tema fundamental.

En cuanto a la métrica, de Petrarca venían configurados los paradigmas estróficos de sonetos y canciones (Segura Covarsí [1949], Ghertman

[1975]). Además se utilizaron otras combinaciones usadas en Italia: el terceto dantesco, predilecto para la comunicación epistolar, junto al verso suelto, de reminiscencias clásicas, la octava real, preferentemente utilizada en los *romanzi* italianos, y otras formas de menor importancia. El verso endecasílabo (combinado con el heptasílabo en canciones y madrigales) presentaba un despacioso caminar en sus posibilidades rítmicas donde se ponían a prueba los mejores poetas (vid. Guillén [1972]). El nuevo lenguaje poético, del que la métrica no es sino un componente más, surge, pues, en la imitación directa de los italianos, sin mediación de preceptivas o poéticas españolas, como señaló A. Vilanova [1953], que vinieron *a posteriori* (la primera italianizante es el *Arte poética castellana* de 1580 por Sánchez de Lima) y como simples recopilaciones de lo ya hecho en la práctica (Díez Echarri [1949]), exceptuando las magistrales *Anotaciones a Garcilaso* (1580) de Fernando de Herrera, verdadero compendio de erudición y teoría poéticas.

La personalidad de Juan Boscán (Barcelona, entre 1487 y 1492-1542) se explica en los afanes del humanismo como cortesano y preceptor del duque de Alba. Su poética, que arrancando de la lírica cancioneril gira luego —desde 1526— hacia el italianismo, así como su admiración por Ausiàs March, fueron ampliamente estudiadas por Menéndez y Pelayo (en el espléndido volumen en que se interrumpió su *Antología de poetas líricos,* en 1908). Por todo ello la figura de Boscán se presenta como de excepcional importancia en la marcha de la poesía española en un momento decisivo (Parducci [1952], Marasso [1955], Green [1963], Caravaggi [1973] y Armisén [en prensa]), si bien su prioridad en la incorporación del italianismo fue pronto superada por la valía de Garcilaso, a quien le unió fraternal amistad. En líneas generales puede afirmarse que sus poemas largos, especialmente la epístola a Boscán (Reichenberger [1949]), representan mayores logros que los sonetos y canciones petrarquistas. Las *Obras de Boscán y algunas de Garcilaso de la Vega* se publicaron en 1543, seis meses después de su muerte, pero según un original preparado por él (edición cuyas vicisitudes esclareció con testimonios documentales M. de Riquer [1945]). Aparte de algunos sonetos recogidos por A. de Castro (1857), la primera edición de Boscán se debe a W. I. Knapp (1875) y la edición crítica a M. de Riquer, A. Comas y J. Molas [1957]. Además de sus medianos logros poéticos, corresponde a Boscán el mérito de haber traducido al castellano el *Cortesano* de Castiglione, en magnífica versión publicada en 1534 y que ha sido estudiada en sus aspectos léxicos y semánticos por M. Morreale [1959].

Garcilaso de la Vega (Toledo, 1501-Niza, 1536) presenta una vida breve pero rica en acontecimientos, como corresponde a la de un cortesano y soldado de la época del Emperador. Italia, y más en concreto

Nápoles, donde transcurrirán los cuatro últimos años de su vida, será de importancia decisiva en orden a la consecución de la plena madurez en su arte. Tras la primera biografía garcilasiana —aparte de las noticias de los comentaristas antiguos—, debida a Fernández de Navarrete (1850), y el fundamental estudio de Keniston [1922], el perfil histórico del poeta ha ido asegurándose por la sucesiva publicación de documentos que culminan en el corpus ofrecido por Gallego Morell [1976]. A este Garcilaso histórico hay que añadir una biografía poetizada de Altolaguirre [1933]. Prácticamente imposible es rehacer la vida externa del poeta a través de sus versos, que fueron inspirados en la mayor parte por la portuguesa Isabel Freire, pasando por un proceso (primero los celos por la boda de la dama, después el dolor por su muerte) que magistralmente resumen los cantos de Salicio y Nemoroso en la égloga I. Junto a este amor fundamental, otra dama napolitana (Entwistle [1930 a]) aparecerá fugazmente, en un episodio sentimental lejano a la transcendencia del anterior. Y también pasarán a sus versos la amistad con Boscán y el reconocimiento a la casa de Alba.

La obra de Garcilaso (breve en extensión: cuarenta sonetos, cinco canciones, dos elegías, una epístola y tres églogas, además de ocho coplas castellanas y unas odas latinas) se nos presenta como una de las cumbres fundamentales de la literatura española. Existe una abundante bibliografía en la que destacados especialistas han ido perfilando su valor y significación. El ya citado libro de Keniston [1922] supone un indispensable punto de partida para la moderna crítica sobre el autor. Margot Arce [1930], a través del estudio de temas y motivos básicos, mostró la conexión de Garcilaso con las ideas y la estética de su tiempo, como después ha subrayado también R. O. Jones [1954]. El magistral libro de Rafael Lapesa [1948] ha dado una visión evolutiva de la poética garcilasiana, que fue enriqueciéndose progresivamente con la asimilación de diversas influencias. Prieto [1975] ha ofrecido asimismo una visión diacrónica e integradora de la vida y obra del toledano, y también Gicovate [1975] ha llevado a cabo una útil visión de conjunto. Además, una decisiva aportación a los estudios garcilasianos han sido los trabajos editoriales de E. L. Rivers, así como las recopilaciones y estudios de A. Gallego Morell, citados en páginas posteriores.

Aspecto fundamentalmente esclarecido —en una larga tradición crítica que va desde los antiguos comentaristas hasta estudios recientes— es el que se refiere a la vinculación de la poesía garcilasiana con los clásicos grecolatinos e italianos, destacándose en este sentido tres nombres principales: Virgilio, Petrarca y Sannazaro. La deuda con Petrarca, aparte de préstamos concretos (recogidos por M. Arce [1930]), se evidencia en la métrica y, a niveles menos formales, en la indagación sutil de los estados anímicos (vid. al respecto Ghertman [1975] y A. Espantoso de Foley [1978]). Sin embargo, los críticos coinciden en señalar la poesía de Garcilaso menos alambicada y más contenida en la expresión del sentimiento, de donde le viene una mayor identificación con Virgilio, sobre todo en su creación más espléndida, las églogas, frente a la mayor incidencia del petrarquismo en los sonetos (porque, en realidad, es en la diacronía de su producción poética donde pueden valorarse con justeza las influencias). El virgilianismo de Garcilaso ha sido estudiado por M. Alcalá [1946] y M. J. Bayo [1959]. Este último señaló cuándo Garcilaso acude directamente a Virgilio y cuándo lo hace a través de Sannazaro, a quien aventaja, si no en constante nivel artístico, sí en verdad humana al infundir al bucolismo su sentimiento personal. La relación con Sannazaro ha sido también objeto de análisis por V. Bocchetta [1976], sondeando además la posibilidad de una imitación del Sannazaro latino. Pero Garcilaso, que entró en conocimiento del mundo clásico fundamentalmente por su estancia en Italia, era también un poeta arraigado en la tradición hispánica. Quedaba un vacío crítico en este sentido, felizmente resuelto por Lapesa [1948] al mostrar la conexión en continuidad de Garcilaso con la poesía castellana de los cancioneros y con Ausiàs March.

La riqueza expresiva de los versos del toledano (Navarro Tomás [1973]) ha merecido también destacados estudios. Por el camino de la estilística, D. Alonso [1950] ejemplificó en la égloga III la perfecta imbricación de los recursos técnicos puestos en juego en orden a acercar misteriosamente al lector a la comprensión en plenitud del lenguaje poético. G. Sobejano [1970], a través del estudio de los epítetos, tipificadores *a priori* en la poesía renacentista, señaló —por la insistencia de algunos de ellos— tres motivos esenciales del mundo garcilasiano: dulzura, tristeza y gravedad. En cuanto a la métrica, también la égloga III ha sido objeto de los análisis, diversamente orientados, de Navarro Tomás [1951-1952] y A. Mas [1962]. Por lo demás, prácticamente toda la obra de Garcilaso cuenta con una importante bibliografía, bien aprovechada y antologizada por Rivers [1974 *a* y *b*]. Para los sonetos C. Consiglio [1954] propuso una nueva cronología. La canción III fue analizada por M. Arce [1960]. P. Dunn [1965] realizó un sugerente estudio de la *Ode ad florem Gnidi,* y sobre la estrofa en ella empleada se detuvo D. Alonso [1950]. En esclarecimiento de la línea horaciana que incide en la epístola a Boscán versó un trabajo de E. L. Rivers [1954], y otro magistral consagró Claudio Guillén [1972] a dilucidar la originalidad de Garcilaso en ese texto a caballo de varias tradiciones clásicas e italianas. De las dos elegías, la I, que es propiamente una elegía fúnebre, ha sido estudiada por Rendall y Sugarmon [1967], aparte de los análisis efectuados en los trabajos de M. Arce [1930], Lapesa [1948] y Jones [1954].

En las églogas se encuentra lo mejor del arte de Garcilaso, que supo encontrar en los convencionalismos de la égloga pastoril su voz más personal y sincera, al tiempo que la más valiosa poéticamente. En consecuencia, las tres églogas han merecido la mayor atención crítica, en una balanza de preferencias que se reparte entre la I y la III. Para la I Lapesa [1948] defendió la unidad de composición frente a las hipótesis de Entwistle [1930 *b*]; M. Arce [1953] puso de manifiesto su simetría, Parker [1948] señaló la importancia de la imaginería paisajística, Clarke [1977] la función de la perspectiva psicológica, y Segre [1976] le ha consagrado un «análisis conceptual» de gran enjundia. La II, la más extensa y heterogénea, fue interpretada en su significación por Macdonald [1950] y Jones [1954], además del análisis de Lapesa [1948], las observaciones de M. J. Bayo [1959] y las recientes contribuciones de Waley [1977] y Fernández-Morera [1979]. La égloga III, de perfecta arquitectura poemática, supone la culminación técnica (vid. Paterson [1977]), al mismo tiempo que cierra un proceso evidenciado por los críticos: en la sucesión cronológica de las tres églogas (II, I y III, escritas por ese orden) y a través de una reflexión establecida sobre sus sentimientos y su plasmación a lo artístico (por eso Jones [1954] habla de «poesía filosófica»), aparece una progresiva aceptación por parte del poeta de su dolor personal, asumiéndolo y liberándose finalmente mediante el arte, que en sus manos ordena y simplifica la naturaleza al convertir el dolor en belleza (E. L. Rivers [1962]), al mismo tiempo que condensa una forma de existencia más duradera por el valor de *recuperación* de la palabra poética (A. Prieto [1975]).

La obra de Garcilaso fue publicada en 1543 junto con la de Boscán y constituyendo el cuarto libro. Así se reimprimió sucesivamente hasta independizarse en 1569 (Rivers [1966]). Sánchez de la Brozas (1574) inauguraría las ediciones comentadas, seguido de Herrera (1580), Tamayo (1622) y Azara (1765), textos todos ellos recogidos íntegramente en un importante volumen reunido por Gallego Morell [1972]. Las ediciones de nuestro siglo comienzan con la de Navarro Tomás [1911...] que partía del texto dado por Herrera. La de Keniston [1925] se basó en la *princeps,* como también lo ha hecho el moderno editor E. L. Rivers [1964], que en la definitiva y muy completa edición crítica [1974] tiene en cuenta los criterios establecidos por A. Blecua [1970] en su importante revisión del texto garcilasiano (la transmisión textual había sido también objeto de estudio por parte de O. Macrí [1966]).

El repaso de los estudios y ediciones citados —y otros muchos que escapan a los límites de esta introducción— puede dar una muestra del interés suscitado por Garcilaso. Convertido en un clásico en un siglo (así lo prueban las obras de los dos prestigiosos comentaristas), la popularidad de sus versos determinó su traslado a contenidos religiosos por Sebastián de Córdoba en 1577, Andosilla Larramendi en 1628 y otros (E. Glaser [1968]). Y superando modas y modos literarios su magisterio poético llega íntegro y permanente hasta nuestros días, según puede verse en los testimonios recogidos por Díaz-Plaja [1937] y Gallego Morell [1978].

Tres poetas más —muy desigualmente estudiados— participan de manera fundamental en la común aventura poética del italianismo: Hurtado de Mendoza, Acuña y Cetina. Una actividad vital y literaria les une, entre sí y con Garcilaso: de vocación europea, siguiendo los destinos imperiales, unos, Acuña y Cetina, serán poetas-soldados, el otro, Mendoza, el encargado de delicadas misiones diplomáticas. Las constantes externas que presiden la vida y la obra del toledano se cumplen en ellos. Importa insistir en la común tarea por la cercanía cronológica: en el decenio de 1530 están ya en Italia (en sus inicios, Garcilaso; al final, Acuña, Cetina y Mendoza, por este orden). Todos ellos, pues, aparte la iniciación de Boscán, representan la situación de cambio de nuestra lírica, o, como dijo Gallego Morell [1950], el momento combativo de nuestra poesía del siglo XVI. Otra cosa son las calidades poéticas, en que Garcilaso se presenta aventajado y, por eso, sólo igual a sí mismo. La semejanza de lenguajes poéticos se evidencia más en los otros tres y se pone de manifiesto en algunas atribuciones comunes (sirva de ejemplo la interesante compilación manuscrita publicada por Entenza [1978], tan próxima, por lo demás, al revelador *Cancionero general de obras nuevas*, Zaragoza, 1554). También hay notables diferencias: Mendoza es el más arraigado en la poesía castellana anterior, en la que encontró sus mejores aciertos, por lo que, en estricto sentido, es un poeta de transición al italianismo. También Acuña y Cetina escribirán en metros cortos, pero en el último son ya poco significativos al lado de su producción italianizante.

Para la figura de Diego Hurtado de Mendoza (Granada, entre 1503 y 1506-Madrid, 1575) contamos con el extenso y documentado estudio de A. González Palencia y E. Mele [1941-1943], que abarca su vida y obras (si bien con una perspectiva crítica ya irremediablemente anticuada), y con la reciente biografía de Spivakovsky [1973]. Dejando aparte su producción en prosa, las *Obras* poéticas fueron recopiladas y publicadas en 1610 por fray Juan Díaz Hidalgo y recogidas luego por A. de Castro (1854). La primera edición completa se debe a W. I. Knapp (1877). Entre las parciales señalemos la de C. M. Batchelor [1959].

La biografía de Hernando de Acuña (Valladolid, 1518-Granada, 1580) fue esclarecida en lo fundamental por N. Alonso Cortés [1913] y un primer acercamiento a su obra se debió a J. P. W. Crawford [1916]. Últimamente G. Morelli [1977] ha realizado un completo análisis a través de la reconstrucción de la cronología interna de la obra de Acuña:

tres períodos biográficos van enmarcando la evolución de su arte, que se desglosa en dos aspectos fundamentales, la obra de creación y la labor traductora, también en sucesión diacrónica. Así se completa la visión de un autor cuyo estudio se había polarizado casi exclusivamente en el soneto *Al Rey Nuestro Señor* (véase ahora Márquez [1972]). Entre las traducciones poéticas de Acuña la más famosa fue *El caballero determinado,* de cuya difusión dio cuenta C. Clavería [1950]. El resto de su obra fue recogida por su viuda en 1591 con el título de *Varias poesías,* edición publicada posteriormente por Sancha en 1804 y reproducida por E. Catena [1954] y A. Vilanova [1954].

Gutierre de Cetina, de vida más breve (Sevilla, entre 1514 y 1517-Puebla de los Ángeles, antes de 1557), unió a la proyección europea propia de los poetas de la época imperial, la aventura americana, yendo a morir en tierras mexicanas, según ya demostró Rodríguez Marín en 1919. Junto a la aportación de este erudito, las más importantes para el esclarecimiento de la biografía han sido las de N. Alonso Cortés [1952] y Bataillon [1972], precedidas de las de J. Hazañas (1895), a quien se debe además la publicación de su obra, que permanecía en gran parte inédita a pesar de las recopilaciones de A. de Castro (1854) y B. J. Gallardo (1866). A la edición de Hazañas hay que añadir las composiciones publicadas posteriormente, en especial las poesías cancioneriles dadas a conocer por J. M. Blecua [1954]. Sobre la obra de Cetina versó un trabajo de Lapesa [1939], y al fenómeno de la imitación, de importancia fundamental en este autor, se dedicó principalmente Withers [1923]. Por mi parte realicé recientemente un estudio global sobre la biografía y la producción italianizante de este poeta (B. López Bueno [1978]), en el que se destaca, en cuanto a la realización estilística, un experto manejo de ciertos artificios técnicos (en algún aspecto ya evidenciados por D. Alonso [1966-1967]) que ponen de manifiesto una gran riqueza expresiva, cauce por el que discurrirá buena parte de la lírica de la segunda mitad del siglo XVI, en un proceso de intensificación de los procedimientos introducidos por el italianismo y en un diálogo fecundo con la tradición clásica y la lírica neolatina (J. Alcina [1978], F. Rico [en prensa]; abajo, cap. 8).

Dentro de la llamada línea tradicional destaca la figura de Cristóbal de Castillejo, verdadero «cabeza de fila» de la que algunos críticos han denominado «reacción antiitalianizante». Nacido en torno a 1490 en Ciudad Rodrigo, fue paje y secretario del infante don Fernando, el hermano de Carlos V. Preludio éste de una andadura cortesana que había de vivir más tarde (entre 1525 y 1550, año de su muerte) en la ciudad de Viena, convertido ya su señor en Rey de Romanos. Nuestro poeta fue también hombre de Iglesia, si bien una vez en Austria, en medio de los afanes de la corte, no parece haber vivido con demasiado celo su condición clerical. En la corte de Viena Castillejo se nos revela como hombre cosmopolita, abierto a inquietudes culturales innovadoras y en contacto con el ambiente erasmiano de la capital austríaca, como señaló Bataillon [1937] y más recientemente Cinti [1964]. Datos todos ellos muy en desacuerdo con la imagen de tradicionalista a ultranza que tantas veces se ha ofrecido. Su vida sentimental también ha sido, a nuestro juicio, algo distorsionada. Tal vez se han tomado demasiado al pie de la letra sus poemas amorosos, muy ajustados a los tópicos del amor cortés y llenos de nombres femeninos (Dale [1952]) y sus obras satíricas y de pasatiempo. Cinti [1964] otorga también valor autobiográfico a sus poemas morales y devotos y mira a Castillejo, quizá un tanto idealmente, como un espíritu fuerte imbuido del ideal cristiano erasmista y dotado de una superioridad moral que lo situaría estoicamente por encima de las bajezas de la vida cortesana. Hay en todo caso en su obra una mezcla de jocosidad y moralismo que O. H. Green [1963] ha destacado a cuenta de su *Sermón de amores,* verdadero *sermon joyeux* medieval proyectado al Renacimiento.

La variada producción de Castillejo fue clasificada en la primera edición completa de sus obras que hizo Juan López de Velasco (Madrid, 1573): «obras amatorias», «obras de conversación y pasatiempo» y «obras morales». Clasificación que mantienen en líneas generales las ediciones posteriores, hasta Domínguez Bordona (Madrid, 1926-1928). No faltan tampoco en el haber de Castillejo obras de tema mitológico, estudiadas por Cossío [1952], y hasta algún intento teatral como la *Farsa de la Constanza*. Pero, más que al análisis riguroso de su dilatada obra, la crítica ha atendido con preferencia a la actitud que el poeta parece adoptar en su famosa *Represión contra los poetas que escriben en verso italiano,* tradicionalmente considerada como un verdadero manifiesto de los poetas antiitalianizantes del siglo XVI, un claro ataque a los «petrarquistas» y una cerrada defensa de las «trovas» castellanas. Algunos críticos, sin embargo, ven en ella otras intenciones. Así O. H. Green [1963] y sobre todo Cinti [1964] han dado una interpretación más matizada de la actitud de Castillejo ante el italianismo poético introducido por Boscán y Garcilaso. Su defensa de la lengua nacional (que sitúan al poeta de Ciudad Rodrigo en la línea de Bembo, Castiglione, Juan de Valdés y los erasmistas) y su concepto del español como el latín del nuevo imperio (expresado en uno de sus textos en prosa) suponen para Castillejo la defensa también de una lengua poética que supere y revitalice la insustancialidad y el amaneramiento de las coplas castellanas de su tiempo, alejadas a su juicio del ejemplo de los grandes modelos anteriores: Manrique, Mena, Garci-Sánchez de Badajoz, Torres Naharro... Según Cinti

[1964], a Castillejo no le preocuparía tanto la penetración de las formas italianas, a cuya virtualidad no podía ser insensible un hombre culto y cosmopolita como él, cuanto la posibilidad de que ello significase, en el plano lingüístico pero también en el literario, una pérdida del prestigio de nuestra lengua. Por ello el evidente medievalismo de nuestro poeta, muy resaltado por Green [1963] y patente en numerosos elementos formales y temáticos de su obra (métrica octosilábica, amor cortés, misoginia junto a profeminismo, moral casuística, tema de la Fortuna, *sermon joyeux,* tópica anticortesana...), no basta para adscribirlo sin más a un reaccionarismo literario que no concuerda en absoluto con otras actitudes suyas muy «progresivas». A este respecto la crítica actual tiende a resaltar en su obra otros ingredientes más modernos, presentándola como la otra cara del Renacimiento español, el envés de una hoja en cuyo haz estarían los versos de Garcilaso y los demás poetas italianizantes. Ya no se trata sólo del vitalismo de muchos de sus versos, ni del «desenfadado canto al impulso erótico... que no tiene par en nuestra literatura» que señaló Lapesa [1962], ni del sensualismo de la traducción de la fábula ovidiana de Píramo y Tisbe (Schneider [1960]). El renacentismo de Castillejo se apoya también en otras referencias: 1) su nacionalismo lingüístico-literario, analizado por Cinti [1964]; 2) el uso del refrán y del coloquio, afín al popularismo de inspiración erasmista de los círculos literarios más innovadores de la época (Bataillon [1966], Reyes [1973]) y que vino a potenciar la tendencia popularista de buena parte de nuestra literatura medieval, y 3) la primacía que corresponde al poeta de Ciudad Rodrigo en la inserción del cuento folklórico y tradicional en el cauce de la literatura culta del Renacimiento, lo que, en opinión de Chevalier [1975], es un evidente signo de modernidad (y véase ahora Reyes [1980]).

BIBLIOGRAFÍA

Para una bibliografía más amplia sobre Garcilaso, véanse A. Gallego Morell [1972, 1978] y E. L. Rivers [1974 *a* y *b*].

Alcalá, Manuel, «Del virgilianismo de Garcilaso de la Vega», *Filosofía y Letras,* XI (1946), pp. 59-78 y 227-245.
Alcina, Juan F., «Tendances et caractéristiques de la poésie latine de la Renaissance», *L'humanisme dans les lettres espagnoles,* ed. A. Redondo, Vrin, París, 1978, pp. 133-149.
Alonso, Dámaso, *Poesía española. Ensayo de métodos y límites estilísticos,* Gredos, Madrid, 1950.
—, «Primer escalón en los manierismos del siglo XVI. Plurimembraciones y correlaciones de Garcilaso a Gutierre de Cetina», *Asclepio,* XVIII-XIX (1966-1967), pp. 61-76.

Alonso Cortés, Narciso, *Don Hernando de Acuña. Noticias biográficas,* Tipografía Vª Moreno, Valladolid, 1913.

—, «Datos para la biografía de Gutierre de Cetina», *Boletín de la Real Academia Española,* XXXII (1952), pp. 73-118.

Altolaguirre, Manuel, *Garcilaso de la Vega,* Espasa-Calpe, Madrid, 1933.

Aparici Llanas, María del Pilar, «Teorías amorosas en la lírica castellana del siglo XVI», *Boletín de la Biblioteca Menéndez Pelayo,* XLIV (1968), páginas 121-167.

Arce Blanco de Vázquez, Margot, *Garcilaso de la Vega. Contribución al estudio de la lírica española del siglo XVI,* Anejo XIII de la *Revista de Filología Española,* Madrid, 1930; Universidad de Río Piedras, Puerto Rico, 1961 ², 1969 ³.

—, «La égloga primera de Garcilaso», *La Torre,* I (1953), pp. 31-68.

—, «Cerca el Danubio una isla ...», *Studia Philologica. Homenaje ofrecido a Dámaso Alonso,* I, Gredos, Madrid, 1960, pp. 91-100; reimpreso en E. L. Rivers [1974 *b*], pp. 103-117.

Armisén, Antonio, *Estudios sobre la lengua poética de Boscán,* Universidad de Zaragoza, en prensa.

Bataillon, Marcel, *Erasmo y España,* Fondo de Cultura Económica, México, 1966 (2.ª edición en castellano).

—, «Gutierre de Cetina en Italia», *Studia Hispanica in honorem R. Lapesa,* I, Gredos, Madrid, 1972, pp. 153-172.

Batchelor, C. Malcolm, ed., D. Hurtado de Mendoza, *«A ti doña Marina». The poetry contained in the autographic manuscript,* Imp. Ucar, La Habana, 1959.

Bayo, Marcial José, *Virgilio y la pastoral española del Renacimiento (1480-1530),* Gredos, Madrid, 1959.

Blecua, Alberto, *En el texto de Garcilaso,* Ínsula, Madrid, 1970.

Blecua, José Manuel, «La corriente popular y tradicional en nuestra poesía», *Ínsula,* LXXX (1952); reimpr. en *Sobre poesía de la Edad de Oro,* Gredos, Madrid, 1970, pp. 11-24, con el título de «Corrientes poéticas en el siglo XVI».

—, «Poemas menores de Gutierre de Cetina», *Estudios dedicados a Menéndez Pidal,* V (1954), pp. 185-199; reimpr. en [1970], pp. 44-61.

—, «Mudarra y la poesía del Renacimiento: una lección sencilla», *Studia Hispanica in honorem R. Lapesa,* I, Gredos, Madrid, 1972, pp. 173-179; reimpr. en *Sobre el rigor poético en España y otros ensayos,* Ariel, Barcelona, 1977, pp. 45-56.

Bocchetta, Vittore, *Sannazaro en Garcilaso,* Gredos, Madrid, 1976.

Caravaggi, Giovanni, *Alle origini del petrarchismo in Spagna,* tirada aparte de la *Miscellanea di studi ispanici,* Istituto di Lingua e Letteratura Spagnola dell'Università di Pisa, 1971-1973.

Catena de Vindel, Elena, ed., Hernando de Acuña, *Varias poesías,* CSIC (Biblioteca de Antiguos Libros Hispánicos, serie A, vol. XXIV), Madrid, 1954.

Cinti, Bruna, «Erasmismo e idee letterarie in Cristóbal de Castillejo», *Annali di Ca Foscari,* Venecia, III (1964), pp. 65-80.

Clarke, Dorothy Clotelle, *Garcilaso's 'First Eclogue': Perspective, geometric figure, epic structure*, Shadi, El Cerrito, California, 1977.

Clavería, Carlos, «*Le Chevalier délibéré* de Olivier de la Marche y sus versiones españolas del siglo XVI», Institución Fernando el Católico, Zaragoza, 1950.

Consiglio, Carlo, «I sonetti di Garcilaso de la Vega. Problemi critici», *Annali del corso di lingue e letterature straniere presso l'Università di Bari*, 2 (1954), pp. 215-274.

Cossío, José María de, *Fábulas mitológicas en España*, Espasa-Calpe, Madrid, 1952.

Crawford, J. P. Wickersham, «Notes on the poetry of Hernando de Acuña», *Romanic Review*, VII (1916), pp. 314-327.

Chevalier, Maxime, «Castillejo, poète de la Renaissance», *Travaux de l'Institut d'Études Ibériques et Latino-américaines*, Estrasburgo, XV (1975), pp. 57-63.

—, *Folklore y literatura: el cuento oral en el Siglo de Oro*, Crítica, Barcelona, 1978, pp. 81-84.

Dale, George Irving, «The ladies of Cristóbal de Castillejo's lyrics», *Modern Language Notes*, LXVIII (1952), pp. 173-175.

Díaz-Plaja, Guillermo, *Garcilaso de la Vega y la poesía española (1536-1936)*, Universidad de Barcelona, 1937.

Díez Echarri, Emiliano, *Teorías métricas del Siglo de Oro. Apuntes para la historia del verso español*, Anejo XLVII de la *Revista de Filología Española*, Madrid, 1949; reimpr., 1970.

Dunn, Peter N., «Garcilaso's ode *A la flor de Gnido*. A commentary on some Renaissance themes and ideas», *Zeitschrift für Romanische Philologie*, LXXXI (1965), pp. 288-309; trad. cast. en E. L. Rivers [1974 *b*], pp. 127-162.

Entenza de Solare, Beatriz Elena, ed., *Poesías varias (ms. 1132 de la Biblioteca Nacional de Madrid)*, Facultad de Letras, Universidad de Buenos Aires, 1978.

Entwistle, William J., «The loves of Garcilaso», *Hispania*, XIII (1930), páginas 377-388; trad. cast. en E. L. Rivers [1974 *b*], pp. 71-89.

—, «La date de l'*Égloga primera* de Garcilaso de la Vega», *Bulletin Hispanique*, XXXII (1930), pp. 254-256.

Espantoso Foley, Augusta, «Petrarchan patterns in the sonnets of Garcilaso», *Allegorica*, III (1978), pp. 190-215.

Fernández-Morera, Darío, «Garcilaso's Second Eclogue and the literary tradition», *Hispanic Review*, XLVII (1979), pp. 37-53.

Fucilla, Joseph G., *Estudios sobre el petrarquismo en España*, CSIC, Madrid, 1960.

Gallego Morell, Antonio, «La escuela de Garcilaso», *Arbor*, XVII (1950), pp. 27-47; reimpr. en *Dos ensayos sobre poesía española del siglo XVI*, Madrid, 1951, y en *Estudios sobre poesía española del primer Siglo de Oro*, Madrid, 1970.

—, ed., Garcilaso de la Vega, *Garcilaso de la Vega y sus Comentaristas. Obras completas del poeta acompañadas de los textos íntegros de los Comentarios de El Brocense, Fernando de Herrera, Tamayo de Vargas y Azara*, Universidad de Granada, 1966; 2.ª ed. revisada y adicionada, Gredos, Madrid, 1972.

Gallego Morell, Antonio, *Garcilaso: documentos completos*, Planeta, Barcelona, 1976.

—, *Fama póstuma de Garcilaso de la Vega*, Universidad de Granada, 1978.

Ghertman, Sharon, *Petrarch and Garcilaso,* Támesis, Londres, 1975.

Gicovate, Bernard, *Garcilaso de la Vega,* Twayne, Nueva York, 1975.

Glaser, Edward, «*El cobre convertido en oro.* Christian *Rifacimentos* of Garcilaso's poetry in the sixteenth and seventeenth centuries», *Hispanic Review,* XXXVII (1968), pp. 61-76; trad. cast. en E. L. Rivers [1974 *b*], pp. 381-403.

González Palencia, Ángel, y Eugenio Mele, *Vida y obras de Don Diego Hurtado de Mendoza,* Instituto de Valencia de Don Juan, Madrid, 1941-1943, 3 vols.

Green, Otis H., *España y la tradición occidental. El espíritu castellano en la literatura desde «El Cid» hasta Calderón,* Gredos, Madrid, 1969, 4 vols. (1.ª edición en inglés: *Spain and the western tradition,* Madison, 1963-1966).

Guillén, Claudio, «Sátira y poética en Garcilaso», *Homenaje a J. Casalduero,* Gredos, Madrid, 1972, pp. 209-233.

Jones, Royston O., «Garcilaso, poeta del humanismo», *Clavileño,* V (1954), pp. 1-7; reimpr. en E. L. Rivers [1974 *b*], pp. 51-70.

Keniston, Hayward, *Garcilaso de la Vega: A critical study of his life and works,* Hispanic Society of America, Nueva York, 1922.

—, ed., Garcilaso de la Vega, *Garcilaso de la Vega. Works. A critical text with a bibliography,* Hispanic Society of America, Nueva York, 1925.

Lapesa, Rafael, «La poesía de Gutierre de Cetina», *Hommage à E. Martinenche,* París, 1939, pp. 248-261.

—, *La trayectoria poética de Garcilaso,* Revista de Occidente, Madrid, 1948, 1968 ².

—, «Poesía de cancionero y poesía italianizante» (1962), en *De la Edad Media a nuestros días. Estudios de historia literaria,* Gredos, Madrid, 1967, páginas 145-171.

López Bueno, Begoña, *Gutierre de Cetina, poeta del Renacimiento español,* Publicaciones de la Diputación Provincial, Sevilla, 1978.

Macdonald, Inés, «La segunda égloga de Garcilaso», *Boletín del Instituto Español,* Londres, XII (1950), pp. 6-11; trad. cast. en E. L. Rivers [1974 *b*], pp. 209-235.

Macrí, Oreste, «Recensión textual de la obra de Garcilaso», *Homenaje. Estudios de filología e historia literaria,* La Haya, 1966, pp. 305-331.

Marasso, Arturo, «Juan Boscán», *Estudios de literatura castellana,* Kapelusz, Buenos Aires, 1955, pp. 1-34.

Márquez Villanueva, Francisco, «G. G. Trissino y el soneto de Hernando de Acuña a Carlos V», en *Studia Hispanica in honorem R. Lapesa,* II, Gredos, Madrid, 1972, pp. 355-371.

Mas, Amédée, «Le mouvement ternaire dans les hendecasyllabes de la troisième églogue de Garcilaso», *Bulletin Hispanique. Mélanges offerts à M. Batai-*

llon, LXIV bis (1962), pp. 538-550; trad. cast. en E. L. Rivers [1974 *b*], pp. 243-266.

Morelli, Gabriele, *Hernando de Acuña, un petrarchista dell'epoca imperiale,* Studium Parmense Editrice, Parma, 1977.

Morreale, Margherita, *Castiglione y Boscán: el ideal cortesano en el Renacimiento español,* Anejo I del *Boletín de la Real Academia Española,* Madrid, 1959, 2 vols.

Navarro Tomás, Tomás, ed., Garcilaso de la Vega, *Garcilaso. Obras,* Espasa-Calpe (Clásicos Castellanos), Madrid, 1911 (sucesivas ediciones en 1924, 1935, 1948, 1953, 1958, 1963, 1965, 1970).

—, «El endecasílabo en la tercera égloga de Garcilaso», *Romance Philology,* V (1951-1952), pp. 205-211; reimpr. en [1973], pp. 137-147.

—, «La musicalidad de Garcilaso», en su libro *Los poetas en sus versos,* Ariel (Letras e Ideas: Maior, 1), Barcelona, 1973, pp. 117-136.

Parducci, Amos, *Saggio sulla poesia lirica di Juan Boscán,* Bolonia, 1952.

Parker, Alexander A., «Theme and imaginery in Garcilaso's First Eclogue», *Bulletin of Spanish Studies,* XXV (1948), pp. 222-227; trad. cast. en E. L. Rivers [1974 *b*], pp. 197-208.

Paterson, Alan K. G., «Ecphrasis in Garcilaso's *Égloga Tercera*», *Modern Language Review,* LXXII (1977), pp. 73-92.

Prieto, Antonio, *Garcilaso de la Vega,* Sociedad General Española de Librería, Madrid, 1975.

Reichenberger, Arnold G., «Boscán's *Epístola a Mendoza*», *Hispanic Review,* XVII (1949), pp. 1-17.

Rendall, S. F., y M. D. Sugarmon, «Imitation, Theme and Structure in Garcilaso's First Elegy», *Modern Language Notes,* LXXXII (1967), pp. 230-237.

Reyes Cano, Rogelio, «Blasco de Garay y sus correcciones al *Diálogo de mujeres* de Cristóbal de Castillejo», *Homenaje al profesor Carriazo,* III, Universidad de Sevilla, 1973, pp. 281-296.

—, *Medievalismo y renacentismo en la obra poética de Cristóbal de Castillejo,* Fundación J. March, Madrid, 1980 (resumen).

Rico, Francisco, «Cuatro palabras sobre Petrarca en España (siglos XV y XVI)», en *Convegno Internazionale Francesco Petrarca,* Accademia Nazionale dei Lincei, Roma, 1976, pp. 49-58.

—, «De Garcilaso y otros petrarquismos», *Revue de Littérature Comparée,* LII (1978), pp. 325-338.

—, «El destierro del verso agudo (con una nota sobre rimas y razones en la poesía del humanismo)», *Homenaje a J. M. Blecua,* Gredos, Madrid, en prensa.

Riquer, Martín de, ed., *Juan Boscán y su Cancionero Barcelonés,* Ayuntamiento de Barcelona, 1945.

—, Antonio Comas y Joaquín Molas, eds., Juan Boscán, *Obras poéticas,* Facultad de Filosofía y Letras, Barcelona, 1957.

Rivers, Elias L., «The Horatian Epistle and its introduction into Spanish literature», *Hispanic Review,* XXII (1954), pp. 175-194.

—, «The pastoral paradox of natural art», *Modern Language Notes,* LXXVII (1962), pp. 130-144; trad. cast. en E. L. Rivers [1974 *b*], pp. 285-308.

Rivers, Elias L., «Garcilaso divorciado de Boscán», *Homenaje a Rodríguez-Moñino*, II, Madrid, 1966, pp. 121-129.

—, ed., Garcilaso de la Vega, *Obras completas*, Castalia, Madrid, 1964, 1968², 1969³.

—, ed., Garcilaso de la Vega, *Obras completas con comentario*, Castalia, Madrid, 1974.

—, ed., *La poesía de Garcilaso de la Vega. Ensayos críticos,* Ariel, Barcelona, 1974.

Schneider, Luis Mario, «Apuntes sobre la mitología greco-romana en Castillejo y Garcilaso», *Revista de Filología Hispánica,* Buenos Aires, II (1960), pp. 295-322.

Segre, Cesare, «Análisis conceptual de la I Égloga de Garcilaso», *Las estructuras y el tiempo*, Planeta, Barcelona, 1976, pp. 163-184.

Segura Covarsí, Enrique, *La canción petrarquista en la lírica española en el Siglo de Oro,* CSIC, Madrid, 1949.

Sobejano, Gonzalo, *El epíteto en la lírica española,* 2.ª ed. revisada, Gredos, Madrid, 1970.

Spitzer, Leo, «Garcilaso, Third Eclogue, lines 265-271», *Hispanic Review*, XX (1952), pp. 243-248.

Spivakovsky, Erica, *Son of the Alhambra: Don Diego Hurtado de Mendoza,* University of Texas Press, Austin-Londres, 1973.

Stanton, Edward F., «Garcilaso's sonnet xxiii», *Hispanic Review*, XL (1972), pp. 198-205.

Vilanova, Antonio, «Preceptistas españoles de los siglos xvi y xvii», en G. Díaz-Plaja, ed., *Historia general de las literaturas hispánicas,* III, Vergara, Barcelona, 1953, pp. 565-692.

—, ed., *Varias poesías de Hernando de Acuña,* Selecciones Bibliófilas, XV, Barcelona, 1954.

Waley, Pamela, «Garcilaso's Second Eclogue», *Modern Language Review,* LXXII (1977), pp. 585-596.

Withers, Alfred Miles, *The sources of the poetry of Gutierre de Cetina,* Publicaciones de la Universidad de Pennsylvania, Filadelfia, 1923.

Zamora Vicente, Alonso, *Sobre petrarquismo,* Discurso inaugural ... del curso académico 1945 a 1946, Santiago de Compostela, 1945; reimpr. en *De Garcilaso a Valle-Inclán,* Sudamericana, Buenos Aires, 1950.

José Manuel Blecua

CORRIENTES POÉTICAS EN EL SIGLO XVI

En este breve ensayo me propongo sólo explicar las fuerzas, las corrientes que actúan paralelas a la gran innovación de Boscán y Garcilaso, corrientes olvidadas por los historiadores acostumbrados a fáciles esquemas. [...] Para comenzar, sólo tenemos necesidad de abrir cualquier historia de la literatura española por la parte dedicada al estudio de la poesía áurea y ver cómo se plantea el problema. Encontraremos varios capítulos que se han hecho ya clásicos: *Introducción de las formas italianas*; *Garcilaso y Boscán*; *La reacción tradicionalista*; *Seguidores*, etc., etc. Pero esto, en realidad, es simplificar demasiado una cuestión en aras de la didáctica, ya que nada se dice de la inmensa actuación de la poesía anterior y se carga todo al haber de un Castillejo, cuya influencia es minúscula comparada con la de otras fuerzas. El segundo paso es también elemental: consiste en dividir la poesía anterior a 1526 en haces coherentes y ver cómo actúan esas flechas que, lanzadas por arqueros medievales, van a traspasar todo el siglo XVI y gran parte del XVII. Propongo estas cuatro divisiones: *a*) Poesía lírica tradicional; *b*) El Romancero; *c*) La poesía culta del siglo XV, Mena, Manrique, y *d*) La poesía del llamado *Cancionero General*. [...]

Llegamos a 1526. ¿Desapareció la lírica tradicional barrida por el éxito de Garcilaso? No, ni mucho menos. Esta lírica sigue viviendo hasta hoy mismo, [en 1952,] según ha demostrado Torner en

José Manuel Blecua, «Corrientes poéticas en el siglo XVI», *Ínsula*, 80 (1952); reimpr. en *Sobre poesía de la Edad de Oro*, Gredos, Madrid, 1970, pp. 11-24 (11-18, 21 y 24).

un reciente trabajo. En Castillejo se encuentran abundantes ejemplos, lo mismo que en *El Cortesano,* de Luis Milán, autor del conocido libro sobre la vihuela. Un poco más adelante, en 1556, en el *Cancionero de Upsala,* puede leerse una cancioncilla que conocería muy bien Vélez de Guevara:

> ¡Ay luna que reluces,
> toda la noche me alumbres!
> ¡Ay luna tan bella,
> alúmbresme a la sierra,
> por do vaya y venga!
> ¡Ay luna que reluces,
> toda la noche alumbres!

Y tres años más tarde aparece en Sevilla la *Recopilación de sonetos y villancicos,* de Juan Vásquez, cuyo título es tan significativo. Allí vemos alternar la poesía que arrancaba de lo más hondo de la Edad Media con los sonetos de Garcilaso. Pero se me dirá que más o menos esto ocurre en todas partes y que sólo alego testimonios musicales. Sin embargo, podemos acudir a testimonios estrictamente literarios con sólo abrir la antología de Dámaso Alonso, donde encontraremos nombres como los de Villegas, Montemayor o Camoens, y no se dirá que Camoens era un medievalizante. Estamos nada menos que en la segunda mitad del siglo XVI. Han nacido ya Santa Teresa, fray Luis de León, San Juan de la Cruz y hasta Cervantes. Que Santa Teresa y San Juan de la Cruz amaban esta poesía tradicional lo sabemos por muchísimos testimonios. Que Cervantes era también un buen catador de este sabroso licor, es archiconsabido. [...] Así llegamos a 1580, cuando irrumpen con toda gallardía en la poesía española nada menos que un Lope y un Góngora. Es harto sabido el gran amor de Lope de Vega por estas fórmulas poéticas, de las que arrancó dramas íntegros, pero a Góngora tampoco le molestaban, ni mucho menos. [...]

[La lírica tradicional], esa fuerza poética que arrancaba de la época mozárabe, no quedó olvidada por la poesía italianizante. Pero todavía se olvidó menos la gran corriente cristalizada en el Romancero. [...] Podría traer aquí tres romances —aconsonantados— de un Gutierre de Cetina, que pasa por ser el poeta de menos concesiones a lo tradicional. En el mismo grupo sevillano abundaban los admiradores de este género, ya que un Fernando de Herrera traduce un epigrama de Marcial sobre Leandro nada menos que en un romance y Juan de la Cueva publicaría en 1587 su *Coro febeo de romances historiales*. [...] La generación siguiente, la de Padilla, Cervantes, Virués y Maldonado, se educará poéticamente leyendo a Garcilaso y cantando romances viejos. De ahí que los comienzos del romance llamado artístico haya que buscarlos en esa generación. Padilla y San Juan de la Cruz los escribirán a *lo divino*. Juan de la Cueva los utilizará para sus dramas y muchos versos de romances viejos se llegarán a convertir en tópicos, como el conocido «Mensajero sois, amigo», que resonará hasta en el *Quijote*. Hacia 1580 comienzan Lope, Góngora y Liñán a escribir los suyos, romances que serán publicados en pequeñas antologías y escasos pliegos, y que en 1600 constituirán la base del famoso *Romancero general*. [...] Pero los romances nuevos no hicieron olvidar los viejos. [...] Menéndez Pidal escribía en el prólogo a su bellísima *Flor nueva de romances viejos* que «la introducción del romancero al gusto de las clases cultivadas en el siglo XVI trajo consigo para los viejos cantos una singular perfección estilística» y que por eso se «saturó de las esencias poéticas más naturales, a la vez que más refinadas, del arte hispánico». Estas palabras del sabio maestro me parecen decisivas para hacer ver cómo fue caminando paralelamente a lo largo de la mejor y más culta poesía española, una poesía que también arrancaba de la Edad Media, fuerza que tampoco hay que cargar al haber de Castillejo.

[De la misma manera que persiste lo tradicional y romanceril, también los poetas cultos del XV fueron muy editados y dejaron una huella bastante profunda en la poesía de la Edad de Oro. Por otra parte,] la poesía, que algunos han tachado de intrascendente, conceptuosa y alambicada, recogida por el editor Hernando del Castillo en su famoso *Cancionero general*, publicado en Valencia en 1511, es de tan poderosa influencia, que a su lado el nombre de Castillejo supone muy poco. [...] Fijémonos en un primer dato decisivo: en el fabuloso éxito que obtuvo [el *Cancionero*], puesto que se registran ediciones de 1511, 1514, 1517, 1520, 1527, 1535, 1540, 1557 y 1573. ¡Nueve ediciones de un libro que recoge cientos de poemitas, herencia en su mayor parte, de un trovadorismo medieval! (Sin contar las hijuelas de este *Cancionero,* desde el famoso *Cancionero de obras de burlas* a los que está publicando ahora con tanto amor y diligencia Rodríguez-Moñino.) Esto quiere decir que el libro anduvo en manos de todos los poetas, y el día que se haga el estudio de su influencia el asombro de los eruditos será grande. Porque además esta poesía no estaba reñida con la petrarquista (aunque se puede observar que las ediciones se espacian a medida que se impone la obra de Garcilaso) e incluso tenía las mismas fuentes, a veces. Que esta poesía cancioneril influye poderosamente es tan sencillo de demostrar, que está al alcance de todos. Basta con hojear los libros de los mejores poetas, comenzando por Boscán y terminando por Calderón. Garcilaso pagó su censo, lo mismo que Hurtado de Mendoza o un Gutierre de Cetina. [...]

Está, pues, bien claro que ese esquematismo de nuestros manuales no responde ni siquiera a una pretendida ventaja didáctica y que la presencia de Castillejo significa muy poco al lado de las otras fuerzas que corren paralelas al endecasílabo. Está bien claro también que Garcilaso no vino a matar lo tradicional, sino a vivificar una poesía que hubiera terminado por adelgazarse como un huso. Gracias a él fueron posibles el *Cántico espiritual,* las odas de fray Luis, el *Polifemo* y los sonetos de un Quevedo; pero sólo teniendo presentes las otras tendencias es posible explicar la profunda originalidad de la poesía barroca, que viene a ser una síntesis de esos cinco elementos.

Giovanni Caravaggi

BOSCÁN Y LAS TÉCNICAS DE TRANSICIÓN

Según el célebre testimonio de la carta a la duquesa de Soma, que sirve de prólogo al segundo libro de las rimas de Boscán, a raíz del coloquio sostenido con Navagero en el verano de 1526, los poetas de la corte empezaron a experimentar en una nueva línea, destinada

Giovanni Caravaggi, *Alle origini del petrarchismo in Spagna,* 1973, en *Miscellanea di studi ispanici,* Istituto di Lingua e Letteratura Spagnola dell'Università di Pisa, 1971-1973, pp. 67-68, 91-92, 96-97, 100-101.

en pocos decenios a transformar una antigua tradición. Pero ¿por qué Navagero se dirigió precisamente a Boscán como principal interlocutor, y no a otro poeta de la corte, a cualquiera que años después debería llegar a ser mucho más famoso, como, por ejemplo, Garcilaso o don Diego Hurtado de Mendoza? Semejante predilección podría explicarse por el hecho de que en aquellos momentos Boscán fuese, desde el punto de vista cultural, el personaje con más autoridad de todo el grupo, o al menos el más culto y el más experimentado; no en vano había sido el discípulo predilecto de Lucio Marineo Sículo. Desde luego, llevaba unos cuantos años a sus compañeros, y esa diferencia de edad, aun siendo escasa, unida a su mayor experiencia, que le permitía ocupar el puesto de «ayo» del futuro gran duque de Alba, podía concederle una preminencia en las iniciativas y en las prácticas corteses de carácter cultural. En muchos aspectos, durante un breve lapso de tiempo, Boscán fue la figura más representativa de la literatura cortesana, con una función como de puente entre la antigua y la nueva cultura. Sin embargo, surge una legítima duda acerca de la capacidad efectiva de ruptura que desde el primer momento podía provocar en él y en los demás amigos la invitación de Navagero. En sustancia, cuando se proponían a manera de programa inmediato la *imitación* del soneto italiano, ¿de qué medios técnicos disponían Boscán y sus compañeros?

En teoría, se puede suponer que tal imitación fue gradual, siguiendo una adhesión progresiva al modelo elegido (casi siempre Petrarca, aunque con numerosas excepciones), que podía traducirse sobre todo en una recuperación suya más profunda, tras partir del descubrimiento de los valores más superficiales y aparentes.

Además, la imitación de Petrarca fue intencionada, programática; pero eso no significa que se limitase a ser un calco pasivo; y por otra parte, en sí misma la imitación no se consideraba un acto negativo, sino estéticamente valioso, y en cierto sentido impuesto por los cánones humanísticos.

En realidad, se tiene la impresión de que Boscán y su grupo, en estas primeras experiencias que maduraron aproximadamente entre los años 1526 y 1532, y que tuvieron a continuación un amplio desarrollo, se adherían a la tradición lírica italiana utilizando algunos célebres modelos del *Canzoniere* petrarquesco según los hábitos literarios que les eran más familiares, es decir, componiendo *glosas* en forma de soneto.

Ello significa que en los orígenes del petrarquismo hispánico cambian los polos de atracción (Petrarca, a pesar de todo, no es el único modelo redescubierto), pero sigue persistiendo la técnica de acercamiento al texto imitado, la técnica de la apropiación, tradicional de la glosa poética, con las variaciones (macroscópicas o microscópicas) de un tema de moda.

Característica del petrarquismo de Boscán en su fase inicial, que obviamente es una fase de transición, es precisamente ese uso de un tema famoso, que se replantea con un comienzo análogo, a menudo idéntico, y sufre luego un desarrollo divergente.

A su vez Garcilaso es por un breve período muy sensible a la experiencia del amigo, y sufre su influencia en sus orientaciones y en sus lecturas, mientras cuando entre en contacto con la refinada cultura napolitana, podrá profundizar por su propia cuenta el significado de la nueva experiencia. Análogas comprobaciones pueden hacerse estudiando la obra de don Diego Hurtado de Mendoza.

La soltura del barcelonés no se explicaría sin tener en cuenta, ya desde las primeras tentativas conocidas, su largo aprendizaje, su gran experiencia adquirida en la versificación y que podemos comprobar en sus coplas tradicionales. Y no es casual que algunos de sus sonetos se construyan precisamente según los esquemas formales que caracterizan esa antigua costumbre.

Un somero examen [de algunas imitaciones de Petrarca en Boscán, Hurtado de Mendoza, Silvestre y Acuña, quienes dan al motivo original un sentido autónomo e independiente del modelo] permite comprobar la existencia de una tradición estilística que, aunque inscrita en el marco general de la renovación petrarquista de la lírica del Renacimiento, se caracteriza también por ciertas tendencias peculiares, vinculadas a experiencias más autónomas. De hecho, la técnica de la glosa continúa imponiendo sus reglas de composición, aun después del triunfo del modelo petrarquista; y sobre todo los jóvenes poetas de la primera generación conservan usos aprendidos en los años que preceden a su conversión a la moda «italiana», moviéndose por lo tanto en una zona de experimentalismos que está a medio camino entre lo nuevo y lo antiguo, postura que recuerda por analogía ciertas coincidencias o híbridos arquitectónicos entre gótico florido y Renacimiento.

Los resultados de esa actitud no deben considerarse menos interesantes a causa de su ambigüedad (que es, en cambio, tan sugestiva), y constituyen más bien la prueba, por otra parte perfectamente previsible, de la extraordinaria tenacidad con la que, en ese ámbito de la vida espiritual española, arraiga la tendencia al tradicionalismo.

Los primeros petrarquistas españoles no se limitan, sin embargo, al sistema de adaptación ligado a los módulos tradicionales (*villancico, canción*). Si la técnica de la mudanza de un tema fijo llevaba al tipo de soneto con exordio idéntico y desarrollo con variantes recreadoras, parece imponerse un procedimiento más elaborado que compite con el anterior; consiste en orientar la construcción del soneto hacia una cita prestigiosa, que se coloca en el punto de máxima tensión, como elemento nuclear o culminante de la inspiración. [...] Incrustando un elemento precioso y amalgamando materiales diversos, el poeta crea así un nuevo producto de gran refinamiento, y su maestría se hace depender sobre todo de la habilidad de las relaciones. [...]

Ahora bien, hay que tener en cuenta que un sistema tan eficazmente seguido como el del soneto «glosado» era aplicable sin demasiadas dificultades a otras tradiciones líricas, y en primer lugar, precisamente por el papel de iniciador que tuvo Boscán, a la tradición catalana. [...] El mundo poético que deriva del magisterio de Ausiàs March se caracteriza por el predominio de los elementos lógicos, por el rigor analítico en la expresión de las situaciones sentimentales, mientras que pasa a un segundo plano la coreografía naturalística que acompañaba, en Petrarca y en general en la lírica italiana, al descubrimiento de la realidad afectiva. Boscán somete la misma pugna interior a un análisis implacable, y domina la turbulencia pasional dentro de los términos de un austero intelectualismo; condensa así las emociones en la áspera violencia de versos llenos de aristas, propensos a la frase lapidaria, indiferentes a la atracción de los valores melódicos.

Ausiàs March también le ofrece una costumbre racionalizadora y una abundante casuística psicológica; la expresión desnuda, entretejida de sutiles observaciones racionalizadas, la construcción apretada y la peculiaridad léxica de muchos sonetos de Boscán implican una alternativa sustancial en la determinación del modelo: Petrarca y Ausiàs March son en muchos aspectos los dos polos de su universo poético. [...]

El petrarquismo de Boscán (y en parte también el de Hurtado

de Mendoza y el de Garcilaso) admite, pues, como supuesto cultural determinante, una síntesis de la dialéctica desarrollada por los poetas de cancionero del siglo xv y del rigor lógico de la tradición catalana (cuyo punto culminante es Ausiàs March). La dureza de los versos de Boscán, tan injustamente recriminada, se debe a la necesidad de adaptar al contexto poético esa incesante tensión intelectual, que sólo se aplacará en el discurso familiar de la epístola horaciana; es absurdo en cambio atribuirla a un dominio imperfecto de la lengua castellana, lengua que a veces se supone que no habría asimilado por entero en sus matices más sutiles debido a su origen catalán. Bastaría para desmentir una impresión tan superficial la elegancia y la perfección formal con que el poeta tradujo al castellano el *Cortesano* de Castiglione. Ante ese gran logro estilístico, sería absurdo imaginar una incapacidad del poeta para encontrar y utilizar rasgos líricos a causa de lagunas lingüísticas que se remontaban a su niñez. En cambio, conviene tener en cuenta que por la misma naturaleza de su poética, Boscán (una vez superada la concepción lúdica del arte que sigue predominando en los ambientes cortesanos de la época humanística) tiende a explotar el modelo petrarquesco en el ámbito de las posibilidades estilísticas ya experimentadas con éxito en otras zonas de la cultura hispánica.

Y durante algún tiempo, incluso después de la diáspora europea de los poetas de la corte de Carlos V hacia los años treinta, su sistema de utilización de los modelos áulicos fue acogido favorablemente y consiguió imponerse.

OTIS H. GREEN

AMOR CORTÉS Y VISIÓN PLATÓNICA EN LA POESÍA DE BOSCÁN

Boscán fundió gran parte de su poesía en los moldes tradicionales, conceptuosos, erótico-corteses de los cancioneros españoles del siglo XV. Esto se ve claramente en la primera poesía que figura en la colección de sus obras, publicada por su viuda en 1543:

> ¿A quién daré mis amorosos versos
> que pretenden amor y virtud junto...?
> A ti, señora, en quien todo esto cabe...
> Recógelos con blanda mansedumbre,
> si vieres que son blandos: y, si no,
> recógelos como ellos merecieren.
> Y si después te importunaren mucho
> con llorar, porque así suelen hacello,
> no te parezcan mal sus tristes lloros...

«Virtud», «blanda mansedumbre», «llorar», «lloros»: la Copla I es una expresión del «bendito sufrir», [característico del amor cortés de raigambre medieval]. La pena del poeta es amarga para sufrirla; pero al mismo tiempo es un tesoro tan maravilloso, que en él se contrapesa su tendencia a matar con su mágico poder vivificador: es la «paradoja amorosa» [típicamente cortés]. Hay infinidad de expresiones así: el amor dispara sus flechas por los ojos de la dama; la voluntad, la facultad apetitiva, se impone a la razón, la cual se queda tan deslumbrada con el brillo de la belleza, que no es capaz de transmitir al alma un informe imparcial. En la Copla II se repite el tema de la pena deleitosa, haciéndose eco del *Rapido fiume* del Petrarca: el espíritu está pronto, pero la carne es flaca. En la Copla III vemos rechazado *sans merci* el ofrecimiento que hace el poeta de sus servicios corteses. En la Copla VII leemos que es tan grande el gozo de la tristeza que es imposible exhalar una queja de

Otis H. Green, *España y la tradición occidental*, I, Gredos, Madrid, 1969, pp. 158-169.

dolor. En la Copla XIII se renuncia al galardón: en una guerra tan gloriosa, sólo el hecho de entrar en batalla es una figura, un anticipo de la gran victoria: «Ya no espero galardón». El amor se mueve en un plano elevado; no hay una palabra de censura o culpabilidad. Con sólo concebir su aspiración compensa todos sus sufrimientos. [...]

Sigue en la colección el famoso Libro II que contiene las poesías amorosas compuestas en los metros y estrofas italianas de nuevo cuño. Naturalmente son posteriores a 1526, que fue cuando Navagiero le inspiró la idea de innovar su métrica. Pero se ve en seguida que no puede trazarse una línea divisoria clara y neta ni en la personalidad poética ni en la técnica de Boscán. Lo viejo y lo nuevo se entremezcla a discreción. Algunas Coplas se escribieron después de los nuevos tanteos o simultáneamente con ellos; no faltan imitaciones del Petrarca escritas en los antiguos metros convencionales. En estas últimas aparecen ideas e ideales platónicos. [...] En la Copla XX el poeta nos dice que hay ocasiones en que ve el amor inundado de gloria, al abrirse los cielos dejándole entrever su maravillosa armonía. En la Copla XXIII desarrolla brevemente el tema platónico de las nostalgias que siente el alma por los cielos, que son su hogar, y del esfuerzo por alcanzar el eterno arquetipo de la belleza: «El alma de su natura / quiere subir donde nace; / y así lo alto procura, / y de lo alto se pace: / allí busca su figura». [...]

En el Libro II de las poesías de Boscán vemos, como en el *Canzoniere* del Petrarca, un soneto inicial que es la condenación de los mismos versos erótico-corteses que a continuación va a leer el lector. En su *sonetto* I proclama Petrarca que el fruto de su sufrimiento es la vergüenza: *vergogna è il frutto*. Boscán publica sus escritos para que sirvan de «escarmiento». En ambos casos podemos considerar el soneto introductorio como una palinodia anticipada. Boscán repite la idea de arrepentimiento y escarmiento en los sonetos 2, 3, 4, 88 y 89. [...] Pero en el son. 44 se produce un cambio, como en sus coplas compuestas en los metros tradicionales, y se eleva el plano del amor: «Del mundo bien, de nuestros tiempos gloria, / fue nacer ésta por la cual yo vivo; / enmienda fue de cuanto aquí se yerra...». [...] La razón logra conciliar los tres aspectos o categorías tradicionales del amor, [según un esquema aristotélico]: utilidad, deleite, sublimación, y así se restablece la armonía —sus «puntos concertados... acordados»—. En el son. 79 se llega al puerto seguro donde todo pensamiento de vergüenza —la *vergogna* del Petrarca— cede el paso al sentimiento contrario: «celebrado seré en toda la gente». El amor es bueno considerado en sí mismo y en su aspecto natural (son. 84). [...] La verdad es que Boscán siempre se sintió incómodo en el mundo de ensueño del amor cortés. Por fin su mujer, doña Ana Girón de Rebolledo, atusó con la punta del dedo su ceja febril: con esto el poeta volvió en sí, y se domesticó maravillosamente hasta el punto de sentarse con ella junto a la corriente del arroyo a leer los clásicos con ella, como nos describe en una epístola horaciana dirigida a su amigo el diplomático don Diego Hurtado de Mendoza. [...]

El Libro III se dedica casi completamente a desarrollar dos largos poemas: la *Historia de Leandro y Hero* y la *Octava Rima*. [La *Octava Rima* es una ampliación de las *Rime per festa carnascialesca* (1507) de Pietro Bembo, donde el poeta y otro personaje apremian a dos damas a que no se retraigan de los goces del amor. El barcelonés] omite ciertas estancias del original cuya liviandad se despegaba del gusto español y del temperamento del mismo Boscán. Aun así, ambos poemas constituyen una incitación al amor y a un amor distinto del amor platónico de Ficino. Lo que sí inculca Boscán es la doctrina de la «plenitud», que cuenta con la sanción de la Biblia y con una tradición teológica respetable, si bien sus adeptos se encuentran siempre al borde de la herejía debido a las enseñanzas de la Iglesia de que la virginidad es el estado más perfecto. Jean de Meun, Boccaccio, Juan Ruiz —y muchos otros— argüían que el acto de la generación humana era una especie de continuación de la divina acción creadora, y que Dios había encargado de hecho a sus criaturas que poblasen la tierra. [En la parte principal del poema], Boscán traduce a Bembo con gran fuerza de expresión: «El fin de todos en amor reposa: / en él todo comienza y permanece». Toda mujer reacia al amor es como una rama tronchada del árbol: sin hojas, sin frutos, sin savia. El acto de la generación es universal y no tiene nada de censurable. En este poema logra Boscán liberarse con gran acierto del estilo seco y conceptual de sus predecesores españoles del siglo xv.

[En la *Historia de Leandro y Hero,* inspirada en Museo, Ovidio y Bernardo Tasso, Boscán, apartándose de tales modelos,] se propuso convertir la sacerdotisa de Afrodita del poema de Museo en una dama del Renacimiento y armonizar la pasión de ambos amantes con la tradición cortesano-neoplatónica sobre el amor tal como la enunciaba el *Cortesano,* que Boscán había traducido tan brillantemente. No sólo presenta la situación esencialmente cortés de un enamoramiento fulminante que avanza rápidamente hacia el *amor mixto,* de cuerpo y alma, legitimado con el recurso españolísimo del matrimonio clandestino [véase *HCLE,* I, p. 353], sino que además se incorpora, especialmente a través de la persona de su heroína, el ideal neoplatónico-neoestoico de la personalidad autónoma, tal como la concebía el Renacimiento.

Boscán describe detalladamente el género de vida de Hero antes de su encuentro con Leandro. *Il Cortegiano* contiene muchos pasajes paralelos. Sus padres le dieron libertad absoluta, creyendo que en su calidad de verdadera *sapiens* estoica, Hero sabría atenerse a la regla de oro del justo medio y evitar los excesos, siguiendo siempre la luz de la razón; y creyendo también que su hija, como buena neoplatónica, sabría eludir cuanto disonase de la armonía de su vida: «Este lugar sus padres se le dieron; / pero no se le dieron por guardalla / con guardas, ni con premias ni estrechezas; / su misma voluntad era su guarda. / Su vivir era libre, mas no suelto; / haciendo su querer cuanto quería, / no hacía sino lo razonable, / y en esta discordancia concordaba». Por encima de estas ideas estoicas que convertían a Hero en el tipo perfecto de la *temperantia* renacentista y de la *virtus* estoica, coloca Boscán el ideal platónico encarnado en la misma heroína: «El andar, el mirar, el estar queda / andaban en tal son, que descubrían / un cierto no sé qué tan admirable, / tan tendido por todo y por sus partes, / con tal orden y fuerza recogido, / que era imposible dalle lugar cierto».

Hero es una sacerdotisa de Venus. Una mañana encantada vio a Leandro y recibió el flechazo, como tantas otras amantes corteses antes que ella. Se establece una devoción casta entre ambos enamorados; pero no falta la sensualidad del amor cortés, a imitación del *A qualunque animale* del Petrarca:

> Pudiera yo estrecharla entre mis brazos
> cuando se muere el sol;
> sin más testigos que los mudos astros:
> una noche tan sólo, mas ¡sin alba!

El amor de Leandro es «puro», tan desprendido del cuerpo cuanto permiten la naturaleza y la juventud: «Costreñido por el [amor] a

tus pies me echo, / ofreciéndote el alma por don grande / para
Dios, ¡cuánto más para los hombres! / El cuerpo ha de ir tras ella
en compañía; / súfrele, pues es cuerpo de tu alma, / cual la mía es
ya tuya puramente, / por ley de amor escrita en nuestras almas».
Sin embargo, la «ley del amor» se implanta con celeridad desacos-
tumbrada. Se comprometen; a su debido tiempo se enciende la
lámpara y se coloca en la ventana de la torre. Se cruza a nado el
Helesponto; se consuma el gozo. Vuelve a cruzarse a nado en el invierno, y se cierra el poema con una doble tragedia.

Merece notarse que al llegar el momento de la consumación
Boscán abandona a su guía Castiglione y pasa con absoluta independencia y con eficiente osadía al *amor mixto*, igual que en el *Amadís*:

> Vuélvete a mí y en mí toma venganza
> del viento y de la mar y de la noche;
> entrégate ['resárcete'] de cuanto has trabajado,
> entrégate de cuanto has padecido,
> y entrégate de mí, que estó entregada.

Aquí tenemos amor cortés y visión platónica, cuerpo y espíritu, *amor mixtus*: no encuentro ejemplo más impresionante que
este poema para ver cómo puede alterarse y amplificarse un texto
clásico y cómo puede rehacerse un odre viejo para contener el vino
nuevo:

> Decía más: mis ojos son vencidos
> de tanta luz, de contemplar tan alto;
> mas la parte inmortal nunca se vence
> del manjar natural de que ella vive.

Rafael Lapesa

LA TRAYECTORIA POÉTICA DE GARCILASO

La obra de Garcilaso, vista en su desarrollo cronológico, nos sitúa ante el proceso de un espíritu excepcionalmente dotado que va encontrándose a sí mismo mediante un creciente enriquecimiento de su mundo poético. El manantial primero, como en toda auténtica floración lírica, es el sentimiento. La materia poética está constituida por las vivencias de un espíritu agitado entre impulsos contradictorios, sumido en doliente conformidad o refugiado en sueños de hermosura. Los poemas de Garcilaso brotan de ese terreno emocionado y tiemblan siempre de inequívoca y fundamental sinceridad. Pero los estados de alma, en el momento de su elaboración artística, han encontrado moldes afines en la tradición literaria; y estos moldes han actuado sobre el contenido sentimental y sobre la expresión, intensificándolos o filtrándolos según los casos. Además, las lecturas han desplegado a los ojos del poeta vastos campos de inspiración que su fina sensibilidad no ha tardado en conquistar.

[En la línea seguida por el arte de Garcilaso], las poesías en metros castellanos constituyen el grupo de tipo más primitivo, como simple continuación de la lírica de cancionero. Pero algunas de las conservadas tienen que ser posteriores a los primeros ensayos en sonetos y canciones italianizantes: el coloquio en que Navagiero propuso a Boscán la implantación de los metros ítalicos tuvo lugar, como es sabido, en 1526; tal vez en ese mismo año o en el siguiente comenzara Garcilaso a cultivarlos también; pero durante algún tiempo siguió empleando, siquiera ocasionalmente, el octosílabo, e ignoramos si alguna vez llegó a repudiarlo por completo. De todos modos es significativo el hecho de que en 1532, fecha en que vemos todavía coexistir las dos métricas, las composiciones endecasilábicas revelan, tanto en la forma como en el fondo, que la acomodación al arte nuevo era todavía imperfecta. [...]

Los sonetos y canciones muestran desde el primer momento el

Rafael Lapesa, *La trayectoria poética de Garcilaso,* Revista de Occidente, Madrid, 1948; 1968 ², pp. 175-184.

propósito de asimilarse no sólo los metros, sino las esencias del petrarquismo. Durante varios años esta incorporación se ve dificultada por hábitos procedentes de la anterior lírica peninsular, tanto la de los cancioneros como la de Ausiàs March. Pero la influencia de Petrarca transforma la energía de su seguidor, suavizándola y prestándole flexibilidad. Gradualmente se van infiltrando predilecciones temáticas y expresivas del maestro, y la poesía garcilasiana comienza a ocuparse de la belleza del mundo exterior; primero la hermosura femenina, después, el paisaje. El choque entre las tendencias iniciales y la creciente penetración del arte petrarquesco se ve aún bien claro en la canción III y en los sonetos compuestos durante el destierro a orillas del Danubio, entre marzo y junio de 1532.

En Italia el ejemplo de la literatura renacentista renueva y aumenta en el poeta castellano la afición por los clásicos grecolatinos y el gusto por la forma acrisolada. Sannazaro y Virgilio le descubren el mundo bucólico, preferido en adelante por Garcilaso como escenario de sus divagaciones. La deleitosa contemplación de la belleza natural y una exquisita aprehensión de sensaciones serán en lo sucesivo nota esencial de su poesía. El epíteto, empleado antes casi exclusivamente para acentuar la expresividad sombría se convierte en índice de la arquetípica perfección natural. El ejemplo de latinos e italianos alecciona al poeta en la técnica del aprovechamiento, ajuste y combinación de fuentes; Garcilaso no desconocía estos procedimientos imitatorios, pero desde ahora los emplea mucho más sistemáticamente. La égloga II ofrece ya todos los caracteres de la nueva orientación, con exuberancia y desigualdades que revelan todavía alguna inmadurez; por otra parte, la actitud de Albanio y el relato de la curación de Nemoroso por obra de Severo resumen la anterior lírica amatoria del poeta, muy cercana aún. Cuando al total dominio del arte se une la intensa emoción producida por la muerte de Isabel Freyre, surge la creación suprema de Garcilaso, la égloga I. Los amoríos de Nápoles inspiran poemas que en cierto modo representan una fugaz reviviscencia de modalidades artísticas ya superadas, pero a veces acomodadas a la nueva manera. Otras obras, finalmente, exentas de inquietudes sentimentales, no se ocupan sino de la pura realización de la belleza; esta poesía objetiva, sensorial y plástica, suavemente caldeada por un fondo emocional, culmina en la égloga III, prodigio de facilidad y armonía.

De los cancioneros perduran en la obra garcilasiana temas y costumbres literarios, maneras de sentir y vestigios de pasajes concretos. Pero si unos elementos sobrevivieron, otros fueron rechazados mediante una selección cada vez más rigurosa. La improvisación quedó relegada a alguna solitaria composición ocasional: Garcilaso exigía un arte más ambicioso y también más sincero. [...] Pero nunca desaparecen rasgos característicamente hispánicos, como son la gravedad, la digna contención, la «voluntad de perderse». En el estilo queda alguna huella característica del conceptismo a la manera de nuestro siglo xv en juegos de palabras, cada vez menos frecuentes, pero nunca eliminados por completo. El rescoldo que deja en Garcilaso la poesía de los cancioneros es una herencia difusa, más amplia de lo que harían suponer los préstamos determinados.

La influencia de Ausiàs March es más concreta, fruto de imitación consciente. Su mayor intensidad corresponde a los años en que Garcilaso trataba de asimilar el arte de Petrarca sin haber llegado a identificarse con él. Entonces los *Cants* del valenciano estaban más cercanos que Petrarca de la sequedad vigorosa que caracterizaba los versos de nuestro poeta. El ejemplo de March acentuó el gusto por lo sombrío y violento. [...] Después, cuando la poesía atormentada y contradictoria cedió el puesto a la suave melancolía, cuando triunfó la serena visión de la belleza, Ausiàs March no ejerció acción comparable a la del período anterior. Sólo en 1535, al conturbar los celos el espíritu de Garcilaso, parece haberse incrementado pasajeramente la casi dormida eficiencia del modelo. [...]

El influjo de Petrarca fue de importancia decisiva. No quiere esto decir que toda la poesía de Garcilaso quepa en los límites del petrarquismo, ni que diera acogida a todos los rasgos temáticos y formales propios del maestro italiano. Había en Petrarca un lastre medieval, procedente del *dolce stil nuovo,* que le impulsaba a idealizar su amor presentándolo como estímulo de espiritualidad. Garcilaso rechaza por completo esta falsificación lo mismo que los alambicamientos doctrinales de Ausiàs March: nunca dirá que el amor eleva su espíritu; la mujer amada no será llamada *angeletta,* ni podrá aplicársele la frase admirativa *costei per fermo nacque in paradiso.* La pasión de Garcilaso es sólo y totalmente humana, y la justificación mediante subterfugios repugna a su sinceridad.

Abundan en Petrarca los juegos de palabras, las alusiones sutiles, las agudezas y «opósitos». Pero del conceptismo petrarquesco, de todos modos no mayor que el de los cancioneros castellanos, Garcilaso no tomó sino los contrastes representativos de la lucha interior, o la contraposición entre el punto de vista objetivo y el subjetivo: «El ancho campo me parece estrecho», etc. La selección alcanzó también a géneros y metros; si cultivó el soneto y la canción, Garcilaso no tanteó la batalla y el madrigal, más populares, ni la sextina, artificiosa supervivencia trovadoresca. [...]

No debemos, sin embargo, atribuir a la influencia de Petrarca todo el resto de conceptismo que hay en Garcilaso, ni menos aún las notas sombrías donde se advierte, reforzando pasajeras tendencias del poeta, la huella de March: la mayor artificiosidad que ofrecen los poemas garcilasianos de introspección comparados con los de ambiente pastoril, se explica no sólo por influencia de Petrarca, sino por la índole misma de las obras: el análisis interno era terreno abonado para las agudezas, ya procedieran de Petrarca, ya de los cancioneros, así como para el extremoso patetismo contagiado de Ausiàs. No ocurría así en la pastoral, cuyo clasicismo exigía mayor sobriedad y equilibrio; en las églogas de Garcilaso, aun en pasajes de intensa inspiración petrarquesca, falta casi por completo el conceptismo. [...] Petrarca trazó el camino seguido por la poesía más íntima de Garcilaso; guió a éste en la exploración de su alma; le proporcionó temas poéticos y hábitos formales; domó su vigorosa impetuosidad, haciéndola compatible con la dulzura y la armonía; le ayudó a sacar partido de la propia sensibilidad, impulsándole a describir la figura de la amada y a expresar el sentimiento de la naturaleza. Cuando llegó la madurez del poeta, los recuerdos petrarquescos acompañaron a su más bella e intensa creación: los vemos en los versos donde Salicio contrapone su tristeza a la alegría del amanecer, o habla de cómo le fue grato el silencio de la selva umbrosa; los vemos, más hondos y frecuentes aún, en las quejas de Nemoroso. [...]

Sannazaro fue para Garcilaso la revelación del sueño pastoral, del color y del sonido, así como un excelente ejemplo del arte imitatorio. Desde la égloga II su influjo es amplio y persistente, no sólo en poemas bucólicos, sino también en sonetos de diverso carácter (XXV, XII y XI). Garcilaso evitó la prodigalidad sensorial del napolitano, mostrándose más comedido en la descripción de impresiones visuales y auditivas. Tampoco le siguió en la vacuidad argumental de la *Arcadia:* en las tres églogas de Garcilaso hay drama efectivo.

[...] En esto, como en tantos otros rasgos, el poeta español aventajó a Sannazaro y se acercó más a Virgilio, en cuyas mejores *Bucólicas* hay siempre un latido de pasión. La influencia del latino, menor que la de Sannazaro en la égloga II, es superior en la I, y las dos se combinan en la III. Virgilio completó la enseñanza de Petrarca en el arte de infundir suavidad melancólica a la pintura del dolor, y amplió el sentimiento de la naturaleza dotándola de alma compasiva. [...]

Ahora bien: los cancioneros, March, Petrarca, Sannazaro y Virgilio; en segundo término Horacio, Ovidio, Ariosto, Tansillo, Bernardo Tasso...; todos son circunstancias más o menos actuantes, pero circunstancias al fin, en el gradual enriquecimiento del mundo poético de Garcilaso. Sirvieron de guía en unos casos, de estímulo en otros, o se limitaron a proporcionar materiales para la nueva labor creadora. En general fueron revelando al poeta lo que llevaba dentro de sí y no había puesto en juego. Si el saber humanístico que muestran las obras escritas en Italia no pudo ser improvisado, menos aún la fina sensibilidad. En sus primeras manifestaciones, la poesía garcilasiana aparece casi desnuda de atavíos, pero con la fuerza de la emoción contenida y con el acento de apasionada sinceridad que admiraba Herrera en los versos de la canción II: «¡Quién pudiese hartarse / de no esperar remedio y de quejarse!».

Estas cualidades subsisten a lo largo de la producción ulterior y constituyen la característica más profunda tal vez de toda la obra del poeta. Después, en época de crisis, surge la impetuosidad atormentada; más tarde, aguda y exquisita, la sensibilidad ante la naturaleza; finalmente, un mayor aprovechamiento de lecturas y un marcado gusto por la plasticidad. Se ha ampliado el número de registros; pero no para rasgar el aire con raudales de sonoridad, sino para modular, como «la dulce garganta» del ruiseñor, una queja íntima y honda. Las evasiones del tema elegíaco son excepcionales y en ningún caso completas. Una vez habla Santa Teresa de «una pena delgada y penetrativa»: delgada y penetrativa es también la voz de Garcilaso cuando canta la identificación de su vida con «el dolorido sentir». Ternura, contemplación soñadora, ilusión de un mundo perfecto: todo ello sentido con tensión emotiva nunca enfriada; dicho todo con el don de apresar en la música del verso la esencia misteriosa de la poesía.

Edward F. Stanton

«EN TANTO QUE DE ROSA Y AZUCENA...»

En tanto que de rosa y azucena
se muestra la color en vuestro gesto,
y que vuestro mirar ardiente, honesto,
enciende al corazón y lo refrena;

   y en tanto que el cabello, que en la vena
del oro se escogió, con vuelo presto,
por el hermoso cuello blanco, enhiesto,
el viento mueve, esparce y desordena;

   coged de vuestra alegre primavera
el dulce fruto, antes que el tiempo airado
cubra de nieve la hermosa cumbre.

   Marchitará la rosa el viento helado,
todo lo mudará la edad ligera,
por no hacer mudanza en su costumbre.

Los versos iniciales del soneto XXIII de Garcilaso de la Vega proponen los dos temas principales del poema, de un modo semejante a como la exposición de una sonata o de una sinfonía anuncia los motivos que van a desarrollarse. Estos dos temas atraviesan la totalidad del poema, vertebrándolo: la rosa roja de la pasión y de la juventud, la azucena blanca de la castidad y de la contención. Los dos conceptos aún están fundidos en este momento, en el semblante de la dama y en la sinalefa *rosa-y azucena* o bien *rosa y-azucena*. Los adjetivos emparejados en el verso 3 corresponden a la rosa (*ardiente*) y a la azucena (*honesto*), y también aparecen elididos y situados en la misma posición al final del verso, *ardiente,-honesto* (la coma no impide que se produzca la sinalefa). El cuarto verso vuelve otra vez a juntar los dos temas en dos verbos cuidadosamente equilibrados, *enciende* (*rosa, ardiente*) y *refrena* (*azucena* —adviértase

Edward F. Stanton, «Garcilaso's sonnet XXIII», *Hispanic Review*, XL (1972), pp. 198-205.

también la rima—, *honesto*), que podrían representarse gráficamente
de esta manera

$$\text{al corazón}$$
$$\text{enciénde} \qquad \text{y lo refréna,}$$

reforzándose el equilibrio por medio de las vocales tónicas: *e o e*.
La hermosura juvenil de la dama, paradójicamente, revela a un tiempo pasión y castidad, provoca el deseo del poeta a la vez que le impone respeto.[1] [...] De este modo, el primer cuarteto sienta las bases estructurales del poema. Se cierra con un punto y coma, la primera pausa fuerte que hemos encontrado hasta ahora; pero el sentido queda en suspenso, y tenemos que apresurarnos a leer el segundo cuarteto.

En tanto, al comienzo del verso 5, repite como un eco las dos primeras palabras del poema, y de hecho los dos cuartetos son dos cláusulas adverbiales paralelas. Aquí se describen otros dos rasgos de la juventud y de la hermosura de la dama, una vez más con imágenes sensoriales. Su cabello no solamente es dorado, sino que *es oro* extraído de una veta de la tierra. [...] Con la excepción de *hermoso*, la adjetivación vuelve a ser precisa y objetiva. El segundo cuarteto concluye con una bella progresión de verbos, cada uno de ellos con una intensidad ligeramente mayor: el viento primero *mueve*, luego *esparce* y por fin *desordena* el cabello de la dama. El ritmo de estos versos contribuye al sentido de unas acciones sutilmente graduadas que se funden entre sí. Repárese en la sinalefa, en la fluidez del verso y en la tensión existente entre la puntuación y la métrica en el verso 7:

y-en tanto que-el cabello, que-en la vena →
del oro se-escogió, con vuelo presto,
por el hermoso cuello blanco,-enhiesto,
el viento mueve,-esparce-y desordena...

1. [La lectura transcrita es la aceptada por Herrera, procedente de un manuscrito.] Rivers [1974 *a*], basándose en la primera edición de 1543, establece así el texto del verso 4: «Con clara luz la tempestad serena». Esta lectura también tiene sentido, y transparenta el mismo conflicto entre pasión («tempestad») y contención («clara luz ... serena»).

El segundo cuarteto termina en punto y coma, y hay que esperar a su continuación para completar la larga oración poética iniciada en el primer verso del soneto. Finalmente llegamos al verbo principal, al que había estado apuntando *en tanto*, al mensaje del poema: «coged ... el dulce fruto», *carpe diem*. El primer terceto tiene una notable unidad, con muchas sinalefas, dos encabalgamientos y sólo una pausa, en medio del verso 10. Podríamos suponer que el rápido movimiento rítmico de estos versos corresponde a la huida del tiempo:

> coged de vuestra-alegre primavera →
> el dulce fruto,-antes que el tiempo-airado →
> cubra de nieve la hermosa cumbre.

El último verso es el único que carece de sinalefas, y ello, combinado con el armonioso equilibrio de sus sonidos vocálicos (*u e o u*) obliga al lector a cierta lentitud, y da a esas palabras el énfasis requerido por su importancia temática. Aun a riesgo de insistir demasiado en esta cuestión, vuelvo a observar que Garcilaso opone de nuevo sintaxis y métrica en medio del verso 10. Estos versos son el eje temático de todo el poema.

El segundo terceto es una especie de coda, una reiteración del mensaje de los versos 9-11 que ahora reaparece en un terreno impersonal. Después de la primera pausa larga de todo el poema, al final del verso 11, se nos sorprende con un redoble de vocales fuertes:

> Márchĭtărá lă rósa-el viénto-heládŏ,

insólito endecasílabo de cuatro acentos (y que también puede escandirse como un pentámetro yámbico). Sin duda alguna es el verso más enérgico de todo el poema, lleno de sonoras aes y muy apto para expresar los inexorables estragos del tiempo. En estos versos hay también una ingeniosa evocación de los motivos anteriores. La *rosa* del verso 12 remite, claro está, a la del verso inicial, el *viento* del 12 al *viento* del 8, y la *hermosa* del 11 al mismo adjetivo del verso 7. Además, la blancura de la *nieve* y la frialdad del *viento helado* se relacionan ahora con la blancura del semblante de la dama y la gelidez de su porte. La metáfora implícita es la de que el viento invernal (o el tiempo) destruirá la belleza de la primaveral juventud de la dama. Tomo *dulce fruto* en su doble sentido español y latino: armoniza con las restantes imágenes botánicas del poema, y tiene en su raíz la connotación de goce, provecho y deleite. Así, *alegre* (*primavera*) está en aposición con (*tiempo*) *airado*. Si en los cuartetos la adjetivación era objetiva y sensorial, aquí es subjetiva y conceptual, de acuerdo con la función temático-didáctica de los tercetos: *alegre, dulce, airado, hermosa.*

El elevado tono que ha caracterizado al soneto de Garcilaso hasta este instante, desciende a un nivel pedestre en los dos últimos versos, que constituyen una unidad semejante al dístico final de los sonetos de Shakespeare. Sería inútil buscar algún género de oculta belleza en esos versos. La paradoja y el juego de palabras entre *mudará* y *hacer mudanza* son completamente incongruentes con el tono noble del resto del poema. Como ya vio Rafael Lapesa [1948], la paradoja es «incolora», el lenguaje es abstracto y considerablemente vacío de los valores plásticos y de las imágenes concretas que hemos encontrado hasta ahora. Aquí la poesía se ha convertido en prosa. Pero a estos versos no les falta una función: la abstracción y el desplazamiento a un plano impersonal, universal, permiten al poeta eludir una tajante afirmación de lo que se sobreentiende: la belleza de la dama se convertirá en algo que no será bello. La rosa de su juventud aún está presente en el verso 12, aunque en un estado precario, temblando bajo el soplo del viento helado que va a mustiarla. Apenas se ha mencionado esa terrible perspectiva, cuando queda absorbida por una ley abstracta que se refiere a todos los seres: *todo*, lo humano y lo no humano, las damas y los poetas al igual que los edificios y las piedras, han de sufrir la misma transformación por obra del tiempo.

La fuente más directa de Garcilaso para este soneto XXIII es el soneto de Bernardo Tasso «Mentre che l'aureo crin v'ondeggia intorno».[2] [...] Garcilaso imitó la belleza formal del soneto italiano,

---

2. «Mentre che l'aureo crin v'ondeggia intorno / a l'amplia fronte con leggiadro errore; / mentre che di vermiglio e bel colore / vi fa la primavera il volto adorno; / mentre che v'apre il ciel più chiaro il giorno, / cogliete ô giovenette il vago fiore / de vostri più dolci anni; e con amore / state sovente in lieto e bel soggiorno. / Verrà poi'l verno, che di bianca neve / suol i poggi vestir, coprir la rosa, / e le piagge tornar aride e meste. / Cogliete ah stolte il fior; ah siate preste, / ché fugaci son l'hore, e'l tempo lieve, / e veloce a la fin corre ogni cosa.»

pero también vertebró su estructura floja y amorfa, dinamizó e hizo más concreto el lenguaje y las imágenes, suprimió el relleno sentimental, suavizó los aspectos más destructivos del tema y omitió hacer una clara referencia a la falta de belleza.

En su soneto XXIII Garcilaso compuso un hermoso poema sobre un tema muy antiguo. Lapesa enumeró sus fuentes: además del soneto de Bernardo Tasso, la oda horaciana a Ligurino (IV, x), y el inevitable «Collige, virgo, rosas» de Ausonio. Sitúa el poema en el último período de la vida de Garcilaso, el napolitano. Es el período de la inspiración clásica: estos catorce versos están empapados del gusto pagano y renacentista por la belleza y la vitalidad; la usual melancolía garcilasista y su «dolorido sentir» han sido reemplazados por un sereno despego y una compostura. La dama a la que se dirige el poema es a la vez un arquetipo y un ejemplo de ese arquetipo, una mujer concreta que se ha convertido en un ideal, como Laura. Sólo se nos habla de tres de sus rasgos: semblante rojo y blanco, largos cabellos rubios, cuello blanco y enhiesto. Encantos todos que son convencionales dentro del arte del Renacimiento. Por una parte, la dama se nos describe de una manera gráfica, por medio de imágenes plásticas y de color; por otra parte, sus perfiles son imprecisos, y de la lectura poética emerge como envuelta en un delicado *sfumato* leonardesco. Lo que Garcilaso ha conseguido es liberar su figura de lo meramente local y biográfico sin hacer el sacrificio de la sinceridad ni de la fuerza poética.

Así como el soneto anterior de Bernardo Tasso permitía aislar parcialmente lo que es más característico del arte de Garcilaso, ver cómo Góngora trata el mismo tema en un soneto posterior puede arrojar cierta luz sobre la cuestión. Los últimos seis versos de su soneto «Mientras por competir con tu cabello» —que contienen ecos garcilasistas evidentes— dicen:

> goza cuello, cabello, labio y frente,
> antes que lo que fue en tu edad dorada
> oro, lilio, clavel, cristal luciente,
> no sólo en plata o viola troncada
> se vuelva, mas tú y ello juntamente
> en tierra, en humo, en polvo, en sombra, en nada.

El contraste entre estos versos y los finales del soneto XXIII de Garcilaso no puede ser más llamativo. En su mundo poético no hay lugar para la tierra, el humo, el polvo, la sombra, la nada. En él no puede darse una comunicación entre la belleza y la fealdad. Jorge Guillén ha captado ese hecho con su habitual lucidez: «A la inspiración noblemente limitada de Garcilaso, fray Luis de León, San Juan de la Cruz, Herrera, suceden —también en Lope y Quevedo— esta amplitud y esta integración de tantas variedades de poesía, altas y bajas, serias y ligeras». Ahora, la función que desempeñan los últimos versos del soneto de Garcilaso puede parecernos más clara. Aunque en apariencia son vacíos y morales, dispensan al poeta de la obligación de describir los estragos del tiempo, y mantienen inmaculada e intacta la belleza de su mundo poético.

Sería inútil cualquier tentativa de explicar esta belleza por medio de análisis. Con todo, a manera de comentario final, trataré de demostrar lo que me parece la cualidad más peculiar del logro poético de este soneto. Como hemos visto más arriba, hay dos temas o motivos contrastados que sientan las bases estructurales del poema. Podrían llamarse el tema de la rosa y el de la azucena. Cuando el poema se inicia, apenas se distinguen entre sí, porque ambos elementos aparecen mezclados en el semblante de la dama. Luego van alternándose al cambiar de posición, como el sujeto y el contrasujeto en una fuga. Podríamos trazar el siguiente esquema:

Rosa (juventud, belleza, pasión, vida)	*Azucena* (castidad, contención, orgullo, frialdad, edad, muerte)
rosa	azucena
ardiente	honesto
enciende	refrena
alegre	airado
primavera	nieve, viento helado
dulce fruto	cuello blanco

Semejante esquema es de dudoso valor, pero demuestra con toda evidencia los principios activos de selección que se han usado. El soneto de Garcilaso está vertebrado intelectualmente, y tiene además un lenguaje fluido y armonioso; cautiva la inteligencia al mismo tiempo que los sentidos. Como los ojos de la dama, es a la vez apasionado y lleno de reserva, provoca y contiene al corazón al mismo tiempo. Su acierto estriba en la rigurosa estructura intelectual que se ha vestido con un bello lenguaje. Los dos principios, el intelecto y la retórica, aparecen así reunidos.

MARGOT ARCE

LA CANCIÓN III DE GARCILASO

Garcilaso sufrió prisión en una isla del Danubio por haber desobedecido una orden de Carlos V que prohibía el casamiento de su sobrino Garcilaso de la Vega con doña Isabel de la Cueva, emparentada con los duques de Albuquerque, familia adicta al Emperador. El poeta había asistido como testigo a la celebración secreta del matrimonio. Es fácil adivinar los motivos sentimentales y morales que lo indujeron a cometer esta grave falta de disciplina. Por adhesión a Carlos, y en cumplimiento de las obligaciones que le imponía su posición en la corte, había luchado en Villalar contra su propio hermano, el comunero don Pedro Lasso de la Vega, padre del recién casado. Acaso aprovechó la ocasión del casamiento para demostrar que, aunque leal a su señor, no era sordo al reclamo de la propia sangre ni insensible a la injusta prohibición que sabía fundada en viejos rencores políticos. Conocía además por experiencia propia la desdicha de las uniones sin amor y la amargura de amar sin ninguna esperanza. Al ayudar a los enamorados, manifestaba su simpatía y su reconocimiento de que hay razones humanas que tienen primacía sobre las razones de estado. El incidente ilumina la finura y rectitud de su espíritu: generosa solicitud por los jóvenes, sentido de justicia, delicado discernimiento de valores, respeto a los derechos naturales de la persona.

Al mismo tiempo, el rigor con que lo trató Carlos V lo había herido y, tal vez, sorprendido profundamente. Como le había sido siempre leal, era natural que esperara ser juzgado con más benevolencia, que se tuvieran en cuenta los atenuantes de su falta, sus legítimos motivos. Sintió por el contrario caer sobre sí todo el peso de un poder absoluto que se descargaba sin miramientos, sin tener cuenta de la irresistible fuerza de los imperativos morales, de esos que tocan al corazón. Y esta experiencia hubo de vivirla al compás de la otra más entrañable: la del fracaso y pérdida definitiva de su único amor verdadero. La Canción III expresa su apretada, insalvable soledad, y concreta en la isla, en el curso del río los justos símbolos de este estado psicológico.

Margot Arce de Vázquez, «Cerca el Danubio una isla ...», *Studia Philologica. Homenaje ofrecido a Dámaso Alonso,* I, Gredos, Madrid, 1960, pp. 91-100 (93-95, 97-98).

La Canción III se compone de cinco estrofas y del «envío», que queda, según el uso de la época, fuera del poema, pero ligado con éste por estrechas relaciones de contenido y de ritmo. Hay tres momentos poéticos: la primera estancia describe la isla; las tres siguientes contienen las reflexiones del poeta sobre su prisión; en la quinta invoca al Danubio. El «envío» nos descubre algo de la conciencia artística de Garcilaso y de su actitud hacia su obra. La estancia 1 y la 5 encuadran las centrales en el marco del paisaje danubiano del mismo modo que las aguas del río cercan la isla maravillosa. El centro de la canción comprende las estrofas 2, 3 y 4, que son como un escrupuloso examen de conciencia. El poeta sopesa todas las circunstancias de su vida sin rehuir la parte de responsabilidad que le toca en lo sucedido. Su pensamiento dominante podría formularse así: *ningún poder mundano, ninguna contingencia pueden destruir la libertad e integridad de mi espíritu.* La pérdida de todo lo que amaba y era razón de su existencia lo ha inmunizado a la seducción de la belleza sensible, a los errores de la opinión vulgar, a los cambios de fortuna, a los abusos del poder político, al dolor, a la muerte. Frente a ellos alza su fortaleza, la entereza de su ánimo. Éste es el *tema,* enunciado de modo categórico en la estancia tercera, centro material de la composición. Tras ese momento de intensidad expresiva, cúspide del lirismo, la tensión espiritual se resuelve en voluntad de silencio. En la sorda lucha de la razón y la pasión, la razón ha salido vencedora. Desde el comienzo hasta el final, las estrofas van subrayando las etapas sucesivas del proceso moral y del pensamiento poético y describen una amplia curva melódico-expresiva, cuyo punto más elevado y tenso coincide con la declaración de la autonomía absoluta del espíritu del poeta.

El claro proceso de transformación de la experiencia personal en objeto de arte descansa sobre un andamiaje cuidadosamente elaborado que nos da la clave de la función de la isla y del río en la composición poética. Al comienzo penetramos en la isla, prisión material, con su cerco de mansas aguas rumorosas, su eterna y florida primavera, sus tiernos cantos de ruiseñores, paraíso de ideal hermosura que no logra conmover la sensibilidad del prisionero; al final, seguimos la corriente del Danubio, ondas claras que discurren entre «fieras naciones», única salida a la libertad, camino y sepultura de razones apasionadas. Y entre el paisaje intemporal y el fluyente, el paisaje interior del poeta, su *a-islamiento* voluntario, su silencio deliberado, la decisión de no entregar al mundo ni su albedrío, ni sus poemas. La isla, el río se convierten en símbolos multívocos, en doble serie de analogías y correspondencias: *isla* = 'prisión, poeta, razones' / *río* = 'salida, mundo, versos'. [...]

La Canción III está escrita en un tipo de estancia tomado del Petrarca. Garcilaso ha escogido esa armoniosa combinación de heptasílabos y endecasílabos —abCabCcdeeDfF— porque se acomoda muy bien a sus intenciones y al tono evocativo y amargo de sus palabras. Y aunque la combinación se repite sin cambio alguno en todas las estrofas, el acoplamiento de las unidades expresivas a unidades rítmico-melódicas, insufla al movimiento de los versos una suavidad y fluidez que es resultado de hábiles repeticiones y variaciones en la estructura de cada núcleo expresivo-sonoro y de una cuidadosa disposición de las pausas, de las aliteraciones, los encabalgamientos y hiatos. El movimiento de los versos sugiere también la imagen de la corriente fluvial: sucesión y repetición rítmica de ondas breves y largas como de agua en remanso, tenue música que se quiebra alguna vez en briosos acordes para apagarse en seguida en resonancias levísimas, murmurantes, como el batir apagado de las ondas en la ribera. En el momento de mayor intensidad y vehemencia, la expresión voluntariosa, rebelde, desilusionada comunica al ritmo un *tempo* más vivo, recortado, que cobra repentina energía con las rimas oxítonas de la estrofa tercera (v. 27, 30, 35-36), cima lírica del poema.

El motivo poético del paisaje desempeña aquí, a pesar de su cuidadosa elaboración, una función secundaria, verdadero telón de fondo para destacar el estado espiritual de Garcilaso. Allí en la isla estuvo *preso, forzado y solo en tierra ajena.* Las tres estrofas que dedica al minucioso autoanalizarse no sólo muestran los efectos de aquella dolorosa experiencia, sino que proyectan sobre el caso particular un sentido general y filosófico. Las palabras del poeta iluminan un trasfondo de consideración serena de la vanidad y caducidad de los bienes temporales. Hacia el final, van expresando un modo de consolación filosófica, una forma de «apathía»; ni la belleza, ni el poder, ni el dolor, ni la muerte pueden destruir la serenidad y libertad absolutas del poeta. [...] Al encuadrar el examen apasionado de su situación en el marco de la apacible hermosura de la isla y el río, Garcilaso subraya la importancia que atribuye a la lucha moral, su nostalgia de un orden racional que rija tanto su vida como

su obra. El conjunto de sus poemas da constantes pruebas de este
«racionalismo» que lo inclina a las normas estéticas del arte clásico
—claridad, armonía, mesura— y a la cristiana virtud de la prudencia
que regula y modera los actos humanos.

ALEXANDER A. PARKER

TEMAS E IMÁGENES EN LA ÉGLOGA I

La Égloga I versa acerca de la desdicha que causa un amor roto.
La ruptura es debida a dos causas: una causa natural (la muerte de
la amada) y otra «no natural» (la infidelidad o indiferencia de la
amada).

En la canción de Salicio el tema es la ordenada armonía que
debe existir en el universo. La naturaleza es la norma: es intrínseca
a ella la ley del fin armonioso y de la armoniosa correspondencia.
La misma ley debe existir en las relaciones humanas: los hombres
deben estar acordes con la naturaleza. La falta de armonía entre el
varón y la hembra introduce la discordia en el universo. [Así, al
comienzo del poema, las imágenes subrayan la correspondencia emocional entre el hombre y la naturaleza (v. 46-52, 71-80), y las alusiones a la sucesión de día y noche fijan el ritmo natural al que se pliegan
todos los seres vivos.] Esta armonía, basada en la correspondencia
entre el hombre y la naturaleza, depende del amor, y el mismo amor
debe obedecer la ley de la armoniosa correspondencia. Es ley natural
que el amor corresponda al amor. La armonía entre el hombre y la
naturaleza depende del amor armonioso entre el hombre y la mujer:
sólo donde esta correspondencia exista, podrá el hombre, siendo
entera parte de ella, amar la naturaleza; tan sólo entonces será bella
ésta.

Alexander A. Parker, «Theme and imagery in Garcilaso's First Eclogue»,
Bulletin of Hispanic Studies, XXV (1948), pp. 222-227; trad. cast. en E. L. Rivers, ed., *La poesía de Garcilaso*, Ariel, Barcelona, 1974, pp. 199-208.

> Por ti el silencio de la selva umbrosa,
> por ti la esquividad y apartamiento
> del solitario monte me agradaba;
> por ti la verde hierba, el fresco viento,
> el blanco lirio y colorada rosa
> y dulce primavera deseaba (99-104).

Pero añade: «¡Ay, cuánto me engañaba!», pues la mujer ha rechazado su amor. No solamente ella ha arruinado la armonía de la vida de Salicio y hecho que la belleza natural pierda sentido para él, sino que, al hacer fracasar la ley de la armoniosa correspondencia, ha trastornado el orden de los valores naturales. [...] El amor no ha correspondido al amor; la ley del universo ha sido violada; el desorden se instaura y el equilibrio de la naturaleza se desbarata. Las imágenes acuden a desarrollar este concepto de desorden. Antes que nada, simbólicamente, en el sueño de Salicio: «Soñaba que en el tiempo del estío / llevaba, por pasar allí la siesta, / a beber en el Tajo mi ganado; / y después de llegado, / sin saber de cuál arte, / por desusada parte / y por nuevo camino el agua se iba; / ardiendo ya con la calor estiva, / el curso, enajenado, iba siguiendo / del agua fugitiva» (116-125). La naturaleza deja de obrar como se esperaba; el río ya no cumple su fin natural de proveer agua para apagar la sed y contrarrestar el calor. [...] Esta «discordia» no es solamente negativa —el negarse a pagar el amor con el amor—: constituye una aceptación positiva del desorden por amar lo que no debe ser amado. Es la unión de los contrarios —no lo semejante con lo semejante, sino con lo dispar—. Y las imágenes naturales vuelven a repetirse, adaptadas a esta nueva idea; ahora no se trata de evadir la unión («agua fugitiva»), ni de una unión rota («viendo mi amada hiedra / de mí arrancada, en otro muro asida...»), sino de una unión antinatural: «La cordera paciente / con el lobo hambriento / hará su ayuntamiento, / y con las simples aves sin ruïdo / harán las bravas sierpes ya su nido; / que mayor diferencia comprehendo / de ti al que has escogido» (161-167). [...]

El amor de Nemoroso fue correspondido y, por lo tanto, el sentido de la vida tuvo su cumplimiento: las dos individualidades se fundieron en el universo «cuando en aqueste valle al fresco viento / andábamos cogiendo tiernas flores» (283-284). Esta dicha está expresada como la comunión con la belleza natural, y las imágenes expresan la idea de unión y el sentimiento de paz: los árboles que miran su propio reflejo en el agua; la sombra del prado que refresca el ardor; el suelo que acepta, como si fuera semilla, el canto de los pájaros; los árboles que admiten la caricia de la hiedra por su seno; todo esto es el escenario del amor humano: «Corrientes aguas, puras, cristalinas...» (239-252). Pero aunque Nemoroso alcance la unión total con la naturaleza, el destino que le aguarda es el mismo que ha correspondido a Salicio. Porque la naturaleza es imperfecta: tanto tiene noche como día, y la sombra nocturna trae miedos y aprensiones: «Como al partir del sol la sombra crece...» (310-315). La noche es el aviso que da la naturaleza de su propia imperfección, el presagio de la muerte irremediable (318-320). Esta tristeza está expresada de nuevo mediante imágenes naturales. La armonía de la comunión con la naturaleza ha sido destruida: «Después que nos dejaste, nunca pace / en hartura el ganado ya, ni acude / el campo al labrador con mano llena» (296-298). Porque la naturaleza es imperfecta no sólo por poseer la noche, sino también por tener malas hierbas y espinas (299-307). [La única huida es] la esperanza de que más allá de este mundo hay un lugar donde la belleza es inmaterial e imperecedera, «por no ver hecha tierra tal belleza» (385). El amor no está ligado a la materia; se alza triunfante de esperanza sobre la imperfección de la naturaleza, creándola de nuevo en una forma, por imperecedera, perfecta:

> contigo mano a mano
> busquemos otro llano,
> busquemos otros montes y otros ríos,
> otros valles floridos y sombríos,
> donde descanse y siempre pueda verte
> ante los ojos míos,
> sin miedo y sobresalto de perderte (401-407).

[Los paisajes de Garcilaso] son imágenes poéticas que expresan la idea, dando sensibilidad y claridad al sentimiento. Y pensamiento y sentimiento muévense en la esfera del neoplatonismo renacentista, en el escenario de una naturaleza conforme a la ley natural del amor, dañada por la violación de ésta y viciada por sus propias limitaciones. Dirigiéndose al amor, Castiglione había escrito: «Tú pones paz y concordia en los elementos, mueves la naturaleza a producir, y convidas a la sucesión de la vida lo que nace. Tú las cosas apartadas vuelves en uno: a las imperfectas das la perfección, a las diferentes la semejanza, a las enemigas la amistad, a la tierra los frutos, al mar la bonanza y `al cielo la luz que da vida» (*El Cortesano*, IV, 7). La naturaleza de Garcilaso, en esta égloga, existe en este plano «filosófico».

ELIAS L. RIVERS

LA ÉGLOGA III Y LA PARADOJA DEL ARTE NATURAL

Las tres églogas de Garcilaso significan más de la mitad de su poesía conservada y la verdadera razón de su fama como «príncipe de los poetas castellanos». En el relativamente breve «Libro quarto» de *Las obras de Boscán y algunas de Garcilaso* (Barcelona, 1543), solamente 29 sonetos, cinco odas, dos elegías y una epístola preceden a las tres églogas, que forman claramente sus obras «características», la culminación de todo el libro. [...] El elemento común a estas tres églogas es la misma ficción pastoril, por supuesto; y el pastor que reaparece, Nemoroso, se ha supuesto tradicionalmente que representa a Garcilaso en su papel de amante de la dama portuguesa Isabel Freire (Elisa). La Égloga I es virgiliana en un sentido bastante convencional; en la II, la caza, el amor, la locura y la guerra parecen representar el desorden y la variedad ricamente sensuales de la misma naturaleza; la III es una síntesis sabiamente dirigida de los convencionalismos clásicos y del paisaje toledano, del arte y de la naturaleza. [...]

La simetría formal de la Égloga III, como la de la I, demuestra una precisión matemáticamente exacta. Las telas bordadas de las

Elias L. Rivers, «The pastoral paradox of natural art», *Modern Language Notes*, LXXVII (1962), pp. 130-144; trad. cast. en E. L. Rivers, ed., *La poesía de Garcilaso*, Ariel, Barcelona, 1974, pp. 287-308 (287-288, 297-301); y, para el segundo y los tres últimos párrafos, «Las églogas de Garcilaso: ensayo de una trayectoria espiritual», *Actas del Primer Congreso Internacional de Hispanistas*, Dolphin, Oxford, 1964, pp. 421-427 (423-426).

ninfas ocupan las veintiuna octavas centrales del poema (14-34), a las cuales se les anteponen 13 estrofas (1-13) y se les posponen otras 13 (35-47); a los tres mitos antiguos se les dedican nueve estrofas (16-24), y al mito moderno de Elisa se le dedican otras nueve (25-33). Pero, a pesar de artificios tan evidentes, el poeta, en su dedicatoria, asume el papel ya tradicional en la literatura clásica del rudo pastor, refiriéndose modestamente a «aquesta inculta parte / de mi estilo»; al mismo tiempo insiste en que la rústica falta de ornamentos artificiales da testimonio de una inocencia pura. Tal modestia, u orgullo, del poeta pastor es un aspecto más de la ambigüedad esencial implícita en las convenciones poéticas pastorales; Garcilaso, con ironía muy consciente, desenvuelve en su Égloga III ciertas implicaciones paradójicas del arte natural, o sea, de la naturaleza artificial, y las aplica directamente al doloroso misterio de la muerte, que siempre amenaza, con su presencia en la naturaleza, a la felicidad del amor pastoral. En esta égloga vemos redimida por las hermosas formas del arte esta suprema crueldad de la naturaleza.

[Las estrofas 16-33, verdadero centro de la Égloga, están divididas en tres grupos de 3 y uno de 9, correspondientes a cada una de las telas tejidas, por las ninfas.] Primero vemos representadas en dos escenas la muerte y segunda pérdida de Eurídice, con una escena final en la que Orfeo «se quexa al monte solitario en vano». Acto seguido, Apolo deja la caza para perseguir a Dafne, pero los brazos de ésta se vuelven ramas, sus cabellos hojas, y sus pies torcidas raíces; es el desolado amante el que ocupa la escena final: «llora el amante y busca el ser primero, / besando y abrazando aquel madero». En tercer lugar, un jabalí y un joven cazador se atacan mutuamente; Adonis, mortalmente herido, es abrazado en la escena final por una desconsolada Venus. Este plano secundario de escenas mitológicas está emparentado con el mundo de las *Metamorfosis* de manera más explícita que lo está el plano principal de las ninfas que tejen los tapices. En estas conocidas historias (para la de Orfeo, Garcilaso se inspira tanto en la versión de Virgilio como en la de Ovidio), las transformaciones no son fantasías escapistas o juguetones trucos de la imaginación, pues se percibe que la postrera transformación de la naturaleza es la de la muerte, en que la persona amada desaparece como simple sombra en «el triste reyno de la escura gente» (estr. 18) o se vuelve en un insensible trozo de madera o tiñe las flores blancas con roja sangre, convertido

en un cuerpo sin respiración. En vez de ser un acto de colaboración
entre el hombre y la naturaleza, transformaciones tales constituyen
un tremendo desafío al hombre en cuanto amante y artista: ¿Cómo
ha de aceptarse un dolor así de inmediato y ser transformado por
el poeta en obra de arte? Incluso Orfeo el músico fracasa, por falta
de disciplina («impaciente / por mirarla»), en rescatar a su amada
de la muerte. Cada una de las tres trágicas mutaciones en esta
serie de pinturas es observada con intensidad y de cerca por el
amante; Venus es vista por última vez «boca con boca» del cadáver
de Adonis: «Boca con boca, coge la postrera / parte del aire que
solía dar vida / al cuerpo por quien ella en este suelo / aborrecido
tuvo al alto cielo» (24).

Estas tres secuencias de escenas mitológicas están presentadas
como estrechos paralelos; la única gradación es quizá la de un leve
crescendo. El tapiz de la cuarta ninfa constituye por supuesto otro
paralelo, pero aquí se destacan ciertas diferencias. Nise ha abandonado deliberadamente la antigua mitología: ella describe el mismo
Tajo (que de esta forma, como ha señalado L. Spitzer [1952], figura
en ambos planos en nuestro poema), la ciudad de Toledo y el regado
valle. Entonces, en este escenario español contemporáneo, se ve a
las diosas de las selvas llorar a una ninfa difunta, la presencia de la
cual está evocada en los versos más conmovedores del poema, que
se producen precisamente en la estrofa quinta, o intermedia, de esta
serie de nueve:

> Cerca del agua, en un lugar florido,
> estaba entre las yerbas degollada,
> cual queda el blanco cisne cuando pierde
> la dulce vida entre la yerba verde (29).

(De nuevo aquí tenemos que acudir a Dámaso Alonso [1950] para
un completo análisis estilístico.) Una de las diosas graba un epitafio
sobre un árbol, y en él se menciona por primera vez a Nemoroso.
Pero el amante no aparece en realidad nunca; como el rostro oculto
del Agamenón del [pintor griego] Timantes, el dolor de Nemoroso
no puede describirse directamente, ya que sobrepasa los límites del
arte, igual que sobrepasa el dolor descrito de Orfeo, Apolo y Venus.
Para la expresión de su dolor por el propio Nemoroso, se nos envía,
en la estr. 32, a la Égloga I; Nise solamente desea difundir a través

del reino de Neptuno, río abajo hasta Portugal, la triste historia ya hecha pública entre los pastores de Castilla.

Esta representación indirecta de Nemoroso, que de alguna manera representa a Garcilaso mismo, constituye un elaborado ejemplo del destacar por elusión, de la «contención clásica». Recordemos el lamento de Nemoroso por Elisa muerta en la Égloga I. El fértil paisaje que había sido escenario de su dicha común («Corrientes aguas, puras, cristalinas...») era entonces como un desierto, invadido por estériles cardos, testigos de su cruel dolor; su única esperanza residía en una nueva vida, con Elisa, después de la muerte. Pero ahora, en la Égloga III, el dolor de Nemoroso está oculto tras múltiples velos. Lo que oímos es literalmente el eco de su voz, cuando la palabra única «Elisa» resuena del monte al río; este eco ocurre en el epitafio en el que la difunta Elisa está representada como hablando por la diosa de los bosques que lo graba en un árbol. Y la misma diosa no es más que una figura secundaria («apartada algún tanto») dentro del tejido que describe en primer lugar a la ninfa muerta (estr. 30-31). En cada una de las tres secuencias mitológicas el lamento del afligido amante, representado directamente, era la culminación que dominaba los versos últimos de la secuencia. Nise, al rechazar deliberadamente «de los passados casos la memoria» (25), muestra una secuencia más inmediata, geográfica y cronológicamente, tanto para el poeta como para el lector; pero esta historia española, más reciente, retrocede paradójicamente al pasado al convertirse en el cuarto tapiz colgado en una galería de antiguos *exempla*. Y el duelo de Nemoroso retrocede de igual forma en la distancia, al convertirse en una cita dentro de una cita dentro de una pintura... Si en la Égloga I Nemoroso era el autorretrato de cuerpo entero de Garcilaso, en la Égloga III el artista casi se borra a sí mismo como *persona* y sin embargo nos permite cuidadosamente vislumbrarle como reflejado en el distante relumbrar de un espejo velazqueño. El rostro de Nemoroso, contraído por el dolor, se encuentra ahora completamente velado; pero, si leemos con atención, ni un momento deja de estar presente Garcilaso, el artista cada vez más consciente de sí, capaz de competir con los poetas de la antigüedad clásica. [...]

Después de estos cuadros, Garcilaso nos ofrece un comentario técnico sobre el arte de la pintura renacentista, sobre el *chiaroscuro* que a la superficie plana le da la apariencia de tres dimensiones;

este comentario forma una sola estrofa,[1] explicada con erudición y finura hace años por Spitzer [1952]. El hecho de que la pintura renacentista pueda competir con la naturaleza misma, creando un verdadero «engaño a los ojos», nos plantea una vez más la cuestión de la relación que existe entre el arte y la naturaleza. Es una destreza técnica, combinada con una nueva visión ideal, lo que le permite al pintòr renacentista crear un nuevo paisaje que puede no sólo dar la ilusión de realidad, sino incluso superar en perfección formal a cualquier paisaje natural. De un modo parecido, son los artificios italianizantes y el nuevo espíritu artístico de Garcilaso los que le permiten usar las convenciones pastorales de una manera al parecer tan natural que nos convence de su sinceridad; la experiencia *poética* del amor y la muerte en la Égloga III sustituye y supera a otras informes experiencias desgarradamente *personales* del amor y la muerte, dándoles así una forma de existencia más universal, más duradera, más profunda y llena de sentido humano.

Pero no debo exagerar la oposición entre arte y naturaleza que hay en la Égloga III, porque Garcilaso constantemente subraya la afinidad que existe entre el hombre y el paisaje, la colaboración pastoral entre arte y naturaleza. [...] Las ninfas de la Égloga III usan materias primas naturales para hacer de ellas sus telas; es la naturaleza la que proporciona al arte los medios, y el objeto, de imitación. Y al mismo tiempo las obras artificiosas del hombre se hacen parte integral del paisaje, supliendo las imperfecciones de la naturaleza; esto se ve claramente en el caso de la irrigación artificial, cuando las «altas ruedas», o sea los azudes, impulsados por la corriente del río, levantan el agua y riegan los campos. El río Tajo sigue siendo fuente primaria del agua y de la fuerza, pero no funciona plenamente sin la ayuda técnica del hombre; así nos lo presenta Garcilaso, después de describir el intento frustrado del Tajo de abrazar a la ciudad de Toledo:

> De allí, con agradable mansedumbre,
> el Tajo va siguiendo su jornada

---

1. «Destas historias tales varïadas / eran las telas de las cuatro hermanas, / las cuales con colores matizadas, / claras las luces, de las sombras vanas / mostraban a los ojos relevadas / las cosas y figuras que eran llanas, / tanto que al parecer el cuerpo vano / pudiera ser tomado con la mano» (34).

y regando los campos y arboledas
con artificio de las altas ruedas (27).

La Égloga III, pues, glorifica el poder del arte humano como colaborador connatural de la naturaleza. [...] Pero no es, por supuesto, un tratado teórico sobre el arte renacentista, sino una ejemplificación de sus maravillosas potencialidades. En las telas de las ninfas vemos al poeta recrear pictóricamente tres mitos trágicos antiguos y convertir en mito paralelo una nueva tragedia española, de presencia casi inmediata; pero a esta tragedia le da en seguida distancia estética ese mismo proceso de mitificación, y ella también queda como colgada en una galería de hermosos cuadros ilusionistas de la antigüedad.

RAFAEL LAPESA

CASTILLEJO Y CETINA. ENTRE POESÍA DE CANCIONERO Y POESÍA ITALIANIZANTE

Al acabar el primer cuarto del XVI la poesía de los cancioneros castellanos era un producto artístico muy elaborado y muy vario: graciosa y ligera, llana y realista, abstracta y densa según los casos, contaba con un metro dúctil, el octosílabo, capaz de plegarse al tono requerido. Pero cuando el movimiento renacentista llegó en España a su plena madurez, Boscán y Garcilaso trajeron de Italia la fórmula reclamada por las nuevas apetencias estéticas. Boscán, sin asimilarla por completo, con prosaísmos y caídas de poeta mediocre; Garcilaso, con la atracción irresistible de sus versos, henchidos de inspiración. Los metros que introducían eran lentos, reposados, menos pendientes que el octosílabo de la rima acuciadora; a veces estaban desprovistos de ella, al modo grecolatino. El moroso discurrir de endecasílabos y heptasílabos repudiaba la expresión directa y el realismo pintoresco

Rafael Lapesa, «Poesía de cancionero y poesía italianizante» (1962), en *De la Edad Media a nuestros días,* Gredos, Madrid, 1967, pp. 145-171 (152-160).

frecuentes en los cancioneros; en cambio, era el ritmo adecuado para la exploración del propio yo en detenidos análisis, y para expresar el arrobo contemplativo ante la naturaleza. Estos eran los dos grandes temas de la nueva escuela. [...]

Junto a Petrarca y los italianos del Renacimiento —Sannazaro y Ariosto principalmente— se alzan los modelos de Virgilio, Horacio, Ovidio y demás poetas de la antigüedad. Si se importan el soneto y la canción, máximas creaciones del petrarquismo, y el madrigal, flor popular dignificada en la poesía artística italiana, vuelven a cultivarse los géneros grecolatinos: églogas, elegías, odas, epístolas. La brevedad del soneto lo habilita para sustituir a veces al epigrama clásico; los tercetos reemplazan en composiciones largas al dístico elegíaco; y endecasílabos y heptasílabos, combinados, sirven para imitar de lejos los diversos tipos de estrofa usados por Horacio. El primer intento, la lira, ensayada por Garcilaso en la *Oda a la Flor de Gnido,* había de tener un éxito inigualado. Se admite sin reservas el valor artístico de la imitación, conviniéndose que el hecho de utilizar el tesoro de temas y expresiones existentes en los clásicos griegos, latinos e italianos es muestra de sabiduría y de respeto a la tradición culta; la habilidad de los poetas consistirá en engastar en sus obras estas gemas ya labradas, sin perjudicar a la propia originalidad.

Tanto Petrarca como los poetas grecolatinos eran ejemplo de perfección formal obtenida mediante cuidadosa elaboración. Nuestros poetas aprenden de ellos a imponerse una disciplina, a acrisolar la forma de sus creaciones. Se huye de toda afectación y se desea la naturalidad; pero ésta no consiste en avulgaramiento, sino en elegante sencillez lograda tras exigente selección. Una poesía así, consciente y meditada, no era campo fácil a la improvisación, tan practicada entre los trovadores del siglo xv. No desapareció, porque era una necesidad de la vida social: el buen cortesano debía mostrar su ingenio en la composición de versos impremeditados, de igual modo que lucía su destreza corporal en la danza o su valor en la guerra. Pero las posibilidades y estimación de esta invención ocasional quedaron muy reducidas. En general, la orientación ítalo-clásica llevaba un concepto de la poesía mucho más elevado que el de mero entretenimiento o el de habilidad celebrada en las cortes.

La oportunidad de la innovación se evidencia en el hecho mismo de su pronto arraigo y en la escasa resistencia que encontró. La mayor oposición, representada por Cristóbal de Castillejo, está llena de concesiones: sí, los petrarquistas —viene a decir— desentonan de la tradición castellana y la miran con injusto desdén; sus versos carecen de la movilidad del octosílabo y «escritos siempre de veras», desdeñan, en este momento de inicial gravedad, el tono festivo, grato a Castillejo y a otros tantos cortesanos; pero en último término el impugnador reconoce méritos a la innovación y dedica a sus paladines un soneto laudatorio. Por otra parte, el divorcio entre la nueva escuela y la anterior poesía hispánica nunca fue completo: Garcilaso empleó, al menos durante algún tiempo, las dos métricas, y lo mismo hicieron Hurtado de Mendoza, Cetina, Acuña, Coloma y Montemayor; a su vez otros, como Silvestre, que en un principio habían censurado a los italianizantes, acabaron por alternar las composiciones octosilábicas con las formas introducidas por aquéllos (véase J. M. Blecua [1952]).

Claro está que no era indiferente emplear una métrica u otra. El verso elegido imponía, al principio sobre todo, la obediencia a un tipo general de arte condicionado por hábitos privativos. Un mismo tema podía recibir interpretación de muy distinto carácter según apareciese en formas castellanas o italianas. Muy instructivo es comparar el madrigal de Cetina «A unos ojos» con una canción octosilábica suya del mismo asunto, dada a conocer por J. M. Blecua [1954]. En las dos composiciones se estiman incompatibles la belleza de unos ojos serenos y su crueldad, pero las diferencias son muy significativas. La canción o «chiste», como la llama el manuscrito donde ha sido encontrada, dice así:

> Bien sé yo que sois graciosos,
> mas, ojos, para entenderos,
> decidme: ¿cómo sois fieros?;
> si fieros, ¿cómo hermosos?
> Ojos, bien sé que deciende
> del cielo vuestra beldad,
> pero vuestra crueldad
> con vuestra beldad contiende.
> Sois serenos, sois graciosos,
> mas decí, por conosceros:
> si bellos, ¿cómo sois fieros?;
> si fieros, ¿cómo hermosos?

El poemilla es un lindo juego intelectual. El poeta no pide explícitamente compasión; quiere sólo *entender, conocer* la extraña naturaleza de unos ojos donde se juntan cualidades discordantes: «mas, ojos, para *entenderos*, / decidme: ¿cómo sois fieros?; / si fieros, ¿cómo hermosos?» «... mas decí, por *conosceros*: / si bellos, ¿cómo sois fieros?». ¿Por qué han de implicar contradicción la fiereza y la hermosura? Las otras veces que Cetina las opone, lo hace sin justificarse; se limita a presentar la piedad como realce o condición de la belleza: por ejemplo en una canción a la manera italiana:

> Decir que sois piadosos
> loor es. Mas, ¡ay Dios!, ¡qué impropio os viene!
> ¿Diré que no lo sois? Menos conviene,
> que es más impropio en ojos tan hermosos...

Pero aquí, en la canción octosilábica, anheloso de conocimiento, especifica la razón de la antinomia: la beldad de estos ojos tiene su origen en el cielo («bien sé que deciende / del cielo vuestra beldad»). En seres celestiales, dones y virtudes deben estar en armonía, y la piedad ha de acompañar a la belleza; la crueldad en ellos es inexplicable. Hay, pues, una trabazón lógica perfecta en el ingenioso razonamiento y en las antítesis que empareja. Junto a la importancia del elemento intelectual notamos la falta de rasgos sensoriales: se nos dice cuál es la actitud espiritual que manifiestan los ojos interrogados, *serenos*, conforme convenía a la *gravità riposata* tan estimada en el ambiente cortés; se nos habla también de su expresividad, de que son *graciosos*; pero nos quedamos sin saber su color ni su luminosidad. Atento sólo a buscar solución a un problema de conocimiento, el poeta no siente necesidad de describir lo que captan sus sentidos.

Recordemos ahora el madrigal:

> Ojos claros, serenos,
> Si de un dulce mirar sois alabados,
> ¿Por qué, si me miráis, miráis airados?
> Si cuanto más piadosos
> Más bellos parecéis a aquél que os mira,
> No me miréis con ira
> Porque no parezcáis menos hermosos.
> ¡Ay, tormentos rabiosos!
> Ojos claros, serenos,
> Ya que así me miráis, miradme al menos.

También aquí hay argumentación ingeniosa; pero el autor no trata sólo de resolver un problema intelectual, de entender el enigma de los ojos a la vez implacables y bellos. El acrecentamiento de la hermosura cuando va unida a la piedad es aquí un supuesto indiscutido que sirve de señuelo para atraer la mirada benévola: «Si cuanto más piadosos / Más bellos parecéis a aquél que os mira, / No me miréis con ira / Porque no parezcáis menos hermosos». La treta, sin embargo, no da resultado, y la exclamación «¡Ay, tormentos rabiosos!» pone fin al discreteo infructuoso. Enfrentado con el desamor y resignado a él, el poeta suplica a los ojos que, aun airados, le miren. La obra gana en lo que entonces se habría llamado «los afectos»: es más tierna y emocionada que la canción octosilábica. Pero su encanto mayor no reside en aciertos de idea ni de disposición; proviene de que desde el verso inicial, «Ojos claros, serenos», el adjetivo *claros* irradia fulgor sobre el poema entero: la luz de los ojos ilumina los conceptos que se van sucediendo, los suaviza, y reaparece al final con mágico poder. El poeta no aguza ingeniosidades, sino que contempla embebecido, en éxtasis que supera los «tormentos rabiosos» del amor sin correspondencia. El desarrollo es fluido, en laxa combinación de endecasílabos y heptasílabos, sin disposición simétrica que ponga de relieve las antítesis.

El contraste entre los dos poemas nos deja ver lo que, según el sentido poético de Cetina, cabía en los moldes de cada tipo de arte. E. Mele y N. Alonso Cortés han hecho notar que en los madrigales italianos de la época es frecuente que los adjetivos *chiari* y *sereni* aparezcan aplicados conjuntamente a unos ojos. El que Cetina incluya los dos en el madrigal y sólo *serenos* en el «chiste» tiene indudable significado: la ausencia del rasgo descriptivo *claros* obedece, igual que el conceptismo y la justeza formal de la canción octosilábica, a caracteres muy arraigados en la poesía de cancionero. Al decurso más vagaroso de los metros italianos corresponde un contenido menos abstracto, más suave y sensorial.

A pesar de que las divergencias nunca se borraron por completo, el intercambio entre las dos artes fue constante. El octosílabo amplió su capacidad hasta hacerse válido también para servir a la inspiración renacentista: en coplas reales de Boscán aparecen símiles procedentes de una canción petrarquesca; Castillejo emplea igual estrofa o coplas de pie quebrado en sus versiones de fábulas ovidianas y en el

Sermón de amores, cuyo desenfadado canto al impulso erótico triunfante en la naturaleza no tiene par en nuestra literatura. Si los endecasílabos de Garcilaso reflejan principalmente el aspecto melancólico del Renacimiento, los octosílabos de Castillejo hablan sobre todo del aspecto complementario, la alegría vital. ¡Cómo suena en ellos, por ejemplo, el *Da mi basia mille* de Catulo!:

> Dame, Amor, besos sin cuento,
> asido de mis cabellos,
> y mil y ciento tras ellos,
> y tras ellos mil y ciento,
> y después
> de muchos millares, tres;
> y porque nadie lo sienta,
> desbaratemos la cuenta
> y contemos al revés.

¡Con qué complacencia se recrea sensorialmente Castillejo cuando su cíclope describe la lozanía de la fruta que ofrece a la ninfa Galatea!:

> Tengo más:
> Manzanas cuantas querrás,
> Que hacen doblar las ramas;
> De las cuales, si me amas,
> A tu placer comerás
> Cuando quieras;
> Y uvas de dos maneras
> En sus parras de contino;
> Las unas como oro fino,
> Sabrosas y comederas
> Si las vi;
> Y otras como carmesí,
> Que son en extremo bellas;
> Éstas, Señora, y aquéllas
> Guardo todas para ti.
>
> Con tu mano
> Tú misma, tarde y temprano,
> Cogerás las blandas fresas
> En las selvas y dehesas
> A la sombra, en el verano
> Cada mes;
> Y en el otoño después
> Las cerezas montesinas;
> Y no solamente endrinas,
> Morenas por el envés
> Y de fuera,
> Mas también otra manera
> De ciruelas generosas,
> Amarillas y hermosas,
> De color de nueva cera...

Hay en esta enumeración deleite imaginario para el gusto, que paladea las frutas *sabrosas* y *comederas*; para el tacto, invitado a palparlas: «*con tu mano*... cogerás las *blandas* fresas»; para la vista, ante la cual despliegan la gozosa variedad de sus colores: «como *oro* fino», «como *carmesí*», «*morenas* por el envés», «*amarillas*», «de color de nueva cera». El título de «placeres de los sentidos» convendría a esta descripción con tanta justicia como a los cuadros que llevan igual nombre en la pintura flamenca. Es cierto que Castillejo reproduce aquí notas sensoriales de Ovidio, pero añade otras y además le supera en directa e intensa impresión de vida, en más desbordante sentimiento de la abundancia, de la inagotable productividad de la naturaleza todoparidora: «Manzanas, *cuantas querrás*»; «uvas..., *de contino*», «*tarde y temprano* cogerás...» ¡Con qué exuberancia acumula complementos y adjetivos!: «en las selvas y dehesas, a la sombra, en el verano, cada mes»; «ciruelas generosas, amarillas y hermosas». El octosílabo y su pie quebrado, tradicional molde para expresar melancolías y sutilezas, habían empezado a reflejar por obra de Encina y Gil Vicente la exaltación vital del Renacimiento; pero en Castillejo aparecen paganizados, y otro tanto ocurre en poemas de Montemayor, Gil Polo, Gálvez de Montalvo y Barahona de Soto. Más tarde los héroes de Ariosto pasaban a serlo del Romancero nuevo. Y no por eso perdía la poesía octosilábica sus cualidades peculiares: la lírica octosilábica de amores seguía adelgazando conceptos y seguía bebiendo en los manantiales de la tradición popular. Las dos cosas se dan, sublimadas, en los vuelos de mística altanería de Santa Teresa y de San Juan de la Cruz.

3. PROSA Y PENSAMIENTO

ANTONIO CASTRO DÍAZ

El Renacimiento cultural europeo del siglo XVI, consecuencia lógica de un proceso histórico irreversible, supuso un cambio de mentalidad y de estructuras sociales de gran envergadura, de manera que aquellos hombres adquirieron una clara conciencia diferencial con relación a la Edad Media. El racionalismo científico, la confianza en las capacidades humanas, la nueva realidad política de los nacionalismos expansionistas, la revisión de la religiosidad que se adentra por caminos más intimistas en la búsqueda de la autenticidad (produciendo escisiones y enfrentamientos), el deseo, en fin, de recuperar la Antigüedad griega y latina (cuyas obras son asediadas a través de una crítica textual más firme y rigurosa), constituyen el entramado ideológico esencial del Renacimiento, que produjo una variopinta manifestación escrita en los diferentes campos del conocimiento humano. Fruto de tan curioso interés es un largo rosario de autores y obras, cuyo muy diverso alcance y trascendencia escapa a los estrechos límites de estas páginas, ceñidas a textos señeros de las letras castellanas (con deliberada exclusión de las neolatinas) y a las piezas más y mejor estudiadas en los últimos años, pese a que no siempre el interés de los investigadores ha sido proporcional a los valores literarios de la rica y vastísima prosa doctrinal del siglo XVI español (véase también arriba, cap. 1): baste pensar que no contamos con un estudio moderno del apasionante Francisco de Villalobos (breve y finamente caracterizado por J. Caro Baroja [1980]) o que en vano se buscará una monografía de conjunto sobre el género epistolar o la génesis del ensayo en la prosa quinientista.

El ámbito de la filología romance se abre con la egregia figura de Antonio de Nebrija (E. Asensio [1960 b], L. Terracini [1979]) y durante toda la centuria no dejará de tener cultivadores más o menos conspicuos (Juan Lorenzo Palmireno, Juan de Valdés, Francisco Sánchez el Brocense,

Cristóbal de Villalón, Martín de Viziana y tantos otros), resultado del excepcional interés que los humanistas mostraron por las lenguas vernáculas, como producto natural y popular (por la misma razón, también gozaron de un trato similar los refranes y romances). De especial interés para nuestro caso son Pedro Simón Abril, verdadero precursor de la filología comparada, reformador de la enseñanza y difusor de la filosofía aristotélica (M. Morreale [1949]), y Hernán Pérez de Oliva, de polifacética erudición y asendereados conocimientos, cuyo *Diálogo de la dignidad del hombre* (con su continuación por Francisco Cervantes de Salazar) muestra a las claras la estimación de los valores humanos en aquel siglo (F. Rico [1970]).

La nueva concepción renacentista del hombre como síntesis equilibrada de virtudes materiales y espirituales, encuentra su reflejo más perfecto en dos obras de difusión europea y de especial fecundidad en nuestra literatura áurea: *El cortesano* de Castiglione y los *Diálogos de amor* de León Hebreo. *El cortesano*, en admirable traducción de Juan Boscán (M. Morreale [1959], L. Terracini [1979]), que no sólo es un tratado de cortesanía sino un compendio de la filosofía idealista de Platón, fue importante palanca para la expansión y triunfo del petrarquismo poético y puso de moda los tratados sobre el ideal humano del Renacimiento. Por su parte, los *Diálogos de amor* reforzaron la tendencia platónica del siglo y propiciaron también toda una corriente literaria, más o menos fiel a su original, sobre el particular. Un ejemplo sobremanera valioso, entre muchos, es el de Damasio de Frías (E. Asensio [1975]).

En la misma línea de interés hacia el hombre, pero desde una vertiente científica y racionalista, despuntan en nuestro país los primeros tratados sobre el mundo interior del hombre y la psicología experimental, camino desbrozado, como tantos otros (Sainz Rodríguez [1977]), por Luis Vives. Destacan en este ámbito la *Nueva filosofía de la naturaleza del hombre* de Miguel Sabuco (véase Granjel [1968], también con capítulos sobre P. Mexía y A. de Torquemada) y, sobre todo, el *Examen de ingenios para las ciencias* del doctor Juan Huarte de San Juan, figura ciertamente insólita y sorprendente, cuyas teorías psicológicas tuvieron gran repercusión en los espíritus más inquietos de aquel siglo (Chomsky [1972], Torre [1977]) y cuya influencia sobre Cervantes ha sido convenientemente señalada (Iriarte [1948]).

Pero el campo de la prosa de ideas está ocupado fundamentalmente por dos grandes corrientes: la de las misceláneas de divulgación científica e histórica y la de los tratados difusores de la nueva espiritualidad del siglo. En la primera corriente nos encontramos con fray Antonio de Guevara (muy próximo, por su erudición inventada y por la construcción de sus obras, al género de la novela) y con Pedro Mexía. La corriente de la nueva espiritualidad se bifurca en dos vertientes no completamente deslindadas: una religiosidad heterodoxa (caso de Juan de Valdés) y una religiosidad reformista de origen erasmiano y con implicaciones políticas y sociales (caso de Alfonso de Valdés y gran número de autores y obras anónimas).

Nacido en la villa de Treceño, en el señorío de la familia, la figura de Antonio de Guevara (¿1480?-1545) nos presenta unas facetas vitales y artísticas que, por su gran ambigüedad, han sido diversa y contradictoriamente interpretadas por la crítica. Sus orígenes familiares son oscuros y, hasta el momento, no han sido completamente esclarecidos. Su padre procedía de rama bastarda, circunstancia que Guevara siempre intentó ocultar, y cabe la posibilidad de que su abuela paterna hubiese sido judía conversa (Gibbs [1960], Redondo [1976]). A la muerte de su madre, la familia se dispersa y el joven Guevara, seguramente en 1492, marcha a la corte, donde parientes bien instalados habrían de apoyarle para hacer carrera oficial. Pero los bandazos políticos que ocurrieron en Castilla tras la muerte de la reina Isabel, le cerraron momentáneamente la posibilidad de medrar, viéndose forzado a buscar en la Iglesia, y no probablemente por su gusto, un nuevo camino para sus aspiraciones. Es así como, hacia 1507, nuestro autor ingresa en la Orden de San Francisco. Instalada en España definitivamente la Casa de Austria en la persona del emperador Carlos V, Guevara encuentra nuevamente la suerte a su favor. En parte por la influencia de sus parientes y en parte como recompensa por su labor a favor del bando realista en las guerras de las Comunidades, el Emperador lo reclama como predicador áulico en 1521 (nombramiento confirmado en 1523). Comienza así su ascensión oficial. Desempeñó misiones importantes, comisionado por la Inquisición, en la conversión de los moriscos de Valencia y Granada; participó en la Conferencia de Valladolid de 1527, donde se discutió la ortodoxia del erasmismo, y fue consultado por el Santo Oficio sobre asuntos de brujería. Designado cronista del Emperador en 1526, aunque ningún resto de su historia se nos ha conservado, Guevara debió trabajar en ella, y sus papeles parecen haber sido aprovechados por otros cronistas posteriores (J. R. Jones [1966 a], Redondo [1976]). En 1529 se le nombra obispo de Guadix y, luego, en 1536, de Mondoñedo, donde, a lo que parece, desarrolló una ejemplar labor pastoral (Redondo [1976]).

La personalidad de Guevara (autor en el que se funden, sin huellas de restañamiento, vida y literatura) se nos presenta enormemente controvertida y confusa. Buena prueba de ello son los encontrados puntos de vista de la crítica en relación con este autor. ¿Fue Guevara un desvergonzado embustero que, a través de su literatura, intenta presentarnos una imagen distorsionada de su realidad vital? ¿Son absolutamente falsos sus alardes de erudición? Su participación en Villabrágima, intentando avenir a los dos bandos enfrentados en la revolución comunera, ¿se corresponde con la verdad histórica? Repetidamente, desde el comienzo de los estudios modernos sobre Guevara, se han venido denunciando las mistificaciones de nuestro autor (a cuya solvente edición, sin embargo, no se ha prestado el esfuerzo necesario, salvo por parte de J. R. Jones [1966 *b*] y R. O. Jones [1972]). Ya Menéndez Pelayo y Morel-Fatio se pronunciaron en tal sentido, y el malogrado René Costes [1925-1926] señaló las fuentes, literarias e inventadas, la técnica falsificadora y el carácter bufonesco del escritor. Por su parte, Américo Castro (en un estudio publicado inicialmente en 1945 y luego revisado en [1967 ª]) y María Rosa Lida [1945] perfilaron y ampliaron la figura del obispo de Mondoñedo. Para Castro se produce una interpenetración total entre la vida y la obra de Guevara, cuya megalómana obsesión se refleja constantemente en el estilo y el carácter de su obra; Guevara, según él, intenta realizarse en la literatura, único camino que se le ofrecía para conseguir un éxito y una consideración social que su nacimiento le había vedado. Por su parte, M. R. Lida señaló las falsedades que pululaban por las páginas guevarianas, calificando al autor de anacrónico espíritu medieval, claramente manifiesto en su misoginia, su falsa erudición y su estilo artificioso; la obra del franciscano nos configura, así, el talante de su autor: personaje oscuro, de ideas estrechas, desprovisto de generosidad y amigo del rigor inquisitorial. Así visto, Guevara se nos perfila como el símbolo de la impostura y de la inautenticidad. Sin embargo, la extensa y documentada obra de Augustin Redondo [1976] ha venido a replantear en su totalidad la figura humana y literaria de Guevara, intentando circunscribirla a su estricta dimensión histórica y contraviniendo no pocas de las ideas defendidas en estudios anteriores. Tras un detenido análisis de los aspectos biográficos, con atención especial a los puntos más conflictivos, y de los cargos oficiales desempeñados por nuestro autor, Redondo destaca la trascendencia literaria y la influencia política del pensamiento guevariano y exonera al escritor del sambenito de falsario y de bufón de alto linaje que ha venido arrastrando en casi todos los estudios a él dedicados (véase también J. R. Jones [1975]).

El desinterés de Guevara por los rigurosos dictados de la filología humanista y la falta de sometimiento a los principios de una literatura «verdadera» lo sitúan como importante precursor de la novela española del siglo XVI. Porque el obispo de Mondoñedo es un artista moderno y sin compromiso que supo disparar libremente su imaginación y construir un estilo propio para atraerse la atención de un público lector que, por primera vez en la historia, desbordaba los límites de los círculos cultos y minoritarios (Márquez Villanueva [1968]). Y, en ese sentido, cabe señalar el importante influjo de Guevara en el estilo y en la técnica del arte narrativo cervantino (Márquez Villanueva [1973]).

Por lo demás, aunque no pocos estudiosos han negado credibilidad a la participación de Guevara en Villabrágima (J. Pérez [1965]), el asunto está lejos de ser aclarado definitivamente e incluso puede pensarse en la veracidad de las afirmaciones que el propio Guevara vertió en sus *Epístolas familiares*, aunque quizá el papel que desempeñó no fuera tan descollante como intenta hacernos creer (Redondo [1976]).

El éxito de las obras de Guevara, con resonancia en toda Europa, se debió sin duda a su carácter misceláneo, tan del gusto de la época, y a su recreación ficticia (germen de la novelística posterior) del mundo antiguo o actual (Rallo Gruss [1979]). Guevara solía seguir sus fuentes con bastante libertad, y allí donde las informaciones de los libros no llegaban, las suplía con su imaginación, intentando una reconstrucción verosímil y amena.

El pensamiento guevariano debió ejercer una influencia considerable en la política imperial de Carlos V (Menéndez Pidal [1942 *a*], Maravall [1960], Redondo [1976]) y, en todo caso, su obra revela preocupaciones sociales no bien observadas hasta ahora, presentando incluso matices propagandísticos (Redondo [1979]). La fábula del villano del Danubio, que aparece en el *Marco Aurelio*, tenía indudables implicaciones en relación con la conquista de América, parece encerrar una censura implícita de la ciega represión inquisitorial contra los conversos (Gilman [1965]) y fue el punto de partida de un mito, el del buen salvaje, de larga supervivencia en la literatura europea (Gómez Tabanera [1966]).

Apreciaciones sobre el estilo guevariano, que Menéndez Pidal [1942 *b*] consideraba como propio del lenguaje de la corte de Carlos V, han sido recogidas también, aparte de algunos trabajos ya mencionados, por Juan Marichal [1957], Michel Camprubi [1968] y Luisa López Grigera [1975]. Marichal considera que la obra de Guevara es de estricto carácter renacentista, aunque no rompa nunca con la continuidad medieval; la retórica de Guevara es una forma de manifestación del *yo* estamentario del autor, de su pretendida nobleza de sangre, creando para ello un estilo propio, a través del cual el escritor se vierte en su propia obra. Camprubi, por su parte, señala la identidad entre el estilo oratorio del predicador y el de las *Epístolas familiares*, resaltando la originalidad funcional de este estilo (aunque los materiales empleados sean viejos) y situando a Guevara como posible precursor del manierismo. López Grigera confronta las dos redacciones del *Marco Aurelio* y deduce un cambio de estilo en Guevara hacia 1527-1528: se pasa de un estilo generado o de composición (fundado en el contenido) a un estilo acumulado o por adición (basado en la forma), estilo, este último, que puede considerarse como un antecedente lejano del manierismo.

Mejor perfilada que la de Guevara se nos presenta la figura del humanista sevillano Pedro Mexía (1497-1551), cuya obra, tanto por su estilo como por su éxito, corre pareja con la del franciscano. Fue Mexía caballero veinticuatro en el concejo de su ciudad natal, alcalde de la Santa Hermandad, cosmógrafo de la Casa de Contratación y cronista imperial (Carriazo [1945]). Su vida, con el escaso paréntesis de sus estudios en Salamanca, transcurre en Sevilla, dedicado a sus ocupaciones oficiales y actividades intelectuales. Hombre de piedad conformista, intervino al final de su vida en el proceso que la Inquisición levantó contra el doctor Egidio, al señalar la heterodoxia de las doctrinas que éste difundía desde el púlpito de la catedral hispalense. Si comulgó, en sus años jóvenes, con las ideas erasmistas es algo que desconocemos, pues ningún escrito suyo de esa época se nos ha conservado. Mexía fue un escritor de madurez, y sus obras principales nos revelan, al igual que en Guevara, una cierta impermeabilidad y resistencia hacia la nueva religiosidad intimista del holandés, a pesar de la correspondencia epistolar que mantuvo con él (Meseguer Fernández [1947]). La producción de Mexía, dejando aparte sus obras menores, se circunscribe a dos campos fundamentales: el histórico y el misceláneo de divulgación científica. En el primero hay que reseñar la *Historia Imperial y Cesárea* y la *Historia del Emperador Carlos V* (Carriazo [1945]). Dentro del campo divulgativo cabe resaltar la *Silva de varia lección* (García Soriano [1933-1934]) y los *Coloquios* o *Diálogos* (Castro Díaz [1977]).

Plenamente consciente de la trascendencia de su tarea como historiador y como escritor, Pedro Mexía pone su pluma al servicio de un público lego en letras clásicas, divulgando los conocimientos encerrados en los libros antiguos. Como cronista fue exigente y pundonoroso, desarrollando una técnica y un estilo cuidados y utilizando las fuentes con seriedad y rigor (Carriazo [1945]). A su muerte, el manuscrito de su inacabada *Historia del Emperador Carlos V* pasó a manos de otros cronistas, que entraron a saco en el trabajo de Mexía sin mencionarlo siquiera. El éxito editorial europeo que alcanzaron sus obras, sólo comparable al conseguido por Guevara, fue extraordinario, y las influencias que ejerció, notorias: en varias ocasiones se ha señalado la ascendencia de Mexía sobre Cervantes y Mateo Alemán; también se han puesto de manifiesto las deudas de Montaigne, Lope de Vega, Marlowe y Shakespeare para con el humanista sevillano.

Gran parte de la prosa didáctica y moralizadora del siglo XVI, dejando aparte las implicaciones propias del humanismo imperante, se nos presenta a la sombra de la gigantesca figura de Erasmo de Rotterdam. El fenómeno de la rápida y dilatada acogida que tuvieron en España las ideas erasmistas está plenamente justificado si tenemos en cuenta la existencia de un sustrato ideológico previo (el de los conversos e iluminados) que habían preparado el terreno para la siembra del ideario erasmiano. No es del caso detenernos ahora en la exposición detallada del erasmismo español, estudiado profunda y convenientemente por Marcel Bataillon [1966 ª y 1977], Eugenio Asensio [1952] y otros (cf. Abellán [1976]).

El humanismo, en general, y el erasmismo, en particular, reprimieron, con críticas constantes, la literatura de imaginación pura. Ellos propugnaron un ideal de «literatura verdadera», es decir, una literatura lo más ajustada posible a lo histórico o, al menos, a lo verosímil, cuya finalidad primordial habría de ser la de educar, la de aprovechar moralmente. De aquí el violento rechazo de los humanistas hacia aquellas obras (los libros de caballerías, las novelas sentimentales, las *Celestinas*, la poesía cancioneril cortesana) en las que no veían sino mentiras e inmoralidades.

En el campo del erasmismo español se han venido incluyendo tradicionalmente, como representantes principales, a los hermanos Alfonso y Juan de Valdés (el primero en su vertiente política y moralizadora, y el segundo en el aspecto místico-religioso), cuya fisonomía se perfiló singularmente gracias a los trabajos de Marcel Bataillon y de don José F. Montesinos. Sobre los primeros años de Juan de Valdés (¿1490 o 1498?-1541) existen escasas noticias. Sabemos que, tras su estancia en la corte (seguramente siguió allí, junto con su hermano, estudios humanísticos impartidos por Pedro Mártir de Anglería), entró al servicio del marqués de Villena en Escalona, donde el alumbrado Pedro Ruiz de Alcaraz difundía ideas religiosas que debieron influirle decisivamente. En el proceso que años más tarde siguió la Inquisición contra este iluminado alcarreño figura nuestro autor como componente de dicho círculo heterodoxo por los años 1523-1524 (J. F. Montesinos [1928 *b*]). Poco después debió trasladarse a Alcalá (E. Asensio [1979]), en cuya universidad realizó estudios que no concluyó, debido sin duda a su salida de España intuyendo ya una persecución inquisitorial (Longhurst [1950]). Juan de Valdés se vio implicado varias veces en asuntos de heterodoxia y, a más de ello, había publicado en 1529 su *Diálogo de doctrina cristiana*, obra que la Inquisición encontró harto sospechosa. Marcha a Italia donde, gracias a la influencia de su hermano Alfonso (Meseguer Fernández [1957]), entra al servicio del papa Clemente VII y, a la muerte de éste, se traslada a Nápoles en 1535 donde, junto a actividades políticas como agente secreto del Emperador (J. F. Montesinos [1931]), desarrolla su ideario religioso, en torno a un círculo selecto de personalidades espiritualmente inquietas, para quienes escribe la mayoría de sus obras.

El *Diálogo de doctrina cristiana*, que se creía perdido, fue descubierto y publicado por Marcel Bataillon [1925 *a*], quien destacaba el carácter erasmista de este catecismo, idea defendida también en su monumental *Erasmo y España*, aunque matizada y corregida después (Bataillon [1977]), tras la aparición del estudio de José C. Nieto [1970; versión ampliada 1979], en el sentido de que, desde sus inicios, la religiosidad de Valdés es de raíz puramente iluminista, si bien en este *Diálogo* se da cabida a un erasmismo superficial que habría de servir como escudo encubridor de aquella religiosidad heterodoxa, mucho más peligrosa y perseguida. Ciertamente que hay en Valdés ideas provenientes de Erasmo y de los reformadores protestantes, pero la base fundamental de su doctrina hay que buscarla en el iluminismo. Esto queda demostrado por el hecho de que Valdés, una vez instalado en Italia, abandona prácticamente el pensamiento erasmista y adopta una postura tolerante y flexible que contrasta por igual con la intransigencia católica y el dogmatismo protestante (Ricart [1958]).

Las ideas religiosas de Valdés, aparte la obra ya citada, pueden encontrarse fundamentalmente en su *Alfabeto cristiano* y en las *Ciento y diez consideraciones divinas* (Bakhuizen van der Brink [1969], Tellechea Idígoras [1975]), donde se defiende el principio del «beneficio de Cristo»: la fe, para Valdés inseparable de la esperanza y la caridad (que son complementos y derivaciones de aquélla), justifica por sí sola la salvación del hombre (Domingo de Santa Teresa [1957], Cione [1963], Nieto [1979]). Valdés no reacciona contra las formas externas de religiosidad; muy al contrario, las acepta, en una actitud plenamente nicodemita. El nicodemismo, muy extentido en los años que precedieron al concilio de Trento, consiste en adoptar una especie de duplicidad religiosa: por un lado se cultiva una fe íntima y reformada, que sólo se comunica con los hermanos de cenáculo, en tanto que ante la sociedad se oculta mediante la práctica de una religiosidad conformista (Bataillon [1977]). Por otra parte, Manuel J. Asensio [1959] ha creído encontrar coincidencias entre la religiosidad valdesiana y la intención espiritual del *Lazarillo de Tormes* (atribuyendo esta obra a algún componente del círculo de Escalona o Toledo) y Margherita Morreale [1954 *b*, 1956, 1979 *b*] ha insistido en los aspectos más originales de las ideas de Valdés a través del estudio del lenguaje y de las traducciones y exégesis bíblicas realizadas por el conquense.

El *Diálogo de la lengua* (J. F. Montesinos [1928 *b*], C. Barbolani [1967]), obra escrita con una finalidad práctica (enseñar el castellano a los componentes del círculo espiritual napolitano regido por Valdés, para que pudieran comprender mejor sus obras religiosas, redactadas originariamente en castellano), es un documento fundamental, por las informaciones que nos aporta, para la historia del español (A. Alonso [1953]). La exaltación del castellano, al que equipara con el latín, está en consonancia con los ideales culturales del humanismo —el *Diálogo* no es ajeno a la influencia de Pietro Bembo (R. Hamilton [1953])—, pero hay que ver también en esta valoración de la lengua materna, cuya manifestación más perfecta es, para Valdés, el habla cortesana de Toledo (E. Asensio [1960 *a*]), una clara manifestación de los ideales imperialistas que primaban en la sociedad española del momento (J. J. Fitzpatrick [1958]). Por su parte J. B. Avalle-Arce [1978] y Cristina Barbolani [1979] han insistido en la perfecta construcción y estructura de los *Diálogos* valdesianos, al tiempo que Domingo Ricart [1968] y Lore Terracini [1979] señalan las características de estilo y las ideas lingüísticas del autor del *Diálogo de la lengua*.

Hijo espiritual y fervoroso admirador del roterodamés, hasta el punto de ser calificado como más erasmista que Erasmo, Alfonso de Valdés (¿1490?-1532) nos presenta unos perfiles que permiten colocarlo a la cabeza del erasmismo español. Tal vez hermano gemelo de Juan (aunque esta cuestión continúa debatiéndose), no sabemos con exactitud la fecha de su nacimiento e ignoramos, asimismo, las actividades de sus primeros años (es de esperar, con todo, que esas y otras oscuridades de su itinerario se esclarezcan con la publicación de la exhaustiva biografía que le han dedicado Elena Lázaro y Dorothy Donald). Quizá estudiase en Alcalá; debió entrar muy joven en la corte, donde recibiría, junto con otros discípulos, las enseñanzas de humanidades que allí impartía Pedro Mártir de Anglería. Comenzó luego a prestar servicio en la cancillería imperial, bajo las órdenes de Mercurino de Gattinara, y en 1526 fue nombrado secretario de Carlos V para redactar los documentos oficiales en latín. Toda su vida está ya consagrada a la política de su señor natural, el Emperador, por el que siente una admiración ilimitada, sólo pareja con la que profesa a Erasmo. Ambos constituirán el centro de su trayectoria vital y de su producción literaria. Ante el saco de Roma por las tropas imperiales, en 1527, Valdés moviliza su pluma de secretario y de escritor para salir en defensa del Emperador. Más tarde, tras la muerte de Gattinara, se encargará de dirigir las conversaciones conciliatorias con los protestantes en la dieta de Augsburgo (1530), que no llegaron a cuajar, a pesar de los esfuerzos y buena predisposición de Valdés (G. Bagnatori [1955]). Participó también en la dieta de Ratisbona, y el Emperador le había nombrado archivero de Nápoles cuando murió de la peste en Viena en 1532.

Dos obras fundamentales de Alfonso de Valdés se nos han conservado: el *Diálogo de Lactancio y un Arcediano* o *Diálogo de las cosas ocurridas en Roma* (J. F. Montesinos [1928 *a*]) y el *Diálogo de Mercurio y Carón* (J. F. Montesinos [1929 *a* y *b*]), cuya paternidad estableció definitivamente Bataillon [1925 *b*] a favor de Alfonso, negándosela a su hermano, en quien tradicionalmente venía recayendo. Ambas obras son un alegato en defensa de la política imperial y una exaltación de las ideas erasmistas. El *Lactancio*, escrito con la vehemencia que imponía la proximidad de los hechos, intenta descargar de toda culpa a Carlos V por el saqueo de Roma, queriendo demostrar que aquellos acontecimientos fueron el justo castigo divino a la corrupción del papado. El *Carón*, obra ya más reposada, insiste básicamente sobre las mismas ideas de la obra anterior: crítica de la religiosidad externa y fanática, en la línea de la *devotio moderna* de Erasmo, e ideal de un imperio fundamentado en la fraternidad de todas las naciones del orbe cristiano, cuya cabeza rectora (representada por la figura del rey Polidoro) estuviese adornada con todas las virtudes necesarias para tan alta misión (Bataillon [1966²]). Pensaba Valdés que Carlos V reunía providencialmente todas las cualidades necesarias y todos los medios precisos para restaurar la paz en la cristiandad, oponerse a una Iglesia que no cumplía con su específica misión evangélica y establecer, bajo su dominio, un nuevo orden social basado en los valores espirituales del erasmismo (Menéndez Pidal [1942 *a*], Morreale [1954 *a*], Maravall [1960]).

Sorprendentemente, la bibliografía sobre Alfonso es bastante más reducida que la de su hermano Juan, debido sin duda a que éste acaparó la atribución de parte de los escritos de aquél. A esta penuria informativa hay que añadir el que hasta fechas recientes, y sólo parcialmente, no se han empezado a estudiar las obras de Alfonso desde una vertiente específicamente literaria (Morreale [1957 *a*, 1962, 1979 *a*]), pues los anteriores estudios se centraban sobre todo en el aspecto ideológico de sus *Diálogos*. Las investigaciones que se orientan por este nuevo camino (Morreale [1957 *b*]) parecen indicar que quizá se haya establecido una separación demasiado tajante entre los estilos literarios de los erasmistas (Alfonso de Valdés) y los no erasmistas (Antonio de Guevara).

Abundantísimas son las obras que durante el siglo XVI recogen, profunda o superficialmente, el ideario de Erasmo. En este concierto general no deja de sorprender la enorme proliferación de diálogos literarios, algunas de cuyas manifestaciones ya hemos visto en los autores señalados. Los diálogos renacentistas se adscriben a dos vertientes fundamentales (Murillo [1959], Castro Díaz [1977], y cf. abajo, pp. 420 y sigs.). La primera de ellas representa el diálogo oratorio, de raíz ciceroniana, cuyo puente de engarce con la modernidad está en Petrarca y cuyo modelo más acabado es el *Cortesano* de Castiglione. En la vertiente opuesta tenemos el diálogo vivo y satírico, de filiación lucianesca, revitalizado por Erasmo en sus *Colloquia*. Dentro de esta última tendencia hay que inscribir no escaso número de obras de nuestro siglo XVI, de las que sólo señalaremos, a título de ejemplos señeros, *El Crótalon* (con su doblete, el *Diálogo de las trans-*

formaciones), el *Viaje de Turquía* y las obras de Antonio de Torquemada.

Enormemente confuso y arduo se ha presentado el problema de la autoría en *El Crótalon* y el *Viaje de Turquía*, ambas falsamente atribuidas durante mucho tiempo a Cristóbal de Villalón. Hoy el problema está lejos de resolverse, pero paulatinamente se ha ido haciendo algo de luz en el asunto. Sobre Villalón y las obras a él adscritas hay un luminoso artículo de Kerr [1955], a quien se debe también la edición de *El Scholástico* [1967], y una buena síntesis de Kincaid [1973], aunque ya Marcel Bataillon, en la primera edición de su *Erasmo y España* (1937), había simplificado el problema, que ha vuelto a matizar recientemente, corrigiendo su anterior apreciación de un Villalón antierasmista (Bataillon [1979]). Por su lado, J. A. Maravall [1966] señaló la modernidad y la idea del progreso histórico en el pensamiento de dicho autor.

Por lo que toca a *El Crótalon*, obra de poderoso tono vitalista, se han puesto de manifiesto las influencias de Luciano (Morreale [1951, 1952, 1954 c]) y de los *novellieri* italianos, que determinan la fuerte crítica antieclesiástica que late en toda la obra y que algunos estudiosos (no todos están de acuerdo en esto) han juzgado de procedencia erasmista.

En diferentes ocasiones, Bataillon [1958, 1966 ²] ha defendido concienzudamente la paternidad del doctor Andrés Laguna sobre el *Viaje de Turquía*, autoría que, sin embargo, no ha sido unánimemente aceptada (Luis Gil y Juan Gil [1962], F. G. Salinero [1979]). Es éste un libro en el que la crítica de la sociedad española se ampara bajo la bandera común del erasmismo de la época, evidente en las obras seguras de Laguna (Bataillon [1977]), y de ningún modo puede ser considerado como autobiografía pura, sino como obra de ficción (cf. ahora Salinero [1980]).

La figura de Antonio de Torquemada, imperfectamente estudiada hasta el presente, se inserta también dentro de la corriente del erasmismo español. Sus dos obras principales, los *Coloquios satíricos* y el *Jardín de flores curiosas*, así lo atestiguan. La primera es un alegato contra los vicios que corrompen la sociedad española del momento; la segunda se mueve dentro de unas coordenadas mucho más fabulosas, recogiendo noticias curiosas de la más diversa índole (C. Clavería [1951], M. D. Johnston [1978]; véase también A. Zamora-M. J. Canellada [1970]).

Pero no sólo la literatura dialogada puede considerarse deudora de Erasmo. También otra tendencia, la de la literatura paremiológica (con su derivación posterior de cuentecillos, anécdotas, dichos sentenciosos, que suponen una aportación del folklore a la creación literaria; véase cap. 5), debe mucho al humanista holandés, aunque quizá los *Adagia* de Erasmo no sean sino una de las manifestaciones más claras del aprecio que por apotegmas, máximas y refranes refleja la cultura del Renacimiento (Chevalier [1979], A. Blecua [1979]). En su afán por conectar al hombre con la naturaleza que le rodea, los humanistas del siglo ven en el refrán la quintaesencia del lenguaje natural, manifestación pura de la sabiduría popular aquilatada por el paso de los tiempos. Ya se observaba esta veneración por los refranes en el *Diálogo de la lengua* de Juan de Valdés y la pertinente utilización de los mismos en los *Diálogos* de su hermano Alfonso. Sólo podemos señalar ahora, como botón de muestra, una de las manifestaciones más representativas de las numerosas colecciones de refranes glosados que aparecen en la época: la *Filosofía vulgar* de Juan de Mal Lara (F. Sánchez Escribano [1941], Américo Castro [1967], W. Melczer [1979]).

De la ingente producción de obras didácticas o moralizadoras que se imprimieron en el siglo XVI o que permanecieron manuscritas, mucho queda por editar y, de lo publicado, no todo se ha realizado con cuidado y rigor. Aparte las obras ya citadas con anterioridad, destaquemos aquí, por su especial significación, las ediciones de los romanceamientos de Erasmo: *El Enquiridion*, vertido por Alonso Fernández de Madrid (Dámaso Alonso [1932]); *La lengua de Erasmo*, trasladada en 1531 por Pérez de Chinchón (Dorothy S. Severin [1975]), y el *Tratado del Niño Jesús*, primer texto de Erasmo difundido en castellano (Eugenio Asensio [1969]); o, en fin, recordemos un par de autores de notorio interés hechos accesibles recientemente: Lucas Gracián Dantisco, sabiamente restituido por Margherita Morreale [1968], y Jerónimo de Mondragón, exhumado por Antonio Vilanova [1953].

BIBLIOGRAFÍA

Para una más amplia orientación bibliográfica, remitimos a los apartados correspondientes de los trabajos de Cione [1963], Bataillon [1966 ²], Redondo [1976], Castro Díaz [1977] y Nieto [1979].

Abellán, José Luis, *El erasmismo español*, Ediciones Espejo, Madrid, 1976.
Alonso, Amado, «El *Diálogo de la lengua* de Valdés», *Estudios lingüísticos. Temas hispanoamericanos*, Gredos, Madrid, 1953, pp. 28-46.
Alonso, Dámaso, ed., Desiderio Erasmo, *El Enquiridion o Manual del caballero cristiano*, edición de Dámaso Alonso y prólogo de Marcel Bataillon, Centro de Estudios Históricos, Madrid, 1932.
Asensio, Eugenio, «El erasmismo y las corrientes espirituales afines», *Revista de Filología Española*, XXXVI (1952), pp. 31-99.
—, «Juan de Valdés contra Delicado. Fondo de una polémica», *Studia Philologica. Homenaje a Dámaso Alonso*, Gredos, Madrid, 1960, I, pp. 101-113.
—, «La lengua compañera del Imperio. Historia de una idea de Nebrija en

España y Portugal», *Revista de Filología Española*, XLIII (1960), pp. 399-413.

—, ed., Desiderio Erasmo, *Tratado del Niño Jesús y en loor del estado de la niñez (Sevilla, 1516)*, Castalia, Madrid, 1969.

—, «Damasio de Frías y su *Dórida*, diálogo de amor. El italianismo en Valladolid», *Nueva Revista de Filología Hispánica*, XXIV (1975), pp. 219-234.

—, «Exégesis bíblica en España. Encuentro de fray Cipriano de Huerga con Juan de Valdés en Alcalá», *Actas del Coloquio Interdisciplinar «Doce consideraciones sobre el mundo hispano-italiano en tiempos de Alfonso y Juan de Valdés» (Bolonia, abril de 1976)*, Instituto Español de Roma, Roma, 1979, pp. 241-262.

Asensio, Manuel J., «La intención religiosa del *Lazarillo de Tormes* y Juan de Valdés», *Hispanic Review*, XVII (1959), pp. 78-102.

Avalle-Arce, Juan Bautista, «La estructura del *Diálogo de la lengua*», *Dintorno de una Epoca Dorada*, Porrúa, Madrid, 1978, pp. 57-72.

Bagnatori, Giuseppe, «Cartas inéditas de Alfonso de Valdés sobre la Dieta de Augsburgo», *Bulletin Hispanique*, LVII (1955), pp. 353-374.

Bakhuizen van der Brink, J. N., *Juan de Valdés, reformateur en Espagne et en Italie. 1529-1541*, Librairie Droz, Ginebra, 1969.

Barbolani, Cristina, ed., Juan de Valdés, *Diálogo de la lengua*, D'Anna, Messina-Florencia, 1967.

—, «Los Diálogos de Juan de Valdés, ¿reflexión o improvisación?», *Actas del Coloquio Interdisciplinar «Doce consideraciones sobre el mundo hispano-italiano en tiempos de Alfonso y Juan de Valdés» (Bolonia, abril de 1976)*, Instituto Español de Roma, Roma, 1979, pp. 135-152.

Bataillon, Marcel, ed., Juan de Valdés, *Diálogo de doctrina cristiana*, Universidad de Coimbra, Coimbra, 1925.

—, «Alonso de Valdés, auteur du *Diálogo de Mercurio y Carón*», *Homenaje a Menéndez Pidal*, Hernando, Madrid, 1925, I, pp. 403-415.

—, «Andrés Laguna, auteur du *Viaje de Turquía* à la lumière de recherches récentes», *Bulletin Hispanique*, LVIII (1956), pp. 121-181, reimpreso con otros estudios afines en *Le Docteur Laguna, auteur du «Voyage en Turquie»*, Librairie des Editions Espagnoles, París, 1958.

—, *Erasmo y España. Estudios sobre la historia espiritual del siglo XVI*, trad. A. Alatorre, FCE, México, 1966 ².

—, *Erasmo y el erasmismo*, Crítica, Barcelona, 1977.

—, «Héritage classique et culture chrétienne à travers *El Scholástico* de Cristóbal de Villalón», *L'humanisme dans les lettres espagnoles*, Vrin, París, 1979, pp. 15-29.

Blecua, Alberto, «La littérature apophtegmatique en Espagne», *L'humanisme dans les lettres espagnoles*, Vrin, París, 1979, pp. 119-132.

Camprubi, Michel, «Le style de fray Antonio de Guevara à travers les *Epístolas familiares*», *Caravelle*, XI (1968), pp. 131-150.

Caro Baroja, Julio, «Un perfil renacentista: el doctor Francisco López de Villalobos», *Tiempo de historia*, VI (1980), n.º 70, pp. 108-121.

Carriazo, Juan de Mata, ed., Pedro Mexía, *Historia del Emperador Carlos V*, Espasa-Calpe, Madrid, 1945.

Castro, Américo, «Antonio de Guevara. Un hombre y un estilo del siglo XVI» (1945), *Hacia Cervantes*, Taurus, Madrid, 1967[3], pp. 86-117.

—, «Juan de Mal Lara y su *Filosofía Vulgar*», *Hacia Cervantes*, Taurus, Madrid, 1967[3], pp. 167-209.

Castro Díaz, Antonio, *Los «Coloquios» de Pedro Mexía*, Diputación Provincial, Sevilla, 1977.

Chomsky, Noam, «Contribuciones de la lingüística al estudio del entendimiento: el pasado», *El lenguaje y el entendimiento* (1972[2]), trad. J. Ferraté, Seix-Barral, Barcelona, 1977[2], pp. 17-50.

Chevalier, Maxime, «Proverbes, contes folkloriques et historiettes traditionnelles dans les œuvres des humanistes espagnols parémiologues», *L'humanisme dans les lettres espagnoles*, Vrin, París, 1979, pp. 105-118.

Cione, Edmondo, *Juan de Valdés. La sua vita e il suo pensiero religioso*, F. Fiorentino, Nápoles, 1963[2].

Clavería, Carlos, «Humanistas creadores», *Historia General de las Literaturas Hispánicas*, Barna, Barcelona, 1951 (y Vergara, Barcelona, 1968, reimpresión), II, pp. 435-488.

Costes, René, *Antonio de Guevara. Sa vie et son œuvre*, Bibliothèque de l'École des Hautes Études Hispaniques (fascículos X-1 y X-2), Burdeos, 1925 y 1926.

Domingo de Santa Teresa, Fray, *Juan de Valdés, 1498(?)-1541. Su pensamiento religioso y las corrientes espirituales de su tiempo*, Universidad Gregoriana, Roma, 1957 (Analecta Gregoriana, LXXXV).

Fitzpatrick, J. J., «El *Diálogo de la lengua*. Observaciones sobre el lenguaje y la sociedad», *Cuadernos Americanos*, XVII (1958), pp. 173-181.

García Soriano, Justo, ed., Pedro Mexía, *Silva de varia lección*, Sociedad de Bibliófilos Españoles, Madrid, 1933-1934, 2 vols.

Gibbs, J., *Vida de fray Antonio de Guevara (1481-1545)*, Miñón, Valladolid, 1960.

Gil, Luis, y Juan Gil, «Ficción y realidad en el *Viaje de Turquía*. Glosas y comentarios al recorrido por Grecia», *Revista de Filología Española*, XLV (1962), pp. 89-160.

Gilman, Stephen, «The sequel to *El Villano del Danubio*», *Revista Hispánica Moderna*, XXXI (1965), pp. 174-184.

Gómez Tabanera, José María, «"La plática del villano del Danubio" de fray Antonio de Guevara, o las fuentes hispanas de la concepción europea del "mito del buen salvaje"», *Revista Internacional de Sociología*, XXIV (1966), pp. 297-316.

Granjel, Luis S., *Humanismo y medicina*, Universidad de Salamanca, 1968.

Hamilton, Rita, «Juan de Valdés and some Renaissance theories of language», *Bulletin of Hispanic Studies*, XXX (1953), pp. 125-133.

Iriarte, Mauricio de, *El doctor Huarte de San Juan y su «Examen de ingenios». Contribución a la historia de la psicología diferencial*, CSIC, Madrid, 1948[3].

Johnston, Mark D., «La retórica del saber en el *Jardín de flores curiosas* de A. de Torquemada», *Journal of Hispanic Philology*, III: 1 (1978), pp. 69-83.

Jones, Joseph R., «Fragments of Antonio de Guevara's lost chronicle», *Studies in Philology*, LXIII (1966), pp. 30-50.

Jones, Joseph R., ed., A. de Guevara, *Una década de Césares*, University of North Carolina, Chapel Hill, 1966.

—, *Antonio de Guevara*, Twayne, Nueva York, 1975.

Jones, R. O., ed., A. de Guevara, *Arte de marear*, University of Exeter, Exeter, 1972.

Kerr, Richard J. A., «El "Problema Villalón" y un manuscrito desconocido del *Scholástico*», *Clavileño*, núm. 31 (1955), pp. 15-22.

—, ed., C. de Villalón, *El Scholástico*, CSIC, Madrid, 1967.

Kincaid, Joseph J., *Cristóbal de Villalón*, Twayne, Nueva York, 1973.

Lida, María Rosa [de Malkiel], «Fray Antonio de Guevara. Edad Media y Siglo de Oro español», *Revista de Filología Hispánica*, VII (1945), pp. 346-388.

Longhurst, John Edward, *Erasmus and the Spanish Inquisition: The Case of Juan de Valdés*, The University of New Mexico Press, Albuquerque, 1950.

López Grigera, Luisa, «Algunas precisiones sobre el estilo de Antonio de Guevara», *Studia Hispanica in honorem R. Lapesa*, Gredos, Madrid, 1975, III, pp. 299-315.

Maravall, José Antonio, *Carlos V y el pensamiento político del Renacimiento*, Instituto de Estudios Políticos, Madrid, 1960.

—, *Antiguos y modernos. La idea de progreso en el desarrollo inicial de una sociedad*, Sociedad de Estudios y Publicaciones, Madrid, 1966.

Marichal, Juan, «Sobre la originalidad renacentista en el estilo de Guevara», *La voluntad de estilo. Teoría e historia del ensayismo hispánico*, Barcelona, Seix-Barral, 1957 (y Revista de Occidente, Madrid, 1971 ²).

Márquez Villanueva, Francisco, «Fray Antonio de Guevara o la ascética novelada», *Espiritualidad y literatura en el siglo XVI*, Alfaguara, Madrid, 1968, pp. 15-66.

—, «Fray Antonio de Guevara y la invención de Cide Hamete», *Fuentes literarias cervantinas*, Gredos, Madrid, 1973, pp. 183-257.

Melczer, William, «Juan de Mal Lara et l'école humaniste de Séville», *L'humanisme dans les lettres espagnoles*, Vrin, París, 1979, pp. 89-104.

Menéndez Pidal, Ramón, *Idea imperial de Carlos V*, Espasa-Calpe (Austral, 132), Madrid, 1942.

—, «El lenguaje del siglo XVI», *La lengua de Cristóbal Colón*, Espasa-Calpe (Austral, 280), Madrid, 1942, pp. 47-84.

Meseguer Fernández, J., «Sobre el erasmismo de Pedro Mexía, cronista de Carlos V», *Archivo Iberoamericano*, VII (1947), pp. 394-413.

—, «Nuevos datos sobre los hermanos Valdés», *Hispania* (Madrid), XVII (1957), pp. 369-394.

Montesinos, José F., ed., Alfonso de Valdés, *Diálogo de las cosas ocurridas en Roma*, La Lectura (Clásicos Castellanos, 89), Madrid, 1928.

—, ed., Juan de Valdés, *Diálogo de la lengua*, La Lectura (Clásicos Castellanos, 86), Madrid, 1928.

—, «Algunas notas sobre el *Diálogo de Mercurio y Carón*», *Revista de Filología Española*, XVI (1929), pp. 225-266.

—, ed., Alfonso de Valdés, *Diálogo de Mercurio y Carón*, La Lectura (Clásicos Castellanos, 98), Madrid, 1929.

Montesinos, José F., *Cartas inéditas de Juan de Valdés al Cardenal Gonzaga*, Centro de Estudios Históricos, Madrid, 1931.

Morreale, Margherita, *Pedro Simón Abril*, CSIC, Madrid, 1949.

—, «Imitación de Luciano y sátira social en el IV Canto de *El Crótalon*», *Bulletin Hispanique*, LIII (1951), pp. 301-317.

—, «Luciano y las invectivas "antiescolásticas" en *El Scholástico* y en *El Crótalon*», *Bulletin Hispanique*, LIV (1952), pp. 370-385.

—, *Carlos V, «rex bonus, felix imperator»* (*Notas sobre los «Diálogos» de Alfonso de Valdés*), Facultad de Filosofía y Letras, Valladolid, 1954.

—, «La antítesis paulina entre la letra y el espíritu en la traducción y comentario de Juan de Valdés (Rom. 2,29 y 7,6)», *Estudios Bíblicos*, XIII (1954), pp. 167-183.

—, «Luciano y *El Crótalon*. La visión del más allá», *Bulletin Hispanique*, LVI (1954), pp. 388-395.

—, «¿Devoción o piedad? Apuntaciones sobre el léxico de Alfonso y Juan de Valdés», *Revista Portuguesa de Filología*, VII (1956), pp. 365-388.

—, «Sentencias y refranes en los *Diálogos* de Alfonso de Valdés», *Revista de Literatura*, XII (1957), pp. 3-14.

—, «El *Diálogo de las cosas ocurridas en Roma* de Alfonso de Valdés. Apostillas formales», *Boletín de la Real Academia Española*, XXXVII (1957), pp. 395-417.

—, *Castiglione y Boscán: El ideal cortesano en el Renacimiento español*, Real Academia Española, Madrid, 1959, 2 tomos.

—, «Comentario de una página de Alfonso de Valdés: el tema de las reliquias», *Revista de Literatura*, XXI (1962), pp. 67-77.

—, ed., Lucas Gracián Dantisco, *Galateo Español*, CSIC, Madrid, 1968.

—, «Comentario a una página de Alfonso de Valdés sobre la veneración de los santos», *Actas del Coloquio Interdisciplinar «Doce consideraciones sobre el mundo hispano-italiano en tiempos de Alfonso y Juan de Valdés»* (*Bolonia, abril de 1976*), Instituto Español de Roma, Roma, 1979, pp. 265-280.

—, «Juan de Valdés traducteur de la Bible: théorie et pratique à travers la version du Psaume 17 (18)», *L'humanisme dans les lettres espagnoles*, Vrin, París, 1979, pp. 65-88.

Murillo, Luis Andrés, «Diálogo y dialéctica en el siglo XVI español», *Revista de la Universidad de Buenos Aires*, IV, núm. 1 (enero-marzo 1959), páginas 56-66.

Nieto, José C., *Juan de Valdés y los orígenes de la Reforma en España e Italia*, FCE, Madrid, 1979 (trad. revisada y aumentada del original inglés, Droz, Ginebra, 1970).

Pérez, Joseph, «Le "razonamiento" de Villabrágima», *Bulletin Hispanique*, LXVII (1965), pp. 217-224.

Rallo Gruss, Asunción, *Antonio de Guevara en su contexto renacentista*, Cupsa Editorial, Madrid, 1979.

Redondo, Augustin, *Antonio de Guevara (1480?-1545) et l'Espagne de son temps*, Droz, Ginebra, 1976.

—, «Du *Beatus ille* horacien au *Mépris de la Cour et éloge de la vie rustique* d'Antonio de Guevara», *L'humanisme dans les lettres espagnoles*, Vrin, París, 1979, pp. 251-265.

Ricart, Domingo, *Juan de Valdés y el pensamiento religioso europeo en los siglos XVI y XVII*, El Colegio de México, México, 1958.

—, «El estilo renacentista de Juan de Valdés», *Etcaetera* (noviembre 1968), pp. 6-58.

Rico, Francisco, *El pequeño mundo del hombre. Varia fortuna de una idea en las letras españolas*, Castalia, Madrid, 1970.

Sainz Rodríguez, Pedro, y otros, *Homenaje a Luis Vives*, Fundación Universitaria Española, Madrid, 1977.

Salinero, Fernando G., «El *Viaje de Turquía*: los pros y los contras de la tesis "Laguna"», *Boletín de la Real Academia Española*, LIX (1979), pp. 463-498.

—, ed., *Viaje de Turquía (La Odisea de Pedro de Urdemalas)*, Cátedra, Madrid, 1980.

Sánchez Escribano, F., *Juan de Mal Lara. Su vida y sus obras*, Hispanic Institute, Nueva York, 1941.

Severin, Dorothy S., ed., Bernardo Pérez de Chinchón, *La lengua de Erasmo nuevamente romançada por muy elegante estilo*, Real Academia Española, Madrid, 1975.

Tellechea Idígoras, J. Ignacio, ed., Juan de Valdés, *Las ciento diez divinas consideraciones. Recensión inédita del manuscrito de Juan Sánchez (1558)*, Universidad Pontificia, Salamanca, 1975.

Terracini, Lore, *Lingua come problema nella letteratura spagnola del Cinquecento*, Stampatori, Turín, 1979.

Torre, Esteban, *Ideas lingüísticas y literarias del Doctor Huarte de San Juan*, Universidad de Sevilla, Sevilla, 1977.

Vilanova, Antonio, ed., Jerónimo de Mondragón, *Censura de la locura humana y excelencias della*, Selecciones Bibliófilas, Barcelona, 1953.

Zamora Vicente, Alonso, y María Josefa Canellada de Zamora, ed., Antonio de Torquemada, *Manual de Escribientes*, Real Academia Española, Madrid, 1970.

Francisco Márquez Villanueva y Augustin Redondo

BURLAS Y VERAS EN FRAY ANTONIO DE GUEVARA

I. Cuando en 1529 se imprimió en Valladolid el *Libro llamado Relox de príncipes* de fray Antonio de Guevara, quedó oficialmente iniciada la más fantástica carrera y reputación literaria del siglo XVI, tanto dentro como fuera de España. [...]

El libro de 1529 se dispone como un grueso texto doctrinal, llamado *Relox de príncipes*, que amplía, poda y subsume a la vez la mayor parte del que previamente había circulado bajo el título de *Marco Aurelio*. [...] El primitivo *Marco Aurelio* culminaba en una serie de cartas en que la vida privada del filósofo Emperador se recogía con trazos demasiado vivos: la correspondencia con sus viejas conocidas las «enamoradas» de Roma, el toma y daca de feroces insultos con su vieja querida Bohemia, sus cartas a Macrina, «donzella romana, de la qual se enamoró viéndola a una ventana», y a Libia, «hermosa dama romana, de la qual se enamoró viéndola en el templo de las vírgenes vestales». La edición oficial de 1529 daba a fray Antonio la oportunidad de renegar de aquellos divertidos escándalos, ciertamente inesperados en un fraile «de los muy observantes de San Francisco». Las traviesas epístolas habían desaparecido, pero para no perder clientela la portada encarecía que en aquella edición «va encor-

---

I. Francisco Márquez Villanueva, «Fray Antonio de Guevara y la invención de Cide Hamete», *Fuentes literarias cervantinas*, Gredos, Madrid, 1973, pp. 187-189, 191, 195-196 (para los cuatro primeros párrafos), y «Fray Antonio de Guevara o la ascética novelada», *Espiritualidad y literatura en el siglo XVI*, Alfaguara, Madrid, 1968, pp. 15-66 (56-60, 62-63).

II. Augustin Redondo, «Du *Beatus ille* horacien au *Mépris de la Cour et éloge de la vie rustique* d'Antonio de Guevara», *L'humanisme dans les lettres espagnoles*, Librairie Philosophique J. Vrin, París, 1979, pp. 251-265 (253-254, 256-257, 261-26).

porado el muy famoso libro de Marco Aurelio». Como las cartas eran, por supuesto, lo que todos deseaban leer, no dejaron de aparecer en ediciones posteriores, impresas como apéndices. Y aun el primitivo *Marco Aurelio* siguió publicándose sin obstáculo alguno, a pesar del supuesto repudio de su autor. Así de complicado y así de embrollador era aquel fray Antonio de Guevara. Como es sabido, la base de su *Marco Aurelio* y su *Relox* consiste en una superchería histórica, más o menos explicada por su fautor en los siguientes términos: «Acaso passando un día una historia, hallé en ella esta historia acotada, y una epístola en ella inserta, y paresçióme tan buena, que puse todo lo que las fuerças humanas alcançan a buscarla. Después de rebueltos muchos libros, andadas muchas librerías, hablado con muchos sabios, pesquisado por muchos reynos, finalmente descobríle en Florençia entre los libros que dexó Cosme de Médicis, varón por cierto de buena memoria». De creerle, siguió al hallazgo una tarea penosa y de muchos años para poner el manuscrito de griego en latín, y de latín en romance. En cuanto a las fuentes verdaderas, según discierne el benemérito R. Costes [1925-1926], se reducen a poco más que Julio Capitolino y desaforadas dosis de imaginación guevariana. [...]

La que podemos llamar «fórmula *Marco Aurelio*» (aparato seudoerudito, carencia de fin doctrinal serio, deformación humorística), permaneció en vigor a lo largo de su extensa obra, aplicada a los sucesores de Marco Aurelio (*Década de Césares*), al ambiente español y cortesano de su tiempo (*Epístolas familiares*), en sus dos golpes al tema teórico-práctico de la corte (*Menosprecio de corte* y *Despertador de cortesanos*), e incluso al escribir obras sacras basadas en la vida de Cristo (*Oratorio de religiosos, Monte Calvario, Siete Palabras*).

La filosofía, la historia y las Humanidades al uso eran cotos rigurosamente profesionales, inaccesibles por definición a los no bien iniciados. Éstos sólo podían acercarse a ellos por el terreno de lo anecdótico, de lo pintoresco y, sobre todo, de lo divertido, que es precisamente el buscado por Guevara para sentar sus reales, reduciendo el mundo a burlas, exageraciones y chismorreos al alcance de todos. Se daba buena cuenta de que el público del libro impreso se divorciaba del círculo de los sabios en sentir una gran curiosidad por lo concreto, lo personal y lo cotidiano. La tarea histórica había ignorado, en conjunto, tales dimensiones, y tardaría aún siglos en desarrollar ese tipo de sensibilidad y los medios capaces de satisfacerla. Se habían escrito, por ejemplo, innumerables crónicas de reyes y vidas de santos, pero ni unas ni otras solían enfocar más que lo realizado en calidad de tales: batallas, actuación política, virtudes, milagros. Se había carecido, a grandes rasgos, de sensibilidad para cuanto cabría definir como extra-oficial, y nadie había considerado oportuno consignar cuál había sido el plato favorito de Alejandro Magno o el color de los ojos de María Magdalena. El gusto por la biografía en sentido moderno (y notemos su espontánea afinidad con la novela) surgía así mucho antes de que los verdaderos historiadores estuvieran en condiciones de poder satisfacerlo. Es, ni más ni menos, la insuficiencia que lamentaba Guevara tras consultar, para su *Marco Aurelio*, a Eutropio y a Julio Capitolino: «Las escripturas de éstos y de otros paresçieron más epíthomas que no historias». Sin fuentes que le ilustren en ese plano acerca de Marco Aurelio o del mismo Jesucristo, Guevara se lanza, por las buenas, a inventar todo ese trasmundo humano y casero de la historia, perdiéndose adrede en una verdadera orgía del detalle prosaico o rafez, que da cómicamente al traste con el prestigio y grandilocuencia iniciales de sus altos tinglados. Imaginemos a Marco Aurelio, sitiado por un rey enemigo, cenándose con su favorito un par de gatos, «el uno que compramos y el otro que hurtamos». La historia acaba literalmente por los suelos (con gran regodeo del lector) y Guevara muestra su verdadera faz como autor de ficción y humorista.

Porque Guevara era, antes que nada, un espíritu creador en plena libertad, un revolucionario práctico que rompía con la cultura literaria de la clerecía medieval en la misma medida en que se apartaba de las ideas oficiales del humanismo renacentista. En el fondo se reía de la primera e ignoraba del todo a las segundas. Los ataques le vinieron del sector, mucho más inteligente, de los humanistas que le condenaban como a hereje literario con la crítica enterada y sagaz de Pedro de Rhúa.

Éste recurría a un tono de escándalo para echarle en cara cosa que es «la más fea e intolerable que puede caer en escriptor de authoridad» y consiste en dar «fábulas por historias, y ficciones propias por narraciones agenas». Se trataba, como era de esperar, de una crítica empedrada de textos horacianos. Su último y más serio sentido responde a un ver en Guevara el réprobo que ha rechazado el aristotelismo al uso por escribir sin preocuparse para nada de la «buena authoridad» que se cobra con el respeto de «la verisimilitud en las circunstancias del negocio que se escribe, especialmente las de la persona, lugar y tiempo». Guevara es también culpable del sacrilegio máximo de la mezcla de los géneros al fundir historia y ficción y aun, para colmo, sin molestarse en advertirlo a sus lectores y rebajarse así humildemente al rango de autor de «cosas phantasiadas». Para Rhúa y quienes pensaban como él lo más intolerable era que Guevara pretendiera seguir pasando por autor de respeto, cuando sólo era menestral de un quehacer literario de poca o ninguna dignidad.

Guevara no respondió a esta tercera epístola censoria de Rhúa. E hizo bien, porque cuanto tenía que contestar a ella era un encogimiento de hombros y un «¿y qué?». Aquellos dardos le pasaban por encima de la cabeza porque él pisaba un terreno literario nuevo, en el que ni la verosimilitud ni las demás zarandajas aristotélicas tenían vigencia alguna. La verosimilitud, en todo caso, no era para él la sujeción a un tratamiento erudito, científico, de los temas, que era lo que Rhúa y sus compañeros entendían por tal. Para Guevara, como para Cervantes, verosimilitud sería algo mucho más profundo: estudio psicológico del personaje visto como individuo de carne y hueso (aquel filósofo estoico con queridas), sugerir lo ambiental, recrear la ilusión de lo vivido. No se cuidaba de enseñar, sino sólo de divertir a sus lectores como buenamente pudiera, discurseando lo divino y lo humano con el mismo engolamiento fingido que hacía resaltar más los absurdos, las debilidades y las bufonadas de sus filósofos, sus emperadores y hasta sus personajes bíblicos, todos, en realidad, muñecos disfrazados para gesticular en un guiñol de gran lujo. Y en cuanto a la decantada «authoridad» era lo que menos le importaba con tal de que infinitos lectores le admirasen, le pidieran que escribiese más libros como aquéllos... y gastasen su dinero en comprarlos.

Esta actitud literaria de Guevara no es, pues, ni medieval ni renacentista. Es *moderna* con todas sus consecuencias, y en ello reside su importancia dentro de la coyuntura europea de su tiempo. La irresponsabilidad de Guevara ante cuanto no sea su propio arte le sitúa de hecho en la frontera donde empiezan a perfilarse las grandes formas de la modernidad literaria: crítica libre de la realidad cosmológica o moral y reflejo inmediato de la conducta y personalidad humanas. En otras palabras: ensayo y novela.

De momento ambas formas, facetas de un mismo fenómeno intelectual, se dan superpuestas, indiferenciadas y como en estado de magma en la obra de Guevara. Permanecerían así bastantes años todavía en autores españoles relativamente afines, como los sevillanos Pedro Mexía y Juan de Mal Lara, y en sus imitadores franceses. Pero para cuajar en grandes logros habían de bifurcarse primero, por pura necesidad de especialización, y ésa fue la tarea de dos genios: Montaigne y Cervantes, que hicieron de sus patrias respectivas la tierra del ensayo y la tierra de la novela. Es curioso ver en el caso de Guevara algo así como una mano del destino que inclina ya su afición más bien hacia el aspecto novelístico (complejidad del ser humano individual), claramente favorecido por encima de la tendencia al ensayo (complejidad del mundo del intelecto).

La multiplicación de rasgos novelísticos en la obra de Guevara [...] es la pendiente por la que toda ella tiende a deslizarse. Guevara tiene que ponerse a inventar de un modo desaforado porque no hay fuentes eruditas que le ofrezcan los detalles pintorescos, las pinceladas humanas, las ocurrencias divertidas con que a falta de otra cosa, ha de levantar trampolines y asideros para el continuo salto mortal de su estilo. La insaciable curiosidad humana que le suscitan sus propios personajes carece de límite práctico. Y así imagina, por ejemplo, que Amnón forzó a Tamar cuando ésta entró en su alcoba de enfermo para llevarle «una almendrada». Y es que no era sólo el novelista, sino el novelista omnisciente, lo que ya latía en él y le convirtió también en padre de la caterva lamentable de los falsificadores de cronicones.

Pero Guevara fue al mismo tiempo arsenal y libro de texto de los novelistas legítimos en una medida que sólo empezamos a sospechar. De él procede, por lo pronto, gran parte de la galería de tipos de la novela española: el cortesano hambriento y presumido, el hidalgo de aldea y el caballero de industria. La historia de Andrónico y el león, tan encantadoramente relatada en las *Epístolas familiares*, comparte con algunas páginas del *Lazarillo* el ser lo más perfecto y casi lo único que merece llamarse novela con anterioridad a Cervantes. [...]

Para los clérigos y para los humanistas sólo existía un público reducidísimo de sabios sobrenadando el océano anónimo y despreciable de los «simples». Reflejaba está relación entre autor y lectores un estado de cosas esencialmente medieval, cuando la lectura era arte conocido casi exclusivamente por los sabios profesionales y el libro un caro objeto de lujo. Pero Guevara se da cuenta de que ahora, por primera vez en la historia de la humanidad, hay una muchedumbre de hombres y mujeres que saben leer y escribir y que sin ser eruditos no son tampoco los antiguos «simples». Esa masa de lectores potenciales se encuentra literariamente huérfana, porque se aburre con lo que escriben los sabios de verdad al mismo tiempo que aspira a algo más complejo y sustancioso que la poesía popular de romances y coplas. El «gran público» acababa de nacer históricamente y Guevara es el primero en reconocer su existencia y darle una literatura a su medida, fundada por completo en el arte de entretener y divertir, no de enseñar.

II.   [Con el Renacimiento, Horacio recibió en España una admiración inusitada. No es sorprendente, pues, que en 1539 Guevara publique una obra bajo el título de *Menosprecio de Corte y alabanza de aldea*, en la que parece subyacer el tópico horaciano del *Beatus ille*, elogio lírico de la vida rural. Pero ¿cual es el tema de este libro?] *A primera vista*, el autor, adoptando una perspectiva ascética, insiste en el menosprecio de la corte, ya que ésta es el centro de todos los engaños y de todos los vicios. La corte conduce al hombre a su perdición. El cortesano para salvarse, tiene, pues, que morir al mundo, abandonar la corte y retirarse al campo, con objeto de volver a encontrar la sencillez y la virtud en contacto con la naturaleza. Pero es también una etapa necesaria antes de la gran renuncia, antes de retirarse en Dios, ya que permite al cristiano prepararse para morir. El libro comprende así dos aspectos antitéticos: el desprecio del mundo y de la corte por un lado, el elogio de la vida campestre por el otro; y la arquitectura del libro corresponde a ese dualismo tan característico de Guevara. [...] Pero si la obra sólo debiera verse en esa perspectiva y en relación a ella, podríamos preguntarnos por qué se publica en 1539 y por qué hay en el libro detalles tan concretos sobre ciertos aspectos de la vida económica en la ciudad y en el campo.

[El recurso de Guevara al término «hidalgo» (como expresión de noble empobrecido), frente a la palabra «aldeano» (significativamente empleada como sinónimo de noble rural con medios propios de subsistencia), nos indica claramente que el público al que dirige su obra está mayoritariamente compuesto por hidalgos sin recursos que viven en la ciudad. Esto explica la insistencia casi obsesiva sobre la importancia del dinero en una dialéctica oposición *abundancia* (aldea)/*escasez* (corte). Guevara se complace en pormenorizar los aspectos positivos y negativos de uno y otro estilo de vida.] Y la evocación de la vida campesina que hace el franciscano es precisa y no tiene nada

de convencional. Sobre todo los capítulos V, VI, VII y VIII contienen
una visión fiel y elocuente de la vida del modesto hidalgo rural.
Guevara le presenta además ocupándose de su patrimonio. Y ese hidalgo no vacila cuando es necesario en ayudar a las labores del campo,
sobre todo en podar las viñas, lo cual no le parece degradante. El
autor le evoca, por ejemplo, dedicado «a podar la viña, a ver la heredad, a reconoscer el ganado y a requerir el yuguero» y añade que
con esas ocupaciones «granjea su hazienda y no pierde nada de su
honra». Para caracterizar esta vida en el campo, un verbo acude frecuentemente a la pluma de Guevara: el verbo *gozar*. [...] La inversión es completa: ya no se trata de retirarse al campo para prepararse
a *morir*, sino para aprender a *vivir* y a *gozar* de los placeres que ofrece.
El ambiente ascético se difumina así en beneficio de un epicureísmo
mesurado que tiene por marco una vida rústica, natural y sana. Guevara, que se dirige a los hidalgos campesinos de escasa fortuna, escribirá: «Ossaríamos dezir y aún afirmar que para los hombres que
tienen los pensamientos altos y la fortuna baxa, les sería *más honra
y provecho bivir en la aldea honrados que no en la ciudad abatidos*».
El autor volverá a expresar la misma idea de forma más gráfica:
«... le es más sano al pobre hidalgo ir a buscar de comer en una
borrica que no andar hambreando en un cavallo».

[¿Qué hacen, pues, tantos hidalgos en la ciudad, sin oficio ni
beneficio, papando aire como el escudero del *Lazarillo*, en vez de
disfrutar de sus bienes y heredades en la aldea, ahora malvendidos
o abandonados por ir a buscar un cargo honroso en casa de alcurnia,
que no termina de encontrarse nunca? Guevara señala la necesidad
de que estos hidalgos permanezcan en sus tierras, cuidándolas y administrándolas; en la aldea gozarán de la mejor vida y serán estimados de todos sus convecinos. Pero ¿por qué fray Antonio plantea el
problema de esta manera? Algunos textos y documentos contemporáneos nos permiten comprender el objetivo de Guevara al escribir
el *Menosprecio*. Tales documentos nos señalan la grave crisis económica, demográfica y social por la que atraviesa Castilla, y con ella
muy particularmente el campo, por los años en que Guevara publica
su obra: malos cultivos y peores cosechas, epidemias de peste, éxodo
rural hacia la ciudad, por el mayor atractivo de ésta. Toda una serie
de fenómenos se conciertan para producir un movimiento migratorio
de los hidalgos aldeanos hacia la ciudad, donde se convierten en parásitos sociales. A fin de paliar este grave problema social de abandono

del campo y de crecimiento desorbitado de la ciudad, Guevara propone la radicación de los hidalgos en sus aldeas de origen.]

Comprendemos mejor por qué los argumentos de orden financiero y material ocupan un lugar tan destacado en la argumentación del franciscano y por qué adorna la vida del campo con todos los atractivos. Ésta es también la razón de que evoque al hidalgo aldeano ocupándose de su patrimonio y ayudando a las labores campestres sin menoscabo de su honra. Guevara no había desdeñado exaltar el trabajo, y en el *Relox de Príncipes* de 1529, donde manifiesta sus ideas políticas, no vaciló en escribir que la Edad de Oro era aquella en la que cada cual trabajaba la tierra y ganaba su pan con el sudor de su frente, aunque más tarde la presentase de una forma más tradicional.

Si el franciscano estima que el caballero no está destinado a actividades rústicas, cree que no es éste el caso de la pequeña nobleza, cuyos miembros tienen que desempeñar una función de dirigentes rurales, y que, por ejemplo, ocupándose de sus tierras, deben favorecer el desarrollo armonioso de la agricultura, permitiendo así que se frene la crisis económica. Trata, pues, de poner coto a la migración de hidalgos hacia la ciudad, y, paralelamente, de convencer a los que ya se encuentran en la ciudad para que vuelvan a sus aldeas. Es muy posible por otra parte que estas preocupaciones de fray Antonio se expliquen por su intervención en las Cortes de 1538-1539, en las que el «letrado» fue su hermano, el doctor Guevara, consejero del Rey. En efecto, al reunirse estas Cortes el problema del campo se planteó una vez más.

Por otra parte, el fraile está muy inquieto por el aumento del poder del dinero. Asiste a transgresiones sociales que le parecen tanto más peligrosas cuanto que en la mayoría de los casos no se fundan ni en el mérito ni en la virtud ni en los servicios prestados al Estado, sino únicamente en el poder del oro. Y esta movilidad vertical resulta favorecida por la concentración territorial, que concede una importancia creciente a la alta nobleza, a los letrados y a los comerciantes, y permite a estos últimos infiltrarse en la nobleza, hasta tal punto ésta está vinculada a la posesión de bienes raíces. Incitar a los hidalgos a permanecer en sus tierras quizá también sea para Guevara tratar de oponerse a la ascensión del poder del dinero. ¿Es ésta también la causa de que asocie el dinero a la impureza y a la corrupción de la vida ciudadana?

Tras el esquema primitivo que situaba el *Menosprecio de Corte y alabanza de aldea* en toda una tradición, aparecen de este modo las preocupaciones de un Guevara, cuyas intenciones profundas se relacionan con la situación económica y política de la Castilla de los años 1536-1539. El alejamiento en relación al tópico del *Beatus ille* y la evocación «realista» de la vida en la corte y en el campo deben también relacionarse con el fin perseguido por el autor, quien preconiza un retorno a la tierra de los hidalgos aldeanos que se han trasladado a la ciudad. El tema del «menosprecio de corte y alabanza de aldea» posteriormente será utilizado con cierta frecuencia, tanto por una Luisa Sigea o un Gallegos como por otros autores, pero se mantendrá en un plano puramente retórico. Habrá que esperar a fines del siglo XVI, y a la aparición de una literatura que Noël Salomon ha calificado de «fisiocrática», para que vuelva a adquirir la plenitud que ya le había dado Antonio de Guevara.

Luisa López Grigera y Margherita Morreale

GUEVARA, ALFONSO DE VALDÉS Y LA PROSA DE SU TIEMPO

I.   Las caracterizaciones que del estilo de Guevara se han venido proponiendo desde el momento mismo de su *boom* editorial en la Europa del siglo XVI, hasta ahora, son un mar de aparentes contradicciones ya que le sitúan en los extremos de sencillez, por una parte, y afectación, por otra. En lo que toca a situarle generacionalmente, los críticos no se andan más concertados: tanto se le juzga un auténtico medieval, como «uno entre los humanistas» y, puestos a situarle en el mundo moderno, se ha visto en él tanto a un rena-

I.   Luisa López Grigera, «Algunas precisiones sobre el estilo de Antonio de Guevara», *Studia Hispanica in honorem R. Lapesa*, Gredos, Madrid, 1975, III, pp. 299-315 (299-300, 301-302, 307, 313-315).
II.   Margherita Morreale, «El *Diálogo de las cosas ocurridas en Roma*, de Alfonso de Valdés. Apostillas formales», *Boletín de la Real Academia Española*, XXXVII (1957), pp. 395-417 (407-415).

centista como a un barroco. En este maremágnum una sola cosa está clara: que, antiguo o moderno, lo que nadie puede negar es el carácter retórico de su prosa; si su retoricismo procede de Isócrates, de san Ildefonso o de Cicerón, eso ya es mucho más difícil de dilucidar puesto que, aunque los más recientes estudios de crítica y estilística se orientan hacia la consideración del papel que en cada momento tuvieron, como «norma», las distintas teorías retóricas, aún no contamos con los estudios suficientes en este campo que nos permitan distinguir con precisión los momentos de vigencia de uno u otro sistema, no sólo según el predominio de los diversos tratadistas clásicos, sino sobre todo del auge de tal o cual «color retórico». En la carencia de tales pautas, puede ser útil ordenar un poco el cañamazo sobre el que se teje tan singularísima habla; en general, lo que se suele admitir como rasgos relevantes de la prosa de nuestro autor, son las construcciones plurimembres similicadentes, con antítesis semánticas dentro de formas absolutamente paralelísticas. Un ejemplo podría ser el siguiente texto del *Menosprecio de corte y alabanza de aldea*:

En la *corte* todos los *cortesanos* se precian *de sanctos propósitos* y *de heroicos pensamientos*, porque cada uno de los que andan por allí *proponen* de [1] retraerse a su casa, [2] desechar los cuidados, [3] olvidar los vicios, [4] hazer capillas, [5] casar huérfanas, [6] atajar enemistades, [7] irse a las horas, [8] ordenar cofradías, [9] y reparar hermitas, y en lo que paran sus deseos es que se quedan allí, *hablando de Dios* y *biviendo del mundo*.

Que muchas de estas figuras no son rasgos sólo del arte de Guevara sino de la prosa española de todos los tiempos y más particularmente de la renaciente y áurea, no necesita comprobación —fuera de la enumeración de nueve miembros que resulta un fenómeno más extraño—. [...]

Las cosas así, aparece difícil la tarea de deslindar un estilo particular dentro de rasgos cuya presencia en la historia de nuestra prosa podría creerse casi elemento constitutivo y permanente. Sin embargo, observado el fenómeno con mayor atención, se advierte que no hay una continuidad uniforme puesto que un sintagma no progresivo y una bimembración pueden pertenecer no sólo a distintas figuras del *ornatus* (ya sea en el orden de la elocución a nivel de la palabra, o a nivel de la sentencia) y que en oportunidades pueden ser figuras de amplificación (mientras que también pueden ser precisamente lo contrario: de economía expresiva), sino que también estas construcciones sintagmáticas pueden pertenecer al capítulo de la *compositio*. La diferencia entre un sistema retórico y otro consistía muchas veces en *nuevas fórmulas* de similares figuras, incardinadas las más posibles en estructuras más o menos evidentes, según fuera la norma estética vigente: las diferencias procedían de que la primacía la llevara el equilibrio, el buen gusto, la aparente simplicidad lograda por incardinación de innumerables recursos, difíciles de advertir; es decir, variedad y equilibrio; o por el contrario que predominara muy visiblemente una forma reiterativa de alguna de las figuras; en este último caso los límites entre una licencia y un vicio se hacían dudosos. Pero uno y otro criterio estructurador de las figuras más que responder a una selección personal y libre, estilística, obedecía generalmente a un gusto de época, a una norma generacional: sobre la alternancia y sucesión de esas *normas generacionales* echamos de menos un conocimiento claro y sistemático.

Sin embargo en el caso de Guevara se viene achacando la acumulación de figuras a preferencias personales, no tanto como selección sino como conservadurismo inmovilista, que estaban en desacuerdo con la norma de equilibrio clasicista en que le correspondía inscribirse. En efecto, si Guevara nació hacia 1480, sus años de aprendizaje y aún los de la primera madurez, corresponderían al período que Menéndez Pidal [1942 *b*] ha llamado «época de Nebrija», período que «viniendo de los últimos años del siglo anterior, llega hacia 1525». Precisamente el hecho de que, siendo fray Antonio un hombre de aquel momento, haya sido un escritor al que muy difícilmente podríamos denominar ciceroniano, ha hecho tan difícil el juzgarlo con equilibrio y tan pronto se le considere el creador de la literatura moderna (Márquez [1968]), como sorprenda su conservadurismo medieval, ya que desde el *Marco Aurelio* o *Relox de príncipes* su prosa retórica, mejor se entronca con la de san Ildefonso (vid. M. R. Lida [1945]) que con aquel buen gusto que, fomentado por la reina Isabel, impulsó Nebrija a su regreso de Italia, tal como él mismo afirmaba.

[Como es sabido, Guevara recogió el texto de su *Marco Aurelio*, con las reordenaciones, podas y, sobre todo, añadidos que consideró oportuno hacer, en la edición del *Relox de príncipes*. El cotejo de ambos textos aporta datos de interés para el estudio del estilo guevariano. Baste enfrentar un pasaje del *Marco Aurelio* con el correspondiente del *Relox de príncipes*]:

Mas donde los amigos son verdaderos, entre ellos las penas son comunes; por una cosa son de tolerar los grandes infortunios, porque nos declaran quién son los verdaderos amigos.

Pero consuélate con esto, mi Torcuato, que *do los amigos son verdaderos,* los bienes y los males *son* entre ellos *comunes.* Muchas veces conmigo mismo me paro a pensar a qué intento o a qué fin los inmortales dioses dieron a los hombres trabajos, como sea verdad que en sus manos está vivir nosotros sin ellos, y no hallo yo otra *causa* por la cual se devan *tollerar los infortunios* sino *porque* en ellos conoscemos *quiénes son* nuestros *verdaderos amigos*; en la batalla se conosce el hombre esforzado, en la tormenta el piloto, en la fragua se conoce el oro y en la tribulación se conoce el amigo, porque no cumple mi amigo con hazerme reyr sino que es obligado de ayudarme a me llorar.

No se dice nada nuevo, pero se ha amplificado con figuras: el texto inicialmente *pesado*, sopesado, se ha triplicado; las *penas* del *Marco Aurelio* se han tornado *bienes y males* en el *Relox*; la vieja forma romance, *cosa*, se ha trocado por el cultismo latino, *causa*. En la primera interpolación hay una reiteración pronominal: *conmigo mismo me*; una sinonimia: *a qué intento o a qué fin*; y una construcción latinizante de *como* + subjuntivo. La interpolación final es un caso típico de construcción de *porque*, más una antítesis, introducida por una enumeración de cuatro miembros. [...]

Confrontado el estilo de una y otra redacción se advierte, sin duda, una diferencia notabilísima: en el *Marco Aurelio* se dan pasajes tan clásicos como en un Fernández de Oviedo o en un Nebrija; [...] pero en la segunda redacción se ha dado un cambio radical: los distintos «colores retóricos» se acumulan precisamente para lograr efectos de adición, no progresivos: en la unidad significado-significante del texto, el primero se subordina al segundo; es decir, que la *elocutio* se convierte en fin último de todo y secundariamente se advierten modificaciones en las estructuras de la composición por la introducción de nuevos planos y puntos de vista. En la distribución de los ejemplos se advierte sin dificultad que en el *Relox* se estructuran los períodos por el volumen del discurso, y no por imperativos del contenido. No se trata, de ningún modo, de una labor de lima, de reajuste estilístico, sino, creemos, de un cambio radical en el estilo artístico, lo que explicaría esa repulsa de fray Antonio por la primera redacción de la obra, que si no es a la luz nueva, parece uno de los tópicos de falsa modestia. Me atrevo a pensar que hacia 1528 al autor no le podían contentar sus cuasi-ciceronianismos de antaño, los de la escuela artística de la «cámara del príncipe don Juan»; porque ya en Valladolid se estaba produciendo por aquellos días la gran revolución plástica que significa en la historia de la escultura europea el retablo de san Benito que estaba tallando Berruguete: el cambio es a nivel de las estructuras profundas: el principio estructurador ya no es el contenido, sino la «forma». La batalla es precisamente en las formas, en las dimensiones, que no proceden de una división en módulos de la totalidad de la figura humana, sino de la acumulación de mayor o menor número de esos módulos por adición y no por composición. La diferencia que va desde una estructura generada a una estructura acumulada: un principio ordenador de distinto signo. Que ese principio ordenador que hemos dado en llamar *manierismo* ya ha sido apuntado para Guevara, no hay duda. Lo que aquí queremos destacar es que no se trata de un estilo que se arrastra desde cánones medievales, tan arraigados en el franciscano que su paso por la corte de la reina Isabel no le había alcanzado a clasicizar, sino de una evolución, muy temprana sin duda, como fecha para hablar de ese período artístico, pero que, se llame como prefiramos, es un cambio «generacional»: es precisamente en este último sentido en lo que quiero insistir.

Lo que venimos considerando «el estilo de Guevara», ese presunto antecesor del *euphuism*, sería una modalidad que fray Antonio adopta hacia esos años tan ricos de 1527-1528 en la corte del ya Emperador, y como evolución coincidente con las más modernas líneas. Una nueva modalidad estilística que en él mismo va a evolucionar, desde el *Relox* hasta las *Epístolas familiares* y de éstas a toda esa obra madura que edita un decenio después del *Relox*, como el *Menosprecio de corte*, el *Arte de marear*, el *Oratorio de religiosos*, y tantas más.

II.   La apelación continua a verdades trascendentes o a hechos consabidos da al lenguaje del *Diálogo de las cosas ocurridas en Roma* cierto carácter apodíctico. Crea un núcleo expresivo alrededor del cual se agrupan los períodos ciceronianos, con su ensamblaje de causas y efectos; los silogismos, que aúnan el ideal y la realidad; las tiradas retóricas, que amplían la afirmación y que sirven para explayar, confirmar y defender las tesis fundamentales. El ideal cristiano y erasmista de Valdés comprende todos los aspectos de la vida, todas las jerarquías y estados de la sociedad. Sólo se le opone, como fuerza antitética, el mal, bajo la forma del «interés particular» y de la falsa religión. Por lo mismo, el lenguaje de nuestro autor abarca la realidad humana y divina sin fragmentarla por la duda, la observación y el espíritu crítico. La divide tan sólo por la tajante dicotomía de bien y mal, y —en un sentido erasmista simplificado— de cuerpo y espíritu. [...]

A pesar de su vida ajetreada, Alfonso de Valdés cultivó las humanidades. El humanista norteño Maximiliano Transilvano alaba su estilo latino, los italianos no tanto; pero aunque no fuese tan clásico el latín de nuestro autor, ni tan puro su vocabulario, no cabe duda que las estructuras fundamentales de los modelos ciceronianos le sirvieron de pauta para los trozos más solemnes de su prosa castellana. Me refiero sobre todo al prólogo y a un largo párrafo sobre la misión providencial de Erasmo, enclavado —casi como fulcro— en el centro de la obra. Es tan largo este período, que al final parece desbordársele a nuestro autor de entre las manos [...]:

Y como los vicios de aquella Corte romana fuessen tantos que inficionavan los hijos de Dios, no solamente no aprendían dellos la doctrina cristiana, mas una manera de vivir a ella muy contraria, viendo Dios que ni aprovechavan los prophetas, ni los evangelistas, ni tanta multitud de sanctos doctores como en los tiempos passados escrivieron, vituperando los vicios y loando las virtudes, para que los que mal vivían se convertiessen a vivir como cristianos, buscó nuevas maneras para atraerlos a que hiziessen lo que eran obligados, y allende otros muchos buenos maestros y predicadores que ha embiado en otros tiempos passados, embió en nuestros días aquel excelente varón Erasmo Rotherodamo, que con mucha eloquencia, prudencia y modestia en diversas obras que ha scrito, descubriendo los vicios y engaños de la Corte romana, y en general de todos los ecclesiásticos, parecía que bastava para que los que mal en ella vivían se emendassen, siquiera de pura verguença de lo que se dezía dellos.

Del mismo modo, podrían entresacarse muchos pasajes de las cartas latinas del propio Valdés, los cuales demuestran que sabía enderezar su pluma de humanista por los mismos cauces, tanto en latín como en castellano.

Pero, además del estilo [ciceroniano de períodos como el anterior], hay otro rasgo que llama mucho más la atención en la prosa de Valdés: su uso y abuso de las figuras retóricas. A Antonio de Guevara se le considera generalmente como el propulsor y modelo de un estilo amanerado que tuvo amplias repercusiones dentro y fuera de España. Las raíces del «guevarismo» se han buscado en las inhibiciones y ocultos conflictos psicológicos del obispo cortesano, en su «contraste permanente de engaño y desengaño». Pero el *Diálogo de las cosas ocurridas en Roma* es contemporáneo, cuando no anterior, a la publicación del *Relox de príncipes*, y Alfonso de Valdés difiere totalmente del obispo de Mondoñedo en carácter y propósito. Habrá que enfocar, pues, la prosa de nuestro autor, como ya se ha hecho magistralmente con la de Guevara (cf. M. R. Lida [1945]), en la perspectiva de la tradición retórica medieval, y conceder a la actividad cancilleresca y literaria del secretario de cartas latinas una importancia mayor de la que hasta ahora se le ha concedido.

Justamente en las cartas latinas hallamos muchas de las figuras retóricas que nos llamarán luego la atención en el *Diálogo*. Pero mientras que allí están distribuidas con más disimulo y discreción, en la primera obra vernácula de Valdés, y sobre todo en su primera parte, el ornato se acumula con una profusión más propia de la retórica medieval que de la lengua clásica. Tan pronto como entramos en el texto dialogado se nos presentan, en rápida sucesión, la antítesis, bien en la eficaz brevedad de dos conceptos opuestos, o ya en la elaborada refutación de las palabras del adversario; la anáfora, repartida en distintos grupos de cláusulas y de oraciones sucesivas; la similicadencia de cláusulas paralelas; el quiasmo; la interrogación retórica; la amplificación por medio de adjetivos casi sinónimos, ya cultos, ya populares; el polisíndeton y el asíndeton; la ironía; la enumeración descriptiva; la figura etimológica; el poliptoton; la anadiplosis. [...]

El propósito mismo que induce a nuestro autor a tomar la pluma es antitético: manifestando la inocencia del Emperador, demostrará la culpa del Papa, y a la inversa, descubriendo la corrupción y abusos de la corte de Roma, revelará la mano vengadora de Dios. «...Por haver el Emperador hecho aquello a que vos mesmo avéis dicho ser obligado y por haver el Papa dexado de hazer lo que devía por su parte, ha suscedido la destruición de Roma.» Esta antítesis inicial la rodean mil otras sugeridas por la visión política tan tajante de nuestro autor, por su cristianismo erasmista o sencillamente por una tendencia muy medieval de dividirlo todo en blanco y negro, sin matices intermedios: antítesis entre «los supersticiosos y fariseos ... y los verdaderos cristianos y amadores de Jesu Cristo», entre las cosas visibles y las invisibles, entre las obras y las palabras, entre la guerra y la paz, entre los malos y los buenos, entre los templos materiales y «los templos vivos, que son las almas». Con la ciudad santa que Roma habría de ser, contrasta nuestro autor todos sus «vicios, tráfagos, engaños y manifiestas bellaquerías». Pero generalmente la antítesis valdesiana es oposición estrictamente de dos, palabras o sentencias (cf. Quintiliano, 9, 3, 81), tanto en fórmulas breves («allí me hallé o, por mejor dezir, allí me perdí»), como en razonamientos cumplidos, encadenadas en series de paradojas o concentradas en una sola figura («quedar absueltos los ánimos y cargadas las bolsas»).

La doble finalidad de la obra se expresa en el paralelismo sintáctico, que es una de las características formales más destacadas del diálogo y que sirve para subrayar la división lógica del discurso, para dar más resalte a la alternativa, más eficacia a la antítesis y, sobre todo, para amplificar el tema e insistir en la misma idea con intento de abarcar toda la realidad. La doble finalidad del ideal cristiano se expresa naturalmente en conceptos paralelos («la gloria de Dios ... la salud de su pueblo»). Paralelas son, por su propia naturaleza, las frases correlativas y las distributivas. En series paralelas se agrupan también oraciones hipotéticas, interrogativas, exclamativas, exhortativas, causales, negativas. Pero cuando más llama la atención el paralelismo es en los grupos de cláusulas que se corresponden exactamente: «todo lo han violado, todo lo han robado, todo lo han profanado».

De las figuras que dan resalte al paralelismo la más frecuente es la anáfora, que puede ser repetición de una sola o de varias palabras al principio de oraciones sucesivas. El hecho de que la parte de la oración que se repite no suele ser el sujeto, demuestra —si hicieran falta pruebas— cuán distinto es el orden retórico del orden lógico y sintáctico normal. Además las oraciones paralelas marcadas por la anáfora se agrupan a menudo en tres grupos de tres, o de cuatro y tres seguidos, y el paralelismo se combina con la triplicación de uno de sus elementos en la segunda o última frase. [Por ejemplo]: «¿Ésta era la defensa que sperava la Sede apostólica de su defensor? ¿Ésta era la honra que sperava España de su Rey tan poderoso? ¿Ésta era la gloria, éste era el bien, éste era ell acrecentamiento que sperava toda la cristiandad?». También la similicadencia sirve a veces para subrayar el artificio de la composición: «Tantas reliquias rob*adas* y con sacrílegas manos maltrat*adas*». «No hallaréis sino paz, concordia y uni*dad*, amor y cari*dad*.» Nótese el ritmo trispondaico de las dos últimas palabras de la primera cita y el dactílico y trocaico de la segunda. Podrían darse bastantes ejemplos más («... sin muy rezio, sin muy grave, sin muy *evidénte castígo*»; «... con evidentíssimas causas y muy *cláras razónes*»; «peor que turcos y que *brútos animáles*». [...]

La estructura y ornamentación retórica afectan también al propio diálogo en cuanto que los paralelismos y la antítesis se reparten entre los dos interlocutores. El arcediano habla de Clemente VII, Lactancio le replica con la poca *clemencia* del Papa; éste recuerda a «Jesu Cristo con sus Apóstoles», aquél «al Papa Julio con sus triumphos». La figura retórica, al repartirse, crea un diálogo *sui generis*.

Pero los lectores del siglo XVI no tendrían ese *horror aequi* que nos hace huir a nosotros de la repetición. También los ejemplos, las comparaciones y las metáforas se subsiguen sin mucha variedad ni vuelos de fantasía. [...] La metáfora más frecuente, que también hallamos en las cartas de Italia, es la del fuego: el fuego de la caridad que el Papa puede encender o matar; el de la guerra, que Clemente VII enciende por su interés particular. Otra comparación muy trillada es la de los soldados con unos «lobos hambrientos»; de ahí el verbo *hambrear* aplicado a Clemente VII. La figura de la cabeza y de los miembros la aplica nuestro autor al Papa y a los príncipes seglares (que «como ovejas, siguen a su pastor») y, en lo religioso, a Cristo y a los fieles. Muy medieval e hispano es tomar a los herejes como término de comparación peyorativa («aquellos alemanes, peores que herejes»), y un tópico aún más antiguo y universal —aunque Valdés en estas páginas lo herede del *Quaerela pacis* de Erasmo— es el poner al hombre por debajo de la fiera («más brutos que los mismos brutos»). De esta idea de la animalidad de los hombres procede también el uso cada vez más translaticio y menos respetuoso del mismo término: «manada de soldados», «manada de vicios», «manada de rosarios».

Expresiones como ésta le dan al *Diálogo* el tono de desenfado que tanto irritaba a Castiglione y, en época reciente, a Menéndez y Pelayo. Pero, prescindiendo de su contenido, hemos de reconocer que los chascarrillos de Valdés encajan muy bien en lo que tiene de más familiar su lenguaje. Véase, por ejemplo, cómo el arcediano describe el terror producido en Roma por las tropas imperiales: «Me tiemblan las carnes» («en deziros» o «en oíros»), exclama el amedrentado clérigo. Notemos que muchas otras de las locuciones y modismos que el arcediano emplea en sus momentos más espontáneos contienen referencias traslaticias a partes del cuerpo, y por lo mismo resultan más gráficas («yo diría perrerías desta boca»; «A osadas, que yo nunca rompa mi cabeça pensando»; «Cortávamos las uñas muy de nuestro spacio»; «aun en pensarlo se me rompe el coraçón»). También Lactancio a veces afirma su superioridad con expresiones algo más familiares («no estoy en dos dedos de dezir que ...»; «No me digáis essas niñerías ... Essas son cosas para entre niños»). Entreveradas en el tiroteo dialéctico y en la argumentación silogística, estos breves pasajes nos brindan un momento de descanso y nos dan la impresión de una mayor naturalidad.

José Antonio Maravall

IMPERIO E IGLESIA:
LA REFORMA, SEGÚN ALFONSO DE VALDÉS

Los dos diálogos de Alfonso de Valdés, el *Diálogo de las cosas ocurridas en Roma* (o *de Lactancio y el Arcediano*) y el *Diálogo de Mercurio y Carón*, puede decirse que son las dos partes de una misma obra. Por lo menos, hay una perfecta continuidad espiritual de uno a otro, y si el segundo está mucho más conseguido en el aspecto literario, el pensamiento político que en ambos se formula es el mismo y se completan recíprocamente. [...]

José Antonio Maravall, *Carlos V y el pensamiento político del Renacimiento*, Instituto de Estudios Políticos, Madrid, 1960, pp. 206-207, 209-212, 214-216, 220.

Como es sabido, el *Diálogo de Lactancio y el Arcediano* comenta los acontecimientos romanos con motivo del famoso saqueo de la urbe pontificia, y no sólo argumenta en disculpa del Emperador, sino que trata de interpretar trascendentemente el episodio. El *Diálogo de Mercurio y Carón* se ocupa del desafío lanzado contra el Emperador por los reyes de Francia e Inglaterra, y no sólo comenta el estado presente de la Cristiandad, sino que contiene un esquema de perfección cristiano-política, de gran amplitud. [...] Esos *Diálogos* están muy lejos de ser, como a primera vista pudiera creerse, simples ejercicios de retórica humanista, más o menos teñidos por la materia política, en elogio hiperbólico o en mera defensa argumentativa del príncipe, al que Valdés con tanta devoción servía. Son documentos netamente políticos. Montesinos puso en claro cómo el *Diálogo de Mercurio y Carón* no es una mera invención literaria, sino que en sus páginas son utilizados numerosos documentos de la cancillería imperial, no sólo los que como tales son citados en el texto, sino algunos otros de los que ciertas partes son copiadas casi literalmente. [...]

En la *Relación de la batalla de Pavía*, que por encargo oficial escribiera el secretario Valdés, se sostiene la tesis de un gobierno universal de los cristianos, y se considera ese imperio sobre todo el mundo, el cual habrá recibido la fe de Jesucristo, como realización histórica, que el autor cree alcanzarse en su tiempo, de la promesa evangélica: «Fiet unum ovile et unus pastor». [...] Aunque haya corrientes de pensamiento similar en otras partes, es adecuado atribuir al grupo de los erasmistas españoles, servidores de Carlos V o amigos de éstos, el sueño palingenésico de la monarquía universal, con el que se une el afán de reforma de la sociedad con el de reforma de la Iglesia por medio del Concilio. Así lo dice E. Cione [1963], según el cual la fusión de ese doble plano explica que Valdés «conciba su reforma ética y racionalista de la religiosidad, entendida como una gran obra de purificación social y eclesiástica y de renovación ética y pedagógica, como empresa de la cabeza política de la Cristiandad, del sumo pastor de los pueblos: el Emperador». Si eso de «racionalista» lo tomamos, más que en un sentido moderno secularizado, en un sentido cristiano tradicional, las palabras de Cione definen bien la significación de la postura valdesiana en uno y otro hermano.

La incorporación creciente de España a la política de Carlos V y la aproximación cada vez más estrecha de éste a sus reinos españoles, había de traer forzosamente una transformación de la idea tradicional de Imperio, tal como había sido formulada en el Medievo europco, y su sustitución por una idea de hegemonía, que iba a pretender, sobre la base del predominio de una potencia particular, la consecución de un fin general, tal vez el más general posible, que, dicho con palabras del propio Valdés, se enunciaría como la defensa de la «honra de Dios y el bien universal de la República cristiana». Un hecho tan extraordinario como el de la victoria de Pavía, visto con la mentalidad providencialista tan común en la época, había de acentuar ese proceso. Tiene razón Bataillon cuando sostiene que «motivos políticos y motivos religiosos se asocian entonces en un sueño complejo de hegemonía española, de unidad cristiana y de reforma general». Expresión de esa actitud es la interpretación que A. de Valdés dio a la batalla de Pavía en la relación oficial que redactara. Según esa relación, el emperador está muy particularmente en la mano de Dios, ya que, dada la universalidad de su jurisdicción y sobre todo su singular papel en la Cristiandad, la providencia divina cuenta con él de modo muy directo y personal. Por esa razón, la catástrofe sobrevenida en Roma castigó no sólo pecados de la curia, sino que reparó por juicio de Dios ofensas sufridas por el Emperador, según este mismo confiesa creer: «Vemos esto haber sido fecho más por justo juicio de Dios que por fuerzas ni voluntad de hombres, i que ese mismo Dios, en quien de verdad habemos puesto toda nuestra esperanza, quiso tomar venganza de los agravios que contra razón se nos hazían». En la *Relación* se declara que «toda la Cristiandad se debe de esta victoria gozar», ya que parece que por ella anuncia Dios el término de sus males. Si la ganó el Emperador, habiéndole abandonado sus confederados, fue por designio del Altísimo «para manifiestamente mostrar que a él sólo le daba esta victoria, como hizo a Gedeón contra los medianitas». Por eso se va a hacer posible la gran esperanza: «cobrar el Imperio de Constantinopla y la casa sancta de Jerusalem, que por nuestros pecados tiene ocupada» el enemigo común, el turco. Tesis coincidente también con la manera que tuvo de entender, pocos años después, el saco de Roma, y prisión del Papa. Después del saco de Roma, aquellos de los imperiales que personalmente están convencidos de la necesidad de reformar la Cristiandad, consideran que el Emperador tiene al Papa en su mano y podrá al fin llevar a cabo su misión. Tal es la tesis de Alfonso de Valdés, que al término de su *Diálogo* dedicado al tema, la expone en esta forma:

A la fe, menester ha muy buen consejo, porque si él desta vez reforma la Iglesia, pues todos ya conocen quánto es menester, allende del servicio que hará a Dios, alcanzará en este mundo la mayor fama y gloria que nunca príncipe alcançó, y dezirse ha hasta la fin del mundo que Jesu Christo formó la Iglesia y el Emperador Carlos Quinto la restauró. Y si esto no haze, aunque lo hecho haya seído sin su voluntad y él haya tenido y tenga la mejor intención del mundo, no se podrá escusar que no quede muy mal concepto dél en los ánimos de la gente, y no sé lo que se dirá después de sus días, ni la cuenta que dará a Dios de haver dexado y no saber usar de una tan grande opportunidad como agora tiene para hazer a Dios un servicio muy señalado y un incomparable bien a toda la república cristiana. [...]

Es tan insistente y tan general ese anhelo reformador, formulado en casi todas las páginas de sus *Diálogos*, que en el de *Lactancio y el Arcediano*, forzando ese programa hasta el extremo, leemos estas palabras: «Vos querríades, según esso, hazer un mundo de nuevo», a lo que se contesta: «querría dexar en él lo bueno y quitar del todo lo malo». Difícilmente el pensamiento utópico y reformista ha expresado más total y radicalmente su pretensión: hacer un mundo nuevo. Pues bien, en esta visión del destino del mundo se inserta la concepción del Imperio y del Pontificado en Valdés: un Emperador y un Papa espirituales para gobierno del pueblo de Cristo. He aquí cómo Valdés define a uno y otro: «el officio del Emperador es defender sus súbditos y mantenerlos en mucha paz y justicia, favoreciendo los buenos y castigando los malos». Y la autoridad pontificia existe para

declarar la Sagrada Scriptura y para que enseñasse al pueblo la doctrina cristiana, no solamente con palabras, mas con exemplo de vida, para que con lágrimas y oraciones continuamente rogasse a Dios por su pueblo cristiano, y para que éste toviesse el supremo poder de absolver a los que oviessen peccado y se quissiesen convertir, y para declarar por condenados a los que en su mal vivir estuviessen obstinados, y para que con continuo cuidado procurasse de mantener los cristianos en mucha paz y concordia, y, finalmente, para que nos quedasse acá en la tierra quien muy de veras representasse la vida y sanctas costumbres de Jesu Cristo nuestro Redemptor.

De estas definiciones y sobre todo de la primera, no puede decirse que sean modelo de precisión conceptual; pero queda claro, de todas formas, que Valdés espiritualiza en alto grado la misión del Papa y entrega al Emperador lo que corresponde al orden cristiano en la existencia temporal de la Cristiandad. De aquí que, partidario a ultranza de la reunión del Concilio universal, Valdés acepte que se pida su convocatoria al Papa; pero si éste no lo reúne, que lo convoquen los cardenales, y si no el Emperador, a quien, consultando a la Dieta del Imperio, correspondería asegurar a la Cristiandad el único remedio de sus males. Tal es el papel de la suprema dignidad política entre los cristianos. Por eso, a Valdés, si se le objeta que es grande e inalcanzable su empresa de reformar el mundo, contesta excitando prácticamente a ello al Emperador, viendo, en la persona del que en su tiempo ha renovado la potestad imperial con tanta virtud y fortaleza, un instrumento providencial para sus designios. En consecuencia, concibe la figura imperial de Carlos V como la del destinado a la reforma: «Vívame a mí el Emperador don Carlos y veréis vós si saldré con ello».

El resultado de esta reforma es un cristianismo interior, profundamente espiritualizado. Es sobradamente conocido este programa para que insistamos en su exposición. Digamos sólo que de esa renovación, como de las enseñanzas del buen obispo cuyo retrato traza en otra parte, el objeto es que «saliessen de allí nuevos hombres». Un mundo nuevo, hombres nuevos: tal es la misión imperial de Carlos, realizada por sí mismo y por sus ministros. Valdés une en esta actitud un elemento paulino y un elemento utópico.

Valdés, que tan acerbamente critica las extraversiones de los eclesiásticos en el mundo temporal, mantiene por su parte una fusión total, y aun confusión, de lo temporal y lo espiritual. No hay en él noción de una naturaleza, dotada de autonomía, con fines y medios propios. El mundo aparece absorbido por su destino religioso-espiritual. Su agustinismo en el plano de la política le lleva a reducir ésta a una universal empresa de vida religiosa, y sólo desde ella pueden recobrarse algunas de sus manifestaciones temporales.

En virtud de ese agustinismo político, Valdés comprende una verdadera reforma del reino, dentro de su concepción del mundo nuevo. [...] Desde su posición, que calificamos de despotismo espiritualista (o moralizante), Alfonso de Valdés sostiene que el buen rey no permite en la república los ociosos y vagabundos, impide que frailes y mendigos imploren la caridad, realiza una serie de construcciones útiles —hospitales, puentes, etc.—, obliga incluso a los hijos de caballeros a ejercitarse en las artes mecánicas, dando el ejemplo de que los propios hijos del rey aprendan un oficio, y procura gravar el lujo para que tributen más los ricos que los pobres. Se trata de un cuadro que hubiera admirado Campomanes.

Cristina Barbolani

LOS DIÁLOGOS DE JUAN DE VALDÉS

La división tradicional de la obra (sagrada por un lado, profana por otro) ha hecho que Juan de Valdés se encuentre en las historias literarias en capítulos distintos. A pesar de su innegable utilidad, esta división es responsable de que en la bibliografía valdesiana actual se dé una bifurcación: por un lado, ediciones del *Diálogo de la lengua*; por otro, estudios sobre las obras de carácter religioso. [Para captar la unicidad del Valdés escritor parece oportuno considerar] una parcela manifiestamente común al Valdés religioso y profano: el esquema del diálogo. Con más o menos herencia del debate medieval; platónico o lucianesco, italiano o erasmiano, el diálogo responde en el fondo a una instancia dialéctica y antidogmática hasta representar el género típico del humanismo, en el que se refleja su visión pluralista y abierta del mundo. Esto no impide que a veces el diálogo llegue a tonos violentos y libelistas, en circunstancias polémicas. Es el caso de Alfonso de Valdés y de sus diálogos famosos, el *Mercurio* y el *Lactancio*. No es el caso de Juan.

De los tres diálogos que sabemos que escribió Juan de Valdés, tenemos tan sólo dos con texto establecido: el *Diálogo de doctrina christiana* (Alcalá, 1529) y el *Diálogo de la lengua* escrito en Nápoles hacia 1535, inédito hasta 1737. Del tercero poseemos sólo la traduc-

Cristina Barbolani, «Los Diálogos de Juan de Valdés, ¿reflexión o improvisación?», *Actas del Coloquio Interdisciplinar «Doce consideraciones sobre el mundo hispano-italiano en tiempos de Alfonso y Juan de Valdés»* (Bolonia, abril de 1976), Publicaciones del Instituto Español de Lengua y Literatura de Roma, Roma, 1979, pp. 135-152 (138-139, 142-146, 148-150, 152).

ción italiana, ya póstuma (¿Venecia?, 1546): es éste el *Alfabeto cristiano*, diálogo también de la época italiana. Según B. Croce, que cuidó la edición moderna (Laterza, Bari, 1938), sería muy poco posterior al *Diálogo de la lengua*; pero entre estos últimos dos diálogos hay una evidente y bien marcada solución de continuidad que conviene señalar desde el primer momento. Para una valoración del estilo valdesiano, obviamente interesan los dos conservados en versión original; sin embargo, para ver más clara la trayectoria del escritor y del hombre no se puede prescindir del tercer diálogo.

Cuando Juan de Valdés escribe su *Doctrina christiana* tiene ya asimiladas las enseñanzas erasmistas, en las que se ha formado ya en su adolescencia (de paje en la pequeña corte de Escalona) y en sus estudios universitarios en Alcalá. Es en esta ciudad donde sale de las prensas de Miguel de Eguía este primer libro, que es también el único que se llegó a imprimir en vida de Valdés; sin duda precedido por discusiones y diálogos reales, marca el inicio de la actividad evangelizadora valdesiana a través del *libro impresso*, que caracteriza la nueva *devotio*. Una gran certidumbre interior, y por otra parte la esperanza de una renovación de la Iglesia (de la que no pretende separarse) son los motivos inspiradores de este primer catecismo valdesiano. [De los tres interlocutores —presentados con más rigidez de paradigmas que calor humano de personajes—, el arzobispo, depositario de la verdad erasmista, da a entender cuál es la reforma posible dentro de la ortodoxia; Eusebio, proyección del propio autor, sugiere cómo efectuarla en el mundo real; Antronio, el ignorante cura lugareño, es el «hombre viejo» presto a sufrir la conversión —comentada en términos paulinos— que lo hará un «hombre nuevo».] Tenemos así una especie de triángulo, cuya base sólo al terminar el diálogo se integra en la figura: lo mismo el arzobispo, *naturaliter* perfecto, que Eusebio, el cual acoge la reforma desde el punto de vista de la inteligencia receptora, como también el buen Antronio, llamado en causa en cuanto «vulgo cristiano», constituyen con su gradación la variada humanidad en la que es posible la salvación. En este planteamiento triangular es evidente que se realiza en parte la intención literaria que hay en el *Diálogo de doctrina christiana*, y no sólo en la estela del precedente de los *Coloquios* de Erasmo (tan mal imitados, según Bataillon). Individuamos ya a un Valdés escritor; un escritor que tiene un estilo muy suyo, lo que no implica necesariamente despreocupación por el estilo. Lo que no le preocupa es la prolijidad, y el rasgo estilístico más típico viene a ser la repetición insistente de la pareja de sinónimos, el ritmo binario monótono, constante valdesiana que sin duda corresponde a hábito de aclaración de catequista (binomios que aparecen después en el *Diálogo de la lengua*, estudiados por Menéndez Pidal [1942 *b*]). [...]

El segundo diálogo de Juan de Valdés, el mucho más famoso *Diálogo de la lengua*, se ambienta en Italia; el horizonte se ha ampliado. Para la biografía de este período son fundamentales las *Cartas* autógrafas publicadas por Montesinos [1931]. El perfil del hombre que nos brinda esta correspondencia es tan político que resulta desmitificador. Aquí se evidencia el 'parentesco', nunca bastante estudiado, con su hermano Alfonso. El Juan del *Diálogo de la lengua* se presentaba tan distinto respecto al de la obra religiosa, que cierta crítica pensó (hasta cierto punto, explicablemente) en otro autor; pero el de las *Cartas* es aún más distinto: partidario de la acción enérgica y violenta, orgulloso y a veces intratable... En Italia ha entrado en contacto Valdés con una sociedad por muchos respectos opuesta a sus sueños erasmistas de reforma. Nada tan distante de un obispo perfecto como el cardenal Ercole Gonzaga (al que van dirigidas las cartas conservadas), cuyos intentos pasajeros de acercarse a las ideas erasmistas califica Montesinos de «tragicomedia». ¿Debemos suponer que Valdés se encontrase a disgusto en este ambiente, con los ojos fijos en la doctrina perfecta? Descartaríamos esta interpretación hagiográfica, como también la hipótesis de una maquiavélica doble vida. Cabe pensar en una actitud de adaptación al ambiente, benévola y conciliadora.

[El *Diálogo de la lengua* nace como un producto del ambiente cortesano y de su entorno cultural; la preocupación general por las lenguas vulgares y, en especial, las *Prose della volgar lingua* de Pietro Bembo debieron causar honda mella en el escritor español.] Claro que Valdés se sentiría aún más vinculado al anticiceroniano Erasmo que al ciceroniano Bembo, y su interés hacia el problema de la lengua podría explicarse en el ámbito del erasmismo. Pero su escasa o nula conformidad con el bagaje cultural español sobre el tema (el *Arte* de Nebrija es el libro más atacado, abierta y solapadamente, en el diálogo) lo lleva a una actitud algo más que curiosa, abierta a eventuales sugerencias italianas en un ambiente preocupado por la *questione della lingua*. Pero intuye también que la lengua es algo vivo, que se resiste a las reglas, y su postura crítica de todo lo anterior lo lleva a una actitud de innovador, a considerar que todo, en el fondo, está sin hacer: la materia es nueva y moldeable, ideal para un diálogo. No se trata de que sea «diálogo más que tratado», sino que el diálogo es el único molde que puede acoger la materia, aún sin configurar. El diálogo no queda, así, como un propósito extrínseco a la obra y aplicado de modo postizo, sino como una estructura que nace al mismo tiempo que la obra.

La figura de Valdés es la principal depositaria de la verdad (lingüística en este caso), de la misma manera que en el *Doctrina christiana* campeaba el arzobispo. Pero aquí Valdés, al protagonizar la obra (hay personajes reales, preconstruidos, que lo hacen protagonista), no lo hace sólo como gramático, sino como hombre abierto y cordial. «Yo lo creo así» —viene a decir en muchos lugares—, «pero si otro no compartiese mi opinión no contendería con él». El sentido de tolerancia y comprensión hacia las supersticiones y el atraso de ciertos ambientes, que asomaban en el *Doctrina christiana*, se ha ampliado ahora en una experiencia de vida, en un ideal de urbanismo, unido a una sensibilización a algunos motivos fundamentales del Renacimiento italiano. Puritano en sus juicios literarios, cerrado hasta cierto punto a la moda del petrarquismo (aunque sólo en los términos del petrarquismo a lo divino se explique su amistad espiritual con Giulia Gonzaga), en el ambiente italiano se siente atraído por el gran problema de la lengua; observa la suya desde una vertiente original, con la objetividad que da la distancia, pero con orgullo en la constante confrontación con el italiano, dando una perspectiva mucho más sincrónica que histórica, a la que contribuye la pretextada falta de «autores» en que apoyarse. Los ejemplos sacados de los refranes, el estudio comparado, la consideración de las dificultades prácticas de traducción dan al *Diálogo de la lengua* un aire de mayor modernidad frente a obras del mismo tipo. [...]

El diálogo quiere aparecer inorgánico y no cabe duda de que lo consigue: contrariamente a los otros diálogos, Valdés no se preocupó de que le faltase el índice o tablá de los principales puntos tratados. En su aparente inorganicidad se manifiesta toda una toma de posición: crítica de lo anterior, conciencia de emprender tarea nueva, ideales de tolerancia. Se supera así con mucho el tosco intento de revestir de forma literaria (amena) un contenido doctrinal (caso del *Doctrina christiana*). Intenciones y praxis coinciden en la estructura del *Diálogo de la lengua*; nada de improvisación, sino un efecto estilístico de frescura e inmediatez, una intención literaria que no se queda en intención. El ritmo binario sigue predominando en el estilo, así como la simetría rigurosa; pero el autor declara cierto miedo a cansar, y el paréntesis y la anécdota intervienen oportunamente, ya que «no son malos a ratos, como entre col y col lechuga». La obsesión por la claridad disminuye, acogiéndose ampliamente no sólo la ironía, sino también el doble sentido, el juego de palabras, la reticencia que intriga, la adivinanza que fascina al autor (nos ha dejado una sin resolver, que yo sepa). Pero la mayor originalidad de este nuevo estilo de Valdés es que consigue vivificar la prosa con la acogida de una auténtica invasión de refranes. Aparte los que se citan y enuncian expresamente, gran número de ellos son utilizados en la normal conversación entre los interlocutores, personas de cierta cultura; por lo tanto el uso de los refranes no tiene la función caracterizadora presente tímidamente en el *Doctrina* y esencial en los diálogos del hermano Alfonso.

La tercera obra dialogada de Juan de Valdés no se conserva en su redacción original, sino sólo en traducción italiana (1546). La fecha de composición no es segura, y sería un dato de extraordinaria importancia; aunque según Croce la real conversación con Giulia Gonzaga que motiva la obra tuvo lugar en la Cuaresma de 1536 (o sea, un año después del *Diálogo de la lengua*), es de suponer que transcurriera algo de tiempo entre el diálogo real y la redacción de este *Alfabeto cristiano* en él inspirado, que de todas formas se sitúa en otra parcela de Valdés, que, si no arrincona la experiencia italiana del *Diálogo de la lengua*, de alguna manera se repliega sobre sí mismo con evidentes atisbos místicos. [...] El *Alfabeto* de Valdés, como las *Ciento diez divinas consideraciones*, va hacia el misticismo. No es éste el lugar de analizar los motivos que le alejan de Erasmo (estudiados por M. Bataillon [1966, 1977]). Señalaremos sólo que más que de evolución hablaríamos de una involución hacia un cristianismo íntimo, que se explaya en consideraciones («esercitio mentale o consideratione») y comentarios bíblicos para los adeptos, llegando todo lo más al coloquio espiritual con un alma aristocrática que lo comprende, dispuesta a someterse dócilmente. Esta extrema docilidad de la discípula preferida da al diálogo cierto carácter narcisista, diálogo casi-monólogo en el que la línea vertical prevalece sobre la horizontal. [...] En cuanto al estilo, la fidelidad de la traducción nos deja entrever una prosa ciertamente mejor que la del *Doctrina*;

el recurso estilístico más usado, la concatenación, fluye en ritmo
ascendente en una especie de clímax y suspense, en un anhelo de la
última palabra. Prosa sin refranes (argumentamos, naturalmente, tan
sólo en base a la traducción italiana), sin ironía, de períodos largos
y sosegados, muy cercana a la de las *Consideraciones*. [...] En el
Alfabeto cristiano la estructura dialogada ha abandonado la funcio-
nalidad que tenía en el *Diálogo de la lengua*. Obra escrita para Giulia
Gonzaga, como todas las de esta época, describe un círculo mágico
(y algo vicioso) en torno a los dos interlocutores, en el que no es
fácil penetrar. El entusiasmo del joven erasmista de Alcalá queda
muy lejos; el interés por ciertos motivos renacentistas ha decaído; [1]
y Valdés no ha llegado aún a llenar el vacío que supone la renuncia
a su experiencia italiana de gramático y de político.

1. [En obras de Valdés como los comentarios a los Salmos y a la Primera
a los Corintios o en *Las ciento diez divinas consideraciones*, subraya Eugenio
Asensio [1979], pp. 258-259, que «el repudio de la cultura profana campea en
muchos lugares, suscitado acaso por el deseo de extirpar una afición o hábito
obstinado. Valdés no acepta siquiera la justificación de que los *studia humanitatis* pueden ser alistados al servicio de la filosofía cristiana» y «combate el
empleo de la *retórica humana*, la cual ahuyenta la inspiración: "Viendo Dios
que los hombres comenzaban a querer persuadir el negocio cristiano con artes
de *retórica humana*, cesó de darles el Espíritu Santo". Hasta cuando repite sin
mentarlo ideas de aquel Erasmo que adoraba en sus años de Alcalá, se arregla
para ser infiel al sentido último. (...) Claro es que Erasmo, que consumió
buena parte de su vida en poner la cultura antigua al servicio del cristianismo,
sólo condena la lectura exclusiva e idólatra de los autores gentiles. Mientras
que Valdés resume: 'Il desiderio del sapere è grande imperfezione nell'uomo'.
El saber humano no ayuda a la exégesis: "Es grandísima la temeridad de los
que quieren conocer a Dios a lumbre de escrituras y persuasiones de hombres"».]

Lore Terracini

LA SUBSTANCIA DEL *DIÁLOGO DE LA LENGUA*

El *Diálogo de la lengua* en apariencia es muy poco sistemático, y en su división interna en ocho partes [1] varias de ellas no consiguen distinguirse con claridad de las otras. No resulta, pues, fácil establecer de un modo seguro los límites internos de su contenido. A grandes rasgos, podemos tratar de distinguir un conjunto más abundante de páginas dedicadas a problemas predominantemente lingüísticos, y otro, más reducido, a cuestiones de crítica literaria. Pero la línea divisoria entre estos dos grupos dista mucho de ser clara.

En primer lugar, está siempre presente en Valdés la idea de que la lengua alcanza su madurez por medio de una elaboración literaria; nos consta hasta qué punto el Bembo contribuyó a la formación de este concepto. Si [...] Valdés ve su lengua como aún inculta, el motivo de esta inmadurez es para él precisamente la falta de buena literatura. El concepto del predominio lingüístico del uso, alterna continuamente con el de la autoridad de la palabra escrita; y es pre-

Lore Terracini, «La sostanza del *Diálogo de la lengua*», en su libro *Lingua come problema nella letteratura spagnola del Cinquecento*, Stampatori Editore, Turín, 1979, pp. 24-42 (24-27, 34-38).

---

1. [«Si os queréis governar por mí —propone Marcio—, haremos desta manera: en la primera parte le preguntaremos [a Valdés] lo que sabe del origen o principio que an tenido, assí la lengua castellana como las otras lenguas que oy se hablan en España; en la segunda lo que pertenece a la gramática; en la tercera lo que le avemos notado en el escrivir unas letras más que otras; en la quarta la causa que lo mueve a poner o quitar en algunos vocablos una sílaba; en la quinta le pediremos nos diga por qué no usa de muchos vocablos que usan otros; en la sesta le rogaremos nos avise de los primores que guarda quanto al estilo; en la séptima le demandaremos su parecer acerca de los libros que stán escritos en castellano; al último haremos que nos diga su opinión sobre quál lengua tiene por más conforme a la latina, la castellana o la toscana. De manera que lo primero será del origen de la lengua, lo segundo de la gramática, lo tercero de las letras, adonde entra la ortografía, lo quarto de las sílabas, lo quinto de los vocablos, lo sesto del estilo, lo séptimo de los libros, lo último de la conformidad de las lenguas» (ed. C. Barbolani [1967], p. 11).]

cisamente la falta de esta autoridad la que determina la importancia del mismo uso. Pero si bien la norma del uso puede bastar para quien emplea su lengua materna, los extranjeros, «los que quieren aprender una lengua de nuevo», tienen que aprenderla y «hazerse buen estilo» con los libros.

Los comentarios literarios surgen con toda naturalidad de las consideraciones sobre el estilo que los habían precedido, y aparecen como respuesta a dos preguntas de Marcio y Coriolano, orientadas hacia ese tipo de cuestiones lingüísticas y didácticas. Es el mismo punto de vista que se refleja, por ejemplo, en el hecho de introducir ciertos criterios de distinción entre verso y prosa (uno de ellos es el de que «el leer en metro» no es útil para los «aprendices» de una lengua); o en el hecho de admitir para los arcaísmos del *Amadís* la defensa de Torres [o «Pacheco», según la lectura más corriente para el nombre de ese interlocutor], pero con la reserva de que lo mejor sería no imitarlos; o en el sacar la conclusión acerca del *Amadís*, tomado en su conjunto, aunque sea con reservas, de «que es muy dino de ser leído de los que quieren aprender la lengua».

La crítica de las obras literarias se desarrolla en gran parte desde un punto de vista formal; criterio, por otra parte, que repite a menudo, al menos de un modo genérico, el mismo Valdés: «aquí no hablamos sino de lo que pertenece a la lengua»; pero desde ella se deriva con frecuencia hacia el estilo. Y lingüístico es también otro criterio de distinción entre verso y prosa: en la parte dedicada al léxico es frecuente la observación de que hay vocablos «bien usados» en metro, pero inadmisibles en prosa. Distinción, sin embargo, no poco inconsistente, ya que el ideal democrático de la lengua conduce a Valdés al concepto de una poesía íntimamente ligada al lenguaje corriente; de ahí su afirmación tan comentada de que «la gentileza del metro castellano consiste en que de tal manera sea metro que parezca prosa, y que lo que se scrive se dize como se diría en prosa».

En un plano léxico, como en un plano sintáctico, el rechazo de lo que es poco natural o poco claro provoca la crítica, por un lado de las «frías afetaciones» del *Amadís*, de los oscuros latinismos de Mena y de *La Celestina*, por otro de las «cláusulas eclipsadas», del hipérbaton con el verbo al final, de las oraciones subordinadas poco claras, de las palabras «groseras» de Mena y del «amontonar vocablos» de *La Celestina*, así como de las palabras que en las *coplas* sólo sirven de relleno, es decir, del uso vano de palabras a las que «las cosas» tienen que acomodarse de un modo forzado. En resumen, se critica todo lo que es característico de la retórica y del estilo de transición entre la Edad Media y el Renacimiento pleno. Al mismo criterio obedece asimismo su gusto por las *Coplas* de Jorge Manrique y por los romances.

Esta idea, que podríamos llamar de «decoro» estilístico, se inscribe también dentro de un concepto más amplio de «cuidado» y «descuido», según el cual los autores españoles no se pueden comparar a los italianos, latinos o griegos; no sólo Mena «se descuidó» en sus excesivos latinismos o en el uso de demasiados vocablos «groseros», sino que «todos essos librillos ... están escritos sin el cuidado y miramiento necessario». Al margen de ese reproche de «descuido» o de afectación están los refranes; de ahí el gran aprecio que siente por ellos Valdés. Dentro del concepto del «descuido» de los escritores, figuran también algunos comentarios sobre el estilo: desde este punto de vista se sacan consecuencias para la historia de la lengua, ya que se señala ahí una de las causas de la «corrupción» de la lengua española respecto al latín.

Con estas premisas, falta todavía por ver los criterios de selección de las obras comentadas por Valdés; selección voluntariamente limitada a un breve período, cuyo término *a quo* es Mena y que tiene como término *ad quem* los escritores contemporáneos que ya no viven, como Naharro y Encina. Descartada por una parte la literatura propiamente medieval —por el motivo característicamente humanístico del desinterés por lo medieval, tal vez más acusado en él que en otros autores—, y descartados por otra parte los contemporáneos que aún viven, la crítica de Valdés se ejerce con criterios que derivan más o menos del ámbito erasmiano. Con frecuencia se ha observado que muchos de los juicios críticos de Valdés aún conservan vigencia hoy en día. Más interesante podría ser observar en él una cierta actitud casi sentimental de apego a obras típicas de su época, o, mejor aún, de su juventud: por ejemplo, su afición a «un poco de artificio» en la poesía, como en las *coplas* diseminadas por el *Diálogo*, y, aunque con reservas, por los *motes, invenciones, preguntas* y *villancicos*. Algo similar podría decirse también de los libros de caballerías. En ellos Valdés distingue los «mentirossísimos» y «mal compuestos» (*Esplandián*, etc.) del *Amadís, Palmerín* y *Primaleón*, por los cuales conserva, aunque sin renunciar a hacer su crítica, algo de la pasión juvenil, más o menos una «secreta afición».

Ante los libros de caballerías muestra un apego sentimental que no excluye una crítica en nombre de la verosimilitud que parece anticipar la de Cervantes. También Cervantes querría someterlos a reglas, y —un poco erasmianamente— elogiará el *Tirant* porque en él «comen los caballeros, y duermen y mueren en sus camas, y hacen testamento antes de su muerte». A medio camino entre el *Proemio* de Santillana y el «escrutinio» de la biblioteca de don Quijote, Valdés se aparta del confuso entusiasmo, de neófito del humanismo, del primero (que prefiere el metro a la *soluta prosa* y rechaza los romances, según un criterio lingüístico opuesto al de Valdés) para acercarse al segundo, con quien comparte una postura entre sentimental y racional, y un criterio de sentido común y de moderación.

En cuanto al contenido más propiamente lingüístico del *Diálogo*, se perfila con claridad una distinción entre el cuerpo de la obra, en el que la lengua española se considera en sí misma, y la primera y última de sus partes, que son de carácter histórico o diferencial. [...] Para Valdés el latín no es más que una vena de antigua pureza para la lengua romance, una vena que confiere a su palabra en vulgar su dignidad de forma histórica, pero una vena completamente absorbida en la modernidad de la lengua actual. Hasta el punto de que Valdés insiste en la existencia de una gran abundancia de términos españoles que corresponden a conceptos ajenos al latín, incluyendo entre éstos también a los arabismos. Es la misma conciencia de una latinidad mitigada y libre que volvemos a encontrar cuando habla de gramática. De vez en cuando Valdés reconocerá que el conocimiento del latín es útil para hablar bien el castellano; pero por otra parte afirmará (por ejemplo, a propósito de *truxo* y *traxo*) que cuando escribe en castellano no le da importancia a como se escribe en latín, y que escribe *misterio* y *sílaba* a la manera moderna, porque su lengua es común a todos los que la hablan, aunque no conozcan latín y griego. Semejantemente, esta actitud le hará admitir —apoyándose en Cicerón— los neologismos cultos y los vocablos latinos para los que no hay equivalentes castellanos, sin dejar por ello de censurar acerbamente los latinismos excesivos de la literatura del siglo xv. El farragoso latinismo de Mena y de *La Celestina* aparece ya superado en Valdés por una conciencia moderadora que aúna la veneración humanística por el latín y la conciencia de la actualidad de la propia lengua vulgar.

En esta actitud parece haber casi una contradicción, ya que

Valdés muestra indiferencia por «una cosa tan baxa y plebeya como es punticos y primorcicos de lengua vulgar», y abre de par en par la puerta a la simple norma del uso. Aquí sobre todo la comparación con el latín, situada en la distinción entre lengua aprendida por el estudio y lengua aprendida por el uso, parecía conducir a un manifiesto sentido de inferioridad de la lengua vulgar. En realidad es también la ausencia de una buena literatura lo que mueve a Valdés a poner en primer plano la lengua oral y los refranes. La norma del uso parece así en cierto sentido determinada por el planteamiento teórico del *Diálogo*, en el cual Valdés parece insistir en la «vulgaridad» de su lengua vulgar.

Pero, por más que desde las primeras páginas se aluda explícitamente al uso cortesano de Toledo, y aunque ese criterio geográfico determine en parte la oposición al andaluz Nebrija, no obstante, en las preferencias gramaticales y léxicas de Valdés hay algo que parece ir más allá del «castellanismo más estricto» y anunciar casi una norma literaria. Por encima de todo, el rechazo del vulgarismo dialectal tal vez se funda más en un concepto de lengua comúnmente cultivada que en el de lengua cortesana; desde luego así es en cuanto a la aceptación de los neologismos, que demuestra un ensanchamiento del horizonte cultural más allá del lingüístico. En Valdés, en los criterios de selección léxica hay sin duda algo más que un mero principio localista y social, aunque a veces se expresa con términos vagos como «los mejores vocablos». Arcaísmo y vulgarismo —palabra «plebeya», «grossera», «villanesca»— no sólo se oponen a palabra cortesana, sino también a palabra «galana» o «gentil», que ya es algo más sutil. Por lo demás, como dice Menéndez Pidal [1942 *b*], en la importancia que Valdés concede al «juicio», es decir, a la selección, hay implícito un principio de criterio artístico, aunque menos acentuado que en el análogo gusto selectivo de fray Luis. En síntesis, se trata de algo que trasciende al simple uso corriente; como lo trascienden, sin duda, ciertas preferencias personales: véase, por ejemplo, la predilección por ciertas palabras, como «arriscar», «aventurar», «arregostar», «aleve». Por otra parte, estos aspectos concuerdan con lo que hemos visto acerca de sus juicios literarios. Por lo tanto, la distancia que se supone separa de un modo tajante a Valdés de los conceptos literarios que pocos años después se perfilan en el ideal lingüístico de Morales y de fray Luis, y en el esteticismo de Herrera, quizá no sea tan considerable como pudo parecer; ni tampoco el predominio del uso tiene en él solamente un sentido de clara inferioridad respecto al latín y al italiano, que contaban con mayor tradición literaria.

Valdés se refiere a los orígenes históricos del español con mucha más frecuencia de lo que lo exigen las cuestiones de gramática que sus interlocutores desean aclarar; más aún, no descuida ocasión para decir que éstas le parecen «niñerías de la lengua», «gramatiquerías», «bachillerías», «pedanterías», futilidades. Y usa esos términos en su sentido literal. Valdés, aunque claro está que sin ignorar, como lo demuestra cuando habla por boca de Marcio, toda la construcción filológica que hay tras el concepto de gramática, debía de intuir que esta interpretación en el fondo era ajena a la forma de su humanismo; y por esta razón prefiere mantenerse alejado de ella. Para él el término de gramática sigue estando inevitablemente vinculado a la gramática elemental latina que se enseñaba a los niños. Es el vocablo al que recurre precisamente para explicar el carácter elemental y propedéutico de su enseñanza en las primeras páginas del *Alfabeto cristiano*:

l'altra [recomendación dirigida a Giulia] è che di questo dialogo si serva come si servono della grammatica i fanciulli che imparano la lingua latina, in maniera che lo ̉pigli come uno alfabeto cristiano, nel quale si imparano i principi della perfezione cristiana, facendo istima che, imparati questi, ha da lasciare l'alfabeto e applicare l'animo suo a cose maggiori, più eccellenti e più divine.

En otras palabras, gramática es para él norma elementalmente práctica: «Quanto a la gramática, con deziros tres reglas generales que yo guardo, pensaré aver cumplido con vosotros; las quales a mi ver son de alguna importancia para saber hablar y escrivir bien y propiamente la lengua castellana».

Las normas que da Valdés son, pues, normas generales, fundadas en su experiencia personal, y permanecen como al margen de los esquemas y de aquellas divisiones tradicionales —ortografía, gramática, etc.— que en el *Diálogo* figuran aparentemente mezcladas y revueltas entre sí. El hilo conductor hay que buscarlo necesariamente dentro de la misma obra; y, sin embargo, en las continuas interrupciones de carácter dramático, no es difícil volver a encontrarlo en normas de propiedad y de claridad que proceden del uso y de la estructura misma de la lengua, que se justifican por sí mismas, obedeciendo a una exigencia de orden y de armonía. Para ser más concretos, al recurrir una y otra vez al origen latino para determinar con mayor claridad sonidos, funciones y significado del vocablo español, advertimos en seguida la aplicación de aquel principio de latinismo libremente atenuado [por ejemplo, en *misterio* o *sílaba*] que ya hemos tenido ocasión de comentar.

Existe además en el *Diálogo* la continua tendencia a igualar oscilaciones y eliminar incertidumbres del uso, que lleva a Valdés a hacer una clasificación de orden gramatical, con objeto de conseguir no sólo una mayor fijeza, sino también una claridad mayor; así, por ejemplo, las distinciones de género o las establecidas por el acento o por la diferencia entre *a* y *ha*, *e* y *he*, etc., o la integridad del pronombre *esta* frente a la forma verbal *stá,* además de rasgos genéricos sobre la palabra plena. Por lo que respecta a este último punto es natural que Valdés piense sobre todo en los hechos que hoy llamaríamos de fonética histórica, en los que esta integridad resulta más amenazada.

Todo lo demás, en líneas generales, es tan sólo una serie de usos fijados, que se hace como incidentalmente, para responder a las acuciantes preguntas de sus interlocutores. Aquí hay que hacer notar por encima de todo el riguroso sentido de actualidad de la lengua que lleva a Valdés —por una vez de acuerdo con Nebrija— a aplicar habitualmente el principio ortográfico de que se escribe tal como se pronuncia. Al mismo tiempo, observamos la agudeza de su observación realista: por ejemplo, lo que dice acerca de la equivalencia de ciertos prefijos, o sobre la plenitud de la palabra castellana respecto a formas dialectales, o también sobre la afectación regional de los que siguen empleando la *f* inicial. En conclusión, si a las partes destinadas más específicamente a temas gramaticales, añadimos la del léxico, podemos afirmar que la parte central del *Diálogo* constituye el testimonio y al mismo tiempo la norma libre del uso del español en los comienzos del siglo XVI.

Margherita Morreale

LOS «BÁRBAROS IDIOTAS» EN *EL SCHOLÁSTICO* Y EN *EL CRÓTALON*

La lucha contra los «bárbaros idiotas», los *viri obscuri*, enemigos encarnizados de las buenas letras, es un rasgo común a los movimientos humanísticos europeos, y España no constituye una excepción: tan debelador de la barbarie se siente Nebrija a fines del siglo XV como Simón Abril, corriendo ya el XVI hacia su ocaso. Los defensores de las humanidades deploran además su aislamiento ante la abigarrada y ruidosa muchedumbre de sus adversarios, cuya identidad no llegamos a distinguir sino confusamente: ya son ignorantes maestrillos de gramática o severos protectores de la «moralidad» de las escuelas, ya hinchados filósofos, que se pierden en disputas y sofismas, y muchos de ellos visten el hábito religioso, según nos dejan entrever alusiones más o menos veladas. Así, en las invectivas de los humanistas, y particularmente en las partes preliminares de sus obras, la preocupación por la pureza del latín se combina con la antigua y siempre renaciente controversia entre *artes* y *auctores*, y el antagonismo entre la posición humanista y la escolástica se manifiesta con renovado afán de reforma.

Desenredar los hilos que en España constituyen el complicado juego de estas antítesis [exige] establecer los nexos entre las condiciones reales y la tensión que expresan las quejas de los humanistas, y, por otra parte, sopesar hasta qué punto éstas son genuinas o fluyen de una larga tradición retórica: simples lugares comunes que se vierten en los períodos ciceronianos de una dedicatoria o en los versos de un soneto a Zoilo. La determinación de las fuentes clásicas puede ser, en este sentido, muy esclarecedora, sobre todo en cuanto nos permite discernir los procesos puramente imitativos de la adaptación *vital* de la materia antigua. [...] Nadie fue tan eficaz como Luciano en transmitir a la posteridad y particularmente al Renaci-

Margherita Morreale, «Luciano y las invectivas "antiescolásticas" en *El Scholástico* y en *El Crótalon*», *Bulletin Hispanique*, LIV (1952), pp. 370-385 (370-373, 375-376, 379, 381-384).

miento, el tipo del sabio hipócrita, absorto en mil cuestiones y distinciones sofísticas, sucio, pálido y desharrapado a la par que arrogante y voluntarioso, polo opuesto, por su perezosa inactividad, al *idiotes*, el hombre corriente que contribuye con su humilde trabajo y su sentido común al bienestar de la humanidad. El diálogo *Icaromenipo* puede considerarse como representativo de este género de sátira lucianesca, en la que se combina la farsa con el vituperio moral: a mediados del siglo XVI hallamos en España no tan sólo dos traducciones distintas de «Menipo bolador» o «Menipo sobre las nubes», sino también unas adaptaciones del mismo en *El Scholástico* de Cristóbal de Villalón y en otra obra de autor anónimo, *El Crótalon*.[1]

En *El Scholástico* el escritor castellano, renunciando al marco lucianesco, entresaca parte de la invectiva contra los filósofos. Los párrafos iniciales están traducidos casi a la letra, pero luego, aun dejando al texto todo su ropaje antiguo y refiriéndose expresamente a los académicos, peripatéticos, cínicos y epicúreos, se aparta Villalón de su modelo, no en el espíritu, pero sí en los detalles y multiplica las notas despreciativas:

pero cuando se quedan a solas, ¿quién podrá decir cuánto comen, cómo se entregan a la lujuria, cómo lamen la suciedad de cada céntimo? (*Icaromenipo*).	después que solos entre sí estan (o dios inmortal), qué metidos son en la luxuria, qué tráfagos y contiendas y qué afeminadas questiones mueven los unos a los otros. ¡Cuán desmandados glotones y deshonestos bebedores, habarientos, mentirosos, blasfemos! (*Scholástico*).

Coinciden los dos textos en condenar el ocio de los seudofilósofos, su inutilidad para el bien público y la arrogancia con que se consideran superiores a los demás.

[Los mismos paralelos se dan en el *Crótalon*, uno de cuyos interlocutores], el zapatero Micilo, quiere aprovechar la experiencia y doctrina de su maestro, el gallo Protágoras, para llegar a ser él tam-

1. Me abstengo de atribuir la obra a ningún autor determinado. En cuanto a su título, en el ms. de Gayangos (B. N. 18345), que he tenido a la vista, no lleva acento ninguno y me inclino a acentuarlo como su homónimo griego, ya que el autor consideraba la palabra «Crótalon» como *vocablo griego*, que en castellano quiere decir 'juego de sonajas'» (*Prólogo*).

bién «filósofo» y usar de «aquella presunçión, arrogançia y obsten-
taçión, desdén y sobreçejo con que los philósophos tratan a los otros
que tienen en la república estado de comunidad». El gallo, que en
sus múltiples metamorfosis ha pasado por las más variadas condiciones humanas, se dispone a satisfacer este deseo. Pero —y es lo
que aquí nos interesa— deja a un lado a los filósofos gentiles (que
no hacen «a su intinçión») y, «pues en los cristianos han professado
y suçedido en su lugar los eclesiásticos», decide relatarle a Miçilo
sus experiencias de cuando fue clérigo [o de cuando, como Icaromenipo en Luciano, buscó maestros que le explicaran los misterios
de la naturaleza y de Dios]. No tardamos en notar que el anónimo
español sustituye la descripción de las pálidas caras y largas barbas,
de las altisonantes palabras y hábiles manejos lucrativos del original
lucianesco, por unos rasgos que, sin apartarse tampoco aquí del espíritu del modelo, arraigan claramente en la realidad contemporánea:

quando en aquellas comunes academias entré y miré todos los que *en la
manera de disputa y liçión* mostravan enseñar, entre todos vi el hábito y
rostro muy particular en algunos, que sin preguntar lo conoçieras haverse
levantado con el título de çelestiales. Porque todos los otros, aunque
platicavan profesión de saber, *debajo de un universal baptismo y fe* trayan
un vestido no diferente del común. Pero estos otros mostravan *ser de
una particular religión*, por estar vestidos de *hábito y trage particular*, y
aun entre ellos diferían en el *color*.

Las cualidades que el *Crótalon* les atribuye son desde luego las propias de los «falsos filósofos», «presunçión, arrogançia», etc., pero en
el método reconocemos que son escolásticos, y en el traje, religiosos;
mientras que en la alusión al «universal baptismo y fe» se manifiesta
la irritación del cultor de la *philosophia Christi* contra los que sólo
por el hábito se creen superiores a los demás: «Estos son los maestros de la philosophía y theología natural y çelestial». [Cuando el
Gallo, por boca de Icaromenipo], siempre según la pauta de Luciano,
pide a Dios la condenación de los falsos filósofos, exponiéndole «la
diversidad de prinçipios naturales que ponen», Villalón abarca además, con unas frases bastante atrevidas, la teología:

Porque han inventado unos no sé qué géneros de setas y opiniones que
nos lançan en toda confusión. Unos se llaman reales y otros nominales.
Que dexado aparte las niñerias y arguçias de *sophismas, actos sincategore-*

máticos, reglas de instar, que absolutamente devéis, señor, mandar destruir, y que ellos y sus auctores no salgan más a luz... En la theología no ay sino *relaçiones, segundas intençiones, entia rationis, verdaderas imaginaçiones*, en fin, cosas que no tienen ser. Es venido el negoçio a tal estado que ya se glosa y declara vuestra Scriptura y Ley según dos opiniones, nominal y real; y según pareçe, esta multiplicaçión de cosas toda redunda en confusión de los injenios que a estas buenas sçiençias se dan. [...]

Yuxtapuestos con el diálogo de Luciano, los pasajes correspondientes de *El Scholástico* y del *Crótalon* parecen dos fases del mismo proceso. En el primero se trata de la simple adopción de la materia antigua, acusando cierto sabor de cosa vivida; en el otro de la franca utilización del modelo para fustigar abiertamente «la maliçia en que los hombres emplean el día de hoy su vivir». [...]

El pensamiento del propio Villalón se pierde en una congerie de referencias clásicas y de traducciones más o menos literales. La excepción son sus amargas quejas sobre la decadencia de las universidades y la ignorancia de los maestros. No tiene que imitar a nadie nuestro buen profesor de Salamanca, para expresar sus sentimientos con respecto a estos últimos:

a los quales sy yo tuviesse aquí, yo los convençería con razones, y si no me quisiessen creer, con este puño los desmenuçaría los dientes en la boca; y sy yo huviesse poder para les dar leyes, yo les instruiría como avían de enseñar, y si no obedesçiessen, los sacaría la lengua porque con su loquaçidad no corrompiessen la juventud.

Una y otra vez arremete nuestro autor contra los bárbaros idiotas que «con un psalterio, con un çentones, con un santoral, con unos himnos y oraçiones» quisieran enseñar gramática latina; «y detestan y maldizen las buenas leturas de los antiguos, como Horaçio, Persio, Juvenal...». Maldice su hipocresía al querer apelar a la rusticidad de los apóstoles, cuando su verdadero Dios es la gula y en comer y en beber «gastan su tiempo, y se consumen las posesiones, y se disipan las rentas de la iglesia y se roban los feligreses, y se tiraniça la iglesia de Dios». Así, después de condenar una vez más a los enemigos de las letras humanas por su ignorancia y pertinacia, y después de fustigar los abusos de su vida privada y particularmente su gula, entremezclando aquí también reminiscencias eruditas, Villalón vuelve a hacer hincapié en esa nota ética, a la que le había conducido su lucianesca arenga contra los falsos filósofos:

Querría yo que los apóstoles se imitassen en sus costumbres y obras de simpliçidad, caridad y amor, y estos otros santos varones se imitassen en sus letras y saber. De manera que si en Sant Pedro avía gran fe y en Hierónimo avía gran dottrina, del uno imitemos el ánimo y del otro el saber. [...]

El Scholástico presenta una actitud de insatisfacción y resentimiento contra el clero en general y los maestros en particular, lo que queda confirmado por alusiones sueltas en otras obras de Villalón, en la *Ingeniosa comparación entre lo antiguo y lo presente* (1539) y en la *Gramática castellana* (1558). Es muy probable que también en los pasajes contra los «filósofos antiguos que con hipocresía vivían mal» iría escondida alguna flecha contra los adversarios de las buenas letras. Por lo demás el escolástico, o sea el varón perfecto que se pretende formar en esta obra, ha de poner «su principal estudio en la Theología, Cánones, Leyes o Medeçina», sin que se intente desviarle del camino tradicional. Tampoco el «Razonamiento en loor de la sagrada Theología» le sugiere al autor recriminaciones contra el sistema vigente, aunque en el elevado estilo de este capítulo, en sus citas ciceronianas, en su concepción de una teología que enderece las almas a conocer y a amar a Dios, dé prueba de una piedad ilustrada.

En el *Crótalon*, al contrario, la sátira recae también sobre términos de escuela. Pero aun en este caso, sería anacrónico hablar, en el sentido actual y técnico de la palabra, de «antiescolasticismo», ya que el autor, mucho más escolástico de lo que se podría deducir de sus ataques, está muy lejos de tomar una posición consistente y sistemática contra la autoridad de los Maestros consagrados en las escuelas. Sus invectivas (como lo fueran en otro tiempo las de Luciano) son más bien escaramuzas dirigidas contra la armazón exterior de las disputas, sin afán de analizar pausadamente las cuestiones mismas. Pero si en algo ahondan más nuestros imitadores de Luciano —y es la nota más significativa de sus escritos— es en oponerse a la intromisión de la filosofía, y sobre todo de la dialéctica, en la teología. [...]

El rasgo humanístico y eminentemente erasmiano, el que une a estos escritores castellanos al movimiento europeo, es la utilización de Luciano. El satírico escéptico, el moralista gentil se presta como modelo literario a unas aspiraciones de interioridad y auténtica reforma cristiana, sin empañar para nada la fe de sus admiradores españoles del siglo XVI: éstos le leen a través de su propia preocupación vital y absorben con avidez lo que pone en evidencia: la antítesis de lo exterior y lo interior.

MARCEL BATAILLON

ANDRÉS LAGUNA Y EL *VIAJE DE TURQUÍA*

El *Viaje de Turquía* es también una obra que durmió inédita en la sombra de algunas bibliotecas hasta los umbrales del presente siglo. Pero es una obra tan sabrosamente española como el *Crótalon* lo es poco, una obra que, por la agilidad del diálogo, por lo ingenioso de la ficción, por la amplitud de espíritu y la experiencia del mundo que demuestra, es, sin contradicción, la obra maestra de la literatura a la vez seria y de pasatiempo que España debe a sus humanistas erasmianos. Si su excepcional importancia no se ha apreciado todavía, ello se debe a que Serrano y Sanz, engañado por el aire de verdad que de ella emana, la tomó por relato autobiográfico desde el principio hasta el fin, y a que, aprovechando un hueco de la biografía de Villalón, se empeñó en situar en él las maravillosas aventuras contadas en el *Viaje*. La vida y la obra de Villalón tomaron de ese modo un interés excepcional. Pero el *Viaje* perdió mucho de su valor transformándose en un momento de la vida de Villalón, humanista de segundo orden, cuyas obras auténticas no sobrepasan el nivel de una honrada medianía.

Desde nuestro primer examen del problema, había sido evidente para nosotros que el *Viaje de Turquía* era de otra pluma, de otra esencia. Este libro postulaba como autor a un humanista, a un hele-

Marcel Bataillon, *Erasmo y España*, trad. A. Alatorre, Fondo de Cultura Económica, México, 1966², pp. 669-672, 684-686, 691-692.

nista, ciertamente, pero también a un hombre instruido por la vida lo mismo que por las bibliotecas, y dotado de un sentido excepcional del humor. Una vez formulado en esos términos el enigma, la Memoria, diosa excelsa, vino a apuntarnos la clave. Pensamos en cierta carta en que el doctor Andrés Laguna (h. 1511-1559), español europeísimo, honra de la medicina y del helenismo de la época de Carlos V, cuenta a su amigo el embajador Vargas su viaje de Padua a Augsburgo. Esta carta estaba tan por encima de la literatura epistolar como el *Viaje de Turquía* está por encima de la literatura de los diálogos. Aquí y allá encontrábamos el mismo espíritu atento a las cosas de la naturaleza y a la vida de los hombres, el mismo juicio libre, la misma visión humorística de los seres y de los acontecimientos. Unas investigaciones paralelas sobre la génesis del *Viaje* y sobre la vida y la obra del doctor Laguna nos llevaron muy pronto a la certidumbre de que este libro no era una relación autobiográfica, sino una novela de viajes que amalgama ingeniosamente una sólida información aprendida en los libros con los recuerdos de una vida rica en experiencias, y que el autor de esa novela era precisamente un médico, un gran médico, el doctor Laguna. [...]

Es necesario decir cómo se ofrece a nosotros el *Viaje de Turquía*. Es un largo coloquio que iguala los mejores coloquios de Erasmo por su riqueza de observación y de pensamiento, por su viveza y su naturalidad. Los interlocutores son tan profundamente españoles, que el autor ha podido identificarlos con tres personajes del folklore nacional. El héroe lleva el nombre de Pedro de Urdemalas; es el Ulises español, fecundo en artimañas, de quien Cervantes hará a su vez uno de los héroes de su teatro. Los dos amigos que le hacen preguntas sobre sus aventuras se llaman Juan de Votadiós y Mátalascallando. Juan de Votadiós es el Judío errante de España: un judío errante a quien no se toma por lo trágico, ni siquiera en serio. Aparece aquí con los rasgos de un clérigo hipócrita, que explota la devoción de los simples hablándoles de los Santos Lugares en que nunca ha estado, y que cosecha mucho dinero so pretexto de fundar hospitales. Mátalascallando es una figura menos conocida: su nombre evoca la expresión «matarlas en el aire» aplicada, según Covarrubias, al hombre muy agudo y cortesano; lleva consigo un matiz de socarronería. El autor del *Viaje de Turquía* lo pintó como un alegre camarada, franco, cínico, asociado a Juan, cuyas ganancias comparte al mismo tiempo que se burla de su hipocresía.

Estos dos compadres ejercen sus talentos en Valladolid. Charlan a la salida de la gran ciudad, en el «camino francés» animado por el ir y venir de los peregrinos de Santiago de Compostela. De repente se acerca a ellos un extraño peregrino que viste hábito de estameña a pesar del frío de la estación, con unos «cabellazos hasta la cinta, sin peinar», con una «barbaza llena de pajas». Les dirige la palabra en una lengua que ellos no entienden: en griego. Mátalascallando apela a los conocimientos lingüísticos de su amigo, que cuenta tantas maravillas del viaje a Jerusalén. Pero Juan, sorprendido en flagrante delito de mentira, no sabe más que interrogar al desconocido haciendo una «ensalada de lenguas» en que entra un poco de italiano y otro poco de gascón. El extranjero se ríe para su capote, mientras los otros dos se ponen a disputar. La escena es de una gracia que recuerda el encuentro de Panurgo con Pantagruel, cuando bruscamente el peregrino, echándose a hablar español, tiende los brazos a sus interlocutores, a quienes llama «hermanos» con emoción no fingida. Es su viejo camarada de Alcalá, Pedro de Urdemalas, que regresa de tierra de turcos, donde ha estado cautivo. Esa vestimenta de monje griego le ha permitido huir hasta Italia, y ha hecho voto de no desnudarse de ella antes de poder colgarla en una capilla de Santiago de Compostela. Hay en este comienzo una mezcla de comedia rabelesiana y de emoción viril única, que sepamos, en la literatura española del siglo XVI. El resto de la obra no desmiente esta primera impresión de originalidad y de maestría. En charlas muy libres, Pedro, interrogado por sus amigos, les cuenta su historia, su prisión en la batalla naval de las islas de Ponza, sus aventuras de galeote y de médico de azar, las curas maravillosas que realizó en Constantinopla, su huida al Monte Athos cuando se le desvanece la esperanza de libertad, sus peregrinaciones a lo largo del Archipiélago, y finalmente su regreso a través de Italia y Francia. En una segunda parte los instruye abundantemente acerca del modo de vivir de los turcos, de su religión, de su gobierno, de su ejército, y por último describe su capital.

El conjunto tiene tal vida, tal acento de verdad, y los detalles son tan vivos, que nos explicamos cómo este libro ha podido tomarse, hasta ahora, por una autobiografía apenas novelada, por una historia realmente vivida entre 1552 y 1556. [...] Es evidente que el *Viaje de Turquía* es en alguna medida autobiográfico, pero invención y verdad se mezclan en él de un modo muy diverso del que hasta hoy se ha creído. Se entronca con el género serio e instructivo que los erasmistas han adoptado como ideal literario, al mismo tiempo que anuncia las «novelas» libremente construidas por Cervantes con ayuda de su experiencia de soldado y de cautivo. Su invención amalgama lo real y lo imaginario con tal naturalidad, que se ufana de poder ser tomada por verdadera.

[El *Viaje* es una óptima muestra de la nueva geografía humana en que tanto se deleitaban los hombres del siglo XVI. Pero, por ejemplo,] Laguna da pruebas de mayor atrevimiento crítico que Thámara (en la adaptación del *Libro de las costumbres de todas las gentes*, 1556, de Bohemo) cuando se pone a comparar a España con las demás naciones cristianas, o al conjunto de la Cristiandad con los infieles de Turquía. [...] Por lo demás, basta oír el tono cordial de la disputa para comprender que las críticas de Pedro son sin hiel, y que nacen de un profundo cariño a la tierra y a los hombres de su patria. [...] Tampoco vaya a esperarse, de parte de Laguna, una apología del Islam, ni una especie de pirronismo para el cual todas las religiones son la misma cosa. Ciertamente, cuando filosofa sobre las diferencias entre el ritual romano y los oficios de los monjes griegos, o cuando añade a su *Viaje de Turquía* un inesperado apéndice acerca del cristianismo de los etíopes, nos da a entender que las ceremonias son cosa variable y accesoria. Pero todo el libro respira fe robusta en Cristo salvador, en el Dios de los Evangelios y de San Pablo. Serrano y Sanz vio muy bien desde el principio que se hallaba en presencia de la obra de un erasmista; en sus ideas religiosas se fundaba principalmente para atribuírsela al autor del *Crótalon*. Pero el erasmismo no pertenece como cosa propia a un autor, ni siquiera a algunos: era la religión de toda una selecta minoría española. Las ideas religiosas del *Viaje de Turquía* son exactamente las que pueden esperarse [de un hombre como Laguna, autor del alegato por la paz que es el discurso *Europa* ἑαυτὴν τιμωρουμένη (1543), y que puso, en Metz y Colonia,] su autoridad moral al servicio de la política·imperial de reconciliación entre catolicismo y protestantismo. [...]

En este libro de pasatiempo de su vejez, realizó Laguna la obra maestra de la literatura a la vez edificante, nutritiva y atrayente para el espíritu con que habían soñado los discípulos españoles de Erasmo. Libro sustancial, en que la erudición y la experiencia están transmutadas por la fantasía. El *Viaje* comienza con una cita de Homero y termina con una cita de San Pablo, pero, aparte este discreto homenaje al maestro de la narración de aventuras y al maestro de la fe inspirada, no hay libro menos atiborrado de «autoridades» ni más vivaz en su desarrollo. En la galería del erasmismo español, el doctor Laguna, filólogo, hombre de ciencia, médico, viajero, ocupa un lugar comparable al que tiene en el humanismo francés su colega Rabelais, a quien tal vez llegó a conocer en Roma (1548), y cuyo *Pantagruel* leyó seguramente con deleite. Los une la franqueza de espíritu, la naturalidad con que integran una rica cultura en las sabrosas historias del folklore nacional. Pero el Rabelais castellano es, por supuesto, más sobrio, menos desbocado, más austero...

Falta todavía que conquiste en su propio país la atención que merece. Rabelais, a pesar de la condenación de sus libros por la Sorbona, fue amado y comprendido sin interrupción por grandes escritores de las generaciones siguientes, hasta que el siglo XIX lo consideró el autor inigualado y vio en él la más completa expresión del Renacimiento. El *Viaje de Turquía* ha permanecido, hasta nuestros días, no sólo anónimo, sino también inédito. Apenas se conocen de él tres o cuatro manuscritos, dos de los cuales pertenecieron a la biblioteca del conde de Gondomar y otro a la de Palomares. El prefacio a Felipe II que precede al libro nos propone un enigma insoluble por ahora. [Creemos] que ese prefacio tiene su parte de mistificación. Si Laguna, personaje conocido en la corte, ofreció realmente y en persona su libro a Felipe II, el soberano no pudo ignorar que se trataba de una amable fantasía cuyo autor no había estado nunca entre los turcos. Pero en este caso, es sumamente inverosímil que el libro se haya destinado a la impresión. No se rendía públicamente homenaje al rey de España con un libro tan poco «grave», en que el papa, las reliquias y algunos otros temas espinosos se trataban de manera tan desenvuelta. Pero también cabe otra hipótesis. Bien puede ser que Laguna haya pensado imprimir su libro bajo la capa de un anonimato riguroso, y que haya concebido el prefacio para que le sirviera de pasaporte. Pero se comprende, entonces, que no haya encontrado editor en Amberes, y menos aún en España, en un momento en que las publicaciones anónimas eran terriblemente sospechosas. Nosotros nos inclinamos más bien a pensar que el prefacio se escribió, como el libro mismo, para placer del autor y de unos cuantos amigos muy íntimos. Fue una luz puesta bajo el celemín. Pero si la influencia del *Viaje de Turquía* fue nula, su valor es de primer orden y su significación histórica grandísima. Es, en estos momentos críticos en que España se encierra en sus fronteras, la *Odisea* del erasmismo español, que tanto había vagado por los caminos del mundo en la época de Carlos V; es su canción de regreso, su adiós a Europa.

Noam Chomsky y Esteban Torre

LENGUAJE, POESÍA E INGENIO:
LAS TEORÍAS DE HUARTE DE SAN JUAN

1. [Desde tiempos antiguos, la naturaleza del lenguaje ha dado pie a muy dispares teorías sobre el funcionamiento y la estructura de la mente humana. Especialmente rico en esas inquietudes y formulaciones fue el siglo XVII. Un precedente destacado del racionalismo cartesiano de dicha centuria es el *Examen de ingenios para las ciencias* (1575, revisado en 1594), del médico navarro Juan Huarte de San Juan.] En el curso de sus reflexiones, Huarte vino a maravillarse ante el hecho de que la palabra *ingenio*, corriente en el español de la época para describir la «inteligencia», tenía, al parecer, la misma raíz latina que varias palabras que significan 'engendrar' o 'generar' (*gigno, ingigno, ingenero*). Esto, a su juicio, daba la pista acerca de la naturaleza del entendimiento. Según Huarte, en efecto, los «hombres heroicos y de alta consideración» que inventaron el nombre apropiado a esta cosa le dieron el de *ingenio* porque «hallaron que había en el hombre dos potencias generativas: una común con los brutos animales y plantas, y otra participante con las substancias espirituales». «El entendimiento es potencia generativa», y «tiene virtud y fuerzas naturales de producir y parir dentro de sí un hijo, al cual llaman los filósofos naturales *noticia* o *concepto*». De hecho, la etimología de Huarte no es muy acertada; su atisbo, sin embargo, es realmente considerable.

Huarte prosigue distinguiendo tres niveles en la inteligencia. El nivel más bajo es el del «ingenio dócil», para el cual tiene plena validez la máxima (que Huarte, lo mismo que Leibniz y otros muchos, atribuye equivocadamente a Aristóteles) según la cual no hay nada en el intelecto que no le haya sido simplemente transmitido por los sentidos. El segundo nivel, que es el de la inteligencia humana

I.   Noam Chomsky, *El lenguaje y el entendimiento*, trad. J. Ferraté, Seix-Barral, Barcelona, 1974, pp. 28-31.

II. Esteban Torre, *Ideas lingüísticas y literarias del doctor Huarte de San Juan*, Publicaciones de la Universidad de Sevilla, Sevilla, 1977, pp. 97-98, 100-105.

normal, trasciende con mucho la limitación empirista, ya que con sólo su ayuda «el hombre ingenioso, puesto en consideración (que es abrir los ojos del entendimiento), con livianos discursos entiende el ser de las cosas naturales, sus diferencias y propiedades, y el fin para que fueron ordenadas». Las inteligencias humanas normales son tales «que, con sólo el objeto y su entendimiento, sin ayuda de nadie, paren mil conceptos que jamás se vieron ni oyeron ... inventando y diciendo lo que jamás oyeron a sus maestros ni a otro ninguno». Así, pues, la inteligencia humana normal es capaz de adquirir conocimiento mediante sus propios recursos internos, haciendo uso tal vez de los datos de los sentidos, pero sólo para proseguir edificando un sistema cognoscitivo en términos de ciertos conceptos y principios desarrollados independientemente; y es capaz de generar nuevos pensamientos y de darles expresión apropiada e inédita, de un modo que trasciende por completo los hábitos y la experiencia previamente adquiridos.

Huarte postula una tercera «diferencia» de ingenio, «con la cual dicen los que la alcanzan, sin arte ni estudio, cosas tan delicadas, tan verdaderas y prodigiosas, que jamás se vieron, ni oyeron, ni escribieron, ni para siempre vinieron en consideración de los hombres». Huarte se refiere aquí a la verdadera capacidad creadora, al ejercicio de la imaginación «poética» en direcciones que no están al alcance de la inteligencia normal, que él, citando a Platón, atribuye al «ingenio superior acompañado de demencia»; ya que eso es lo que «pasa en la imaginativa, cuando sube de punto: que en las obras que son de su jurisdicción engendra conceptos espantosos, cuales fueron aquellos que admiraron a Platón; y cuando el hombre viene a obrar con el entendimiento, lo pueden atar».

Huarte sostiene que la distinción entre el ingenio dócil, que satisface la máxima empirista, y la inteligencia normal, con su irrestricta capacidad creadora, es la que se da entre los animales brutos y el hombre. En su condición de médico, Huarte prestaba gran interés a la patología. En particular, observa que la más grave inhabilidad que puede sufrir el ingenio del hombre es su reducción al nivel más bajo de los mencionados, el del ingenio dócil, que se ajusta a los principios empiristas. «La inhabilidad destos», dice Huarte, «responde totalmente a los capados; porque así como hay hombres impotentes para engendrar por faltarles los instrumentos de la generación, así hay entendimientos capados y eunucos, fríos y maleficiados, sin

fuerzas ni calor natural para engendrar algún concepto de sabiduría».
En esas desdichadas circunstancias, en que la inteligencia no alcanza
sino a recibir estímulos transmitidos por los sentidos y a asociarlos
unos con otros, la verdadera educación es evidentemente imposible,
ya que faltan las ideas y principios que permiten la maduración del
saber y el entendimiento. En cuyo caso, pues, «no bastan golpes,
castigo, voces, arte de enseñar, disciplina, ejemplos, tiempo, experiencia, ni otros cualquiera despertadores, para meterlos en acuerdo
y hacerlos engendrar».[1]

1. [«Chomsky no interpreta bien el término *docilitas*, y establece una
inexacta correspondencia entre los tres "géneros" huartinos de "habilidad" e
"inhabilidad". Por lo que respecta a la *docilitas*, escribe Chomsky que "el nivel
más bajo es el del *ingenio dócil*" y que "Huarte sostiene que la distinción entre
el ingenio dócil (...) y la inteligencia normal (...) es la que se da entre los
animales brutos y el hombre". Pero lo que Huarte distingue es algo completamente diferente. Los tres niveles de ingenio o "docilidad" no son otra cosa
sino grados de "aptitud para ser enseñado": *a*) por los maestros (primer grado),
b) por la naturaleza (segundo grado), *c*) por una cierta inspiración poética
(tercer grado). Refiriéndose al segundo grado —que Chomsky interpreta como
"inteligencia normal", y que es precisamente el "segundo género de docilidad"—, dice Huarte: "El que tuviere docilidad en el entendimiento y buen
oído para percibir lo que la naturaleza dice y enseña con sus obras, aprenderá
mucho en la contemplación de las cosas naturales (...) sin irlo a buscar a los
libros". Así pues, la "docilidad" no define, peyorativa y exclusivamente, al
primer grado de inteligencia. Además, este primer grado o nivel —que Chomsky
se empeña en llamar "ingenio dócil"— es todavía una "diferencia de ingenio"
positiva, "porque el hombre que no se convence oyendo buenos discursos y
razones (...), es señal que su entendimiento es infecundo", y en ningún lugar
del *Examen* es atribuida a los animales. Los grados de "inhabilidad" no se
refieren al ingenio, sino a la falta de ingenio. Son, por tanto, magnitudes *negativas*. La negatividad máxima está representada por el "primer género" de inhabilidad, que, según Huarte, "responde totalmente a los ... entendimientos capados y eunucos..." Estos son los que "difieren muy poco de los brutos animales", según escribe Huarte a renglón seguido. Pero Chomsky insiste en que "la
más grave inhabilidad que puede sufrir el ingenio del hombre es su reducción
al nivel más bajo de los mencionados, el del ingenio dócil", observación que él
atribuye al propio doctor Huarte de San Juan. En realidad, lo que al fundador
de la lingüística *generativa* le interesa es poner de manifiesto la capacidad creadora del entendimiento, especialmente en aquellos niveles en los que la inteligencia humana tiene fuerzas naturales para engendrar y parir conceptos, por
sí sola, sin ayuda de nadie. La máxima empirista, según la cual *nihil est in
intellectu quin prius fuerit in sensu*, que Huarte cita, atribuyéndola a Aristóteles, no es aplicable nada más que a los individuos que sólo alcanzan la "primera diferencia de ingenio"» (Torre [1977], pp. 85-87).]

El marco de las ideas de Huarte nos permite situar mejor la «teoría psicológica» del período subsiguiente. Es típica del pensamiento posterior la referencia al uso del lenguaje con el valor de un índice de la inteligencia humana, de lo que distingue al hombre de los animales, y, específicamente, la insistencia en señalar la capacidad creadora propia de la inteligencia normal. Esas cuestiones dominaron la psicología y la lingüística racionalistas. Con la difusión del romanticismo, la atención se dirigió hacia el tercer tipo de ingenio, la verdadera capacidad creadora, aunque el supuesto racionalista de que la inteligencia humana normal goza de un irrestricto poder creador que le es peculiar y que trasciende los límites de la explicación mecánica no se abandonó y ejerció un papel importante en la psicología del romanticismo, e incluso en la filosofía social de la época.

II. La interpretación de la respuesta huartina a la antigua polémica —reavivada en el Renacimiento, y prolongada hasta nuestros días— que plantea la disyuntiva de si el poeta «nace» o «se hace», apenas ofrece dificultades en el *Examen de ingenios*. Es algo que va implícito en la totalidad de la obra. Para Huarte, la constitución natural —física, fisiológica— del individuo es la que determina el tipo de letras, ciencias o artes, en que podrá prevalecer. La naturaleza, *natura*, φύσις, funda el ingenio. Y en el ingenio, y sólo en él, se fundamenta el arte, *ars* o τέχνη.

El poeta nace, no se hace. Pero esta constatación, *poeta nascitur*, no es algo excepcional, no es algo que implique una contradicción con respecto a la generalidad de las artes. Explícitamente, aparece formulada la teoría en el siguiente texto:

Todas las artes, dice Cicerón, están constituidas debajo de ciertos principios universales, los cuales aprendidos con estudio y trabajo, en fin se vienen a alcanzar; pero el arte de la poesía es en esto tan particular, que si Dios o naturaleza no hacen al hombre poeta, poco aprovecha enseñarle con preceptos y reglas... Pero en esto no tiene razón Cicerón; porque no hay ciencia ni arte inventada en la república que, si el hombre se pone a estudiarla faltándole el ingenio, salga con ella aunque trabaje en sus preceptos y reglas toda la vida; y si acierta con la que pedía su habilidad natural, en dos días vemos que se halla enseñado. Lo mesmo pasa en la poesía sin diferencia ninguna: que si el que tiene naturaleza acomodada para ella se da a componer versos, los hace con gran perfección, y si no, para siempre es mal poeta.

Así pues, en la poesía pasa lo mismo, «sin diferencia ninguna», que en las restantes ciencias y artes. De nada valen las «reglas» —al estilo de las que había de dar un Rengifo, con su famosa *Silva de consonantes*—, de nada valen los «preceptos», si se carece del necesario talento natural. De la misma opinión de Huarte es el médico y preceptista literario Alonso López Pinciano, cuando escribe que «sin poética, ay poetas; sin arte lógica, ay lógicos naturales; que el hombre tiene uso natural de la razón, el qual es la fuente de todas estas cosas». [...]

La creación poética, que una lectura superficial del *Examen de ingenios* podría hacer aparecer como algo despreciable y despreciado por el doctor Huarte, no recibe en absoluto un trato de disfavor en el conjunto de las artes y las ciencias. La poesía, precisamente, es un arte que requiere nada menos que una «tercera diferencia de ingenio», es decir, el grado máximo, el más alto nivel de los que puede alcanzar la inteligencia humana [...]:

... Esta tercera diferencia de ingenio que añade Platón, realmente se halla en los hombres, y yo como testigo de vista lo puedo testificar, y aun señalar algunos con el dedo si fuere menester. Pero decir que sus dichos y sentencias son revelaciones divinas, y no particular naturaleza, es error claro y manifiesto; y no le está bien a un filósofo tan grave como Platón ocurrir a las causas universales sin buscar primero las particulares con mucha diligencia y cuidado. Mejor lo hizo Aristóteles; pues buscando la razón y causa de hablar las Sibilas de su tiempo cosas tan espantables, dijo: «id non morbo nec divino spiraculo, sed naturali intemperie accidit». La razón de esto está muy clara en filosofía natural; porque todas las facultades que gobiernan al hombre —naturales, vitales, animales y racionales— cada una pide particular temperamento para hacer sus obras.

El texto huartino se explica por sí solo. No exige comentario. Únicamente señalaremos cómo el *furor poeticus*, la divina μανία, encuentra aquí una justificación racional. El poeta, por su propia constitución, por su «particular naturaleza», por su «particular temperamento», es capaz de salir fuera de sí, enajenarse, presentir, adivinar, profetizar, decir dichos indecibles y asombrosos. Pero esta extraordinaria capacidad creadora no está ligada al «entendimiento», sino a la «imaginativa», facultad que se nutre de *calor*, y calor en su grado máximo: «la diferencia de imaginativa a quien pertenece la poesía, es la que pide tres grados de calor». De ahí que el amor y la ira constituyan unos excelentes estímulos para el poeta, «porque el amor calienta y deseca el cerebro, que son las calidades que avivan la imaginativa; lo mesmo nota Juvenal que hace la indignación, que es pasión también que calienta el cerebro: "si natura negat, facit indignatio versum"». El «calor» y el «furor» son, así pues, los elementos de que se vale la facultad imaginativa para la realización de la poesía. Alonso López Pinciano, médico, repite estas mismas ideas. [...]

La frecuencia con que aparecen asociados en el *Examen de ingenios* los términos «verso» y «poesía» hace justamente suponer una identificación, por parte de Huarte de San Juan, de ambos conceptos. La identidad queda claramente establecida cuando se pregunta «de dónde pueda nacer que de dos hijos de un mesmo padre el uno sepa *hacer versos* sin haberle nadie enseñado, y el otro, trabajando en el *arte de poesía*, no los pueda hacer». Todo está en función de una cierta «diferencia de imaginativa», [que Huarte ilustra con opiniones y testimonios de singular interés]:

Tengo por cosa llana que el muchacho que saliere con notable *vena para metrificar*, y que con liviana consideración se le ofrecieren muchos *consonantes*, que ordinariamente corre peligro en saber con eminencia la lengua latina, la dialéctica, filosofía, medicina y teología escolástica, y las demás artes y ciencias que pertenecen al entendimiento y memoria. Y así lo vemos por experiencia: que si a un muchacho de éstos le damos que aprenda un nominativo de memoria, no lo tomará en dos ni tres días; y si es un pliego de papel escrito en *metro*, para representar alguna comedia, a dos vueltas que le dé se le fija en la cabeza. [...]

De un rústico labrador sabré yo decir que, estando frenético, hizo delante de mí un razonamiento ... con tanta elegancia y policía de vocablos como Cicerón lo podía hacer delante del Senado ... De otro frenético podré también afirmar que, en más de ocho días, jamás habló palabra que no le buscase luego su consonante, y las más veces hacía una copla redondilla muy bien formada ... Acuérdome que su mujer de este frenético, y una hermana suya que se llamaba Marigarcía, le reprendían porque decía mal de los santos. De lo cual enojado el paciente, dijo a su mujer de esta manera:

«Pues reniego de Dios,
por amor de vós.
Y de Santa María,
por amor de Marigarcía.

Y de San Pedro,
por amor de Juan de Olmedo».

Y, así, fue discurriendo por muchos santos que hacían consonancia con
los demás circunstantes que allí estaban.

Es difícil saber dónde finaliza la doctrina del doctor Huarte y en qué
punto comienza su contenida ironía.

4. HISTORIAS Y EXPERIENCIAS

VÍCTOR INFANTES DE MIGUEL

Versa el presente capítulo sobre una amplia serie de obras que tienen en común la narración de unos hechos históricos y cuyo interés radica bien en darnos una muestra de la visión renacentista del género —de la historia propiamente dicha—, bien en aportar una cierta dimensión literaria, por el estilo o por ʹuanto nos revelan desde el punto de vista de ambiente, contexto, datos concretos. La abundancia de textos y autores aconseja en muchas ocasiones poner entre paréntesis los valores tradicionalmente admitidos, a favor de una visión más generosa y eficaz. La crítica histórica y literaria no ha sido todo lo fecunda que el material prosístico del siglo XVI le permitía, y queda aún no poco terreno abonado para nuevas interpretaciones, cuando no para nuevos descubrimientos.

Tres consideraciones previas sugiere el tema que nos ocupa. Existe un primer problema de clasificación del inmenso *corpus* textual: clasificación interna que deslinde la historia *nacional* de la *regional* o de la relativa a *sucesos particulares*, pues crónicas, viajes, epistolarios, etc., forman un grupo tan nutrido como variopinto y abigarrado. Un buen esbozo de clasificación general —a reservas de una posible revisión— lo ofrece Sánchez Alonso en varios trabajos que luego citaremos. Una segunda cuestión se plantea en torno a la autoría de bastantes obras aún mal conocidas, sobre todo por la falta, no ya de ediciones críticas, sino de textos fiables; a ella se suma la difícil precisión cronológica respecto al campo en que hemos de movernos. A veces, la distancia entre la redacción original y la impresión deja fuera de este capítulo obras y autores que pudieran haberse tratado en él. Parece claro que los dos reinados que cubren el siglo, Carlos V (1516-1556) y Felipe II (1556-1598), entran de lleno en nuestro terreno; pero en alguna ocasión incluiremos autores y obras que bordean el comienzo o el fin de la centuria, con el propósito de no reducir el espíritu renacentista a una rígida casilla cronológica. Por último, la frontera entre las fuentes históricas de estricto valor documental y las obras con implicaciones estéticas es tan ambigua, que incide en los motivos de acercamiento por parte de los estudiosos. Historiadores y críticos literarios se excluyen o se apoyan, según los casos, a la hora del enfrentamiento estimativo y erudito, en muchas ocasiones sin poder deslindar los dominios, los métodos empleados o los resultados obtenidos.

Así, los planteamientos teóricos sobre la naturaleza del propio hecho histórico en sus distintas vertientes se despliegan en un abanico de posibilidades abierto a raíz de un discurso académico de Menéndez Pelayo, en 1883, y de la exhumación de un significativo texto de Juan Páez de Castro, *De las cosas necesarias para escribir historia* (*La Ciudad de Dios*, XXVIII, 1892, pp. 601-610, y XXIX, 1893, pp. 29-37). Aunque no con la insistencia que para otros países europeos (cf. sólo Burke [1969] y Hay [1977], pp. 87-132), en el ámbito hispano no ha dejado de analizarse el concepto renacentista de la historia —mayormente a través del pensamiento de Luis Vives—, que Maravall [1951, 1966] trata en su proceso evolutivo y Cuccorese [1962] perfila subrayando la contribución del humanismo y los juicios del intelectual valenciano sobre la producción historiográfica hasta su época. La fundamental contribución española a la teoría quinientista de la historia empieza a ser debidamente apreciada: mientras Garin [1969] contempla a Vives a la luz de las tendencias especulativas más renovadoras del período, Cotroneo [1971] realza la vigorosa originalidad de Fox Morcillo y Melchor Cano. Los aspectos doctrinales más importantes —recordemos el estudio de Cepeda Adán [1956] sobre el providencialismo en los cronistas de los Reyes Católicos— han sido abordados por Montero Díaz [1941]. A. de la Torre [1942] añade pertinentes observaciones a las teorías expuestas por Sánchez Alonso [1941] y éste las comenta posteriormente [1943] precisando nociones tales como objeto y contenido de la historiografía, límite de las fuentes de la historia y su criterio de selección, etc. Una concisa *Historia de la historiografía* donde se rozan los problemas de índole teórica se halla en Fernández Álvarez [1955]. Tema de Frankl [1963] es la verdad histórica como reconocimiento de la realidad teológico-sobrenatural proyectada en los hechos históricos, a propósito del *Antijovio* de Gonzalo Jiménez de Quesada (1509-1579). Un espléndido análisis de los factores ideológicos que informan el concepto de la historiografía en el pensamiento del «hombre moderno» lo proporciona Maravall [1966], y en el artículo de Sánchez Diana [1974] no faltan perspectivas que completan ese panorama. El concepto de la España «imperial y católica» ha sido abordado en un excelente ensayo por Gómez de Liaño [1975]. Poca atención reciente han merecido, en cambio, los falsos cronicones de finales del siglo XVI (de J. Román de la Higuera, A. de Lupián Zapata y G. Roig y Jalpi), que tanto preocuparan a Nicolás Antonio y sólo han sido estudiados en conjunto por J. Godoy (*Historia crítica de los falsos cronicones*, Rivadeneyra, Madrid, 1868) en un trabajo clásico que mantiene gran parte de su valor.

Como fuentes generales para el estudio de esta parcela literaria, destacan, desde el punto de vista bibliográfico, la insustituible guía de Sánchez Alonso [1919, 1952 ³], los meritorios trabajos de Ballester [1921, 1927] y las ricas referencias del *Índice Histórico Español*, fundado por J. Vicens Vives (Barcelona, desde 1953); J. Simón Díaz [1965] ofrece una escueta pero significativa relación de textos impresos para la época que tratamos. Como muestras antológicas, sobresalen la selección de S. Gili Gaya, *Historiadores de los siglos XVI y XVII* (Madrid, 1925), el manejable compendio de F. Díaz Plaja [1958] y, desde una perspectiva política, con importante introducción de E. Tierno Galván, la recopilación de P. de Vega [1966]. La única monografía de conjunto (aparte la citada síntesis de Fernández Álvarez [1955]) es el vol. II de Sánchez Alonso [1941-1950], donde aborda obras, autores y corrientes en general; en otro lugar, el propio Sánchez Alonso [1953] brinda un sumario resumen de sus muchos trabajos sobre el tema.

La historiografía del reinado de Carlos V llena buena parte de la producción histórica de nuestro período. Morel-Fatio [1913] trazó un detenido panorama general, válido todavía para el estudio de algunos cronistas del Emperador (Santa Cruz, Ocampo, Ulloa, etc.). Las numerosas relaciones de la época fueron recogidas en una primera selección por Huarte [1941] (y véase Agulló [1966]), más tarde aumentadas con los pliegos en verso y prosa editados por Pérez Gómez [1958] y completadas con un exhaustivo *corpus* documental por Fernández Álvarez [1973-1978], cuya obra constituye la base indiscutible de conocimiento sobre Carlos V. El cronista más representativo del reinado es el humanista Pedro Mexía (1499-1551), estudiado por Costes [1920-1921] y magníficamente editado por Carriazo (Espasa-Calpe, Madrid, 1945); su significación erasmista ha sido puesta de relieve por Meseguer [1947], mientras que Schuster [1960] lo ha situado dentro del panorama historiográfico de la época, sin aportaciones significativas. La estupenda *Corónica* (1529) de Francesillo de Zúñiga, bufón del rey, puede al fin leerse en una edición depurada y anotada, a cargo de D. Pamp [1980]. Sobre la guerra de las Comunidades, Fernández Vargas [1975], sin detenerse en mayores consideraciones, ha hecho accesible un interesantísimo texto de Juan Maldonado (1545) traducido del latín por José Quevedo; por su parte, Alba [1975] ofrece en su ensayo una cronología del levantamiento comunero y el texto de una *Relación* (1521), atribuida a Gonzalo de Ayora, en la que se citan algunas profecías acerca de las comunidades castellanas, en relación con varias corrientes (iluminismo, milenarismo, mesianismo, etc.) que agitaron el ambiente espiritual de la época.

La historia del reinado de Felipe II fue editada en su mayor parte en la centuria siguiente y ha sido estudiada en su conjunto por Bratli [1912]; J. M. del Estal [1974] completó el trabajo en una obra sobre la figura del Rey a través de los testimonios historiográficos de su época. Un *corpus* documental de relaciones lo ofrece el estudio ya citado de Huarte [1941]; una significativa muestra del abundante epistolario con su secretario Mateo Vázquez ha sido editada por C. Riba (CSIC, Madrid, 1959), y el de su hija, la infanta Catalina, por E. Spivakosky (Espasa-Calpe, Madrid, 1975), epistolarios que se completan con el del cronista real Juan Ginés de Sepúlveda recogido por A. Losada (Cultura Hispánica, Madrid, 1966) y con las cartas escritas en el exilio por Antonio Pérez y editadas por G. Ungerer (Tamesis Books, Londres, 1975-1976); la figura del célebre secretario ha sido estudiada con rigurosa documentación por Pérez Gómez [1959].

Entre los autores más representativos del pensamiento propiamente renacentista, Lucio Marineo Sículo (1460-1533) y Antonio de Nebrija (¿1444?-1522), contemplados por Tate [1970] desde la perspectiva peninsular del siglo XV, entroncan con una nómina que ocupa un lugar prominente en la historia literaria del siglo XVI. La crítica ha seguido en cada caso criterios diferentes, de suerte que varios autores han sido estudiados en sus más variadas facetas, mientras que de otros apenas contamos con una edición discreta. Este desequilibrio crítico, fruto de la falta de coherencia y de estudios generales previos, desemboca en trabajos aislados, que parten en unos casos de la valoración documental o literaria y en otros de las relaciones con fenómenos políticos o sociológicos.

Sobre Argote de Molina (¿1549?-1596) hay un libro de conjunto de Palma Chaguaceda [1949], y D. Alonso [1957] ha cribado su importante labor como historiador literario. Carece aún el vasco Garibay (1533-1599) de una edición rigurosa; Cirot [1932-1935] analizó en un amplio trabajo su *Compendio historial* (1571), y Simón Díaz [1946], sus *Memorias,* mientras Arocena [1968] ha echado un escueto vistazo a su vida y escritos; por su parte, Lojendio [1969] se ha fijado en lo que en el *Compendio* atañe a Vasconia, y Pope [1974] ha puesto de relieve los valores autobiográficos de sus textos, pero Caro Baroja [1972] combina esas y otras perspectivas con fruto notablemente superior. Del jesuita toledano Juan de Mariana (1535-1624) y de su polémica obra se ocupó también Cirot [1905] en una monografía ya clásica; su pensamiento y significación política han sido estudiados por Pasa [1939], en tanto F. Asensio [1953] ha desmenuzado algunas etapas de su biografía. Pedro de Medina (¿1493?-¿1567?) ha sido editado parcialmente por González

Palencia (CSIC, Madrid, 1944; sólo vol. I), con un sumario prólogo informativo. Morel-Fatio [1906] trazó las líneas generales de la vida y la obra de Bernardino de Mendoza (¿1541?-1604), cronista particularmente valioso de las campañas de Flandes, la versión inglesa de cuya obra ha sido examinada por Brown [1975]. La calidad literaria y la importancia de Hurtado de Mendoza (1504-1575) no han recibido últimamente la atención debida, aunque su *Guerra de Granada* (1627) ha sido bien editada por B. Blanco-González (Castalia, Madrid, 1970). Al importante estudio general que le dedicara Morel-Fatio [1914], siguió otro de L. de Torre [1914] que suscitó una intensa polémica sobre la autoría de la *Guerra*, pues, al cotejar el texto con una traslación en prosa (por Juan Arias) de los dieciocho primeros cantos de *La Austriada* de Juan Rufo, concluía ser esta última la redacción original del texto de Hurtado; Foulché-Delbosc [1915] refutó tal tesis demostrando la posterioridad innegable de la obra de Rufo. Por su parte, González Palencia y Mele [1941-1943] publicaron una extensa biografía de don Diego, más valiosa como trabajo de compilación que como aportación original, posteriormente revisada por Spivakosky [1970], autora que ya había editado fiablemente otro texto de Hurtado [1963]. (Por otra parte, la complejidad del tema morisco en distintas vertientes que las historiadas por Mendoza ha sido desentrañada por varios autores: Carrasco-Urgoiti [1956, 1976] aborda en sus excelentes trabajos la dimensión literaria y novelesca, Caro Baroja [1976] analiza la realidad histórica en un magnífico estudio de corte antropológico y Cardaillac [1977] realiza un completo replanteamiento del problema morisco; véase aún cap. 5.) La polifacética personalidad de Ambrosio de Morales (1513-1591), cuidadoso editor de la obra de su tío Fernán Pérez de Oliva, ha sido iluminada recientemente por Scorpioni [1977], quien enfrenta con buen tino los problemas históricos y literarios del *Discurso sobre la lengua castellana*, mientras que J. M. Ortiz Juares acompaña de un prólogo informativo la edición facsímil del *Viaje a los reinos de León y Principado de Asturias* (Biblioteca Popular Asturiana, Gijón, 1977). La figura del cronista oficial Florián de Ocampo (1490-1558), junto a las de sus plagiarios A. Beuter y P. de Medina, fue estudiada por Cirot [1904] en un libro de conjunto —aún no superado— sobre las crónicas generales hasta 1556; posteriormente Bataillon [1966] subrayó un par de temas característicos de su visión historiográfica. Finalmente, los *Anales* de Zurita (1512-1580) (véase Cirot [1939]) han sido reimpresos, con notas, por A. Canellas (CSIC, Madrid, 1976-1977).

Un sector harto abandonado es el de las denominadas «historias *regionales*», en el que los escasos trabajos no pasan de la recopilación bibliográfica o la mera recuperación de textos poco conocidos. Pujol [1920] sobre el reino de Valencia y Mateu [1944] sobre Aragón están en el primer caso. Más concretos y sustanciales son los trabajos de Rubio [1959] sobre los historiadores de El Escorial y de Muñoz de San Pedro [1952] sobre Trujillo, valiosa aportación sobre cuatro cronistas inéditos. Por último el microcosmos sociocultural que componen las órdenes militares ha sido estudiado en su vertiente historiográfica en el documentado trabajo de Wright [1969].

El descubrimiento y la conquista del Nuevo Mundo aportan a la historiografía renacentista la frescura y el realismo de hechos narrados en su mayor parte por los mismos protagonistas. La perplejidad ante la grandeza de su propia empresa, el enfrentamiento con un mundo que desbordaba todo tipo de esquemas —incluidos los lingüísticos— y la formación y circunstancias de los autores fraguan en unos relatos en donde lo real puede parecer fantástico, y lo fantástico, verosímil. Crónicas, cartas y diarios brindan, en su heterogeneidad, una considerable masa de información de muy diverso valor. No sorprende, pues, que la *historia de Indias* haya sido objeto preferido de la crítica.

Entre las apreciaciones de conjunto destacan los trabajos de Serrano y Sanz [1918], los cursos dictados por M. Bataillon (y resumidos en el *Annuaire du Collège de France*, 1954-1957 y 1958-1961) y la perspectiva general que ofrece Morales Padrón [1957], ampliada luego por el mismo autor [1967]. Junto a éstos y al fino ensayo de Elliott [1972] sobre la huella de América en la cultura europea del Renacimiento, el inestimable repertorio de Esteve Barba [1964] brinda una panorámica completísima de autores, obras y valoraciones críticas. Aunque parciales, los trabajos de Iglesia [1972] y Baudot [1977] sobre México adquieren un valor general por la amplitud de su perspectiva. Como principal fuente bibliográfica —aparte de la guía de Sánchez Alonso— debemos citar la *Historiografía y Bibliografía Americanista* del *Anuario de Estudios Americanos* (Sevilla, 1954 y ss.) y el valioso índice de M. L. Díaz Trechuelo, *América en la «Colección de Documentos inéditos para la Historia de España»* (Escuela de Estudios Hispanoamericanos, Sevilla, 1970). Dentro de las colecciones generales de documentos, interesan las de M. Serrano y Sanz, *Relaciones históricas de América* (Sociedad de Bibliófilos Españoles, Madrid, 1916), los recogidos por L. Cebreiro Blanco en su *Colección de diarios y relaciones para la historia de los viajes y descubrimientos* (Instituto Histórico de la Marina, Madrid, 1943-1947) y, por último, la recopilación de R. Konetzke, *Colección de Documentos para la formación social de Hispanoamérica* (vol. I: 1493-1592; CSIC, Madrid, 1953). M. Ballesteros Gaibrois, en *Escritores de Indias* (Ebro, Zaragoza, 1940, 2 vols.), y J. Dantín, en *Exploradores y Conquistadores de Indias. Relatos geográficos* (CSIC, Madrid, 1964), ofrecen dos representativas antologías.

Una cantidad considerable de estudios refleja el interés de los investigadores por autores concretos de la historiografía indiana. Sobresale la figura de Colón, cuyos textos, desde la edición todavía imprescindible de C. de Lollis, han merecido repetidas veces la atención de los críticos; entre éstos, Cioranescu corona su traducción al francés (*Oeuvres*, Gallimard, París, 1961) con unas «Notas» valiosísimas en torno a los problemas textuales, bibliográficos y de fuentes. Para el segundo viaje colombino, el manuscrito de cuyo diario se considera inevitablemente perdido, es necesario consultar los capítulos CXVIII-CXXXI de las extraordinarias *Memorias del Reinado de los Reyes Católicos* que escribió el bachiller Andrés Bernáldez, cura de los Palacios (1488-1513), irreprochablemente editado con aclaraciones de fuentes y autoría por J. de M. Carriazo y M. Gómez Moreno (CSIC, Madrid, 1962); del *Diario*, M. Alvar ha realizado una escrupulosa edición (Cabildo Insular de Gran Canaria, Las Palmas, 1976). Aspectos concretos de la obra colombina han sido reiteradamente analizados, y así el lenguaje lo fue por Menéndez Pidal [1940] y más tarde por Virgil [1973] y, con especial provecho, por Arce [1974, 1977], al par que la valoración de sus descubrimientos se ha beneficiado de las aportaciones de Ballesteros [1945, 1947], Pérez-Embid y Verlinden [1962], Romeu de Armas [1973] y Manzano [1976]. Las primeras biografías del Almirante han sido consideradas por Cioranescu [1960], responsable aún de un ponderado balance del modesto humanismo de Colón [1967], punto ya discutido por O'Gorman [1951] y por Bataillon [1955]. Sobre la *Carta*, contamos, entre otros, con una completa revisión bibliográfica de Sanz [1956] y con un interesante ensayo de Luca de Tena [1973].

Mención aparte merece la figura de Pedro Mártir de Anglería, que, a diferencia de los autores que tratamos, se enfrenta a los acontecimientos indianos con la mentalidad del historiador humanista, no con la del descubridor. Sus noticias, tomadas en su mayor parte de testigos presenciales, revisten, por la oportunidad y agilidad de su estilo, verdadero carácter periodístico, lo que, unido a su calidad literaria, le hace acreedor de un puesto de honor entre los historiadores de América, y ya Hernán Pérez de Oliva le rindió significativo homenaje al tomarlo como fuente principal de su esbozada *Historia de la invención de las Indias* (ed. J. J. Arrom, Instituto Caro y Cuervo, Bogotá, 1965; vid. F. Rico, en *Modern Language Notes*, LXXXII, 1967, pp. 658-659). López de Toro preparó la edición y tradujo su valiosísimo *Epistolario* [1955-1957] y también estudió su actividad como cronista del Emperador [1958]. Sobre las *Décadas del Nuevo Mundo* hay una aproximación de Torre Revello [1957] y unos superficiales comentarios de Olmedillas [1974]; no se han publicado aún las *Actas* del Congreso celebrado sobre el escritor en 1978.

Obra y figura del sevillano fray Bartolomé de las Casas (1474-1566, constituyen sin duda objetivo apetitosísimo para la crítica, que ha estudiado todas sus facetas significativas, literarias, políticas y religiosas. Una guía bibliográfica fundamental es la elaborada por Hanke y Giménez Fernández [1954], que Marcus [1971] completó primero con un suplemento (actualmente tiene una continuación en prensa). Las ediciones de Hanke (Fondo de Cultura Económica, México, 1951) y J. Pérez de Tudela (Biblioteca de Autores Españoles, Madrid, 1957-1958) constituyen, por su rigor, la base textual obligada; en sus respectivas introducciones, ambos autores ofrecen además una completa panorámica. Entre los numerosos trabajos de Hanke, y aparte su imprescindible visión de conjunto [1949], destacan los dedicados a la formación cultural y erudita del franciscano [1952] y a su polémica con Sepúlveda [1958] (hay ed. y trad. de la *Apología* de este último por A. Losada, Editora Nacional, Madrid, 1975, y vid. los trabajos reunidos en el volumen colectivo *Juan Ginés de Sepúlveda y su Crónica Indiana en el IV Centenario de su muerte 1573-1973*, Seminario Americanista de la Universidad de Valladolid, 1976), así como a resumir la viva controversia de la lucha española por la justicia durante la conquista [1959]. Por su parte Bataillon [1965] ha reunido en un libro de capital importancia sus numerosos trabajos sobre Las Casas, condensados posteriormente en el estudio que sirve de prólogo a una antología de carácter divulgador (Bataillon y Saint-Lu [1976]). Otro aspecto estudiado es la relación entre la obra histórica de Las Casas y la biografía de Colón firmada por su hijo Fernando (Venecia, 1571), relación que Cioranescu [1960] resuelve, tras detallada confrontación de textos, a favor del franciscano. En cuanto al permanente debate en torno a su figura, Avalle-Arce [1961] ha resumido las principales posturas, señalando como punto vulnerable la *Brevísima relación*; las motivaciones profundas de la actividad lascasiana han sido conjeturadas por Américo Castro [1966] y, en la clave de una psicología paranoica, por Menéndez Pidal [1963], cuyas tesis fueron refutadas con irreprochable mesura y objetividad por Bataillon [1965]; por último a R. J. Queraltó [1976] se debe un excelente análisis de su ideología a través de un estudio diacrónico.

La obra americana de Gonzalo Fernández de Oviedo (1478-1557), cuidadosamente editada por J. Pérez de Tudela (Biblioteca de Autores Españoles, Madrid, 1959), ha sido estudiada en sus rasgos mayores por Cepeda [1956] y Salas [1959]. Avalle-Arce ha asediado en repetidas ocasiones la obra y personalidad de este autor, a través de sus llamadas *memorias* [1968-1969], del *Sumario* (Anaya, Salamanca, 1963) y de su obra novelística [1972]. Véase también la bibliografía de Turner

[1966] y el número monográfico de la *Revista de Indias* (1958).

El interés despertado por la vida y la obra de Hernán Cortés (1485-1547) se ve reflejado en una notable cantidad de trabajos (una excelente bibliografía de Reynolds [1978]) que insisten en el conocimiento biográfico, la significación histórica y sociológica de sus empresas, y en la valoración del testimonio dejado por sus obras. Los textos cortesianos pueden verse en la notable edición de las *Cartas* por M. Alcalá (Porrúa, México, 1960), en la facsímile del Codex Vindobonensis a cargo de C. Gibson (Akademische Druck. Verlagsanstalt, Graz, 1960) y en la de E. Guzmán (Orion, México, 1966; sólo ha aparecido el vol. I). S. de Madariaga [1941] abre la interpretación de la figura del conquistador con un libro ambicioso de amplia difusión, al que Wagner [1944] somete a una documentada revisión crítica. Corraliza [1965], al final de su superficial estudio, ofrece un completo y útil índice cronológico de los textos de Cortés (1519-1547). El legalismo de la conquista ha sido abordado bajo la perspectiva que brindan los testimonios cortesianos por Valero [1965] y también por White [1971], en un estudio que incluye otras fuentes coetáneas, pero que peca de subjetivo. Arias [1971], insistiendo en la ya larga tradición biográfica del conquistador (Ballester, Matis, etc.), elabora un atrayente análisis psicológico de su personalidad; por último, Reynolds [1978] ha recogido en un documentado trabajo los testimonios acerca de Cortés en los diferentes géneros literarios de los Siglos de Oro.

La gesta americana tiene un cronista de excepción en el medinés Bernal Díaz del Castillo (1492-¿1582?), cuya *Historia verdadera* (1632) ha sido editada con diversa fortuna por C. Pereyra (CSIC, Madrid, 1940), J. Ramírez Cabañas (Porrúa, México, 1942) y Sáenz de Santamaría [1966], autor que asienta con rigor las bases bibliográficas. La apasionada y documentada biografía de Cerwin [1963] se completa con la de J. J. de Madariaga [1966], quien incluye un apéndice con las *Cartas*. M. Alvar [1968] precisó sus relaciones con el contexto americano, en un ensayo posteriormente ampliado [1970] con el análisis del léxico. L. Rublúo [1969] ha tratado atractivamente el tema de la formación humanista de Bernal, su entronque con la literatura española (el *Amadís*, cuya huella ya había dado pie a un revelador trabajo de Gilman [1961], el romancero, etc.) y el erasmismo en que se funda su concepto de «verdad». Por último, los *Naufragios* de Alvar Núñez Cabeza de Vaca (1507-1559), editados por J. García Morales (Aguilar, Madrid, 1960), son la base de la biografía novelada de Zubizarreta [1957], y han sido abordados literariamente por L. Pranzetti [1980].

Dejando a un lado otros estudios sobre autores concretos, interesa destacar algunos aspectos de la historiografía indiana abordados globalmente por la crítica: así, la cuestión religiosa ha sido examinada por

García Méndez [1930], la veracidad histórica por Thompson [1952], la censura por Friede [1959]. La sugerente relación entre algunos textos, los libros de caballerías y el concepto renacentista del héroe-caballero en simbiosis con los elementos míticos de formación medieval han sido puestos de manifiesto en los trabajos de Schevill [1943], Cioranescu [1954], A. Sánchez [1958] y Hernández Sánchez-Barba [1960], el cual ofrece una revisión de los diferentes puntos de vista; al mismo autor se debe también un penetrante análisis [1978] de la frontera entre la realidad histórica y literaria en tales obras. Nos resta, en fin, una referencia al estudio sociológico que Leonard [1953] elaboró partiendo del inventario de los libros leídos por los conquistadores y al panorama de Muñoz Pérez [1979] sobre la ciencia geográfica y el pensamiento de la época.

Un capítulo aparte merecen las biografías, autobiografías y memorias. Entre las primeras, las figuras del cardenal Cisneros y del Gran Capitán, así como las de algunos santos y beatos, dieron origen a una serie de textos de irregular valor literario y documental, someramente discernido por Sánchez Alonso [1947 [2], 1944]. Un panorama general sobre las segundas lo ofreció Serrano y Sanz [1905], y Pope [1974] lo ha completado con algunas indagaciones particulares sobre autobiografías concretas. Ceñido exclusivamente a las autobiografías de soldados, el trabajo de J. M. de Cossío que sirve de «Introducción» al vol. XC de la Biblioteca de Autores Españoles (Madrid, 1965), aunque limitado a las obras aparecidas en el siglo XVII, trata hechos acaecidos en el último tercio del anterior. Habría que añadir el estudio lingüístico de Joly [1977] sobre los *Diálogos de la vida del soldado* de Diego Núñez (¿1500?-¿1552?). Tres interesantes trabajos han planteado el interés y el valor de las obras de este grupo: las ediciones de las *Relaciones* de Juan de Persia (¿1567?-¿1610?) por N. Alonso Cortés (Real Academia Española, Madrid, 1946), de la *Vida y hechos de Pío V* de A. de Fuenmayor (¿1555?-¿?), por L. Riber (Real Academia Española, Madrid, 1953) y la cuidada del *Libro de la vida y costumbres de Don Alonso Enríquez de Guzmán* (1499-¿1547?) (Biblioteca de Autores Españoles, Madrid, 1960) por H. Keniston.

Las denominadas *relaciones de sucesos* (honras fúnebres, recepciones, solemnidades, etc.), de gran interés desde el punto de vista sociológico, han sido un tanto descuidadas por su difícil localización. Agulló [1966] ofrece la panorámica bibliográfica más completa; sobre las fiestas y relaciones de solemnidades, las referencias de H. Serís (*Nuevo ensayo de una biblioteca española de libros raros y curiosos*, The Hispanic Society of America, Nueva York, 1964, pp. 357-370) completan el viejo pero imprescindible trabajo de J. Alenda (Rivadeneyra, Madrid, 1903). Una aproximación de conjunto a los valores literarios y sociológicos de este tipo de sucesos lo ofrece la obra colectiva que coordinó Jacquot [1960].

Las *relaciones de viajes* componen la última pieza de este mosaico. Farinelli [1920], en diálogo con Foulché-Delbosc, puso ya de manifiesto la importancia de este género, al ofrecer una detallada reseña cronológica de más de trescientos textos y referencias, que completó posteriormente en un *Suplemento* [1930] donde aporta valiosas informaciones bibliográficas y críticas; del interés de tales relatos pueden dar idea cuidadas ediciones de los viajes a Oriente de Diego de Mérida (1512) y fray Antonio de Lisboa (1507) publicadas por Rodríguez-Moñino [1946, 1949].

BIBLIOGRAFÍA

Agulló y Cobo, Mercedes, *Relaciones de sucesos. I: Años 1477-1619*, CSIC (Cuadernos Bibliográficos, 20), Madrid, 1966.

Alba, Ramón, *Acerca de algunas particularidades de las Comunidades de Castilla tal vez relacionadas con el supuesto acaecer terreno del Milenio Igualitario*, Editora Nacional, Madrid, 1975.

Alonso, Dámaso, «Crítica de noticias literarias transmitidas por Argote», *Boletín Real Academia Española*, XXXVII (1957), pp. 63-81.

Alvar, Manuel, *El mundo americano de Bernal Díaz del Castillo*, Universidad Internacional Menéndez Pelayo, Santander, 1968; reimpr. en [1970].

—, *Americanismos en la «Historia» de Bernal Díaz del Castillo*, CSIC, Madrid, 1970.

Arce, Joaquín, «Problemi linguistici inerenti il *Diario* di Cristoforo Colombo», *Convegno Internazionale di Studi colombiani*, Civico Istituto Colombiano, Génova, 1974, pp. 53-75.

—, «Sobre la lengua y el origen de Colón», *Arbor*, n.º 375 (marzo 1977), pp. 121-125.

Arias de la Canal, Fredo, *Intento de psicoanálisis de Cortés*, Norte, México, 1971.

Arocena, Fausto, *Garibay*, Auñamendi, Zarauz, 1960.

Asensio, Félix, «El profesorado de Juan de Mariana y su influjo en la vida del escritor», *Hispania*, XIII (1953), pp. 581-639.

Avalle-Arce, Juan Bautista, «Las hipérboles del padre Las Casas» (1961), «Las *Memorias* de Gonzalo Fernández de Oviedo» (1968-1969), «El novelista Gonzalo Fernández de Oviedo» (1972), en *Dintorno de una época dorada*, Porrúa, Madrid, 1978, pp. 73-100, 119-136, 101-117, respectivamente.

Ballester y Castell, Rafael, *Bibliografía de la Historia de España. Catálogo metódico y cronológico de las fuentes y obras principales relativas a la Historia de España*, Sociedad General de Publicaciones, Barcelona, 1921.

—, *Las fuentes narrativas de la Historia de España durante la Edad Moderna: Los Reyes Católicos, Carlos I, Felipe II*, Ed. Florencio Lara, Valladolid, 1927.

Ballesteros Beretta, Antonio, *Cristóbal Colón y el descubrimiento de América*, Salvat, Barcelona, 1945 (*Historia de América*, V).

—, *Figuras Imperiales. Alfonso VII, el Emperador-Colón-Fernando el Católico-Carlos V-Felipe II*, Espasa-Calpe, Madrid, 1947.

Bataillon, Marcel, *Études sur Bartolomé de las Casas*, Centre de Recherches de l'Institut d'Études Hispaniques, París, 1965.

—, «Science et technique selon Florian de Ocampo historien», *Studi in onore di Italo Siciliano*, Leo S. Olschki, Florencia, 1966, pp. 51-54.

— y Edmundo O'Gorman, *Dos concepciones de la tarea histórica. Con motivo de la idea del descubrimiento de América*, Universidad Nacional Autónoma, México, 1955.

— y André Saint-Lu, *El padre Las Casas y la defensa de los indios*, Ariel, Barcelona, 1976.

Baudot, Georges, *Utopie et histoire au Mexique. Les premiers chroniquers de la civilisation mexicaine (1520-1569)*, Privat, Toulouse, 1977.

Bratli, Charles, «L'histoire de Philippe II dans la Littérature Espagnole», *Philippe II, roi d'Espagne*, Champion, París, 1912, pp. 17-57.

Brown, Paul A., *Theorique and practique of warre. Sir Edward Hoby's 1597 translation*, State University of Arizona, 1975 (tesis).

Burke, Peter, *The Renaissance Sense of History*, Edward Arnold, Londres, 1969.

Cardaillac, Louis, *Morisques et chrétiens. Un affrontement polémique (1492-1640)*, Klincksieck, París, 1977; trad. cast.: FCE, Madrid, 1979.

Caro Baroja, Julio, *Los vascos y la historia a través de Garibay*, Txertoa, San Sebastián, 1972 ².

—, *Ciclos y temas de la Historia de España: Los moriscos del Reino de Granada*, Istmo, Madrid, 1976 ².

Carrasco-Urgoiti, M.ª Soledad, *El moro de Granada en la literatura. Del siglo XV al XX*, Revista de Occidente, Madrid, 1956.

—, *The Moorish novel*, Twayne, Boston, 1976.

Castro, Américo, «Fray Bartolomé de las Casas o Casaus», *Cervantes y los casticismos españoles*, Alfaguara, Madrid, 1966, pp. 255-312.

Cepeda Adán, José, *En torno al concepto de estado en los Reyes Católicos*, CSIC, Madrid, 1956.

Cerwin, Herbert, *Bernal Díaz, Historian of the conquest*, University of Oklahoma Press, Norman, 1963.

Cioranescu, Alejandro, «La conquista de América y la novela de caballerías», *Estudios de literatura española y comparada*, Universidad de La Laguna, La Laguna, 1954, pp. 29-46.

—, *Primera biografía de Cristóbal Colón. Fernando Colón y Bartolomé de las Casas*, Aula de Cultura, Tenerife, 1960.

—, *Colón humanista. Estudios de humanismo atlántico*, Prensa Española, Madrid, 1967.

Cirot, Georges, *Études sur l'historiographie espagnole. Les histoires générales d'Espagne entre Alphonse X et Philippe II (1284-1556)*, Féret et Fils, Burdeos, 1904.

—, *Études sur l'historiographie espagnole. Mariana historien*, Féret et Fils, Burdeos, 1905.

Cirot, Georges, «Le *Compendio istorial* de Garibay», *Bulletin Hispanique*, XXXIV (1932), pp. 223-234; XXXV (1933), pp. 337-356; XXXVII (1935), pp. 149-158.

—, «Les *Anales de la Corona de Aragón* de Zurita», *Bulletin Hispanique*, XLI (1939), pp. 126-141.

Corraliza, José, *Hernando Cortés*, Diputación Provincial, Badajoz, 1965.

Costes, René, «Pedro Mexía, chroniste de Charles Quint», *Bulletin Hispanique*, XXII (1920), pp. 1-36, 256-268; XXIII (1921), pp. 95-110.

Cotroneo, Girolamo, *I trattatisti dell'«ars historica»*, Giannini, Nápoles, 1971.

Cuccorese, Horacio, «Juan Luis Vives y la concepción de la historiografía integral», *Revista de la Universidad de La Plata*, XVI (1962), pp. 109-131.

Díaz Plaja, Fernando, *La Historia de España en sus documentos. El siglo XVI*, Instituto de Estudios Políticos, Madrid, 1958.

Elliott, John H., *The Old World and the New, 1492-1650*, Cambridge University Press, Cambridge, 1972.

Estal, Juan M. del, «Felipe II y su perfil en la historiografía de los siglos XVI y XVII», *La Ciudad de Dios*, CLXXXVII (1974), pp. 549-581.

Esteve Barba, Francisco, *Historiografía Indiana*, Gredos, Madrid, 1964.

Farinelli, Arturo, *Viajes por España y Portugal desde la Edad Media hasta el siglo XX. Divagaciones bibliográficas*, Centro de Estudios Históricos, Madrid, 1920; *Suplemento...*, Centro de Estudios Históricos, Madrid, 1930; Studi e documenti, Roma, 1942-1944, 2 vols.

Fernández Álvarez, Manuel, *Breve historia de la historiografía*, Editora Nacional, Madrid, 1955.

—, *Corpus documental de Carlos V*, Universidad de Salamanca y CSIC, Madrid, 1973-1979, 4 vols.

Fernández Vargas, Valentina, *La Revolución Comunera*, Eds. del Centro, Madrid, 1975.

Foulché-Delbosc, Raymond, «L'authenticité de la *Guerra de Granada*», *Revue Hispanique*, XXXV (1915), pp. 476-538.

Frankl, Víctor, *El «Antijovio» de Gonzalo Jiménez de Quesada y las concepciones de realidad y verdad en la época de la Contrarreforma*, Instituto de Cultura Hispánica, Madrid, 1963.

Friede, Juan, *La censura española del siglo XVI y los libros de Historia de América*, Cultura, México, 1959.

García Méndez, Raquel, *Los cronistas religiosos del siglo XVI*, Museo Nacional, México, 1930.

Garin, Eugenio, «Leggi, diritto e storia nelle discussioni dei secoli XV e XVI», *L'età nuova*, Morano, Nápoles, 1969, pp. 235-260; trad. cast. en su libro *La revolución intelectual del Renacimiento*, Crítica, Barcelona, en prensa.

Gilman, Stephen, «Bernal Díaz del Castillo and *Amadís de Gaula*», *Homenaje a Dámaso Alonso*, Gredos, Madrid, 1961, II, pp. 99-114.

Gómez de Liaño, Ignacio, *Los juegos del Sacromonte*, Editora Nacional, Madrid, 1975.

González Palencia, Ángel, y Eugenio Mele, *Vida y obra de Don Diego Hurtado de Mendoza*, Instituto de Valencia de Don Juan, Madrid, 1941-1943, 3 vols.

Hanke, Lewis, *Bartolomé de las Casas, pensador, político, historiador, antropólogo*, Sociedad Económica de Amigos del País, La Habana, 1949.

—, *Bartolomé de las Casas, Bookman, Scholar, Propagandist*, University of Pennsylvania Press, Philadelphia, 1952.

—, *Aristotle and the Americans Indians*, Hollis and Carter, Londres, 1958.

—, *La lucha española por la justicia en la conquista de América*, Aguilar, Madrid, 1959.

— y Manuel Giménez Fernández, *Bartolomé de las Casas. Bibliografía crítica y cuerpo de materiales para el estudio de su vida, escritos, actuación y polémicas que suscitaron durante cuatro siglos*, Fondo Histórico y Bibliográfico José Toribio Medina, Santiago de Chile, 1954.

Hay, Denys, *Annalists and Historians. Western Historiography from the VIIIth to the XVIIIth Century*, Methuen, Londres, 1977.

Hernández Sánchez-Barba, Mario, «La influencia de los libros de caballerías sobre el conquistador», *Revista de Estudios Americanos*, XIX (1960), páginas 235-256.

—, *Historia y Literatura en Hispano-América (1492-1820). La versión intelectual de una experiencia*, Fundación Juan March-Castalia, Madrid, 1978.

Huarte Echenique, Amalio, *Relaciones de los reinados de Carlos V y Felipe II*, Sociedad de Bibliófilos Españoles, Madrid, 1941.

Iglesia, Ramón, *Cronistas e historiadores de la conquista de México*, Secretaría de Educación Pública, México, 1972.

Jacquot, Jean, ed., *Fêtes et cérémonies au temps de Charles Quint*, Centre National de la Recherche Scientifique, París, 1960.

Joly, Monique, «Lexicografía e historia. El vocabulario militar en los *Diálogos de la vida del soldado* de Diego Núñez de Alba», *Nueva Revista de Filología Hispánica*, XXVI (1977), pp. 99-104.

Leonard, Irving A., *Los libros del Conquistador*, Fondo de Cultura Económica, México, 1953.

Lojendio, Luis María de, «Referencias a la historia vasca que se contienen en *Los quarenta libros del Compendio historial* de Esteban de Garibay», *Príncipe de Viana*, XXX (1969), pp. 121-146.

López de Toro, José, ed., Pedro Mártir de Anglería, *Epistolario*, Documentos inéditos para la Historia de España, Madrid, 1955-1957, 4 vols.

—, «Pedro Mártir de Anglería, cronista íntimo del Emperador», *Hispania*, XVIII (1958), pp. 469-504.

Luca de Tena, Torcuato, *La literatura de testimonio en los albores de América*, Real Academia Española, Madrid, 1973.

Madariaga, Juan José de, *Bernal Díaz y Simón Ruiz, de Medina del Campo*, Instituto de Cultura Hispánica, Madrid, 1966.

Madariaga, Salvador de, *Hernán Cortés*, Sudamericana, Buenos Aires, 1942.

Manzano Manzano, Juan, *Colón y su secreto*, Instituto de Cultura Hispánica, Madrid, 1976.

Maravall, José Antonio, «Sobre naturaleza e historia en el humanismo español», *Arbor*, LXIV (1951), pp. 241-261.

—, *Antiguos y modernos. La idea del progreso en el desarrollo inicial de una sociedad*, Sociedad de Estudios y Publicaciones, Madrid, 1966.

Marcus, Raymond, «Las Casas: A Selective Bibliography», *Bartolomé de las Casas in History. Toward and understanding of the man and his work*, ed. Juan Friede y Benjamin Keen, Northern Illinois University Press, Dekalb, 1971, pp. 603-616.

Mateu y Llopis, Felipe, *Los historiadores de la Corona de Aragón durante la Casa de Austria,* Real Academia de Buenas Letras, Barcelona, 1944.

Menéndez Pidal, Ramón, «La lengua de Cristóbal Colón», *Bulletin Hispanique,* XLII (1940), pp. 1-28; reimpr. en *La lengua de Cristóbal Colón, el estilo de Santa Teresa y otros estudios sobre el siglo XVI,* Espasa-Calpe, Madrid, 1940.

—, *El padre Las Casas. Su doble personalidad,* Espasa-Calpe, Madrid, 1963.

Meseguer, Juan, «Sobre el erasmismo de Pedro Mexía, cronista de Carlos V», *Archivo Iberoamericano,* VII (1947), pp. 394-413.

Milhou, Alain, «De la "destruction" de l'Espagne a la "destruction" des Indes», *Mélanges à la mémoire d'André Joucla,* Université de Provence, Aix-en-Provence, 1978, pp. 907-919.

Montero Díaz, Santiago, «La doctrina de la Historia en los tratadistas españoles del Siglo de Oro», *Hispania,* I (1941), pp. 3-39.

Morales Padrón, Francisco, «Los grandes cronistas de Indias», *Estudios Americanos,* IX (1957), pp. 85-108.

—, «Historiadores españoles en América», *Anuario de Estudios Americanos,* XXIV (1967), pp. 1.845-1.872.

Morel-Fatio, Alfred, «Don Bernardino de Mendoza. I. La vie; II. Les œuvres», *Bulletin Hispanique,* VIII (1906), pp. 20-70, 129-147.

—, *Historiographie de Charles Quint,* I, Champion, París, 1913.

—, *Quelques remarques sur la «Guerre de Grenade» de Don Diego Hurtado de Mendoza,* École Pratique des Hautes Études, París, 1914.

Muñoz Pérez, José, «Literatura y ciencia en el XVI español. Los historiadores primitivos de Indias y el pensamiento geográfico», *Estudios sobre literatura y arte dedicados al profesor Emilio Orozco Díaz,* Universidad de Granada, Granada, 1979, II, pp. 495-521.

Muñoz de San Pedro, Miguel, *Crónicas trujillanas del siglo XVI (Manuscritos de Diego y Alonso de Hinojosa, Juan de Chaves y Esteban de Tapia),* Biblioteca Pública y Archivo Histórico, Cáceres, 1952.

O'Gorman, Edmundo, *La idea del descubrimiento de América. Historia de esa interpretación y crítica de sus fundamentos,* Universidad Nacional Autónoma, México, 1951.

Olmedillas de Pereiras, M.ª de las Nieves, *Pedro Mártir de Anglería y la mentalidad exoticista,* Gredos, Madrid, 1974.

Palma Chaguaceda, Antonio, *El historiador Gonzalo Argote de Molina. Estudio biográfico, bibliográfico y crítico,* CSIC, Madrid, 1949.

Pamp de Avalle-Arce, Diane, ed., Francesillo de Zúñiga, *Crónica burlesca del emperador Carlos V,* Crítica (Lecturas de *Filología,* 1), Barcelona, 1980.

Pasa, Arturo, *Un grande teorico della politica nella Spagna del secolo XVI: il gesuita Giovanni Mariana,* Collezione di Studi Filosofici, Nápoles, 1939.

Pérez Gómez, Antonio, *Pliegos sueltos sobre el emperador Carlos V (Relaciones en prosa),* Col. Dvque y Marqués, Valencia, 1958.

Pérez Gómez, Antonio, *Antonio Pérez, escritor y hombre de estado*, «...la fonte que mana y corre...», Cieza, 1959.

Pope, Randolph D., *La autobiografía española hasta Torres Villarroel*, Herbert Lang, Frankfurt am Main, 1974.

Pranzetti, Luisa, «Il naufragio como metafora (a proposito delle relazioni di Cabeza de Vaca)», *Letterature d'America*, I (1980).

Pujol y Alonso, Julio, *Los cronistas valencianos*, Real Academia de la Historia, Madrid, 1920.

Queraltó Moreno, Ramón Jesús, *El pensamiento filosófico-político de Bartolomé de las Casas*, CSIC, Sevilla, 1976.

Reynolds, Winston A., *Hernán Cortés en la literatura del Siglo de Oro*, Centro Iberoamericano de Cooperación-Editora Nacional, Madrid, 1978.

Rodríguez-Moñino, Antonio, *Fray Diego de Mérida, Jerónimo de Guadalupe, Viaje a Oriente (1512)*, Sociedad General de Publicaciones, Barcelona, 1946.

—, *Viaje a Oriente de fray Antonio de Lisboa (1507)*, Imprenta Provincial, Badajoz, 1949.

Romeu de Armas, Antonio, *Hernando Colón, historiador del descubrimiento de América*, Instituto de Cultura Hispánica, Madrid, 1973.

Rubio, Luciano, «Los historiadores del Real Monasterio de San Lorenzo de El Escorial», *La Ciudad de Dios*, CLXXII (1959), pp. 499-521.

Rublúo, Luis, *Estética de la «Historia verdadera» de Bernal Díaz del Castillo*, Universidad Autónoma de Hidalgo, Pachuca, 1969.

Sáenz de Santamaría, Carmelo, «Introducción crítica a la *Historia verdadera* de Bernal Díaz del Castillo», *Revista de Indias*, XXVI (1966), pp. 323-465; reimpr. como libro, CSIC, Madrid, 1967.

Salas, Alberto Mario, *Tres cronistas de Indias: Pedro Mártir de Anglería, Gonzalo Fernández de Oviedo, Bartolomé de las Casas*, Fondo de Cultura Económica, México, 1959.

Sánchez, Alberto, «Los libros de caballerías en la conquista de América», *Anales Cervantinos*, VII (1958), pp. 237-260.

Sánchez Alonso, Benito, *Fuentes de la Historia Española e Hispanoamericana*, Centro de Estudios Históricos, Madrid, 1919, 1 vol.; 1927 ², 2 vols.; CSIC, 1957 ³, 3 vols.

—, *Historia de la historiagrafía española*, CSIC, Madrid, I (hasta la publicación de la *Crónica* de Ocampo, 1543), 1941, 1947 ²; II (de Ocampo a Solís, 1543-1684), 1944; III (de Solís al final del siglo XVIII), 1950.

—, «El concepto de historiografía española», *Hispania*, III (1943), pp. 179-194.

—, «La literatura histórica en el siglo XVI», *Historia General de las Literaturas Hispánicas*, Barna, Barcelona, 1953, III, pp. 299-322.

Sánchez Diana, José María, «El pensamiento historiográfico en la España de los Austrias», *Miscelánea de estudios dedicados al profesor Antonio Martín Ocete*, Caja de Ahorros y Monte de Piedad, Granada, 1974, II, pp. 967-981.

Sanz, Carlos, «La *Carta* de Colón. Su actualidad. Algunas consideraciones críticas histórico-bibliográficas», *Boletín de la Real Academia de la Historia*, CXXXIX (1956), pp. 437-496.

Scorpioni, Valeria, «Il *Discurso sobre la lengua castellana* di Ambrosio de Morales: un problema di coerenza», *Studi Ispanici*, X (1977), pp. 177-194.

Schevil, Rudolph, «La novela histórica, las crónicas de Indias y los libros de caballerías», *Revista de Indias*, LIX-LX (1943), pp. 173-196.

Schuster, E. J., «Pedro Mexía and Spanish Golden Age Historiography», *Renaissance News*, XIII (1960), pp. 3-6.

Serrano y Sanz, Manuel, ed., *Autobiografías y Memorias*, Nueva Biblioteca de Autores Españoles, II, Madrid, 1905.

—, *Orígenes de la dominación española en América. Estudios Históricos*, Nueva Biblioteca de Autores Españoles, XXV, Madrid, 1918.

Simón Díaz, José, «Las *Memorias* del cronista Esteban de Garibay», *Boletín de la Real Sociedad Vascongada de Amigos del País*, II (1946), pp. 85-99.

—, *Impresos del siglo XVI: Historia*, CSIC (Cuad. Bibliog., 15), Madrid, 1965.

Spivakosky, Erika, «Lo de la Goleta y Túnez», *A Work of Diego Hurtado de Mendoza*, CSIC, Madrid, 1963.

—, *Son of the Alhambra. Don Diego Hurtado de Mendoza, 1504-1575*, University of Texas Press, Austin, 1970.

Tate, Robert B., *Ensayos sobre la historiografía peninsular del siglo XV*, Gredos, Madrid, 1970.

Thompson, Lawrence, «Infundios, errores y falsificaciones en la literatura histórica de las Américas», *Revista de la Biblioteca Nacional*, La Habana, III (1952), pp. 39-48.

Torre, Antonio de la, [Nota bibliográfica sobre el t. I de la *Historiografía* de B. Sánchez Alonso], *Hispania*, II (1942), pp. 632-638.

Torre y Franco Romero, Lucas de, «Don Diego Hurtado de Mendoza no fue el autor de *La Guerra de Granada*», *Boletín de la Real Academia de la Historia*, LXIV (1914), pp. 461-501, 577-596; LXV (1915), pp. 28-47, 273-302, 369-415.

Torre Revello, José, «Pedro Mártir de Anglería y su obra *De orbe novo*», *Thesaurus*, XII (1957), pp. 133-153.

Turner, Daymond, *Gonzalo Fernández de Oviedo y Valdés: An Annotated Bibliography*, University of North Carolina, Chapel Hill, 1966.

Valero Silva, José, *El legalismo de Hernán Cortés como instrumento de su conquista*, Universidad Nacional Autónoma, México, 1965.

Vega, Pedro de, *Antología de escritores políticos del Siglo de Oro*, Taurus, Madrid, 1966; pról. de E. Tierno Galván.

Verlinden, Charles, y Florentino Pérez-Embid, *Cristóbal Colón y el descubrimiento de América*, Rialp, Madrid, 1962.

Virgil, I. Milani, *The Written Language of Christopher Columbus*, anejo a *Forum Italicum*, Buffalo, 1973.

Wagner, Henry R., *The Rise of Fernando Cortés*, The Cortés Society, Berkeley, 1944 (Kraus Reprint, Nueva York, 1969).

White, Jon M., *Cortés and the Downfall of the Aztec Empire. A Study in a conflict of Cultures*, Hamish Hamilton, Londres, 1971.

Wright, L. P., «The Military Orders in Sixteenth and Seventeenth Century Spanish Society. The Institutional Embodiment of a Historical Tradition», *Past and Present*, XLIII (1969), pp. 34-70.

Zubizarreta, Carlos, *Capitanes de la aventura. I: Cabeza de Vaca, el infortunado. II: Irala, el predestinado*, Instituto de Cultura Hispánica, Madrid, 1957.

Alejandro Cioranescu

DE LA EDAD MEDIA AL RENACIMIENTO:
EL DESCUBRIMIENTO DE AMÉRICA
Y EL ARTE DE LA DESCRIPCIÓN

Al entrar en contacto con las tierras de Indias, los primeros viajeros europeos veían desarrollarse ante sus ojos, evidentemente maravillados, un espectáculo completamente inédito. Era un mundo nuevo, en toda la fuerza de la expresión; su atención se veía solicitada a cada paso por algún detalle sorprendente, por algún objeto desconocido, para los cuales resultaba inútil buscar equivalentes o correspondencias en su experiencia de europeos. Estos hechos inéditos, esta observación de objetos que nadie había contemplado hasta entonces y que, por consiguiente, ellos son los que describen por primera vez, ¿cómo iban a describirlos o a referirlos? ¿Qué procedimientos podían tener a su disposición aquellos viajeros?, ¿qué medios estilísticos y qué cánones literarios podían servirles de guía?

Este problema tiene su interés desde el punto de vista del desarrollo posterior del arte de la composición literaria. En efecto, conviene recordar que las primeras generaciones de exploradores y de descubridores se sitúan, por su formación intelectual, en la época que forma la transición de la Edad Media al Renacimiento. Los principios de autoridad y de imitación de los modelos formaban entonces la base del arte de escribir, y casi se puede decir la misma esencia de este arte. Pero la imitación sólo puede tener un papel reducido

Alejandro Cioranescu, «El descubrimiento de América y el arte de la descripción», en su libro *Colón, humanista*, Prensa Española, Madrid, 1967, páginas 59-72 (60-71).

y relativamente sin importancia en la descripción hecha por la primera vez de objetos que nadie había conocido o representado anteriormente. La imitación no es posible allí donde falta el modelo. El viajero que pretende narrar sus andanzas por tierras desconocidas se ve privado del resorte acostumbrado de su arte descriptivo: no le será posible recurrir a las reglas de la retórica tradicional o servirse de cánones preestablecidos para describir usos tan nuevos como, por ejemplo, la costumbre de fumar. En tales casos, el ejemplo de los rétores antiguos y de los poetas épicos de poco podrá valerle. La misma naturaleza de su tema le invita, o mejor le obliga a fiarse en sus solos recursos y, por consiguiente, a hacer uso de procedimientos personales, no autorizados por la tradición.

[El procedimiento de Marco Polo y otros exploradores medievales] esencialmente consistía en no ver sino lo ya visto y lo que se deja identificar o clasificar: todo lo inédito, por consiguiente, no aparece examinado o representado como tal, por su novedad descriptiva, sino como un aspecto, un uso o una amalgama de objetos conocidos. De este modo, los objetos desconocidos se transforman en materia asimilable al mundo conocido. La novedad viene a ser un conjunto nuevo de detalles antiguos. [Para Marco Polo, así,] el unicornio, que tiene «piel de búfalo, pies como los del elefante y un cuerno en medio de la frente», es un vulgar rinoceronte. [...] Frente a esta actitud, ¿cuáles son los procedimientos estilísticos de que se sirven, en las mismas circunstancias, los primeros visitantes del Mundo Nuevo? Tres posibilidades distintas parecen presentarse a su espíritu. [...]

En primer lugar, los primeros narradores del descubrimiento se sirven de los mismos procedimientos que acabamos de señalar en la obra de Marco Polo. Nada raro en ello, ya que pertenecían todos, por su formación, a aquel mismo Medioevo, y que Colón, más que todos, conocía de memoria las maravillas del Catay, que describía el viajero veneciano. Así es como su actitud delante de la novedad descriptiva se resuelve espontáneamente en las mismas fórmulas consagradas por Marco Polo y por los siglos que median entre los dos.

Nos explicamos, pues, por qué, para Colón, espectador apasionadamente interesado y sinceramente maravillado, la novedad no parece constituir el primer mérito del cuadro que está contemplando. Ello era tanto más natural, cuanto que él mismo no veía, por decirlo así, la tal novedad: pensaba haber hallado los mismos bordes de China y de su querido Cipangu y, por consiguiente, pretendía describir paisajes y objetos ya estrenados por las descripciones de Marco Polo.

Cada vez que Colón se ve en la precisión de designar un objeto nuevo, los nombres antiguos se presentan espontáneamente a su espíritu. Para hablar de las embarcaciones características de los indios del mar Caribe, empleará el término de *almadía*; no es, sin duda, ninguna impropiedad que se le pueda achacar, ya que éste era el nombre español de objetos rigurosamente idénticos, que usaban ya los indígenas de África y que conocían perfectamente el autor y los españoles de su tiempo. [...] De igual modo, para Colón, el tabaco es una clase de «hierbas para tomar sus sahumerios que acostumbran»: lo cual denota una gran falta de curiosidad, si no para con el hecho observado, por lo menos para con su significación peculiar y con su novedad.

Esta continuación de los hábitos medievales puede representar una solución, mientras se siga tratando de observaciones no esenciales y de notas tomadas de paso, sin insistir; pero nunca para dar una imagen de la realidad y evocar sus rasgos característicos. Es una forma de anexionarse los objetos y de poseerlos, pero no vale para conocerlos. Debido a esta escasez de medios descriptivos, Colón resulta ser un extraño poeta del paisaje americano, que nunca describe en sí y por sí, sino que lo evoca y lo vuelve a crear por medio de la oposición y de la comparación: los árboles de las Indias, para él, «todos están tan disformes de los nuestros, como el día de la noche»; y por otra parte «las noches temperadas como en mayo en España, en el Andalucía». Las indicaciones descriptivas que se obtienen por medio de estos procedimientos paralelísticos son sumamente imprecisas y conducen casi siempre a falsas representaciones. [...]

Para buscar un remedio a este inconveniente, los autores de descripciones recurrieron muy pronto a otro procedimiento, que consistía en conservar a la realidad americana su nombre americano. Es evidente que esta solución no pudo aplicarse al estilo, sino en una segunda fase del descubrimiento, cuando los viajeros se habían familiarizado ya con la realidad india y la habían identificado en lo que la aislaba de lo tradicionalmente conocido. Así, el mismo Colón empleó la palabra *canoa* después de haber designado varias veces los mismos objetos con el nombre tradicional de *almadía*. Al principio, daba a los caudillos de los indígenas el nombre de reyes; pero con el tiempo se decidió por el de *cacique*, que le pareció, y que era, sin duda, más apropiado.

En Fernández de Oviedo, en Las Casas y en general en todos los historiadores de Indias, la frecuente anexión de americanismos es el resultado de un largo proceso de decantación de las nociones, con aumento de las subdivisiones de las ideas recibidas, con matices cuya evidencia se impone al espíritu por la primera vez. Así, la palabra *enagua*, de origen caribe, se aplicó al principio a una realidad india y se hizo rápidamente popular en español, como equivalente de *faldillas*; así *caribe* vino a ser *caníbal*, y *cacique* indica actualmente una realidad muy diferente de la que designaba primitivamente.

En fin, el tercer procedimiento es la pura descripción. La realidad nueva exige que se le represente, antes de recibir un nombre, antiguo o nuevo; y la multiplicación de los contactos hace ineludible la necesidad de sugerir por medio de la lectura los aspectos y la novedad de esta realidad. Por esta razón, las descripciones, que en los escritos de Colón se reducen generalmente a la simple definición, se multiplican en la generación siguiente y se hacen frecuentes, por ejemplo, en la obra de Las Casas.

Conviene recordar, entre muchos otros pasajes de la obra del obispo de Chiapa, su descripción del tabaco. En su texto, este párrafo se halla situado en la inmediata continuación de la frase de Colón que mencionamos más arriba: basta comparar a los dos autores, para darse cuenta del camino recorrido por el arte de la descripción en el espacio de una sola generación. Sus sahumerios, dice Las Casas,

son unas hierbas secas metidas en una cierta hoja, seca también, a manera de mosquete hecho de papel, de los que hacen los muchachos la pascua del Espíritu Santo; y, encendida por la una parte dél, por la otra chupan o sorben o reciben con el resuello para adentro aquel humo, con el cual se adormecen las carnes y casi emborrachan, y así diz que no sienten el cansancio. Estos mosquetes, o como los nombrásemos, llaman ellos *tobacos*. Españoles conocí yo en esta isla Española, que los acostumbraron a tomar, que, siendo reprehendidos por ello, diciéndoles que aquello era vicio, respondían que no era en su mano dejarlos de tomar. No sé qué sabor o provecho hallaban en ellos. [...]

Desde el punto de vista de la literatura general, las descripciones así obtenidas son una novedad. No cabe duda de que las descripciones abundan en las obras literarias del Medioevo y del Renacimiento; pero hasta entonces se las había concebido como ampliaciones retóricas, cuyo objeto no era de definir o de representar, sino de servir de adorno. Hemos insistido en otro lugar (*El barroco o el descubrimiento del drama*, La Laguna, 1957, pp. 88-90) sobre la práctica detallista de la descripción medieval. Si la comparamos a las que acabamos de citar, se ve que entre las dos fórmulas existen diferencias notables, en la intención más aún que en la ejecución.

Por un lado, las descripciones antiguas son enumerativas, de un modo absolutamente invariable, en el sentido de que pulverizan el objeto descrito, reduciéndolo a un número de detalles, a modo de inventario objetivo; mientras que las nuevas descripciones aparecen como netamente organizadoras, en el sentido de que buscan una concentración de efectos, en vista de una síntesis necesaria. Por otra parte, la descripción nueva no es ya un simple ejercicio de retórica, sino una necesidad de la inteligencia. Debido a esta nueva función, ya no le será posible conformarse con las generalidades y con los adornos retóricos, sino que buscará en primer lugar los rasgos característicos, que bastan para individualizar el objeto. En fin, la descripción antigua, considerada como tema poético, sólo se aplicaba a los objetos aceptados por la poesía, tales como la belleza de la mujer o del paisaje; mientras que la nueva descripción se interesa forzosamente, y, sin duda, por primera vez en la historia de la literatura, por temas humildes en su materialidad, sin trascendencia alguna, y que se niegan al embellecimiento, o por lo menos no lo necesitan. Esta categoría de inspiraciones no había sido prevista por los cánones del arte ni utilizada por los grandes autores, de modo que al escritor no podía servirle de recurso ninguna fórmula estereotipada; y, debido a esta circunstancia que se da por primera vez, el autor deja de buscar apoyo en la imitación de los modelos y sólo confía en su propia observación. Así es cómo el espíritu de observación hace su primera aparición en la literatura.

Juan Pérez de Tudela y Lewis Hanke

LAS CASAS, HISTORIADOR

I. El tratado *De unico vocationis modo omnium gentium ad veram religionem* —clave de bóveda del edificio intelectual de Las Casas— no estuvo acaso concluido antes de 1537; pero, como opina el padre Martínez, obra semejante hubo de ser concebida y emprendida en un período de quietud meditativa. De la *Apologética historia* nos consta que fue comenzada en 1527 como un capítulo de la *Historia de las Indias*, obra ésta que conocería sucesivas revisiones e interpolaciones hasta 1564. La ingente terna de escritos no responde a una disociación temática arbitraria, sino que la interna lógica de la tesis lascasiana señalaba ya las tres vías naturales de su desenvolvimiento: teorético, histórico y antropológico.

Si desde el comienzo había estado claro para Las Casas el carácter intelectivo antes que pasional del debate indiano, tal noción llegó a imperar en sus escritos como un *ritornello* central. Una y otra vez denunciaría como raíz de todos los males del Nuevo Mundo la culpable ignorancia de los letrados del Consejo en cuanto a entender y declarar el Derecho, según eran obligados por su oficio. Nada más necesario, pues, que sentar por extenso los fundamentos de las relaciones entre cristianos e infieles. En la base constitutiva de esas relaciones estaba, respecto a las Indias y sin discusión para nadie, el compromiso evangelizador, motivo y condición de la donación pontificia. Se trataba, entonces, de precisar ante todo esta cuestión: ¿cómo debía llevarse a cabo la prédica cristiana? La respuesta es exactamente el tratado *De unico vocationis modo*. Las Casas abandona aquí toda afección pasional y se remonta al más elevado plano de universalidad; apenas si de pasada hay una alusión a las Indias, pues su lección deberá ser tanto más categórica cuanto válida para todos los pueblos y para todas las épocas: un verdadero tratado —el primero— de misiología. [...]

I. Juan Pérez de Tudela, ed., B. de las Casas, *Obras*, Biblioteca de Autores Españoles, XCV, Madrid, 1959, pp. cvii-cix.

II. Lewis Hanke, ed., B. de las Casas, *Historia de Indias*, Fondo de Cultura Económica, México, 1951, vol. I, pp. lix-lx, lxxiv-lxxvi.

Como era de rigor, en el hontanar de las ideas lascasianas pueden hallarse motivos tomistas; pero sería totalmente equívoco definir al autor del *De unico* por sus vinculaciones al Doctor Seráfico. Las Casas se nos revela aquí en realidad como un robusto e intrépido corazón de cristiano, que con magnífica seguridad y desembarazo avanza por sus propios pasos hacia las fuentes prístinas de su fe; hacia los Padres —San Agustín, San Juan Crisóstomo— y hasta encontrar en la propia Revelación la raíz de sus postulados. Es la misma Providencia —nos dirá— la que convocó graciosa y universalmente a los pueblos al conocimiento de la verdad, y sería sacrílego imaginar que existe nación carente de capacidad para recibir ese conocimiento. Es la misma Providencia la que «estableció para todo el mundo y para todos los tiempos un solo, mismo y único modo de enseñarles a los hombres la verdadera religión; a saber: la persuasión del entendimiento por medio de razones, y la invitación y suave moción de la voluntad».

Analiza Las Casas morosamente las condiciones exigidas al catequista, bajo el presupuesto central de que la fe, según la idea agustiniana, no puede lograrse sin una adhesión intelectiva. Estudio, paciencia ilimitada para repetir, persuadir, argumentar y suplicar con suavidad, y no menos el ejemplificar en la conducta las virtudes de desinterés y caridad, constituyen el riguroso elenco. A la demostración racional sigue el argumento histórico. Desde la remota antigüedad que alumbra la Escritura, la fe se difundió sin coacciones; Jesucristo envió a sus apóstoles «como ovejas en medio de lobos» y no por otro sistema cosechó la Iglesia sus primeras conquistas.

La otra faz de la tesis muestra algo esencial a la ideología del sevillano: la reprobación absoluta de la guerra, como instrumento irracional —dice— contrario al mandato amoroso de Cristo, indecente en sí mismo e infame por sus consecuencias y, por lo tanto, absurdo como método evangelizador. Pero no sólo en este tratado; a lo largo de sus otros escritos el Procurador mantuvo una cerrada impugnación contra toda estirpe de acciones conquistadoras, ya fueran de los romanos ya del mismísimo Alejandro Magno, como anuncio de su genuina y desenfocada contemplación del acontecer histórico.

Pese a su carácter, el *De unico vocationis* no podía dejar de concluir con la afirmación de que las guerras contra los indios eran «injustas, inicuas y tiránicas» y tenían a sus fautores en pecado y obligados a reparación de todos los daños. A semejante conclusión no todo el mundo podía llegar tan directamente, pues ¿y si fallaban en las Indias los métodos de conversión meliflua? La guerra de conquista, tras de hecho el requerimiento, y el reparto en encomienda tras consumada la conquista se habían basado en la supuesta demostración de la realidad acerca de la contumacia del indígena en resistir el llamamiento evangélico, así como en su flaqueza espiritual para proseguir en la buena senda. Había, pues, que probar que aquello era falso, con una demostración que no podía ser otra que el relato de los hechos mismos; es decir, había que escribir íntegra la historia de lo acontecido en las Indias y mostrar cómo eran de verdad sus habitantes. La *Historia de las Indias* y la *Apologética historia*, dos colosales ramas del mismo tronco, darán cumplimiento al designio. Por ellas se hará ver cómo siendo la conducta española de paz y de guerra inicua por sí misma y por los resultados que persigue, y habiéndose difundido su fama por todo aquel orbe, resulta que la enemiga a ultranza del indio hacia el español es justa en todos los casos y anterior a cada encuentro particular, con un derecho que «les vive y dura hasta el día del juicio». Ya esta citación judicial al español para encararle con un indio caracterizado unívocamente, y soslayando todo distingo de situación o cualidad, anuncia una visión de terminante simplismo; pero es además en el fondo mismo de la concepción lascasiana sobre la Historia donde se entraña el mismo planteamiento grandiosamente unitario sobre el significado del Nuevo Mundo.

11. Considerando los defectos y errores que había descubierto en las actitudes e ideas de sus compatriotas con respecto a las Indias, Las Casas se decidió a escribir la verdad, tal como él la veía, y enumeró ocho justificaciones de la composición de su *Historia de las Indias*, que son las siguientes:

1. Para honor y gloria de Dios y manifestación de Su inescrutable justicia. 2. Para la felicidad temporal y eterna de todos los numerosos pueblos del Nuevo Mundo, si no eran destruidos antes de que la *Historia* estuviera terminada. 3. No para contentar o lisonjear a los reyes, sino para defender el honor y la fama de los nobles monarcas de Castilla, revelando a éstos el terrible daño hecho en sus vastas provincias de ultramar, y las causas de tales desgracias. 4. Para el bienestar de toda España, puesto que, una vez que se conozca en qué consiste lo bueno y lo malo

de las Indias, se sabrá también lo que es bueno y lo que es malo para toda España. 5. Para dar un relato claro, exacto y agradable de «muchas cosas antiguas de los principios que esta machina mundial fue descubierta». 6. Para librar a su nación del gravísimo error de creer que los indígenas del Nuevo Mundo no son hombres, pues los españoles los han considerado, y los consideran aún, como «brutales bestias incapaces de virtud y doctrina», y consecuentemente, han corrompido las buenas costumbres que tenían los indios y han aumentado el mal entre éstos. 7. Para dar una descripción verdadera de las virtudes y pecados de los españoles en las Indias. 8. Para describir la multitud y grandeza de las hazañas admirables y prodigiosas llevadas a cabo en las Indias, que sobrepasan lo hecho en todas las épocas anteriores, a fin de que las generaciones venideras se sientan estimuladas a imitar las buenas obras realizadas y teman repetir el daño y el mal que han sido hechos.

Las Casas reconoció que estos objetivos eran difíciles de alcanzar y que el historiador, como había dicho con insistencia Polibio, debe estar dispuesto a elogiar incluso a sus enemigos y a censurar también a sus amigos cuando los hechos de unos y otros merezcan alabanza o reproche.

Las Casas creyó que su larga experiencia en las Indias sería de un inmenso valor, y puso de relieve que ninguno de los escritores que habían publicado obras sobre América, en latín o en español, antes de que él se pusiera a escribir en 1527, había visto realmente los acontecimientos y cosas que describía. Es verdad que algunos de ellos habían residido en las Indias algún tiempo y trataron de presentarse como conocedores de la historia de los primeros años de América después de su descubrimiento, pero, en realidad, no sabían más acerca de lo que había ocurrido allí que lo que hubieran podido saber «si las oyeran estando ausentes en Valladolid o en Sevilla». Lo extraño es que Las Casas dio más crédito al humanista italiano Pedro Mártir de Anglería que nunca estuvo en América, pero que interrogó a Colón y a otros viajeros inmediatamente después que represaron a España, y a Américo Vespucio, que en el sentir de Las Casas había despojado injustamente a Colón de parte de la gloria del descubrimiento del Nuevo Mundo. Incluso estos dos escritores cometieron errores, según Las Casas, pero éste los consideró muy superiores a los otros que habían publicado libros acerca de las Indias hasta la fecha en que él se estableció en el monasterio de San Gregorio para dedicarse seriamente a la composición de la historia que había sido interrumpida con tanta frecuencia. [...]

De Las Casas, sabemos que tuvo inclinación por los libros, que le llevó a conocer ampliamente la literatura clásica y cristiana, que empezó a escribir historia después de un largo período de meditación en el monasterio de dominicos de La Española y de estudio de las crónicas medievales españolas, que tuvo muy en cuenta las varias teorías sobre la historia sustentadas por escritores anteriores a él, y que llegó a conclusiones precisas y dogmáticas, que le impulsaron a tomar la pluma. Estas conclusiones fueron el resultado de su profundo fervor moral y su sentido de responsabilidad con respecto a los nativos del Nuevo Mundo. Escribió historia no con la indiferencia de un espectador imparcial, sino para demostrar una tesis. Sin embargo, Las Casas tuvo lo que debe tener todo verdadero historiador: sentido del curso de la historia. Se dio cuenta de que el descubrimiento del Nuevo Mundo por Colón era sólo una parte de la expansión de Europa. Así, incluyó en su obra muchas ideas medievales de geografía y relató la conquista de las Canarias como parte del movimiento general de la civilización hacia el occidente, una idea relativamente nueva entonces en la historiografía española.

Todo historiador digno de estimación debe tener un sano escepticismo, y Las Casas lo tuvo en medida razonable. No se inclinó ciegamente ante ningún hombre, y aunque sintió respeto por Colón, no vaciló en rectificarle en varios puntos, ni en denunciar su crueldad con los indios. Las Casas incluyó varios documentos necesarios para entender la conquista, tales como concesiones de encomiendas, el *Requerimiento* y el tratado del obispo Juan Cabedo que declaraba a los indios esclavos por naturaleza de acuerdo con lo dicho por Aristóteles, y luego los analizó y combatió las ideas contenidos en ellos.

Si Las Casas no conocía cierto acontecimiento o no estaba seguro de lo que había sucedido, lo hacía constar así, y de este modo dio a su *Historia de las Indias* un aire de veracidad que es difícil pasar por alto. Hizo esfuerzos tenaces para obtener fuentes originales, pero cuando no pudo encontrar ciertas cartas o documentos, no vaciló en reconocer el hecho. Al usar las fuentes que había reunido, puso cuidado en citar los documentos del modo más preciso posible, y en ocasiones incluso señaló exactamente el lugar de su archivo-biblioteca donde podía encontrarse el escrito citado. Asimismo, se lamentó de tener que contentarse con una referencia de segunda mano sobre un incidente particular, cuando hubiera podido comprobar la verdad directamente de haberse tomado la molestia de hacerlo. Todo lector de la *Historia de las Indias* puede ver con facilidad que Las Casas sintió un respeto por las fuentes originales y puso un cuidado en usarlas que no fueron superados por ningún otro historiador de su época.

Manuel Alvar y Stephen Gilman

LENGUA Y LITERATURA DE BERNAL DÍAZ DEL CASTILLO

1. Bernal Díaz sigue los barquinazos de nuestra lengua y de nuestra cultura: él es el testimonio impar de los dos procesos. Porque su *Historia verdadera de la conquista de la Nueva España* es un monumento singular en nuestra literatura y, probablemente, en muchas literaturas. Escribe cuando se alimenta, sólo, de recuerdos y esos largos años vividos hacen que su narración sea un testimonio único: él segó las mieses de la primera hora, pero trilló dilatados años después. Sus referencias no son apresuradas o cogidas al azar, sino el sedimento de muchos otoños afruchiguados sobre la misma tierra. Tal es el valor de sus americanismos, oídos mil veces y seleccionados los que la lengua ha aceptado o los que son necesarios para que su expresión no quede mermada de recursos. Creo que esa es su eficacia, ser una experiencia repetida; tan experiencia repetida como la propia existencia. Fruto maduro, a punto de desprenderse, como la vida misma. [Los americanismos más notables de la *Historia verdadera*] son las palabras que han quedado incrustadas en la memoria del viejo conquistador, como el nombre de los camaradas —uno a uno en impresionante memento— que quedaron en

I. Manuel Alvar, *El mundo americano de Bernal Díaz del Castillo*, Universidad Internacional Menéndez Pelayo, Santander, 1968, pp. 48-54.

II. Stephen Gilman, «Bernal Díaz del Castillo and *Amadís de Gaula*», *Homenaje a Dámaso Alonso*, Gredos, Madrid, 1961, vol. II, pp. 99-113 (100-105, 107-108, 110-111).

los puentes de México, que perdieron el corazón en las garras de los sacrificadores, que fueron pasto de las fieras. Con su recuerdo ha salvado las palabras y los hombres, les ha dado el nombre perdurable en la memoria de los que hemos venido después. [...]

Él, con su larga vida, con el prodigio de escribir a los 84 años, con su memoria increíble, viene a ser como una conciencia viva de la lengua. Su propia existencia es el proceso de la americanización del español —hombre e idioma—. Si, como se ha dicho, Santo Domingo fue el primer centro de este proceso, Bernal Díaz tuvo su experiencia antillana, llamada Cuba: «*cucuyos*, que ansí los llaman en Cuba», «andaban los de Cuba... (con) unas ropas de algodón que llaman *naguas*». De esta tierra de aclimatación, el español pasó aindiado al continente: ya no sería necesario tomar todas las palabras que se oían, porque los ojos habían visto la misma naturaleza: ahí, en el imperio azteca, anclaron las voces de los modestísimos taínos, como después en el Perú. Gracias al español, las lenguas de América tuvieron imprevisibles migraciones. Pero Bernal ha procurado ver y ser fiel a lo que veía: a veces esta fidelidad le llevaba a duplicar los americanismos; aceptaba el término antillano o acuñado en las Antillas y tomaba, también, la voz nativa, por extraña que pudiera parecer, siempre y cuando fuera eficaz en su contexto histórico (*motolinea, quequexque, tacalnagua, tatacul, tlenquitoa, totoloque, xihuaquetlan, zacotle*). Por eso las palabras, reales, no fingidas, que sólo en él se documentan. Bien otro proceder que el de algún cronista que, hablando del Perú, no da ni una sola voz quechua, sino un manojuelo de términos arahuacos (*canoa, cazabi, cacique, maíz*, etc.), ni siquiera aztecas. Es posible que tras el aluvión de voces antillanas, la propia corona facilitará la difusión de los nahualismos al hacer de ésta una lengua general, como luego del quechua en Perú. Acaso la explicación de la ausencia de mayismos en Bernal Díaz del Castillo sea resultado de esta conducta de la administración, porque incluso quienes tuvieron que ver con el mundo maya empleaban las voces taínas o mexicanas y no las yucatecas (*cacique* en vez de *batab*, *ceiba* por *yaxché* o *piim*, *copal* frente a *pom*, *jícara* en lugar de *luch*, *maíz* a cambio de *icim*, *mamey* en vez de *chacal-haaz*, etc.).

El procedimiento de adopción de los nuevos términos es en Bernal el mismo que siguió la lengua desde Alfonso el Sabio a Pedro Simón Abril: la equivalencia léxica («*acales* llaman *ayotes*», etc.); la reduplicación del vocabulario: una palabra indígena, otra castellana («*areito* y bailes», «grandes señores y *caciques*», etc.); la explicación («*cacahuateros* que vendían cacao», «*canoas* hechas a manera de artesa», «paños de *henequén*, que es como de lino», etc.); o, simplemente, la adoptación como si fuera una palabra tradicional (*barbacoa, batata, cazalote, hamaca*, etc.).

El cronista vio y contó: ese fue su gran mérito y esa fue su originalidad. Saber ver y adecuar la lengua a la narración es —en última instancia— la maestría del hombre que describe, lo que le hace ser artista. Bernal Díaz lo fue en cualquier momento de su obra, y si necesitaba autorizar su propio e inmediato saber, ahí tenía un mundo elaborado (lo conociera o no) por la tradición de todos los lexicógrafos; y si tenía que evadirse de la realidad, porque la realidad era pobre para contar lo que veía, ahí estaban las grandes creaciones hechas para el pueblo —y por el pueblo—: los libros de caballerías, el romancero, el cancionero tradicional. Y vino a resultar que esta forma de narrar era mucho más directa y mucho más eficaz que la lógica que querían inventar los eruditos. La maravilla sorprendente de México le hace pensar en Amadís, nadie vacila al ponderar los hechos. Era un mundo de ensueño. Cuando tocaron tierra en lo que llamaron la Florida, los sabihondos de la expedición quisieron explicar las cosas: «los ídolos de barro y de tantas maneras de figurar, decían que eran de los gentiles. Otras decían que eran de los judíos que desterró Tito y Vespasiano de Jerusalén, y que habían aportado en aquella tierra». El cronista no opina, ni Amadís ni Roldán podrían sacarle de apuros; al meditar en todo lo que en aquella refriega les ocurrió, se limitó a decirse para sus adentros: «Estuvimos muchos días curando las heridas, y por nuestra cuenta hallamos que murieron cincuenta y siete, y esta ganancia trajimos de aquella entrada y descubrimiento». Más vale que no supiera latín y se dejara de «prólogo y preámbulo con razones y retórica muy subida». Por eso supo ser fiel a lo que los prodigios le mostraron y su *Verdadera historia* fue —ni más ni menos— el espejo de su lengua, la propia historia de la lengua en unos días en que el español se dilataba más allá de cualquier fantasía.

II. Un rasgo que se repite en la *Historia verdadera* —y que quizá sea, más que un eco, el resultado independiente de una situación paralela— es el hecho de que el cronista se nos muestre casi como un personaje de su propia crónica. Al igual que los poetas de la «cuaderna vía», la voz de Bernal Díaz dirige continuamente el curso de los acontecimientos: «Dejemos esto y digamos cómo el capitán les dio muy buena respuesta ...»; o, en la página siguiente: «No sé yo para qué lo traigo tanto a la memoria, sino que, en las cosas de la guerra, por fuerza hemos de hacer relación dello». En una ocasión recordamos de un modo aún más emotivo la voz de Berceo, lamentándose de la creciente oscuridad. Aquí el anciano escritor contrasta los achaques de sus ochenta y cuatro años con el vigor del conquistador que fue tiempo atrás: «Y un día ... vimos venir por la playa cinco indios ... y con alegres rostros nos hicieron reverencia a su manera, y por señas nos dijeron que los llevásemos al real. Yo dije a mi compañero que se quedase ... e yo iría con ellos, que en aquella sazón no me pesaban los pies como agora, que soy viejo». En este caso Bernal Díaz no sólo despliega un «integralismo» de la vejez, sino que también lo usa del mismo modo que ya lo había empleado Berceo (por decirlo con palabras de Américo Castro) «para garantizar la autenticidad de lo narrado». Aquí y en otros lugares, la experiencia del pasado y del presente se equilibran, de suerte que puedan apoyarse recíprocamente, a fin de que lo prodigioso pueda hacerse creíble. Como estamos leyendo prodigios que ocurrieron mucho tiempo atrás, la presencia oral del cronista dirigiendo su historia y recordando su juventud refuerza la credibilidad de sus palabras. La ingenuidad tiene una función oculta.

Una manera distinta de conseguir el mismo propósito es la aproximación de la experiencia recordada, no por medio del presente del escritor, sino valiéndose del reino eterno de los refranes. Porque Bernal Díaz sabe manejar la sabiduría quintaesenciada de la lengua con la misma malicia que Fernando de Rojas o Cervantes. En este pasaje trata de explicar cómo Cortés se vio empujado por sus hombres a desobedecer las instrucciones del gobernador de Cuba, Diego Velázquez, y a erigirse a sí mismo en conquistador por cuenta propia: «Por manera que Cortés lo aceptó, y aunque se hacía mucho de rogar y, como dice el refrán, "tú me lo ruegas y yo me lo quiero", y fue con condición que le hiciésemos justicia mayor y capitán general ...». En estas frases algo hay de brusco humor militar, pero la intención última no es solamente ser gracioso. Al intercalar el refrán con ese aparente descuido, Bernal Díaz se propone más bien poner ante nuestros ojos la ambición y la maquiavélica *virtù* de Cortés. La sugerida situación de una muchacha que se hace de rogar ante la insistencia de sus pretendientes y el ingenuo énfasis en uno mismo que tiene el segundo dativo («yo *me* lo quiero») van más allá de la simple verosimilitud de motivaciones y de conducta, abogando en favor de una intuición directa. La autenticidad de carne y hueso de ese héroe que de otro modo hubiera podido resultar increíble, no sólo queda «garantizada», sino que se hace casi palpable. [...]

Uno de los problemas más difíciles con los que tuvo que enfrentarse Bernal Díaz, debió de ser el de las conversaciones de los indios entre sí. Debido a su propia experiencia, era muy consciente del carácter completamente distinto que tenían, no sólo sus palabras, sino incluso la misma naturaleza de sus relaciones interpersonales. Pero, al mismo tiempo, ni él ni nadie en su siglo poseía las herramientas narrativas capaces de tratar una cultura radicalmente distinta a la suya. La solución de Bernal Díaz es siempre la fidelidad a su propio punto de vista,[1] pero cuando lo que tiene que decir hace que eso sea imposible, en vez de inventar oraciones retóricas intenta imaginar en sus propios términos lo que pudo decirse. Y lo hace sin olvidar nunca las vacilaciones y las disculpas: «les hizo Maseecasi ... un razonamiento, casi que fue desta manera según después se entendió, aunque no las palabras formales: "Hermanos y amigos nuestros..."». Sin embargo, al menos en un pasaje, el carácter de la conversación le mueve a dar un giro celestinesco a su transcripción. Es de noche; los conquistadores han acampado en Cholula, camino de la capital; el ambiente está lleno de recelos; una vieja india, confiando en que conseguirá un ventajoso matrimonio para su hijo con doña Marina, la lleva aparte y le habla de una conjura que se está fraguando dentro de la ciudad; doña Marina contesta tratando de ganar tiempo: «¡Oh, madre, qué mucho tengo que agradeceros! Eso que decís, yo me fuera agora con vós, pero no tengo aquí de quien me fiar mis mantas y joyas de oro, ques mucho; por vuestra vida, madre, que aguardéis un poco vós y vuestro hijo, y esta noche nos iremos, que ahora ya veis que estos teules están velando, y sentirnos han». El hecho del disimulo de doña Marina, unido al del taimado intento de la vieja de encontrar una mujer rica para su hijo, evidentemente ha recordado a Bernal Díaz las conversaciones femeninas de *La Celestina*. No obstante, recrea el estilo de su diálogo, no sólo debido al decoro, sino también (al igual que para el perfil biográfico de Moctezuma, [trazado con la técnica de un Pérez de Guzmán o un Pul-

---

1. Está muy acertado, por ejemplo, ofreciéndonos discursos diplomáticos en traducción, como debía haber oído muchos. Otra de sus soluciones preferidas era, desde luego, el diálogo indirecto, que también se usa para los españoles. Ese recurso se usa hasta el punto de que a menudo parece que capítulos enteros de la crónica sean hablados más que escritos. El diálogo indirecto en manos de Bernal Díaz merece un extenso estudio particular.

gar]) para hacer que comprendamos mejor la situación. La atmósfera de inseguridad y de intriga que rodeaba a los españoles en la ciudad desconocida se expresa por medio de una calculada artificiosidad estilística. Naturalmente, como muy bien sabía Bernal Díaz, ni doña Marina ni la vieja hablaban de aquel modo, pero como Bernal Díaz sabía también, su problema no se limitaba a traducir palabras. Tenía que encontrar maneras de expresar no sólo el significado del coloquio, sino también la misma situación vital.

El romancero es otra fuente de referencias y de estilo, pero se emplea de un modo algo distinto. Al menos en dos ocasiones se citan fragmentos de romances, no puestos en boca de Bernal Díaz, sino de otros compañeros de Cortés a los que en sus páginas se evoca y se hace hablar. Y en ambas ocasiones parece sugerirse que el romance es como fastidioso, impertinente en su extremada familiaridad oral. Estos versos son tan conocidos que hay algo de ironía cervantina en el hecho de relacionarlos con la nueva realidad americana. Menéndez Pidal (*Los romances de América*, 1939) describe el primer pasaje del modo siguiente:

Navegando Hernán Cortés, en 1519, la costa de Méjico, para ir a San Juan de Ulúa, los que ya conocían la tierra iban mostrándole la Rambla, las muy altas sierras nevadas, el río de Albarado donde entró Pedro de Albarado, el río de Banderas ..., la isla de Sacrificios, donde hallaron los altares y los indios sacrificados cuando lo de Grijalva; y así se entretenían, hasta que arribaron a San Juan. A alguien le parecían impertinentes aquellos recuerdos pasados y tan perder el tiempo como recitar el romance de Calaínos. «Acuérdome —dice Bernal Díaz del Castillo— que llegó un caballero que se decía Alonso Hernández Puertocarrero, y dijo a Cortés: "Paréceme, señor, que os han venido diciendo estos caballeros que han venido otras dos veces a esta tierra:

> Cata Francia, Montesinos,   cata París la ciudad,
> cata las aguas del Duero   do van a dar a la mar;

yo digo que miréis las tierras ricas, y sabeos bien gobernar". Luego Cortés bien entendió a qué fin fueron aquellas palabras dichas y respondió:

> "Dénos Dios ventura en armas   como al paladín Roldán,

que en lo demás, teniendo a vuestra merced y a otros caballeros por señores, bien me sabré entender".»

No obstante, al mismo tiempo que el romance parece hacer florecer una leve sonrisa en los labios de ambos interlocutores, también consigue afectar al núcleo del dilema de Bernal Díaz: el enfrentamiento con una realidad que es nueva y abrumadora. [...]

El recurrir de Bernal Díaz al *Amadís* constituye con toda claridad un esfuerzo por aproximar lo conocido a lo desconocido, el nuevo mundo al lenguaje y a la experiencia que ya son familiares. En este sentido, el fenómeno es comparable al uso de refranes, a la inclusión de fragmentos de romances y a los demás ejemplos que aquí hemos citado. [Al emplear en ciertos momentos cruciales el modelo estilístico del *Amadís*, Bernal Díaz apela a la experiencia de su público en tanto lector de libros de caballerías, de modo que, como en aquéllos, se sienta inmerso en el prodigioso reino que ahora se le presenta.] En otras palabras, el estilo del *Amadís* es un medio más de detener el pasado y de compartir el nuevo mundo. Y precisamente porque la *Historia verdadera* no es una novela, por el hecho mismo de ser tan auténticamente «verdadera», esos procedimientos novelísticos rudimentarios destinados a convertir un relato en una experiencia, son aún más eficaces. Un estilo que en su ámbito propio, los libros de caballerías, ha parecido incoloro y artificioso a todas las generaciones de lectores posteriores a Cervantes, aquí resulta profundamente convincente. Es una manera de dejarnos hacer lo que queremos hacer: oír por nosotros mismos [en el cap. XCII] el prodigioso pavor del redoble de los tambores de las serpientes. [En el cap. LXXXVII, la evocación del panorama mexicano «que parescía a las cosas de encantamiento que cuentan en el libro de *Amadís*»], como las citas del romancero que aduce Menéndez Pidal, es algo más que una asociación mental espontánea de los conquistadores que ven por vez primera un espectáculo extraordinario. Para el cronista ya anciano era una manera muy adecuada de transmitir esa impresión al lector, una especie de estenografía literaria. A este propósito tenemos que ser precisos hasta la reiteración. La alusión no sólo expresa (sobre todo para los lectores de hoy) el asombro sin límites provocado por lo que tenían ante los ojos; no sólo refleja una visión de sí mismo como de caballero andante; sino que es además una manera de resolver el problema de la comunicación. Es decir, es una manera de ayudar a que el lector vea lo que él vio.

DIANE PAMP Y JUAN DE M. CARRIAZO

CRÓNICAS DEL IMPERIO: EL BUFÓN FRANCESILLO Y EL CABALLERO PERO MEXÍA

I. A pesar de su título, la *Crónica burlesca del emperador Carlos V*, obra de su bufón don Francesillo de Zúñiga, esboza sólo un breve período del reinado de Carlos V, y aun para eso no adopta en absoluto la actitud del historiador de oficio, con la postura analítica ante los acontecimientos. Al contrario, don Francés es por oficio un bufón imperial, que quiere divertir a la corte y a su amo, y para ello practica una labor altamente selectiva (y por lo tanto antihistórica en sí), en la que presenta sólo los hechos capaces de divertir a su público. Si los hechos no son en esencia graciosos (por ejemplo, la guerra de las Comunidades de Castilla o el saco de Roma) los presenta en el tono más festivo posible, como para asegurarse de que el rey y la corte se diviertan. Desde luego, la diversión cortesana depende de un conocimiento previo de los acontecimientos desfigurados por el malévolo ingenio del bufón; por ello, la selección que practica don Francés es a base de lo visto por él y su amo o por la corte en general. Por estas razones, es inútil proyectar la obra de don Francés contra el fondo de la historiografía oficial de la época. Él no se consideró nunca historiador en serio, y por eso mismo, para provocar la risa de los cortesanos, se llama a sí mismo «el coronista conde don Francés», porque él no era ni *coronista*, ni *conde*, ni propiamente *don*. La mejor descripción de la verdadera misión de don Francés sería «Chismógrafo oficial de la corte española». [...]

Desde la muerte del Rey Católico, en enero de 1516, hasta la llegada a España de su nieto Carlos I, en septiembre de 1517, se produce un prolongado vacío en el trono, y si la inquietud nacional no llega al caos se debe a la fuerza personal del cardenal Francisco Jiménez de Cisneros. Éste viene a representar la voluntad de la Reina

I. Diane Pamp de Avalle-Arce, ed., Francesillo de Zúñiga, *Crónica burlesca del emperador Carlos V*, Crítica, Barcelona, 1980, pp. 11-13, 16-17, 20-21, 50-51.

II. Juan de Mata Carriazo, ed., Pero Mexía, *Historia del emperador Carlos V*, Espasa-Calpe (Colección de Crónicas Españolas, VII), Madrid, 1945, pp. IX-XIV.

Católica, que sobrevive después de su muerte en la persona de quien había sido su confesor y era el reformador de la Iglesia española. Así es que el corazón de la Península, Castilla, espera la llegada del heredero legítimo en aparente tranquilidad. Y aquí entra de observador e historiador *sui generis* la curiosísima personalidad de don Francesillo de Zúñiga, quien presencia los sucesos siendo marginal a ellos. Es un navarro (o pretende serlo) en Castilla, un cristiano nuevo en una sociedad que se autodefine en los términos de los cristianos viejos, un bufón en una corte cuya *gravitas* se hizo proverbial.

El comienzo de la *Crónica* sentará los módulos del resto de la obra; en estilo grave y formal don Francés narra la muerte del Rey Católico, insistiendo en lo santo y cristiano de su fallecimiento. Sigue la regencia de Cisneros, y comienza la técnica de la deformación grotesca. Así como un Fernán Pérez de Guzmán podía describir a un antecesor del cardenal en la mitra toledana, don Pedro Tenorio, diciendo que «fue alto de cuerpo e de buena presona», don Francés, después de mencionar al «rreverendísimo Cardenal de España, Arzobispo de Toledo», añade de inmediato, con irreverente desenfado «que parecía madre de don Alonso de Fonseca, arzobispo de Toledo que oy biue, o galga enbuelta en manta de xerga». Ha habido un brusco salto de lo grave a lo absurdo, y ahora de lo absurdo a lo grave, porque el texto de don Francés continúa sin la menor vacilación para asegurarnos que el cardenal «tobo las Españas en paz haziendo mucha justicia». Debemos reconocer que don Francés no andaba muy descaminado, ni en su retrato deformado, ni en su valoración histórica de la actuación de Cisneros. Con este juego de continuo rebote entre lo grave y lo absurdo se construye el fundamento de la estructura cómica de la obra.

Las Comunidades, o sea, los municipios de Castilla, con Toledo a la cabeza, se levantaron en 1520 ante la desastrosa política doméstica del ausente Carlos V. Don Francés, desde su posición de privilegio cortesano, acusa a los comuneros de «bulliciosos y amigos de novedades», en el sentido peyorativo que la palabra *novedad* tenía en la época. Sin embargo, no ha dejado de notar algunas causas del descontento general (en el cuarto capítulo de la *Crónica*), tales como las corrobora la historiografía moderna. Pero esta revolución de municipios debía de ser tema poco grato para el cortesano don Francés, quien rápidamente marginaliza el asunto así: «Porque serían largos de contar los daños y robos y muertes que entonces se hizieron, se pasa adelante». Para apreciar las cualidades de cortesano ejemplar que evidencian las páginas de la *Crónica*, conviene recordar que las Comunidades fueron siempre un tema espinoso para el Emperador. Ese «pasar adelante» de don Francés probablemente se debe a la intención de no ofender a su amo en lo más vivo, o sea en su política doméstica en su amada España. [...]

El saco de Roma (del 6 al 13 de mayo de 1527), efectuado por las tropas imperiales faltas de sueldo, se menciona en la *Crónica*, pero desfigurado por el prisma bufonesco del autor: «Roma se entró y saqueó, y el duque de Borbón murió, y beato quien en ello no se halló. Suelen dezir "bien está San Pedro en Roma", y bien el que por entonces se halló en Simancas o en el Espinar de Segobia». El que escribe esto es el *bufón* imperial, valiéndose del privilegio tradicional del loco. [...] Desde aquí hasta el final de la obra, casi se abandona hasta la apariencia de crónica, por más festiva y antihistórica que ésta haya sido; la obra se convierte ahora en una especie de miscelánea burlesca con humorísticas y fingidas cartas dirigidas a personajes principales de la época. Aquí entra, claro está, la parodia del *Marco Aurelio* de fray Antonio de Guevara, [la estructura literaria de cuya primera versión (1528) remeda grotescamente Francesillo desde el mismo proemio, trocando el problema espiritual por el problema material (el hambre del autor), la historia clásica por la contemporánea, lo noble por lo vulgar].

Hacia el momento histórico de la paz de las Damas (junio de 1529), momento en que el Emperador se marcha de España para ser coronado por el Papa, don Francés, sin el menor interés extraespañol, extraimperial, extracortesano ni extrapersonal, acaba el período que cubre su llamada *Crónica*. Todavía no ha llegado, ni mucho menos, el momento de la desilusión con el concepto de *universitas christiana*, o sea el concepto de imperio cristiano que propugnaba Carlos V. Con todo su cinismo y sorna hacia la fragilidad humana, don Francés cree sinceramente en la misión imperial española, como casi todos los de su generación; y afortunadamente para el bufón, le alcanzó antes la muerte (1532) que el desengaño que llevó a su amo a morir en Yuste (1558). Su «mundo al revés» no llega más allá del mundillo cortesano.

II.   Los cronistas particulares del siglo XV han sido compañeros y colaboradores de sus héroes y biografiados, [desde Gutierre Díez de Games hasta Fernando del Pulgar]. En cambio, nuestro Pero Mexía, contemporáneo del Emperador, ni ha conocido la intimidad de su príncipe, ni ha seguido la corte, ni ha tomado parte en las grandes empresas políticas o militares de su tiempo. Hombre de estudio y de buen sentido, comprende con nitidez la trascendencia de los cambios que se están operando en el mundo, de los sucesos que ocurren en lontananza. Desde su desvelada noche sevillana, sigue a lo lejos las andanzas del Emperador, las razones de su política, las maniobras de sus ejércitos, las maravillas de un mundo nuevo que se está descubriendo y conquistando. Casi todo lo sabe por relación ajena, pero se esfuerza por entenderlo y explicarlo. La escena histórica se ha dilatado y complicado prodigiosamente. Pero lo que se pierde de testimonio directo se gana en proporción y justa perspectiva del conjunto.

Aquellos cronistas anteriores, trabajando sobre sucesos más simples, que han visto con sus propios ojos, nos han dejado felices instantáneas, preñadas de contenido psicológico; deliciosas miniaturas, realizadas con un fino pincel detallista y policromo. Ahora, en la *Historia del emperador Carlos V*, un Pero Mexía necesita emprender, con otra escala y otra paleta, grandes composiciones, a modo de cartones para tapices, mucho menos íntimas, pero mucho más sabias, complicadas, suntuosas y decorativas. El propio Pero Mexía nos lo dice, también con una imagen pictórica: «Pues considérese agora si estas cosas son tantas y tan grandes que aun para nombrallas y hazellas, como dizen, al carbón, y dezillas a bulto, es grande el sonido y dificultad que se representa, quán cierto es que el que las ha de meter en color y tratallo todo en particular y por menudo, como esperamos en Dios de hazer, va muy más a peligro de quedar corto que largo, y de faltar que de sobrar en lo que dixere». Este alejamiento de Pero Mexía, además de facilitar la decantación y perspectiva de sucesos relativamente recientes, favorece su independencia de juicio. El veinticuatro sevillano admira justamente a su Emperador, de quien celebra, sobre todo, la fidelidad, la modestia y la magnanimidad. Pero no se siente cohibido ante él, ni ante los poderosos en general. Buena piedra de toque es su relato de las Comunidades.

Para un historiador áulico, y orgulloso de su propia hidalguía, el cronista de Carlos V tiene algunas opiniones muy singulares. Espigaré [algunos] ejemplos significativos:

En la prisión de Francisco I: «Y en esto paró la grande bravosidad, furia y poder con que el rey de Franzia vino en Italia, pareciéndole que no podía aver poder que se comparase con el suyo. Que es un notable exemplo para los grandes reyes y príncipes, que no fíen en sus gentes ni poderes, sino en sólo Dios, que es el que da e quita las vitorias como le plaze; e para que los mismos príncipes se guarden y escarmienten de hazer agravio ni fuerça a sus súbditos y vasallos, porque no tomen atrevimiento ni ocassión de se rebelar ni desacatar contra ellos; ni les pueda acontecer lo que a este rey de Franzia, que vino a verse cautivo y en poder del duque de Borbón, vasallo suyo, a quien avía agraviado... El cual con todo esto, venido en su presencia, le bessó las manos y hizo el acatamiento que el vasallo deve a su rey y señor. Pero cualquiera juzgará cuán contrarios sentimientos ovo en los coraçones de cada uno dellos».

Francisco I se niega a ratificar el tratado de Madrid: «De lo cual nos queda entendido que las palabras y fees reales, que tanto sonido y apariencia hazen, también son palabras como las de los otros hombres, y que la verdad no se funda en la dignidad y estados, sino en la bondad e sencillez del ánimo».

Opiniones de esta clase, que no necesitan glosa y que son algo más que reminiscencias de los Padres de la Iglesia, abundan en los moralistas españoles del Renacimiento; por ejemplo, en Luis Vives, con el que Pero Mexía tiene bastantes puntos de contacto. Revelan una amplitud de juicio y una libertad de expresión verdaderamente sorprendentes a la hora en que se están formando las monarquías absolutas. Lo singular del caso de Pero Mexía, es que habla un cronista oficial de Carlos V, y precisamente en la *Historia del Emperador*. Juan Luis Vives y nuestro Pero Mexía, que fueron amigos y corresponsales, tienen de común, sobre tantas cosas comunes a los humanistas, su acendrado catolicismo, su admiración por Erasmo, su solera medieval y un cierto conflicto o contradicción, más aparente que real, que en el valenciano se acusa con vivo contraste en la comparación de sus tratados *Del socorro de los pobres* y *De la comunidad de las cosas*. Este conflicto entre la mente especulativa y la conducta práctica, aquélla toda generosidad y comprensión, ésta aparentemente sectaria e intransigente, está bien justificado en Luis Vives con la impresión que le produce la revolución de los anabaptistas. Y en Pero Mexía tiene lugar cuando su erasmismo tiene que enfrentarse con los intentos de difundir en Sevilla las doctrinas luteranas. El antiluteranismo de Mexía, que es anterior a su *Historia del Emperador*, y que acaso valió para merecerle este encargo, no le quita serenidad de historiador; pero fue bastante para granjearle una corriente de opinión adversa, que sigue actuando en nuestros días y proyecta sobre su figura sombras de contraste que obligan a arrinconar definitivamente la estampa de un Pero Mexía de color de rosa, en otro tiempo a la moda.

Juan Bautista Avalle-Arce

LAS MEMORIAS DE GONZALO FERNÁNDEZ DE OVIEDO

[La doble intención que llevó a Gonzalo Fernández de Oviedo, ya septuagenario, a componer una obra de las descomunales dimensiones de las *Quinquagenas de la nobleza de España* (1551-1556) se declara paladinamente en la primera página]: por un lado, «corregir los vicios e loar las virtudes exortando al próximo e a todo christiano para que enmiende su vida e se ocupe en servir a Dios». A esta intención obedece la parte más incomportable de su obra, en que el moralista Oviedo machaca en los mismos temas con la obstinación de sus años y con la verborrea de un logómaco. La segunda intención fue «memorar los famosos varones de nuestra España». Esta parte de la obra contiene pasajes de interés absorbente, pues a muchísimos de esos «famosos varones» Oviedo los conoció personalmente, y su memoria es pródiga en anécdotas vistas u oídas. Personas y cosas de dos mundos se barajan en el recuerdo, y la fenomenal memoria de Oviedo vagabundea por los caminos, mesones, ciudades, cortes y palacios recorridos en España, Flandes, Italia e Indias. La memoria privilegiada de Oviedo se halla emulada aquí por su vida «de monstruosa actividad física e intelectual» (Menéndez Pelayo).

En su estructura la obra presenta la forma de un texto en verso seguido por su glosa en prosa; la longitud de los textos y las glosas es muy variable. Los versos son pareados aconsonantados en octosílabos, las más

Juan Bautista Avalle-Arce, «Las *Memorias* de Gonzalo Fernández de Oviedo», *Dintorno de una época dorada*, Porrúa, Madrid, 1978, pp. 119-135 (123-131, 133)

veces, forma estrófica que Oviedo denomina con la ufanía del inventor, «segunda rima», esperando seguramente hombrearse con la tan famosa *terza rima*. [...] Esos versos, por llamarlos de alguna manera, Oviedo los agrupa en estanzas de cincuenta versos. A su vez, cincuenta estanzas constituían una *quinquagena* o parte, y como hay tres, Oviedo declara con orgullo que en toda su obra «se contienen siete mil e quinientos versos». [...] Como buen historiador, Oviedo declara los modelos o predecesores que ha tenido en su intento de loar a los famosos varones de España. Así recuerda a Fernando del Pulgar, a Fernán Pérez de Guzmán, a Diego Rodríguez de Almela con su *Valerio de las historias*, a Juan de Mena en sus *Trescientas* (que él usa en la edición comentada por el Comendador Griego), y a Juan Sedeño con su *Suma de varones ilustres* (Medina del Campo, 1551). Esta última obra Oviedo la destaca como la influencia decisiva que le impulsó a componer sus *Quinquagenas*, con lo cual, por lo demás, podemos decir que éstas se escribieron entre 1551 y 1556. Pero hay que hacer la salvedad de que el propio Oviedo declara que mucho de las dos primeras *quinquagenas* lo tenía ya escrito «con otro intento e traça» antes de que llegase a sus manos la obra de Sedeño.

Para describir el método de composición no se me ocurre mejor forma que recordar el caso de Orbaneja, aquel famoso pintor de Úbeda, a quien cuando le preguntaban lo que pintaba, respondía «lo que saliere». Así compuso Fernández de Oviedo sus *Quinquagenas*, a «lo que saliere», [fiándose a la libre asociación de ideas, con incontables divagaciones, en prosa un tanto descuidada]. Pero Oviedo anticipó este cargo, al declarar paladinamente que él escribía «a la soldadesca», como persona de pocas letras, de espada más que de pluma. Pero «a la soldadesca» o no, por todas las *quinquagenas* campea lo que J. Pérez de Tudela ha llamado la «embriaguez de pluma». Es evidente que Oviedo padecía de una gravísima incontinencia verbal.

Pero frente a estas censuras hay que reconocer que en ocasiones Oviedo hace gala de un poder descriptivo de primerísima fila, y que su arte narrativo puede parangonarse con cualquier novelista de su tiempo. Así, por ejemplo, en la muy larga y muy divertida anécdota de don Fernando de Velasco, hermano del Condestable de Castilla, a quien unos rufianes borrachos en una venta confundieron, por sus grandes narices, con un judío, y se pusieron a jugar a darle papirotazos en ellas, hasta que don Fernando tuvo oportunidad de llevar a cabo su terrible venganza quemándolos a todos vivos en la venta.

O bien, la aún más larga anécdota de César Borgia y los capitanes españoles en Roma, que Oviedo presenció el año de 1500. Con muy hábiles gradaciones narrativas, Oviedo nos llega a explicar cómo en un rapto de furor César Borgia había hecho juramento de castrar a todos esos españoles. Al enterarse de esto, el capitán Sancho de Valdoncellas y otros cinco más, todos en su servicio, se le apersonaron, y aquél le dijo estas arriscadas palabras: «Señor, estos capitanes que aquí veys nos venimos a despedir de Vuestra Excelencia porque no somos para castrados, pero hazémosvos saber quel que nos quitare las turmas le dolerá la cabeça, y que vós no devés de encargaros dese oficio porque no es para vós. Y quédese Vuestra Excelencia con Dios, y embiadnos a esos carniceros». [...] El ser testigo de vista de tantas y tan diversas anécdotas constituye una de las mayores ufanías de Oviedo. En consecuencia, no es de sorprender que haga varias censuras, más o menos veladas, contra Pedro Mártir de Anglería y Francisco López de Gómara, que escriben de cosas de Indias desde la plaza de Zocodover de Toledo, según maliciosamente supone Oviedo. [...]

Dos episodios de su juventud europea centran una parte de los recuerdos de Oviedo: el servicio con el malhadado príncipe don Juan, presunto heredero de los Reyes Católicos, y el servicio con el no menos desdichado don Fadrique, último rey de Nápoles. Respecto al primero, escribe Oviedo con solemnidad: «Perdí en Salamanca todo el bien que pretendía y esperava desta vida, pues allí, miércoles 4 días del mes de octubre, día de Sant Francisco, a media noche o passada, llevó Dios, año de 1497 años, a su gloria el serenísimo príncipe don Johan, mi señor». [...] Sobre el rey don Fadrique de Nápoles, desastrada víctima de la política internacional del Rey Católico, abundan las noticias en las memorias de Oviedo. Allí está la anécdota del rey don Fadrique escribiendo en su juventud una epístola amorosa con sangre de su propio dedo, puesta, para mayor autenticidad, en boca del rey mismo. O bien detalles íntimos y desconocidos acerca de los últimos momentos y caída de don Fadrique, cuando compuso aquel cantar tan famoso en su tiempo, «A la mía gran pena forte». Según Oviedo, don Fadrique rechazó indignado la oferta de ayuda del Turco, con lo que aseguró su propia caída.

Julio Caro Baroja y Bernardo Blanco-González

DIEGO HURTADO DE MENDOZA
Y LA *GUERRA DE GRANADA*

1. ˙Cuando en el siglo xviii algunos hombres de cabeza clara pretendieron analizar la cuestión morisca con ojos desapasionados, se encontraron con que las fuentes con que contaban para emprender su tarea eran insuficientes. Sobre todo las relativas a la sublevación del tiempo de Felipe II. Así lo manifiesta Campomanes en un escrito muy curioso, o si no él, alguien que tenía ideas muy parecidas a las suyas.

La obra más afamada sobre aquella rebelión es la de don Diego Hurtado de Mendoza (1503-1575) y fue escrita por un testigo ocular que ocupaba una posición especialísima en la vida de la alta sociedad granadina. El guerrero, el diplomático, el humanista y poeta conocido en toda Europa, había llegado a su ciudad natal viejo, con la salud quebrantada y sin grandes recursos, aplastado además por una orden de destierro severísima de Felipe II, que no le quería muy bien. Esto en el momento en que su sobrino, el marqués de Mondéjar, batallaba contra la audiencia y sus representantes. La plebe cristiana de la ciudad era hostil a la familia de los Mendoza y partidaria de los empleados reales. Don Diego, con cierta ironía, señala el cambio sobrevenido en su época en asuntos de gobernación: «Esta manera de govierno, establecida entonces con menor diligencia —dice refiriéndose a la representada por la chancillería—, se a ido estendiendo por toda la cristiandad y está oy en el colmo de poder y autoridad». No, ya no eran los nobles los que dirigían la vida pública. Eran los hombres de toga y los empleados. Aunque no lo declare de un modo expreso, se trasluce que a Hurtado de Mendoza no le inspira mucha fe la «manera» de éstos. Y cuando habla de la «gente concegil» con un desprecio reiterado, que chocó ya a sus primeros comentaristas, es decir, sobre los villanos asentados en lugares de realengo, se pre-

i. Julio Caro Baroja, *Ciclos y temas de la Historia de España: Los moriscos del Reino de Granada*, Istmo, Madrid, 1976², pp. 259-260.

ii. Bernardo Blanco-González, ed., Diego Hurtado de Mendoza, *Guerra de Granada*, Castalia, Madrid, 1970, pp. 64-69.

cisa su posición. Frente a las tropas constituidas por gentes de señorío, disciplinadas, honradas, las tropas concejiles son la representación
del libertinaje y la barbarie. Hurtado de Mendoza no dice todo lo
que sabe y lo que piensa. Es evidente. Mas al lector actual se le
aparece, a veces, como una especie de precursor de los aristócratas
franceses, escritores, letrados, que atacaron la administración de
Richelieu y de Luis XIV, añorando la época en que la aristocracia
tenía más derechos y libertades. El carácter apologético de su libro
es velado. Pero ya lo percibieron Luis Tribaldos de Toledo y el
conde de Portalegre. Y estas velaturas que pone en su triste cuadro
justifican plenamente el juicio de Campomanes.

II.   La *Guerra de Granada* es un modelo de la prosa de transición del Renacimiento al Barroco; goza de la fluidez y de la agilidad
de los renacentistas, del vocabulario enriquecido en ese siglo, de la
simplicidad espontánea de su tiempo; pero empieza a notarse ya
la concisión, la brevedad, algún contraste, de nuestros ensayistas barrocos del siglo próximo (Quevedo en sus obras políticas; Saavedra
Fajardo en sus *Empresas*); desde luego, nada del ultraconceptismo
alegórico (Quevedo en *Los sueños*, todo Gracián). Algunos han juzgado la *Guerra de Granada* desordenada, de estilo descuidado, repe-
titiva; este juicio no nos parece justo. Esta crónica, como se ha dicho,
es la obra de un gran señor que es, a un mismo tiempo, escritor y
humanista de sólida cultura. Ha sobrepasado los setenta años cuando
presencia los sucesos que nos va a narrar, está enfermo, cansado, ya
nada espera de la vida. Por otra parte, en la época, un gentilhombre
cultiva las letras, pero no es un profesional, lo que queda para el
eclesiástico, o para el hidalgo de poca cuantía, para el aspirante menudo a cortesano y en pos de protección de algún poderoso. Exactamente, la *Guerra de Granada* está escrita por un gran señor que
siente la responsabilidad de decir lo que ha visto y que da cuenta
de la importancia humana e histórica de los acontecimientos; cuyo
propósito es más el ensayo que la historia en sí; que, por otra parte,
está vinculado a los sucesos porque su familia es la responsable de
lo que está sucediendo, por lo menos, en mucho, y que entiende debe
deslindar cargos y deberes y conducta. Es algo más que un pasatiempo de desocupado; es un tributo que le corresponde rendir inexcusa-
blemente a los suyos. Lo que podría sorprender es que no lo hubiera
hecho.

Su condición de ensayo explica sus omisiones, sus silencios, su a ratos caprichosa cronología. Pero si comparamos la obra de Mármol de Carvajal, que es la minuciosa historia de aquella rebelión, con la de Hurtado de Mendoza, hallaremos que es poco lo que se omite y, en definitiva, no tan importante. Con la muerte de Diego López Aben Aboó, la sublevación ha terminado; la campaña del veedor regio, don Juan de Austria, es un corolario castigo, y no parte esencial; el agregado del conde de Portalegre completa y no ofrece mucho nuevo.

La división en tres libros y un epílogo se justifica. Anticipa la comedia del Siglo de Oro en su estructura: planteamiento (antecedentes y el levantamiento hasta la batalla de Jubiles, 23/XII/1568 a 17/I/1569); nudo (de esta batalla a la expulsión de los moriscos de la ciudad de Granada, 26/VI/1569); desenlace: asesinato de Aben Humeya después de un breve período de gloria, efecto de aquella expulsión y de la violenta campaña de los tercios llegados de Italia y la salida de Juan de Austria para La Galera (19/I/1570); el epílogo: campaña de La Galera, caudillaje y asesinato de Aben Aboó. [...]

Un último comentario sobre los pensamientos de Hurtado de Mendoza. Además de sus obligaciones con sus familiares (la justificación de su Casa, la titular de la capitanía general del reino), responsables como adelantados ante la corona y como señores ante sus vasallos del orden en su gobierno, de sus sentimientos humanos frente a tanto dolor y desgracia, hay algo más que debe de haberlo movido a escribir y que nos dice el porqué del tono. Y el porqué de los recuerdos de Salustio y de Tácito que su lectura evoca. Hurtado de Mendoza no está de acuerdo con los cambios que presencia en el gobierno de España, con el auge cada vez mayor de los «hombres obscuros», los legistas; con esa transferencia de poder de la nobleza a la justicia que la corona aprueba y promueve, y que Felipe II acelera; comenzada con los Reyes Católicos, detenida con el Emperador, su hijo la sanciona y la cumple mediante una amplia burocracia a la que escucha más que a la tradicional clase de los «defensores», los nobles, a la que él pertenece. De ahí, en el caso concreto del reino de Granada, que los suyos, los capitanes generales, los marqueses de Mondéjar y condes de Tendilla, deban ceder el paso al presidente de la audiencia, Pedro de Deza, y al corregidor de Granada, Juan Rodríguez de Villafuerte. Esta intromisión de lo civil en lo militar, este desprecio a los fueros y a la experiencia específica, han sido, según él, la causa lejana de todo. Y en ello denuncia un peligro, una debilidad, una enfermedad, que traerá a los suelos la estructura de la sociedad de su patria; y algo todavía más grave: la pérdida del sentido de aristocracia, como ocurrió con Roma en las postrimerías de la república; la historia, nuestra maestra, nos lo advertía desde las páginas del *De Bello Yughurtino* y nos mostraba sus efectos en los *Annales*. El drama granadino anticipaba los favoritos, los grandes privados de los tiempos próximos; en una palabra, la decadencia. En términos de Ortega y Gasset, el reemplazo de la aristocracia por el snobismo. Exacta o no, esta opinión informa mucho sobre su autor. Lo que don Diego no comprendió, o lo comprendió melancólicamente, es que las aguas de los ríos no pueden volver a sus nacientes, ni los pueblos a su pasado. El día de la España nobiliaria estaba llegando a su poniente.

5. VARIEDADES DE LA FICCIÓN NOVELESCA

FRANCISCO LÓPEZ ESTRADA

Aparte de las necesarias referencias a géneros y modos conexos, este capítulo trata fundamentalmente de las obras escritas en prosa, con una organización narrativa cuyo contenido es de invención ficticia y que se pueden incluir en los siguientes grupos literarios: *libros de caballerías, libros de pastores, libros moriscos* y *libros de aventuras peregrinas*. En el marco de la prosa, que es la forma sustancial de tales obras, el autor pudo entremeter piezas en verso, acomodadas al curso del argumento e integradas en la unidad de la obra; cabe que la ficción tenga alguna relación con sucesos reales, siempre que éstos se hayan adecuado al orden, significación poética y estilo creadores del grupo. A lo largo del siglo XVI el conjunto de estos libros obtuvo un favor progresivo en el público y alcanzó un número importante de ediciones, de suerte que sus contenidos fueron conocidos por un crecido número de lectores. Justamente una de las líneas de investigación hoy más fructíferas es la que se pregunta por las razones de semejante éxito e inquiere las claves de pareja difusión (vid. en especial M. Chevalier [1976]).

Si bien dentro de estos grupos no se encuentra ninguna obra rigurosamente de primer orden, la experiencia artística que globalmente representan resultó un factor fundamental en la formación de la literatura española de los Siglos de Oro; y ello tanto del lado del público, en lo que tocaba a la constitución de un gusto colectivo —aunque a través de diferentes capas de lectores y oyentes—, como del lado de los escritores, que, ejercitándose en estos libros, dieron un gran impulso a la constitución de lo que ha de representar el comienzo de la novela europea, en un sentido amplio.

La entidad literaria de estos grupos ha tardado en ser debidamente reconocida. En algunos casos, su estudio ha partido del conocimiento de la obra de un autor importante, y desde él se ha aplicado a los demás. Algunos grupos, como los caballerescos y pastoriles, son muy numerosos, y ello ha sido una dificultad para su consideración conjunta. Además, ocurre que, en la crítica de raíces románticas, los libros de pastores y de aventuras peregrinas obtuvieron un limitado aprecio, por su relación con la tradición europea de la Antigüedad; mejor tratados fueron los libros caballerescos, por su desbordamiento imaginativo y, sobre todo, los moriscos, por sus raíces españolas. Entre los estudios de conjunto, siguen siendo esenciales los *Orígenes de la novela* (1905), de Menéndez Pelayo, y a menudo hay cosas útiles en la discutible *Historia* de Pfandl [1933], que aplicó a los libros en cuestión un criterio de valoración estética de carácter barroco.

Los estudios críticos y ediciones de los LIBROS DE CABALLERÍAS se refieren en su mayor parte a la época medieval y al *Amadís* (véanse las referencias reunidas en *HCLE*, I, 9). Los títulos posteriores al *Amadís* en su versión de 1508 no han obtenido la atención que merecían en relación con el número de obras aparecidas. La vieja reseña bibliográfica y los textos de Pascual de Gayangos (en la «Biblioteca de Autores Españoles», XL, 1857), el capítulo correspondiente de los *Orígenes de la novela* y las ediciones de Adolfo Bonilla y San Martín («Nueva Biblioteca de Autores Españoles», VI y XI, 1907-1908) prestan aún servicios indispensables, mientras el libro de Henry Thomas [1952, original inglés 1920] continúa siendo el manual de información general, aunque a muchos propósitos deberá reemplazarse por el excelente panorama de D. Eisenberg [en prensa]. Las noticias sobre las impresiones antiguas son accesibles gracias a J. Simón Díaz [1965, 1966] y a la modélica bibliografía del mismo Eisenberg [1979]. Los estudios de sociología de la literatura, desde la espléndida exploración de Leonard [1953], tratan con interés este grupo, pues su «increíble aunque transitoria fortuna», su «rápida y asombrosa popularidad» (como escribía Menéndez Pelayo), han fascinado a los críticos: la imagen de la nación española entera leyendo estos libros ha sido la más común para explicar el número de obras e impresiones. Sin embargo, M. Chevalier [1976, pp. 65-103] reduce la condición del público a la clase social de los hidalgos y a algunos otros que hallarían en la ficción caballeresca «una imagen depurada y embellecida de la sociedad aristocrática», al par que satisfacían ahí una «nostalgia de la libre aventura» ya imposible para una nobleza cortesana y sumisa.

Varios estudios parciales aclaran las peculiaridades de esta abundante producción literaria: así los dedicados por Gili y Gaya [1947] al *Esplandián* y por Márquez Villanueva al *Fierabrás* [1977]. Pero ese campo espera nuevas aportaciones: desde redescubrir textos olvidados, como ha hecho Eisenberg [1972], hasta publicarlos en ediciones cuidadas, como la del *Caballero del Febo* del mismo crítico [1975] y la del *Palmerín* por G. Di Stefano, con notables complementos de Mancini [1969], L. Stegagno y otros investigadores [*Studi*]. Una vía hacia Cervantes se halla en el *Baldo*, recreación del *Baldus* de Teófilo Folengo estudiada por Alberto Blecua [1971-1972]. El camino hacia una consideración estructural del conjunto ha sido iniciado especialmente por Curto [1976]. La relación entre el grupo caballeresco y el pastoril, planteada por Krauss [1936], ha sido también tratada por López Estrada [1974] y, en relación con Feliciano de Silva,. por Cravens [1972].

El grupo de los LIBROS DE PASTORES es el más conocido y estudiado de los aquí citados: no puede sorprendernos, porque el pastor ha sido, desde la Antigüedad, uno de los tipos literarios más frecuentes en la tradición europea. El tomo I de la historia de los libros de pastores en España de Francisco López Estrada [1974] se ocupa de tales precedentes. Los estudios sobre este grupo en nuestro siglo partieron de los *Orígenes* de Menéndez Pelayo, que aprovechaba el trabajo de Schonherr (1886) sobre Montemayor; la monografía de Rennert (1892 y 1912) sobre el conjunto de los libros pastoriles es el primer planteamiento genérico, también utilizado por el crítico santanderino y durante mucho tiempo empleado como fuente de consulta específica sobre la pastoril española. Posteriormente Juan Bautista Avalle-Arce [1959; 1974 ²] escribió la historia más actual y completa del grupo y José Siles Artés [1972] nos dio una sumaria apreciación estética de sus muestras principales. A F. G. Vinson [1969] se debe la bibliografía crítica de las obras publicadas entre 1559 y 1633. Desde el punto de vista comparatista, Mia I. Gerhardt [1950] situó los libros de pastores españoles en el conjunto de la literatura moderna europea. La cuestión de las fuentes, en una especie de obras tan propicia a recoger inspiraciones precedentes, ha sido el motivo de las investigaciones de Bayo [1959] sobre las huellas de Virgilio (aunque limitándose a las *Dianas* de Montemayor y Alonso Pérez) y de R. Reyes Cano [1973] sobre la fortuna de la *Arcadia* de Sannazaro. La mitología, otro asunto grato a los libros pastoriles, la trató Cabañas [1952 y 1953]. El estudio de los lectores de la pastoral ha interesado particularmente a Chevalier [1974]. Otros aspectos sociológicos se han puesto de relieve en el examen de estos libros: así, la relación entre la literatura pastoril y el auge económico de la organización de la Mesta, como propuso Krauss [1967, 1971]. La interpretación de la *Diana* de Montemayor, cabeza del grupo (h. 1559), como expresión literaria de un posible converso, y, por tanto, el estudio de las implicaciones religiosas de fondo, se trataron por Américo Castro [1942] y Marcel Bataillon [1964]. El análisis estructural de los libros de pastores ha sido intentado por Prieto [1975], y el de su organización narrativa, por Keightley [1976].

Los varios libros de pastores han sido objeto de tratamiento irregular. La *Diana* de Montemayor ocupa el primer término y ya en el viejo trabajo de Schönherr se trata como el patrón del grupo, aunque López

Estrada [1949] señaló una obrita que lo prefigura. Las ediciones de López Estrada [1954], sobre el texto de Valladolid, 1561 (con *El Abencerraje*), y de Moreno Báez [1976], sobre el de Valencia, 1558 o 1559, representan la difusión moderna de la *Diana*. De la diversidad de estudios realizados sobre ella con una intención general, señalamos los de Wardropper [1951], Subirats [1967] y Perry [1969]. Los otros textos apenas han tenido fortuna editorial, salvo la *Diana enamorada* (1564) de Gil Polo, publicada por Ferreres [1973].

De entre los otros autores de libros pastoriles, el más estudiado ha resultado ser Bernardo de Balbuena, por considerársele mexicano, pues pasó la mayor parte de su vida en la Nueva España; así, de su biografía y obras se ocupó Rojas [1958], y diversos aspectos de su *Siglo de Oro* los consideran Fucilla [1953] y López Estrada [1970]. También de México es un raro libro de pastores, *Los sirgueros de la Virgen* (1620), de Francisco Bramón, estudiado por Anderson Imbert [1960]. Por lo que toca a aspectos parciales de la *Diana* (1563) de Alonso Pérez, los trata Avalle-Arce [1957]; de Gabriel de Corral y su *Cintia de Aranjuez* (1629), N. Alonso Cortés [1955]; del *Pastor de Fílida* (1582) de Luis Gálvez de Montalvo, Fucilla [1953], etc. La *Galatea* de Cervantes (1585) y la *Arcadia* de Lope (1598) se toman en cuenta en otros capítulos de *HCLE*. Para la cuestión de las vueltas a lo divino de la novela pastoril, puede verse el estudio general de Avalle-Arce [1974].

La formación de un grupo con la narrativa de FICCIÓN DE CONTENIDO MORISCO se ha establecido sobre todo en relación con el moro como personaje. Así ocurre con M. S. Carrasco [1956], que se ocupa de los relatos en prosa dentro de la serie de manifestaciones literarias referentes al moro de Granada (romances, lírica tradicional y cancioneril, poemas épicos, comedias, etc.). La difusión que obtuvo la materia morisca en las letras europeas y de América plantea el enfoque desde el punto de vista del comparatismo, y también M. S. Carrasco brinda la información conveniente.

En la perspectiva específicamente española, el grupo cobró entidad, sobre todo, gracias al redescubrimiento del anónimo *Abencerraje* (h. 1551) por la crítica del siglo XIX: el mérito se debió, parece, a Benito Maestre, que lo dio a conocer en *El Siglo Pintoresco* de 1845. La inclusión de *El Abencerraje* en el tomo de la «Biblioteca de Autores Españoles» dedicado a los *Novelistas anteriores a Cervantes* (III, 1846) junto con las *Guerras civiles de Granada* (I, 1595, y II, 1619), de Ginés Pérez de Hita (uno y otras reunidos en el prólogo de B. C. Aribau bajo el epígrafe de «Novela histórica»), comenzó a precisar la fisonomía del grupo, y tanto más cuanto que en el mismo tomo se imprimió el *Guzmán de Alfarache* (1599), que contiene (I, i, 8) la *Historia de Ozmín y Daraja*. Menéndez Pelayo se ocupó en varias ocasiones de estas obras, sobre todo en los *Orígenes de la novela*, donde les dio el título común de «Novela histórica de asunto morisco» y las consideró como «muy notables tentativas». Otro impulso vino de la crítica francesa, proclive a la valoración de una especie narrativa que había dejado importante huella en su *roman hispano-mauresque*: Cirot [1938-1944], tomando como eje la *maurofilia*, reunió una serie de investigaciones que suponen un examen de conjunto hecho con minuciosidad y criterio positivo.

Morales Oliver [1972] estudia los rasgos generales de *El Abencerraje*, *Ozmín y Daraja* y las *Guerras civiles*, mientras Carrasco [1976] se ocupa de *El Abencerraje* y de Pérez de Hita. Las tres obras varían en extensión, y las tres se refieren al período final del antiguo reino de Granada y a los moriscos españoles antes de la expulsión de 1609. Los relatos de la cautividad que a veces se agregan al grupo (desde el *Viaje de Turquía* a las aportaciones de Cervantes, Lope o Céspedes y Meneses) corresponden a la situación más conflictiva del encuentro entre los cristianos y sus enemigos, sean moros españoles o berberiscos o turcos, después de 1492; la clasificación temática de Morales Oliver [1972, pp. 28-30] ofrece la dimensión máxima del grupo. Dentro de esta consideración tan amplia, se reúnen cuentos, *novelas* (en la medida italiana) y libros extensos; cabe encontrar obras con entidad independiente, y otras con una dependencia más o menos condicionada a un determinado contexto. Sólo limitándonos a las tres obras más sobresalientes, encontramos que, por una parte, *El Abencerraje* y *Ozmín y Daraja* responden al tipo de la *novella* (relativamente breve) en su adaptación española, mientras que las *Guerras civiles* están en los límites del libro extenso; *El Abencerraje* y las *Guerras civiles* son obras sueltas y con entidad propia, mientras que *Ozmín y Daraja* está incorporada al *Guzmán*. No obstante, el criterio de unidad compleja vale para todo el grupo, pues en *El Abencerraje* mismo se produce una geminación al acogerse en su seno otra *novela*, como ha expuesto López Estrada [1964]. Según M. S. Carrasco [1968], una versión breve del *Abencerraje* en forma de cuento pudo ser el origen de las formas ampliadas a la extensión de la novela.

Del tema de *El Abencerraje* en la literatura española hizo un recorrido Moreno Báez [1954]. En un principio, la crítica hubo de plantearse el problema de coordinar los varios textos que ofrece la obra; López Estrada [1957] reunió en un volumen los que eran conocidos hasta entonces: 1) el que se encuentra en el *Inventario* de Villegas, publicado por el mismo crítico [1955, 1980]; 2) el contenido en la *Diana* de Montemayor a partir de la edición Valladolid, 1561, pero no en las anteriores; y 3) el llamado *Corónica*, impreso sin indicaciones de lugar ni de año, que había dado a conocer en facsímil G. Cirot y transcrito H. Merimée. La aparición de un nuevo texto impreso en Toledo, 1561, y publicado por A. Rumeau [1958] y por López Estrada [1959], aportó nuevas perspectivas al estudio; K. Whinnom [1959] ofreció paralelamente un cuidadoso examen de las relaciones entre la *Corónica*, la edición de Toledo, el texto de la *Diana* y el del *Inventario*, inclinándose por considerar la *Corónica* como texto primario. Junto con los textos del *Abencerraje*, López Estrada [1957] reunió el caudal de noticias y bibliografía más importante que entonces existía sobre la obra, caracterizó su condición andaluza y apuntó la cuestión de su relación con los conversos. La aparición del *Abencerraje* de Toledo, 1561, dio un nuevo rumbo a las investigaciones, al situar esta edición en medios sociales con afinidades con los moriscos aragoneses, como estudió M. S. Carrasco [1972]. Por otra parte, la inclusión de una versión en la *Diana*, si bien no puede probarse que haya sido iniciativa de Montemayor, resulta un síntoma no desdeñable, así como el que *Ozmín* aparezca en el *Guzmán* de Mateo Alemán, un autor que pudiera proceder de familia de conversos. Esta interpretación, en la línea crítica de Américo Castro, ha sido favorecida por Shipley [1977]. Trasladando la consideración de la obra a la situación histórica (sobre la cual, véanse últimamente Cardaillac [1977] y Domínguez Ortiz-Vincent [1978]), C. Guillén [1965] pone de relieve el impulso que *El Abencerraje* pudo recibir del autor, coautores y público de cristianos nuevos, y las diferencias con las obras moriscas posteriores. La estructura del *Abencerraje* ha sido establecida por J. Gimeno Casalduero [1972]. El estudio de *Ozmín y Daraja*, paréntesis morisco en un conjunto picaresco, lo realizaron Moreno Báez [1948] y Mancini [1971]. Las obras posteriores a las tres mencionadas apenas se han estudiado; sobre todo convendría profundizar más en las que tratan del asunto de la cautividad, tanto de cristianos cautivos de moros, como de moros que lo fueron de cristianos.

En el grupo de LIBROS DE AVENTURAS PEREGRINAS se sitúan los que tienen su origen en la conmoción (filológica primero y creadora después) producida por el hallazgo y, pronto, la publicación (Basilea, 1534) de un manuscrito griego de la *Historia etiópica*, atribuida a un cierto Heliodoro de Emesa. La *Historia etiópica*, que no tardó en pasar al latín y a las principales lenguas vernáculas, pertenecía a la narrativa del período helenístico (como el *Apolonio*, la *Historia de Leucipe y Clitofonte* de Aquiles Tacio, *Dafnis y Cloe* de Longo, etc., conocidas por diferentes vías); y, tomándola como modelo, se desarrolla un grupo genérico que se ha conocido generalmente con el nombre de *novela bizantina*. Este grupo plantea inicialmente cuestiones que tocan a la literatura comparada; así, entre los estudios sobre la «novela antigua» que pueden servir de referencia a quienes atiendan a las obras españolas de análoga constitución, cabe mencionar los trabajos de Ruiz de Elvira [1953], García Gual [1972] y Prieto [1975], que discute la organización de la «novela griega» en relación con el *Clareo y Florisea* de Núñez de Reinoso. En la historia de la literatura española apenas se trató a los libros en cuestión como constitutivos de un grupo independiente, pues modernamente son poco accesibles, salvo en las ediciones muy deficientes de Núñez de Reinoso y de Contreras que se encuentran en el tomo III de la «Biblioteca de Autores Españoles», en cuyo prólogo B. C. Aribau las menciona bajo el confuso epígrafe de «novela amatoria».

El relato de Heliodoro traspasó pronto los círculos humanísticos, donde había sido recibido con curiosidad y aun complacencia; M. Bataillon [1937, 1966] se refirió al interés que los erasmistas sintieron por él. La *Historia etiópica*, estampada en castellano ya en 1554, supuso una lección en cuanto a las técnicas narrativas; sus argumentos poseían una tensión argumental, sostenida en forma que representaba una novedad para un público deseoso de un entrenamiento «peregrino», como ha puesto de manifiesto López Estrada [1954], en un examen de las peculiares condiciones de estas obras que irradiaron hacia las otras modalidades de la narrativa. El conveniente tratamiento poético del material y estructuras de Heliodoro pudo llegar a poseer una transcendencia espiritual; y Antonio Vilanova [1949] ha hecho una importante contribución en tal sentido, al identificar en la figura del «peregrino», símbolo del hombre cristiano —desterrado y extranjero en la tierra—, al protagonista más característico de la «novela de la Contrarreforma». Carilla [1966] ha establecido un amplio inventario de las obras que participan más o menos —o simplemente recogen algún efecto— de las condiciones propias de este grupo. Entre las narraciones consideradas como más características del grupo, la primacía en el tiempo corresponde a la *Historia de los amores de Clareo y Florisea y de los trabajos de Isea* (1552), de Alonso Núñez de Reinoso, que se encuentra en el área del influjo de Aquiles Tacio. La curiosa vida de Reinoso, así como el carácter de su producción, hizo que Rose [1971] considerase la obra como una imagen literaria de la existencia de los conversos. Por otra parte, la *Selva de Aventuras* (1565), de Jerónimo de Contreras, fue valorada ya por parte de Pfandl [1933] dentro de las coordenadas del barroquismo y la interpretación simbólica. Ambas obras las ha estudiado López Estrada [1974] en su relación con los libros de pastores. Sobre *El peregrino en su patria* (1604), de Lope de Vega, y *Los trabajos de Persiles y Sigismunda* (1617), de Cervantes, culminación de los libros de aventuras peregrinas, se hallarán las oportunas referencias en los capítulos dedicados a los respectivos autores.

Al margen de los cuatro grandes grupos examinados hasta aquí, conviene dar un repaso a otro linaje de prosa de ficción, constituido ahora por los textos que se pliegan —en mayor o menor medida— al patrón de la *Tragicomedia de Calisto y Melibea* (sobre la cual, véase *HCLE*, I, 12). Los estudiosos de *La Celestina* han planteado el problema de si adscribirla a las formas narrativas o a las dramáticas o bien si juzgarla una modalidad peculiar en cuanto a su estructura; la discusión atañe directamente a la constitución de un grupo genérico con los libros que suelen catalogarse como «DESCENDENCIA DE LA CELESTINA». Desde 1738, en que L. A. Du Perron juntó *La Celestina* y *La ingeniosa Elena* calificándolas de *romans en dialogues*, esta interpretación obtuvo fortuna en España: la aseguró Moratín al hablar de la *Tragicomedia* como «novela dramática», y en 1846 *La Celestina* apareció también en el tomo de la «Biblioteca de Autores Españoles» dedicado a los *Novelistas anteriores a Cervantes*. Menéndez Pelayo la estudió en los *Orígenes de la novela* y, lo que más nos importa, pensaba proseguir el análisis de «Las imitaciones de *La Celestina*». Al situar en el presente capítulo la mención de parejas continuaciones y derivaciones de *La Celestina*, no me adscribo a esta interpretación, sino que me limito a resolver convencionalmente el problema de la distribución de un grupo de obras cuya entidad genérica vienen aceptando los críticos y que sin duda podría colocarse en otras secciones en un cuadro de la literatura española del siglo XVI.

Los *Orígenes de la novela* han sido asimismo durante mucho tiempo la mejor consideración de estas obras, hasta el gran estudio de P. Heugas [1973], que es hoy el planteamiento más completo del asunto. El estudio de la descendencia de *La Celestina* se ha desarrollado con diversos fines: así, para considerar el interesante fenómeno de literatura cíclica que plantea (entre 1534 y 1554), desplegándose dentro de lo que un Paul Zumthor llamaría la «circularidad del canto»; o bien para explorar y reconocer mejor *La Celestina* de Rojas, que, con sus propios problemas textuales, prefigura ya estas continuaciones (en ese campo se mueven M. R. Lida [1962] y el propio Heugas). M. Bataillon [1961] se ocupa también de la materia celestinesca, a la que adscribe sobre todo una intención didáctica. En los últimos tiempos han aparecido algunas ediciones dignas de elogio, especialmente las de la *Tercera parte de la tragicomedia de Celestina*, de Gaspar Gómez de Toledo, por Barrick [1973], y de la *Comedia Thebaida*, por Trotter y Whinnom [1969].

A partir de un excelente ensayo de Wardropper [1953] sobre *La Lozana andaluza* (1528), de Francisco Delicado (editada por Damiani [1969 a] y Damiani y Allegra [1975]), los estudios sobre esta curiosa obra que escandalizó a la crítica del siglo XIX son cada vez más numerosos. Márquez Villanueva [1973] se ha ocupado del problema converso en la obra, y Olalla [1979] la ha contemplado como producto de la «marginación» social. Hernández Ortiz [1974] ha consagrado un libro al análisis de sus distintos aspectos, y Damiani [1974], otro de conjunto a Delicado; Espantoso de Foley [1977] ha dado un útil estado de la cuestión con contribuciones originales; y Goytisolo [1977] ha escrito sobre *La Lozana* unas sugestivas páginas desde su peculiar perspectiva de creador y crítico a la zaga de Américo Castro. Este importante número de ediciones y estudios de *La Lozana* ha sido reseñado en las bibliografías de Damiani [1969 *b*, 1980].

El examen hecho por Siebenmann [1976] de la bibliografía reciente sobre *La Celestina* y las indicaciones contenidas en otros lugares de *HCLE*, tanto sobre la *Tragicomedia* original como sobre el máximo logro posterior de la tradición celestinesca —vale decir, *La Dorotea* de Lope—, nos eximen ahora de más referencias.

Por otro lado, el carácter presuntamente popular y realista de las secuelas de *La Celestina* (por lo menos, en relación con otras tendencias de la prosa de ficción renacentista), su sistemática forma dialogada y frecuente permeabilidad a la lengua cotidiana nos aconsejan recordar aquí un par de especies narrativas particularmente vivas en su modalidad oral, pero ricas también en consecuencias literarias (y en ciertos aspectos apuntadas incluso a impregnar de realismo las letras del Siglo de Oro): aludimos al CUENTECILLO de raigambre folklórica y a la *novella* a la italiana, es decir, la NOVELA CORTA.

En efecto, la conservación y el tratamiento literario del cuento folklórico varía en el paso de la Edad Media al Renacimiento, sobre todo en el caso del *ejemplo*, que, con su característica estructura narrativo-didáctica, se pierde para dar paso a una nueva consideración del material popular. El aprecio (de origen humanístico) que Erasmo dio a los apotegmas y breves relatos de procedencia antigua aumentó la curiosidad por los cuentos folklóricos españoles y favoreció su recolección en forma relativamente directa, como la realizaron, entre otros, Hernán Núñez, Pedro Vallés y Juan de Mal Lara (editado éste por Vilanova [1958]). De ahí procede un abundante repertorio de «formas simples» que combina apotegmas antiguos y chistes modernos (véase A. Blecua [1979]), relatos breves, burlas, patrañas, sales y consejas, que pasan a formar parte de otras obras, poéticas, narrativas o dramáticas, dentro de las cuales verifican una doble función: por lo que estas «formas simples» sean por sí mismas y por el alcance que cobran en la obra que las encierra, a menudo actuando como una notable fuente de episodios. M. Chevalier ha explorado profundamente la entidad, papel y difusión de los *cuentecillos tradicionales* [1975, 1978], y A. C. Soons estudiado los *cuentos risibles* o *fabliellas* en relación con las *figuras* o personajes tópicos que los protagonizan [1976]. La comparación con las formas folklóricas de origen es con frecuencia imposible de precisar (véanse, por ejemplo, los trabajos de Devoto [1974] y F. de la Granja [1969 y sigs.]), pero no hay dudas sobre la inmensa repercusión literaria del cuentecillo (véase abajo, cap. 6, para la apasionante cuestión de su eco en el *Lazarillo de Tormes*).

La novela corta, de tradición italiana y culta, se emparienta con el cuento folklórico por la importancia de su transmisión oral. Una y otro, en efecto, circulando de boca en boca, entretuvieron los ocios y salpimentaron las conversaciones de los españoles del Renacimiento. Es bien significativo que un Juan de Timoneda (Juliá [1947] y Romera [1978]) compile los chascarrillos de la *Sobremesa* (1563) y el *Buen aviso* (1564) como paso previo a la redacción del *Patrañuelo* (1567): se percibía la afinidad y la gradación entre ambos géneros. Antes de Cervantes, por otro lado, la novela corta también fue probablemente más fecunda como inspiración de otras modalidades literarias que como género autónomo (González de Amezúa [1951], Pabst [1972], Krömer [1979]); harto más interesantes que las deslavazadas *patrañas* en prosa de Timoneda, sin embargo, son las recreaciones en verso que de varios *novellieri* italianos ofrecieron Pedro de Salazar (vid. J. M. Blecua Perdices [en prensa]) y el Licenciado Tamariz (ed. McGrady [1974]), por más que no han llegado a imprimirse hasta nuestros días.

BIBLIOGRAFÍA

Alonso Cortés, Narciso, «Gabriel de Corral», en *Miscelánea vallisoletana,* I, Miñón, Valladolid, 1955, pp. 312-324.

Amezcua, José, «La oposición de Montalvo al mundo del *Amadís de Gaula*», *Nueva Revista de Filología Hispánica*, XXI (1972), pp. 320-337.

Anderson Imbert, Enrique, «La forma autor-personaje-autor en una novela mexicana del siglo XVII», en *Crítica interna*, Madrid, 1960, pp. 19-37.

Avalle-Arce, Juan Bautista, «Una tradición literaria: el cuento de los dos amigos», en *Nueva Revista de Filología Hispánica*, XI (1957), pp. 1-35; reimpr. en *Nuevos deslindes cervantinos*, Ariel, Barcelona, 1975, pp. 153-211.

—, *La novela pastoril española*, Revista de Occidente, Madrid, 1959; 2.ª ed. corregida y aumentada, Istmo, Madrid, 1974.

Barrick, Mac E., ed., Gaspar Gómez de Toledo, *La tercera Parte de la Tragicomedia de Celestina*, University of Pennsylvania, Filadelfia, 1973.

Bataillon, Marcel, «¿Melancolía renacentista o melancolía judía?» (1952), en *Varia lección de clásicos españoles*, Gredos, Madrid, 1964, pp. 39-54.

—, *La Célestine selon Fernando de Rojas*, Didier, París, 1961.

—, *Erasmo y España* (1937), trad. A. Alatorre, Fondo de Cultura Económica, México, 1966².

Bayo, Marcial José, *Virgilio y la pastoral española del Renacimiento (1480-1530)*, Gredos, Madrid, 1959.

Blecua, Alberto, «Libros de caballerías, latín macarrónico y novela picaresca: la adaptación castellana del *Baldus* (Sevilla, 1542)», *Boletín de la Real Academia de Buenas Letras de Barcelona*, XXXV (1971-1972), pp. 147-239.

—, «La littérature apophtegmatique en Espagne», *L'humanisme dans les lettres espagnoles*, ed. A. Redondo, Vrin, París, 1979, pp. 119-132.

Blecua Perdices, José Manuel, ed., Pedro de Salazar, *Novelas*, Espasa-Calpe (Clásicos Castellanos), Madrid, en prensa.

Cabañas, Pablo, «La mitología grecolatina en la novela pastoril: Ícaro o el atrevimiento», *Revista de Literatura*, I (1952), pp. 453-460.

—, «Eurídice y Orfeo en la novela pastoril», en *Estudios dedicados a Menéndez Pidal*, CSIC, Madrid, 1953, IV, pp. 331-358.

Cardaillac, Louis, *Morisques et chrétiens. Un affrontement polémique (1492-1640)*, Klincksieck, París, 1977; trad. cast.: FCE, Madrid, 1979.

Carilla, Emilio, «La novela bizantina en España», *Revista de Filología Española*, XLIX (1966), pp. 275-288.

Carrasco Urgoiti, María de la Soledad, *El moro de Granada en la literatura (del siglo XV al XX)*, Revista de Occidente, Madrid, 1956.

—, «El relato *Historia del moro y Narváez y El Abencerraje*», *Revista Hispánica Moderna*, XXXIV (1968), pp. 242-255.

—, «Las Cortes señoriales del Aragón mudéjar y el *Abencerraje*», en *Homenaje al profesor Casalduero*, Gredos, Madrid, 1972.

—, *The Moorish novel: «El Abencerraje» and Pérez de Hita*, Twayne, Boston, 1975.

Castro, Américo, «Lo hispánico y el erasmismo», en *Revista de Filología Hispánica*, IV (1942), pp. 1-66; refundido en *Aspectos del vivir hispánico*, Cruz del Sur, Santiago de Chile, 1949 (y Alianza Editorial, Madrid, 1970²).

Cirot, Georges, «La maurophilie littéraire en Espagne au xviᵉ siècle», *Bulletin Hispanique*, XL (1938), pp. 150-157, 281-296, 433-447; XLI (1939), pp. 65-85, 345-351; XLII (1940), pp. 213-227; XLIII (1941), pp. 265-289; XLIV (1942), pp. 96-102; XLVI (1944), pp. 5-25.

Cravens, Sydney Paul, *Feliciano de Silva y los elementos pastoriles en sus libros de caballería* (tesis doctoral, Universidad de Kansas), University Microfilms, Ann Arbor, Michigan, 1972.

Curto Herrero, Federico Francisco, *Estructura de los libros españoles de caballerías en el siglo XVI*, Fundación Juan March, Madrid, 1976 (extracto de la tesis doctoral del mismo título).

Chevalier, Maxime, «La *Diana* de Montemayor y su público en la España del siglo xvi», en J.-F. Botrel y S. Salaün, eds., *Creación y público en la literatura española*, Castalia, Madrid, 1974.

—, *Cuentecillos tradicionales en la España del Siglo de Oro*, Gredos, Madrid, 1975.

—, *Lectura y lectores en la España del siglo XVI y XVII*, Turner, Madrid, 1976.

—, *Folklore y literatura: el cuento oral en el Siglo de Oro*, Crítica, Barcelona, 1978.

Damiani, Bruno M., ed., Francisco Delicado, *La Lozana andaluza*, Castalia, Madrid, 1969.

—, «*La Lozana andaluza*: bibliografía crítica», *Boletín de la Real Academia Española*, XLIX (1969), pp. 117-139.

—, *Francisco Delicado*, Twayne, Nueva York, 1974.

— y Giovanni Allegra, eds., Francisco Delicado, *La Lozana andaluza*, Porrúa, Madrid, 1975.

Damiani, Bruno M., «*La Lozana andaluza*: Ensayo bibliográfico II», *Ibero-romanie*, VI (1980), pp. 47-85.

Devoto, Daniel, *Textos y contextos. Estudios sobre la tradición*, Gredos, Madrid, 1974.

Domínguez Ortiz, Antonio, y Vincent, Bernard, *Historia de los moriscos. Vida y tragedia de una minoría*, Revista de Occidente, Madrid, 1978.

Eisenberg, Daniel, «Búsqueda y hallazgo de *Philesbián de Candaria*», *Miscellanea Barcinonensia*, IX (1972), pp. 147-157.

—, ed., Diego Ortúñez de Calahorra, *Espejo de príncipes y cavalleros. [El cavallero del Febo]*, Espasa-Calpe, Madrid, 1975, 6 vols.

—, *Castilian Romances of Chivalry in the Sixteenth Century*, Grant and Cutler, Londres, 1979.

—, *Los libros de caballerías en el Siglo de Oro*, Ariel, Barcelona, en prensa.

Espantoso de Foley, Augusta, *Francisco Delicado: La Lozana andaluza*, Grant and Cutler, Londres, 1977.

Ferreres, Rafael, ed., Gaspar Gil Polo, *Diana enamorada*, Espasa-Calpe, Madrid, 1973 ³.

Fucilla, Joseph, «Sobre la *Arcadia* de Sannazaro y el *Pastor de Fílida* de Montalvo» (1942), *Relaciones hispanoitalianas*, CSIC, Madrid, 1953.

García Gual, Carlos, *Los orígenes de la novela*, Istmo, Madrid, 1972.

Gerhardt, Mia I., *La pastorale. Essai d'analyse littéraire*, Van Gorcum, Assen, 1950.

Gili y Gaya, Samuel, «Las *Sergas de Esplandián* como crítica de la caballería bretona», *Boletín de la Biblioteca Menéndez Pelayo*, XXIII (1947), páginas 103-111.

Gimeno Casalduero, Joaquín, «El *Abencerraje* y la hermosa Jarifa: composición y significado», *Nueva Revista de Filología Hispánica*, XXI (1972), pp. 1-22; reimpr. en *La creación literaria de la Edad Media y del Renacimiento. (Su forma y su significado)*, Porrúa Turanzas, Madrid, 1977, pp. 83-112.

González de Amezúa, Agustín, «Formación y elementos de la novela cortesana», en sus *Opúsculos histórico-literarios*, I, CSIC, Madrid, 1951, pp. 194-279 (reimpresión de un discurso de 1929).

Goytisolo, Juan, «Notas sobre *La Lozana andaluza*», *Disidencias*, Seix-Barral, Barcelona, 1977, pp. 37-61.

Granja, Fernando de la, «Tres cuentos españoles de origen árabe» [y otros estudios análogos], *Al-Andalus*, XXXIII (1968), pp. 123-141, 459-469; XXXIV (1969), pp. 229-243, 381-394; XXXV (1970), pp. 381-400; XXXVI (1971), pp. 223-237; XXXVII (1972), pp. 463-482; XXXIX (1974), pp. 431-442; XLI (1976), pp. 179-193, 445-459.

Guillén, Claudio, «Individuo y ejemplaridad en el *Abencerraje*», en *Collected Studies in Honour of Américo Castro's 80th Year*, Lincombe Lodge Research Library, Oxford, 1965, pp. 175-197.

Hernández Ortiz, José A., *La génesis artística de «La Lozana andaluza»*, Aguilera, Madrid, 1974.

Heugas, Pierre, *La Célestine et sa descendence directe*, Institut d'Études Ibériques et Ibéro-américaines, Burdeos, 1973.

Juliá Martínez, Eduardo, ed., J. de Timoneda, *Obras*, tres vols., Sociedad de Bibliófilos Españoles, Madrid, 1947.

Keightley, R. G., «Narrative perspectives in Spanish pastoral fiction», *Journal of the Australasian Universities Languages and Literature Association*, XLIV (1975), pp. 194-219.

Krauss, Werner, «Die Kritik des Siglo de Oro am Ritter- und Schaeferroman», *Homenatge a Antoni Rubió i Lluch. Miscellània d'Estudis Literaris, Històrics i Lingüístics*, I, Barcelona, 1936, pp. 225-246.

—, «Localización y desplazamientos en la novela pastoril española», en *Actas del segundo Congreso internacional de hispanistas*, Universidad de Nimega, 1967, pp. 363-369.

—, «La novela pastoril española», en *Eco*, 138-139 (1971), pp. 650-697.

Krömer, Wolfram, *Formas de la narración breve en las literaturas románicas hasta 1700*, Gredos, Madrid, 1979 (original alemán de 1973).

Leonard, Irving A., *Los libros del conquistador*, Fondo de Cultura Económica, México, 1953.

Lida de Malkiel, María Rosa, *La originalidad artística de la Celestina*, Eudeba, Buenos Aires, 1962.

López Estrada, Francisco, «Estudio y texto de la narración pastoril *Ausencia y soledad de amor*, del *Inventario* de Villegas», *Boletín de la Real Academia Española*, XXIX (1949), pp. 99-133.

—, ed., Heliodoro, *Historia etiópica de los amores de Teágenes y Cariclea*, Real Academia Española, Madrid, 1954.

—, ed., Jorge de Montemayor, *Los siete libros de la Diana*, Espasa-Calpe, Madrid, 1954².

—, ed., Antonio de Villegas, *Inventario*, dos vols., Joyas bibliográficas, Madrid, 1955-1956.

—, *El Abencerraje y la hermosa Jarifa. Cuatro textos y su estudio*, Publicaciones de la Revista de Archivos, Bibliotecas y Museos, Madrid, 1957.

—, «El *Abencerraje* de Toledo, 1561», *Anales de la Universidad Hispalense*, XIX (1959), pp. 1-60.

—, «Sobre el cuento de la honra del marido defendida por el amante, atribuido a Rodrigo de Narváez», *Revista de Filología Española*, XLVII (1964), pp. 331-339.

—, «Un libro pastoril mexicano: El *Siglo de Oro* de Bernardo de Balbuena», en *Anuario de Estudios Americanos*, XXVII (1970), pp. 787-813.

—, *Los libros de pastores en la literatura española. La órbita previa*, Gredos, Madrid, 1974.

—, *El Abencerraje. Novela y romancero*, Cátedra, Madrid, 1980.

Mancini, Guido, «Introducción al *Palmerín de Olivia*», en *Dos estudios de Literatura Española*, Planeta, Barcelona, 1969, pp. 7-202 = trad. cast. de *Studi*, II.

—, «Consideraciones sobre *Ozmín y Daraja*, narración interpolada», *Prohemio*, II: 3 (diciembre 1971).

Márquez Villanueva, Francisco, «El mundo converso de *La Lozana andaluza*», *Archivo Hispalense*, 171-173 (1973), pp. 87-97.

—, «El sondable misterio de Nicolás de Piamonte. (Problemas del "Fierabrás" español)», *Relecciones de literatura medieval*, Publicaciones de la Universidad, Sevilla, 1977, pp. 95-134.

McGrady, Donald, ed., Cristóbal de Tamariz, *Novelas en verso*, Biblioteca Siglo de Oro, Charlottesville, Virginia, 1974.

Morales Oliver, Luis, *La novela morisca de tema granadino*, Universidad Complutense, Madrid, 1972.

Moreno Báez, Enrique, *Lección y sentido del «Guzmán de Alfarache»*, CSIC, Madrid, 1948.

—, «El tema del *Abencerraje* en la literatura española», *Archivum, Miscelánea en memoria de Amado Alonso*, IV (1954), pp. 310-329.

—, «El manierismo de Pérez de Hita», en *Homenaje al profesor Emilio Alarcos*, Universidad de Valladolid, 1965-1967, II, pp. 353-367.

—, ed., Jorge de Montemayor, *Los siete libros de la Diana*, Editora Nacional, Madrid, 1976 ².

Olalla, Ángela, «'Tú no has llegado á Roma para soñar'. Algunas notas sobre *La Lozana andaluza*», *Estudios sobre literatura y arte dedicados al profesor E. Orozco Díaz*, III, Universidad de Granada, 1979, pp. 559-579.

Pabst, Walter, *La novela corta en la teoría y en la creación literaria. Notas para la historia de su antinomia en las literaturas románicas*, Gredos, Madrid, 1972 (original alemán de 1967).

Perry, T. Anthony, «Ideal love and human reality in Montemayor», *Publications of the Modern Language Association of America*, LXXXIV (1969), pp. 227-234.

Pfandl, Ludwig, *Historia de la literatura nacional española en la Edad de Oro*, trad. J. Rubió, Suc. de J. Gili, Barcelona, 1933 (original alemán de 1928).

Prieto, Antonio, *Morfología de la novela*, Planeta, Barcelona, 1975.

Reyes Cano, Rogelio, *La Arcadia de Sannazaro en España*, Universidad de Sevilla, 1973.

Rojas Garcidueñas, José J., *Bernardo de Balbuena: la vida y la obra*, Instituto de Investigaciones Estéticas, México, 1958.

Romera Castillo, José, ed., J. de Timoneda, *El Patrañuelo*, Cátedra, Madrid, 1978.

Rose, Constance H., *Alonso Núñez de Reinoso: The lament of a sixteenth-century exile*, Associated University Presses, Cranbury, N. J., 1971.

Ruiz de Elvira, Antonio, «El valor de la novela antigua a la luz de la ciencia de la literatura», *Emérita*, XXI (1953), pp. 64-110.

Rumeau, A., «L'*Abencérage*: un texte retrouvé», *Bulletin Hispanique*, LIX (1957), pp. 369-395.

Shipley, George A., «La obra literaria como monumento histórico: el caso del *Abencerraje*», *Journal of Hispanic Philology*, II (1978), pp. 103-120.

Siebenmann, Gustav, «Estado presente de los estudios celestinescos (1956-1974)», *Vox Romanica*, XXXIV (1976), pp. 160-212.

Siles Artés, José, *El arte de la novela pastoril*, Albatros, Valencia, 1972.

Simón Díaz, José, *Bibliografía de la Literatura hispánica*, CSIC, Madrid, tomo III, vol. 2, 1965.

—, *Impresos del siglo XVI: novela y teatro*, CSIC (Cuadernos bibliográficos, XIX), Madrid, 1966.

Soons, Alan C., *Haz y envés del cuento risible en el Siglo de Oro*, Tamesis Books, Londres, 1976.

Studi = Studi sul Palmerín de Olivia, I: ed. por Giuseppe Di Stefano; II: introducción por Guido Mancini (trad. cast., Mancini [1969]); III: *Saggi e ricerche*, por E. Dini, L. Stegagno Picchio, etc., Università di Pisa, 1966.

Subirats, Jean, «*La Diane* de Montemayor, roman à clef?», *Actes du Quatrième Congrès des Hispanistes Français*, Poitiers, 1967.

Thomas, Henry, *Las novelas de caballerías españolas y portuguesas. Despertar de la novela caballeresca en la Península Ibérica y expansión e influencia en el extranjero*, trad. E. Pujals, CSIC, Madrid, 1952 (original inglés de 1920).

Trotter, G. D., y K. Whinnom, eds., *La Comedia Thebaida*, Tamesis Books, Londres, 1969.

Vilanova, Antonio, «El peregrino andante en el *Persiles* de Cervantes», *Boletín de la Real Academia de Buenas Letras de Barcelona*, XXII (1949), pp. 97-159.

—, ed., J. de Mal Lara, *Filosofía vulgar*, cuatro vols., Selecciones Bibliófilas, Barcelona, 1958.

Vinson, Fleming G., *A critical bibliography of the Spanish pastoral novel (1559-1633)*, University of North Carolina, Chapel Hill, 1969.

Wardropper, Bruce, «The *Diana* of Montemayor: Revaluation and interpretation», *Studies in Philology*, XLVIII (1951), pp. 126-144.

—, «La novela como retrato: El arte de Francisco Delicado», *Nueva Revista de Filología Hispánica*, VII (1953), pp. 475-488.

Whinnom, Keith, «The Relationship of the three texts of *El Abencerraje*», *The Modern Language Review*, LIV (1959), pp. 507-517.

Federico Francisco Curto Herrero

LOS LIBROS DE CABALLERÍAS EN EL SIGLO XVI

Considerando el género caballeresco del siglo XVI desde una perspectiva dinámica, como algo vivo que fue creciendo a lo largo de todo el período y que tuvo, por tanto, su nacimiento, su desarrollo y su extinción, los libros de caballerías podrían agruparse en tres fases: la *fundacional*, la *constituyente* y la fase de *expansión y evolución*.

La fase *fundacional* culmina en los comienzos del siglo XVI con el *Amadís de Gaula* (1508), que configuró su singularidad durante dos siglos de tradición manuscrita. El *Amadís*, en la versión de Montalvo, es, por consiguiente, el resultado de un proceso en el que se sintetiza el modelo narrativo del ciclo bretón, basado en una caballería mundana orientada a la personal consecución de la fama, con la tradición caballeresca del ciclo troyano (según ha señalado M. R. Lida; vid. *HCLE*, I, 9). El *Amadís* es además —mirando ya al siglo XVI— la puerta con que se abre un nuevo género literario, porque adapta y nacionaliza la materia caballeresca, porque crea un caballero símbolo del más noble ideal de enamorado y porque utiliza una estructura narrativa desde la que puede explicarse la organización de materiales de un buen número de libros de caballerías posteriores.

Trabajo preparado por el autor con destino al presente volumen. Véase Federico Francisco Curto Herrero, *Estructura de los libros españoles de caballerías en el siglo XVI*, Fundación Juan March, Madrid, 1976, extracto de la tesis doctoral del mismo título, Universidad Complutense de Madrid, 1976 (inédita).

La estructura que ofrece el *Amadís* es trimembre, pues la obra consta de tres grandes unidades:

— la situación inicial presenta, con relación al héroe y a su grupo, caracteres de virtualidad y potencialidad;
— la situación final se caracteriza por la actualización de las virtualidades iniciales;
— la tarea caballeresca del héroe y de los caballeros de su grupo (secuencia intermedia de la obra) está constituida por un conjunto de episodios sucesivos fragmentable en estratos o niveles intermedios que llevan al protagonista y a sus caballeros desde las virtualidades iniciales a su actualización en la situación final.

El cuerpo central de aventuras caballerescas se estructura asimismo en forma trimembre, pues el objetivo último —el matrimonio de Amadís con Oriana— depende de la consecución de tres objetivos previos: la cualificación del protagonista como el más valiente caballero (Libro I), como el más leal enamorado (Libro II) y la superación de la discordia entre Amadís y el rey Lisuarte tras el enfrentamiento colectivo entre los partidarios de uno y otro (Libros III y IV). Estos cuatro libros son el desarrollo de motivos y temas contenidos en los vaticinios de la obra y se hallan emparejados, dos a dos:

— el Libro I con el II, porque ambos tienen como base la misma profecía (I, II) y configuran la personalidad del héroe en un proceso ascendente, fundamentalmente individual;
— el Libro III con el IV, porque en uno se relata la «discordia» y en el otro la «concordia» entre Amadís y el rey Lisuarte y tiene como núcleo generador la segunda profecía general (II, LX); la acción es de carácter colectivo.

Este esquema narrativo con que se cierra la fase fundacional se respeta en numerosos libros, en sus líneas esenciales, como armazón básico y suministra el fundamento del género.

La fase *constituyente* está integrada por las obras que se publican entre 1510 y 1512: *Las sergas de Esplandián* (1510) y el *Florisando* (1510) —dos continuaciones de los *Amadises*—, el *Palmerín de Olivia* (1511) y el *Primaleón* (1512) —los dos primeros *Palmerines*—.

Las sergas contribuye a la nacionalización del género por «el viraje hacia lo didáctico-moral» que supone, según han demostrado Gili Gaya [1947] y Amezcua [1972], y por la configuración de un héroe animado por nuevos ideales caballerescos (Esplandián es un caballero al servicio de la religión). En esa línea hay que situar el *Florisando* que reacciona, incluso, contra las propias *Sergas* en lo relativo a algunos aspectos de las ficciones artúricas, como los vaticinios y las artes mágicas. El *Palmerín de Olivia* y el *Primaleón* reorientan el género por un nuevo camino que resulta ser una síntesis del iniciado por el *Amadís* y *Las sergas*, pues instauran, desde el punto de vista aventurero (pero no desde el punto de vista amoroso), un ideal caballeresco cercano al del *Amadís*; del primero toma el autor del *Palmerín de Olivia* el sentido de la caballería como búsqueda de la fama y gloria terrenas; del segundo, el tema de Constantinopla —que tanta importancia tiene en el *Tirant lo Blanc*— con el enfrentamiento entre cristianos y paganos, considerado por L. Stegagno Picchio [en *Studi*] como un *topos* literario.

El *Primaleón*, que continúa la nueva trayectoria marcada por el *Palmerín de Olivia*, centra su acción en tres historias individuales caballeresco-amorosas: las de Polendos-Francelina, Primaleón-Gridonia y don Duardos-Flérida. Se han atenuado, por tanto, los enfrentamientos colectivos entre dos ejércitos por ideales supracaballerescos que constituían, en otros libros, segmentos narrativos habituales. Las innovaciones que este libro aporta al género son importantes: la delicada historia de amor de Flérida y don Duardos en contraste con otra tan extraña y original como la de Camilote y Maimonda, el tono prepastoril en que se desenvuelven esos amores, el cambio de nombres según la actividad (don Duardos-Julián, caballero-hortelano), la huida de los enamorados tras el matrimonio secreto... No sorprende que Gil Vicente aprovechara el material del *Primaleón* para su espléndida *Tragicomedia de don Duardos*. El *Primaleón* es, por tanto, un libro clave en la evolución del género: sin sus planteamientos sería difícil explicar el desarrollo del género y, particularmente, las obras de Feliciano de Silva.

Con los libros de esta fase constituyente, el género adquiere una fisonomía múltiple y abierta, por las varias tendencias y direcciones que en él se desarrollan: el estilo artúrico y antiartúrico, la combinación de los dos y una orientación específicamente peninsular, propia de nuestros libros de caballerías... Las obras de tal fase contienen, por tanto, de manera implícita o explícita, los elementos formales y temáticos para la expansión de los libros de caballerías.

La fase de *expansión y evolución* del género se inicia a partir de 1514. Las nuevas obras que van apareciendo aceptan el material básico de la fase fundacional y constituyente, combinan las direcciones aparecidas, transforman temas y elementos constructivos e incorporan materiales de otros géneros literarios, como el pastoril, al tiempo que se desarrolla la crítica y la burla de la misma caballería que, poco a poco, encauza el género hacia el desprestigio y la propia destrucción. Dentro de esta fase están las continuaciones de los *Amadises* y *Palmerines*. Entre los primeros destacan, al menos por su extensión, las obras de Feliciano de Silva: *Amadís de Grecia* (1530; *Amadís* 9) y las cuatro partes de la *Crónica de don Florisel de Niquea* (1532 y 1535; *Amadís* 10 y 11), muy ligadas en algunos episodios y situaciones a los primeros *Amadises* y *Palmerines*. En efecto, la actuación de un mismo caballero con dos nombres y dos actividades (Rogel de Grecia: caballero Constantino y pastor Achileo), el disfraz de la misma persona con atuendos de hombre o mujer, según las circunstancias, la fuga de los enamorados como medio para alcanzar el matrimonio, y otros, son motivos que traen ecos de libros anteriores. Las obras caballerescas de F. de Silva se singularizan por la introducción de elementos pastoriles (estudiados por S. P. Cravens [1972]), y por la presencia de lo que podría denominarse «la crítica de la caballería desde dentro» que, en cierta medida, se inicia ya con los primeros *Amadises*. En Silva se critica hasta el mismo ideal caballeresco en la vertiente amorosa —don Rogel, por ejemplo, califica de «sandez» la lealtad en amores— y en la heroica, con las burlas de don Fraudador de los Ardides. Diego Ortúñez de Calahorra, por otro lado, merced a la insistencia en sembrar el relato de «fontecicas de filosofía» o ingredientes didácticos, da una cierta singularidad al *Espejo de príncipes y caballeros*, o *Caballero del Febo* (1555), libro que gozó en su época de notable difusión y estima y hoy tiene el interés de ser la fuente de algunos pasajes cervantinos, como el de la cueva de Montesinos (vid. Eisenberg [1975]).

Lejos estamos ya, al menos en el espíritu, de aquellos nobles fundamentos con que se inició el género. Sin embargo, puede afirmarse que en los *Amadises* y *Palmerines* y hasta en otros libros de caballerías de los llamados «independientes» permanece una estructura básica común en la que pueden distinguirse dos partes con tres estratos cada una: en la primera, las aventuras están destinadas a la cualificación del protagonista, sucesivamente, como héroe singular, como enamorado y como jefe de un grupo de caballeros; y en la segunda parte, al desarrollo de una batalla colectiva (dos imperios, dos reinos o dos religiones en oposición), también fragmentable en tres estratos, y en la que el protagonista aparece como caballero imprescindible para que el rey o emperador en cuya corte sirve pueda triunfar sobre sus propios enemigos o los enemigos de la fe cristiana.

El que exista un esquema narrativo básico no implica falta de calidad artística: otros géneros se han desarrollado sobre un patrón fundamental y, sin embargo, sus libros han tenido en nuestro siglo más fortuna editorial y crítica que el caballeresco. Un hecho cierto —y ya no prejuicio— puede haber desconcertado también a los estudiosos contemporáneos: los libros de caballerías del siglo XVI forman un conjunto muy heterogéneo en cuanto a temas y fuentes y muy desigual en cuanto a calidad; de ellos, algunos son sólo adaptaciones y otros no pasan de simples traducciones. Como simple traducción puede citarse la *Historia del Emperador Carlo Magno y los doce pares de Francia* (1525), cuya popularidad saltó por encima de la parodia quijotesca y, a pesar de su ínfima calidad, llegó hasta el mismo siglo XX (Márquez Villanueva [1977]). El *Baldo* (1542), en cambio, no meramente traducido sino largamente adaptado, es un libro tan extraño como atractivo, en el que confluyen las más diversas y opuestas corrientes literarias (A. Blecua [1971-1972]) y cuya misma peculiaridad contribuye a definir la época de esplendor de la ficción caballeresca. Pues el momento de apogeo de los libros de caballerías es la primera mitad del siglo XVI. En la segunda, el género decae en cuanto a ediciones, de tal forma que no llegan a diez los nuevos títulos; y, de ellos, algunos repiten temas y motivos de libros anteriores, como *Febo el troyano* (1564) por relación al *Espejo de príncipes* y el *Policisne de Boecia* (1602) por relación al *Amadís*.

Luciana Stegagno Picchio
y Alberto Blecua

NORMA Y DESVÍO EN LA FICCIÓN CABALLERESCA: EL *PALMERÍN* Y EL *BALDO*

1. *Palmerín de Olivia* es obra poco conocida y bastante mal tratada. Pesa sobre ella el juicio negativo de Cervantes («Esa oliva se haga luego rajas e se queme»), o, mejor dicho, de la parte de sí que el autor del *Quijote* atribuye a un personaje lleno de sentido común, de cultura mediana y sin la menor fantasía, como es el cura. A ese supuesto «ipse dixit» hace eco en los tiempos modernos la opinión negativa de Menéndez y Pelayo, para quien «el primer *Palmerín* es un calco mal hecho de un excelente original» (el *Amadís de Gaula*, naturalmente). Se trata de un juicio que, sea como sea, no es inapelable. Por el contrario, las presentes notas se proponen precisamente su revisión.

Es cierto que, incluso abandonando el plano «moral» en el que se mueve esencialmente Menéndez y Pelayo, con sus perspectivas personales de lo honesto y lo deshonesto, tendríamos suficientes razones para condenar el *Palmerín de Olivia* desde el punto de vista estético. Su lenguaje es coloquial, y dispone de un léxico bastante exiguo, de modo que cada vocablo, una vez utilizado, reaparece al cabo de pocos renglones, como obedeciendo a la llamada automática de la memoria («El Conde, come era de gran coraçón, e levantóse ligero e começósse de defender con gran coraçón»; «de manera que yvan a gran vicio; e quando fallavan algunos lugares viciosos andavan a caça por no sentir tanto el trabajo del camino. E con este

---

1. Luciana Stegagno Picchio, «Fortuna iberica di un topos letterario: la corte di Costantinopoli dal *Cligès* al *Palmerín de Olivia*», en el colectivo *Studi sul «Palmerín de Olivia»*, III: *Saggi e ricerche*, Università di Pisa, 1966, pp. 99-136; trad. portuguesa revisada en el libro de la autora *A lição do texto. Filologia e literatura*, I, Edições 70, Lisboa, 1979, pp. 167-206 (193-197).

II. Alberto Blecua, «Libros de caballerías, latín macarrónico y novela picaresca: la adaptación castellana del *Baldus* (Sevilla 1542)», en el *Boletín de la Real Academia de Buenas Letras de Barcelona*, XXXV (1971-1972), pp. 147-239 (pp. 237, 238-239).

vicio llegaron a la cibdad de París»). A veces las frases parecen rompecabezas semejantes a aquél de Feliciano de Silva que tanto gustaba a don Quijote («E Arismena tiene este cuydado, que Florendos tanta es su cuyta que no tiene cuydado de cosa que en este mundo aya», etc., etc.). La monotonía de las exclamaciones («¡Ay, Santa María, val!») y de los calificativos (para las doncellas, «que a maravilla era fermosa», para los caballeros, «que era mui buen cavallero e sesudo») corre parejas con una hipérbole genérica e igualatoria (las mujeres, las islas y las espadas son siempre «la mejor que hay en el mundo»). Faltan casi totalmente las descripciones, faltan las observaciones más habituales: de ninguna mujer llegamos a saber el color de los cabellos o el color de los ojos; el color del cielo o de las casas o de los habitantes de cualquier lugar. Sólo de tarde en tarde aparece algún que otro recurso estilístico distinto («E Palmerín dormió el vino que avía bevido») o alguna que otra interrogación retórica del tipo («Què us diré?») de las que solía usar el cronista Ramón Muntaner para adornar su prosa.

A primera vista podría parecer que le falta incluso una idea moral, como la que en el *Amadís* dirige los pasos de héroes y de mujeres incapaces de aceptar cualquier género de compromiso. No es preciso evitar hacer el mal, basta con que no se sepa. Las mujeres caen a la primera mirada, pero después se obstinan en negar su culpabilidad. Engañan a los padres («Mostrando que estava sin culpa») y sobre todo engañan a los maridos en la luna de miel («E con la gran cuyta que ella sentía defendíase d'él quanto podía: con esto no sintió [él, naturalmente] la falta que en ella havía e salió a la mañana muy alegre»). A continuación afrontan serenamente el juicio de Dios, el cual en resumidas cuentas les es siempre favorable, porque se trata de personas de «alto linaje». Por su parte, los caballeros no son menos acomodaticios: no sólo en lo que respecta a la fidelidad de la amada, sino también en materia de religión. Una cierta condescendencia para con los humildes («era hombre muy diligente en todas las cosas; para ser villano, muy sesudo»). una visión optimista de la vida cortesana («alegría ... como suele haver en casa de los Reyes»), un desenfado en subestimar las dificultades que obstruyen el camino del saber (la rapidez con que los personajes aprenden las lenguas extranjeras), todo eso sitúa esta obra inequívocamente en un determinado nivel cultural, condicionando su alcance.

Y no obstante, a pesar de lo dicho, y tal vez por eso mismo, el *Palmerín de Olivia* se lee de un tirón. La ausencia de ese diafragma crítico que el escritor acostumbra a poner entre él y su materia, que se traduce en una manera de condensar el estilo, de orientar la narración, guiñando el ojo al lector por encima y a costa de los personajes y de sus aventuras, se convierte aquí en un factor de cohesión de los sucesos. Si éstos son todos en blanco y negro, si se echan de menos matices dentro de los caracteres, si cada personaje apenas es algo más que un clisé semejante a todos los demás clisés, e identificado tan sólo por un nombre, la verdad es que el lector puede añadir a esos clisés su propia experiencia, caracterizarlos según su fantasía, prestar a Griana el cuerpo de la Carmesina del *Tirant* y al Emperador de Alemania la conocida estampa de Federico Barbarroja.

Sin entretenerse en morosidades descriptivas o en consideraciones morales, los hechos siempre van avanzando, paso a paso, siguiendo el hilo de la aventura individual. Ésta no es demasiado emocionante, porque se sabe de antemano que Palmerín va a triunfar en todas las lides, y que cada vez volverá al lugar donde le espera la teutónica Polinarda. Tampoco es demasiado apasionada, porque todos los comparsas, griegos y alemanes, ingleses y sicilianos, turcos y tracios, todos, ya sean cristianos o mahometanos (tan sólo los franceses son «orgullosos», y por ello reciben constantes lecciones de humildad), son indistintamente «de gran bondad» los hombres y de «gran fermosura» las mujeres.

Cada aventura es una cadena con un eslabón abierto donde se enlaza la aventura siguiente. El primer impulso de cada episodio nace casi siempre en frío, de una promesa que se hace a ciegas, y que un personaje, casi siempre una mujer, arranca a otro personaje: «e aquella noche habló con el Emperador e pidióle por mercé que le otorgasse un don», y ya tenemos desencadenado el triple argumento (Tarisio, Florendos, Griana) que está en la base de toda la historia; «Madre, ruégovos que me otorguéys un don... —¡Ay fijo..., gran cosa me avéys demandado! Mas, pues os lo prometí, deziros he la verdad», y de este modo Palmerín se entera de las circunstancias de su nacimiento. Hay también variantes, con respuestas menos ortodoxas: «¡Malditos sean vuestros dones... que ansí me estorvan de fazer lo que mi coraçón desea!», y aquí es Palmerín, el héroe, el que habla. Por lo demás, la situación encajaba perfectamente en la tradición de la novela caballeresca, donde el antiguo tema céltico de la merced obligada (*geis*) se repite con frecuencia. Finalmente, el paso de los días se señala por las misas, y sobre todo por las comidas, que están lejos de ser los pantagruélicos ágapes del *Tirant*, que tanto entusiasmaban al cura («Aquí comen los caballeros»).

En este sentido el *Palmerín de Olivia* responde perfectamente a las necesidades de una sociedad que en los libros de caballerías busca por una parte una evasión aventurera por medio de la identificación del hidalgo provinciano o del nuevo burgués de la ciudad con el caballero artúrico y el cruzado carolingio, y por otra, por medio de la observación realista que cada lector reconoce basándose en su experiencia personal, una confirmación de que pertenece a una sociedad ibérica bien definida, en un momento preciso de su historia. Y aquí por observación realista no se entiende tan sólo una referencia histórica y geográfica, sino también una descripción de un comportamiento humano, de una reacción psicológica y afectiva que se fundan en las convenciones que están en vigor en la sociedad de esa época.

II.   Los autores del género, durante el siglo XVI, habían aceptado —y aceptarán— sin reflexión alguna el aspecto literario de la caballería, cosa natural, puesto que es más novelesco que el histórico (aunque éste también lo sea y mucho). El autor del *Baldo* [adaptación del *Baldus* de Teófilo Folengo, publicada en Sevilla, 1542], en cambio, acepta, con ligeras variantes, las leyes históricas [tomándolas principalmente de las *Partidas*], y rechaza, sin vacilar, rebosando verosimilitud («es cosa increíble»), las que el uso novelesco había convertido en leyes para los lectores. Es decir, nos encontramos con una actitud precervantina ante los libros de caballerías y de la caballería en general. Si todos los libros del género hubieran sido como el *Baldo*, el *Quijote* no existiría hoy —ni el *Orlando*, ni el *Baldus*—. El autor del *Baldo*, al escribir estas leyes, está rompiendo con los motivos estructurales del género. Por ejemplo, la estructura del *Amadís* se viene abajo por completo: si Amadís no combate con sus hermanos sin reconocerse; si no estuviera, como el resto de los protagonistas, haciendo continuas promesas a dueñas y doncellas; si no viajaran sus personajes acompañados de doncellas, que dejan y recogen sin descanso; si no enviaran a los caballeros vencidos a ofrecerse a sus damas; y, en fin, si los héroes comiesen, durmiesen bien, no pasasen frío y curasen sus heridas, ¿qué sería de estos libros? No existirían, porque todos estos motivos son funcionales, necesarios para tejer el enrevesado argumento de las obras y para caracterizar sentimental y heroicamente al protagonista. El autor ha creado, por lo tanto, en el *Baldo* un libro de caballerías que elimina determinadas constantes del género, y, en especial, una que caracteriza todas las obras: la presencia del sentimiento amoroso y, por consiguiente, de la mujer. La deshonestidad que pudiera existir en algunos libros de caballerías —en pocos, a pesar de los moralistas— desaparece por completo. [...]

Cervantes critica los libros de caballerías desde dos puntos de vista: son, por una parte, inmorales, porque son deshonestos y carecen de ejemplaridad; por otra, están faltos de artificio literario, su prosa es mala y no respetan la verosimilitud e imitación. La actitud del autor del *Baldo* es, salvando las distancias, similar a la cervantina: elimina el aspecto deshonesto y «lascivo» de los libros de caballerías; procura que su obra sea ejemplar; que esté escrita con erudición y estilo, y que guarde en lo posible la verosimilitud e imitación. Es decir, el autor, como Cervantes, ha visto que estos libros, a pesar de sus defectos, «tienen una cosa buena»: que son una mina sin fondo de posibilidades novelescas, como ningún otro género suscita. En fin: el autor se propone, como Cervantes, la defensa y salvación de la novela imaginativa en lengua vulgar, al aplicarle el precepto horaciano del deleitar aprovechando y las reglas aristotélicas sobre la imitación y verosimilitud.

El *Baldo* es un libro de contrastes, de paradojas. En él se dan la mano, sin que ningún abismo insondable las separe, corrientes literarias tan diversas como los libros de caballerías, la épica clásica, la fábula milesia, el cuento folklórico, la facecia, el *exemplum*, la parodia macarrónica, la alegoría, el refrán popular y la sentencia clásica. De todo ello resulta un libro «monstruo», que es realista, y no lo es; que defiende, y ataca a la vez, a los libros de caballerías; que se aproxima al *Cifar*, y también al *Amadís*; que utiliza y recrea a Virgilio o a Lucano, y al mismo tiempo las *Partidas* y las fábulas de Esopo; que traduce el *Baldus*, pero dignificándolo y purificándolo de todo elemento burlesco; que narra, en fin, la vida de un pícaro que acabará siendo gobernador.

Es, en resumen, un libro que refleja en sus páginas, en cifra, todas las contradicciones que se producen, a gran escala, en el complejo período renacentista. Si a mediados del siglo XVI pueden producir excelentes beneficios a los editores libros tan dispares como las *Poesías de Garcilaso*, los *cancioneros*, los *romanceros*, el *Lazarillo*, la *Diana*, los *libros de caballerías* y el *Libro de la oración* de fray Luis de Granada, no nos debe extrañar la diversidad de gustos que confluyen en el *Baldo*, aun cuando no sea frecuente ver reunidas en un solo libro tan contrapuestas corrientes literarias. El *Crótalon* es libro similar: la obra narrativa, fabulosa, que podría escribir, excepcionalmente, un erasmista. El *Baldo* es la novela que podría componer un humanista. Cuando las dos corrientes confluyan será posible el *Quijote*.

MIA I. GERHARDT, FRANCISCO LÓPEZ ESTRADA
Y MAXIME CHEVALIER

LA NOVELA PASTORIL
Y EL ÉXITO DE LA *DIANA*

I. ¿Por qué en España el género pastoril triunfó bajo forma novelesca? ¿Por qué un conjunto de concepciones tan ajeno al temperamento español se impuso en la novela, tan evolucionada ya, y que contaba con una tradición autóctona tan fuerte? Ante tales preguntas, se argumenta a veces sencillamente por vía de eliminación: la pastoral dramática no era apropiada al teatro español, la pastoral lírica se encontraba un poco lastrada por el italianismo y por el ejemplo insuperable de Garcilaso; sólo quedaba, pues, la novela donde el género pastoril pudiera desarrollarse libremente. Pero eso equivale a desplazar el problema sin resolverlo.

I. Mia I. Gerhardt, *La pastorale. Essai d'analyse littéraire*, Von Gorcum, Assen, 1950, pp. 197-198.

II. Francisco López Estrada, ed., Jorge de Montemayor, *Los siete libros de la Diana*, Espasa-Calpe, Madrid, 1954, pp. LXI-LXIII.

III. Maxime Chevalier, «La *Diana* de Montemayor y su público en la España del siglo XVI», en J.-F. Botrel y S. Salaün, eds., *Creación y público en la literatura española*, Castalia, Madrid, 1974, pp. 40-55 (46-49).

También podría alegarse el hecho de que la novela ya era un género desarrollado en España, y apreciado por el público. A pesar de la prioridad de Boccaccio, no fue en Italia, sino en la Península Ibérica donde empezó floreciendo la novela, nutriéndose de un fondo medieval muy vasto y muy variado en el que la contribución italiana sólo era accidental. El género predominante durante cerca de un siglo, la novela de caballerías, empezaba a cansar al público mucho antes de que Cervantes lo ridiculizase; era, pues, comprensible que se buscaran nuevos caminos, y que la corriente caballeresca y la corriente sentimental de las novelas amorosas se fundieran en la novela pastoril, dedicada a las intrigas novelescas y al análisis de los sentimientos, y adaptada a una nueva generación de lectores.

Sin embargo, a nuestro juicio hay una última explicación, de carácter menos puramente mecánico, de ese triunfo del género pastoril en la novela. Y es la de que de todos los géneros literarios españoles, la novela era el menos propenso a la representación de la realidad: menos que el teatro, y en los siglos XIV y XV menos que la misma poesía. Desde los primeros libros de caballerías, se había atribuido el derecho de presentar a los lectores un mundo embellecido, ideal, con seres más fuertes y más nobles de lo que podía ofrecer la vida real, una fantasía desenfrenada, sentimientos agigantados hasta lo imposible. No es casual que fueran precisamente las novelas las que hicieran perder el juicio a don Quijote; de haber visto todas las comedias representadas en tiempos de Cervantes, no le hubieran hecho perder de vista la realidad, al contrario. Por su misma naturaleza, la novela española se prestaba a esa otra ficción esencialmente absurda que es el relato pastoril. Estaba muy predispuesta a acoger a otros héroes que carecen de equivalente en la vida; bajo otra forma, son la misma sed de ideal y la misma indiferencia a la realidad, a pesar de ser bien conocida, que se perpetúan. En España, la novela, como género puramente fantástico y consagrado a una irrealidad flagrante, pudo aceptar la convención pastoril; pudo acoger todo aquello con lo cual el Renacimiento italiano y la convención italo-clásica maravillaba a los hombres del siglo XVI, sin traicionar su propia tradición y su tendencia fundamental. Incluso se acerca cada vez más al modelo italiano de belleza literaria pura y de arte consciente, sacrificando el interés novelesco, herencia legítima de la tradición nacional y de la iniciativa de Montemayor. Pero al tomar este rumbo deja de interesar al público y muere de inanición. A medida que la novela pastoril se convierte en la diversión de un público culto, aristocrático, capaz de apreciar los préstamos que se hacen a los italianos y a los antiguos, y de comprender las alusiones veladas, se aleja de la vida nacional a la que en todas las épocas la literatura española ha recurrido para fortalecerse. Al principio, aún se dirigía al gran público, el público de los libros de caballerías; al refinarse, pierde este contacto, que su forma estilizada ya hacía precario, y que sólo el acento personal de un Montemayor o la soltura de un Gil Polo podían conservar. Y a medida que se limita a no ser más que *roman à clef* o transposición de motivos italianos, otros géneros la sustituyen en el favor del público.

II. Hasta la *Diana* de Montemayor, las formas líricas de orientación pastoril habían sido moldeadas por lo general en verso. El hecho de que Montemayor prosifique en parte una obra de esta naturaleza obliga a examinar las circunstancias que lo justifican. La reiteración en un tema determinado acaba por necesitar cierta novedad si se quiere apurar lo que pudiera dar de sí. Y tal puede ser en este caso el mismo hecho de tratar el argumento en prosa, que es una forma literaria menos rigurosa que el artificio del verso. El triunfo de una obra de esta naturaleza supone una cierta popularización. Los libros de caballerías ofrecían la forma de relato más difundida en la primera mitad del siglo XVI (y en Francia el libro de caballerías procedió también de una prosificación), y Montemayor supo acomodarse a esta forma en prosa, que de este modo ofreció un nuevo cauce para la literatura pastoril. Por otra parte, tal cambio estaba implícito en la égloga desde los antiguos, y Montemayor escribió varias de ellas cuyo desarrollo en verso está en ocasiones próximo al de la prosa de la *Diana*. Así, en la Égloga III de su *Cancionero* (1562) una pastora se dirige a un pastor para que le cuente su caso de amor, como ocurre también en la *Diana*, y la situación se describe así:

> Acaso en este exido
> me hallo, y, pues te veo,
> te ruego que me cuentes
> tu historia, y que te asientes
> en esta verde yerba, porque creo
> que debe ser historia
> para jamás caer en mi memoria.

Y ayuda también el que las églogas sean dialogadas, parte esencial en la *Diana*, pues precisamente ésta es una circunstancia que arraiga el libro de Montemayor en un sentido poético profundamente español. Los personajes, gracias a estos diálogos, buscan el realce del caso personal, que así comunican a los demás desde su propio punto de vista. Esta preferencia por la expresión comunicada impide a veces exposiciones de sentido unitario, pero en este caso hace que el platonismo poético del siglo XVI se difunda, no en los tratados humanistas o en los diálogos reposados de una academia o reunión cortesana, sino en estos libros apasionados, lacrimosos y aparentemente desordenados. Vieja técnica, acreditada ya en los cantares, donde la voz del juglar transmitía la emoción del poema al auditorio, y en los romances, tan poéticamente cortados en el momento oportuno; en el teatro, de inmediato alumbramiento en su fase nacional, donde unas mismas figuras y unos temas semejantes producen continua novedad a conflictos muy semejantes.

En los libros de pastores hay, asimismo, una amplia problemática amorosa; cada caso sobreviene en combinación con otros, pero en sí posee unidad de desarrollo y desenlace. Su exposición es dramática; es la conversación, el diálogo, la réplica lo que separa un caso del otro dentro de una sutil casuística amorosa. No importa tampoco que cada personaje sea un caso determinado de amor, y en este sentido, parcial; el desfile de tantos como forman la *Diana* ha de ser en conjunto una consideración del amor más viva que la que ofrezca cualquier tratado. La variedad de los amantes impide al escritor aquel insistir morboso sobre un mismo caso, como pasa en el relato sentimental de fines de la Edad Media. Parece como si el Renacimiento hubiera abierto las puertas a la diversidad de los casos humanos y hubiese querido mostrar en diferentes aspectos o procesos lo que en la teoría platónica es aspiración a la unidad.

III.   *La Diana* es novela neoplatónica, novela pastoril, novela de clave.[1] También tiene sus ribetes de novela caballeresca y marcado

1. [«Jean Subirats [1967] relaciona los episodios centrales de la novela con las fiestas celebradas en Bins (22-31 de agosto de 1549) por orden de la regenta María de Hungría en honor del príncipe don Felipe, fiestas en las cuales participó la flor de la nobleza española y cuya magnificencia impresionó a toda Europa. Piensa Subirats que estas fiestas aparecen, bajo velo pastoril, en los libros IV y V de *La Diana*: la poderosa Felicia es María de Hungría; el rico

aspecto de novela cortesana. Montemayor, al escribir su libro, se portó como hombre perfectamente consciente de las aficiones y los anhelos de su público. Si le faltó alguna cualidad del novelista, no fue, por cierto, la sagacidad.

Montemayor, criado de príncipes y títulos, bien conocía el éxito de la novela caballeresca: fue además, al parecer, amigo de don Feliciano de Silva. No se olvidó de los relatos caballerescos, cuya huella más de una vez aparece en su novela. Bien es verdad que *La Diana* no cuenta más de un combate que se pueda comparar con los que abundan en los *Amadises*: el que opone a don Felis con tres follones. La influencia de los libros de caballerías más bien se manifiesta en fragmentos de distinta índole, pero igualmente característicos de los *Amadises*: me refiero a los elementos mágicos y maravillosos. Cada día me parece más evidente que la atmósfera maravillosa de los libros de caballerías fue —si dejamos aparte los ecos nostálgicos que despertaban en la mente de los hidalgos, resorte esencial de su prolongada fortuna— uno de los motivos más poderosos del éxito de los *Amadises* y *Palmerines*. No voy a enumerar aquí las numerosas fiestas inspiradas en episodios mágicos de *Amadís*, me basta recordar que los españoles del siglo XVI, cuando quieren evocar un esplendor nunca visto, se refieren en forma casi automática a los encantamentos de las novelas caballerescas: Bernal Díaz cuando descubre a Tenochtitlán, el autor del *Viaje de Turquía* pintando el serrallo del Gran Turco, Pinheiro da Veiga el día en que presencia una fiesta de la corte de Valladolid. Pues bien, la atmósfera maravillosa de *La Diana*, tan importante en el libro, recuerda casi constantemente la que reina en *Amadís* o *Palmerín*, trátese del libro mágico de la sabia Felicia, que despierta a los pastores al entrar en contacto con su cuerpo, de la bebida que sana las heridas de don Felis —tan parecida a los ungüentos de Urganda y al bálsamo de Fierabrás—, o de los sortilegios del mago Alfeo.

Todo esto no ha de sorprender. Lo que sorprende es que pasen los eruditos por estos fragmentos como sobre ascuas, que no apunten —cuando la cosa es evidente— que Montemayor se cuidó de engastar en su novela unos episodios muy parecidos a los que desarrollaba la literatura de moda. O, mejor dicho, la cosa sorprendería si no

palacio de la sabia, el castillo de Bins; las ninfas de la novela, las damas españolas que, en Bins, se disfrazaron de ninfas» (p. 46).]

conociéramos la maldición poco menos que bíblica que pesa sobre la literatura caballeresca desde los anatemas de Menéndez y Pelayo.

Esta es la deuda de Montemayor hacia el pasado: el aspecto conservador de *La Diana*. Frente a él, existe otro, de innegable novedad: Montemayor abre camino a una forma literaria de magnífico porvenir, la novela cortesana. Pienso en los amores de don Felis, Felismena y Celia. Aquí se borra por completo el marco pastoril. «Son escenas de palacio», apuntaba ya Menéndez y Pelayo, y la cosa es cierta. Pero conviene ir más adelante y definir más concretamente la atmósfera de la novelita. Los personajes son damas y galanes —dama disfrazada de varón, alguna vez—; la acción, amores, enredo y celos, con su acompañamiento de músicas en la calle y de cartitas apasionadas; el vestuario y la decoración, ropas preciosas, torneos y emblemas, descritos con gran lujo de detalles suntuosos. Y, frente a este refinamiento aristocrático, el pajecillo que gusta de las muchachas bonitas y del vino de San Martín. Esta atmósfera todos la conocemos: es la de tantas comedias urbanas de Lope, la de tantas novelas cortesanas. Pero con cuarenta o sesenta años de anticipación, según los casos. La novela corta, en la España de Montemayor, es el *Patrañuelo*, el desgarbado *Patrañuelo*. Montemayor, con sentido muy certero de lo que era su público y con perfecta intuición de lo que esperaba, creó la novela cortesana. Es gran mérito suyo, mérito que no poco debió de contribuir al éxito de *La Diana*.

¿Será ilusión mía? No lo creo, pues declara un contemporáneo que la historia de Felis y Felismena interesó al público de los caballeros. Lorenzo Palmireno, en *El estudioso cortesano* (1573), da consejos a su discípulo —hijo de aldeano que ha llegado a estudiar y desempeña un empleo al servicio de un señor de vasallos— acerca de las conversaciones que podrá mover en casa de su amo para entretener a sus oyentes. Entre dichos consejos viene el siguiente: «Si entra conversación de libros en romance, pedirás que te defiendan a Montemayor, en matar tan presto... a Celia sin gran causa, en sólo cerrar la puerta a Valerio, paje de don Felis». Precioso fragmento, que nos recuerda que los personajes de *La Diana*, hoy día pan de los investigadores, fueron vivos para los lectores del siglo XVI y nutrieron unas charlas familiares, lo mismo que pudieron y pueden hacerlo los héroes novelísticos de los siglos XIX y XX.

Si se admite lo dicho más arriba, se entenderá mejor la interpolación de la novelita de *El Abencerraje* en *La Diana* —interpolación que, sin duda, se debe a un librero astuto—.[2] Opinaba Menéndez y Pelayo que dicha interpolación rompía «la armonía del conjunto con una narración caballeresca». Pero, ¿qué armonía? Tiene *La Diana* armonía estilística; armonía temática, ninguna: es la capa de Arlequín. En cambio, tiene razón Menéndez y Pelayo cuando afirma que *El Abencerraje* es «narración caballeresca», y esto es lo que hace al caso. El librero que introdujo la novela de *El Abencerraje* en *La Diana* tenía intención muy clara: quería modificar el equilibrio interno de la novela, reforzar el aspecto caballeresco de *La Diana*, que percibía con toda claridad. Los lectores apreciaron sin duda la innovación: todas las ediciones de *La Diana* que se estampan en el Siglo de Oro a partir de 1561 incluyen la historia de Abindarráez y Jarifa.

Enrique Moreno Báez
y Juan Bautista Avalle-Arce

ESTRUCTURAS DE LA *DIANA*

1. Al leer la *Diana* salta a la vista la falta de una acción principal, a la que se encuentre subordinado todo lo demás, ya que el espacio que se les da a los amores de Diana y Sireno no es mayor que el que se les concede a los de Selvagia, Felismena y Belisa, que incluso son más novelescos e interesantes, y que, como ha hecho notar Wardropper [1951], contrastan delicadamente al ofrecernos tres escenarios o ambientes distintos: pastoril en la historia de Selvagia, cortesano en la de Felismena y pueblerino en la de Belisa.

I.   Enrique Moreno Báez, ed., Jorge de Montemayor, *Los siete libros de la Diana*, Editora Nacional, Madrid, 1976 (pp. XVII-XXII).

II.   Juan Bautista Avalle-Arce, *La novela pastoril española*, Istmo, Madrid, 1975[2], pp. 101-105.

2. [Véase últimamente José Navarro Gómez, «El autor de la versión de *El Abencerraje* contenida en *La Diana*, ¿era Montemayor?», *Revista de Literatura*, XXXIX, 1978, pp. 101-104.]

El que Diana no aparezca sino al final, hecho estéticamente plausible y que da a la protagonista un halo de misterio, y el que la indiferencia que Sireno acaba por mostrarle tenga el carácter de un compás de espera, hasta llegar a esa segunda parte que Montemayor no pudo escribir, debilitan lo que hubiera sido acción principal en una novela concebida según el procedimiento de la subordinación de los episodios, aquí sustituida por la coordinación de acciones convergentes en el palacio de Felicia, quien se convierte en eje de la obra y cuya manera de resolver los problemas sentimentales es más eficaz que ingeniosa o artística, lo que hacía pedir a Cervantes, por boca del Cura, que se le quitara a la *Diana* «todo aquello que trata de la sabia Felicia y de la agua encantada».

Esta coordinación de acciones convergentes es la causa de que en la *Diana* no haya personajes de segunda fila, sino que todos aparezcan en primer plano, como las figuras de los tapices. De ellos, don Félix y Felismena ofrecen, por su calidad, fuerte contraste con todos los otros, iniciándose así la costumbre de entretejer en la pastoril una acción no bucólica, que tiene con lo bucólico de común el carácter sentimental. Difícil es decidir si la coordinación nace de que el autor estuviera influido por las escenas sueltas de Sannazaro, de que estuviera mejor dotado para lo pequeño que para lo grande, de que escribió la *Diana* a una edad en que su ingenio aún no había madurado o de que triunfara el gusto manierista por lo episódico y accidental que vemos en Roma en el *Incendio del Borgo,* en la *Expulsión de Heliodoro del Templo* y en los frescos del *Palazzo dei Conservatori*, y en Florencia en los del salón del *Palazzo Vecchio.* De cualquier manera, dejemos sentado que lo mejor de la *Diana* son las historias que nos refieren sus personajes.

El que estas historias nos sean contadas constituye otro de los aspectos más curiosos de la *Diana.* Mientras en la mayoría de las novelas góticas, caballerescas o sentimentales, los personajes se están moviendo continuamente, lo mismo que luego va a suceder en novelas barrocas como el *Guzmán*, el *Quijote* y el *Criticón*, los de la *Diana* se mueven muy poco, de modo que la mayor parte de la acción no es vivida, sino contemplada como un pasado desde el presente. [...] Este estatismo que, según Wölfflin, es uno de los caracteres que definen el arte del Renacimiento frente al dinamismo de lo gótico y lo barroco, da a la novela un ritmo muy lento, reflejado estilísticamente por la abundancia de los gerundios, que por ser desarrollo o aclaración de lo que expresa el verbo principal, con el que coinciden o al que anteceden temporalmente, remansan la acción, trazando una curva que, al repetirse, le da a la prosa un ritmo ondulado. Estoy persuadido de que estos meandros son la causa de la sensación muelle y blanda que deja en el ánimo el estilo de la *Diana*, al que tales curvas quitan vigor y que a mí me recuerda el de aquellos cantares de amigo donde la emoción se remansa por obra de la forma paralelística. También contribuye a hacer la acción más lenta la frecuencia de los imperfectos, cuyo carácter evocador envuelve al relato en una vaguedad entre poética y melancólica. La mezcla de los imperfectos y de los gerundios es lo que produce ese *tempo lentissimo* con que da comienzo la novela. [...] Digamos para terminar que el estatismo y la lentitud son mayores en los tres primeros libros, donde se nos cuenta lo que anteriormente había sucedido, que en los tres últimos, mucho más breves, donde, después del intermedio del libro cuarto, vemos solucionarse todos los problemas que en los tres primeros se habían planteado.

II. La *Diana* de Montemayor se resuelve en un arabesco inconcluso, que, de acuerdo con la terminología de Wölfflin, se podría llamar una «forma abierta». No hay final categórico, sino una interrupción en el relato, y el dinamismo de la novela se proyecta hacia fuera del marco narrativo. Pero, por otra parte, las características biográficas de la novela ya estaban bien afianzadas. Según estas características, la novela, al menos en su materia, es inmanente, se contiene a sí misma, ya que el desenlace de la narración coincide con el fin natural del protagonista (*Celestina* o *Cárcel de amor*), o con su transfiguración —muerte metafórica—, como en el *Lazarillo*. Esta propiedad, entre otras, es la que marca el paso de *novella* a *novela* [es decir, de novela corta y centrada en un episodio único a novela propiamente dicha], porque la biografía como materia novelable es descubrimiento que debemos al Renacimiento. Pero la narración novelesca tradicional no describía la trayectoria que enlaza los dos puntos naturales de principio y fin de la biografía. Este otro tipo de relato novelado, en el que entra la casi totalidad de la novela caballeresca, quedaba abierto por un extremo y se caracterizaba por su inconclusión, por la clara posibilidad de continuar las acciones presentadas, y en ello se delata su lejana inspiración épica. [...] El relato caballeresco es, en sustancia, la yuxtaposición episódica que se abre a todas las posibilidades de continuación. Se evidencia, así, una serie de posibles puntos de partida y de llegada, entre los que se encuadran los diversos tipos de novela que conoce el siglo xvi. Pero todos éstos se conciernen con lo que, en su forma más amplia, podemos denominar la vida de relación. [...]

Los principios rectores de la *Diana* no obedecen tanto a la vida física (la circunstancia social), como a la vida espiritual (el caso de amor). Los esquemas narrativos mencionados serán aquí, por lo tanto, inoperantes, ya que no se atiende a una biografía más o menos total del hombre, sino que se trata de efectuar la biografía de una idea, la del amor. Las características ideales de la *Diana* transportan la materia novelística a la zona de los arquetipos, a aquella región donde se dibuja la forma de la perfección, y donde, *per definitionem*, el tiempo no tiene efectividad actuante. Pero una novela sin tiempo es un contrasentido, ya que es precisamente la dimensión temporal la que da cualidades específicas al devenir novelístico. La exacerbada preocupación temporal que caracteriza a nuestra época —tan evidente y seminal en Proust o en Joyce o en Faulkner— ha terminado de afincar la novela en el concepto «tiempo». Por consiguiente, la *Diana* es, en este sentido, una anti-novela, así como la biografía de una idea es una anti-biografía, ya que comienza por despojarse de algo esencial en el menester biográfico: las coordenadas espacio-temporales. Pero quizá, para que el juicio no parezca teñirse de matices condenatorios, convenga calificar a la *Diana* como una novela por fuera del tiempo y del espacio, en el puro reino de las ideas.

Creo que resulta evidente, sin embargo, cómo la intención platonizante de Montemayor es la que determina las características acrónico-utópicas de su obra. Porque la *Diana*, como las novelas que la imitan, no tiene, en sentido figurado, ni principio ni fin, puesto que es el destino —lo que antecede nuestro vivir— el que marca el comienzo del amor, y es la muerte la que le pone término. Ahora bien, la muerte es expresión de nuestra temporalidad y como tal queda proscripta del mundo ideal de la novela. El pastor y su pasión se plasman así en una actitud estática, que en el curso de la obra sólo se hace eco de sí misma, ya que el pastor está destinado a ser uno con su pasión inmutable, lo que da a la *Diana* una apariencia de galería de espejos en la que la figura del amante se reproduce numerosas veces sin variante. Como el concepto del amor vigente en la novela no permite un cambio de actitud, el final de la obra sólo podrá ser arbitrario, un cortar por lo sano allá donde mejor lo permita el enredo argumental. Pero entiéndase bien que esto no representa en modo alguno una etapa final o conclusiva, sino que es un «continuará» dictado por la imperiosa necesidad de la filosofía del amor que la rige.

Esta forma trunca, impuesta por la continuidad de la materia, es, pues, perfectamente natural y consecuente en las novelas pastoriles españolas. No menos natural es el deseo de continuación, expresado por casi todos los escritores de obras pastoriles, pero que en ningún caso pasó de ser una promesa final, en forma indicativa de la escasez de posibilidades novelísticas permitidas por los principios dominantes, o sea, lo que he llamado el estereotiparse de la simetría vital allí analizada. Ningún novelista continuó su propia obra, ni el propio Cervantes, quien, sin embargo, aun en su lecho de muerte soñaba con escribir la segunda parte de su *Galatea*. Pero, en cambio, muchos otros escritores continuaron obras ajenas, lo que demuestra por un lado la inmediata consagración del nuevo género, y por otro, revela el funcionamiento de lo que Menéndez Pidal llamó el «colectivismo» español. [...]

El arte literario del siglo XVI pulula con estas continuaciones, y son ellas, precisamente, las que determinan en gran medida las cuatro grandes avenidas novelísticas anteriores al *Quijote*: los *Amadises*, las *Celestinas*, los *Lazarillos* y las *Dianas*. Esto equivale, hasta cierto punto, a un deliberado propósito de novelar desde dentro de la anécdota artística, a que la materia se determine a sí misma, lo que nos pone sobre las huellas del *Quijote*, donde se efectúa la apoteosis de la auto-determinación, con todo lo que esto implica en el desarrollo del concepto y la práctica de ese arte del retrato literario que llamamos novela. En todas estas obras la materia artística se delimita por el equilibrio impuesto por dos fuerzas opuestas: el dominio de la anécdota por el autor y el del autor por la anécdota. Estas obras son en su esencia literatura agónica, y son, fuera de duda, una de las características decisivas en la conformación particular del quehacer espiritual hispano.

Francisco López Estrada, Joaquín Gimeno
Casalduero y Claudio Guillén

EL *ABENCERRAJE* Y LA NOVELA MORISCA

I. El *Abencerraje* aparece situado en la línea ideológica que reconoce al moro la condición de caballero, y que se viene a corresponder con la que en el siglo anterior defendieron los conversos al igualar los méritos de la nobleza de linaje por encima de las «leyes». Entre esa defensa y el *Abencerraje* se encuentra el hecho de la expulsión de los judíos y el fin del dominio político de los árabes. En el caso de los conversos, había por medio una situación vital, proyectada en todos los sentidos: familiar, político, social, económico, artístico, etc.; en el del *Abencerraje* hay sólo una *novela*, sin trascender del dominio literario y con sentido seudohistórico. El autor del *Abencerraje*, en una obra que comienza con la violencia épica de un episodio de conquista, alcanza en su fin una bellísima lección de cordialidad (no se olvide esta repetida mención del «corazón» en la obra) entre hombres de diversa ley. Al fin y al cabo la *novela* es como un hermoso sueño, cuyas personas y argumento proceden de una situación histórica sobre la cual la imaginación del escritor intensificó los rasgos de nobleza y de caballerosidad. Esta clase de ficciones literarias agradaban al español del siglo XVI, tan preparado para admitir los hechos fuera de lo común. Acaso uno de los más concluyentes testimonios de la fortuna de esta obra sea la aparición de sus «figuras» en las fiestas del pueblo: el 6 de mayo de 1579, Jusepe de las Cuevas se obligó por escritura para con la villa de Madrid «de hacer una danza en que se represente la batalla de Ro-

I. Francisco López Estrada, *El Abencerraje y la hermosa Jarifa. Cuatro textos y su estudio*, Publicaciones de la Revista de Archivos, Bibliotecas y Museos, Madrid, 1957, pp. 294-298.

II. Joaquín Gimeno Casalduero, «*El Abencerraje y la hermosa Jarifa*: composición y significado», *Nueva Revista de Filología Hispánica*, XXI (1972), pp. 1-22; reimpr. en *La creación literaria de la Edad Media y del Renacimiento. (Su forma y su significado)*, Porrúa Turanzas, Madrid, 1977, pp. 83-112 (83-86).

III. Claudio Guillén, «Individuo y ejemplaridad en el *Abencerraje*», *Collected Studies in Honour of Américo Castro's 80th Year*, Lincombe Lodge Research Library, Oxford, 1965, pp. 175-197 (178-182).

drigo de Narváez con el moro Abindarráez, para el día del Santísimo». Esto es, que ya no sólo el Romancero perpetuó la fama de estos hechos políticos, sino que pronto saltaron a la escena encarnados por comediantes que jugaron en el *ballet* de las danzas del Corpus, para luego venir a dar en las tablas profanas del teatro de Lope. No podía aparecer como extraordinario este hecho de guerra a quienes tenían el alma preparada para el esfuerzo que requería la expansión universal del español en este siglo. Fuera de lo común podía ser la generosidad de Narváez, pero esto se concertaba con los anhelos del pueblo. En cierto modo, la narración morisca y la obra pastoril se acercan a pesar de la diversidad de sus argumentos, por cuanto sus libros sueltan y avivan la imaginación hacia estos dominios espirituales en que las criaturas literarias se mueven con un ansia ilimitada de perfección. No estaban, pues, desunidos estos géneros de narración aparecidos ambos entre 1550 y 1560. Quien en la imprenta de Fernández de Córdoba, en 1561, juntó el *Abencerraje* con la *Diana*, se nos aparece como intérprete de este común destino, y acertó hasta el punto de que la obra pastoril siguió con su parte morisca. El autor del *Abencerraje* vino a dar con estremecida fortuna en esta tensa espiritualidad de la nación española. [...] Este *Abencerraje* es hoy gozo de nuestra literatura, y lo fue en todo tiempo, desde sus primeros lectores en el siglo XVI. La historia había de seguir su curso inexorable. La gran crisis había acontecido en el siglo XV (el más decisivo de nuestra historia), en que el judío se convirtió o salió de España, y acabó el dominio del árabe en Andalucía. Los años pasados desde entonces hasta que se escribe el *Abencerraje* son pocos. El grandísimo impulso del pueblo español hizo que sólo medio siglo después de la caída de Granada se escribiese esta joya literaria de valor universal. Ni aun siquiera había acabado la crisis en todo el suelo de España; faltan aún los coletazos tremendos de aquella guerra de los moriscos granadinos en las Alpujarras, que Pérez de Hita nos contó en su libro, unida a la exaltación caballeresca del moro, según el patrón que ya había establecido el *Abencerraje*. Es preciso insistir, para terminar, en este punto: que el autor del *Abencerraje* supo hallar el acierto reuniendo en una armonía poética asombrosamente genial los más diversos elementos, unos de orden histórico, y otros, literario. Uno de los motes de nuestra lírica, glosado en diversas ocasiones, dice: «Tiempo, lugar y ventura / muchos hay que la han tenido, / pero pocos han sabido / gozar de la coyuntura» (G. de Covarrubias, *La enamorada Elisea*). Y esto lo alcanzó el autor, de suerte que el goce de esta coyuntura única fue la *Historia del Abencerraje y la hermosa Jarifa*. El género morisco estaba asegurado.

II. Dos son, como indica el encabezamiento, los protagonistas del *Abencerraje* (en la versión que trae Antonio de Villegas en su *Inventario*): don Rodrigo de Narváez y el moro Abindarráez; dos son también las historias que en la novela se refieren: la del alcaide cristiano y la del frontero musulmán. Se organiza cada una de ellas de manera diferente; se distinguen además por el material que seleccionan. La primera presenta la conducta del alcaide a través de cuatro momentos que no son cronológicamente consecutivos: hazañas anteriores a la acción, escaramuza, anécdota de la dama de Antequera, prisión y desenlace. La segunda, por el contrario, presenta la vida del moro a través de cuatro momentos cronológicamente consecutivos: su nacimiento en Granada, su adolescencia en Cártama, su matrimonio en Coín, y la solución de sus problemas en Alora. Las dos historias, sin embargo, coinciden en el propósito: destacar la virtud de cada uno de los personajes. La virtud de don Rodrigo, porque su historia explica su conducta, y porque la explica sin sujetarse a un cauce temporal que la motive, se presenta en su totalidad desde el principio; la virtud de Abindarráez, porque su historia dibuja la trayectoria de su vida, la trabazón motivadora de las distintas etapas de ésta, no se presenta hasta un determinado momento, y entonces como resultado de la decisión del protagonista.

Dos temas, el heroico y el amoroso, sostienen el andamiaje de la obra. El tema heroico, relacionado con la común actividad de los caballeros, introduce motivos militares: al principio hazañas anteriores a la acción, y después, ya en el presente, aspectos de la vida en la frontera; el tema amoroso, relacionado con las circunstancias de Abindarráez y Jarifa (y en un caso con las de Rodrigo de Narváez), introduce motivos que presentan el amor y que explican sus efectos. La función de cada uno de los temas es distinta. Sirve el primero para iluminar el heroísmo y para suministrar patrones de conducta; el segundo, en cambio, para definir el amor de acuerdo con las ideas de la época. Coinciden los temas, sin embargo, en una función más trascendente: tratan los dos de la virtud y procuran explicarla.

Por otra parte, al combinarse los temas con las historias dan lugar a varios movimientos que encauzan la acción y dirigen el sentido. El tema amoroso se proyecta sobre la historia de Abindarráez para llevar a los enamorados desde Cártama, pasando por la separación, hasta la reunión definitiva; el mismo tema, al relacionarse, mediante el episodio de la dama de Antequera, con la historia de Rodrigo, produce un movimiento como el anterior, pero de dirección contraria: se encuentran los enamorados, aunque sólo para volver a separarse. Con el tema heroico sucede algo parecido. Comienza éste con la libertad del moro, y, pasando por la prisión, con la libertad termina; comienza con la gloria de los Abencerrajes, y, después de su destrucción, acaba, gracias a Abindarráez, con su restauración. Como es la virtud la que determina los varios movimientos, como es ella la que los impulsa y condiciona, descubren los personajes el poder de la virtud y magnifican su importancia. De ese modo, además, los movimientos coinciden con las historias y con los temas, porque tratan de la virtud y porque de acuerdo con ella se construyen. Es la virtud, por lo tanto, la materia de la obra; de ahí que la composición de ésta se organice con el apoyo de los elementos señalados y al servicio de cada uno de ellos.

Se levanta la composición sobre cinco núcleos, divididos (a excepción del tercero) en dos momentos. Comienza el primer núcleo la historia de Narváez: refiere hazañas anteriores a la obra e introduce los sucesos con los que la acción principia (el encuentro con el moro y su derrota); comienza el segundo la historia de Abindarráez, presentando su nacimiento (con el episodio dramático-heroico de los Abencerrajes), y su niñez y juventud en Cártama (con su amor a Jarifa). El tercero, que es muy breve y que separa los dos primeros núcleos de los dos últimos, concede una libertad temporal a Abindarráez para que su matrimonio se efectúe. El cuarto vuelve sobre Abindarráez (matrimonio en Coín) y después sobre Rodrigo (anécdota de la dama de Antequera); y el quinto, con la prisión, termina las historias y resuelve los conflictos. Dos cartas iluminan al final el significado de la obra, y, relacionadas con elementos anteriores, acentúan la virtud de los personajes, especialmente la de los protagonistas.

Pueden verse ahora resumidas en el siguiente esquema nuestras explicaciones; indicamos en él (y con este orden: núcleo, historia, momento, párrafo y tema) algunos elementos: [1]

```
                * presentación y hazañas anteriores (1-6): heroísmo
1) Narváez *
*               * escaramuza (7-61): heroísmo
*
*                   * Granada: nacimiento (62-86): heroísmo
2) Abindarráez *
                * Cártama: niñez y juventud (87-156): amor
3) Narváez y Abindarráez: libertad y promesa (157-172): amor y he-
                    roísmo
   * Abindarráez: Coín, matrimonio (173-214): amor y heroísmo
4) *
* * Narváez: dama de Antequera (215-247): amor y heroísmo
*
*                   * Alora (248-268): amor y heroísmo
5) Narváez y Abindarráez *
                    * desenlace (269-320): heroísmo y virtud
```

La obra, por lo tanto, al unirse los núcleos en pareja, se divide en dos partes, delimitadas por el tercer núcleo, y en cierto modo paralelas; cada una de las partes trata por separado a los protagonistas, y luego los reúne, para volver a separarlos y para concluir con su separación las dificultades y los conflictos.

III.   Es notable hasta qué punto el *Abencerraje* se desvía de las estructuras político-sociales de su tiempo. [Hay] en él un afán unitivo expresado por medio del amor, la amistad y un encumbramiento moral que incorpora a los hombres a normas superiores de conducta. Todo ello sucede «aunque las leyes sean diferentes», a despecho de los conflictos colectivos que trastornan y malbaratan las relaciones personales. Desde la época de los Reyes Católicos la política nacional había consistido en ir imponiendo por la fuerza una unidad fundada en la religión y la razón de Estado. Semejante distancia entre historia y literatura plantea una serie de cuestiones complejas e inquietantes. [...] Todo el problema de la «novela morisca» exige un enérgico esfuerzo de desmitologización. No se puede seguir formulando,

---

1.   [Las cifras entre paréntesis remiten a la división del texto en párrafos establecida en la edición de F. López Estrada (1957).]

en torno a la figura del moro literario, las vaguedades románticas y los anacronismos de siempre, confundiendo las ficciones poéticas con las situaciones históricas, o los conceptos de la historiografía moderna con los puntos de vista de los españoles del siglo XVI. El *Abencerraje* no ofrece esencialmente una poetización de la vida fronteriza andaluza del siglo XV. No convence sostener que la ficción de Abindarráez y Jarifa, Narváez y el Rey de Granada, concuerda con la realidad de aquellos tiempos. Lo que tiene de histórico el *Abencerraje* es la respuesta —o la evasión— imaginativa que expresaba a las experiencias compartidas por sus lectores, los de 1560 o 1565, o sea, la «contradicción» poética que acabo de mencionar. No cabe tampoco atribuir a esos lectores una vaga nostalgia de la España medieval, tal como la define la historiografía de hoy. No es lícito confundir la llamada «tolerancia» de la Edad Media, interpretada por dicha historiografía, con la perspectiva limitada de unos españoles cuyo horizonte histórico abarcaba ante todo la conquista de Granada o la de México, la expulsión de los judíos, las Comunidades, las guerras imperiales y la permanencia en España de numerosísimos moriscos. El sueño de tolerancia que se descubre en el *Abencerraje* —sueño, no exigencia ni llamamiento— es función de su «contradicción» básica, de una dolorida conciencia del presente.

Algo en nosotros se resiste a mirar lúcidamente, en vez de admirar sentimentalmente, la figura del hispanoárabe literario. El español de hoy tiene el oído adaptado desde niño, diríamos, al romance de Abenámar y al hechizo de su poesía, pero sabe muy poco sobre la existencia concreta de los moriscos del siglo XVI. Hasta cierto punto la silueta de Abindarráez nos sigue seduciendo *como si fuera real*. De ahí el concepto, tan desdibujado, de la «maurofilia literaria». Una auténtica maurofilia, en efecto, supondría dos cosas: simpatía por el moro, y reconocimiento del moro como tal, como *otro* —llamémoslo alteridad. Pero los romances fronterizos o moriscos, aun cuando ofrecen el punto de vista del campo enemigo, a todas luces no presentan al moro como moro, independientemente de la visión totalizadora del cristiano. [...]

Literariamente el asunto es muy heterogéneo. El *Abencerraje* no es una novela propiamente morisca. El personaje de Narváez es tan significativo como el de Abindarráez, y el conjunto del relato en modo alguno puede reducirse al ensalzamiento del musulmán caballeresco. El autor dibuja un retrato moral, una «biografía colectiva», en la que los personajes árabes tan sólo participan como meros componentes. La división entre moros y cristianos queda anulada por motivaciones humanas más hondas. Pero más tarde el musulmán se quedará solo con la poesía o la novela «morisca». Conviene por lo tanto distinguir muy claramente entre nuestro *Abencerraje* y la moda morisca posterior —los romances nuevos del último tercio del XVI, con sus inefables Azarques, Zaides y Gazules, y, desde luego, las *Guerras civiles de Granada* (1595, Primera Parte) de Pérez de Hita— que tanto le deben al autor del *Abencerraje* y al propio tiempo se alejan tanto de él. Podría decirse que Pérez de Hita es el Mateo Alemán de la novela morisca. Pero el *Guzmán de Alfarache* mantiene la situación básica del *Lazarillo de Tormes*, por muy diferentes que sean los usos que se hacen de ella, mientras que la obra de Pérez de Hita se aparta radicalmente del *Abencerraje*. En las *Guerras civiles de Granada* el moro pasa por primera vez a ocupar toda la acción novelesca principal, sirviendo de pretexto para la creación de cuadros hermosos, pintorescos, llenos de colorido. Esta obra da cumbre a la creación estética de un moro irreal precisamente en el momento en que se va endureciendo la actitud nacional ante los moriscos de carne y hueso. Y no hay que excluir —pensamos hoy— la posibilidad de que las dos cosas no sean sino aspectos distintos de un mismo fenómeno psíquico-social. La fuga hacia la ficción de los pseudo-moros entre 1580 y 1610 aumenta las distancias entre lo ideal y lo real, haciendo acaso más llevadera la intolerancia en la práctica. La exaltación del caballero moro, siempre noble, no es nada incompatible con el menosprecio del morisco, casi siempre plebeyo. El mito del moro de Granada, amigo leal del cristiano, en el fondo idéntico al cristiano, incluso, en la novela de Pérez de Hita, convertido de buena gana al cristianismo, tal vez contribuyese a subrayar la extrañeza o la impaciencia que se sentía ante los moriscos —díscolos, tercos, incorregiblemente distintos— y a facilitar la decisión de expulsarlos. [...]

En cuanto al contexto histórico del *Abencerraje*, que no es ni la expulsión de 1611 ni la vida fronteriza del siglo xv, una de las tareas de la crítica consistirá en definirlo con cierta precisión. [...] Desde el punto de vista geográfico se nota la prioridad de Castilla, y, dentro de ésta, de la región vallisoletana. Cronológicamente, todo indica un éxito considerable del *Abencerraje* entre 1561 y 1565. A estos enlaces concretos —con un público, un momento en el tiempo, una región—, que piden explicación, dedicaré algunas palabras para terminar. Ya señaló F. López Estrada que el tema de la convivencia entre cristianos, moros y judíos era propio de quienes no eran cristianos viejos. Las imágenes de unificación, de ruptura o de exilio en el *Abencerraje*, su exaltación de una actitud moral aún más generosa que la tolerancia, ya que no consistía en perdonar diferencias sino en superarlas o transcenderlas, hallarían muchas simpatías en la clase de los cristianos nuevos. Mateo Alemán colocó el cuento morisco de «Ozmín y Daraja» en su gran novela picaresca: ni el autor del *Guzmán de Alfarache*, ni su protagonista, ni desde luego sus personajes musulmanes, eran cristianos viejos por los cuatro costados. Tampoco sorprende que una de las versiones mejores del *Abencerraje* saliese intercalada en la *Diana* del converso Jorge de Montemayor, ni puede descartarse la posibilidad de que éste preparase la interpolación antes de su muerte en 1561.

María Soledad Carrasco

LAS *GUERRAS CIVILES DE GRANADA* DE GINÉS PÉREZ DE HITA

Dentro del marco histórico, la intriga novelesca de la *Primera parte de las Guerras civiles de Granada* se organiza según dos principios estructurales diferentes. El primero, que afecta a un ámbito que está mucho más allá del centro del libro, presenta una serie de acciones secundarias entrelazadas, manifestándose sobre todo como una sucesión de episodios de cortesía, algaras, desafíos, escaramuzas y exhibiciones ecuestres. Estas últimas tienen importancia estructural, porque dan paso a varias historias amorosas e inician el tema que va a predominar en la sección siguiente. La conspiración, la calumnia, la matanza de los abencerrajes, los asesinatos que comete el rey en las personas de su hermana y de sus sobrinos son las etapas

María Soledad Carrasco Urgoiti, *The Moorish novel: «El Abencerraje» and Pérez de Hita*, Twayne, Boston, 1975, pp. 112-114, 118-120.

de una progresión de horrores que se ordenan en torno al tema de la reina acusada y que conducen al torneo judicial que acaba por restablecer, aunque no sin tonalidades trágicas, la caballeresca atmósfera de Granada, antes de llegar a la parte histórica final.

Pérez de Hita consigue sus mejores logros en la pintura novelesca de la vida en una corte mora. Aquí es donde cobra cuerpo el mito del moro gallardo, aunque gran parte de esa concepción estaba ya latente en *El Abencerraje* y en diversos romances, obras en las que se da una sugestiva matización de las estilizadas virtudes caballerescas. El arte de los romances nuevos estimuló el talento creativo del autor de las *Guerras civiles de Granada*, I, para refundir, con la fuerza narrativa de un relato que se va desarrollando gradualmente, los temas de las composiciones intercaladas. Respecto a éstos, se tomó la libertad de cortarlos, alargarlos o cambiarlos en función de una intriga secundaria, que obtuvo seleccionando y combinando en una sucesión coherente de hechos las situaciones descritas en los romances. Cuando el tema no está vinculado con la historia, y lo único que relaciona entre sí a diversos poemas es el nombre del protagonista, o un rasgo temático suelto, el intento de dar unidad a fragmentos narrativos dispares y de tratar los poemas contemporáneos como fragmentos de noticias biográficas referentes a personas que vivieron cien años atrás, es también una manera muy hábil de dar autenticidad a los elementos de la narración. [...]

Tal confusión de límites es frecuente en el arte manierista, y tiende a crear una cierta forma de ambigüedad. En este caso el efecto principal es dar autenticidad histórica al tema tratado por el libro, insistiendo en el hallazgo de las fuentes espúreas. Y con todo, Pérez de Hita, que se mueve en un terreno que permanece así completamente a salvo de la ironía cervantina, anuncia en cierto modo la búsqueda del autor de la continuación de la historia en el *Quijote*, y el descubrimiento, aunque en circunstancias distintas, de un manuscrito árabe que la contiene. [...]

A medida que se desarrollan las intrigas secundarias que tienen su origen en los romances nuevos, Pérez de Hita cambia de punto de vista, y los episodios ahora se muestran en vez de contarse. Al contrario de lo que ocurre en el género pastoril, todo lirismo se disuelve a medida que los temas de los poemas adoptan un carácter novelesco. No obstante, el momento de la acción que se elige para entrar en materia se manifiesta con vívida plasticidad y con dinamismo, creando una ilusión de inmediatez que evidencia el arte del novelista. Concreciones de tiempo y de lugar, y un adecuado equilibrio entre narración, descripción y un poco de diálogo son requisitos del naciente género de la novela moderna que Pérez de Hita cumple intuitivamente en sus páginas más logradas. De vez en cuando se incluye en el texto una conversación, y otras veces un monólogo retórico sirve para expresar el estado de ánimo de un momento. Sin embargo es más frecuente que la emoción se exprese por medio de ademanes y por medio del simbolismo de los colores, que en esta época era un procedimiento muy usual de manifestación y de comunicación. Semejantemente, los rasgos psicológicos sólo se revelan por medio de la acción. La caracterización de los personajes es superficial y sólo levemente diversificada, aunque no por ello carece de eficacia, en el sentido de que atrae las simpatías del lector. El arquetipo de la perfección se sitúa en la figura más bien solitaria del adalid cristiano, el Maestre de Calatrava, pero los galantes e inevitablemente enamorados caballeros granadinos —sencillos, directos, corteses aunque impulsivos— cautivan al lector más como seres humanos que como héroes míticos. [...]

A la diversidad de temas y de criterios de composición en las *Guerras civiles*, I, corresponden considerables variaciones de estilo. Predomina una prosa vivaz y aparentemente llena de descuido, con las características del lenguaje coloquial, y que cae a veces en la repetición de palabras y en una sintaxis defectuosa. De esta manera se identifica la presencia del narrador, y sus juicios y sentimientos respecto a cada situación se reconocen sin que se confundan con el curso de la acción novelesca. Con cierta frecuencia ese estilo cede su lugar a la enfática prosa oratoria de los discursos políticos, al sentimentalismo de los monólogos lacrimosos o a la retórica de la literatura epistolar. Algunos pasajes adoptan un estilo informativo incoloro, mientras que en otros el rebuscamiento de las imágenes y la complicada estructura de las frases sugiere que el autor quería imitar la prosa culta de la época. Tales desviaciones del estilo habitual del autor más bien le perjudican, y no contribuyen al placer de la lectura. No obstante, cuando Pérez de Hita renuncia a la coherencia estilística para adoptar el tono que considera más adecuado a una situación dada, está apuntando hacia la evolución independiente de la novela en cuanto a género.

El libro de Pérez de Hita ha sido indebidamente leído como una novela de interés histórico que ofrecía una imagen relativamente fiel de la vida en el estado nazarí. Hoy en día lo vemos como una obra de intenciones estrictamente literarias. Probablemente este enfoque también debería matizarse con alguna consideración sobre la posibilidad de que las *Guerras civiles*, I, refleje las opiniones del autor sobre el estado de un amplio sector de la compleja sociedad en que vivía.

Sabemos que Ginés creció y practicó su oficio en una región que tenía una larga tradición de coexistencia entre la comunidad mudéjar y los cristianos viejos, incluyendo a los que pertenecían a las clases campesina y artesana. Forzosamente debió muy pronto de entrar en relación con personas de diferentes condiciones sociales que eran hijos o nietos de los moros granadinos. Algunos de ellos habían abrazado secretamente la religión islámica y alimentaban irreales esperanzas de restablecer un estado musulmán en el sur de España; otros hubieran borrado, de poder hacerlo, todo rastro de sus orígenes; pero estaban también los que se enorgullecían de su noble ascendencia mora, sin dejar por ello de profesar sinceramente la fe cristiana y compartir los principios e ideas predominantes entre los demás españoles de su tiempo. La frustración de la clase media morisca, al verse excluida de casi todo género de legítimas ambiciones, era un problema del que eran muy conscientes algunos escritores políticos de este período, y en el siglo siguiente el destino de unos hombres segregados, a causa de su origen, de una sociedad con cuyas creencias y valores se identificaban, tuvo una aguda expresión literaria en obras novelescas de Cervantes, Vicente Espinel y Lope de Vega.

Marcel Bataillon y Antonio Vilanova

TEORÍA Y SENTIDO DE UN GÉNERO:
LA *HISTORIA ETIÓPICA*
Y LOS LIBROS DE AVENTURAS PEREGRINAS

I.   La novela para la cual reservan su afición los erasmistas es la novela bizantina de aventuras, la *Historia etiópica de Teágenes y Cariclea*. Tenía todo el prestigio de la novedad... ¡y estaba en griego! Con ocasión del saco de Budapest, el manuscrito de la biblioteca del rey Matías Corvino había llamado la atención por su rica encuadernación. El soldado alemán que lo había robado se lo vendió a un humanista, el cual hizo imprimir la *editio princeps* de ese libro en Basilea (1534). Fue una revelación para los helenistas, que no conocían la novela de Heliodoro más que por citas de Poliziano. Francisco de Vergara, en Alcalá de Henares, se puso a traducirla al español. [...] Cuando murió, en 1545, se hallaba en correspondencia con Peregrina, antiguo secretario de su hermano Juan, para colacionar un excelente manuscrito de la Biblioteca Vaticana. El trabajo inconcluso fue reemprendido por Juan. [...] Pero en 1548 su mal estado de salud disminuyó la fuerza de su impulso, y la traducción de Francisco, dedicada por Juan al Duque del Infantado, permaneció finalmente inédita en la biblioteca de este gran señor. En 1547, por otra parte, Amyot había publicado la suya. Muy pronto apareció un español, que se designa a sí mismo sólo como «un secreto amigo de su patria», que publicó en Amberes, en 1554, un calco castellano de la traducción francesa. El anónimo traductor es, sin duda, un refugiado por causa de religión: traiciona, en todo caso, sus lazos con el erasmismo al dedicar su trabajo al Abad de Valladolid, don Alonso Enríquez. Esta traducción galicista no tiene en sí mucho valor. Sin embargo, fue la única de que dispuso el lector español durante más de treinta años; y tuvo para los letrados el interés nada

I.   Marcel Bataillon, *Erasmo y España* (1937), trad. A. Alatorre, Fondo de Cultura Económica, México, 1966[2], cap. XII, pp. 620-622.

II.   Antonio Vilanova, «El peregrino andante en el *Persiles* de Cervantes», *Boletín de la Real Academia de Buenas Letras de Barcelona*, XXII (1949), pp. 97-159 (112-113, 125-127, 130-134).

desdeñable de reproducir el prefacio de Amyot, que nos ilustra sobre las razones que podían tener los erasmistas para aficionarse a Heliodoro.

En su prefacio toma Amyot la defensa de los libros de pasatiempo, demostrando que no responden a la misma necesidad que la historia verídica. Ésta es demasiado austera para dar un placer; además, no está hecha para eso, sino para instruir con miras a la acción. Las historias inventadas para el deleite tienen también sus leyes. Amyot recuerda el principio horaciano de que la ficción, si quiere agradar, ha de mantenerse muy cerca de lo verdadero. [...] La *Historia etiópica*, por el contrario, responde a las exigencias de los buenos entendimientos. En ella se encuentran hermosos discursos sacados de la filosofía natural y moral, gran número de máximas notables y de frases sentenciosas. Además, es novela moral. En ella se admiran «las pasiones y afecciones humanas pintadas tan al verdadero y con tan gran honestidad, que no se podría sacar ocasión de malhacer»; los afectos ilícitos son castigados; los afectos puros conducen a la felicidad. Finalmente, para un escritor atento a la estructura de las obras, Heliodoro ofrece una disposición singular, pues «comienza en la mitad de la historia como hacen los poetas heroicos». De ahí un efecto de sorpresa, y un vivo deseo de saber lo que precede. Como este deseo no se satisface antes del libro V, el lector tiene que quedar con la respiración en suspenso hasta el desenlace.

Tales son, expuestas por un crítico penetrante, las razones del gran éxito de la *Historia etiópica* entre los erasmistas. Esta novela les agrada por mil cualidades que faltan demasiado en la literatura caballeresca: verosimilitud, verdad psicológica, ingeniosidad de la composición, sustancia filosófica, respeto de la moral. Siguiendo esta línea, que parte de la crítica de los libros de caballerías para llegar al elogio de la novela bizantina, fue como se ejerció la influencia más profunda del erasmismo sobre la novela española.

II. Surgida inicialmente de la predilección del humanismo erasmista por la novela bizantina de Heliodoro y Aquiles Tacio, la novela amorosa de aventuras se convierte muy pronto en España en un género representativo del pensamiento de la Contrarreforma [...], con el propósito deliberado de sustituir el mundo fantástico de la novela caballeresca por un género novelesco de mayor dignidad estética que los libros de caballerías a lo divino. El despotismo intelectual de los preceptistas aristotélicos, cuya condenación de la literatura caballeresca coincide con la reprobación moral de los tratadistas ascéticos y devotos, exige un género novelesco más acorde con los dogmas de la verosimilitud y del enseñar deleitando, profesados sin ir más lejos por Torquato Tasso, máximo exponente del pensamiento de la Contrarreforma. Y al propio tiempo, y precisamente por su saturación de cultura grecolatina, la educación humanística del escritor del siglo XVI precisa un modelo clásico, cuya imitación otorgue a su obra una estirpe clásica con firmes raíces en la antigüedad grecorromana, cualidad insoslayable de toda creación estética del Renacimiento o del Barroco. Este modelo clásico lo encuentra de manera remota en las peregrinaciones de Ulises y Eneas, y de manera inmediata en la novela bizantina de Heliodoro y Aquiles Tacio, embebida en doctrinas platónicas y cuya idealización del sentimiento amoroso corre parejas con la profusión de aventuras de sus héroes, verdaderos peregrinos de amor.[1] Por ello la novela amorosa de aventuras del segundo Renacimiento nace en España de una confluencia de la novela sentimental, la novela caballeresca y la novela de aventuras en el seno de la novela bizantina. [...]

Esta valoración de la novela bizantina como un género de la más pura estirpe clásica, que el humanismo de la Contrarreforma propone como modelo a la novela del segundo Renacimiento, encuentra su máximo exponente en la *Filosofía antigua poética* del Pinciano. Influido directamente por las doctrinas del Tasso, el Pinciano persigue, al igual que éste, el deleite de lo maravilloso dentro de los límites de la verosimilitud. Al analizar la distinción aristotélica entre la verdad universal de la poesía y la verdad particular de la historia, el Pinciano afirma que la épica de carácter histórico debe ser incluida dentro de la epopeya, al igual que la puramente fabulosa, dentro de la cual incluye la novela bizantina, como una variedad en prosa de la épica [y dotada, especialmente en la *Historia etiópica*,

---

1. [«No se ha notado hasta el presente la existencia de este personaje novelesco en el ámbito de la novela del Renacimiento y que, sin embargo, comparte las características de arquetipo humano que ofrecen el caballero andante, el pícaro y el pastor. A partir de *Il Filocolo* de Boccaccio, y en una larga trayectoria que va desde *Il Peregrino* de Jacopo Caviceo a la *Selva de Aventuras* de Jerónimo de Contreras, al *Peregrino en su patria* de Lope, al *Persiles y Sigismunda* de Cervantes, y que llega hasta el *Criticón* de Gracián, el peregrino, convertido en símbolo de la condición humana, aparece reiteradamente como protagonista de la ficción novelesca» (p. 101).]

de cualidades inestimables]: el deleite trágico que procede de lo maravilloso y de la aventura; la destreza en el manejo de la intriga novelesca; las altas sentencias que le otorgan un sentido moral y su utilidad para contener un simbolismo profundo: «De Heliodoro no hay duda que sea poeta y de los más finos épicos que han hasta agora escripto; a lo menos ninguno tiene más deleite trágico, y ninguno en el mundo añuda y suelta mejor que él; tiene muy buen lenguaje y muy altas sentencias, y si quisiesen exprimir alegoría la sacarían dél no mala». La esencia de la novela bizantina estriba, para el humanismo poético del segundo Renacimiento, en su perfecta sincronización con el dogma de lo maravilloso verosímil que el Pinciano aclara en un pasaje decisivo. Según él, el mérito de la *Historia etiópica* estriba en que, inspirada por la ficción de la poesía no es posible demostrar que contravenga la verdad de la historia, merced a las regiones incógnitas y remotas en que transcurre su acción. En este pasaje y en uno de los capítulos del Tasso, se contiene toda la justificación preceptiva y estética del *Persiles y Sigismunda* de Cervantes, *Historia Septentrional*. [...]

La *Historia de los amores de Clareo y Florisea* (1552) de Alonso Núñez de Reinoso es la primera novela española de aventuras del siglo XVI. Inspirada en la famosa novela de Aquiles Tacio, *Aventuras de Leucipe y Clitofonte*, la idea expresa del peregrinaje no aparece en la obra, aun cuando pertenece plenamente al género de la peregrinación amorosa por su profusión de viajes y aventuras y por la índole de sus héroes, verdaderos peregrinos de amor. En efecto, Clareo y Florisea, prometidos en matrimonio, salen por el mundo como hermanos a causa de un voto formulado por Clareo de no tomar por esposa a Florisea hasta el término de un año. Esta peregrinación de amor casto, así como la circunstancia de hacerse pasar por hermanos, imitada por Cervantes en el *Persiles*, otorgan a los protagonistas de la novela un anhelo de purificación en el sufrimiento y una exaltación de la castidad amorosa que será característica de las novelas de peregrinajes del Barroco.

El carácter inmaturo y primerizo de esta novela se demuestra en la fusión claramente perceptible de elementos sentimentales, bucólicos y caballerescos dentro de la estructura de la novela bizantina. Junto a los episodios fantásticos de la ínsula Deleitosa, la maravillosa historia de la infanta Narcisiana, y las aventuras del caballero andante Felesindos de Trapisonda, caballero de las Esperas Dudosas, aparece el cuadro bucólico de la ínsula pastoril con su bella apología de la vida del campo, cuajada de clásicas reminiscencias de las *Geórgicas* y del *Beatus ille* horaciano. La inserción de una novela corta al estilo de Bandello, y la descripción de la ínsula de la Vida, curiosa pintura de la vida cortesana en Italia, proporcionan a la obra los elementos realistas dentro de la ficción que, en contraste con la falsedad del bucolismo y de la caballería, habrán de caracterizar la novela española de aventuras.

La *Historia de los amores de Clareo y Florisea* aparece, sin embargo, con la exclusiva intención de sustituir el mundo fantástico y profano de los libros de caballerías por una alegoría moral de carácter simbólico: «Quien a las cosas de aquel libro diere nombre de las vanidades de que tratan los libros de caballerías, dirá en ello lo que yo en mi obra no quise decir», asegura Reinoso en el prólogo a sus obras poéticas. Al propio tiempo, concibe ya la peregrinación amorosa como una enseñanza moral y un aprendizaje de la vida humana: «Esta historia pasada de Florisea, yo no la escribí para que sirviese solamente de lo que suenan las palabras, *sino para avisar a bien vivir, como lo hicieron graves autores que, inventando ficciones, mostraron a los hombres avisos para bien regirse, haciendo sus cuentas apacibles para inducir a los lectores a leer su escondida moralidad, que toda va fundada en gran fruto y provecho*». Para ello nos presenta los trabajos de sus héroes a lo largo de una peregrinación que viene a ser como un espejo de la vida humana regida por el azar de la fortuna. Es significativa la persistencia con que aparece la idea del destino que rige la vida del hombre, sujeto a la voluntad de la Fortuna, en la novela de aventuras del segundo Renacimiento. Inspirada en una preocupación idéntica que aparece reiteradamente en la novela bizantina, adquiere un carácter nuevo en el que se otorga una importancia preponderante al libre albedrío, a la poderosa voluntad del hombre. La fuerza inmanente del héroe, indomable ante la adversidad, tenaz en la ruta que le trazó su destino frente a la próspera o a la adversa fortuna, tiene su raíz más honda en la fortaleza interior que suscita la más pura virtud estoica. Y esta virtud, mezcla armoniosa de una ilusión trascendente y ultraterrena a una ilusión terrenal y humana, es la que permite al héroe en la adversidad sobrellevar los trabajos con que le acosa su fortuna: «En las grandes fortunas se han de mostrar los valerosos y grandes ánimos, porque en la próspera todos tienen ánimo y buen corazón, lo cual es más menester para los tiempos de trabajo y adversa ventura, que para la próspera bonanza, sosiego y gran reposo». Aunque en forma inmatura y primeriza, la primera novela española de aventuras es ya la historia de la doliente y acongojada condición del hombre, peregrino errante por la tierra, movido por una ilusión humana en busca de su ventura.

Lo que en el *Clareo y Florisea*, novela bizantina con elementos bucólicos y caballerescos, es un esbozo novelesco inmaturo y poco logrado, es ya en la *Selva de aventuras* (1565) de Jerónimo de Contreras una creación original y profunda en la que nace un nuevo género como modelo ejemplar. Inspirada muy remotamente en *Il Peregrino* de Caviceo y en la estructura de las novelas bizantinas, saturada de doctrinas platónicas y reminiscencias de la fantasía caballeresca, embebida en un hondo simbolismo místico y en una idea ascética de sufrimiento y purificación, la *Selva de aventuras* de Contreras es el paradigma ejemplar de la novela de peregrinajes de la Contrarreforma.

Aquí el héroe es ya el caballero andante transformado en peregrino de amor, el desconsolado amante de una doncella que ha hecho voto de abrazar la vida monástica, dando a Dios «el verdadero amor que jamás cansa ni tiene fin». El peregrino Luzmán de la *Selva de aventuras*, lejos de buscar consuelo en la ociosa soledad de la vida bucólica, o en la búsqueda de hazañas caballerescas donde alcance la fama y el honor, quiere encontrar el alivio de sus males en la ausencia y emprende una peregrinación en busca de aventuras. [...] Regido por los azares de la fortuna que le persigue por los caminos del mundo, el peregrino es ya el arquetipo del hombre enfrentado con los trabajos de la vida. La conciencia plenamente renacentista de su condición humana está embebida de un hondo sentido estoico que mantiene su ánimo en la terrena peregrinación: «Ninguna cosa puede suceder en la vida, mi buen amigo, por grave y terrible que sea, que si el que la padece se pusiese a mirar los grandes trabajos que otros padecen, ciertamente su mal ternía por liviano». Esta resignación estoica se funde a una cristiana sumisión a los designios de la providencia, en un pasaje que condensa todo el pensamiento del humanismo de la Contrarreforma: «Hombre soy como tú y muy perseguido por los trabajos del mundo, por el cual voy navegando no en la mar como el navío, mas por la tierra, hasta hallar el fin que los hombres pretenden». La búsqueda de la aventura como experiencia, la contemplación de las maravillas del mundo, fuente de sabiduría y de desengaño, constituyen las razones profundas de la peregrinación de Luzmán. Y así leemos en el libro IV: «Luzmán, si discreción no te falta, debes de conocer que de tan gran mal como el tuyo has venido a sacar mucho bien: pues has visto las cosas extrañas que esta vida llena de engaños en sí tiene, y los desengaños della». [...]

La reflexiva elaboración de estas ideas, mediante las cuales Contreras quiere dar un sentido trascendente a su obra, cobra verdadera importancia cuando incide en el tema básico de la novela e intenta explicar los anhelos que impulsan esta peregrinación como aventura. Y es curioso que sea precisamente en el episodio pastoril del libro V, en donde un pastor, remansado en la idílica soledad de la naturaleza, inquiere las razones de una vida que es la antítesis de la suya: «Yo no sé de dónde nació tantas diferencias y estrañas costumbres, y varios pensamientos como en los hombres hay: unos se van a morir en guerras, otros a navegar en mar, otros viven robando y matando, otros en juegos y otros perdido su tiempo en amores, y otros, como vos, que nunca paran por el mundo, quebrándose los pies, gastan lo que no tienen, vénse en muchos peligros, pudiéndose estar en sus tierras descansados y a su placer. ¿Que es la causa desto, hermano? Que por mi fe yo no lo entiendo». A lo que contesta el peregrino Luzmán: «Dios a esta tierra, que acá nosotros poseemos, dejóla para que poseída de hombres en ella trabajásemos, y sin este trabajo no se puede vivir; menester es que unos caminen y otros naveguen, unos rían y otros lloren, unos sean buenos y otros malos, que por esta variedad es la naturaleza más hermosa: y así yo voy caminando bien fuera de mi voluntad, por me haber sucedido cosas que a ello me han forzado».

El hombre, pues, está predestinado a sufrir trabajos en su peregrinación sobre la tierra, y esta peregrinación no es más que el símbolo de la vida humana, sujeta a los engaños y desengaños del mundo que sobrevienen al arbitrio de la fortuna. [...] La peregrinación amorosa del caballero Luzmán, tormentosa imagen de su vida, se convierte en una purificación ascética que limpia su alma del pecado. Esta purificación a través del amor, análoga a la vida purgativa de nuestros místicos, este íntimo desasimiento de las vanidades del mundo, le preparan para la crisis decisiva en la que se enfrenta con el fracaso de su amor humano. Cuando al regresar a su patria el peregrino Luzmán descubre que su amada ha profesado en un convento, la muerte de ésta para el mundo y la pérdida de su amor suscitan en el peregrino una actitud de amargo desengaño y un firme propósito de nunca más servir a señor que se le pueda morir. Y en este punto, la peregrinación amorosa de Luzmán, su ascético aprendizaje de la vida y purificación en la virtud, desembocan en un menosprecio y fuga del mundo que le llevan al arrepentimiento y a la soledad de la vida eremítica. En este simbólico final de la obra aparece ya, no sólo la sustitución del caballero andante por el peregrino de amor, sino también la sustitución del ideal renacentista de la gloria y la fama por el tema medieval y barroco del menosprecio del mundo. En la *Selva de aventuras* de Contreras el peregrinaje de la vida humana sigue una ruta ascendente que, desasiéndose de la vanidad del mundo asciende a la Divinidad, buscando en el más allá el consuelo del humano desengaño. Es la interpretación novelesca y simbólica de la idea del hombre peregrino, que en su desengaño de la amarga peregrinación sobre la tierra anhela el retorno a la patria celestial.

BRUCE W. WARDROPPER Y JUAN GOYTISOLO

ARTE Y MORAL DE *LA LOZANA ANDALUZA*

1. El autor tiene un propósito bien definido. Es un artista consciente, un retratista que trabaja con palabras. Como relata lo que *oyó* (y no sólo lo que vio), intenta, por primera vez en español, reproducir a lo largo de su obra el habla de la gente de la calle. En *La Celestina*, su más inmediato predecesor en ese sentido, no se emplea el picante diálogo popular sino en algunas ocasionales charlas

I. Bruce W. Wardropper, «La novela como retrato: El arte de Francisco Delicado», *Nueva Revista de Filología Hispánica*, VII (1953), pp. 475-488 (478-483).

II. Juan Goytisolo, «Notas sobre *La Lozana andaluza*», *Triunfo* (marzo 1976); reimpr. en su libro *Disidencias*, Seix-Barral, Barcelona, 1977, pp. 37-61 (48-53).

de Celestina con otras personas de su medio. El propósito expreso de Delicado es reproducir la naturaleza, aunque transpuesta a otra clave, y el lenguaje natural es parte de su concepto de la naturaleza. Resuelve, en consecuencia, desechar los recursos de la retórica; no pretende imitar a ningún escritor anterior (Juvenal le ha servido sólo como punto de arranque), sino transcribir fielmente la vulgaridad del habla cotidiana. Su credo artístico es la verdad, no la belleza. Así, este Céline del siglo XVI escribe: «Protesta el autor que ninguno quite ni añada palabra ni razón ni lenguaje, porque aquí no conpuse modo de hermoso dezir, ni saqué de otros libros, ni hurté eloqüencia, porque para dezir la verdad poca eloqüencia basta, como dize Séneca». Y en efecto, mucho más que en *La Celestina* o el *Lazarillo*, se observa en *La Lozana andaluza* un abuso de la conjunción *y*, del lenguaje coloquial, de neologismos, de palabras gruesas. El autor reconoce, claro está, que no puede reflejar con absoluta fidelidad el modo de hablar de Lozana; confiesa que se ve obligado a mezclar su naturaleza con bemoles, a falsear un poco el cuadro: «por esso verná en fábula muncho más sabia la Loçana que no mostrava». Pero no lo arredra la dificultad de la tarea. Delicado ha oído hablar italiano en las calles de Roma, y así sus personajes —ciento veinticinco en total— emplean a menudo esa lengua. Los barceloneses hablan a veces catalán; un portugués se expresa en una jerga chapurrada de portugués y castellano, y los residentes españoles de Roma se sirven de un español italianizado. Como estos últimos son la mayoría, la novela es rica mina de italianismos; pocos ejemplos bastarán para tener una idea: «se fueron en Levante», «veramente», «madona Loçana», *qualque* por «alguno»; la conjugación del verbo *estar* con el auxiliar *ser* («es estada mundaria toda su vida»); el uso del futuro de indicativo después de *cuando* («¿qué hará de sus pares ella quando parirá?»); *fin a* por «hasta» («me desnudó fin a la camisa»). En un lenguaje tan vulgar desentonarían las palabras cultas; aparecen sólo muy de vez en cuando, y entonces dan lugar a comentarios. Después de oír una enumeración de los diversos tipos de prostitutas que hay en Roma, Lozana observa: «Señor, éssas putas reyteradas me parecen», a lo cual replica sarcásticamente su compañero: «Señora, ¿y latín sabéys? *Reytero, reyteras*, por tornároslo a hazer otra vez». [...]

El estilo de *La Lozana andaluza* refuerza, pues, el propósito que el autor tiene de reproducir su observación de Lozana en una pintura hecha con palabras. A falta de término mejor, podemos dar a ese propósito el tan trillado nombre de «realismo». Este realismo de Delicado tiene dos aspectos: en primer lugar, la falta de trabas en la observación (la realidad no se ve, como en Cervantes, a través de un prisma, sino a través de un telescopio), y en segundo lugar la observación de la falta de trabas sociales (los hombres y las mujeres se aceptan unos a otros sin inhibiciones, sin tratar de meter su conducta en la horma de las convenciones). El retrato de Lozana y de su círculo presenta sin titubeos las crudezas de la vida, consecuente con la ausencia de titubeos en las relaciones de enamorados, de personajes lascivos y de gente que lucha por ganarse la vida. El autor nos dice unas palabras acerca de su técnica realista. Se siente orgulloso de los resultados: «este Retrato es tan natural, que no ay persona que aya conoscido la señora Loçana en Roma, o fuera de Roma, que no vea claro ser sacado de sus actos y meneos y palabras». La tarea del retratista se complica por la movilidad del modelo. Pero, en el sentido más estricto, Lozana es el modelo, el dechado: «Yo he trabajado —dice Delicado hablando de sus relaciones con la andaluza— de no escrevir cosa que primero no sacasse en mi dechado la labor, mirando en ella o a ella». Es decir, que su busca del realismo es algo más que simple fidelidad fotográfica: ha completado la observación de los rasgos exteriores de su modelo —a ella— con una introspección de su psique —en ella—. Ahora bien, esta doble observación no podía ser objetiva; tenía que pasar por las facultades discriminadoras del espíritu del artista: «sacava lo que podía, para reduzir a memoria». Mientras las observaciones fermentaban en su memoria, su propia personalidad —actitudes, juicios, comprensión artística— iba dejando en ellas su carácter. De este modo, casi imperceptiblemente y sin asomo de didacticismo, la imagen queda sujeta a una interpretación y colocada en un ambiente significativo. Delicado tiene la confianza de todo verdadero artista en su facultad discriminadora, en su derecho de elegir y rechazar. Lo mismo que los pintores, aspira en su obra a una especie de perfección, y la logra. Nadie será capaz de mejorar su retrato: él ha hecho cuanto podía; los demás no llegarán a tener la misma visión que él: «porque no le pude dar mejor matiz, no quiero que ninguno añada ni quite». Ha logrado una perfección relativa; sus matices —él mismo emplea este tecnicismo pictórico— son los que debían ser. Piensa en su actividad creadora como en una lucha con sus materiales. Ni la pintura ni las palabras pueden representar fielmente la naturaleza; por eso, en cierto modo, su esfuerzo no es del todo satisfactorio. Es perfecto sólo en el sentido de que nadie pudo haberlo hecho mejor: «y viendo vi muncho mejor que yo *ni otro* podrá escrevir».

El otro aspecto de su realismo —pintura de relaciones en que no hay la menor inhibición moral— puede apreciarse muy fácilmente. Para sus personajes, el amor es una mercancía que puede comprarse y venderse, pero también una fuente de placer sin trabas. En su concepto de la vida (cuyo centro es el acto amoroso) no hay lugar para vacilaciones ni modestias. «Señora mía —dice Lozana sin rodeos a una señora napolitana—, ¿son donzellas estas vuestras hijas?» La respuesta no se hace esperar: «Son y no son, sería largo de contar». No es que la buena mujer trate de zafarse ante una pregunta demasiado indiscreta; simplemente, no quiere aburrir con su historia. Los personajes de *La Lozana andaluza* nunca emplean las expresiones convencionales de cortesía o moralidad; viven en un mundo del todo amoral. El deseo de placer sin trabas y la posesión de ese placer destierran todo escrúpulo. Cuando Lozana se encuentra por primera vez con el adolescente Rampín y deja que se acueste en su cama, comienza por fingir recato y dice que tiene marido, a lo cual contesta Rampín con toda sencillez: «Pues no está agora aquí para que nos vea». La escena que a esto sigue está hecha con un naturalismo de lenguaje absolutamente único en la novela española.

También es único el concepto que tienen del amor todos los personajes de *La Lozana andaluza*. No es el amor cortesano de la *Cárcel de amor*, ni la idea neoplatónica de la *Diana*, ni siquiera el concepto ovidiano del *Libro de buen amor*, que es el que más se le parece. El amor ovidiano difiere del de *La Lozana andaluza* en que insiste en los preliminares del amor: la seducción por medio de regalos, el papel de la alcahueta, la progresiva conquista de la mujer, etc. En la novela de Delicado, el acto amoroso no tiene preludios; los favores extremos se conceden siempre con sólo que se pidan. [...] El centro de este código sin rodeos del amor es el acto sexual, no los actos precedentes, concomitantes o subsiguientes. Así, Lozana dice a Diomedes, su primer amante: «No pienso en hijos ni en otra cosa que dé fin a mi esperanza, sino en vos». [...] Los caracteres secundarios del acto erótico, los temas de la pornografía, no tienen cabida en *La Lozana andaluza*. No hay en ella exhibiciones obscenas. Las novelas sentimentales, con sus amores jamás recompensados, o el *Tirant lo Blanch*, en que Carmesina ofrece y niega

sucesivamente los favores extremos a su enamorado, son, en este
sentido, obras más pornográficas que *La Lozana*. El amor que procede con ambages no le inspira sino desprecio. En una graciosa parodia de los amores novelescos convencionales, Diomedes dice en
tono festivo: «¡Ay! ¡ay! ¡qué herida! Que de vuestra parte qualque
vuestro servidor me a dado en el coraçón con una saeta dorada de
amor». Lozana continúa el hilo de la parodia: «No se maraville
vuestra merced, que quando me llamó que viniese abaxo, me parece
que vi un mochacho, atado un paño por la frente, y me tiró no sé
con qué». Y luego, con seis palabritas muy bien puestas, desinfla
tan pomposa retórica: «en la teta yzquierda me tocó».

II. A diferencia de los héroes de *La Celestina* o el protagonista
del *Lazarillo,* Aldonza no es un personaje dinámico: los hechos y
sucesos en que la envuelve el autor a lo largo del «retrato» no influyen en ella y no experimenta una evolución moral o psicológica en el
transcurso de la obra. El carácter de la Lozana es más bien estático,
dotado de una «esencia» inalterable, previa. Delicado la ha hecho
ingeniosa y pícara de una vez para siempre y con ello la ha privado
de la fuerza motriz de los personajes de la novela moderna. En otras
palabras, al conferirle anticipadamente un carácter, se ha vedado a
sí mismo la posibilidad de «construirla», como el anónimo autor del
Lazarillo, por ejemplo, construye paso a paso el personaje de Lázaro:
«Y como ella tenía gran ver e ingenio diabólico y gran conocer, y
en ver un hombre sabía cuánto valía, y qué tenía, y qué la podía
dar, y qué le podía ella sacar. Y miraba también cómo hacían aquéllas
que entonces eran en la cibdad, y notaba lo que le parecía a ella que
le había de aprovechar, para ser siempre libre y no sujeta a ninguno».
Desde el comienzo del «retrato» el lector sabe, pues, a qué ate-
narse respecto a la Lozana, y su conducta posterior no servirá sino
para ilustrar la caracterización precedente. Dicho inmovilismo se
compensa, no obstante, con los ingredientes poco comunes de la
personalidad de Aldonza. [...] Nada más lejos de ella que el prototipo de mujer objeto pasivo del placer viril, pusilánime y juntamente
resignada a la agresión sexual del varón. En la gramática amorosa
de la Lozana predomina siempre la voz activa. Su carácter se sitúa
en los antípodas de la doncella-honesta-perdida-por-los-hombres, puesto que, como explica sin empacho ni pudor alguno, «desde chiquita
me comía lo mío, y en ver hombre se me desperezaba, y me quisiera

ir con alguno, sino que no me lo daba la edad». La primera vez que duerme con Rampín dice para su capote: «este tal majadero no me falte, que yo tengo apetito dende que nací», y exclama maravillada: «¡Ay, qué miel tan sabrosa! ... que cuanto enojo traía me has quitado». Con todo, no es una excepción en la galería de personajes femeninos que aparecen en las páginas del retrato. Las mujeres de Delicado esgrimen dialécticamente su propia sensualidad y sus necesidades en la materia —como la tía de Rampín, cuando responde a los faroles que se echa el marido ante la Lozana con estas palabras sarcásticas: «Se pasan los dos meses que no me dice qué tienes ahí, y se quiere agora hacer el gallo». Como dice la propia Aldonza, descubriendo el deseo secreto de muchas de su sexo, «querría que en mi tiempo se perdiese el temor a la vergüenza, para que cada uno pida y haga lo que quisiere ... que si yo no tuviese vergüenza, que cuantos hombres pasan querría que me besasen, y si no fuese el temor, cada uno entraría y pediría lo vedado», puesto que, como observa en otro pasaje de la obra, el sexo de la mujer «no debe estar vacuo, según la filosofía natural». [...]

Los diálogos de tema erótico ocupan una buena mitad del libro, y, si algunos son simplemente crudos —en la vena lingüística de la *Carajicomedia* o el *Pleito del manto*—, otros constituyen un verdadero dechado de gracia e ingenio. En la literatura castellana ocupan un lugar único: no existían antes de Delicado —si exceptuamos algunos pasajes de *La Celestina*— y no los volvemos a encontrar después cuando menos hasta esta fecha. Algunos de ellos pueden emular dignamente con los *Ragionamenti* del Aretino o las comedias eróticas de Maquiavelo. Las referencias y alusiones fálicas son abundantísimas, y Delicado alterna con gran habilidad el eufemismo —ya en forma de metáfora (garrocha, cirio Pascual, pedazo de caramillo), ya de metonimia (suero, miel), ya de expresiones de sentido general (virtud), elipsis o pronombres y adverbios (aquí, allá, aquello)— con la mención ordinaria y directa: en uno y otro caso el repertorio de vocablos, tropos e imágenes es de una riqueza y frescura notables, cuyo poder vitalizador nos descubre, al cabo de los siglos, su influencia en la última y más ambiciosa novela de Carlos Fuentes.

Otra novedad aún: por lo común, cuando las obras del género pintan conductas que el autor no puede proponer de modelo, el castigo acecha a los protagonistas a la vuelta de la última página, con lo que la moral queda a salvo y el equilibrio —perturbado— se restablece.[1] En *La Lozana* —como más tarde en *Estebanillo*— el castigo no existe y el lector tradicional —habituado a finales rosas o negros en función de la ejemplaridad positiva o negativa de los héroes— se lleva un chasco. La Lozana no perecerá en el saco de Roma, como lo exigirían sus pecados según la perspectiva de la moral católica: antes del gran cataclismo —a raíz de un sueño premonitorio—, Aldonza se recoge a la isla de Lípari en compañía de su amado Rampín, con la satisfacción evidente de quien ha cumplido con su deber y tiene derecho a un largo y dulce retiro: «Estarme he reposada, y veré mundo nuevo, y no esperar que él me deje a mí, sino yo

---

1. [Un buen punto de referencia ofrecen las imitaciones de *La Celestina* finamente estudiadas por Pierre Heugas [1973]: concretamente, *La Comedia Thebaida* (1521); la *Segunda Celestina* (1534), de Feliciano de Silva; la *Tercera Celestina* (1539), de Gaspar Gómez; la *Tragicomedia de Lisandro y Roselia* (1542), de Sancho de Muñón; la *Tragedia Policiana* (1547), de Sebastián Fernández; la *Comedia Florinea* (1554), del bachiller Rodríguez Florián, y la *Comedia Selvagia* (1554), de Alonso de Villegas Selvago. Ahí, la muerte de las protagonistas, cuando ocurre, debe considerarse como el «castigo grave de una mala acción. Esto significa que en ningún caso la muerte de las amantes melibeanas puede ser presentada como ejemplo del triunfo del amor más allá de la muerte, más allá del bien y del mal. A través del suicidio de Melibea, que había renunciado a padres, amigos y allegados para entregarse por entero a la loca y desenfrenada exaltación amorosa, es la pasión misma, el loco amor, lo que queda condenado. Este es el sentido que hace de Melibea, y de sus hermanas en desgracia, un personaje ejemplar. (...) El que unos autores hayan confirmado y otros no el desenlace trágico de *La Celestina*, no significa que los segundos hayan traicionado el sentido de la obra modelo, concebida como *reprobatio amoris*. El desenlace de las distintas obras de la celestinesca expresa muy bien la existencia de dos tendencias fácilmente reconocibles: una tendencia a la moral ascética (imitaciones trágicas) y otra tendencia a la moral mundana, mucho más acomodaticia (imitaciones no trágicas). En el momento en que el viejo esquema celestiniano se difumina, en el instante en que la vieja alcahueta se desintegra, aparecen soluciones para resolver las *Celestinas* no trágicas, como la solución del matrimonio clandestino (desenlace nuevo, adherido a la vieja historia, que desdramatiza el rigor de la enseñanza). Los autores no trágicos de la celestinesca, al dar una conclusión optimista a la vieja *reprobatio amoris* y reflejando preocupaciones propias de la época en que escriben, no han querido dar, con la solución del matrimonio cristiano, sino un desenlace armonioso a los desórdenes del loco amor. Estos autores, escribiendo en un clima social y moral nuevo con relación al que existía cuando *La Celestina* fue concebida, han aportado también nuevos *remedia amoris*». Citamos el útil sumario crítico del libro de P. Heugas que ofrece A. Castro Díaz, «La literatura celestinesca en el siglo XVI», *Cuadernos Hispanoamericanos*, n.º 322-323 (abril-mayo 1977).]

a él. Ansí se acabará lo pasado, y estaremos a ver lo presente, como fin de Rampín y de la Lozana».

Estamos a mil leguas del pesimismo existencial de Pleberio y el mundo caótico de *La Celestina*: la visión social y humana de Delicado es infinitamente más grata y no resulta aventurado suponer que su exilio más o menos voluntario contribuyó decisivamente a ello. Atrapado en las mallas del gigantesco aparato de represión, vigilancia y tortura instaurado *ex professo* contra los conversos, el nihilismo absoluto de Rojas era su exasperada respuesta a la angustiosa experiencia vital que le imponía el destino. Desde su ameno retiro italiano, Delicado veía las cosas de otra manera: al frenesí corporal destructor que aniquila uno tras otro a los héroes solitarios de la tragicomedia, contrapone en el «retrato» un equilibrio armonioso de los signos *cuerpo / no cuerpo*, similar al que hallamos en la obra maestra del Arcipreste de Hita. El destierro en que vivió y murió el autor de *La Lozana* permitió así, por última vez, la expresión libre, sin trabas, del anhelo corporal reprimido por la ortodoxia triunfante hasta bien entrado el siglo actual: imagen de una España que pudo ser y no ha sido, y cuya existencia subterránea aflora a veces, en charcos y pozas de agua verdosa, estancada, en el cauce abrasado, estéril, de nuestra seca y avariciosa literatura.

Maxime Chevalier

ENTRE FOLKLORE Y LITERATURA:
EL CUENTECILLO TRADICIONAL
(Y LA NOVELA CORTA)

El cuentecillo es un relato breve, de tono familiar, en general de forma dialogada, que suele concluir con una réplica aguda —o, a la inversa, una bobada—, pero que, en todo caso, produce, o intenta producir, efecto jocoso. [Valga un ejemplo de muestra, tomado del *Diccionario* (1587) de A. Sánchez de la Ballesta, pero también conocido por muchas otras versiones: «Llevaba uno hurtada una sartén, y dijo el dueño: "¿Qué lleváis ahí?". Respondió el ladrón: "Al freír de los huevos lo veréis"».] Muchos cuentecillos de éstos, aunque no todos, se copiaron mezclados con obritas de distinto carácter —apotegmas, anécdotas— en varias recopilaciones muy conocidas del siglo XVI: *El Sobremesa* (1563) y el *Buen aviso y Portacuentos* (1564) de Juan de Timoneda, la *Floresta* (1574) de Melchor de Santa Cruz, entre otras. [...] Dichos cuentecillos surgen a cada paso en la literatura del Siglo de Oro, en *El Cortesano* de Luis Milán y en las continuaciones de *La Celestina*, en las obras del catedrático Lorenzo Palmireno y de fray Juan de Pineda, en los tratados de retórica y poética lo mismo que en las novelas, en los versos de Juan de Salinas o Baltasar del Alcázar igual que en las comedias de Lope o de Calderón. Por todas partes brotan estas florecillas humildes, trasplantadas del fecundo terruño de la literatura oral. [...] Hemos de suponer, eso sí, que estos cuentecillos desempeñaban papel relativamente menos importante en las tertulias de los caballeros que en las veladas de artesanos y campesinos. En aquéllas los relatos entretenidos eran sin duda de naturaleza más variada: se narraban

Maxime Chevalier, *Cuentecillos tradicionales en la España del Siglo de Oro*, Gredos, Madrid, 1975, pp. 9, 10, 12, 17-19 (primer párrafo), y *Folklore y literatura: el cuento oral en el Siglo de Oro*, Crítica, Barcelona, 1978, pp. 60-62 (segundo párrafo), volumen éste donde se desarrollan los asuntos esbozados en el artículo «Cuentecillo tradicional y literatura española», *Cuadernos Hispanoamericanos*, n.º 289-290 (julio-agosto 1974), pp. 216-228 (de cuyas pp. 223-227 proceden los párrafos restantes).

novelas a la manera italiana, según testimonio de Lorenzo Palmireno,[1] Gracián Dantisco y Rodríguez Lobo, y también anécdotas, es cierto. Pero no por eso olvidaban unas narraciones de género más humilde y regocijado, según demuestran una serie de textos del Siglo de Oro. [Así], observa Francisco Rodríguez Lobo que, cuando en

---

1. [«El sabio profesor de Valencia, en *El estudioso cortesano* (1573), libro dirigido al hijo de aldeano acomodado que ha llegado a estudiar y ha conseguido oficio en casa de un señor, recuerda a su discípulo que, de vez en cuando, a la hora de la siesta, ha de procurar de recrear a sus amos: "En verano luego se duermen, pero en invierno podrá ser moverse conversación al fuego. Deja un rato esa gravedad estoica, cuéntales con que se recreen, cosas que son poco familiares, como la historia de don Juan de Mendoza y la Duquesa, o la de Romeo y Julieta en Verona, la de Eduardo y Elips, condesa de Salberique. Están en francés, son muy suaves, durará de contar cada una media hora, sin que se fatiguen los oyentes. Llámase el librico *Les histoyres tragiques*, in-16, año 1557". Es curioso observar que Palmireno conoce estas novelas de Bandello a través de una traducción francesa» (p. 16, n. 9). De hecho, «el arte de la ficción corta se desarrolla en España bajo influencia italiana y francesa» (W. Krömer [1979], p. 206), de suerte que «las novelas cortas plasmadas sobre cuentos folklóricos o tradicionales no son muy numerosas en España. No pasan en efecto de tres —una de las cuales no llegó a publicarse antes del siglo xx— las colecciones que las admiten. Estas tres colecciones son *El Patrañuelo* de Juan Timoneda (1567), las *Novelas en verso* de Cristóbal de Tamariz y el *Fabulario* de Sebastián Mey (1613)» (Chevalier [1978], p. 100). «*El Patrañuelo* no contiene narraciones originales. Una inmensa mayoría tiene su origen en autores italianos, Boccaccio, Masuccio, Bandello, entre otros, mientras que las otras fuentes, por ejemplo, la literatura de ejemplos, son menos importantes. Timoneda parece engarzarse a la tradición italiana también por otros elementos: la designación de género de sus historias, ya que él pretende que al vocablo "patrañas" corresponde en toscano la palabra "novelle". Sin embargo, falta en él más de una característica de la *novella* italiana: no da un marco a sus historias, no busca la armonía de un número redondo, pues cuenta 22 "patrañas". Sin embargo tiene conciencia de contar con un arte particular, ya que en la "Epístola al amantísimo lector" ruega a éste que transmita a otros lectores relatos del mismo modo que se han redactado, "para que no pierdan aquel asiento ilustre y gracia (con) que fueron compuestos". Con todo, se echa mucho de menos en Timoneda la perfección artística de los italianos. La tercera historia recoge la de Masuccio del cadáver del monje del que el asesino no consigue deshacerse y que ata finalmente a un caballo. Timoneda sencillamente cuenta la historia según el orden que comporta el argumento, dando valor a la fundamentación de cada uno de los actos, pero desatendiendo, de muchas maneras, la buena economía del arte narrativo; por ejemplo, cuando al principio hace simpático a su protagonista, haciendo, sin embargo, que, finalmente, traicionado por su mujer en una querella doméstica, termine ejecutado. El ir y venir del

una reunión de caballeros alguien relata un cuentecillo familiar de éstos, suele ocurrir que otro le corte la palabra al que ha empezado para continuar la narración: «... hay muchos tan presurosos del cuento o dicho que saben, que en oyéndolo comenzar a otro, se le adelantan o le van ayudando a versos como si fuera salmo».

---

cadáver entre la casa del asesino y el convento, y lo grotesco de la carrera del semental con el cadáver atado encima, tras la yegua con el clérigo a cuestas, no los pone de relieve suficientemente. El estilo narrativo sencillo, el escaso adorno de las escenas —demostrable, por ejemplo, con una comparación entre la *Duquesa de Saboya* de Bandello y la narración 7 de Timoneda sobre la duquesa de la Rosa, de idéntico argumento, si bien de fuente distinta— tienen en ésta y otras historias la ventaja de que el argumento es más claro sin duda que en los dos italianos contemporáneos. En Timoneda el desenlace ya se da a entender por el hecho de que el segundo hombre de la duquesa también es uno de sus pretendientes y, como más apuesto, tiene mayor derecho a su mano que el primero. La fidelidad de los amantes parece ser aquí recompensa por su conducta virtuosa y caballeresca. En un punto crucial demuestra Timoneda su vinculación con la novelística italiana: no cuenta para instruir, como antes había hecho la literatura española de ejemplos, sino para deleitar, y no sólo por el asunto, sino, y precisamente, por la manera de su exposición. "Asiento ilustre y gracia" son claves. A partir de esto es posible en España un nuevo arte de la narración corta. Es verdad que sólo más tarde se iba a crear una novela española equiparable a la italiana» (Krömer [1979], pp. 206-208). Por otro lado, contemplando los textos de Timoneda desde el punto de vista de una *morfosintáctica* inspirada en V. Propp, C. Lévi-Strauss, T. Todorov, etc., J. Romera Castillo [1978], pp. 52-53, señala que «la materia narrativa de cada patraña, por ser, en general, de poca extensión, está estructurada en una sola *secuencia*, en un solo bloque narrativo, que el autor desglosa en tres procesos diferenciados que funcionan siempre de la misma manera: 1. *Proceso inicial*: presentación de los hechos a tener en cuenta. 2. *Proceso medio*: plasmación de los hechos o acciones tendentes a alterar la proposición inicial. 3. *Proceso final*: resultado obtenido. En los veintidós relatos que componen *El Patrañuelo*, existe una estructuración narrativa constante y muy simple: se da una *secuencia-tipo*, constituida por tres *funciones*, que sería la siguiente (tras los cuatro versos iniciales que sintetizan el argumento del relato): a) *Presentación del argumento*. b) *Desarrollo con una transgresión de la norma*. c) *Desenlace*: *la norma siempre triunfa*. Las veintidós patrañas son, pues, *variaciones* de una misma estructura narrativa o secuencia. Podrán cambiar —y de hecho cambian— los acontecimientos, los espacios, los tiempos, los nombres de los personajes o actantes, pero el armazón constructivo se fundamenta en este molde. Como el propósito final del libro —y en esto ya estamos tocando lo semántico, pero recuérdese que el texto es una totalidad en la que todos sus elementos están interrelacionados— es entretener al lector, a un lector poco exigente, con la intencionalidad de incrustar mensajes ideológicos adictos al sistema (poder) gobernante, Timoneda utiliza lugares exóticos en la localización espacio-temporal de sus tramas

Hemos advertido ya, y hemos de observarlo más concretamente a continuación, que los cuentecillos tradicionales invaden la literatura española del Siglo de Oro. ¿Habremos de considerar el fenómeno como rasgo permanente en una literatura tradicionalmente rica en elementos «populares», como rasgo permanente de la producción literaria de España, tierra del chiste? ¿O al contrario habremos de ver en él un carácter privativo de las letras españolas de los siglos XVI y XVII? Me inclino resueltamente hacia la segunda solución, estimando que la irrupción masiva de estos relatos jocosos en los textos del Siglo de Oro, lejos de explicarse por ley fatídica y eterna que regiría la literatura española, es fenómeno histórico que corresponde a una época precisa y que supone honda mutación en unas actitudes mentales. [...] En la Edad Media la huella de los cuentos tradicionales era más marcada en las literaturas italiana y francesa que en la literatura española: en los siglos XVI y XVII se da una situación exactamente inversa. Resulta evidente, pues, que la actitud de los españoles cultos hacia estas humildes producciones del ingenio ha cambiado radicalmente con el Renacimiento. Los hombres del Renacimiento, no lo ignoramos, se aficionan a todo lo que es arte «popular» y espontáneo. Sabemos perfectamente, gracias a las investigaciones de Américo Castro y Marcel Bataillon, que el Renacimiento dio sus títulos de nobleza a la tradición de los refranes; nos enseñó Ramón Menéndez Pidal cuánta admiración sintió el siglo XVI por los romances viejos; y basta con hojear la *Antología de la poesía española* de Dámaso Alonso y José Manuel Blecua para ver en cuánto aprecio tuvo la lírica tradicional. No se ha subrayado bastante que, paralelamente, se apasionó el Renacimiento por el relato oral y tradicional. A este relato familiar le dio —lo mismo que a los refranes, lo mismo que a los romances— una dignidad que antes no tenía.

---

para evadir a las gentes no cultas de la realidad en la que estaban insertas, plasmando siempre una transgresión, un quebranto, de la ley o norma social momentáneamente (con ello lograba satisfacer, aunque fuese de un modo ilusorio y fugaz, el deseo de aquellas gentes de salirse fuera de la norma) para, al final, terminar con el triunfo del bueno y con el castigo del malo (o lo que es lo mismo con el triunfo de los valores del sistema imperante). El eje estructurador es, por lo tanto, único y lo que cambian son las estructuras de superficie, las anécdotas, los acontecimientos, los actantes, etc. Las patrañas serían las variaciones sobre un mismo tema; ahora bien las diferencias entre ellas vendrían dadas, además, por las alteraciones argumentales, por el discurso del que se valen».]

En la primera mitad del siglo xvi los paremiólogos y los autores de diálogos —Luis Milán, Juan de Valdés, Cristóbal de Villalón y Pero Mexía— todos dan lugar en sus obras a los humildes cuentecillos. La historieta familiar, despreciada por los escritores del siglo xv, entra ahora en los libros que se proponen a la meditación del público culto. Es hecho de relevante importancia, al cual no hemos concedido la atención que merece. A este respecto no parece exagerado afirmar que hemos mutilado la realidad del Renacimiento.

Desde Lope de Rueda a Calderón y sus discípulos el cuentecillo tradicional circula incesantemente en el teatro español, sea que lo escenifiquen, que lo cuente un personaje, que asome en forma de rápida alusión. Sabido es que dos *pasos* de Lope de Rueda (*El convidado* y *Las aceitunas*) son escenificaciones de cuentecillos tradicionales. Idéntico hecho se da, con frecuencia, en el entremés, heredero del *paso*. Certeramente percibía Cotarelo que el entremés no pasaba de ser, en muchos casos, cuento folklórico llevado al escenario. La intuición era indudablemente feliz, según han demostrado los trabajos de Marcel Bataillon, Eugenio Asensio y Henri Recoules [vid. cap. 10]. Podemos afirmar ahora con toda seguridad que éste es el caso de *La cueva de Salamanca* y de *El retablo de las maravillas*, de Cervantes, y, más generalmente, de una serie de entremeses del Siglo de Oro. Es de suponer que mucho nos queda por descubrir en este campo de investigación. Lope de Rueda gustaba, por otra parte, de introducir en sus comedias unas escenas que eran otros tantos *pasos* independientes. El teatro español de fines del siglo xvi y principios del siglo xvii siguió explotando esta posibilidad. [...]

Si no tenemos en cuenta la existencia de estas historietas tradicionales y el hecho de que se incorporaron a la literatura, mal comprenderemos el nacimiento y desarrollo del género picaresco. Excusado es, después de los estudios de los profesores Bataillon y Lázaro Carreter, detenerse sobre el caso de *Lazarillo* [véase cap. 6]. Basta observar que la novela es obra de un escritor igualmente apegado a la herencia formal de la Antigüedad —a la restauración de las *bonae litterae*— y a la valorización de los elementos tradicionales. Mirado a esta luz, *Lazarillo* es la obra más representativa de lo que fue el Renacimiento español. Pero, desde el punto de vista que he escogido, *Lazarillo* no representa ninguna excepción dentro de la literatura picaresca. La vida azarosa y pintoresca del pícaro Guzmán se nutre de cuentos tradicionales y de burlas familiares. *La pícara*

Justina y *Marcos de Obregón* encierran apreciable cantidad de elementos del mismo tipo. En cuanto a *El Donado hablador*, es taracea de historietas, tradicionales o no. La materia novelesca de la literatura picaresca mucho debe al folklore y a la tradición, mucho más que a un supuesto «realismo», si hemos de entender por esta palabra la transposición artística *directa* de la realidad vivida. De hecho, entre la realidad cotidiana y la ficción literaria se interpuso en muchos casos el prisma del folklore.

¿Y Cervantes? Asunto es éste sobre el cual hay mucho que decir. Podríamos recordar y concretar los lazos que existen entre varios cuentos y tradiciones orales —andaluces, españoles y europeos— y algún aspecto de *La Gitanilla, La ilustre fregona, Rinconete y Cortadillo, El celoso extremeño* o el *Coloquio de los perros*. Podríamos comparar una serie de chistes venerables con algunos de los que pone Cervantes en boca del Licenciado Vidriera. Podríamos revisar la lista de los cuentos tradicionales que aparecen en *Don Quijote*: son más numerosos de lo que se suele afirmar. Pero hay más.

Quisiera plantear, en breves palabras, dos problemas. Convendría primero estudiar de la manera más completa posible la burla en la Europa de los siglos XVI y XVII y las relaciones que puede tener con las burlas que sufren don Quijote y Sancho cuando residen en el palacio del duque o en Barcelona. [...] Estas burlas de la segunda parte de *Don Quijote*, ¿no serán, en ciertos casos por lo menos, la escenificación literaria de unas burlas, anecdóticas o tradicionales, que corrían de boca en boca, y bien pudieran llegar a los oídos de Cervantes, sea en España, sea en Italia? Tal posibilidad la sugirió Menéndez Pidal a propósito de la burla de las aliagas maliciosamente introducidas bajo la cola de un cuadrúpedo, burla que sufren el caballero manchego y su escudero cuando su entrada en Barcelona. El caso no es único en la segunda parte de la novela. Observaron hace tiempo los comentaristas de *Don Quijote* la sorprendente semejanza que existe entre una anécdota referida por Luis Zapata y el lavatorio de la barba de don Quijote en el palacio del duque. No han llamado la atención, si no ando equivocado, sobre otra burla relatada por el mismo Luis Zapata, burla que, sin embargo, interesa a los lectores de Cervantes. Me refiero a una mala pasada que le juegan a un ingenuo gentilhombre. Un supuesto mensajero del rey de Escocia le viene a rogar al duque de Alba que dé licencia a don Pedro de Guzmán para que se vaya a capitanear el ejército escocés;

con el legítimo alborozo de los españoles que presencian la escena, la desgraciada víctima confía por un momento en la autenticidad del recado. ¿Será posible leer este jocoso relato sin que surja en la memoria el recuerdo de Sancho elevado a la dignidad de gobernador? No leyó Cervantes la *Miscelánea*, ni pudo leerla. Pero, ¿no habrá oído contar esta burla, o alguna burla parecida? Y otras burlas, cuidadosamente organizadas en la segunda parte de la novela —la pasión de Altisidora por el invencible caballero, el saco relleno de gatos arrojado a la habitación de don Quijote—, ¿no tendrán acaso su punto de partida en algún relato oral? A estas preguntas no podemos contestar, de momento, en forma positiva. Para afirmar sería preciso disponer de un catálogo completo de las burlas vigentes en la Europa de los siglos XVI y XVII, catálogo que no poseemos en la actualidad.

Queda por examinar el caso de Sancho. Los comentaristas de la novela observaron hace tiempo que Sancho era personaje proverbial: «Allá va Sancho con su rocín». Cervantes tuvo presente el refrán, y lo subraya cuando insiste de manera burlona sobre el hecho de que nadie vio nunca a Sancho sin su rocín. Estas observaciones nos incitan a hacer una pregunta. La verosimilitud, la coherencia, el carácter rebosante de vida de Sancho, ¿no se deberán al hecho de que el personaje se apoya en el tipo del aldeano tradicional definido por el folklore? A tal pregunta parece que hemos de contestar afirmativamente. Sancho es, en efecto, a igual distancia de las dos estilizaciones de signo opuesto que representan Pedro Crespo y el bobo, la alianza de la rusticidad y la malicia, el campesino, a la vez, zafio y socarrón. Ahora bien, el campesino tal como aparece en los cuentecillos tradicionales ofrece unos rasgos exactamente parecidos, en proporciones casi aritméticamente iguales. En esta creación novelesca tan original hemos de ver, más bien que una figura plasmada sobre el modelo del campesino real, la irrupción en la literatura del campesino de la tradición oral, del campesino del folklore, en el mejor sentido de la palabra. Pertenece Sancho a la familia de los personajes que corresponden a una representación colectiva y familiar: es del linaje de Panurge y Gavroche. Observemos que tal representación apenas si varió con el tiempo: no existe diferencia apreciable entre el aldeano de los cuentos recogidos por Fernán Caballero y el aldeano folklórico del Siglo de Oro. Así comprendemos mejor cómo el personaje de Sancho pudo atravesar los siglos, siempre verosímil, siempre vivo, y como milagrosamente intacto.

6. LAZARILLO DE TORMES

PEDRO M. PIÑERO

De 1554 son las tres primeras ediciones conservadas de *La vida de Lazarillo de Tormes, y de sus fortunas y adversidades* (Burgos, Juan de Junta; Amberes, Martín Nucio; y Alcalá de Henares, Salcedo); hoy se pueden consultar las tres, en facsímil, reunidas en un solo volumen (A. Pérez Gómez [1959]). Una amplia bibliografía proporcionan J. Laurenti [1966, 1971, 1973] y A. del Monte [1971]. Los problemas textuales del *Lazarillo* fueron especialmente estudiados por A. Cavaliere [1955] y J. Caso [1967] en sus respectivas ediciones (y véase también el artículo más reciente de Caso [1972], en una línea coincidente con A. Rumeau [1969]); sin embargo, F. Rico [1970] y luego A. Blecua [1974], en un trabajo singularmente valioso para el tratamiento de los problemas ecdóticos del *Lazarillo*, llegan a las siguientes conclusiones: 1) los tres textos de 1554 son independientes: ninguno puede ser fuente de los otros dos; 2) los de Alcalá y Amberes son ramas de una misma familia; 3) los tres proceden de ediciones perdidas, no de manuscritos; 4) las ediciones posteriores a 1554 descienden de la de Amberes, no de textos perdidos. El mismo F. Rico resume estas cuestiones y da una presentación general de la obra, en el prólogo, fundamental en sus muchos aspectos, a su propia edición [1967; 1976 *a* y 1980, las dos últimas con adiciones importantes en apéndice]. Excelentes apreciaciones o visiones de conjunto del *Lazarillo* se hallan también en las ediciones de M. Bataillon [1958], R. O. Jones [1963], C. Guillén [1966] y A. Blecua [1974], así como en los ensayos de F. Ayala [1971], M. Molho [1968], y en la fina guía de Deyermond [1975]; véase, por otra parte, P. M. Piñero [1977].

Es muy probable que la primera edición sea de 1552 o 1553, pero ¿cuándo fue redactado el *Lazarillo*? El texto ofrece algunas referencias históricas fechables: así a «la de los Gelves», los «cuidados del rey de Francia» y unas cortes celebradas en Toledo. La expedición militar a los Gelves puede ser la desastrosa de 1510, o la de 1520, de escasa relevancia, pero con final afortunado. En abril de 1525 se reunieron las cortes en Toledo, pero también las hubo en 1538-1539. Y los «cuidados del rey de Francia» podrían aludir a la prisión de Francisco I, después de la derrota de Pavía, en 1525. M. J. Asensio [1959] se destaca entre los que defienden una redacción temprana de la obra, necesaria para su tesis de la autoría, como veremos. Ya Bataillon, anteriormente [1931], había aceptado las primeras fechas, pero luego, en un estudio fundamental [1958, trad. 1968], se muestra partidario de una composición más cercana a 1554. Márquez Villanueva se ha manifestado siempre partidario de las fechas más tardías, en todos sus estudios sobre el libro. No hay la más mínima huella de circulación de la obra antes de 1554, insiste Márquez, y, por otro lado, en la *Segunda parte* de 1555 el autor anónimo continúa la historia de Lázaro a partir de 1540, entendiendo que las cortes toledanas son las finalizadas en 1539.

Los estudiosos, empeñados en dilucidar la época de redacción, han rastreado en el texto otros elementos fechables: sobre todo, el mal año en que Lázaro sirve al escudero de Toledo, cuando «acordaron [en] el Ayuntamiento que todos los pobres estranjeros se fuesen de la ciudad». Bataillon y Márquez opinan que ese período de escasez es el calamitoso decenio de 1540 a 1550, que impuso tal decisión a los ediles toledanos, aunque ya en años anteriores se había prohibido la mendicidad en la ciudad por causas parecidas. M. Morreale [1954] y A. Redondo [1979 *b*] estudian con detalles estos «reflejos de la vida española» en nuestro libro. (El trabajo de archivo, por otro lado, ha permitido a J. Sánchez Romeralo [1978] documentar una curiosa casualidad: la existencia en Toledo, en 1553, de un mozo de ciego llamado Lázaro.)

No es menos movida la polémica sobre la autoría del *Lazarillo*. Las atribuciones, unas con más fundamento, otras con menos, se han sucedido, pero por el momento, con los datos al alcance, parece imposible descubrir el secreto del autor anónimo. La primera candidatura (postulada por el historiador de los Jerónimos, fray José de Sigüenza, en 1605) se presentó a favor del jerónimo fray Juan de Ortega, general de la orden de 1552 a 1555. M. Bataillon [1968] ha defendido con argumentos brillantes la presunta autoría de Ortega (y véase aun Gómez Menor [1977]): si fuera obra suya, dice, el anonimato estaría suficientemente explicado; por otro lado, el anticlericalismo de la obra no impide tal paternidad, pues de todos es conocido el fuerte espíritu crítico de los frailes reformadores en esta época.

En 1607, Valerio Andrés Taxandro, en su *Catalogus clarorum Hispaniae scriptorum* (seguido por Andrés Schott en su *Hispaniae Bibliotheca*), ahíja el libro a don Diego Hurtado de Mendoza. Esta atribución, recogida por Tamayo de Vargas y Nicolás Antonio, tuvo un eco favorable a lo largo del siglo XIX, si bien a finales de la centuria A. Morel-Fatio la refutó con razones convincentes. Hoy la atribución está desacreditada, a pesar, entre otros, de los apoyos de A. González Palencia [1946] y los más recientes de C. V. Aubrun [1969].

El mismo Morel-Fatio, atendiendo al espíritu anticlerical que veía en la obra, sugirió indagar entre el grupo de los hermanos Valdés. M. J. Asensio [1959] ha sustentado la atribución del libro a un escritor relacionado íntimamente con el círculo de Juan de Valdés, si es que no se trata de él mismo. Desde luego, la fecha temprana que defiende para el *Lazarillo* favorece esta suposición. Apoyándose en la existencia de una reducida comunidad de alumbrados bajo la protección del duque de Escalona, don Diego López Pacheco, y cuya figura más destacada era el conquense Juan de Valdés, Asensio establece paralelismos entre el pensamiento e ideología de éste y los del autor anónimo, y señala que el anónimo se atenía fielmente al ideario estilístico y lingüístico valdesiano. Nos parece difícil hoy sostener tal atribución, aunque sí se podría aceptar que el autor del *Lazarillo* estuviera inmerso en la corriente ideológica y espiritual que arrastra al mismo Valdés, como a otros muchos hombres de la primera mitad del siglo XVI, empezando por su hermano Alfonso (a quien Ricapito [1976], sin dar argumentos, quisiera adscribir nuestra novela).

Recogiendo sugerencias de José M. Asensio, en 1867, J. Cejador, en 1914, propugnó a Sebastián de Horozco como autor de la obra. La atribución parecía olvidada después de las objeciones que le puso E. Cotarelo, al publicar el *Libro de proverbios* o *Refranes glosados* de Horozco, pero Márquez Villanueva [1957] ha vuelto a plantear la presunta autoría de Horozco con mayor rigor, mejor conocimiento y fundamentos más sólidos, sobre todo las numerosas coincidencias entre Horozco y el *Lazarillo*: temas literarios, recursos expresivos, refranes, personajes literarios del libro anónimo se encuentran en las obras y repertorios de Horozco.

Por supuesto, no se agotan aquí las conjeturas, y se han aventurado otras atribuciones insostenibles en la actualidad: interpretando el libro como una autobiografía casi real, Fonger de Haan, en 1903, y, en época más cercana, F. Abrams [1964] presumieron encontrar el «modelo vivo» de Lázaro en un cierto Lope de Rueda, pregonero toledano en 1538, identificándolo con el autor de los pasos... y de nuestra novela. A. Marasso [1955] apunta, no muy convencido, al humanista Pedro de Rúa; y mientras que E. Tierno Galván [1958] se pregunta si el *Lazarillo* es un libro comunero, A. Rumeau [1964] anota un par de puntos comunes en la obra del humanista Hernán Núñez de Toledo, el comendador Griego, y en la de nuestro buscado autor. Pero el enigma sigue sin desvelarse.

A. Castro [1957] señaló certeramente que el autobiografismo del *Lazarillo* es solidario de su anonimia. Este autobiografismo se manifiesta en el libro desde el primer momento, en el mismo prólogo, y hasta sus últimas consecuencias. F. Lázaro Carreter [1966, ahora en 1972] ha estudiado con magníficos resultados el origen del *yo* narrativo del libro y ha enfocado el problema de la autobiografía en el *Lazarillo* con método distinto al que hasta ahora se había seguido: hay que partir de la base de que la novedad consiste en el uso de la primera persona para un relato de ficción, y que es dentro de este o en sus aledaños donde deben buscarse los estímulos de aquella novedad. El profesor Lázaro llega a la conclusión de que el modelo más cercano del autobiografismo del *Lazarillo* es un tipo de carta-coloquio, muy frecuente en el siglo XVI, que se caracteriza por su tono desenfadado y estilo jugoso, entre chancero y grave, como en las epístolas del doctor Francisco López de Villalobos. Ya C. Guillén [1957], en un trabajo excelente, había observado que el *Lazarillo* era, en primer lugar, una «epístola hablada»: Lázaro escribe en un acto de obediencia a «vuestra merced» —protector del protector de Lázaro, el arcipreste de San Salvador—, y la narración de su vida —por extenso y desde el principio— tiene el sentido de un rendir cuentas y asumir los aspectos de su prehistoria que sobreviven en el momento de escribir. F. Rico [1970] individualiza los elementos formales que configuran la obra, en buena medida, como una carta.

Por otro lado, los materiales que conforman el *Lazarillo*, tanto personajes como narraciones y episodios, proceden en una parte considerable de la tradición folklórica. El mismo nombre de pila del mozo, que recuerda al mendigo del Evangelio (coincidencia que ha dado pie a una interpretación simbólica de Wardropper [1977]) y que se asocia con el verbo «lacerar», arrastraba una connotación miserable, a la que tal vez se añadió una extraña ingenuidad rayana en bobería. M. Bataillon [1958], que ha estudiado al pormenor los elementos folklóricos de la obra, piensa que el autor tomó de la tradición esa ingenuidad exagerada, mezclada de malicia y miseria. F. Lázaro analiza también en páginas magistrales [1969, ahora en 1972] esos y otros abundantes materiales folklóricos en tanto punto de partida superado en la elaboración del libro. M. Chevalier [1979] matiza el número y el alcance de los cuentecillos recreados en el relato, y F. Rico [1976 *a*, 1980] expone con amplitud las fuentes folklóricas de la obra, puntualizando las aportaciones más importantes al respecto. La crítica, así, se muestra hoy concorde en la idea de que el autor consiguió ir más allá de los materiales de la tradición, construyendo con ellos una obra *distinta*, donde se evidencia el inédito camino de la novela. El folklore proporciona la mayoría de las tretas del tratado I: el mismo tipo y las travesuras del destrón se documentan ya en textos y miniaturas medievales. Aunque en menor medida que en el tratado del ciego, el aprovechamiento de materiales folklóricos se rastrea asimismo en el resto de la obra. El escudero, contemplado por F. Rico [1966] y A. Redondo [1979 *a*] con el enfoque de la historia social, es para F. Lázaro [1972] personaje de origen tradicional que, formando pareja con el mozo, aparece con cierta frecuencia en la literatura anterior. No opina del mismo modo M. R. Lida de Malkiel [1964, ahora en 1976], muy cautelosa en este aspecto. Para la ilustre hispanista, la deuda del *Lazarillo* con el folklore es más reducida: sólo clara en la utilización de cuatro o cinco motivos en el tratado I, y dos o tres en el III. En estos casos los motivos folklóricos han recibido una pormenorizada elaboración dramática y funcionan entonces como elementos formales para señalar interrelaciones y graduación del relato. Lida indicó que algunas burlas probablemente se difundirían por medio de la tosca representación en las tablas de los titiriteros, y también W. Casanova [1970] ha hecho hincapié sobre el elemento farsesco en los tratados V y VII. Otros críticos han precisado el origen de varios motivos concretos, como el de «la casa encantada» del tratado III, que cuenta con estudios de F. Ayala [1965], A. Rumeau [1965] y F. de la Granja [1971], en tanto D. Ynduráin [1975] hace algunas consideraciones sobre el sentido de la anécdota.

Junto a los elementos folklóricos, los estudiosos han ido señalando algunas fuentes literarias: para el núcleo del tratado V, el milagro fingido del buldero, Morel-Fatio indicó ya la novela IV de *Il novellino* de Masuccio; J. E. Gillet [1940] piensa, sin embargo, que debe de derivar de la versión flamenca del *Liber vagatorum*, y Rico [1976 *a*, 1980] advierte que los contactos literales se dan no sólo con Masuccio, sino con otras versiones del mismo asunto. La posible deuda con el *Asno de oro*, de Apuleyo (modelo estructural para el *Lazarillo*, según M. Kruse [1959], y fuente en otros aspectos en opinión de J. Molino [1965]), la ha subrayado Vilanova [1978] en algunos episodios y motivos del tratado II.

Con el acicate de ese material preexistente, folklórico y literario, escribe el autor la novela. Como señala M. Bataillon [1958], lo primero que se produce es un notable cambio en la técnica del tratamiento de las historietas y personajes tradicionales: hasta entonces aquéllas habían tenido valor por sí mismas y los personajes eran meros soportes suyos; ahora, en el *Lazarillo*, las anécdotas tienen interés en función del personaje, en cuanto vivencia del protagonista. C. Guillén [1957], F. Rico [1966, 1970] y F. Lázaro [1972] han puesto de relieve cómo la original técnica novelística que se ensaya en el *Lazarillo* tiene como núcleo configurador un «caso», en torno al cual se organiza la materia narrativa. Este «caso», identificado por Rico [1966], es el triángulo amoroso del tratado VII, consentido ignominiosamente por Lázaro. Lázaro Carreter [1972] ha estudiado admirablemente la línea constructiva del libro, y cómo el autor va superando la inicial exposición en sarta, para conseguir una nueva fórmula constructiva de narración trabada, que alcanza su punto más logrado en el tratado III, el más novelesco. El lector asiste en él al lento descubrimiento del alma del escudero, personaje enigmático que se nos va desvelando en un sagaz proceso psicológico, glosado por D. Alonso

[1958, 1965]. A partir del tratado III da la impresión de que se ha producido un cansancio en el autor, y los episodios adelgazan sus líneas narrativas, para ofrecer, según algunos críticos, sólo una especie de apuntes rápidos, sobre todo en los tratados IV y VI. A. Sicroff [1957] y F. Ayala [1960, 1971] son quienes más han insistido en la idea de estos últimos tratados como mero boceto, y consideran, por tanto, inacabado el libro. F. Rico [1966], F. Márquez [1968] y F. Lázaro [1972] piensan de otra manera: es cierto que ha habido un cambio, que el esfuerzo de composición ha cesado, pero esto no quiere decir que el *Lazarillo* sea una obra inacabada, sino que ha variado la técnica expositiva del libro. No se olvide que es Lázaro quien desde el *hoy* del tratado VII, como señaló C. Guillén [1957], constituye el centro de gravedad de la obra, el auténtico protagonista: cuenta las aventuras del niño para explicar la personalidad del hombre, y éste es quien marca la andadura lenta o rápida del tiempo y de los episodios que le interesa resaltar. En ese sentido estudia M. Frenk Alatorre [1975] el episodio del ciego. Sólo entendiendo todo esto se puede llegar a captar la estructura de la obra, cuestión que ha sido objeto de múltiples enfoques: desde el pionero artículo de F. C. Tarr [1927] y los perceptivos ensayos de R. S. Willis [1959] o J. Casalduero [1973], hasta los análisis formales de O. Bělič [1969] y D. Puccini [1970] o las anatomías semiológicas de C. Minguet [1970], A. Prieto [1972, 1975], A. Ruffinato [1975-1977] y D. M. Carey [1979], pasando por las lecturas en clave simbólica de S. Gilman [1966] y J. Herrero [1978].

Dos temas fundamentales se destacan en el *Lazarillo*: la honra y la religión. F. Rico [1970] avisa de que el contenido ideológico del libro está tan íntima y magistralmente fundido con la narración, que resulta muy difícil delimitar lo que corresponde al *decoro* horaciano, o coherencia del personaje, y a las convicciones del escritor. Con esta advertencia hay que estudiar los distintos casos de honra que aparecen en la obra (véase Rico [1976 *b*]). De modo simétrico el libro arranca y concluye con un caso de honra: en el prólogo se acepta la importancia de la honra (= fama) como estímulo de la literatura, de acuerdo con Cicerón, que nuestro autor parece seguir (pero sólo es un fingimiento); y en el mismo prólogo se aclara que la obra ha sido motivada por la narración de un «caso de honra», el mismo, como sabemos, que se descubre en el último tratado. Si a ello se añade que el tratado III, centro del libro, tiene como uno de sus ejes el contraste de dos actitudes y concepciones opuestas sobre la honra, la del mozo y la del escudero, se comprenderá hasta qué punto el tema es una obsesión para el autor (obsesión que Bataillon [1969] extiende a todo el género picaresco).

La historia de Lázaro, hay que indicar también, es la historia de un proceso educacional pervertido, como han resaltado, entre otros, Wardropper [1961], Jaen [1968], Deyermond [1975] y Sàbat [1980]. Márquez Villanueva [1968] (y con él, más recientemente, Rodríguez-Puértolas [1976]) insiste en el «pecado» de Lázaro al final del tratado VI: cómo, a pesar de la dura crítica hecha al escudero, el mozo ha quedado hechizado por su empaque y presencia, y por ello no resiste la tentación de integrarse en la sociedad cuyos valores tan radicalmente ha censurado. Ese «pecado» ha sido visto también por R. W. Truman [1969], F. Rico [1970] y L. J. Woodward [1977] en la perspectiva del ideario humanístico.

El sentido religioso del *Lazarillo* es bastante más complejo, y da pie a interpretaciones diversas y, a veces, encontradas. De los nueve amos de Lázaro, cinco pertenecen al estamento eclesiástico, del que ofrecen un muestrario variado, si bien es verdad que sólo en sus estratos inferiores. Parece evidente, de todas formas, una actitud de condena y desprecio hacia ese mundo, actitud que da al *Lazarillo* un claro aire de anticlericalismo. A. Castro [1957] sostiene la tesis de que el libro es obra de un converso que, al margen de la sociedad, denuncia el clima espiritual de la época. A la tesis del autor converso, cercano a la incredulidad, se suman, entre otros, S. Gilman [1966] y F. Lázaro [1972]; F. Rico [1970], en cambio, atendiendo a la peculiaridad de la estructura y técnica narrativa de la obra, conjetura al novelista como un espíritu relativista y escéptico (cuando menos, de tejas abajo). M. J. Asensio [1959] considera que la crítica religiosa del libro debe entenderse de modo positivo e inspirada en una clara orientación iluminista, convergente —por lo menos— con la postura de los «alumbrados». También para Márquez [1968] se trata de un libro esencialmente religioso, cuyos cimientos ideológicos y espirituales cree asentados en ideas y motivos de signo erasmista e iluminista, sin olvidar la estrecha relación que los conversos tienen con esas corrientes espirituales. Según él, lo fundamental es la denuncia de la sociedad irremisiblemente anticristiana de la época. Ya Morel-Fatio había apuntado la inclinación erasmista de la obra. Contra el erasmismo del *Lazarillo* se manifestó repetidas veces M. Bataillon, tanto en el *Erasmo y España* [1937, 1966], como en algunos de sus estudios específicos sobre el *Lazarillo* [1958]; para Bataillon (y pese a la posibilidad de ciertas huellas del *Elogio de la locura* [1977]), el anticlericalismo de nuestra novela es de obvio cuño medieval, y en sus páginas no existe el menor asomo de erasmismo. En análogo sentido se han pronunciado J. Joset [1967] y V. G. de la Concha [1972], quien, al par que niega también la tesis del autor alumbrado, llega, por distintos caminos, a las mismas conclusiones de Bataillon, y rechaza la específica intención religiosa inicial del libro, donde no encuentra una crítica de la fe práctica de los cristianos viejos, aunque sí nota la denuncia de una falsa devoción, que el mismo Lázaro guarda al servicio de sus intereses.

Desde el punto de vista estilístico, puede encontrarse un buen panorama en el estudio de G. Siebenmann [1953] y en las introducciones de F. Rico [1976 a] y A. Blecua [1974] a sus respectivas ediciones. En este sentido, lo más destacable es que el *decoro* del personaje obligó al autor a un estilo «humilde», ajustándose el libro, por otro lado, a las normas estilísticas expuestas por Valdés en su *Diálogo de la lengua*: sobriedad, huida de toda afectación, selección del léxico empleado, ausencia casi completa de neologismos, economía expresiva (utilizando para ello las construcciones gerundivas, de participio, de infinitivo o preposicionales). El fondo básico de la lengua del *Lazarillo* lo proporciona el habla de Toledo, y el autor concede destacado valor al refranero y expresiones populares, que utiliza con frecuencia en sus páginas. Un buen índice de las materias que atañen a la lengua y el estilo del libro se encuentra en el estudio de S. Aguado [1965]. A un nivel más hondo, H. Sieber [1978] propone una sugestiva meditación sobre el significado de Lázaro, su circunstancia y sus problemas *como* lenguaje.

Una última cuestión: ¿el *Lazarillo* es o no es una novela picaresca? M. Bataillon [1968], F. Lázaro Carreter [1972] y F. Rico [1970], con razones muy convincentes, defienden la inclusión del libro —el primero de la serie— en la novela picaresca (véase también A. Francis [1978]). No piensa lo mismo A. Parker [1967, 1971], al que contesta F. Lázaro en un artículo polémico [1973].

BIBLIOGRAFÍA

Abrams, Fred, «¿Fue Lope de Rueda el autor del *Lazarillo de Tormes?*», *Hispania*, XLVII (1964), pp. 258-267.

Aguado Andreut, Salvador, *Algunas observaciones sobre el «Lazarillo de Tormes»*, Universidad de San Carlos, Guatemala, 1965.

Alonso, Dámaso, «El realismo psicológico en el *Lazarillo*», en *De los siglos oscuros al de oro*, Gredos, Madrid, 1958, pp. 226-234.

—, «La novela española y su contribución a la novela realista moderna», *Cuadernos del Idioma*, I, n.º 1 (1965), pp. 17-43.

Asensio, Manuel J., «La intención religiosa del *Lazarillo de Tormes* y Juan de Valdés», *Hispanic Review*, XXVII (1959), pp. 72-102.

Aubrun, Charles V., «El autor del *Lazarillo*: un retrato robot», *Cuadernos Hispanoamericanos*, n.º 238-240 (1969), pp. 543-555.

Ayala, Francisco, «Formación del género novela picaresca: el *Lazarillo*», *Experiencia e invención*, Taurus, Madrid, 1960, pp. 127-148.

—, «Fuente árabe de un cuento popular en el *Lazarillo*», *Boletín de la Real Academia Española*, XLV (1965), pp. 493-495.

Ayala, Francisco, El «Lazarillo»: nuevo examen de algunos aspectos, Taurus, Madrid, 1971.

Bataillon, Marcel, ed., Le roman picaresque, La Renaissance du Livre, París, 1931.

—, ed., La vie de Lazarillo de Tormès, Aubier, París, 1958; trad. cast. del prólogo, por L. Cortés: Novedad y fecundidad del «Lazarillo de Tormes», Anaya, Salamanca, 1968.

—, «La honra y la materia picaresca», en Pícaros y picaresca. «La pícara Justina», Taurus, Madrid, 1969, pp. 203-214.

—, «Un problema de influencia de Erasmo en España: el Elogio de la locura», Erasmo y el erasmismo, trad. C. Pujol, Crítica, Barcelona, 1977, pp. 327-346.

Bélič, Oldrich, «Los principios de composición de la novela picaresca», en Análisis estructural de textos hispánicos, Prensa Española, Madrid, 1969, pp. 19-60.

Blecua, Alberto, ed., La vida de Lazarillo de Tormes y de sus fortunas y adversidades, Castalia, Madrid, 1974.

Carey, Douglas M., «Lazarillo de Tormes and the Quest for Authority», Publications of the Modern Language Association of America, XCIV (1979), pp. 36-46.

Casalduero, Joaquín, «Sentido y forma de El Lazarillo», Estudios de literatura española, Gredos, Madrid, 1973 ³, pp. 72-89.

Casanova, Wilfredo, «Burlas representables en el Lazarillo de Tormes», Revista de Occidente, n.º 91 (octubre 1970), pp. 82-94.

Caso González, José, ed., La vida de Lazarillo de Tormes y de sus fortunas y adversidades, Boletín de la Real Academia Española, Anejo XVII, Madrid, 1967.

—, «La primera edición del Lazarillo de Tormes y su relación con los textos de 1554», Studia Hispanica in Honorem R. Lapesa, Gredos, Madrid, 1972, I, pp. 189-206.

Castro, Américo, «El Lazarillo de Tormes», en Hacia Cervantes, Taurus, Madrid, 1957; 1967 ³, pp. 143-166.

Cavaliere, Alfredo, ed., La vida de Lazarillo de Tormes, Gianni, Nápoles, 1955.

Chevalier, Maxime, «Des contes au roman: l'éducation de Lazarille», Bulletin Hispanique, CI (1979), pp. 189-199.

De la Granja, Fernando, «Nuevas notas a un episodio del Lazarillo de Tormes», Al-Andalus, XXXVI (1971), pp. 223-237.

Deyermond, Alan D., Lazarillo de Tormes, Grant and Cutler, Londres, 1975.

Francis, Alán, Picaresca, decadencia, historia. Aproximación a una realidad histórico-literaria, Gredos, Madrid, 1978.

Frenk Alatorre, Margit, «Tiempo y narrador en el Lazarillo (Episodio del ciego)», Nueva Revista de Filología Hispánica, XXIV (1975), pp. 197-218.

García de la Concha, Víctor, «La intención religiosa del Lazarillo», Revista de Filología Española, LV (1972), pp. 243-277.

Gilman, Stephen, «The Death of Lazarillo de Tormes», Publications of the Modern Language Association of America, LXXXI (1966), pp. 149-166.

Gillet, Joseph E., «A note on the Lazarillo de Tormes», Modern Language Notes, LV (1940), pp. 130-134.

Gómez-Menor, José, «En torno al anónimo autor del *Lazarillo de Tormes* y su probable naturaleza toledana», *Anales Toledanos*, XII (1977), pp. 185-208.

González Palencia, Ángel, «Leyendo el *Lazarillo de Tormes*», en *Del «Lazarillo» a Quevedo*, CSIC, Madrid, 1946.

Guillén, Claudio, «La disposición temporal del *Lazarillo de Tormes*», *Hispanic Review*, XXV (1957), pp. 264-279.

—, ed., *Lazarillo de Tormes and Abencerraje*, Dell, Nueva York, 1966.

Herrero, Javier, «The Great Icons of the *Lazarillo*: The Bull, the Wine, the Sausage and the Turnip», *Ideologies and Literature*, n.º 15 (1978), pp. 3-18.

Jaén, Didier T., «La ambigüedad moral del *Lazarillo de Tormes*», *Publications of the Modern Language Association of America*, LXXXIII (1968), pp. 130-134.

Jones, Royston O., ed., *La vida de Lazarillo de Tormes*, Manchester University Press, Manchester, 1963.

Joset, Jacques, «Le *Lazarillo de Tormes*, témoin de son temps?», *Revue des Langues Vivantes*, XXXIII (1967), pp. 267-288.

Kruse, Margot, «Die parodistischen Elemente im *Lazarillo de Tormes*», *Romanistisches Jahrbuch*, X (1959), pp. 292-300.

Laurenti, Joseph L., «Ensayo de una bibliografía del *Lazarillo de Tormes* (1554) y de la *Segunda parte*... de Juan de Luna (1620)», *Annali del Istituto Universitario Orientale*, III, n.º 2 (julio 1966), pp. 265-317; «Suplemento», en los mismos *Annali*, XIII (1971), pp. 293-330.

—, *Bibliografía de la literatura picaresca*, Metuchen, Nueva Jersey, 1973.

Lázaro Carreter, Fernando, *«Lazarillo de Tormes» en la picaresca*, Ariel, Barcelona, 1972 (reúne tres estudios anteriores: «La ficción autobiográfica en el *Lazarillo de Tormes*», 1966; «Construcción y sentido del *Lazarillo de Tormes*», 1969; «Para una revisión del concepto "novela picaresca"», 1970).

—, «Glosas críticas a *Los pícaros en la literatura* de Alexander A. Parker», *Hispanic Review*, XLI (1973), pp. 469-497.

Lida de Malkiel, María Rosa, «Función del cuento popular en el *Lazarillo de Tormes*» (1964), en *El cuento popular y otros ensayos*, Losada, Buenos Aires, 1976, pp. 107-122.

Marasso, Arturo, «La elaboración del *Lazarillo de Tormes*», en *Estudios de Literatura española*, Kapelusz, Buenos Aires, 1955, pp. 157-174.

Márquez Villanueva, Francisco, «Sebastián de Horozco y el *Lazarillo de Tormes*», *Revista de Filología Española*, XLI (1957), pp. 253-339.

—, Reseña de M. Bataillon, ed., *La vie de «Lazarillo de Tormes»* (París, 1958), *Revista de Filología Española*, XLII (1958-1959), pp. 285-290.

—, «La actitud espiritual del *Lazarillo de Tormes*», en *Espiritualidad y literatura en el siglo XVI*, Alfaguara, Madrid, 1968, pp. 67-137.

Minguet, Charles, *Recherches sur les structures narratives dans le «Lazarillo de Tormes»*, Centre de Recherches Hispaniques, París, 1970.

Molho, Maurice, ed., *Romans picaresques espagnols*, Gallimard, París, 1968; trad. cast. del prólogo: *Introducción al pensamiento picaresco*, Anaya, Salamanca, 1972.

Molino, Jean, *«Lazarillo de Tormes* et les Métamorphoses d'Apulée», *Bulletin Hispanique*, LXVII (1965), pp. 322-333.

Monte, Alberto del, *Itinerario de la novela picaresca española*, Lumen, Barcelona, 1971.

Morreale, Margherita, «Reflejos de la vida española en el *Lazarillo*», *Clavileño*, V, n.º 30 (1954), pp. 28-31.

Parker, Alexander A., *Literature and the Delinquent. The Picaresque Novel in Spain and Europe, 1599-1753*, Edinburgh University Press, Edimburgo, 1967; trad. cast.: *Los pícaros en la literatura. La novela picaresca en España y Europa (1599-1753)*, Gredos, Madrid, 1971.

Pérez Gómez, Antonio, ed., *La vida de Lazarillo de Tormes*, facsímil de las ediciones de 1554, con pról. de E. Moreno Báez, «... la fonte que mana y corre...», Cieza, 1959.

Piñero Ramírez, Pedro M., ed., *Lazarillo de Tormes y Segunda parte de Lazarillo de Tormes por Juan de Luna*, Editora Nacional, Madrid, 1977.

Prieto, Antonio, «De un símbolo, un signo y un síntoma», en *Ensayo semiológico de sistemas literarios*, Planeta, Barcelona, 1972, pp. 17-69.

—, «La nueva forma narrativa: *Lazarillo*», en *Morfología de la novela*, Planeta, Barcelona, 1975, pp. 379-423.

Puccini, Dario, «La struttura del *Lazarillo*», *Annali della Facoltà di Lettere di Cagliari*, XXIII (1970), pp. 65-103.

Redondo, Augustin, «Historia y literatura: el personaje del escudero de *El Lazarillo*», *Actas del Primer Congreso Internacional sobre la Picaresca*, Fundación Universitaria Española, Madrid, 1979, pp. 421-435.

—, «Pauperismo y mendicidad en Toledo en época del *Lazarillo*», *Hommage des hispanistes français a Noël Salomon*, Burdeos, 1979, pp. 703-724.

Ricapito, Joseph V., ed., *Lazarillo de Tormes*, Cátedra, Madrid, 1976.

Rico, Francisco, ed., *Lazarillo de Tormes*, en *La novela picaresca española*, I, Planeta, Barcelona, 1967 (1970²), pp. 1-80; reimpreso en volumen independiente, Planeta, Barcelona, 1976, 1980, en ambos casos con adiciones en apéndice.

—, «Problemas del *Lazarillo*», *Boletín de la Real Academia Española*, XLVI (1966), pp. 277-296.

—, «En torno al texto crítico del *Lazarillo de Tormes*», *Hispanic Review*, XXXVIII (1970), pp. 405-419.

—, «*Lazarillo de Tormes*, o la polisemia», en *La novela picaresca y el punto de vista*, Seix-Barral, Barcelona, 1970 (1973², con correcciones), pp. 13-55; trad. inglesa de H. Sieber, corregida y aumentada por el autor, Cambridge University Press, en prensa.

—, «Para el prólogo del *Lazarillo*: "el deseo de alabanza"», *Actes de la Table Ronde Internationale «Picaresque Espagnole»*, Centre d'Études Sociocritiques, Université Paul Valéry, Montpellier, 1976, pp. 101-116.

Rodríguez-Puértolas, Julio, «*Lazarillo de Tormes* o la desmitificación del imperio», en *Literatura, historia, alienación*, Labor, Barcelona, 1976, pp. 173-199.

Ruffinatto, Aldo, *Struttura e significazione del «Lazarillo de Tormes»*, I: *La costruzione del modello operativo. Dall'intreccio alla «fabula»*, y II: *La «fabula». Il modello trasformazionale*, Giappichelli, Turín, 1975 y 1977.

Rumeau, Aristide, «La casa lóbrega y oscura», *Les Langues Néo-Latines*, n.º 172 (mayo 1965), pp. 3-12.

Rumeau, Aristide, Le «Lazarillo de Tormes». Essai d'interprétation, essai d'attribution, Éditions Hispano-Américaines, París, 1964.
—, «Sur le Lazarillo de 1554. Problème de filiation», Bulletin Hispanique, LXXI (1969), pp. 476-517.
Sàbat de Rivers, Georgina, «La moral que Lázaro nos propone», Modern Languages Notes, XCV (1980), pp. 233-251.
Sánchez Romeralo, Jaime, «Lázaro en Toledo (1553)», Libro-homenaje a Antonio Pérez Gómez, «... la fonte que mana y corre...», Cieza, 1978, vol. II, pp. 189-202.
Sicroff, Albert A., «Sobre el estilo del Lazarillo de Tormes», Nueva Revista de Filología Hispánica, XI (1957), pp. 157-170.
Siebenmann, Gustav, Über Sprache und Stil im «Lazarillo de Tormes», Franke, Berna, 1953.
Sieber, Harry, Language and Society in «La vida de Lazarillo de Tormes», The Johns Hopkins University Press, Baltimore, 1978.
Tarr, F. Courtney, «Literary and Artistic Unity in the Lazarillo de Tormes», Publications of the Modern Language Association of America, XLII (1927), pp. 404-421.
Tierno Galván, Enrique, «¿Es el Lazarillo un libro comunero?», Boletín Informativo del Seminario de Derecho Político de la Universidad de Salamanca, XX-XXIII (febrero 1958), pp. 217-220.
Truman, R. W., «Lázaro de Tormes and the Homo novus Tradition», Modern Language Review, LXIV (1969), pp. 62-67.
Vilanova, Antonio, «Un episodio del Lazarillo y el Asno de oro de Apuleyo», 1616, Anuario de la Sociedad Española de Literatura General y Comparada, I (1978), pp. 189-197.
Wardropper, Bruce W., «El trastorno moral en el Lazarillo», Nueva Revista de Filología Hispánica, XV (1961), pp. 441-447.
—, «The Strange Case of Lázaro Gonzales Pérez», Modern Language Notes, XCII (1977), pp. 202-212.
Willis, Raymond S., «Lazarillo and the Pardoner: the Artistic Necessity of the Fifth Tractado», Hispanic Review, XXVII (1959), pp. 267-279.
Woodward, L. J., «Le Lazarillo — œuvre d'imagination ou document social?», en el colectivo Théorie et pratique politiques à la Renaissance, Vrin, París, 1977, pp. 333-346.
Ynduráin, Domingo, «Algunas notas sobre el "tratado tercero" del Lazarillo de Tormes», Studia Hispanica in Honorem R. Lapesa, Gredos, Madrid, 1975, III, pp. 507-517.

MARCEL BATAILLON

PARA LEER EL *LAZARILLO*

Porque Lázaro cuenta *su historia* en primera persona y se planta
en la España del Emperador victorioso, Fonger de Haan [en 1903]
y otros han podido ver en él a un español real de tal tiempo, aun
cuando más de una de *sus historias* pertenecen a un folklore internacional sin época precisa. El error consiste en creer que esta inmer-
sión en el medio histórico era la finalidad del autor, cuando era para
él sólo un medio. Lázaro es el único personaje de la novelita que
tiene un nombre, un estado civil, un lugar de nacimiento, una infancia, una juventud. Pero ello basta para que soporte todo el resto y se
muestre como testigo y juez. El *yo* afirmado con tal insistencia tiene
una enorme fuerza persuasiva. Este *yo* crea una gran distancia entre
biografía y autobiografía jocosas, entre *Till Eulenspiegel* y *Lazarillo*.
[...] Pero ¿por qué ha habido empeño en interpretar el *Lazarillo*
como una historia verdadera, en descubrir el hombre que se identi-
ficaría con el narrador y con el héroe? Es, sin duda alguna, porque
el novelista, como al descuido, ha encuadrado la biografía de Lázaro
entre dos fechas históricas: el héroe tiene ocho o diez años cuando
su padre muere en una expedición a los Gelves (1520); y puede
tener unos veintiocho años cuando «en la cumbre de toda buena
fortuna» ve al Emperador victorioso entrar en Toledo para celebrar
Cortes. Entre ambas fechas, Lázaro ha vivido difícilmente, pero ha
vivido. Y la mayor proeza literaria consiste en hacerle vivir y durar,
junto al escudero, estas semanas en que no pasa nada, en la «casa

Marcel Bataillon, ed., *La vie de Lazarillo de Tormès*, Aubier, París, 1958;
trad. cast. (del prólogo) por L. Cortés: *Novedad y fecundidad del «Lazarillo de
Tormes»*, Anaya, Salamanca, 1968, pp. 48-49, 52-53, 57-58, 60-61, 63-64, 66-70.

sin ajuar», vacía y perfecta como una pompa de jabón, artificial microcosmos hecho de nada y mantenido en su lugar hasta el instante en que pueda estallar sin echarlo todo a perder. La primera jornada que el arte del narrador teje sin otro objeto que situar este episodio y conducir al clarividente Lazarillo al término de su desilusión, es una memorable novedad en la historia de la novela.

[Nos conviene] ponernos en guardia contra ciertas sistematizaciones deformantes: bien la aplicación intempestiva en su última etapa de la noción de «realismo», tal como la concebía el siglo xix, bien la interpretación en términos de «crítica social» o bien la clasificación con referencia a «épocas» a las que se supone que imponen un espíritu y «estilo» común a los productos artísticos más diversos de un mismo tiempo. Naturalmente que se ha formulado la pregunta de si el *Lazarillo* es «Edad Media» o «Renacimiento». Y aunque no es preciso exagerar la cultura clásica que su autor deja transparentar, es difícil no encontrar un aire nuevo en la sencillez ágil del relato y de los diálogos. El error consistiría en creer que el *Lazarillo* adopta tal tono y toma como materia la prosa de la vida diaria, para llevar la contraria a las novelas de caballería, reacción que revelaría las nuevas tendencias del Renacimiento, en lucha contra una tradición medieval. Esta dialéctica belicista, según la cual las «épocas» se suceden negándose las unas a las otras, no es más que un hegelianismo barato que falsea hoy día la historia de la cultura. Cuando González Palencia [1946] cree descubrir en el nacimiento de Lazarillo en un molino, en su infancia, en la presentación de sus padres, en su educación por un ciego, en la profecía burlesca de su porvenir, una especie de imitación paródica del *Amadís*, tal idea, por ingeniosa que pueda ser, no convence. *Lazarillo* aparece en el momento en el que la crítica de los libros de caballería está en pleno auge. Si su autor hubiera querido verdaderamente unir su voz al concierto, hubiera sido un bonito tema para su prólogo el afirmar, aunque sólo fuera en dos líneas, la superioridad de la autobiografía real de un pobre diablo, sobre la literatura que da como pasto al lector anacrónicas hazañas. Pero el gusto de la época era a menudo ecléctico. Un Francisco Delicado, admirable pintor verista del mundo de las prostitutas en *La Lozana andaluza*, editaba, por otro lado, *Amadís* y *Primaleón* modernizando algo su estilo, y en el prefacio de *Primaleón* pretende reaccionar contra el desprecio injusto de los pretendidos sabios contra tales «crónicas» novelescas que tratan de «fablillas». [...]

Fray José de Sigüenza admira en la obra más que la novedad de la materia, la manera. Admira al autor por el «singular artificio y donaire» con el que hace brillar, en tan humilde asunto, «la propiedad de la lengua castellana y el decoro de las personas que introduce». Propiedad y decoro no eran sino dos aspectos de un mismo mérito, que el autor ya reivindica en su prefacio, cuando el héroe habla de dar idea de una vida como la suya empleando un «grosero estilo». Sigüenza y él son hombres del Renacimiento, en la medida en que hacen suyos conscientemente los preceptos del *Arte poética* de Horacio: «recte scribendi sapere» y «reddere personae convenientia cuique». Justeza del lenguaje, sencillo para un asunto sencillo, conveniencia de las palabras y de los actos con el carácter de cada personaje, tal era igualmente el ideal en nombre del cual Juan de Valdés juzgaba a los novelistas y a los dramaturgos amados por el público de 1536.

«Guardar el decoro» es la exigencia clave de tal crítica [y], para el padre del *Lazarillo*, era, ante todo, ser fiel a una cierta imagen folklórica del mozo de ciego; después, renovar esta imagen sin alterar la relación fundamental entre ambos personajes. El ciego sagaz y cruel le llegaba al autor unido al mozo ingenuo y pícaro. El clérigo avaro, carácter de una pieza, está en análoga relación con Lázaro, cuya historia enriquece sin cambiar su tonalidad. La «variación» genial es la constituida por la entrada en escena del escudero, carácter dibujado, como los dos anteriores, según una tradición, pero más rico en matices. Nada hay que inspire odio en este personaje simpático y ridículo al par, mentiroso y quimérico. Lázaro, a su lado, permanece fiel a sí mismo, en el sentido de que lo vemos recurrir a su primera industria de mendigo para no morir de hambre, pero se supera, despojándose de todo rencor y astucia, ante este amo a quien cobra compasión y a quien le parece natural alimentar, en lugar de ser alimentado por él.

Hay algo, sin embargo, que desconcierta e indispone a nuestro héroe con el escudero. Es la superstición del honor que inspira sus actos y actitudes. Y así, en contacto con él, Lázaro nos mostrará un rasgo de carácter que es probablemente un descubrimiento, un hallazgo genial del anónimo autor: este espíritu positivo, insensible al sentimiento de la honra, pero respetuoso del prestigio social en cuanto se reconoce en el vestido y en cuanto su jerarquía coincide con la de la riqueza. ¿Por qué —comenta Lázaro con admiración— no os quitabais el bonete?: «si él era lo que decís *y tenía más que vos, ¿no errábades en no quitárselo primero...?*». Hay una perfecta adecuación entre el carácter de Lázaro, tal como acaba de dibujarlo este diálogo, y el destino social que ha forjado para él, con un profundo humor, el autor del *Lazarillo*. De casta le viene al mozo su positivismo. Su madre, viuda de un acemilero condenado por robo, no tarda en amancebarse con un mozo de cuadra mulato, de honradez igualmente dudosa. Admiremos la fórmula proverbial por la que el autor hace expresar al hijo el razonado movimiento que induce a la madre a buscar protección y dinero, y que la lleva a «frecuentar las caballerizas» de las gentes importantes: «determinó arrimarse a los buenos por ser uno de ellos». Lázaro aplicará con mayor fortuna el mismo precepto. [...]

Lázaro termina asentándose. La última frase del libro, en imperfecto, aunque abra la puerta a una posible continuación, no por ello deja de presentarnos al héroe provisto de un «oficio real» y casado, es decir, a un hombre que ha llegado. Pero ¿de qué oficio real se trata? Y ¿de qué burlesca manera realiza Lázaro el proverbio de los tres caminos de la fortuna: «Iglesia, o mar, o casa real»? El mozo se ha ligado amistosamente con la clerecía de Toledo, en la persona de un capellán que le hace trabajar a destajo como aguador. El oficio no es malo, puesto que, pagando al patrón una renta de treinta maravedís por día, Lázaro economiza en cuatro años lo bastante para poder comprarse, en casa de un ropavejero, un «hábito de hombre de bien», con aditamento y todo de «una espada de las viejas primeras de Cuéllar». ¡Adiós trabajo manual! Tras una experiencia desgraciada al servicio de un alguacil, oficio que encuentra peligroso, Lázaro, por medio de sus protectores, logra el cargo de pregonero. Oficio real, ciertamente; pero, para ser sensible al lado humorístico de este ascenso es preciso saber que era el más ínfimo, el menos brillante de todos. El pregonero tiene entre sus prerrogativas la de pregonar los vinos que los propietarios tienen que vender. Y ello le granjea una reputación de catador: *pregonero* y *mojón público* son sinónimos. Lázaro pregona los vinos del señor arcipreste de San Salvador. Este último concibe la idea de casar al mozo «con una criada suya», sin renunciar por ello a sus servicios. Lázaro, colmado de beneficios por tal protector, vive entre él y su mujer la más venturosa existencia; acoge con mayor facilidad los consejos filosóficos del arcipreste que los rumores malignos que corren sobre su matrimonio: «Señor —le dije—, yo determiné de arrimarme a los buenos». Y a los amigos que le cuentan lo que se dice: «Mirá, si sois amigo, no me digáis cosa con que me pese, que no tengo por mi amigo al que me hace pesar. Mayormente si me quieren meter mal con mi mujer... Que yo juraré sobre la hostia consagrada que es tan buena mujer como vive dentro de las puertas de Toledo, y a quien otra cosa me dijere, yo me mataré con él». Lázaro, dispuesto a defender con su vieja espada su felicidad más bien que su honor conyugal, es la más graciosa antítesis del honor que nos ofrece la literatura española.

Vemos, pues, cómo el autor anónimo, no contento con integrar en una historia continuada las historietas tradicionales de Lazarillo de Tormes, y de darles una continuación magistral, hace al personaje artesano consciente, aunque oportunista, de su propio destino. Muy diverso de Ulenspiegel, «el cual no se dejó engañar por falacia alguna» (según el título de las viejas ediciones francesas), nuestro ingenuo no por ello es un primo. Hay en esta recreación tal fidelidad al carácter tradicional, y en el enriquecimiento de esta figura una coherencia interna tan fuerte, que el padre Sigüenza podía, con mucha razón, considerar el *Lazarillo* como una obra maestra del arte de «guardar el decoro» en la elaboración de los personajes. En ello, justamente, debemos buscar el vínculo de la obra con las búsquedas literarias de su época, no en un verismo de detalle, que no es de aquel tiempo. Podríamos hablar de realismo psicológico, si no temiéramos traicionar una vez más, con anacrónica pedantería, esta especie de «verdad» jocosa a la que ha tendido el autor, y en la que reside un secreto de la estructura del *Lazarillo*.

El color local de las «costumbres» tiene verdad global manifiesta sobre todo en el personaje del escudero. Se reduce, en los pormenores, a cinco o seis alusiones: bonetes toledanos, intrigas de las toledanas de costumbres fáciles, cabezas de carnero comidas el sábado, confituras de Valencia, lechugas murcianas, espadas de Cuéllar... La «crítica social» preocupa aún menos a nuestro autor. Uno de los temas favoritos de la crítica social en la España de Carlos V es la plaga de la mendicidad profesional y del vagabundaje. Pues ni siquiera apunta en el episodio del mendigo. Como se recordará, hay en el tratado III una alusión a la lucha contra esta plaga, a propósito de la mendicidad a la que Lázaro se ve reducido por la miseria del escudero: el hambre, aquel año, hace que el Ayuntamiento de Toledo se vea obligado a tomar medidas de expulsión contra los mendigos forasteros. Pero Lázaro, que a menudo es sentencioso y gusta de dar su opinión, se guarda bien de decir una sola palabra sobre la oportunidad del edicto que le amenaza con el látigo. Simplemente, fiel a su carácter (guardando el decoro), nos hace contemplar la adversidad a que se ve reducido, él que había creído que saldría fácilmente del paso con sus dotes de mendigo.

Claudio Guillén

LA DISPOSICIÓN TEMPORAL DEL *LAZARILLO*

Es el *Lazarillo*, en primer lugar, una epístola hablada. Se dirige el narrador o personaje central de la obra a un «vuestra merced», a una personalidad de rango superior al suyo, de que sólo sabemos que es el protector de su protector, el «amigo» del arcipreste de San Salvador: «En este tiempo, viendo mi habilidad y buen vivir, teniendo noticia de mi persona, el señor arcipreste de San Salvador, mi señor, y servidor y amigo de Vuestra Merced, porque le pregonaba sus vinos, procuró casarme con una criada suya». Digo que se trata de una epístola «hablada», con términos algo contradictorios, porque parece que escuchamos, de hurtadillas, la confesión dirigida por Lázaro al amigo de su protector. Cierto que en los primeros párrafos del prólogo el autor, con no poco orgullo, manifiesta el propósito de «que cosas tan señaladas, y por ventura nunca oídas ni vistas, vengan a noticia de muchos...». Mas la confesión pública de Lázaro, cuando pasamos del prólogo al relato propiamente dicho, tiene por oyente, no al lector, sino a la persona que ha solicitado tal relato: «y pues vuestra merced *escribe se le escriba* y relate el caso muy por extenso», etc. La redacción del *Lazarillo* es ante todo un acto de obediencia.

Obediencia que tiene numerosos antecedentes literarios. [Por ejemplo, Diego de San Pedro dice haber compuesto la *Cárcel de*

Claudio Guillén, «La disposición temporal del *Lazarillo de Tormes*», *Hispanic Review*, XXV (1957), pp. 264-279 (268-275, 278).

amor «más por necesidad de obedecer que con voluntad de escribir».]
Tenemos presente, además, por tratarse de una obra renacentista,
compuesta en una época en que la confesión de tipo agustiniano o
introspectivo era del todo concebible, la autobiografía de Santa Teresa, que fue escrita por mandado de su confesor.

Como quiera que sea, la motivación de este acto de obediencia
no deja de ser oscura. ¿Conocería el amigo del arcipreste de San
Salvador la indigna relación que con éste tenía Lázaro («pues vuestra
merced escribe se le escriba y relate *el caso* muy por extenso...»)?
[...] ¿Responde o no la confesión final de Lázaro a una petición de
cuentas? No es equívoca, de todos modos, la función literaria de este
procedimiento. Lázaro, por una razón o por otra, se manifiesta de
cuerpo entero, afirma su propio ser. Lo cual me lleva a señalar un
segundo rasgo genérico.

El principal propósito del autor no consiste, al parecer, en narrar
—en contar sucesos dignos de ser contados y, por decirlo así, autó-
nomos—, sino en incorporar estos sucesos a su propia persona:
«Y pues vuestra merced escribe se le escriba y relate el caso muy
por extenso, parecióme no tomarle por el medio, sino del principio,
porque se tenga entera noticia de mi persona». [...] O, dicho de
otra manera, el pasado está supeditado al presente. Lázaro refiere los
hechos capitales de su existencia, se sumerge en la duración de su
vida, porque estos hechos son el fundamento de su persona. Pero
esta mirada hacia el pasado es ineludible. Ni a Lázaro le interesa lo
pretérito como tal, lo transcurrido como algo divisible del presente,
ni tampoco le es posible prescindir del tiempo para valorarse a sí
mismo. El hombre maduro, Lázaro, reúne en sí las conclusiones que
el muchacho, Lazarillo, sacó de sus experiencias. La afirmación del
ser lleva implícita la conciencia de un progreso activo, de una larga
batalla librada contra el mundo, de un «haber llegado a ser», es
decir, la conciencia del tiempo. [Aquí] lo primordial es el *término*
de un proceso educativo. El narrador es un hombre hecho, formado,
maduro, desengañado. Lázaro, más que Lazarillo, es el centro de
gravedad de la obra.

Si consideramos el *Lazarillo* como una «relación», sus aparentes
discontinuidades cesan de ser defectos o torpezas, propios, según
pensaba la crítica del siglo XIX, de un arte más o menos «esquemá-
tico». Ya no nos extraña que la forma de la narración no se amolde
perfectamente al continuo transcurso del tiempo. No nos sorprende

que el informe del narrador —biográficamente incompleto— revele al parecer bruscas soluciones de continuidad, puesto que el héroe no se subordina al fluir independiente o biográfico de su vida. El proceso de selección a que Lázaro somete su existencia nos muestra aquello que le importa manifestar: los rasgos fundamentales de su persona. Los puntos culminantes de la obra coinciden con unos hechos de conciencia: con los componentes esenciales de la memoria de Lázaro. Situados y contemplados en el plano de la conciencia, en el presente, los acontecimientos no dan lugar a huecos o interrupciones. Todo sucede, por lo tanto, como si una memoria, penetrando en sí misma, sacase a la superficie unos elementos básicos y *luego* los desenvolviese en el tiempo, a lo largo de una duración unilinear. Y entre estos elementos, ya «proyectados» o vueltos a colocar en el tiempo, no subsisten interrupciones o soluciones de continuidad, sino intervienen, como veremos más adelante, unas aceleraciones.

La relación que Lázaro escribe consiste, pues, en un ir desplegando o «desarrollando» aquello que él sabe forma parte de su vivir y su ser actuales. La forma de la novela es la «*proyección*» —o, mejor dicho, autoproyección— *de la persona en el tiempo*. No sólo desde el presente, sino con él, se construye un pasado. Y esta disposición temporal, puesto que Lázaro es a la vez narrador y héroe, se funda en una valoración de la temporalidad. Lázaro, al referir o «disponer» los sucesos de su vida, muestra cómo siente e interpreta el tiempo.

Toda novela comprende tres planos temporales. Un primer tiempo de *narración,* o sea, el momento en que el narrador cuenta, habla o escribe. Y dos niveles integrados en la trama de la acción misma. Un tiempo, en primer lugar, *cronológico,* o astronómico, o público —el de las horas, los días y los años, medidos por instrumentos exteriores al hombre. Y un tiempo que llamaremos *personal,* o psicológico —el de los hechos de conciencia, de una temporalidad que el hombre siente fluir dentro de sí mismo y que sólo su propia sensibilidad puede captar o medir. En el *Lazarillo* estos tres planos poco a poco se reducen a dos, pues al final Lázaro es simultáneamente personaje central de la novela y narrador de ella. En el momento preciso en que escribe, Lázaro es pregonero de la villa de Toledo y marido de la barragana del arcipreste de San Salvador. El presente del verbo sirve para pintar este oficio o estado último: «En el cual el día de hoy vivo y resido a servicio de Dios y de vuestra merced». [...]

En el primer tratado del *Lazarillo* el tiempo cronológico está indicado con suma vaguedad. [...] Basta por ahora con indicar un tenue hilo temporal. Dato negativo pero muy revelador. A Lázaro le importa ante todo el tiempo psicológico, pero para que éste aparezca es preciso que Lazarillo empiece a ser persona. El primer detalle cronológico, en efecto, coincide con el instante en que aquél despierta «de la simpleza en que como *niño dormido* estaba». Es más, la conciencia del tiempo, el comienzo de una maduración interior y el primer dolor surgen simultáneamente: es la burla del toro de piedra: «que *más de tres días* me duró el *dolor* de la cornada». Tiempo cronológico que lleva implícito una experiencia íntima. No se trata de un marco o escenario con que el hombre no se identifica, sino de tres días de sufrimiento interior. De ahora en adelante el sentido de la temporalidad irá unido, por lo general, a determinados instantes de sufrimiento. [...]

La misma vaguedad cronológica y el mismo uso del imperfecto para expresar acciones repetidas o habituales [que predominan en el capítulo inicial, salvo en los tres momentos de iluminación interior correspondientes a las escenas del jarrazo, las uvas y la longaniza,] caracterizan los primeros párrafos del segundo tratado. Y tropezamos de repente con un procedimiento nuevo, que poco a poco se irá afianzando. Es la utilización de frecuentes referencias cronológicas como instrumento para subrayar la trayectoria de la experiencia personal. Sabemos que transcurren seis meses en la casa del clérigo de Maqueda. Y los pormenores de esta clase se multiplican conforme aumentan el hambre y la congoja de Lázaro. «A cabo de *tres semanas* que estuve con él, vine a tanta flaqueza que no me podía tener en las piernas de pura hambre.» [...] El sentido del tiempo —del fluir inmediato e intenso de la existencia— se apodera del hombre cuando éste se halla en lo que Lazarillo llama «una continua y rabiosa muerte».

La técnica que acabo de indicar se desarrolla considerablemente en el tratado tercero. Me limitaré a algunas observaciones de detalle. Las referencias cronológicas no son ya meros toques descriptivos. Constituyen la base del relato, el fondo contra el cual se dibuja la dilatación de un tiempo experimentado por Lazarillo. Recuérdese con qué exactitud el autor mide el curso de las horas durante los dos primeros días que Lazarillo pasa en compañía del escudero. En ningún otro momento del relato van tan estrechamente ligados el contento y el descontento, el hambre y la ilusión, la esperanza y la espera. Las horas se suceden lentas y desesperantes. Dan las ocho, las once, la una, las dos, y, al día siguiente, las dos y las cuatro; hasta que Lazarillo, otra vez al borde del abismo, vuelve a pedir limosna. «Desta manera pasaron ocho o diez días.» Y de nuevo aprieta el hambre, de nuevo la emoción se intensifica y el tiempo tiende a reducirse al instante. Transcurren cuatro días, y luego «dos o tres», etc. (Lo mismo le ocurre al escudero, ansioso también de salir del apuro en que se encuentra: «yo deseo que se acabe este mes para salir della».) Tras la burla de la «casa lóbrega, obscura», una vez más la cifra tres sirve para medir los efectos de un momento de hondo sobresalto: «ni en aquellos *tres* días torné en mi color». Y el desenlace del capítulo se adapta asimismo a un renovado proceso de aceleración.

Aceleración que continúa y se extiende hasta el final de la novela. Lazarillo no permanece con el fraile de la Merced sino el tiempo de romper unos zapatos: «... no me duraron ocho días. Ni yo pude con su trato *durar* más». Con el verbo «durar» basta para designar la fatiga y el atosigamiento que el mismo Lazarillo siente. Y el paso del relato se hace cada vez más rápido. Cuatro meses abarca el tratado del buldero, cuatro años el del capellán. Volvemos a la técnica inicial (el capítulo del buldero, aunque limitado a un solo episodio, se asemeja mucho a los capítulos iniciales), a la vaguedad cronológica, al empleo del imperfecto del verbo para retratar acciones habituales. El aprendizaje de Lázaro, en realidad, ha terminado. Lázaro ya *es,* y su persona ha adquirido su forma definitiva. La fortuna, además, empieza a sonreírle. Y el hombre maduro pone en práctica las lecciones de su adolescencia con la rapidez y la decisión que caracterizan el ritmo de los últimos capítulos. [...]

La disposición temporal del *Lazarillo* es sumamente sencilla. Es un progreso unilinear, continuo, de andadura y velocidad cambiantes. Al principio este progreso, encauzado en una vaga cronología, es muy rápido. La ausencia de todo tiempo personal manifiesta la niñez del héroe, su ignorancia del mundo. Después —capítulos del ciego, del clérigo y del escudero— la narración fluirá tanto más despacio cuanto más agudo sea el sufrimiento de Lázaro. Junto con este marcado *ralenti* emerge un *tempo lento* psicológico, que se perfila contra un fondo de indicaciones cronológicas. Perseguido por su mala fortuna, pero ayudado por el recuerdo de sus experiencias anteriores,

Lazarillo vive lenta e intensamente. Con esta conciencia de la temporalidad queda puesto de relieve el carácter angustioso de la vida. Pero Lazarillo crece, aprende, acendra su voluntad. Tras el tercer tratado, observamos un velocísimo proceso de aceleración. Al final Lázaro se siente inestablemente «descuidado»: ni gozoso, en realidad, ni afligido. La rapidez de las últimas páginas subraya la transición del cuidado al «descuido», del vivir en lucha con el mundo al mantenerse a una prudente distancia de él, con objeto de evitar sus escollos materiales, morales y sociales.

Fernando Lázaro Carreter

LÁZARO Y EL CIEGO: DEL FOLKLORE A LA NOVELA

Partiendo de un viejo método, aplicado en el *Asno de oro* y, en la época moderna, [por ejemplo], en el *Till Eulenspiegel* (1519), y consistente en atribuir diversas peripecias folklóricas a un personaje único, el *Lazarillo* lo trasciende con otras iniciativas que constituyen su novedad:

1. Las peripecias, lejos de ordenarse en una sarta inconexa, se articulan entre sí, y no desaparecen del recuerdo de los personajes, sino que, en ocasiones, son aludidas y hasta condicionan su comportamiento posterior.

2. Los materiales se someten a una intención. El autor no los colecciona y ensarta, simplemente, sino que los selecciona del patrimonio circulante, para supeditarlos a determinados propósitos.

3. Ni las estructuras ni los materiales folklóricos se ajustan siempre a sus designios; de ahí que tenga que adaptarlos, darles otras formas u otros significados, y que, en casos especialmente difíciles, se vea forzado a la invención.

4. Esta empresa, que en sí es un hito importante en la historia de la narrativa, se corona con una proeza más: todos los materiales, más o

Fernando Lázaro Carreter, «Construcción y sentido del *Lazarillo de Tormes*», *Ábaco*, I (1969), pp. 45-134; reimpr. en *«Lazarillo de Tormes» en la picaresca*, Ariel, Barcelona, 1972, pp. 59-192 (65-67, 110-122).

menos mostrencos, que constituyen la vida del protagonista, son aducidos para ilustrar o justificar la situación a que esa vida ha llegado en el momento de rendir cuentas de ella.[1]

El héroe del relato épico era, hasta entonces, un personaje no modificado ni moldeado por sus propias aventuras; son precisamente las dotes y los rasgos connaturales al héroe los que imprimirán su tonalidad a dichas aventuras. En el *Lazarillo*, por el contrario, el protagonista es resultado y no causa; no pasa, simplemente, de una dificultad a otra, sino que va arrastrando las experiencias adquiridas; el niño que recibe el coscorrón en Salamanca, no es ya el mismo que lanza al ciego contra el poste en Escalona; ni el que sirve al hidalgo, tolera el trote ni las asechanzas del fraile de la Merced. Y, de este modo, el pregonero que soporta el deshonor conyugal es un hombre entrenado para aceptarlo por la herencia y por sus variados aprendizajes. Es esto lo que, pensamos, hace de Lázaro un héroe novelesco, lo que constituye su modernidad como personaje.

[A lo largo del tratado I], el autor echa mano de materiales folklóricos. La rivalidad entre el ciego y su destrón está presente en la narrativa y en el teatro europeos de carácter popular, desde la Edad Media. Esa pareja ha dejado alguna huella en la literatura castellana anterior al *Lazarillo*, como síntoma de su popularidad. Así, en un pasaje de la *Farça moral*, en que Sánchez de Badajoz enfrenta a figuras alegóricas de distinto signo, se compara su violenta querella con la «porrada de moço y ciego». [...] Este primer amo —no olvidemos: en posición de *Toppgewicht*, [es decir, de figura o cosa principal en una serie folklórica de tres elementos]— asume rasgos tópicos del carácter del ciego: sutileza y mezquindad. [...] Tal es el hombre con quien Lázaro sale del hogar para servirlo y adestrarlo.

1. [«No se trata, por tanto, de un relato abierto, sino de una construcción articulada e internamente progresiva, con piezas subordinadas a un hecho subordinante. Si hiciera falta un indicio de que las interpolaciones de la edición Alcalá, 1554, son apócrifas, bastaría con observar el añadido final: "De lo que de aquí adelante me suscediere, auisaré a Vuestra Merced". Quien esto escribió no había entendido: *a*) que a "vuestra merced" sólo le interesaba el *caso* singular narrado por Lázaro en el capítulo final; *b*) que si Lázaro —mejor dicho, el autor— cuenta otras cosas es porque las juzga antecedentes necesarios para que el lector comprenda su situación de marido complaciente; y *c*) que el narrador ha terminado en aquel punto, cuando ha satisfecho la curiosidad de "vuestra merced"» (p. 86).]

Y, sin embargo, acabarán invirtiéndose los papeles: «*siendo ciego*, me alumbró e adestró en la carrera de viuir». Este quiasmo o cruce de papeles es también susceptible de una interpretación basada en lo folklórico, en un refrán, de abolengo bíblico, que Gonzalo Correas formula así: «Cuando guían los ciegos, ¡guay de los que van detrás!». [...] El autor del *Lazarillo* contaba, sin lugar a dudas, con un conocimiento del refrán por parte de sus lectores, para que la proclamación del magisterio del ciego que hace el protagonista fuera entendida con plenitud, y para que fuera comprendido uno de los significados del libro, en cuanto cumplimiento implacable del epifonema «¡guay de los que van detrás!». De este modo, la vida de Lázaro irá gobernada, no sólo por la sangre sino por su educación. Se ha puesto a servir, conforme a la *ley de tres*, [al esquema folklórico de los tres elementos encabezados por un *Toppgewicht*], con el amo más importante. Y la importancia de este amo consiste en que es ciego, en que sus enseñanzas lanzarán el alma del niño al extravío, más allá del marco de los tres amos, mucho más allá, para el resto de su vida. Al fin del primer tratado, predestinado por la sangre y guiado, además, por un ciego, su suerte estará echada.

Desde esta interpretación, resulta claro que el autor, para iniciar su relato, no ha tomado la pareja ciego-mozo simplemente porque la hallaba ya formada en la tradición, sino que, al contrario, dados sus fines de mostrar el fracaso de una vida como consecuencia —en parte— de un extravío educativo, ha aprovechado las posibilidades de aquella pareja folklórica, para que el ciego guíe al niño y se haga ejemplo del refrán. De nuevo, un rasgo del *Lazarillo*, todo lo manido que se quiera, adquiere pleno sentido fuera de sí mismo, es decir, visto desde el «caso» final.

El destrón sale graduado en malicias cuando abandona al amo. Su aprendizaje —se ha señalado alguna vez— discurre entre dos hechos simétricos: el testarazo que el ciego le asesta golpeándolo contra el toro, y el que él propina al ciego. Han sido bien marcados, para que no puedan escapársenos: «diome *vna gran calabaçada* en el diablo del *toro*»/«póngome detrás del poste como quien espera tope *de toro* ...; y da con la cabeza en el poste, que sonó tan rezio como si diera con *vna gran calabaça*».

Ambas tretas, la del ciego al mozo y la del mozo al amo, son folklóricas. La primera —empujar la cabeza contra el «toro» de piedra, a los incautos que la acercan para oír algo en él— pervive aún en Ciudad Rodrigo. La segunda está sustancialmente descrita en un repertorio de *Dichos graciosos de españoles*,[2] manuscrito de 1540 (hoy en la biblioteca de A. Rodríguez-Moñino). Son tretas originariamente independientes; la primera no es típica de aquella pareja, sino de niños. Hay una falta de lógica en que el muchachillo salmantino la ignorara, y la conociese en cambio el ciego forastero. Ello obliga a pensar que el incidente ha sido inventado como preparación de la venganza final, que el autor hallaba ya elaborada como cuento popular, y al que destinaba la función de cierre climático del tratado. Forzado a imaginar una situación inversa, que sirviera de base de simetría, recordó sin duda aquella broma infantil de Salamanca. Quién sabe, incluso, si Lázaro nace aquí tan sólo porque era el lugar donde se daban coscorrones contra el «toro» del puente; el cual a su vez, inducirá la imagen taurina del cuentecillo final. De esta manera, la correspondencia simétrica resultaba nítida.

Esta correspondencia se ajusta, temática y estructuralmente, al esquema folklórico del tipo «burlador burlado». El súbito final reconoce el mismo origen: se trata del remate abrupto habitual en el cuento y en la *novella*. Pero, entre las dos incidencias, el autor ha introducido otros elementos que alteran aquel esquema, lo dilatan y lo hacen más complejo. Tratemos de examinarlos por orden.

La primera burla del ciego queda integrada, apenas se ha producido, en el orbe intencional del relato, trascendiendo su función de mero punto de referencia para la anécdota final: «aprende que el moço del ciego vn punto ha de saber más que el diablo»; «me cumple abiuar el ojo y auisar, pues solo soy, y pensar cómo me sepa valer». El propósito «docente» que tendrá este conjunto de querellas está explícitamente declarado: no se sumarán en sarta, sino que funcionarán como piezas de un conjunto.

Las tretas siguientes —con el fardel, con las blancas— resultan victoriosas para Lázaro. Hay una indudable pericia psicológica en esta disposición: debe darse lugar a que el niño se olvide de la calabazada, y vuelva a vivir descuidado; de esta manera, podrá sucederle un segundo descalabramiento, el que recibe con el jarro del vino, cuan-

---

2. «Un mochacho de un ciego asaba un torrezno, y su amo díjole que le diese dél y comióselo todo. El mochacho le preguntó que quién le dijo del torrezno; respondió que lo había olido. Y yendo por una calle, dejóle encontrar con una esquina y comenzóle a dar palos. Díjole el mochacho: —Oliérades vos esa esquina como olistes el torrezno.»

do «de nada desto se guardaua, antes, como otras vezes, estaua descuydado y gozoso». Y surge así el sentimiento que prepara el desenlace: el deseo de venganza («Desde aquella hora quise mal al mal ciego...; quise yo ahorrar dél, mas no lo hice tan presto por hazello más a mi saluo y prouecho»). Así, el episodio que, de ser estrictamente popular, tendría limitado su sentido a sus propios términos —el robo del vino y la venganza del ciego—, adquiere un valor fundamental, al convertirse en segundo punto de referencia, ahora exclusivamente psicológico, para el episodio final del tratado. Ignoramos, por lo demás, si toda la peripecia es folklórica; no hay duda de que tiene este origen el hurto del vino con la paja de centeno: el hecho es sobradamente conocido. Y puede ser tradicional —pero ya no hay seguridad— el ardid del agujerillo y el descalabramiento del mozo. Lo que de ningún modo tiene tal carácter es el propósito de aplazar la venganza; al convertir los incidentes del jarro en elementos de una serie trabada con otros elementos argumentales heterogéneos, el autor realizaba un esfuerzo de composición precozmente novelesca: de tal modo podemos calificar esta creación de causas para la posterior actuación del personaje.

Esas causas, hemos dicho, son psicológicas; creo que en la descripción de éstas, alcanza el escritor la mayor altura, dentro del tratado I. El jarrazo no ha desencadenado sólo el odio de Lázaro: ha despertado el del ciego. Hasta entonces, este sentimiento no existía en ninguno de los dos: la «calabazada» contra el «toro» sólo provoca en Lázaro el deseo de vivir atento; y las rapiñas que sufría el amo, no las tenía por tales. Ahora, de pronto, el destrón se pone a odiar al amo, y éste se dedica a golpear al niño: él mismo nos cuenta el «maltratamiento que el mal ciego *dende allí adelante me hazía,* que sin causa ni razón me hería». Y es que Lázaro está aprendiendo más aprisa de lo que el maestro deseaba. Los barruntos que la escasez de blancas le producían («¿Qué diablos es esto, que después que conmigo estás no me dan sino medias blancas?») se han convertido en certidumbre: ya sabe que ha de habérselas con un bellaco capaz de engañarlo. Y el resultado es la cólera, la guerra sorda entre los dos, el mutuo intercambio de tropezones y bastonazos, que hallarán el desenlace natural de la venganza del mozo.

La historia del racimo que viene a continuación parece traída a este lugar sólo por su belleza; María Rosa Lida [1964] no le hallaba función definida y estaba, casi seguro, en lo cierto. Puede, tal vez, encontrársele una reminiscencia posterior, cuando Lázaro se come dos mendrugos de pan al observar que el escudero se apropia de uno: ahora es él quien toma la iniciativa de aumentar la ración, como antes vio hacer al ciego. Pero el cuento de las uvas es mucho más rico de matices e, insistimos, quizá su incorporación al *Lazarillo* se deba sólo a que gustó al autor por su perfecta construcción mental. Esta última sospecha, tal como la formulamos, implica nuestra creencia en que se trata de un relato popular, aunque no haya podido documentarse como tal. Nos induce a ella el que esté montado sobre dos motivos típicos del folklore: el de «reparto ventajoso de alimentos», y el aún más característico que Stith Thompson [en el *Motif-Index of Folk-Literature*] enuncia así: «Master brought to say, "You lie"!»; compárese: «Lázaro, engañado me has».

Sea cual sea su origen, y reconocida su escasa importancia estructural, la maestría del autor brilla, sin embargo, en el engaste. Por lo pronto, introduce un cierto sosiego en el ritmo del relato, y una variación inteligente en la naturaleza de las tretas. Contribuye también a hacer real el aplazamiento de la venganza que el niño se ha propuesto, y que es síntoma esencial del progreso de su carácter ladino. Y, además, aporta una serie de notas realistas que enriquecen novelescamente el capítulo. El ciego ha decidido ir a tierras toledanas «porque dezía ser la gente más rica». [...] Y el marco local —Almorox, junto a San Martín de Valdeiglesias, principal centro vitícola de España— y temporal —el otoño: pronto llegarán las lluvias, y el ciego se estrellará contra un poste, al ir a saltar un regato—, convienen perfectamente al ambiente realista de la novela y a la articulación interna de su anécdota.

Tras ese remanso de ingenio, el capítulo desemboca en el episodio subordinante, cuyo carácter folklórico conocemos ya. Si el manuscrito de 1540 ofrece una versión desarrollada del mismo, ¡qué prodigios de ampliación, matiz y expresión ha realizado el autor!; pero no es nuestro propósito describirlos. Atendiendo sólo a la estructura del relato, en este suceso convergen, por un lado, el haz de simetrías planeadas con la calabazada en el verraco; por otro, el odio aplazado y el proyecto de venganza de Lázaro. Nada de esto contenía el cuentecillo en su existencia popular; el destrón, se vengaba en él de la malicia del ciego, que descubrió el robo del torrezno con su olfato; eso era todo: una ocurrencia autónoma. El rencor que pone Lázaro en su venganza no estaba en el cuento; ni éste poseía el carácter de doctorado en malicia que tiene en ese tratado.

En cuanto término de una simetría, el episodio responde a un hábito folklórico en el autor: es el recurso que tiene más a mano para organizar una materia compleja. Pero observemos que el esquema «burlador burlado», es decir, el esquema simétrico, queda sumamente alterado por estos hechos:

a) entre ambos términos, se introducen otros episodios que los distancian, contrariamente a lo que sucede en los relatos que obedecen a aquella construcción;

b) la burla o venganza final no responde al episodio inicial más que formalmente: *calabazada*, imagen taurina; psicológicamente, es respuesta a otro episodio intermedio, el del jarro, y al progresivo encrespamiento de voluntades que desencadena. El incidente de la longaniza es uno más de la serie; en el cuento de 1540, [y en otras versiones], era exclusivo.

Están claros el designio de aprovechar moldes tradicionales, y la precisión de quebrantarlos cuando la materia narrable no cabe en ellos. El autor se nos aparece como un cuentista, en trance de escribir algo que ya no es cuento. De esa tensión, sale el *Lazarillo* con su híbrida apariencia estructural: lo surcan líneas folklóricas incuestionables, que se rompen a trechos y dejan vislumbrar una composición más suelta, menos geométrica, incipientemente novelesca. En cuanto a los materiales, los hábitos tradicionales del autor se muestran en el acopio de anécdotas y facecias de curso general; su modernidad, o, si se quiere, su originalidad, resalta en el sentido que les infunde, en el modo de trabarlas, en su enriquecimiento ambiental y espiritual.

En este primer tratado, la maestría noveladora del escritor se acredita especialmente con este intercambio de odios entre los dos personajes. No se maltratan sin consecuencias, o con consecuencias inmediatas, como ocurre en el guiñol popular; son personas, y sus bellaquerías acaban prendiendo una chispa de mutuo rencor. Este se hace, en Lázaro, ansia de venganza, ladinamente aplazada, y, en el ciego, irritación constante y progresiva, que estallará salvajemente al descubrir que el mozo le ha birlado el embutido: «Fue tal el corage del peruerso ciego, que, si al ruydo no acudieran, pienso no me dexara con la vida». Ambos han llegado al punto en que uno debe acabar con el otro. Es Lázaro quien, esta vez, logra triunfar, y lo hace con rabia: «cayó luego para atrás, medio muerto, y hendida la cabeça... No supe más lo que Dios dél hizo, ni curé de lo saber». Esto es mucho más que una venganza de folklore: supone la descarga de una pasión humana incontenible. Y, literariamente, el alumbramiento en la prosa moderna de vetas y modos inéditos de narrar.

Francisco Rico

LÁZARO Y EL ESCUDERO: TÉCNICA NARRATIVA Y VISIÓN DEL MUNDO

También nuestra novela, [como la pintura renacentista, frente a los códigos del arte medieval,] rechaza los prejuicios tradicionales —el patrón fijo e inmutable de las cosas— y concibe la realidad, versátil, en función de un punto de vista. El vehículo autobiográfico de la carta —valga recordarlo aún— permitía contrabandear el humilde tema del *Lazarillo* con el disfraz de historicidad y género literario familiar que exigían los tiempos; pero el recurso al molde epistolar, dado el carácter del contenido, pedía a su vez un pretexto. Lo conocemos de sobras: Lázaro escribe para explicar *el caso*; *el caso* explica qué y cómo escribe Lázaro. (No sabría decir si fue primero el huevo o la gallina.) Había que ser consecuente: si *el caso* hacía verosímil que el pregonero refiriera su vida, *el caso* debía presidir también la selección y organización de los materiales autobiográficos. La novela se presentaba, así, sometida a un punto de vista: el del Lázaro adulto que protagoniza *el caso*.

He usado el adjetivo *verosímil*. Vientos de verdad agitaban la fronda intelectual de Europa, a mediados del siglo XVI. Una nueva sed de autenticidad desasosegaba los estudios clásicos, la historiografía, la creencia... En el dominio de la literatura de imaginación, la gran empresa de los humanistas y de los beneficiarios del humanismo consistió en forjar una realidad «fingida —propone Torres Naharro—, que tenga color de verdad aunque no lo sea»; la gran meta se fijó

Francisco Rico, *La novela picaresca y el punto de vista*, Seix-Barral, Barcelona, 1970, 1973 [2] (y reimpresiones), pp. 37-44.

en la verosimilitud («Verisimilitudo... media est fabulosae fictionis et certissimae veritatis», adoctrinaba ya Coluccio Salutati y confirmaría la *Poética* de Aristóteles), en la invención subordinada a la razón y a la experiencia. Sin duda el autor del *Lazarillo* participaba de semejante ideal. Quizá fue el deseo de realismo el que lo movió a adoptar la autobiografía; quizá fue el gusto por la autobiografía (al par que toda una visión del mundo) el que lo llevó de la mano al realismo. No hay medio de averiguarlo. *A posteriori*, en cualquier caso, uno y otra se implicaban, y la coherencia se imponía nuevamente: la novela debía ser fiel por entero a la ilusión autobiográfica, el mundo sólo tenía cabida en sus páginas a través de los sentidos de Lázaro y Lazarillo.

[La pulcritud con que Lázaro deslinda lo que capta por sí mismo y lo que deduce de las referencias ajenas (por ejemplo, en el tratado II: «De lo que sucedió en aquellos tres días siguientes ninguna fe daré, porque los tuve en el vientre de la ballena, mas [daré fe] de cómo esto que he contado oí —después que en mí torné— decir a mi amo, el cual a cuantos allí venían lo contaba por extenso»)] es, desde luego, la forma más obvia de consecuencia con el punto de vista que informa todo el libro. Pero la singularidad de la perspectiva, por otra parte, frecuentemente se realza reconstruyendo con detalle el proceso de la percepción de Lázaro (que no sólo presentando sus resultados). La redacción de la novela —recordémoslo— es un momento de su trama; análoga y solidariamente, el Lázaro autor evoca lo percibido por el Lázaro protagonista y, además, el acto mismo de la percepción. A tal propósito, el capítulo tercero —con la prodigiosa revelación de la figura del escudero, lenta y burlescamente, casi minuto a minuto, para que el lector viva con Lázaro el episodio— es quizá una de las cimas de la narrativa de todos los tiempos.

Releamos sólo las primeras páginas. Lazarillo y su nuevo amo, «un escudero... con razonable vestido, bien peinado», caminan por las calles de Toledo, una mañana de verano. El mozo acaba de ser contratado y no sabe nada de su señor: «hábito y continente», sin embargo, parecen traslucir un buen acomodo. Las plazas del mercado quedan atrás, y Lázaro presume satisfecho: «Por ventura no lo ve aquí a su contento ... y querrá que lo compremos en otro cabo»; la presunción, más tarde, toma otro cariz favorable, cuando el chico advierte que no se han ocupado en buscar de comer: «Bien consideré que debía ser hombre, mi nuevo amo, que se proveía en junto» (es decir, 'al por mayor', como era propio de una gran casa señorial).

La pareja pasea hasta las once, entra en la catedral («muy devotamente le vi oír misa», recuerda Lázaro) y, a la salida, marcha «a buen paso … por una calle abajo» (luego se hablará sencillamente de «subir *la* calle» o «*mi* calle»): el muchacho va «el más alegre del mundo», imaginando «que ya la comida estaría a punto». Da el reloj la una, cuando llegan «a una casa» (Lázaro todavía no puede decir «a casa»: ignora que va a ser la suya), «ante la cual mi amo se paró, y yo con él» (el narrador no escribe «nos paramos»: deslinda con toda precisión el momento en que se detiene el escudero y el momento en que, al advertirlo, se detiene el chico). El hidalgo abre la puerta, descubriendo una «entrada obscura y lóbrega», se quita y pliega la capa con infinita calma, e inquiere de Lázaro «de dónde era y cómo había venido a aquella ciudad». El criado le satisface con las mentiras más apropiadas a la coyuntura, deseoso de acabar pronto, «poner la mesa y escudillar la olla». Cesa la charla, dan las dos y Lazarillo empieza a inquietarse de veras: recuerda con alarma que la puerta estaba cerrada, que no ha visto «viva persona por la casa», que ni siquiera hay muebles… La pregunta del escudero le saca de sus cavilaciones: «Tú, mozo, ¿has comido?». Y el comentario inmediato a su respuesta negativa acaba con toda esperanza: «Pásate como pudieres, que después cenaremos».

La frase suena como un mazazo en los oídos de Lázaro: de pronto, cae en la cuenta de que su tercer amo es (por lo menos) tan escaso como los dos primeros para el apetito del criado; que los buenos indicios del encuentro (la desatención al «pan y otras provisiones») son muestra, en realidad, de avaricia o pobreza… Luego, la duda quedará harto disipada, al par que van revelándose —con igual técnica sapientísima— otras facetas del escudero. Mas, por el momento, Lazarillo ha descubierto lo principal: ha de seguir ayunando. De repente, todo ha cobrado sentido: la puerta cerrada (signo de casa sin servicio), las cámaras desnudas, el silencio… Los datos hasta entonces neutros, ajenos, desatendidos, se han hecho presentes en la conciencia de Lázaro: la «luz [de] la hambre» los ha alumbrado a la auténtica vida. El lector ha acompañado al protagonista en la inocencia de la mirada, se ha engañado como él y como él se ha sorprendido al comprender el alcance de todos y cada uno de los factores de la escena.

La primera lección de tal forma de narrar, por lo que ahora inte-

resa, se nos antoja con pretensiones de epistemología. Es el *yo*
quien da al mundo verdadera realidad: las cosas y los gestos nada
valen —en cierto modo, pues, nada son—, mientras no se los incorpora el sujeto; el mundo, vacío de significado o con todos los significados posibles (escójase a gusto), se modifica en la misma medida
y al mismo tiempo que el individuo. La tercera persona novelesca
(la preferida por el Dios invisible y omnipresente con que Flaubert
identificaba al artista) frecuentemente supone un universo estable y
unívoco, de consistencia y significación dadas de una vez para todas.
La primera persona, en cambio, se presta a problematizar la realidad,
a devolverle la incertidumbre con que el hombre la enfrenta, huma-
nizándola.

Así ocurre sin duda en nuestro libro. Implícita y no tan implícitamente, la técnica narrativa queda integrada en una visión del
mundo (del protagonista, desde luego, pero ¿también del auténtico
autor?); y queda, además, integrada en el tema último de la novela.
Pues Lázaro niño no deja constancia sino de lo que ve y oye, y le
confiere realidad y sentido sólo en cuanto le afecta. ¿Y qué otra cosa
hace el Lázaro adulto del *caso*? ¿Cómo va el pregonero a admitir lo
que malas lenguas le dicen de su mujer, si no lo ha visto o si ocurrió
—advierte— «antes que comigo casase»? Puede únicamente juzgar
por los efectos: «la verdad» del asunto no está en los rumores, ni
en la conducta de la barragana, sino en el propio Lázaro. La cabeza
descalabrada le certificaba la crueldad del clérigo de Maqueda; el
hambre de todo un día daba su auténtico valor a la indiferencia del
escudero ante las tiendas de comestibles; la «prosperidad» que ahora
goza es el más cierto testimonio del bien obrar de su mujer y el arcipreste. Según éste le explica: «No mires lo que pueden decir, sino
a lo que te toca». Excelente consejo —como de quien es—, pero
innecesario: Lázaro nunca ha hecho otra cosa.

La presentación «ilusionista», mediante la cual el lector repite
las experiencias del personaje y como él queda burlado o confundido,
se agudiza en la segunda mitad de la novela. El capítulo tercero
aplica a los dos meses en compañía del escudero la misma fórmula
magistral que hemos reconocido en el preámbulo. El capítulo quinto
remacha el clavo concienzudamente. Ahí, Lázaro sirve a un buldero
y consigna el milagro a que su amo recurre para acreditar y vender
las bulas. Falso milagro, desde luego, pero contado —desde el preludio a las consecuencias— con el mismo candor con que hubiera po-

dido hacerlo cualquiera de los lugareños embaucados: Lázaro se asusta igual que los demás espectadores («Al ruido y voces que todos dimos ...»); no pone en duda ni un instante la realidad de cuanto presencia, ni se permite una ironía; queda, en fin, tan «espantado... como otros muchos». Sólo después, viendo la risa y zumba que el buldero y su cómplice gastan al propósito, da con la clave del prodigio: «conoscí cómo había sido industriado por el industrioso e inventivo de mi amo; y, aunque mochacho, cayóme mucho en gracia». De nuevo, pues, todo un episodio se ha fragmentado en dos tiempos: un primer tiempo de percepción pura (cabría decir), y un segundo tiempo en que el protagonista asume un factor adicional, que altera el sentido de la escena, concediéndole una distinta especie de realidad.

Tal técnica, como digo, domina el relato desde el pórtico del capítulo tercero; y, gracias a ella, el autor nos ejercita en el género de lectura que hará plenamente comprensible la conclusión y anudará todos los hilos de la novela. Pues Lázaro (lo advertimos ya) ordena su *Vida* del mismo modo que presenta el encuentro con el hidalgo o el milagro del buldero: a lo largo del libro, propone unos datos con interés propio; y en el último capítulo, introduce un nuevo elemento —*el caso*— que da otra significación a los materiales allegados hasta el momento. El pregonero se incorpora el pasado a nueva luz, de idéntica forma que Lazarillo, a partir de una experiencia complementaria, reinterpreta lo percibido ingenuamente: la *manera* narrativa es una versión a escala reducida de la traza general. Así se cumple el proceso de novelización del punto de vista. Y los ingredientes con apariencia de ser tan sólo formales (las invocaciones a Vuestra Merced, propias de una carta, por ejemplo) se revelan en posesión de mucha enjundia biográfica (el redactar tal carta es un episodio en la vida de Lázaro); mientras los ingredientes que en principio se dirían con consistencia autónoma se descubren plenos de validez estructural, en tanto ahora se les advierte subordinados a un diseño unitario.

Francisco Márquez Villanueva

CRÍTICA SOCIAL Y CRÍTICA RELIGIOSA
EN EL *LAZARILLO*:
LA DENUNCIA DE UN MUNDO SIN CARIDAD

La más honda preocupación religiosa del *Lazarillo de Tormes* se centra en torno a un complejo obsesivo con la virtud teologal de la caridad. Tal vez no exista libro más intensamente dedicado a exponer la crueldad del hombre para el hombre, las infinitas formas de violencia con que el fuerte oprime al débil. El nombre de Lázaro, originalmente un personaje proverbial, alcanza plena intención, en el contexto del libro, por reencarnar al mendigo evangélico, el identificado por el pueblo con la *laceria*, las llagas y la gafedad, titular de un hospital extramuros de Toledo.

En un primer plano, el tema del castigo físico, transgresión elemental contra la caridad, se define así tan básico, por lo menos, como el del hambre. Pero no se trata sólo de los golpes, repelones, calabazadas y garrotazos que Lázaro recibe de sus dos primeros amos, sino de muchas otras insinuaciones con que el autor nos subraya que la violencia es base del orden social, que la supuesta *justicia* es mero instrumento de opresión sufrido por los desgraciados. La «persecución por justicia» de su padre el molinero desarticula a la familia de Lázaro y lanza a su madre a una vida de prostitución. En contraste con la triunfante rijosidad de los ricos clérigos, el amancebamiento con el negro es objeto de un castigo desproporcionado: la madre recibe cien azotes («el *acostumbrado* centenario») y salida a la vergüenza; «al triste de mi padrastro açotaron y pringaron», dice Lázaro con laconismo encaminado a sugerir sin ofender, pues todos sabían en la época que este *pringar*, castigo habitual de los esclavos, era un tormento inhumano consistente en flagelar el vientre y untarlo después con tocino derretido al fuego. Cuando vienen a embargar la imaginada hacienda del escudero, el alguacil echa mano de Lázaro y lo acogota, como a un animalejo,

Francisco Márquez Villanueva, *Espiritualidad y literatura en el siglo XVI*, Alfaguara, Madrid, 1968, pp. 110-115, 128-129.

por el collar del jubón, estúpida violencia contra un niño que basta por sí sola para retratar la catadura moral del servidor de la *justicia* de los hombres.

A lo largo de los primeros tratados no tiene Lázaro otra misión que la de servir de módulo a la maldad humana. El «mal ciego», «el cruel ciego», «aquel malvado», «perverso ciego» son los calificativos con que apropiadamente se recuerda al primer amo. El clérigo de Maqueda es también *cruel* sin atenuante: «cruel caçador» cuando le asesta el garrotazo y «cruel sacerdote» cuando hace chistes a costa de la desgracia de Lázaro. Éste ha de sufrir todavía las infames indignidades del fraile, la semiesclavitud en beneficio del capellán toledano y el robo de su honor viril por parte del arcipreste de San Salvador. En medio de este erial, las florecillas de la limosna de unas triperas y la compasión de las vecinas hilanderas; pero, sobre todo, el oasis del escudero, único ser amable que, después de su madre, halla Lázaro en su peregrinar por la vida: el amo que comparte con él el trabajo de hacer la cama y de quien no oye nunca una mala palabra, ni siquiera cuando vuelve un poco tarde de subir agua del río. Pero son sólo seres despreciados, como las triperas y las mujercillas, o fantasmales y absurdos, como el escudero, quienes renuncian a ser lobos para el hombre.

No cabe duda de que el autor apunta hacia el lado religioso con toda esta exploración implacable de la maldad humana, prueba abrumadora de la ausencia de caridad en el seno de una sociedad muy orgullosa de titularse cristiana. El clérigo de Maqueda le guardaba «poca caridad», le mataba de hambre, le daba las raeduras de pan que sentía asco de comer y terminaría por expulsarlo con una herida grave aún abierta. En Toledo, sencillamente, «no avía caridad». Los sórdidos campesinos no quieren «hazer obras de caridad» y por su «poca charidad» los obsequia el buldero con milagros de su particular cosecha. En suma, Lázaro apenas logra sobrevivir al garrotazo, pidiendo de puerta en puerta, «porque ya la charidad se subió al cielo». Buscarla sobre la faz de la tierra es, pues, la más insensata pretensión.

Este desolador dar fe de la falta de caridad es decisivo para configurar el pesimismo de un espíritu religioso orientado en sentido moderno. Una lamentación similar es frecuente en la literatura e ideología afín a la del *Lazarillo*: «Dezís verdad; pero ya no ay caridad en el mundo», reconocía tan tranquilo el arcediano del Viso en el *Diálogo de las cosas ocurridas en Roma*. Y sin embargo, nadie hace tanto hincapié como el autor de la vida de Lázaro, ningún contemporáneo ha convertido, con tanto sistema, en sustancia de su obra las palabras tajantes, imposibles de tergiversar, con que el Apóstol declara absurdo todo cristianismo que no se funde en caridad: «Si hablando lenguas de hombres y de ángeles no tengo caridad, soy. como bronce que suena o címbalo que retiñe. Y si teniendo el don de profecía y conociendo todos los misterios y toda la ciencia y tanta fe que traslade los montes, no soy nada. Y si repartiere toda mi hacienda y entregare mi cuerpo al fuego, no teniendo caridad, nada me aprovecha» (I Cor., 13, 1-3).

Es muy visible a lo largo de todo el *Lazarillo* un claro propósito de ir remachando cómo no se siguen las directrices prácticas establecidas por San Pablo para una mínima cristianización de la sociedad. Por lo pronto, la vida de Lázaro es prueba del olvido de lo mandado acerca de la relación heril: «Amos, proveed a vuestros siervos de lo que es justo y equitativo, mirando a que también vosotros tenéis amo en los cielos» (Col., 4, 1). Por dos veces recuerda San Pablo el precepto de la Ley vieja que prohibía alimentar mal a las mismas bestias de carga [I Cor., 9, 9; I Tim., 5]. Pero al pobre Lázaro lo matan de hambre sus amos, que sólo le retribuyen en golpes y malos tratos debido al carácter básicamente injusto y abusivo del servicio *a merced*. En cuanto al servir al uso, tal como lo desempeñaría el escudero con el señor de título, no es sino burla y deliberada transgresión de otra enseñanza paulina: «Siervos, obedeced en todo a vuestros amos según la carne, no sirviendo al ojo como quien busca agradar a los hombres, sino con sencillez de corazón, por temor del Señor» (Col., 3, 22). M. J. Asensio [1959] ha señalado con acierto el cuadro de parasitismo social, de actividades improductivas que, con los clérigos a la cabeza, pinta el *Lazarillo*, cuya intención se relaciona en esto con el entusiasmo de los erasmistas hacia el trabajo asiduo y de manos. Vives, en efecto, nos trazará en su *De subventione pauperum* el sueño utópico de una república cristiana en que todos se ocupen en un oficio honesto y donde hasta los ciegos (en lugar de mendigar con el rezo de oraciones supersticiosas) «manejen los fuelles de los herreros». Cuantos así pensaban no hacían sino aplicar el pensamiento de San Pablo en su primera epístola a los Tesalonicenses: «Todavía os exhortamos, hermanos, a progresar más y a que os esforcéis por llevar una vida quieta, laboriosa en vuestros negocios, y trabajando con vuestras manos como os lo hemos recomendado, a fin de que viváis honradamente a los ojos de los extraños y no padezcáis necesidades» (4, 10-12).

El *Lazarillo de Tormes* no hace, pues, otra cosa que proyectar a través de sus páginas un programa sistemático de crítica social y religiosa conforme a la más pura enseñanza neotestamentaria. [...]

Lo que decisivamente moldea la actitud espiritual del *Lazarillo de Tormes* no puede acabar de explicarse, sin embargo, con el recurso a libros, a doctrinas o tendencias ideológicas de la época. Cuanto de veras pesa como única realidad irreductible es la conciencia del hombre de carne y hueso que lo escribió; el drama interno de un alma a solas consigo misma y para la que una gran sabiduría, según la fórmula bíblica, significaba mucho dolor. La raíz del conflicto se hallaba en que aquel espíritu, fundado en el compromiso vital con un limpio cristianismo neotestamentario y cuyos sentires tenían hasta un dejo de anticipo tolstoiano, creía ver a su alrededor una sociedad irremisiblemente anticristiana. Una sociedad que, tras quince siglos de cristianismo oficial, no aceptaba en realidad otros valores que la violencia, el placer y la riqueza. Los hombres de ahora son peores, porque al menos los paganos no fueron hipócritas. Lo desolador no es que se tratara de un simple triunfo de la maldad humana, sino que ese estado de cosas se le apareciese respaldado e incluso producido, en gran parte, por la religión institucionalizada. Porque no cabe hacerse ilusiones: el «anticlericalismo» del *Lazarillo* trasciende con mucho el alcance normal del término, pues no se limita a señalar la depravación de los eclesiásticos, sino que los presenta como puntales y fuentes del mal en la sociedad. El verdadero problema espiritual del autor no se plantea en términos de iluminismo o de erasmismo más que como rebote de una convicción atormentada de que los ideales cristianos son traicionados por sus propios guardianes y vienen a definirse así, quiérase o no, como un gigantesco fracaso histórico.

Alberto Blecua

LA DUALIDAD ESTILÍSTICA DEL *LAZARILLO*

El autor se sirve de dos sistemas estructurales distintos que producen un evidente desequilibrio en la constitución de la obra. Estilísticamente el *Lazarillo* no es tampoco uniforme, ni podía serlo porque de otro modo se hubiera perdido todo el artificio, extraordinario, que vertebra la obra: la autobiografía de un personaje de ínfima condición social que pretende justificar cínicamente su deshonra. Los dos Lázaros, el niño y el pregonero, son dos protagonistas psicológicamente distintos, aun cuando el segundo sea producto y consecuencia del primero. Y esta doble personalidad es advertida de inmediato por el lector sin esfuerzo crítico alguno; por eso simpatiza con el niño desvalido. Con la figura del Lázaro pregonero, vil y cínico, ocurre, en cambio, lo contrario: el lector no se identifica con él, sino con el auténtico autor de la obra con quien se aúna en su desprecio por el personaje. En este sentido el *Lazarillo* puede dividirse en dos partes nítidamente diferenciadas: por un lado, el prólogo, presentación de los padres y los tratados Sexto y Séptimo; por otro, el grueso de la narración, que tiene como protagonista a Lazarillo. En la parte correspondiente al Lázaro hombre domina lo autobiográfico, lo subjetivo; en la del niño, prevalece, en cambio, la facecia, la anécdota, la descripción más o menos objetiva de la realidad, aunque estos cuentecillos condicionen su comportamiento y estén jalonados por sus introspecciones infantiles.

Esta dualidad, que ha motivado las diversas interpretaciones de la novela y que es producto de la propia estructura de la obra, se refleja o, mejor, se hace patente en los recursos estilísticos de que se sirve el autor. Al escoger la fórmula autobiográfica, se ve obligado a seguir el punto de vista del personaje para no faltar al decoro; pero como este personaje expresa una ideología opuesta a la de su autor, éste sólo cuenta, para indicar cuál es su auténtico pensamiento, con un medio: la ironía. Y, en efecto, toda la parte que tiene como

Alberto Blecua, ed., *La vida de Lazarillo de Tormes*, Castalia, Madrid, 1974, pp. 38-44.

protagonista al Lázaro hombre —prólogo, presentación de los padres y tratados Sexto y Séptimo— está dominada por la ironía y la antífrasis, procedimiento económico, pero difícil, porque depende del contexto. El autor es maestro en el uso de esta figura que consigue incluso por medio tan sutil como es el ritmo de la frase.

El resto del libro, de mayor complejidad estructural, era, sin embargo, más fácil de resolver en el aspecto estilístico. El *Lazarillo* se escribe en una época en que está de moda el relato de facecias y cuentecillos tradicionales, y es también el momento de gran difusión de la Retórica. Los estudiantes practicaban sus conocimientos retóricos relatando en distintos estilos anécdotas, fábulas, dichos y hechos célebres —las llamadas *chrias*—, que se incorporaban como ejemplos o como digresiones en el discurso oratorio. El autor del *Lazarillo* conoce bien esta tradición y se aprovecha hábilmente de ella en el grueso de la obra, constituido, como ya se ha indicado, por numerosas facecias de mayor o menor extensión. En esta parte, la ironía como recurso general cede el paso a todos aquellos artificios que recomendaba la retórica para conseguir la *evidentia* de la narración, esto es, que el lector se represente la escena como si la estuviera viendo. Los recursos retóricos aptos para lograr *evidencias* son numerosos, y a todos ellos acude el anónimo escritor: descripciones minuciosas, o rápidas, según el tipo de anécdotas y su finalidad funcional; discordancias temporales; diálogos, poco significativos, pero que imprimen un tono dramático a la escena; intensificaciones, etc.

Con estos dos procedimientos generales que constituyen la estructura estilística de la obra —siempre supeditada, claro está, a la construcción novelesca—, consigue el autor presentarnos la tesis de su obra —por medio de la ironía— y, a la vez, deleitar al lector con unas facecias narradas verosímilmente, que condicionan, además, el desarrollo psicológico del protagonista. Sin embargo, como en el *Lazarillo* el ingrediente cómico es de gran importancia, su autor acude constantemente a todas aquellas figuras y recursos lingüísticos que puedan provocar la risa en el lector. No tienen otra función las *perífrasis* («queriendo asar al que de ser cocido, por sus deméritos, había escapado»; «todas aquellas causas se juntaron y fueron causa que lo suyo fuese devuelto a su dueño»); las *antítesis* («el día que enterrábamos, yo vivía»; «acabamos de comer, aunque yo nunca empezaba»; «matábalos por darme a mí vida»); los *zeugmas* («porque verá la falta el que en tanta me hace vivir»; «se fue muy contento, dejándome más a mí»); las *paronomasias* («hará falta faltando»; «En fin, yo me finaba de hambre»; «nueve/nuevas», Lazarillo/lacerado»); las *deslexicalizaciones* («rehacer no la chaza, sino la endiablada falta»; «por no echar la soga tras el caldero»; «el negro de mi padrastro»).

La estructura de la frase y el ritmo dependen de causas muy diversas. El autor procura evitar el hipérbaton y sólo lo utiliza en contadas ocasiones para conseguir el *homeoptoton* («que en casa del sobredicho Comendador no entrase, ni al lastimado Zaide en la suya acogiese»; «de lo que al presente padecía, remedio no hallaba»), que es, en definitiva, un medio de lograr el *isocolon*, muy grato al escritor («para mostrar cuánta virtud sea saber los hombres subir siendo bajos y dejarse abajar siendo altos cuánto vicio»; «mi trabajosa vida pasada y mi cercana muerte venidera»). Esta figura puede desembocar en la antítesis, como en el último ejemplo, en la gradación («por lo cual fue preso y confesó y no negó y padesció...»), o en la acumulación («allí se me representaron de nuevo mis fatigas y torné a llorar mis trabajos; allí se me vino a la memoria ...; en fin, allí lloré mi trabajosa vida pasada y mi cercana muerte venidera»). Suelen aparecer estas figuras en aquellos momentos en que la gravedad de la situación lo exigiría, como en algunas reflexiones del protagonista, gravedad que se matiza de ironía al funcionar en un contexto jocoso y coloquial. Las similicadencias no son frecuentes —menos que el *homeoptoton*— («preñada de mí, tomóle el parto y parióme allí»); sí, en cambio, es característico del estilo del *Lazarillo* el uso de la sinonimia y de la acumulación, que se alcanza por coordinación y yuxtaposición; consigue el autor, con estas figuras, intensificaciones como las ya señaladas cuando los elementos no son meros sinónimos, pero en otros casos su presencia obedece al deseo de crear un ritmo binario, más armónico y renacentista, y un estilo más abundante: «Y viendo que aquel remedio de la paja no me *aprovechaba* ni *valía*, acordé en el suelo del jarro hacerle una *fuentecilla* y *agujero sotil*»; «un rostro *humilde* y *devoto*, que con muy buen continente ponía cuando rezaba, sin hacer *gestos* ni *visajes* con *boca* ni *ojos* como otros suelen hacer».

La extensión de la frase depende de la función narrativa que tenga su contenido. Cuando el autor acude a la descripción de una acción, la oración se ramifica, por lo general, en numerosas subordinadas que dependen de una principal situada al final del período, con lo cual se consigue una tensión apropiada al contenido. Como contrapartida, las unidades temáticas pueden cerrarse con una frase breve, de carácter sentencioso, y, con frecuencia, con un juego de palabras o una ironía.

El *Lazarillo*, por el decoro del personaje, debe estar escrito en estilo humilde o cómico —«grosero» dirá su protagonista—. Su lengua, al igual que la condición de sus personajes y las situaciones, tiene que mantenerse dentro de los límites permitidos por la retórica. El estilo humilde tiende a una lengua de uso habitual, en la que se permite todo tipo de palabras 'bajas', como *jarro*, *narices*, *cogote*, etc., impensables en los otros estilos, así como se exige la presencia frecuente de refranes y de frases hechas, o de barbarismos y solecismos. Son artificios que el autor utiliza sabiamente para dar ese tono coloquial, natural que recorre toda la obra y que produce en el lector la sensación de estar leyendo una «epístola "hablada"». Huye, como Boscán, como Garcilaso, como Valdés, de la afectación, lo que no significa el abandono de la retórica, sino el rechazo de una retórica, la medieval, para aceptar de lleno las normas de Quintiliano. Por eso su vocabulario y su sintaxis se mantienen en un término medio, ni arcaizantes ni innovadores en exceso; por eso gusta del ritmo binario; por eso huye del hipérbaton y busca el *isocolon*; por eso puede escribir un prólogo como el que abre la obra; por eso, en fin, puede salpicar su obra de sales. El *Lazarillo* es renacentista porque sigue a Quintiliano.

7. FRAY LUIS DE LEÓN

CRISTÓBAL CUEVAS

Los antiguos biógrafos de fray Luis, enfocando su figura desde perspectivas idealizadoras, falsearon durante mucho tiempo su perfil moral, unas veces por desconocimiento de las fuentes más veraces (así, los procesos inquisitoriales, estudiados y editados, entre otros, por L. G. Alonso Getino, ya en 1907, o últimamente por M. de la Pinta Llorente [1956]), otras por el recurso a fuentes poéticas, método rechazado modernamente por A. C. Vega [1951]. Estudios documentales llevaron luego, sin embargo, a diversas rectificaciones desmitificadoras, que fundamentaban la grandeza de fray Luis en la aspiración inconseguida de paz y armonía. En este camino fue pionero el Padre Blanco García, a finales del siglo pasado, abriendo el camino a las grandes biografías clásicas de A. Coster [1921] o Aubrey F. G. Bell [1925], actualizadas por F. García [1944] y sintetizadas por O. Macrí [1970].

Los datos que proporcionan estos estudios nos permiten saber que fray Luis nació en Belmonte (Cuenca), en 1527, de familia oriunda de la Montaña y ascendencia judía. Tras estudiar en Madrid y Valladolid, llega con catorce años a Salamanca, en cuya universidad es discípulo de Melchor Cano. Allí profesa, en 1544, en la orden de San Agustín, quedando para siempre ligado al ambiente salmantino. En 1556 estudia hebreo en Alcalá con Cipriano de la Huerga. En 1558 se gradúa de maestro («doctor») en Teología. Con treinta y dos años consigue su primera cátedra en Salamanca. De 1572 a 1576 le procesa, por primera vez, la Inquisición, por rivalidades religiosas y académicas con los dominicos, a las que dieron pábulo sus ideas exegéticas, su traducción de los *Cantares* y su propia intemperancia. A la salida de la cárcel, reanuda sus tareas docentes con la legendaria frase «Decíamos ayer». De 1582 a 1584 se ve implicado en un segundo proceso. En 1591 es elegido provincial de los Agustinos, muriendo pocos días después (23 de agosto) en Madrigal de las Altas Torres. M. de la Pinta Llorente [1954] ha estudiado el problema del paradero de sus restos mortales.

Fray Luis, formado en la España del Emperador —apertura a Europa, importación del «legado de Borgoña», clima de universalidad, empresa de América, erasmismo, capacidad de convivencia—, ha de desarrollar su actividad de madurez en la de Felipe II —exclusivismo nacionalista, castellano-centrismo, sacralización del Estado, censura, contrarreforma, conservadurismo, neoescolasticismo, instrumentalización religiosa del arte—. A caballo entre épocas tan dispares, su figura, como apunta A. Domínguez Ortiz [1974], es paradigma del escritor de la época filipina, angustiado por la obligada renuncia a una libertad de pensamiento y acción ya conquistada, en aras de las nuevas tensiones simplificadoras.

Como notó Dámaso Alonso [1958], en fray Luis se dan cita todos los caracteres definitorios del hombre de letras español de su tiempo: conocimiento de la Biblia y de sus técnicas exegéticas, preparación humanística, familiaridad con los clásicos greco-latinos, honda formación filológica y retórica, gusto por las literaturas romances —sobre todo, italiana y castellana—, orientación cristiana de raíz eclesiástica, patrística y escolástica, y fuerte entronque en lo popular. Todo ello, unido a su genialidad, le lleva a crear una obra literaria de acrisolados valores, en la que, como subraya Orozco [1974 b], el cuidado de la expresión y la búsqueda de la forma perfecta, reputada como único camino para expresar lo poético, delatan un intelectualismo estético de matiz manierista.

Como hombre del Renacimiento, fray Luis une el amor por las lenguas clásicas con el aprecio por el romance. Fiel a este principio, se propone dar a la prosa castellana categoría literaria, lo que le lleva a escribir, en opinión de S. Álvarez Turienzo [1956], no ya sólo desde una perspectiva de artista, sino de filólogo. La lengua castellana es apta, a su parecer, para expresar todo género de materias, con tal de hacerlo «como a la gravedad le conviene», tarea que él acomete con talante de innovador, intentando «poner en ella número, levantándola del decaimiento ordinario». De esta búsqueda de armonía deriva la musicalidad de su prosa, que desemboca en ocasiones en auténticos metricismos (C. Cuevas [1972]). Ello responde a la convicción luisiana de que el bien hablar es «negocio que, de las palabras que todos hablan, elige las que convienen, y mira el sonido dellas, y aun cuenta a veces las letras, y las pesa y las mide y las compone, para que no solamente digan con claridad lo que se pretende decir, sino también con armonía y dulzura». Para conseguirlo, aparte su fino sentido de la eufonía, se apoya en la lectura de los mejores escritores italianos y castellanos, así como en la imitación del estilo bíblico y de los clásicos greco-latinos. Respecto de éstos, como ha demostrado H. Dill Goode [1969], adapta a nuestro vulgar los tres estilos fundamentales postulados por la *Rhetorica ad*

Herennium (IV, 8), y defendidos por Quintiliano en sus *Institutiones* (XI, 1): *llano, medio* y *sublime*. Su ideal lingüístico descansa, en fin, en el principio de «selección y naturalidad», impostándose en un recio popularismo que rehúye por igual lo afectado y lo plebeyo (R. Menéndez Pidal [1942]).

La producción literaria de fray Luis, madurada por años de gestación y lima, es moderadamente extensa, aunque rica y pluritemática. Aparte las obras perdidas, abarca, en primer lugar, un reducido número de poemas originales en castellano —34, según la edición de Vega [1975]—, casi todos de subida calidad artística y de hondo contenido vital e ideológico; un poema latino (*Te servante ratem, maxima virginum*); diversas obras teológicas y exegéticas, también en latín; cuatro obras extensas en prosa castellana; varios escritos breves, y casi medio centenar de cartas. De las variadas facetas de fray Luis y del enfoque con que hoy las contempla la crítica más avisada, ya con muy otra perspectiva que en las obras de conjunto de A. F. G. Bell [1925] o K. Vossler [1943], da una excelente idea el volumen (en prensa) que recoge las ponencias leídas en el simposio que le dedicó la *Academia Literaria Renacentista*, Universidad de Salamanca, en diciembre de 1979.

En cuanto a sus poesías, hacia las que tan reticente se muestra él mismo en la «Dedicatoria» a don Pedro Portocarrero, O. Macrí [1970] demuestra, frente al tópico de su supuesta espontaneidad y descuido, lo reflexivo y consciente de su creación. Dámaso Alonso [1950, 1955 y 1958] caracteriza estos versos por su elegante sencillez, precisión estilística, profundidad de ideas, perfecta estructura interna y externa, horacianismo (estudiado por V. Bocchetta [1970]), virgilianismo (M. J. Bayo [1959]), garcilasismo lírico y popularismo lingüístico, sin que falten, como señala Lapesa [1973], significativos cultismos semánticos.

Técnicamente, su estrofa preferida es la lira, importada por Garcilaso y elevada por fray Luis a un alto grado de perfección, al imitar, en ritmo y estructura, las odas de Píndaro y Horacio. Dámaso Alonso [1950] señala la adecuación de esta estrofa a la sensibilidad luisiana, por su sencillez, brevedad y dinamismo. No faltan, sin embargo, en sus poemas otras combinaciones estróficas, como el terceto, la octava, la estancia, e incluso, ocasionalmente, la décima o el soneto. En su aparente simplicidad de recursos, fray Luis usa de refinamientos métricos insospechados para un lector superficial, como los encabalgamientos en «-mente» estudiados por A. Quilis [1963].

Temáticamente, estos poemas expresan el ansia de paz individual y cósmica en que se debate su autor. En esta búsqueda de la coherencia que subyace bajo el caos de los fenómenos, laten inquietudes paulino-agustinianas. Sobre este trasfondo, unos pocos asuntos capitales vertebran fundamentalmente sus versos, invalidando, como demostró A. Guy [1943], la acusación de monotematismo que algunos le han hecho. Estos temas son: la soledad del campo (odas I, XVII, XXIII, XIV, en la excelente edición de Macrí), el heroísmo moral (II, XXII, XI, XV), la sátira (V, XVI), la ética que contrapone lo heroico a lo satírico (fugacidad de la belleza / la Magdalena; tirano / hombre constante, etc.), lo nacional (VII, XXII, II, XX), lo religioso en general (IV, XIX, XX) y lo estrictamente místico (VIII, XVIII, XXI, III, X, XIII), aspecto este último harto polémico, bien analizado por E. A. Peers [1946] y O. Bertalia [1961]; en cuanto a la veta amorosa profana, se halla mínimamente representada por contados sonetos (F. Lázaro Carreter [1966]) e imitaciones.

En el panorama de su obra poética, las traducciones del hebreo, griego y latín, estudiadas por M. Menéndez Pelayo (en su siempre valioso *Horacio en España*, 1877) y, desde una perspectiva artística, por K. Vossler [1943], destacan por su fidelidad y capacidad de recreación. Virgilio, Horacio, Tíbulo, Ausonio, Píndaro, Eurípides... son poetas a quienes fray Luis distingue con especial predilección, como afines a él en temas y actitudes estéticas. Más aún le atraen los poemas bíblicos, de los que vierte al castellano buen número de salmos, el capítulo último de los *Proverbios*, VI y VII de *Job*, etc.

Sus mejores versos, sin embargo, son los originales, aportación decisiva a la lírica castellana por su perfecta asimilación de fuentes —aprovechadas con técnica que precisa A. Soons [1964]—, la capacidad de matización, íntima sinceridad, emoción ante la naturaleza (E. Orozco [1968], F. López Estrada [1974] y C. Cuevas [1977]), sobriedad retórica y naturalidad. A ellos dedica atención preferente, sometiéndolos a continuos retoques, por considerar meramente provisionales las sucesivas versiones, afán perfeccionista al que puede deberse que no publicara en vida sus poemas. Tal hecho, junto a las correcciones e interpolaciones introducidas por mano ajena, complica gravemente el problema de la fijación de los textos, tema estudiado por O. Macrí [1954, 1970] y por A. C. Vega [1955].

Fruto de todo ello es el reducido, pero inapreciable tesoro lírico de sus poemas, en los que la brevedad queda compensada por la altísima calidad artística. Los más tempranos —sabiamente retóricos, descriptivos y de ejemplaridad moralizante— son, al parecer, la «Oda a Santiago», la «Profecía del Tajo» (analizada en su estructura por Dámaso Alonso [1950] y L. Spitzer [1952]), la primera «A Felipe Ruiz» (reveladoramente estudiada, junto con las otras dos dirigidas al mismo personaje, y ya de la época de plenitud, por R. Lapesa [1961]), o «La vida retirada», tradicionalmente interpretada como anhelo de paz horaciana (Dámaso Alonso [1950], L. J. Woodward [1954]), y hoy, sugestivamente, como ansia de unión mística (R. Senabre [1978]). Entre los poemas de madurez —más intimistas, religiosos y desengañados—, destacan, aparte las dos odas «A Felipe Ruiz» ya citadas, la «Noche serena», «A Salinas» (comentada por Dámaso Alonso [1950], L. J. Woodward [1962], F. Rico [1970], E. M. Wilson [1977], y, en su estrofa más famosa, la quinta, de raíces pitagóricas, discutida además por Amado Alonso [1951] y E. Orozco [1954]), «Morada del cielo», «En la Ascensión» (poéticamente valorada por Dámaso Alonso [1958] y críticamente por R. Senabre [1978]), «A Nuestra Señora» —con directos recuerdos de Petrarca—, «Al licenciado Juan de Grial» (una de las cimas de fray Luis, ejemplarmente explicada por F. Lázaro [1979]; cf. arriba, pp. 96-97), la «Canción al nacimiento de la hija del marqués de Alcañices», «De la Magdalena», etc.

Pero, junto a esta labor de poeta en verso, fray Luis nos ha legado también una selecta obra en prosa. Como profesor e investigador, escribe en latín numerosos trabajos teológicos y exegéticos, cuya doctrina ha sintetizado S. Muñoz Iglesias [1950] y a cuyo alcance literario ha dedicado una cuidadosa tesis doctoral J. M. Becerra [1977]. Destaquemos la *Explanatio in Cantica Canticorum* (1580), quizá su mejor obra en este campo; la emocionante *In Psalmum vigesimum sextum explanatio*, compuesta en la cárcel en 1573; la maravilla exegética del *In Abdiam* (h. fines de 1588), o la interesantísima *Expositio in Genesim* (1589-1590), hasta hace poco dada por perdida y ahora redescubierta —como otros textos— por C. P. Thompson [1980].

Sin embargo, lo que más nos interesa desde una perspectiva literaria es la obra castellana, resumida en cuatro títulos: la *Exposición del Cantar de los Cantares* (redactada entre 1561 y 1562 para Isabel Osorio, monja del convento de Sancti Spiritus de Salamanca), en cuyos comentarios se sintetizan todas sus constantes temáticas; de 1583 es *La perfecta casada*, escrita con motivo de la boda de doña María Varela Osorio, comentario del capítulo XXXI de los *Proverbios*, que alcanzó gran popularidad, aunque no haya tenido por parte de la crítica la atención que se merece; la *Exposición del Libro de Job*, obra de larga redacción (quizá desde 1570 a 1591), que acusa una clara evolución interna ideológica y estilística (Baruzi [1966]). A esto podrían añadirse los escritos menores, como la traducción y comentario del salmo XLI, la *Apología de los libros de Santa Teresa*, algún breve trabajo suelto, y unos pocos títulos perdidos.

Su mejor obra en prosa castellana es, sin embargo, el tratado *De los nombres de Cristo*, síntesis de su pensamiento bíblico, teológico y filosófico, y cumbre de su creación literaria. Al encerrar en sí todos los motivos de la obra luisiana, se cumple en este libro el ideal de perfección de su autor, consistente en la reducción de lo múltiple a unidad. Proyectado desde muy temprano, fray Luis comenzó a redactarlo a fines de 1573, en pleno encarcelamiento, publicándolo, ya libre, primero en dos partes, en Salamanca (1583), y luego en tres, allí mismo, en 1585. En 1587 ofrece la versión que habría de ser definitiva (Salamanca, impreso por G. Foquel), aunque póstumamente (1595) se añadiera el nombre «Cordero», que habría de intercalarse, por expresa declaración de su autor, en el libro III entre «Hijo de Dios» y «Amado». Esta estructura en tríptico queda subrayada por la colocación al final de cada una de las partes de un acorde lírico consistente en la traducción en verso de los salmos CIII, XLIV y CII respectivamente.

Como he estudiado recientemente (C. Cuevas [1977]), fray Luis escoge para su libro, como género literario, el diálogo renacentista, reproduciendo los sabios y apacibles coloquios que, en la finca de «La Flecha», tienen tres frailes agustinos —Marcelo, Sabino y Juliano—, comentando un «papel» en que están escritos nueve (1583) o diez (1585) nombres fundamentales atribuidos a Cristo por la Escritura. Aunque generalmente actúa Marcelo de «dialogante-maestro», en dos ocasiones le sustituye Juliano en la dirección del coloquio. La identificación de este «papel» con el tratadillo *De nueve nombres de Cristo*, atribuido al también agustino Alonso de Orozco, ha dado lugar a una larga polémica (E. J. Schuster [1956]): C. Muiños lo consideró fuente directa de fray Luis; S. Vela, un simple resumen de nuestro libro, y, por tanto, posterior a él; A. C. Vega [1945], en fin, obra del propio León y proyecto de los *Nombres*. En nuestra opinión, el «papel» no se identifica con el controvertido tratadillo, siendo un mero recurso literario —abandonado, además, en el libro III—, que sirve de apoyatura a los diálogos.

Partiendo de estos presupuestos, puede resolverse también la ardua polémica sobre la correspondencia real de los dialogantes. Para F. de Onís, por ejemplo, Marcelo era fray Luis, y Sabino y Juliano, amigos suyos hoy ignorados. Varios críticos han intentado identificar a éstos con el Padre A. de Mendoza y el beato Orozco, o con Juan de Guevara y Pedro de Aragón, etc. Coster [1921] defiende que los tres personajes son desdoblamiento del mismo fray Luis, tesis matizable con las observaciones de Dámaso Alonso [1958]. Para nosotros, los interlocutores son, ante todo, personajes exigidos por la ficción dialogística, aunque puedan haberse inspirado en seres reales, o, más probablemente, ser desdoblamientos del propio autor.

A través de estos diálogos, de carácter más ciceroniano que platónico, y basándose en una sugestiva teoría del nombre, estudiada en su evolución y características por A. Guy [1943], E. Kohler [1948], W. Repges [1965] y F. Rico [1970], fray Luis expone su visión cristocéntrica del Universo (vid. también S. Álvarez Turienzo [1978]). En las exposiciones doctrinales, la retórica oratoria, como repertorio de recursos y como estructura, desempeña un papel relevante. A ello se debe, en parte, la riqueza del libro en metáforas, imágenes, símiles, e incluso gérmenes de emblemas, algunos de cuyos aspectos han estudiado M.ª J. Fernández [1973] y R. Senabre [1978]. También a la naturaleza se la enfoca desde una perspectiva espiritual y simbólica (E. Orozco [1968]), viéndosela como camino platónico hacia Dios, además de como evasión de lo urbano y como belleza en sí.

El valor literario de *Los nombres de Cristo* ha sido refrendado por la crítica con juicio prácticamente unánime. Obra basada en múltiples fuentes —Biblia, neoplatonismo, patrística, escolasticismo, corrientes humanísticas...—, el autor ha sabido integrarlas en artística unidad, transformándolo todo con el sello de su personalidad creadora. Sus mismas concepciones ideológicas se enfocan desde perspectivas esencialmente poéticas. Estilísticamente, los *Nombres* son la cima de nuestra prosa del siglo XVI, constituyendo, sin duda, la mejor muestra de diálogo renacentista cristiano en toda Europa. Pese a algún desmayo ocasional, sigue siendo válido a su respecto el juicio de Menéndez Pelayo, que lo considera la obra castellana en prosa de más belleza expresiva, más armonía ideológica, y de número y cadencia más logrados.

BIBLIOGRAFÍA

Para otras referencias bibliográficas, véanse O. Macrí [1970] y C. Cuevas García [1977].

Alonso, Amado, «Fray Luis de León: "Ve cómo el gran maestro..." (Enmienda)», *Nueva Revista de Filología Hispánica*, V (1951), p. 77.
Alonso, Dámaso, *Poesía española. Ensayo de métodos y límites estilísticos*, Gredos, Madrid, 1950, 1957³.
—, [*Vida y poesía en fray Luis de León*] *Discurso...*, Universidad de Madrid, 1955; reimpr. en *Obras completas*, II, Gredos, Madrid, 1973.
—, *De los siglos oscuros al de oro*, Gredos, Madrid, 1958.
—, «Fray Luis en la *Dedicatoria* de sus poesías (Desdoblamiento de personalidad)», *Studia philologica et litteraria in honorem Leo Spitzer*, Berna, 1958, pp. 15-30; reimpr. en [1973].
Álvarez Turienzo, Saturnino, «Sobre fray Luis de León, filólogo», *La Ciudad de Dios*, CLXIX (1956), pp. 112-136.
—, «Pensamiento religioso de fray Luis de León», *Cuadernos Salmantinos de Filosofía*, V (1978), pp. 255-294.
Baruzi, Jean, *Luis de León, interprète du Livre de Job*, Presses Universitaires de France, París, 1966.
Bayo, Marcial José, *Virgilio y la pastoral española del Renacimiento*, Gredos, Madrid, 1959.
Becerra Hiraldo, J. M., *Obras latinas literarias de fray Luis de León. Traducción, notas y comentario*, resumen de tesis doctoral (1977), Universidad de Granada, 1978.

Bell, Aubrey F. G., *Luis de León. A Study of the Spanish Renaissance*, Clarendon Press, Oxford, 1925; trad. cast.: Araluce, Barcelona, 1927.

Bertalia, O., «Fray Luis de León, escritor y poeta místico», *Revista Agustiniana de Espiritualidad*, II (1961), pp. 149-178, 381-409.

Bocchetta, V., *Horacio en Villegas y en fray Luis de León*, Gredos, Madrid, 1970.

Coster, Adolphe, «Luis de León, 1528-1591», *Revue Hispanique*, LIII (1921), pp. 1-468.

Crisógono de Jesús, «El misticismo de fray Luis de León», *Revista de Espiritualidad*, I₂ (1942), pp. 30-52.

Cuevas García, Cristóbal, *La prosa métrica. Teoría. Fray Bernardino de Laredo*, Universidad de Granada, 1972.

—, ed., Fray Luis de León, *Los nombres de Cristo*, Cátedra, Madrid, 1977.

Dill Goode, Helen, *La prosa retórica de fray Luis de León en «Los nombres de Cristo»*, Gredos, Madrid, 1969.

Domínguez Ortiz, Antonio, *Desde Carlos V a la paz de los Pirineos, 1517-1660*, Grijalbo, Barcelona, 1974.

Fernández Leboráns, M.ª J., «La noche en fray Luis de León. De la denotación al símbolo», *Prohemio*, IV (1973), pp. 37-74.

García, Félix, ed., *Obras completas castellanas de fray Luis de León*, BAC, Madrid, 1944, 1957⁴.

Guy, Alain, *El pensamiento filosófico de fray Luis de León* (1943), prólogo de Pedro Sáinz Rodríguez, Rialp, Madrid, 1960.

Kohler, E., «Fray Luis de León et la théorie du nom», *Bulletin Hispanique*, L (1948), pp. 421-428.

Lapesa, Rafael, «Las odas de fray Luis de León a Felipe Ruiz», *Studia Philologica. Homenaje ofrecido a Dámaso Alonso*, II, Gredos, Madrid, 1961, pp. 301-318; reimpr. en *De la Edad Media a nuestros días*, Gredos, Madrid, 1967, pp. 172-192.

—, «El cultismo en la poesía de fray Luis de León», *Atti del Convegno Internazionale sul tema «Premarinismo e pregongorismo»*, Accademia Nazionale dei Lincei, Roma, 1973; reimpr. en *Poetas y prosistas de ayer y de hoy*, Gredos, Madrid, 1977, pp. 110-145.

Lázaro Carreter, F., «Los sonetos de fray Luis de León», en *Mélanges à la Mémoire de Jean Sarrailh*, II (1966), pp. 29-40.

—, «Imitación compuesta y diseño retórico en la oda a Juan de Grial», *Anuario de Estudios Filológicos* (de la Universidad de Extremadura), II (1979), pp. 89-119.

López Estrada, F., *Los libros de pastores en la literatura española. La órbita previa*, Gredos, Madrid, 1974.

Macrí, Oreste, «Sobre el texto crítico de las poesías de fray Luis de León», *Thesaurus*, XX (1954).

—, *La poesía de fray Luis de León*, Anaya, Salamanca, 1970; ed. revisada, Crítica, Barcelona, en prensa.

Menéndez Pidal, R., *La lengua de Cristóbal Colón. El estilo de Sta. Teresa. Y otros estudios sobre el siglo XVI*, Espasa-Calpe, Madrid, 1942.

Muñoz Iglesias, Salvador, *Fray Luis de León, teólogo*, CSIC, Madrid, 1950.

Orozco Díaz, E., «Sobre una posible fuente de fray Luis de León. Nota a la estrofa quinta de la "Oda a Salinas"», *Revista de Filología Española*, XXXVIII (1954), pp. 133-150.

—, *Paisaje y sentimiento de la naturaleza en la poesía española* (1968), Ediciones del Centro, Madrid, 1974.

—, *Grandes poetas renacentistas*, La Muralla, Madrid, 1974.

Peers, E. A., «El misticismo en las poesías originales de fray Luis de León», *Boletín de la Biblioteca Menéndez Pelayo*, XXII (1946), pp. 111-131.

Pinta Llorente, M. de la, «Los restos mortales de fray Luis de León», *Archivo Agustiniano*, XLVIII (1954), pp. 153-177.

—, *Estudios y polémicas sobre fray Luis de León*, CSIC, Madrid, 1956.

Quilis, Antonio, «Los encabalgamientos léxicos en *-mente* de fray Luis de León y sus comentaristas», *Hispanic Review*, XXXI (1963), pp. 22-39.

Rico, Francisco, *El pequeño mundo del hombre. Varia fortuna de una idea en las letras españolas*, Castalia, Madrid, 1970.

Repges, W., «Para la historia de los nombres de Cristo: de la Patrística a fray Luis de León», *Thesaurus*, XX (1965), pp. 325-346.

Schuster, E. J., «Alonso de Orozco and fray Luis de León: *De los nombres de Cristo*», *Hispanic Review*, XXIV (1956), pp. 261-270.

Senabre, R., *Tres estudios sobre fray Luis de León*, Universidad de Salamanca, 1978.

Soons, A., «Poesía y taracea. Las odas de fray Luis de León», *Hispanófila*, 20 (1964), pp. 1-4.

Spitzer, Leo, «Fray Luis de León's *Profecía del Tajo*», *Romanische Forschungen*, XLIV (1952), pp. 225-240; trad. cast. en *Estilo y estructura en la literatura española*, Crítica, Barcelona, 1980.

Thompson, Colin P., «The lost works of Luis de León: (1) *De simonia*», y «(2) *Expositio in Genesim*», *Bulletin of Hispanic Studies*, LVII (1980), pp. 95-102 y 199-212.

Vega, Ángel Custodio, *Los nueve nombres de Cristo ¿son de fray Luis de León?*, Monasterio, El Escorial, 1945.

—, «Insistiendo sobre *La mujer de los cabellos de oro*», *Boletín de la Real Academia Española*, XXXI (1951), pp. 31-42.

—, ed., *Poesías de fray Luis de León*, SAETA, Madrid, 1955; nueva y definitiva edición en *Poesías. (Poesías originales, traducción de las «Églogas» de Virgilio, traducción de los «Cantares» de Salomón)*, Planeta, Barcelona, 1975.

Vossler, Karl, *Luis de León* (1943), trad. de C. Clavería, Espasa-Calpe, Buenos Aires, 1946.

Wilson, Edward M., «La estructura simétrica de la "Oda a Francisco Salinas"», en su libro *Entre las jarchas y Cernuda. Constantes y variables en la poesía española*, Ariel, Barcelona, 1977.

Woodward, L. J., «*La vida retirada* of fray Luis de León», *Bulletin of Hispanic Studies*, XXXI (1954), pp. 17-26.

—, «Fray Luis de León's "Oda a Francisco Salinas"», *Bulletin of Hispanic Studies*, XXXIX (1962), pp. 69-77.

DÁMASO ALONSO

VIDA Y POESÍA EN FRAY LUIS DE LEÓN

Cuando un día —allá en mi juventud— me enteré, de pronto, de qué espléndida realidad áspera había sido la vida de fray Luis, una duda, más bien un desasosiego, se apoderó de mi alma. Lo que me maravillaba era el abismo que parecía separar, en dos mundos diferentes, la obra y la vida del poeta. Porque yo había aprendido en Menéndez Pelayo que la poesía de fray Luis de León trae «como un sabor anticipado de la gloria», que de ella mana «una mansa dulzura, que penetra y embarga el alma, sin excitar los nervios, y la templa y serena». Según Menéndez Pelayo, los griegos habrían dicho de las odas de fray Luis que producían la apetecida *sophrosyne...*, «aquella calma y reposo y templanza de afectos, fin supremo del arte».

He ahí la imagen de la poesía de fray Luis que habíamos heredado. Ciertamente, una visión beatífica. Y, a otro lado, en el más brutal contraste, estaba la vida del hombre, vida que en el pormenor de su máxima tormenta nadie pudo desconocer desde la publicación, a mediados del siglo último, del primer proceso inquisitorial contra el poeta; vida que la erudición ha ido delineando y apurando aún en muchos de sus pormenores, y de la cual sale la estampa de un fray Luis de indomable energía espiritual, pero entiéndase bien, como un héroe verdaderamente humano: energía que brota no de serenidad, sino de caliente pasión, que muchas veces se aborrasca entre la angustia y algunas parece que va a deshacerse en abatimiento y aun en miedo; pero siempre revive indomable.

Dámaso Alonso, «Vida y poesía en fray Luis de León» (1955), en *Obras completas*, II, Gredos, Madrid, 1973, pp. 789-842 (791-792, 799-800, 838-841).

[Aparentemente, pues, la vida de fray Luis se contradice con su poesía. Pero, en la realidad, existe un profundo acuerdo entre ambas. Este acuerdo habrá que buscarlo en las poesías auténticas y originales, aunque no en todas. En el grupo de 23 que encabezan la «Parte primera» de la vieja edición del Padre Merino, cumple establecer, por motivos metodológicos, una triple división: *a*) odas escritas por mera cortesía o gratitud hacia amigos y favorecedores; *b*) odas que, aun expresando anhelos íntimos del alma del poeta, carecen de rasgos autobiográficos concretos; *c*) odas que recogen la terrible experiencia de la cárcel inquisitorial. Este último grupo de nueve odas está integrado por los siguientes poemas: «Al Licenciado Grial», «En una esperanza que salió vana», «En la fiesta de todos los santos», «A Nuestra Señora», «Del moderado y constante», «Triunfo de la inocencia» (es decir, el tradicional «A Don Pedro Portocarrero»), «Contra un juez avaro», «Al apartamiento», y las dos famosas quintillas «Al salir de la cárcel».]

En estas nueve poesías ha dejado su huella de fuego el dramático clímax de toda la agitada vida de fray Luis, aquellos casi cinco años (desde principios de 1572 hasta los mismos finales de 1576) pasados en las cárceles secretas de la Inquisición de Valladolid. Allí el poeta, acorralado por sus enemigos, vendido por alguno de sus hermanos, abandonado de todos, y, más aún, durante mucho tiempo en la más impenetrable noche espiritual, sin saber ni aun qué bocas le delataban, sin noticia alguna del mundo exterior, allí, solo, con su gran justicia que le rebosaba el corazón, con su inocencia refulgente, sin más consuelo que su desnuda fe (pues hasta el de los sacramentos le estaba vedado). Terrible prueba: de los cuatro que fueron presos en el mismo año de 1572 por causas parecidas (crítica de la autoridad de la *Vulgata*), dos (Gudiel y Grajal) habían de sucumbir allí, en sus celdas, cerca de fray Luis e ignorados de éste. La enfermedad y la muerte trabajaban alrededor, entre aquellos muros sombríos, desconocidas —quizá husmeadas— por fray Luis, ¿llegaría también su zarpazo hasta el poeta? Y los días rodaban, los meses, los años... De las nueve composiciones, cuatro fueron escritas, sin que sea posible duda alguna, cuando el poeta estaba encerrado en la cárcel; otras cuatro ofrecen rasgos inequívocos de estar en relación directa con la gran borrasca que sacudió el alma de fray Luis. Este grupo no es una formación artificial mía. No hay crítico, entre los biógrafos y editores que mejor han estudiado a fray Luis, que desconozca que estas poesías están ligadas al drama del proceso inquisitorial, y que varias están auténticamente escritas desde la prisión. (Sólo una, para ser exacto, a la que no he aludido aún, no suele ser considerada en relación con el proceso: la dirigida contra un juez avaro —«Aunque en ricos montones»—: yo la incluyo en este grupo porque me parece muy posible que pertenezca a él; no porque me haga falta ninguna para mi tesis.) [...]

Si ahora queremos encontrar en qué parte de la poesía de fray Luis es cierta la descripción de Menéndez Pelayo: «*sophrosyne*», «anticipo de la gloria», «dulzura», nos basta con volver los ojos al segundo de los dos grupos [antes señalados]. Ahí están, precisamente, las odas de fray Luis que siempre son recordadas: del lado terreno con su mezcla de hedonismo y de impasibilidad estoica, «A la vida retirada»; y del divino, la subida a la beatitud por la música (en la oda «A Salinas»), y los tres anhelos ascensionales de esas tres odas extraordinarias, la llamada «Noche serena», la dedicada «A Felipe Ruiz» que empieza: «¿Cuándo será que pueda?», y la que tiene por título «Morada del cielo», las tres hermosísimas, las tres próximas, las tres con los ojos fijos en el cielo, pues si en la «Noche serena» por la contemplación de los astros y sus concertados movimientos —no sin cierta voluntaria confusión entre el cielo de la paganía y el cristiano—, despierta el deseo de huida de lo terreno, para gozar de los altos prados celestiales, en la oda a Felipe Ruiz, el poeta —traspasado de anhelo intelectual— suspira por volar a su centro para gozar con el conocimiento de la causa primera, y, desde ella, con el de las causas de los fenómenos naturales y la contemplación de los espíritus celestes. Pero es en la tercera donde el poeta más directamente mira la visión beatífica: cómo Dios, el eterno pastor, apacienta su hato de almas bienaventuradas. Fray Luis ha escogido ahí la misma divina simbolización que le hace también escribir algunas de las mejores páginas en *Los nombres de Cristo*. [...]

Una nota importante faltaba a la caracterización, sin embargo. He tocado este tema ya varias veces en otros sitios. El lector de esos párrafos de Menéndez Pelayo no comprenderá que tal visión beatífica en fray Luis resulta dolorosa, porque escribe como desterrado, no con el grito de triunfo de San Juan de la Cruz, «volé tan alto, tan alto, / que le di a la caza alcance», sino como el proscrito que entreví desde lejos la patria; sin unión, ni aun pasajera, con la Divinidad.

Fray Luis de León, quién lo diría, quién lo hubiera pensado, es un poeta doloroso. Llegamos ahora a la consecuencia: la poesía de fray Luis, que a veces, indebidamente, se llama mística, no lo es, sino un penoso, un congojoso anhelar hacia la unión mística, sin alcanzarla nunca. La poesía de fray Luis nace, pues, siempre, de su dolor; poesía no gozosa, no encalmada, no dulce, sino apasionada y dolorosa; dolorosa en dos direcciones: o ya por el sufrimiento de la injusta persecución, o ya por el dolor de su incapacidad para alcanzar la unión que fervientemente anhela. En medio de su dolor le llegan esas vislumbres, esas chispitas de la gran hermosura. Vienen de la inmensa belleza, y fueron recogidas por el genio poético: por eso en los versos de fray Luis proporcionan a nuestra alma, también dolorida, esos instantes de dulzura serenadora de que tan bellamente habló Menéndez Pelayo.

Todo el quehacer (en poesía y en vida) de fray Luis estuvo siempre entre dos polos: armonía e inarmonía.[1] Su alma tendía esencialmente hacia el primero, empujada también hacia él por tres grandes corrientes de pensamiento: la estoica, la platónica y la cris-

---

1. [El mismo Dámaso Alonso [1957³], pp. 128-131, al subrayar la «función esencial» de la *estrofa* como «elemento significante» en la lírica de fray Luis, advierte que, «para una poesía de contención y de refreno, la lira era una medida apropiada. [...] La lira es una constante advertencia al refreno, una invitación a la poda de todo lo eliminable. La lira, con sus cinco versos, no permite los largos engarces sintácticos: la frase se hace enjuta, cenceña, y el verso tiende a concentrarse, a nutrirse, apretándose, de materia significativa. Y como el fin de una estrofa es, dentro de la unidad musical del poema, una pausa mayor, todo el movimiento melódico se entrecorta, como en respiraderos o intervalos, facilitando el juego de las transiciones. Para los propósitos de arte de fray Luis, la lira iba a ser un instrumento exacto. Pero la lira, por sí sola, únicamente nos explicaría algunos aspectos de su arte. No está el secreto —o una parte de él— en que en la oda de fray Luis la estrofa sea la lira, sino en cómo construye con estas piezas el poema, es decir, en cómo estas estrofas reobran entre sí y en la relación de cada una con el conjunto. Desde el primer momento podemos sentar este axioma: en la canción petrarquesca, la relación entre las estrofas es principalmente lógica, discursiva; en la oda de fray Luis, no. En fray Luis hay algo distinto en la concepción de la estructura total y en el modo de relacionarse las partes, y ante todo las partes más visibles, las estrofas. Sí, las estrofas (como los sonidos aislados, las voces o los versos) tienen una interdependencia: se suman, se contrastan mutuamente; mutuamente se exacerban, se difuminan, se recortan o se prolongan. Esta reacción de una estrofa respecto a las inmediatas (y, a través de ellas, respecto a todas las del poema) es sumamente viva, sumamente activa en fray Luis».]

tiana. Pero había también en su alma misma una serie de elementos irrefrenables, que una vez y otra le arrastraban hacia la inarmonía, a saber: impetuosidad, pasión, conversión en criterio objetivo de su perspectiva particular de la justicia, y, como consecuencia, gusto por la intromisión, y rencillas, y querellas. La vida misma —la terrible confluencia de esas características de su alma con las del ambiente en que vivió— también le llevaba a lo inarmónico día tras día, y con terrible brutalidad en los de su proceso. Fray Luis mira con dolor y nostalgia el polo de armonía que no puede alcanzar. De esta separación dolorosa nace su poesía: a veces con el dolor agudo del incidente (proceso, cárcel) que duramente le sacude (como en las odas de la persecución); a veces con el otro dolor, con el constante, con el de la nostalgia, que las lejanas vislumbres de la beatitud al par suavizan y acrecientan (así en las odas de la visión beatífica). Esta polaridad explica mejor que nada, creo, la íntima contradicción de aquella alma extraordinaria.

ORESTE MACRÍ

INTRODUCCIÓN A LAS ODAS

Una clasificación exterior de las odas de segura autenticidad es útil para una primera orientación. Puédense distinguir, cronológicamente, tres períodos:

1) antes de la cárcel: I, II, IV, V, VI, VII, IX, XXII;
2) en la cárcel: VIII, XI, XVI, XVII, XVIII, XIX, XX, XXI, XXIII;
3) después de la cárcel: III, X, XII, XIII, XIV, XV.[1]

Oreste Macrí, *La poesía de fray Luis de León*, Anaya, Salamanca, 1970, pp. 47-50, 70-71, 73 y 76.

---

1. [Recordemos el orden y los títulos de los poemas: I, La vida solitaria; II, A Don Pedro Portocarrero («Virtud, hija del cielo»); III, A Francisco Salinas; IV, Al nacimiento de la hija del Marqués de Alcañices; V, A Felipe Ruiz. De la avaricia; VI, De la Magdalena; VII, Profecía del Tajo; VIII, Noche serena.

Por temas, los argumentos fundamentales son los siguientes:

1) soledad rústica: I; XVII, XXIII; XIV;
2) morales heroicos: II, (XXII); XI; XV;
3) morales satíricos: V; XVI;
4) morales con antagonismo entre lo heroico y lo satírico (fugacidad de la belleza - la Magdalena; encantos mujeriles - prudencia de Ulises; tirano - hombre constante): VI, IX; XII;
5) nacionales: (II), VII, XXII; (XX);
6) religiosos: IV; XIX, XX;
7) místicos: VIII, XVIII, XXI; III, X, XIII.

Hemos distinguido con el punto y coma la línea cronológica horizontal dentro de la clasificación temática normal. Pero ya se nos ofrece la ocasión de una primera profundización considerando el predominio de los temas objetivos-descriptivos, ejemplarísticos-morales en el primer período anterior a la prisión, con inclusiones histórico-nacionales. Es un período contiguo sustancialmente al tiempo de la cárcel, dado que aquí hacemos caso omiso, si no es de soslayo, del noviciado juvenil de carácter imitativo (de Bembo, de Petrarca, de Horacio; las primeras traducciones de Virgilio, del mismo Horacio, del Salmista...). La contigüidad está asegurada por el uso constante (excepto en las estancias de la XXI, los tercetos de la XVII, los serventesios de la XVI, la variante heptasilábica de la XV y la décima de la XXIII) de la lira, estrofa pentástica yámbica (*aBabB*) tomada de Garcilaso o de Bernardo Tasso: es la forma métrica que a la poesía de fray Luis le confiere carácter estructural de oda, en analogía rítmica románica con las odas clásicas de Horacio y de Píndaro:

> Virtud, hija del cielo,
> la más ilustre empresa de la vida,
> en el escuro suelo
> luz tarde conocida,
> senda que guía al bien, poco seguida (II).

———

A Diego Olarte; IX, Las Serenas. A Querinto; X, A Felipe Ruiz («¿Cuándo será?»); XI, Al Licenciado Juan de Grial; XII, A Felipe Ruiz («¿Qué vale?»); XIII, De la vida del cielo; XIV, Al apartamiento; XV, A Don Pedro Portocarrero («No siempre»); XVI, Contra un juez avaro; XVII, En una esperanza que salió vana; XVIII, En la Ascensión; XIX, A todos los santos; XX, A Santiago; XXI, A Nuestra Señora («Virgen»); XXII, A Don Pedro Portocarrero («La cana»); XXIII, A la salida de la cárcel.]

Ya en el puro esquema hacen juego las oposiciones fónicas y pre-semánticas —entre los tres heptasílabos y los dos endecasílabos— de movimiento y estasis, gracilidad y fuerza, flexibilidad y solemnidad, predominando estos segundos registros: el primer endecasílabo se inserta entre los dos primeros heptasílabos consonantes entre sí, y rima con el tercer heptasílabo y con el segundo endecasílabo que sirve de cláusula: las dos distensiones endecasilábicas frenan y recogen —una al principio, otra al final— el ímpetu rápido y vertical de los heptasílabos.

[Entre los datos más seguros acerca de la ˇevolución textual de fray Luis, hay que reseñar los siguientes]: inclinación a fijar el nombre de lugar o de persona o de pueblo; disminución del colorismo y de las imágenes sensitivas; aspiración a formas altas, tersas y enjutas; motivos métricos de intensidad tónica, cesura oxítona, progresión hacia la cesura en la sexta sílaba, contrapunto; tenue y delicada articulación fonético-sintáctica con inclinación a nexos monosilábicos, a reducciones y separaciones de palabras, a armonía por hiatos; asimilación, simplificación, armonización fonética con claridades vocálicas y juegos entre líquidas y continuas; templanza del impulso y de la inmediata violencia de las primeras redacciones, en las cuales los nexos sintácticos se determinan o se disimilan, las formas verbales se precisan, los pronombres personales e indefinidos se concretan, y se clasifican y vigorizan los sustantivos, adjetivos y adverbios.

Típica del primer período es la citada oda II. Al celebrar el puro heroísmo de la Virtud, funde el poeta las reminiscencias aristotélicas (*Himno a la Virtud*, traducido por Henri Estienne) con las horacianas, senequistas (*Hercules Oeteus*) y con la del Padre Las Casas, y nos propone el ejemplo de las dos figuras nacionales, el Cid y el Gran Capitán, cuyos nombres, comentados en forma de cláusula, están aislados por medio de la cesura y resuenan casi fonéticamente mediante la imitación clásica del objeto

> (... al Cid, clara victoria de mil lides ...
> ... el Córdoba a las nubes, y florece ...),

en un equilibrio de simetría perfecta. Claroscuro y verticalidad evidentes: «la más ilustre ... escuro suelo ... profunda noche ... claro día ... vulgo ... alto de la cuesta ... escuro / el cielo ... lumbre», «...al cielo levantaste ... más alta esfera ... crece ... florece ... bien primero ... lo alto de la cuesta ... más alta cumbre ... la alta sierra». [...]

La frontera de ruptura se halla en la estupenda oda xi a Juan de Grial, otro amigo del cenáculo salmantino, del que ahora el excluido es él, fray Luis. La oda, hasta el vértice del verso 34, expresa la desolada tristeza del prisionero, en los modos objetivos-descriptivos, evocativo-exhortatorios de un contexto básico densamente horaciano (épodo xiii *Ad amicos*, con la relación entre la «horrida tempestas» —«recoge ya en el seno»— y el «Rapiamus, amici, / occasionem de die» —«El tiempo nos convida»—, repetido en la oda i, 9: «Vides ut alta stet nive candidum / Soracte»; de aquí el anuncio, por contraste, del final del invierno y del advenimiento de la primavera —«Diffugere, nives...», iv, 7; «Solvitur acris hiems...», i, 4; «Iam veris comites...», iv, 12— o del pleno estío —«Iam clarus occultum...», iii, 29; y otras reminiscencias—). Pero el paisaje horaciano se transforma en el invierno incipiente; hácese solemne, pausado, amenazador: verbo «aoja»; el «ave vengadora» / del Íbico; raros albores: «verdor, resplandor»; la voz ronca de la grulla; los bueyes atados al yugo; el movimiento natural, fatal de los meteoros y de los animales, imitado con un ritmo lento y reprimido-violento, en endecasílabos heroicos, al modo de cláusula de liras:

> las cimas de los árboles despoja...
> soplando espesas nubes nos envía...
> los bueyes van rompiendo los sembrados...

[De las propias odas cabe extraer] los datos de la elevada conciencia que fray Luis tenía de la poesía en cuanto activamente partícipe e, incluso, mediadora del llamamiento al cielo de paz y de salvación, mediante la poética pagana del encomio pindárico-horaciano y la italianista del «nuevo estilo»; conciencia dentro de un ambiente de amigos poetas y literatos que él sigue amando, incluso tras la conversión y la cárcel, sabiéndose protagonista y guía, sin que nada hubiese cambiado en la técnica de la oda clásica. [...]

Técnica clásica, celeste esencia de la poesía, estro órfico-davídico, angustia existencial del negro humor melancólico en la frontera entre el cuerpo y el alma, buena voluntad de ascenso y de salvación: éstos son los factores diferentes, integrados finalísticamente en la redacción humana y concreta de las grandes odas místicas: viii, xviii y xxi, en la cárcel; iii, x y xiii en el período siguiente.

Rafael Lapesa

LAS ODAS A FELIPE RUIZ

Por su doble carácter de teólogo y humanista, por su probada ortodoxia y su condición de perseguido, por su curiosidad y amplitud de miras, fray Luis es el más completo representante del momento espiritual, tenso y decisivo, en que le tocó vivir. Y sus poemas no son fruto de la impresión pasajera, sino condensada expresión de lo que de manera más honda y permanente estaba arraigado en su alma. Recordemos su conocida —y extraordinaria— declaración: «Las escrituras que por los siglos duran nunca las dicta la boca; del alma salen, adonde por muchos años las compone y examina la verdad y el cuidado».

Trasladémonos con la imaginación a la Salamanca de sus luchas y sus anhelos de paz, o a la cárcel de Valladolid, lugar de sus máximas amarguras: lo encontraremos en tres ocasiones distintas dirigiéndose a un amigo y manifestando en sus versos lo que quería ser y lo que realmente era. Las tres veces, ora reposado, ora agitado por violentas sacudidas, o ya entreviendo, lleno de añoranza, la mansión celestial, emplea los moldes de la oda horaciana, según la adaptación consagrada por Garcilaso. Pero bajo esta comunidad de forma hay diferencias muy significativas en potencia y hondura. Precisamente esas diferencias nos ayudarán a medir lo que el humanismo significó para fray Luis y a esclarecer la actitud de éste ante dos problemas capitales: el dominio de sí mismo y el conocimiento de la naturaleza.

Entre los amigos a quienes dirigió poesías fray Luis, fue uno de los predilectos Felipe Ruiz de la Torre y Mota, favorecido nada menos que con tres odas. Poco se sabe de él: su nombre completo, gracias a un solitario manuscrito; de sus actividades, que dedicó a fray Luis poemas latinos en 1582 y 1585, que concurría a certámenes poéticos en 1587 y que en uno de ellos recibió un salero como premio a una obra, latina también. Se conjetura que fuera paisano de fray Luis, tal vez pariente suyo. Eso es todo. Ignoramos por completo

Rafael Lapesa, «Las odas de fray Luis de León a Felipe Ruiz», en *De la Edad Media a nuestros días*, Gredos, Madrid, 1967, pp. 172-192 (173-178, 181-183, 189-192).

cómo eran su vida y carácter. Acaso en algún momento le deslumbrasen las ganancias de los que se embarcaban para las Indias. Así parece desprenderse de la primera oda que fray Luis le escribió: si en «Las sirenas» prevenía al no identificado Cherinto contra los encantos de la culpa de amores, aquí amonesta a Felipe Ruiz sobre los males de la avaricia. Digo «primera oda» sin que haya ningún dato exterior que imponga una fecha temprana, sino sólo la prioridad de «En vano el mar fatiga» respecto a «¿Qué vale cuanto vee?». La evidencia interna, sin embargo, dice que también precedió, en años decisivos, a «¿Cuándo será que pueda?».

«En vano el mar fatiga» es una composición breve, de sólo cinco liras, con el tono habitual en las odas de Horacio y abundantes recuerdos de ellas. Su tema es la inutilidad de las riquezas para conseguir la tranquilidad de ánimo. Símbolo del ansia de lucro son las naves portuguesas, aventuradas hasta el golfo Pérsico o hasta las Molucas buscando especias y piedras preciosas:

> En vano el mar fatiga [1]
> la vela portuguesa; que ni el seno
> de Persia, ni la amiga
> Maluca da árbol bueno
> que pueda hacer un ánimo sereno.

1. [Como advierte el propio R. Lapesa [1973, reimpr. 1977], en un importante trabajo, *fatigar el mar* con el sentido de 'recorrerlo insistentemente' es un ostensible cultismo semántico. «En la producción lírica de fray Luis no hay vocablos cuyo significante denuncie latinismo ni helenismo llamativo, lo que justifica en cierto modo que el antigongorista Quevedo la creyese buen remedio contra la culta latiniparla.» Pero —indica también el prof. Lapesa— «con tan notable parquedad en la introducción de voces nuevas contrasta la abundancia de latinismos semánticos: palabras ya asentadas en el idioma aparecen en fray Luis con un sentido inusitado que corresponde a precedentes latinos. Dámaso Alonso, al estudiar la obra poética de Francisco de Medrano, señaló la importancia de estos "cultismos de acepción", generalmente desatendidos y mencionó tres en que el sevillano siguió el ejemplo de fray Luis. Son éstos el interrogativo *qué* como equivalente de 'por qué' o 'para qué', *uno* con el valor de 'el único', y *mal* como primer elemento de composición, calcados respectivamente de usos que en latín poseían *quid*, *unus* y *male* (el *digito male pertinaci* de Horacio)». A esos ejemplos ya conocidos añade Lapesa buen número de otros, en toda la lírica de nuestro autor, pues pocos son los poemas donde no aparezca alguno: *leño, despreciar, mal proveída, aplicar, robar, luz, perdonar, declinar, sujeto, pedir, ceñir, pacer, decir, convertir*, etc. Por otro lado, «al cultismo léxico acompaña el gramatical. No puede extrañar que fray Luis dé a *origen*

> No da reposo al pecho,
> Felipe, ni la India, ni la rara
> esmeralda provecho;
> que más tuerce la cara
> cuanto posee más el alma avara. [...]

Técnicamente nada puede oponerse: el autor ha sabido aplicar las recetas de la retórica para dramatizar el tono; ha rematado su oda con un verso de ejecución perfecta que renueva una célebre paradoja horaciana, la que presenta al avaro como «magnos inter opes inops». Pero ni el verso final ni el conjunto del poema aciertan a conmovernos, porque la habilidad en el empleo de recursos no disimula que el alma del poeta no ha llegado a vibrar. En efecto, fray Luis discurre desde una posición teórica intelectualmente concebida, sin sentirla como entrañada experiencia ni quemador anhelo. Su aspiración suprema finge limitarse aquí a la tranquilidad epicúrea: el mal de las riquezas consiste en que no apaciguan el ánimo, no dan «reposo al pecho», sino que, por el contrario, «corrompen el dulce sueño». Fray Luis habla como si estuviera afincado en la ataraxia, sin temor de perderla ni empuje para superarla: no nos deja ver sus angustias de náufrago ni sus revelaciones de vidente. El sabio artífice, tan horaciano en su oda, ha olvidado esta vez el precepto del venusino: no ha llorado y no nos hace llorar.

Años después el poeta reemprende los consejos a su amigo. Probablemente el largo proceso y la cárcel vallisoletana se interpusieron entre la composición de «En vano el mar fatiga» y la de la nueva oda «¿Qué vale cuanto vee?». Al menos la terminación de ésta hubo

---

el género femenino que *origo* tenía en latín: al oír la música de Salinas, el alma "torna a cobrar el tino / y memoria perdida / de su *origen primera esclarecida*"; ni tampoco que la preposición *a* tome el sentido de 'hasta' para indicar, como *ad* en latín, el límite alcanzado por un movimiento: "*al* cielo suena / confusa vocería". Más raro es encontrar superlativos relativos en -*ísimo*: "el *pesadísimo* elemento", es decir, 'el más pesado de los cuatro elementos, la tierra'; "cuando / la cumbre toca *altísimo* subido / el sol'", 'cuando el sol, en su mayor altura, toca la cumbre'. Uso culto que había de tener gran desarrollo es el de predicativos que suponen nexos inexpresos con idea de comparación, cambio, especificación conceptual, etc.: el que cede al atractivo de Circe, "o arde *oso* en ira / o hecho jabalí gime y suspira"». Junto a esos y afines cultismos gramaticales, importa percibir «la importancia y peculiaridad del hipérbaton en fray Luis».]

de ser posterior —muy poco— a la absolución y libertad de fray
Luis. Ahora bien: la dura experiencia de aquellos casi cinco años de
prisión había dejado huella imborrable en su alma y en su obra.
Era, pues, imposible mantenerse en el mismo tono de sensata admo-
nición adoptado en la anterior oda a Felipe Ruiz. La que escribe
ahora nos hace asistir a una tentativa de continuidad que precisamente se rompe cuando el poeta encuentra su acento más personal.
Empieza con la misma pregunta «¿Qué vale...?», que había introducido la última estrofa de la oda primera, y de nuevo se refiere a
las riquezas de las Indias. Ahora ya no limita su alusión a las nave-
gaciones portuguesas en los mares de Oriente, sino que incluye también los tesoros de América:

> ¿Qué vale cuanto vee
> do nace y do se pone el sol luciente,
> lo que el Indio posee,
> lo que nos da el Oriente
> con todo lo que afana la vil gente?

El nuevo poema enlaza claramente con el otro, como ampliación
suya. Si el primero se titula «De la avaricia» en el manuscrito de
Fuentelsol, varios códices encabezan el segundo como «Del moderado
y constante». En efecto, no se ciñe a las perturbaciones acarreadas
por las riquezas, sino que considera también otros aspectos de la codi-
cia: el afán de poder, que esclaviza al ambicioso haciéndole doble-
garse ante quien puede proporcionarle señoríos, y el deseo amoroso,
fuente de dolores. [...]

> Bien como la ñudosa
> carrasca en alto risco desmochada
> con hacha poderosa,
> del ser despedazada
> del hierro, torna rica y esforzada...

Fray Luis da una interpretación patética y realista a la encina
horaciana. No es el árbol crecido que tiende su oscura fronda sobre
un terreno fértil (*ilex nigrae feraci frondis in Algido*), sino la carrasca
ñudosa, retorcida, que ahínca sus raíces entre las peñas de las serra-
nías españolas. Paisaje agreste donde el árbol ha bregado con las
fuerzas salvajes de la naturaleza antes de recibir los hachazos del

podador. No es tampoco la encina, humilde en su firmeza, de nuestro Antonio Machado, la que al fin y al cabo acepta la ley de vivir como se puede. En fray Luis el árbol y su entorno están exasperados en la porfía: el poeta lo pone de relieve aprovechando con certera intuición los efectos evocadores que posee cada palabra, cada sonido. [...]

De la amable serenidad epicúrea hemos pasado a una exasperada versión del héroe estoico, grandioso en su enfrentamiento a las amenazas exteriores. Desde que los españoles del siglo xv descubrieron en el estoicismo —sobre todo en Séneca— un tónico para fortalecer el ánimo, se habían sucedido los intentos de armonizarlo con el espíritu cristiano, renovando esfuerzos que desde los Padres de la Iglesia habían llegado hasta Petrarca. En fray Luis son muchos los pasajes impregnados de estoicismo. Aquí, todavía de la mano de Horacio, abandona el símil de la encina para mostrar a su varón constante engrandecido por las adversidades y oponiéndose al tirano. Pero si en otra ocasión el poeta ha planteado en términos menos personales una situación parecida, ahora están demasiado frescas las heridas de la persecución reciente y no puede encerrar en moldes artificiosos su desbordado sentir. El tirano de Horacio se transforma en el perseguidor de los mártires, «airado», «de hierro, de crueza y fuego armado»; y el héroe no guarda ante él una actitud de impávida serenidad, sino que le incita, ansioso de lograr, mediante los tormentos y la muerte, la liberación suprema. Ya no es Horacio, sino Prudencio, el cantor de los mártires, quien inspira a fray Luis. [...]

Esta segunda oda de fray Luis de León a Felipe Ruiz nos hace presenciar el gradual acercamiento del poeta a su yo auténtico, hasta que, encontrándose a sí mismo, halla también el rumbo definitivo de su inspiración. Iniciada como ecuánime razonamiento de moralista, sólo empieza a vibrar cuando el tema del varón fuerte despierta la fogosidad del autor, exacerbada por el reciente proceso. Desde este momento el poeta ya no repite en forma elegante las recetas de las filosofías admitidas, sino que da suelta a lo que le sale del corazón; y la oda termina como violenta llamarada, como liberación ascendente: entusiasta, posesa de Dios. Fray Luis de León, que en lo más íntimo de su ser no era filósofo, sino alma de profeta, se sueña, como Elías, arrebatado hasta los cielos.

La oda «¿Cuándo será que pueda?» surgió en medio de las actividades doctrinales de fray Luis, «entre las ocupaciones de mis estudios», como dice de toda su obra poética en el prólogo que figura en la edición de Quevedo. El comentario latino al salmo XXVI y los capítulos 38-39 de la *Exposición del Libro de Job* tratan de iguales cuestiones y acuden a idénticas fuentes. Pero lo que en ambos textos es exposición objetiva, se hace arrebato personal en la oda. Un deseo condensado en el alma durante largos años, y avivado ahora por la coacción de las circunstancias, estalla en una dolorida interrogación:

> ¿Cuándo será que pueda
> libre de esta prisión volar al cielo...?

Dámaso Alonso ha hecho ver que estos versos no contienen sólo la tópica metáfora que presenta como cárcel cuanto impide el vuelo del alma hacia Dios, bien sea el cuerpo mortal, bien sea el mundo; hay además la huella de la prisión efectiva padecida por fray Luis. En refuerzo de esta opinión puede añadirse que el *Comentario al Salmo XXVI*, cuyas coincidencias con la oda son estrechísimas, fue acabado en la cárcel, cuando el poeta se sentía oprimir por los más graves males. El ansia personal de evasión, de libertad, se funde con el anhelo cristiano de la bienaventuranza perdurable, como en la estrofa que proclama la victoria del mártir en la oda «Del moderado y constante». Pero esta vez el alma lleva consigo una aspiración intelectual que matiza su concepción de la gloria eterna: en el Empíreo, en el más alto de los círculos celestiales, al ver a Dios verá en Él la Verdad absoluta:

> ...y en la rueda
> que huye más del suelo
> contemplar la verdad pura sin duelo?

> Allí, a mi vida junto,
> en luz resplandeciente convertido,
> veré distinto y junto
> lo que es y lo que ha sido
> y su principio propio y escondido. [...]

Veamos lo que las odas a Felipe Ruiz significan ante las corrientes ideales del siglo XVI. Por de pronto, un afán por asimilar la cultura grecolatina en cuanto no contradijera las exigencias del espíritu cristiano. Las soluciones de filósofos y poetas antiguos no llenan el alma de fray Luis, pero le sirven de escalones en su gradual elevación hacia Dios. Nunca fue aprovechado para fin más noble el sentencioso caudal de Horacio; ni la dulce voz de Virgilio quedó más armónicamente empastada en sublime acorde con la inspiración bíblica. Con fray Luis culmina el movimiento renacentista español sin romper la continuidad con la tradición medieval, ya de antemano interesada por salvar el tesoro cultural de la antigüedad; sin cambios de directriz, sin abandonar el sentido cristiano de la vida, el humanismo español ahonda y ensancha los cauces por donde le llegan la poesía y el saber clásicos. Pero en último término no se satisface con la serenidad filosófica que éstos le ofrecen, sino que se entrega de lleno a la exaltación religiosa.

LEO SPITZER

LA «PROFECÍA DEL TAJO»

Quizá no resulte superfluo someter este poema a una nueva interpretación aun cuando Dámaso Alonso [1950] haya dicho sobre él muchas cosas interesantes. D. Alonso [en un trabajo de 1937, reimpreso en 1958] ya había comparado detalladamente el poema español con el modelo latino —el vaticinio que Nereo dirige al raptor de Helena, Paris, en Horacio, oda 1, 15— y adapta ahora en el nuevo libro la explicación a la estructura «de fuera a dentro». Después de aludir al modo en que, en la forma de la clásica lira (el equivalente de la oda horaciana), trata fray Luis una leyenda hispana medieval y la inserta por completo en el espíritu del Renacimiento, de modo que los protagonistas del poeta español corresponden con exactitud a los del romano:

Nereo, dios marino — Paris — Helena — destrucción de Troya
Tajo, dios del río — Rodrigo — La Caba — destrucción de España,

Leo Spitzer, «La *Profecía del Tajo* de fray Luis de León» (1952), en *Estilo y estructura en la literatura española*, Crítica, Barcelona, 1980, pp. 195-212 (195-196, 199-200, 202-203, 207-208, 211-212).

analiza particularmente cada estrofa con criterios formales (hipérbaton, polisíndeton, asíndeton, armonía vocálica, sinestesia, ritmo
de las estrofas y su concatenación), para llegar a la conclusión de
que la transición interestrófica del poema horaciano ha sido aumentada en número y potencializada, acrecentando así el valor lírico-
subjetivo (como nunca había sido posible en un episodio de la poesía
hispánica nacional ni en la remota antigüedad mitológica), que además señalan las últimas estrofas del anticlímax lírico horaciano. [En
su primera contribución], D. Alonso manifiesta todavía la opinión
de que la oda de fray Luis «supera» a la horaciana en la diversidad de
escenas descritas y en la rítmica casi orquestal.

Prescindiendo de que con el concepto «superación» tengo pocos
puntos de partida (dos obras de arte perfectas con escenas y supuestos
sentimientos absolutamente distintos son sencillamente incompara-
bles: ¿se puede comparar *Hamlet* con *Edipo, rey*?), me sorprende
que D. Alonso haya tomado tan «exteriormente» la comparación
métrico-estilística, en el sentido de la retórica, de los dos poemas,
en vez de apartar los rasgos formales que en sí mismos manifiestan
diferencias de inspiración (antigua mitología-sentimiento nacional español). Ya las estrofas iniciales de los dos poemas señalan las siguientes diferencias:

1. La profecía de Nereo a Paris tiene lugar cuando éste celebra el
criminal rapto de Helena. La del dios del río al rey de los godos cuando
éste goza con su amante, la Caba, a orillas del Tajo.
2. El mecanismo delito y expiación (*perfidus — fera fata*) de Horacio,
realzado ya desde un principio, no aparece en fray Luis.
3. Nereo calma los vientos para ser oído. No ocurre lo mismo con
el poeta español que nos muestra al punto a la irritada divinidad del río,
presentándosenos con el «bramido» del dios guerrero. [...]

Debe quedar claro que entre la situación del antiguo seductor
fugitivo al que el dios del mar vaticina desgracia (sólo le oímos, no
le vemos) y el dios del río que, por así decirlo, emerge en forma
corpórea («el pecho sacó fuera») como testigo importuno (los amantes se habían creído «sin testigo») junto al lecho pecaminoso del rey
hispano, media un mundo: el de Dante que puede hacer lo moral
verosímilmente sensorial o el del cristianismo con su herencia de
acentos judaicos.

Vossler [1943] ya ha señalado en nuestro poema el tono de un «profeta del Antiguo Testamento» que castiga la ceguera del apasionado y la infamia de los seducidos. Hubiera podido corroborar esta observación con algún detalle del poema. A través de las palabras del antiguo espíritu que emerge del Tajo, se puede distinguir también la voz de la conciencia judeocristiana que siempre es «testigo», incluso cuando el hombre está solo (pensemos en el mito de Caín); esta voz que aquí intercala su correspondiente amenaza en medio del placer sexual; los muchos ¡ay! que deben hacer estremecer a los pecadores en el acto de pecar (con lo que enlazo los puntos 1 y 3). Y ahora se hacen evidentes las sucesivas revelaciones del malhechor (y del desdichado) después del goce, todo ello estructurado de modo contrario a como ocurriría con un predicador del estilo de Guevara, y sin correspondencia alguna con Horacio.

Estr. 2: «En mal punto te goces, injusto forzador» (Horacio dice: «mala ducis ave domum, quam multo Graecia repetet milite», 'bajo mal agüero raptaste a la mujer, a la que muchos guerreros irán a buscar a Grecia'; así pues, no hace hincapié en la distorsión moral de los pecadores, sino la inutilidad pragmática de su hecho).

Estr. 3   ¡Ay, esa tu alegría
          qué llantos acarrea; y esa hermosa,
          que vio el sol en mal día,
          a España, ay, cuán llorosa ...!

Estr. 4   Llamas, dolores, guerras,
          muertes, asolamientos, fieros males
          entre tus brazos cierras. [...]

Pero con el análisis del goce sexual se nos ha dado algo distinto: un momento transitorio. La pasión envolvente pierde el sentido temporal. En el prohibido juego del amor, la historia truena en boca del dios-río su *ya*, pero los amantes, como en una albada trágica, no advierten la voz de su amonestador. Todos los comentaristas han hecho alusión a la correspondencia entre el *ya* de fray Luis y el *iam* de Horacio, pero se abstienen de caracterizar las distintas motivaciones de las partículas de tiempo: en Horacio, estr. 3,

Eheu quantus equis, quantus adest viris
sudor, quanta movet funera Dardanae
genti! iam galeam Pallas et aegida
currusque et rabiem parat

tenemos una representación de los *fera fata* en una serie de profecías: en las estrofas anteriores ya se aludió a la inutilidad del rapto de Helena (los griegos la irán a rescatar con un gran ejército), y ahora en la estrofa 3 se desarrolla la esperada escena guerrera. (También los dioses toman parte en la batalla, *iam*, como era de esperar.) Algo completamente distinto ocurre en el poema hispano, donde el dios que habla está representado como el que siente (*siento*) y ve (*veo*, estr. 8), reconoce el *ya*, el *demasiado tarde* de la catástrofe nacional, mientras que el libertino sacrifica su placer personal, *en mal punto*:

> En mal punto te goces,
> injusto forzador; que ya el sonido
> y las amargas voces,
> y ya siento el bramido
> de Marte. [...]

Y ahora un último punto en el que podría diferir de D. Alonso. «La estrofa final es profundamente anticlimática», «es de una frialdad fatídica. Escueta expresión de hechos ..., que sólo el "ay" del verso penúltimo y el "oh cara patria" del último encienden un fugaz destello», dice D. Alonso textualmente, y quiere reconciliar esto con la acostumbrada técnica de la oda horaciana que a un clímax hace seguir normalmente un anticlímax. Pero a mí me parece que no existe tal anticlímax en la muestra de fray Luis comparada con la oda horaciana: después de la tardanza de la decisión (que estalla por la cólera de Aquiles que demora la toma de Troya) —puesta de relieve por D. Alonso— se descarga el destino con toda la fuerza en los dos últimos versos del poema antiguo: «Post certas hiemes uret achaicus / ignis pergameas domos». ¿Puede desearse una escena final más drástica que el incendio de Troya? ¡Llamas al final del poema cuyo héroe es un pastor! [...] Fray Luis, como ha notado D. Alonso, ha compuesto dos versos (principio de la última estrofa), que dejan indecisa, cambiando aquí y allá, durante cinco días la suerte de la batalla, antes de que la fatalidad haga irrupción en los dos últimos versos igual que en Horacio.

Pero en los dos últimos versos del poema no encuentro ninguna huella de indiferencia y fría objetividad. El *¡ay!* del final es un último estallido resonante de tristeza, dirigido ahora no al rey culpable en su lecho del vicio, sino al sacrificio de muchos cientos de años de España, a la que el dios se dirige directamente con el patético y desgarrador *oh cara patria* (anteriormente sólo habíamos oído referencias a España en tercera persona; estr. 3: «a España, ay, cuán llorosa», estr. 5: «a toda la espaciosa y triste España»), en un momento le ha dictado la dura sentencia: ¡todo un país atado a la cadena de los bárbaros para cientos de años! —esto será subrayado por el irónico juego de sonidos *condena-cadena* y la doble acepción de la palabra *bárbara*. [...] Fray Luis ha transformado la antigua profecía a través de un hado que es voz de la naturaleza impersonal, premonitora en una manifestación humanamente patética, vivida por la humanidad hispanocristiana que ve el delito en la desgracia nacional. En otras palabras, la intimidad humana hispanocristiana ha socavado desde dentro la antigua mitología y le ha introducido otro contenido. Contenido moderno en forma clásica que corresponde al programa del teórico del Renacimiento: «Saepe mihi placet antiquo alludere dictis / atque aliud longe verbis proferre sub iisdem» (Vida, *Poetica*, III, 257); o, según la formulación del clásico tardío francés André Chénier: «sur des penseurs nouveaux formons des vers antiques». Y hemos visto cuán escrupulosamente ha meditado en nuestro poema el monástico poeta renacentista del platonismo todas las equipolencias y homologías entre antiguos y modernos, los cambios y sustituciones tanto en lo referente al contenido como a la técnica estilística. Este contenido-forma del poema deberá hacerse evidente a través de una visión conjunta de contenido y forma, no a través de separaciones de forma y contenido como forzosamente aparece cuando se recurre simplemente a estilísticas supraindividuales, es decir, gramaticalizadas, o a artificios retóricos que otros poemas tienen en común con el nuestro. Sólo los rasgos estilísticos que van unidos a la estructuración de contenido o, más aún, la reflejan, tienen la posibilidad de proyectar una luz sobre la forma interna de este poema: en lo esencial el *tú*, el *yo*, el *ay* con sus congruencias más o menos completas con las muestras latinas, *tu, iam, heu*, fueron el motivo-palabra individual de nuestro poema que completa y confirma la motivación de contenido.

RICARDO SENABRE

LA «ESCONDIDA SENDA» DE FRAY LUIS

> ¡Qué descansada vida
> la del que huye el mundanal ruido
> y sigue la escondida
> senda por donde han ido
> los pocos sabios que en el mundo han sido!

En esta composición, que aparece con distintos títulos en los manuscritos y códices disponibles, fray Luis no desea, según Vossler [1943], «más que la paz y la liberación del espíritu de toda clase de negocios temporales para ser únicamente poeta y arpista». Por su parte, Oreste Macrí [1970] insiste en que el tema de la composición es el de la vida rústica, procedente de Horacio —y desarrollado ampliamente por fray Antonio de Guevara, entre otros—, hasta el punto de que la «escondida/senda» de los versos 3 y 4 es traducción del *secretum iter* horaciano. En el estudio que precede a su edición crítica de la obra poética de fray Luis, el Padre Ángel C. Vega [1955] analiza con detenimiento la conocida oda y concluye: «Lejos de cantar fray Luis de León las delicias y encantos de la vida rústica, como Horacio en el Epodo II, *Beatus ille*, o mejor aún en la sátira *Hoc erat in votis*, es una expresión de júbilo y satisfacción, un regodeo espiritual por verse libre de pleitos y líos universitarios, de ambiciones y locuras literarias, de vanidades y falso renombre». [...] Secundariamente, la localización del huerto evocado en la composición, con su «cumbre airosa» y su «fontana pura», ha generado también disparidades. Según Coster [1921] y Bell [1925], podría tratarse de la sierra de Tormantos, en la Vera cacereña, y habría que relacionar la oda con el retiro de Carlos V al monasterio de Yuste, de acuerdo con lo que se indica en el encabezamiento de uno de los manuscritos conservados; para Macrí y el Padre Vega, por el contrario, el «huerto» se refiere, indudablemente, a La Flecha, la finca, aún hoy exis-

Ricardo Senabre, «La escondida senda de fray Luis», en *Tres estudios sobre fray Luis de León*, Universidad de Salamanca, 1978, pp. 5-36 (8-10, 12, 13-14, 15-17 y 33-34).

tente, que los agustinos poseían a ocho kilómetros de Salamanca, junto al Tormes. Todo esto es sumamente inseguro. [...]

¿Recuerdos horacianos? Sin duda; y de Virgilio, y de Garcilaso, y hasta de Cicerón. ¿Plasmación literaria de un paisaje real? No. Adopción de un tópico literario de considerable rendimiento, potencialmente apto ya desde la Biblia —no se olvide— para aceptar esporádicas conversiones «a lo divino». [...] ¿De qué senda se trata? ¿Qué sabios son esos? No es preciso ir muy lejos para averiguarlo, aunque, inexplicablemente, nadie parezca haber reparado en ello; la pista se halla en el mismo fray Luis de León, en su temprana *Declaración del «Libro de los Cantares»* (1561) donde todavía «la razón queda corta y dicha muy a la vizcaína y muy a lo viejo», pero, por lo mismo, más explícita que en los versos de la oda. He aquí el texto: «El camino para hallar a Dios y la virtud no es el que cada uno por los rincones quisiera imaginar y trazar para sí, sino el trillado ya y usado por bienaventurado ejemplo de infinitas personas santísimas y doctísimas que nos han precedido». La «escondida senda» de la oda no sólo no traduce el *secretum iter* de Horacio, sino que posee un significado especial y concreto: es «el camino para hallar a Dios». [...]

Esta estrecha senda por la que pocos logran transitar es camino de sabios, porque, como ya había indicado el pseudo Dionisio —tan repetido y utilizado por los escritores ascéticos del siglo XVI—, «sapientia est divinissima Dei cognitio». Si en 1561 fray Luis se había referido al «camino para hallar a Dios» como un sendero recorrido «por bienaventurado ejemplo de infinitas personas santísimas y doctísimas», en la oda, escrita muchos años más tarde, el «camino» se ha convertido en la «escondida / senda», y las «infinitas personas» se han reducido a unos «pocos sabios». Del optimismo inicial a la desoladora restricción de la madurez hay un largo y dramático camino de tentativas y frustraciones que marca con nítida huella la obra poética de fray Luis. Porque la senda que conduce a «descansada vida» es el mismo «camino para hallar a Dios». [...]

El «sendero derecho» que lleva a la contemplación de Dios pasa por la Teología. Pero, como Osuna explica pormenorizadamente, hay dos clases de Teología: la «especulativa o escudriñadora» y la «escondida». [...] La Teología «escondida» es la mística, que conduce hasta el grado máximo de fusión con Dios y proporciona «la visión como premio». En suma: la Teología «escondida» es, claro está, la «escondida / senda» luisiana, recorrida por «pocos sabios», ya que es un camino para cuya andadura no basta el mero raciocinio del teólogo «profesional». [...]

Los datos parecen suficientes para replantear una lectura de los versos de fray Luis. [...] La única parte de la composición no dependiente de las formas volitivas es la que se refiere al huerto, y la razón estriba en que se trata de un «huerto» real, pero no porque corresponda al paisaje de La Flecha o de Yuste, sino por ser un *estado* auténtico: fray Luis ha «plantado» un huerto con su fe difícilmente conseguida; se siente beneficiario de unos dones que proceden de Dios; se acoge a la doctrina de Cristo y se ampara en ella —por eso el huerto está en la «ladera» del monte—, pero desearía encontrar la «escondida senda» que conduce a la cumbre de la unión mística, un grado mayor de perfección espiritual.

Francisco Rico

UNIDAD Y HARMONÍA: LA ODA A SALINAS Y *LOS NOMBRES DE CRISTO*

Probablemente no hay página más decisiva para comprender a Luis de León que la escrita por Marcelo en el arranque del diálogo *De los nombres de Cristo*. Andando el imprescindible camino de la definición a lo definido, Marcelo propone una doble explicación de la naturaleza del nombre, sustituto de la realidad y a su vez realidad en «nuestra boca y entendimiento»: «Porque se ha de entender que la perfección de todas las cosas, y señaladamente de aquellas que son capaces de entendimiento y razón, consiste en que cada una de ellas tenga en sí a todas las otras y en que, siendo una, sea todas cuanto le fuere posible ...». Parece, en principio, la ortodoxia aristotélica, pero fray Luis la dobla de un sentido religioso que, si no ajeno a la *Metafísica*, se nos antoja más profundamente congenial con el

Francisco Rico, «Fray Luis de León», en *El pequeño mundo del hombre,* Castalia, Madrid, 1970, pp. 170-189 (170-175, 178-184, 187-189).

Platón que tiende a identificar grado de perfección y grado de participación en la divinidad, y con el Plotino que describe la Inteligencia cósmica (cuyo más fiel retrato es la inteligencia humana) y cada una de sus partes como un ser y poseer todas las cosas: «... porque en esto se avecina a Dios, que en Sí lo contiene todo. Y cuanto más en esto creciere, tanto se allegará más a Él, haciéndosele semejante. La cual semejanza es —si conviene decirlo así— el pío general de todas las cosas, y el fin y como el blanco a donde envían sus deseos todas las criaturas». «Todas las cosas», «todas las criaturas» —dice Marcelo— pían o gimen por asemejarse a Dios, por acercársele. La alusión a san Pablo es diáfana: «exspectatio creaturae revelationem filiorum Dei exspectat ... Omnis creatura ingemiscit et parturit usque adhuc» (*Romanos*, VIII, 22). Y que fray Luis, como tantos más, la entiende a la luz de la glosa agustiniana [según la cual «omnis creatura» equivale a decir 'el hombre'], queda de manifiesto bien poco después, siempre por obra del agudo Marcelo:

En los bienes de naturaleza, todas las criaturas se avecinan a Dios; y solas, y no todas, las que tienen entendimiento, en los bienes de la gracia; y en la unión personal, sola la humanidad de Nuestro Redentor Jesucristo. Pero aunque con sola esta humana naturaleza se haga la unión personal propiamente, en cierta manera también en juntarse Dios con ella es visto juntarse con todas las criaturas, por causa de ser el hombre como un medio entre lo espiritual y lo corporal, que contiene y abraza en sí lo uno y lo otro; y por ser, como dijeron antiguamente, un menor mundo o un mundo abreviado.

Así, el hombre se alza a la perfección —alzando con él a todas las cosas— precisamente en tanto microcosmos o «menor mundo», por ser lazo o σύνδεσμος de lo visible y lo invisible. [...]

Ahora bien, es imposible que las cosas «materiales y toscas» estén «unas en otras». Imposible, a no tener ellas un ser real, «pero más delicado», capaz de hacer acto de presencia, inmaterialmente, «en un mismo tiempo en muchos lugares»: el nombre. Y aquí Marcelo echaba mano (en forma tácita) de la definición aristotélica del alma como 'en cierto modo todas las cosas' o, en la versión escolástica, «quodammodo omnia», evocaba aún el «mundo inteligible» del hombre, según Plotino, y concluía que la aprehensión de los nombres en la mente (y por ende en la palabra) torna efectiva la microcosmía humana: «Por manera que, en conclusión de lo dicho, todas las cosas viven y tienen ser en nuestro entendimiento cuando las entendemos, y cuando las nombramos en nuestras bocas y lenguas». La perfección del hombre estriba, pues, en ser un microcosmos, avecinándose a Dios, «que en Sí lo contiene todo», porque en su saber se hallan «las ideas y las razones de todo», y avecinándose a Cristo, que —en voz de san Pablo, gustosamente citado por Marcelo— lo «recapitula todo, lo no criado y criado, lo humano y lo divino, lo natural y lo gracioso». Pero si el hombre es un microcosmos por atesorar en la inteligencia la realidad nominal de todas las cosas, claro está —y ahora se advierte la profunda pertinencia del razonamiento en el pórtico de nuestro diálogo— que entender los nombres de Jesús será una manera óptima de aproximarse a la perfección divina y una suerte de imitación de Cristo.

El pasaje, sin duda, «contiene... todo fray Luis».[1] Pero por el momento me interesa subrayar sólo una de sus dimensiones: esa perfección —esa microcosmía— del hombre no es cosa distinta de un reducir «a unidad la muchedumbre» de las cosas, de modo que, «quedando no mezcladas, se mezclen, y permaneciendo muchas, no lo sean, y... extendiéndose y como desplegándose delante los ojos la variedad y diversidad, venza y reine y ponga su silla la unidad sobre todo». [...]

Por supuesto, la «orden sosegada» del universo —del todo y de las partes que lo reflejan, el hombre en primer lugar— puede describirse en términos musicales. Toda relación adecuadamente conjugada fue para los antiguos una suerte de música, perceptible por la razón, si no por el sentido. Fray Luis ha hablado de «concierto» y «harmonía», en el sentido absoluto de 'acuerdo..., avenencia', y 'compostura... por la proporción', respectivamente, que define Covarrubias; pero también, en forma menos equívoca, de «disonancia» y «música».

---

1. Así lo nota Alain Guy [1960]; y continúa: «En él aparecen todos los grandes temas luisianos, casi sin excepción, a saber: la idea de perfección, motor de la actividad cósmica toda entera, la noción de un dinamismo irresistible que empuja los seres hacia su fin propio; la tendencia de todas las criaturas a realizar su íntima fraternidad en un abrazo espiritual sin igual; la busca y el logro de la unidad más allá de la multiplicidad inicial, constitutiva y elemental, que respeta y garantiza; la dialéctica mística universal, cuyo solo fin adecuado es asemejarse cada vez más a Dios —la realización en sí por cada ser de un microcosmos—; en fin, la paternidad inefable del Señor, que encierra en su seno todo lo creado y que reconcilia en Él, lo uno y lo múltiple, en la riqueza de sus tres Personas, expresión de una misma esencia trascendente».

¿Cuál es la consonancia —sin sonido— del hombre? [...] Alma y cuerpo son música (como lo es el vínculo de ambas), en tanto «mezcla y síntesis de contrarios»: lo habían explicado los pitagóricos y, recordándolo en el *De anima*, Aristóteles les había asegurado la inmortalidad de su doctrina. Sería casi una injuria buscarles fuentes directas a las afirmaciones de fray Luis: el maestro salmantino las pronunciaba con la misma tranquilidad con que hoy decimos que seis y seis son doce y el agua hierve a cien grados, sin necesidad de autorizar el dato, bien indiscutido de la cultura más elemental. Del mismo calibre era el deslinde de una «música de los cielos», discernible por la inteligencia y el corazón que ha restablecido su propia harmonía. [...]

Nos hallamos, insisto, no ante lugares comunes, sino ante los rudimentos del saber de la época. [...] Y a enriquecer la tradición, evocando la concordancia de las tres especies de música y otra más pura música divina, se consagra uno de los mejores poemas de fray Luis, la «oda a Salinas»:

> El aire se serena
> y viste de hermosura y luz no usada,
> Salinas, cuando suena
> la música extremada,
> por vuestra sabia mano gobernada.

El aire, ciertamente, se serena, porque el sonido es «la percusión del aire que se mantiene hasta el oído» (según define Boecio), y si tal percusión es musical configura el ambiente de forma que no puede menos de resultar proporcionada, sosegada, como fiel al patrón único de la harmonía. Desde luego no nos las habemos con una música cualquiera: las melodías de Salinas, organista de la seo y catedrático de la Universidad de Salamanca, brotan de una «sabia mano». Vieja era la disputa que oponía la «música especulativa», puramente intelectual, a la «música práctica», abierta a la percepción del más zote. Los cultivadores de la segunda solían burlarse de las especulaciones de los definidores de la primera, filósofos, matemáticos, astrólogos o astrónomos... Y éstos, si no negaban las virtudes de la buena música práctica, insistían en la necesidad de penetrar en ella hasta dar con la música especulativa que ineludiblemente le sirve de soporte. Porque nada de valor hará la mano más hábil si no la gobierna la razón, [como también precisa el *De musica* de Boecio].

> A cuyo son divino,
> mi alma, que en olvido está sumida,
> torna a cobrar el tino
> y memoria perdida,
> de su origen primera esclarecida.

«Son *divino*» no parece una simple hipérbole: el son de Salinas refleja en una cierta medida la estructura harmónica del universo, desde siempre albergada en la mente divina; y, por otro lado, en tanto que la refleja se aproxima a la perfección y «se avecina a Dios». No injustamente, pues, y entendiendo la definición en su sentido más inequívocamente religioso, afirmaba Bartolomé Cairasco de Figueroa que la música «del cielo es un retrato». Ahora bien, el alma tiene su origen en el cielo, de donde desciende «al bajo polo» a través de las esferas (la oda «En el nacimiento de doña Tomasina» se complace en imaginar la jornada punto por punto); al entrar en el cuerpo, pierde el conocimiento que había adquirido en la contemplación celestial (en el mundo de las ideas, según la ortodoxia platónica), queda «en olvido… sumida». Luego, el ejercicio intelectual provoca la anámnesis, devuelve la «memoria perdida». [...] Saber es recordar, remontarse al origen: y cuando ese ejercicio intelectual lo suscita el «son divino» de una música, es particularmente hacedero que el alma rememore su principio también divino. [...]

> Y como se conoce,
> en suerte y pensamientos se mejora;
> el oro desconoce
> que el vulgo ciego adora,
> la belleza caduca, engañadora.

Cobrar conciencia de la raigambre divina del alma supone desdeñar cuanto no pertenezca al mismo linaje, toda la hermosura que pueda huir; pero no huye la perfecta harmonía a cuya contemplación ha empujado la música, porque «de la consideración de los números mudables en las cosas inferiores, el alma se eleva a los números inmutables, que están en la misma Verdad inmutable» (San Agustín, *De musica*).

> Traspasa el aire todo
> hasta llegar a la más alta esfera,

> y oye allí otro modo
> de no perecedera
> música, que es de todas la primera.

Así, la música instrumental ha logrado revelar al alma la música «que es de todas la primera»: no se trata —entiendo— de la música mundana (la de las esferas, los tiempos, los elementos), sino, aún más arriba, de la música divina —la idea de la harmonía en el mismo Dios—, a la que responden todas las que encierra el universo. [...] No nos apresuremos, pues, a reducir el alcance de la «cítara» de fray Luis; en su intención, pudo valer sólo por los cielos; pero pudo valer igualmente por toda la máquina del mundo. Ni supongamos —si sentimos la tentación de hacerlo— traída por los pelos y mal encajada la alusión al «eterno templo» del universo. Templo es éste, sin duda, como teatro de la grandeza de Dios y ordenado «desde su principio» al servicio de Cristo (fray Luis lo nota en varios lugares); y a mayor abundamiento, «templo de claridad y hermosura» lo había reconocido la antigüedad, de Platón a Cicerón y Proclo, como todo sagrado y modelo sumo (idea ciertamente grata a nuestro autor). Pues bien, en tanto templo, el cosmos se sustenta en unas proporciones musicales, en un «son sagrado», que deben esforzarse por reproducir los arquitectos humanos, si quieren que sus obras no traicionen el dechado auténtico de la harmonía. «La correspondencia —señala con acierto el padre Vega [1955]— se va sucediendo de modo admirable. El músico Salinas es sustituido por 'el gran maestro'; la música terrena, por la celeste; la catedral de Salamanca, por el 'eterno templo' del mundo.»

> Y como está compuesta
> de números concordes, luego envía
> consonante respuesta;
> y entrambas a porfía
> mezclan una dulcísima harmonía.

Volvemos ya al punto de partida: el alma se ha alzado a la música mundana y a la música divina, gracias a la música instrumental, porque ella misma es música humana y «está compuesta de números concordes». «Números», claro, tanto matemáticos como rítmicos, cadenciosos. El *locus classicus* (obviamente en deuda con la especulación pitagórica) se encuentra en el *Timeo*, allá donde se precisan los intervalos harmónicos en que se divide el alma del mundo, según progresiones presentes también en el alma del hombre. Con tal fundamento, justamente, pudo hablarse de la cítara que es el alma (y aun todo el hombre), concepto no poco grato a Filón, elegantemente desarrollado por Clemente de Alejandría y ya nunca trascordado. Y con tal fundamento explícito y tal noción claramente apuntada, fray Luis imagina la «consonante respuesta» del alma al concierto de la harmonía universal: el microcosmos está templado al mismo tono que el macrocosmos y, así, se pliega a la norma (física y moral) de la Creación entera.

> ...Oh, suene de contino,
> Salinas, vuestro son en mis oídos,
> por quien al bien divino
> ·despiertan los sentidos,
> quedando a lo demás amortecidos.

Esa tensión del hombre hacia el mundo y hacia Dios es central en el pensamiento —y en el sentimiento— de fray Luis: resolverla implicaba potenciar la microcosmía humana; y la oda a Salinas muestra un óptimo camino para lograrlo.

CRISTÓBAL CUEVAS

LOS NOMBRES DE CRISTO

Al escribir *Los nombres de Cristo*, fray Luis se propuso confeccionar un florilegio bíblico y patrístico que supliera en lo posible la lectura de los Libros Sagrados, prohibidos a la sazón en lengua vulgar, ya que, como él mismo decía, «esto, que de suyo es tan bueno, y que fue tan útil en aquel tiempo (el del primitivo cristianismo), la condición triste de nuestros siglos, y la experiencia de nuestra grande desventura, nos enseñan que nos es ocasión agora de muchos daños»;

Cristóbal Cuevas García, ed., Fray Luis de León, *Los nombres de Cristo*, Cátedra, Madrid, 1977, pp. 37-38, 50-52, 55-58, 60-61, 64-68, 83-84.

por eso invitaba a los que se sintieran capacitados para ello —ofreciendo su obra como ejemplo—, a que compusieran «en nuestra lengua, para el uso común de todos, algunas cosas que, o como nascidas de las Sagradas Letras, o como allegadas y conformes a ellas, suplan por ellas, quanto es possible, con el común menester de los hombres». Pero, además, con la exégesis que, casi sin sentir, acompaña a estos textos, fray Luis quería ofrecer a sus lectores una introducción al pensamiento bíblico y patrístico, que sirviera como de compendio del dogma, la moral, y hasta la espiritualidad ortodoxa. Hay, pues, en los *Nombres* un definido propósito didáctico-moral, que algún crítico ha comparado al que anima a *La imitación de Cristo*. Este propósito se concreta en la presentación de la figura del Redentor dentro de la perspectiva neoplatónica de la armonía y perfección tomadas en sentido cristiano. Con su belleza ideológica, resaltada además por el atractivo de todas las galas poéticas, el escritor pretendía también que su obra sustituyera ventajosamente a los relatos profanos en el favor del público, siendo como un ensayo de lo que otros podrían conseguir siguiendo este mismo camino.

Hase de advertir, sin embargo, que fray Luis, al escribir su libro, pensaba solamente en lectores cultos, lo que a veces olvida la crítica. Por eso insiste en que nadie piense que «en la Theología, que llaman, se tratan ningunas (questiones), ni mayores que las que tratamos aquí, ni más dificultosas, ni menos sabidas, ni más dignas de serlo», añadiendo, en respuesta a sus objetores, que

si dizen que no es estilo para los humildes y simples, entiendan que, assí como los simples tienen su gusto, assí los sabios y los graves y los naturalmente compuestos no se applican bien a lo que se escrive mal y sin orden, y confiessen que devemos tener cuenta con ellos, y señaladamente en las escripturas que son *para ellos solos, como aquesta lo es*.

Por eso, la lectura de los *Nombres* exige una suficiente preparación humanística, filosófica, bíblica, patrística y teológica, sin la cual pasan desapercibidas muchas de sus bellezas. No se trata, pues, de una obra popular, ni de divulgación, sino minoritaria, destinada tan sólo a lectores cualificados. [...] Son *Los nombres de Cristo* unos diálogos renacentistas en que fray Luis expone su personal visión cristológica del mundo sirviéndose de tres personajes literarios que, en cuanto voceros de sus propias ideas, le representan a él mismo —son su *alter ego*. [...] Cuando fray Luis quiere *entrar* en su libro, lo hace en forma directa, refiriendo *él mismo*, por ejemplo, el episodio simbólico de la «páxara». Y será esa misma relación del *escritor* con sus *personajes literarios* —a la vez de distanciamiento y de identificación con ellos— la que le lleve a transferirles elementos procedentes de su propia biografía real —el recuerdo de su consagración mariana, su interés en la lucha antiluterana, las muchas ocupaciones que le abruman, las molestias de su escasa salud, el deseo de terminar con las rencillas universitarias, la pesadez de las tres clases estivales seguidas y cotidianas, la afición a dialogar con las estrellas, la debilidad de su voz, la vivencia angustiosa de la cárcel, etc.—. De esta forma, el libro se convierte en un resonador de la personalidad de fray Luis, en el que éste sella a sus personajes de ficción con la impronta de sus propias características ideológicas y vitales. Así, Marcelo, Sabino y Juliano son, a la vez, personajes literarios y, hasta cierto punto, encarnación de la persona de su creador.

Fray Luis escribe, pues, su libro conformándose a las exigencias que, para el género *diálogo*, había establecido una venerable tradición literaria. Él conocía perfectamente esa tradición, que le había cautivado desde un principio en las obras de su admirado Platón, de quien toma características fundamentales: la estructura dramática —que, ni en él, ni en su maestro reproduce conversaciones reales—; el uso de una lengua literaria, sólo en apariencia coloquial; el enfoque de los temas desde diversas perspectivas, gracias a la diversidad moderada de interlocutores; la pintura artística de escenas y personajes; la omisión sistemática de citas de autores contemporáneos; la amenidad buscada en el cambio de hablantes; el proceso mayéutico —en fray Luis, sólo ocasional— de preguntas y respuestas; la utilización de un «personaje-maestro» para dirigir el coloquio —Sócrates, Marcelo o Juliano—, el cual actúa además como punto de referencia de los demás interlocutores; la fluencia del discurso —en los fragmentos estrictamente platónicos de los *Nombres*— en un entramado de acciones y reacciones dialécticas. Como puede observarse, el diálogo platónico ha dejado una honda huella en el libro de fray Luis, aunque las diferencias sean también importantes [y otras características significativas proceden de fuentes distintas, al hilo de las renovaciones que Cicerón, la patrística y el humanismo introdujeron en la tradición del diálogo].

Por otra parte, los diálogos luisianos, fieles a sus orígenes, se nos presentan llenos de elementos dramáticos —actitudes corporales, elocuentes silencios, reacciones inopinadas, manifestaciones emocionales, alusiones a lo oral, etc.—, es decir, de llamadas de atención hacia lo coloquial, para obligarnos a imaginar —casi como en una «composición de lugar» a la manera ignaciana— que *vemos* y *oímos* a los interlocutores. Fray Luis, con admirable sabiduría artística, da una gran importancia en su obra a los elementos *paralingüísticos* y *kinésicos*, describiendo gestos, posturas, movimientos y ademanes, como signos expresivos de actitudes íntimas. Todo ello se incorpora a estos diálogos, tan conscientemente retóricos, como parte de *la acción*, dentro del capítulo de *la elocuencia*, la cual, según Cicerón, «ponía en la obra, *con ayuda del cuerpo*, todo el esfuerzo del pensamiento». [...]

Muchos rasgos de los diálogos luisianos proceden, en efecto, de los postulados de la *eloquentia* retórica clásica. Así, el «pronombre deíctico», que ha de entenderse acompañado de un ademán orientador —«Primero perderá su claridad *este* sol» (señalándose hacia el que brilla en el cielo); «assí como *aquel* camino (y señaló Marcello con el dedo, porque se parecía de allí) es el de la Corte...»—; en ocasiones, este pronombre se complementa con un gesto o una mirada en torno —«*Este* ayre fresco que agora nos toca, nos refresca...»—. Fray Luis da siempre a estos ademanes un concreto valor de signo expresivo: «Deteneos, dixo Iuliano *alargando contra Sabino la mano*», [...] «Sabino..., *alçando un poco los ojos al cielo, y lleno el rostro de espíritu, con templada boz, dixo*...»; «Y, dicho esto, calló Marcello, *todo encendido en el rostro*; y, *sospirando muy sentidamente*, tornó luego a dezir...», etc. Los gestos adquieren así en estos diálogos una importancia expresiva capital, que es preciso observar cuidadosamente para comprender toda su significación literaria y dramática. En el mismo grado habría que destacar los elementos alusivos a lo oral —tan cargados de valores estilísticos—, que configuran el libro como un demorado y sabio platicar, cuyos apacibles razonamientos «escuchamos con los ojos» a través de la lectura. [...]

Cuanto hemos dicho hasta aquí puede ayudarnos a entender las razones por las que fray Luis estructura su libro en forma de diálogo renacentista. Ante todo, al servirse de un género literario tan culto y prestigioso, cree poder satisfacer mejor las exigencias del selecto círculo de lectores al que, como hemos visto, lo destinaba. Pero, además, le ilusiona la idea de servir de ejemplo a otros en la tarea de aclimatar en castellano los géneros literarios clásicos,

el qual camino —afirma— quise yo abrir, no por la presumpción que
tengo de mí, que sé bien la pequeñez de mis fuerças, sino para que los
que las tienen se animen a tratar de aquí adelante su lengua como
los sabios y eloquentes passados, cuyas obras por tantos siglos biven,
trataron las suyas; y para que la ygualen en esta parte que le falta con
las lenguas mejores, a las quales, según mi juyzio, vence ella en otras
muchas virtudes. *Y por el mismo fin quise escrivir en diálogo,* siguiendo
en ello el exemplo de los escriptores antiguos, assí sagrados como pro-
phanos, que más grave y más eloquentemente escrivieron.

A ello hay que añadir las ventajas que se derivan de la esencia misma
de la literatura dialogística: el perspectivismo, las posibilidades del
razonamiento *in fieri,* la sugestión erística, la variedad, la facilidad
de recordar la doctrina, la posibilidad de responder a objeciones, y,
en suma, todo lo que comporta el enfoque dramático del pensamiento.

En *Los nombres de Cristo* —como en todas sus obras—, la
preocupación lingüística es primordial. Su interés por la pureza de
los textos y de las palabras se manifiesta en multitud de observaciones
etimológicas, análisis formales de pronunciación y grafías, precisiones
léxicas y semánticas, pesquisiciones del sentido literal de los autores
bíblicos o clásicos, etc. Junto al pensador y al poeta, vigila siempre
el filólogo. Incluso indaga, en ocasiones, aspectos curiosos de lo que
él llama «castellano antiguo». En su opinión, «una cosa es la forma
del dezir, y otra la lengua en que lo que se escrive se dize», ya que,
«en lo que toca a la lengua, no ay diffencia, ni son unas lenguas para
dezir unas cosas, sino en todas ay lugar para todas». Lo que hace
falta es escribir «como a la gravedad le conviene», en lo cual está
muy descuidada la lengua castellana en comparación con «las mejores» de Europa —italiana y francesa—, a las cuales, no obstante,
«vence ella en otras muchas virtudes». Hay, pues, que esforzarse en
el perfeccionamiento del idioma, incluso por razones religiosas, para
que, al aplicarlo a tratados espirituales y sermones, éstos levanten los
ánimos «con su movimiento y belleza». De esta manera, fray Luis se
muestra escritor típico de la Contrarreforma, al poner los logros renacentistas al servicio de la causa católica. En el cultivo de una prosa
romance artística, y en su aplicación a materias teológicas, fray Luis
afirma ser un innovador: «Y si acaso dixeren que es novedad, yo
confiesso que es nuevo, y camino no usado por los que escriven en
esta lengua, poner en ella número, levantándola del descaymiento
ordinario». [...]

Dentro de la triple impostación retórica [de los estilos «grave», «mediano» y «endeble», como decía fray Luis de Granada] la prosa de los *Nombres* rehúye toda afectación, buscando, en cambio, esa difícil naturalidad que tanto gustaba a los escritores renacentistas. Las palabras suelen ser comunes, los giros nada violentos —aunque sea frecuente el hipérbaton de procedencia clásica, como la colocación del verbo al final de la frase—, la adjetivación sobria, las figuras adecuadas al contexto, las sentencias encarnadas en el molde popular del modismo y el refrán, y los criterios de selección —huyendo aristocráticamente de todo plebeyismo— basados en el buen gusto y el esfuerzo meditado. La claridad y el orden aleja esta prosa de la exageración guevarista sin sumirla en el *manierismo* de Malón.

[No faltan cultismos léxicos y sintácticos (cf. p. 400, n. 1), juegos etimológicos y ortografía latinizante.] Por lo demás, los recursos retóricos clásicos se utilizan sistemáticamente, adaptándose siempre al estilo de cada pasaje: paronomasias («Christo... sirvió *para ganar su ganado*», «tan ricos y *tan trabajados trabajos*», «son *de un parto las dos partes* del alma»), continuos zeugmas, hipérbatos, polisemias ([Christo, a los hombres], «siendo *perdidos*, nos haze *ganados* suyos»), antítesis («salió en el thálamo de la Virgen a la luz desta vida *un hombre Dios, un niño ancianíssimo..., un flaco muy fuerte; un saber, un poder, un valor no vencible, cercado de desnudez y de lágrimas*»), enumeraciones, gradaciones ascendentes y descendentes («*los pechos y hombros, y el cuello y cabeça de oro*»; [el vicioso] «viene por sus passos contados, *primero a ser bruto, y después a menos que bruto, y finalmente a ser casi nada*»), llegándose incluso al intento de adaptar al castellano el *cursus*, sobre todo en su modalidad de *planus*.

En *Los nombres de Cristo*, desde el punto de vista de la amplitud del período, predomina con mucho el de cadencia amplia, sin que falte totalmente el breve. También aquí parece notarse el recuerdo inmediato de la *Retórica eclesiástica* de Granada, quien, hablando de la *composición*, afirmaba:

Hay una composición simple o sencilla, y otra doble o compuesta. La simple no está sujeta a la ley de los números, ni tiene períodos muy largos, y de ella usamos nosotros en el trato familiar, y los sagrados escritores en muchísimos lugares ... La composición doble, apartándose de esta sencillez, usa de oraciones torcidas y largas. Cuyas partes, y como miembros, es preciso explicar, para que, conocidas, se conozca más fácilmente el todo que de ellas resulta.

Fiel a esta doctrina, el Maestro León se sirve de ambas, prefiriendo para los pasajes expositivos la composición «doble o compuesta», lo que hace que sus párrafos cristalicen en frases largas, enlazadas hipotácticamente en una arquitectura frecuentemente compleja, pero siempre diáfana y dominada artísticamente por el escritor. [...] Es fácil explicarse el hecho de que fray Luis —un agustino renacentista, a la vez humanista y teólogo— admitiese, con plena consciencia de sus posibilidades doctrinales y estéticas, aunque con prudente moderación, la inclusión del «ejemplo» pagano en el entramado de *Los nombres de Cristo*. En general, lo hace en su forma *sucinta*, como se ve en los «ejemplos» de Apolo y Dafne, la fragua de Vulcano, la invulnerabilidad de Aquiles, el Ave Fénix, o Glauco y Diomedes ([El primer hombre] «traspassó la ley de Dios, y assí fue despojado luego de aquesta perfectión de Dios que tenía, y, despojado della, no fue su suerte tal que quedasse desnudo, sino, como dizen del trueco de Glauco y Diomedes, trocando desigualmente las armas, juntamente fue desnudado y vestido»). Pero no falta el *exemplum* extenso, en el cual se relata el mito con más pormenores, a la vez que la aplicación *a simili* se explicita minuciosamente:

Paréceme —dixo Sabino—, que como el hijo de Príamo, que puso su amor en Helena y la robó a su marido, persuadiéndose que llevava con ella todo su descanso y su bien, no sólo no halló allí el descanso que se prometía, mas sacó della la ruyna de su patria y la muerte suya, con todo lo demás que Homero canta de calamidad y miseria, assí, por la misma manera, los no dichosos, por fuerça vienen a ser desdichados y miserables, porque aman como a fuente de su descanso lo que no lo es, y amándolo assí, pídenselo y búscanlo en ello, y trabájanse miserablemente por hallarlo, y al fin no lo hallan.

Mucho más frecuente, sin embargo, es el empleo del «símil», de acuerdo con la práctica de los libros piadosos y de la oratoria culta de la época. Como nota H. Dill Goode [1969] «las metáforas y los *símiles* penetran a lo largo de la obra de tal forma que la constituyen en una obra maestra del simbolismo. Por medio del simbolismo fray Luis puede expresar su experiencia de Dios y su realidad espiritual en configuraciones del mundo terrestre y a través de su significado terrestre». Prescindiendo del «símil» *sucinto*, que, como hemos dicho, se reduce a una rápida alusión, la estructura del *extenso* —al igual que la de su equivalente el «ejemplo»— es normalmente dicotómica:

la primera parte, que funciona como una prótasis, suele contener el «símil» mismo, mientras que la segunda —una especie de apódosis— es la aplicación. La prótasis aparece encabezada por fórmulas del tipo «assí como», «como», «que como», «que si es...», introduciéndose la apódosis por un nexo correlativo —«assí»—. Aunque el orden puede cambiarse, lo normal es que aquélla preceda a ésta. Por lo demás, dado el origen literario de muchos «símiles», no es extraño que aparezcan reiterados, lo que sucede, sobre todo, cuando están dotados de un gran valor expresivo o estético.

8. FERNANDO DE HERRERA
Y LA POESÍA DE SU ÉPOCA

ALBERTO BLECUA

La poesía del período comprendido entre 1550 y 1600 todavía no ha recibido un estudio de conjunto, laguna crítica motivada, entre otras razones, por los problemas que plantea la concepción y transmisión de la obra poética en el Siglo de Oro. Fray Luis de León, Fernando de Herrera, San Juan de la Cruz y, en menor medida, Francisco de Aldana, Alonso de Ercilla y Francisco de Medrano son las figuras más valiosas de este período que se inicia con el triunfo del endecasílabo y de los romanceros y concluye con dos antologías fundamentales: el *Romancero General* (1600) y *Flores de poetas ilustres* (1605), muestras patentes de lo que llegó a ser la lírica del siglo XVI y anticipo de lo que será la nueva poesía del llamado Barroco.

Si los estudios sobre las grandes figuras son numerosos, lo que es lógico puesto que fray Luis de León y Herrera —San Juan es caso aparte— son los dos poetas que, tras Garcilaso, llevan a cabo transformaciones notables en la lírica del siglo XVI, los estudios sobre las figuras secundarias, los epígonos, escasean, hecho que impide apreciar el fondo en que las obras de aquéllos aparecen. Ha sido Antonio Rodríguez-Moñino, el mejor conocedor de la poesía de esta época, quien en una célebre conferencia [1965] señaló la falta de correspondencia entre el panorama construido por la crítica y la realidad histórica. La tesis de Rodríguez-Moñino consiste, básicamente, en el siguiente presupuesto: a causa de los problemas de transmisión de la obra literaria, nuestro conocimiento de la poesía del siglo XVI es distinto del que tuvieron los hombres de su tiempo. Así se puede dar el caso de que autores muy apreciados en su época sean ahora poco menos que desconocidos, mientras que autores hoy de gran renombre apenas fueron leídos por sus contemporáneos. Tras analizar los distintos tipos de transmisión —impresa, manuscrita, oral—, concluye que la difusión de la poesía se circunscribe a «islotes geográficos casi totalmente independientes entre sí y poco permeables», como serían los de Salamanca, Sevilla, Madrid, Valencia, Zaragoza, Granada, etc.

En realidad, Rodríguez-Moñino plantea un problema de sociología de la literatura que afecta en su raíz a la periodización y, sobre todo, a la construcción de una historia literaria que tenga en cuenta los autores y géneros secundarios y la difusión de los textos, o lo que es lo mismo, que no olvide el público a quien van dirigidos. Este ambicioso proyecto está todavía por llevarse a cabo.

La especial concepción de la poesía en el Renacimiento —una excelente exposición para España se halla en García Berrio [1977]— hizo que acudieran al verso todos aquellos venerables varones (historiadores, gramáticos, filósofos, médicos, teólogos, etc.) que en la actualidad no se dignarían utilizar el dulce encanto de la poesía para exponer su ciencia. No hay en España una poesía científica abundante, pero no faltan libros como *Las Trescientas preguntas de cosas naturales* (1546) de Antonio López de Corellas. La Iglesia recurrió también a la poesía para mover a los fieles, para catequizar y para combatir heterodoxias. Y, en fin, en las universidades, fiestas públicas y círculos cortesanos la composición de versos es ingrediente imprescindible (la útil compilación de *Relaciones de solemnidades* por J. Alenda y Mira, 1903, se complementa hoy con los trabajos de J. Sánchez [1961] y W. F. King [1963] sobre las academias literarias).

El alto prestigio social, una similar educación escolar y la utilidad del verso para enseñar deleitando motivaron, pues, que el número de posibles poetas fuera amplísimo y en modo alguno puede reducirse a los tres grandes grupos —clérigos y organistas; nobles; secretarios— formulados por Salomon [1974]. Y, a su vez, la extraordinaria difusión del verso a través del canto y de la música (J. M. Blecua [1972]), así como del teatro, amplió e hizo más homogéneo el posible público.

Pero esta inusitada invasión del verso en la sociedad produjo la complicada transmisión poética del Siglo de Oro. Los poetas en general fueron reacios a la publicación de sus obras, pues de entre los más notables de esta segunda mitad del siglo XVI sólo publican en vida Juan Hurtado de Mendoza (1550), Alonso Núñez de Reinoso (1552), Montemayor (1554), Diego Ramírez Pagán (1562), Diego de Fuentes (1563), Jerónimo de Lomas Cantoral (1578), Pedro de Padilla (1580, 1585, etc.), Fernando de Herrera (1582), Juan de la Cueva (1582), Joaquín Romero de Cepeda (1582), López Maldonado (1586), Damián de Vegas (1590), Vicente Espinel (1591) y Juan Rufo (1596). En ediciones póstumas aparecen las obras de Silvestre (1582), Acuña (1591), Aldana (1591), Francisco de Medrano (1617), Francisco de Figueroa (1625), fray Luis de León (1631), Francisco de la Torre (1631) y San Juan de la Cruz (1618 y 1627). Y Sebastián de Horozco, Eugenio de Salazar, Barahona de Soto, Baltasar del Alcázar, Mosquera de Figueroa y Pedro Laýnez se publican a partir del siglo XVIII. Ninguno de ellos, si exceptuamos a Montemayor y a Silvestre, alcanzó más de dos impresiones y lo normal es una primera y única edición. Parece, por consiguiente, tener razón Rodríguez-Moñino al afirmar que la imprenta no fue un medio eficaz de difusión de la obra individual. Tampoco lo fue el manuscrito —el otro gran medio de difusión literaria—, pues, salvo en los casos de fray Luis de León o San Juan de la Cruz, los códices no suelen recoger colecciones de un solo poeta. Esta realidad, sin duda cierta, lleva a Rodríguez-Moñino a conclusiones que, a mi juicio, son en exceso tajantes por lo que se refiere a la difusión de la obra individual y, sobre todo, por lo que se refiere a la circunscripción del conocimiento de la poesía a islotes geográficos. Estas dos afirmaciones pueden, si no refutarse, a lo menos matizarse bastante. Es cierto que la obra completa de un poeta que no publicó en vida difícilmente pudo ser conocida, pero basta un repaso a las antologías manuscritas —los llamados «cartapacios»—, recopiladas por aficionados a la lírica, para comprobar que la obra suelta de los grandes poetas, de los medianos y aun de los menudos abunda en ellas y, en general, estas antologías no guardan ni un orden cronológico, ni geográfico, ni temático, aunque tienden a este último en grandes grupos de asuntos y estrofas (burlas, amores, morales y religiosos o églogas, canciones, sonetos, glosas y romances). Francisco de Figueroa, por ejemplo, no publicó sus versos, pero alguno de sus sonetos y canciones figura en numerosos manuscritos y aun en impresos. Lo mismo sucede con don Diego Hurtado de Mendoza, Silvestre, Cetina o Acuña. Por desgracia, sólo una mínima parte de los cartapacios conservados ha sido publicada (vid., por ejemplo, A. L. Askins [1979]) y las descripciones no son tan numerosas como sería necesario (vid., por ejemplo, J. Simón Díaz [1955]).

La complicada transmisión de la obra suelta (A. Blecua [1967-1968]) y los problemas de atribución unidos a la falta de descripciones de manuscritos son las causas principales de la ausencia de ediciones críticas y de estudios de conjunto sobre la poesía de este período. Creo, en resumen, que la transmisión manuscrita fue fundamental para el conocimiento y difusión de la lírica; y creo igualmente que, a pesar del exiguo número de ediciones de obras individuales, la imprenta tuvo notable eficacia, porque parece claro que Herrera fue poeta bien leído por la impresión de 1582 y también lo fue el fray Luis de León traductor de los salmos por la inclusión de estas traducciones y paráfrasis en *De los nombres de Cristo* (1583).

Las antologías impresas, los llamados *Cancioneros, Flores, Silvas,* etc., son muy frecuentes en esta época. Gracias, sobre todo, a la gran labor de Rodríguez-Moñino [1968 y 1973] nos son bien conocidas. Estas colecciones, que en última instancia se remontan al *Cancionero General* de 1511, se caracterizan por presentar un tipo de poesía más apegada a lo tradicional —glosas, canciones, villancicos, romances— que a la nueva poesía. Tal es el caso de las antologías publicadas por Timoneda (vid. Rodríguez-Moñino [1951] y Romeu [1972]) o de las ediciones del *Cancionero General* (Rodríguez-Moñino [1958]). Excepcional en este sentido resulta el *Cancionero General de obras nuevas* (1554) que publica poesía endecasílaba de Juan de Coloma, de don Diego Hurtado de Mendoza y una colección de sonetos anónimos. Y en fechas más tardías el *Cancionero General de la doctrina cristiana,* extensa e interesantísima antología de poesía religiosa recogida por Juan López de Úbeda, varias veces reimpresa (Rodríguez-Moñino [1962]). En el último cuarto de siglo aparecen los cancioneros-romanceros, antologías híbridas que aprovechan la fama de los cancioneros y romanceros, como la *Flor de romances, glosas y villancicos* de 1578 (Rodríguez-Moñino [1954]) y el *Romancero historiado,* recopilado en 1579 por Lucas Rodríguez (Rodríguez-Moñino [1967]), de notable éxito editorial y de suma importancia para el tránsito del romance pastoril al romancero nuevo. Pero las antologías más frecuentes fueron las de romances, que se inician con un cancionero perdido y el *Cancionero de romances* (h. 1547) de Nucio (Rodríguez-Moñino [1967]), y continúan con las *Silvas* de Zaragoza de 1550 (Rodríguez-Moñino [1970]) y las colecciones de Sepúlveda (Rodríguez-Moñino [1967]), Timoneda (Rodríguez-Moñino [1963]), Padilla y Juan de la Cueva, que representan el tránsito del romance viejo al romance artificioso, género magníficamente analizado por don Ramón Menéndez Pidal [1953]. Con la *Flor de romances* recopilada en 1589 por Pedro de Moncayo (Rodríguez-Moñino [1957]) se inicia la publicación de las antologías de romances nuevos que constituirán el *Romancero General* de 1600 (González Palencia [1947]).

Los pliegos sueltos, de los que existe un magnífico catálogo con excelente información bibliográfica realizado por Rodríguez-Moñino [1970], están esperando todavía un estudio similar al que llevó a cabo María Cruz García de Enterría [1973] sobre los pliegos del siglo XVII. Tres son, en mi opinión, las fases por las que pasa el pliego suelto del siglo XVI: en la primera, hasta 1540 aproximadamente, se imprimen romances viejos, glosas, canciones y villancicos; en la segunda, hasta los alrededores de 1570, se advierte la presencia cada vez mayor de relaciones históricas y sucesos espectaculares compuestos en coplas reales; y desde esta fecha se observa la desaparición paulatina de los romances y la especialización del pliego como subliteratura —si el concepto es adecuado—, compuesto por ciegos y autores poco conocidos, con relaciones de crímenes, milagros y sucesos, en general, de carácter truculento. Parece, pues, evidente que existe un claro desplazamiento de la temática y de la lengua del pliego suelto cuando su material se incorpora a la literatura culta (aparición de los cancioneros de romances y del romancero artificioso de Mexía, Sepúlveda, Fuentes y Burguillos hacia 1550 y presencia del romancero nuevo hacia 1580).

Otros dos medios de difusión de la lírica —aparte de la tradición oral y cantada— no han recibido la atención que merecen. Me refiero a la novela y al teatro. La *Diana* de Montemayor (h. 1559), con más de treinta ediciones, es obra capital para el desarrollo de la lírica. Montemayor incorporó una amplia colección de poemas de muy extensa variedad métrica, una especie de arte poética en la que aparecen desde villancicos hasta la complicada sextina, cuyo significado estructural ha analizado Prieto [1970]. La difusión de estos versos, como ha advertido Maxime Chevalier [1974], y la del breve cancionerillo de Montemayor que suele cerrar las ediciones de la *Diana,* fue considerable, y ya todas las novelas pastoriles —Alonso Pérez, Gil Polo, Lofraso, Gálvez de Montalvo, Cervantes, etc.— insertarán cerca del centenar de composiciones en diferentes metros, incluido el arte mayor y el alejandrino. Con la *Diana* se produce realmente la simbiosis entre tradiciones castellanas e italianas al incorporar el universo virgiliano pastoril y renacentista al octosílabo. La adición del *Abencerraje* en 1561 hizo posible, en mi opinión, que el romancero pastoril y el morisco (vid. López Estrada [1965] y Knoke [1967]) fueran los pilares sobre los que se sustenta el romancero nuevo, además, claro está, del cambio musical advertido por Montesinos [1952].

El teatro de colegio, y en especial el de los jesuitas, acudió a la polimetría para las distintas situaciones escénicas. Esto significaba introducir con las estrofas los distintos géneros en que aquéllas estaban especializadas, o lo que es lo mismo, trasladar a la escena la lengua de la lírica y de la épica. A partir de este momento el teatro español estuvo sujeto a los cambios de la métrica y, por consiguiente, a los de la lengua poética.

Y, en fin, la épica culta, considerada en su tiempo como el género de mayor dignidad, conoció un desarrollo extraordinario en la segunda mitad del siglo XVI, en particular durante los dos últimos decenios. Las fuentes principales de estructura, temas y estilo fueron Virgilio, Lucano y Ariosto —y el Mantuano, Vida y Sannazaro, para la temática religiosa—, pero también Garcilaso, de quien los poetas extrajeron determinados tópicos —procedentes, sobre todo, del pasaje sobre las hazañas de la casa de Alba en la Égloga II y la descripción del *locus amoenus* de la Égloga III— y, cómo no, su lengua poética que constituye la armazón literaria sobre la que Urrea y Hernández de Velasco llevan a cabo sus muy difundidas traducciones de Ariosto y Virgilio.

La fragmentación y agrupación de los poetas de la segunda mitad del siglo XVI en escuelas geográficas me parece más una invención de la crítica —especialmente a partir del siglo XVIII— que una realidad (vid. al respecto A. Gallego Morell [1970] y H. Bonneville [1972]). La forma en la lírica del siglo XVI es fundamental porque está sujeta a una especial poética, basada en la teoría de los estilos, aún clasista, y en los modelos dignos de imitación. Cada estrofa tiene su peculiar función y su lugar propio. De ahí que fray Luis, por ejemplo, a la hora de escribir unos sonetos, agudamente analizados por Fernando Lázaro [1966], se acoja a la tradición petrarquista de su tiempo y que esos sonetos sean de tono similar a los compuestos por Herrera. O bien que este último, cuando escriba versos octosilábicos, no tenga más posibilidades que acudir a la rancia tradición castellana. Cuando Barahona de Soto decide componer fábulas mitológicas en octosílabos, toma como modelos a Montemayor y a Silvestre, que a su vez se inspiran en Castillejo. Y, naturalmente, los traductores e imitadores de Horacio o de los Salmos parten de fray Luis de León. En otras palabras, las estrofas y los géneros tienen unos modelos bien conocidos que son los que hacen escuelas. En realidad, no es necesario que la obra completa de un poeta se divulgue; basta con que unos poemas determinados lo hagan —por motivos muy complejos— y sean imitados por unos epígonos para que se conviertan en unos modelos. Pero es este aspecto que, salvo estudios esporádicos —el de Claudio Guillén [1972], por ejemplo, sobre el género epistolar en Garcilaso— no ha recibido un estudio de conjunto que sería esencial para el análisis del cambio poético, a pesar de que la magna obra de Navarro Tomás [1956] abre un camino importante por la riqueza de sus materiales.

La división en amplios períodos culturales —Renacimiento y Manierismo— tampoco resuelve más que problemas muy generales y no resulta muy clara excepto en el caso de algunas estructuras, particularmente en el uso de las correlaciones (Dámaso Alonso [1951] y Orozco [1975], entre otros). Una periodización por generaciones quizá sea, a pesar de sus limitaciones, la más didáctica, como la que intentan Fucilla [1930], Zamora Vicente [1945] y Gallego Morell [1970], quienes proponen dos generaciones de petrarquistas en el siglo XVI: la de Garcilaso y sus seguidores, con Petrarca como modelo, y la de Herrera y fray Luis de León, que parte de Garcilaso. Efectivamente, Garcilaso, Herrera y fray Luis son los modelos que señalan las grandes innovaciones, pero como indicaba Rodríguez-Moñino [1965], centrarnos en estas figuras impide observar el vasto panorama poético de la época, donde no todo es petrarquismo u horacianismo, ni tan siquiera garcilasismo, aunque la obra del toledano sea, con mucho, la más fecunda.

Desde los aledaños de 1550 se advierte en las publicaciones poéticas un cambio notable que podríamos sintetizar en los siguientes aspectos: rápida desaparición del arte mayor; triunfo definitivo del endecasílabo, con numerosas reediciones de Boscán y Garcilaso; traducciones en metros italianos del *Orlando* de Ariosto por Urrea y Alcocer, de la *Eneida* por Hernández de Velasco, de los *Triunfos* de Petrarca por Hernando de Hozes; éxito notable de los romanceros con la aparición del romance artificioso, y éxito igualmente notable de los cancioneros derivados del *General* que ya incluyen, aunque no con demasiada abundancia, poesía endecasílaba. Los poetas de este período —con excepción de don Juan Hurtado de Mendoza que compone endecasílabos sin apenas huellas italianas, en estrofas francesas y con una temática moral que bien podía haberse escrito en coplas de arte mayor—, se mueven en la órbita de Garcilaso, Boscán, Petrarca, March y las tradiciones castellanas con Castillejo y Garci Sánchez como modelos (romances, glosas, villancicos, canciones, lamentaciones, epístolas). Cetina y Acuña, por su formación italiana, dominan fluidamente el endecasílabo, pero los restantes poetas —don Diego Hurtado de Mendoza, Silvestre, Montemayor, y no digamos Núñez de Reinoso— no pueden librarse con facilidad de sus hábitos estilísticos castellanos. En realidad, entre 1540 y 1570 y, sobre todo, entre 1550 y 1560, se produce la lenta asimilación de la lengua poética italiana con sus temas, formas y géneros y, a la vez, las tradiciones poéticas castellanas van impregnando la nueva poesía, cada vez más permeable, por otro lado, a los tonos y técnicas de la lírica latina (J. M. Blecua [1952], R. Lapesa [1962], A. Blecua [1979], F. Rico [en prensa]).

En el decenio de 1560 a 1570 la situación por lo que respecta a los impresos poéticos varía poco en relación con los años anteriores. Los romanceros y los cancionerillos, Boscán y Garcilaso, Montemayor y las célebres traducciones de Urrea y Hernández de Velasco son los preferidos de los impresores. Aparecen algunos poemas épicos originales, como *La Carolea* (1560) de Jerónimo de Sempere, el *Carlo famoso* de don Luis Zapata (1566) y, sobre todo, la primera parte de *La Araucana* (1569) de Ercilla, que tanta importancia habrá de tener en el género. Sólo se publican dos colecciones individuales de poesía, la de Diego Ramírez Pagán (1562) y de Diego de Fuentes (1563) que se sitúan en la tradición del decenio anterior, aunque el primero manifiesta ya el influjo de Varchi. El fenómeno más notable es, como ya se ha indicado, el éxito de la *Diana* de Montemayor, que dio unos toques nuevos al pastorilismo de Garcilaso al utilizar gran variedad de metros, desde la sextina a los tercetos, octavas, canciones, glosas, romances y villancicos. Este es el tipo de poesía que va a dominar en España hasta finales de siglo y, en particular, hasta 1580.

Pocos cambios revelan las publicaciones entre 1570 y 1580, aunque ya se advierten algunos al finalizar el decenio. Comienzan a aparecer más impresos poéticos religiosos con la significativa publicación de las obras de Boscán y Garcilaso a lo divino (1575) por Sebastián de Córdoba (Gale [1971]) y, especialmente, el *Cancionero General de la doctrina cristiana* (1579) compilado por López de Úbeda. Se siguen reeditando las traducciones del *Orlando* y de la *Eneida* de Urrea y Hernández de Velasco, *La Araucana* y otros poemas épicos, novelas pastoriles, romanceros y en 1579 se imprime el *Romancero historiado* de Lucas Rodríguez, que conocerá numerosas reimpresiones, y dos colecciones individuales, la de Lomas Cantoral y las *Octavas y canciones espirituales* de Cosme de Aldana, hermano y editor de Francisco. Lo más significativo de este período, por lo que respecta a los impresos, es quizás el auge de la épica —de tema diverso—, la persistencia de lo pastoril en todo tipo de estrofas y presencia cada vez más acusada de la poesía de asunto religioso, que tiene su más completo exponente en la antología de López de Úbeda, con manifiesta tendencia a la temática contrarreformista —poemas a santos y exaltación de la eucaristía principalmente—. Excepto algunos estudios sobre la poesía carmelitana (Orozco [1956] y Víctor G. de la Concha [1975]), el de Wardropper [1954] sobre la lírica a lo divino y los dedicados a San Juan de la Cruz y a Santa Teresa, la poesía religiosa de este período tan importante no ha recibido un estudio de conjunto que prolongue la labor emprendida por Darbord [1965], cuya obra se centra en la primera mitad del siglo XVI. Los impresos de este período revelan, pues, tendencias poéticas generales, tradiciones aceptadas, pero pocas innovaciones en lírica. Pero éstas existen en la tradición manuscrita. En estos años, autores como Figueroa, Aldana, Almeida o Francisco de la Torre escriben un tipo de poesía que tiene como modelo principal a Garcilaso, sí, pero, sobre todo, a los poetas que figuran en las frecuentes antologías de poetas ilustres italianos —Varchi, Tansilo, Groto, Molza— iniciadas por la de Giolito de 1548 y que tan profundas huellas dejarán en la lírica española (Fucilla [1960]), o en la estructura del soneto amoroso (García Berrio [1978]). Sin olvidar que estos años son los de la madurez de Herrera y de fray Luis que transforman la lengua poética de Garcilaso a través de Italia, en el caso de Herrera, y a través de la poesía neolatina y bíblica en el caso de fray Luis. Si el soneto, la elegía y la canción pindárica herrerianos dan lustre nuevo a la casi gastada tradición petrarquista, las odas de fray Luis abren caminos nuevos hacia una lírica intimista y ética no amorosa que hasta entonces había tenido escasa presencia —y en la tradición de la epístola horaciana—, y sus traducciones literales de los salmos harán renacer una tradición poética religiosa que se presentaba como muy pujante —con las traducciones del P. Cabrera, por ejemplo—, pero que tras el Índice de 1559 había conocido un silencio de veinte años hasta la impresión del *De los nombres de Cristo* (1583).

En el decenio siguiente, 1580 a 1590, la imprenta recoge ya estos frutos más nuevos. Hemos visto como a finales del decenio anterior se publican varias colecciones poéticas individuales y colectivas. El año de 1582 es, en este sentido, el más fértil, pues aparecen las obras de

Herrera, Juan de la Cueva, Romero de Cepeda, Gregorio Silvestre, las *Églogas* de Padilla y *El Pastor de Fílida* de Gálvez de Montalvo. En 1583 se publica el *De los nombres de Cristo* de fray Luis; en 1584 dos poemas épicos importantes, *La Austríada* de Juan Rufo, que conocerá varias reediciones, y la *Universal Redención* de Francisco Hernández Blasco, de éxito fabuloso durante cerca de cuarenta años (y hoy sin publicar ni estudiar); en 1585 *La Galatea* de Cervantes; en 1586 el *Cancionero* de López Maldonado y *Las lágrimas de Angélica* de Barahona de Soto; en 1587 *El Montserrate* de Cristóbal de Virués y en 1589 la primera edición incompleta de Francisco de Aldana y la ya mencionada *Flor de romances* de Pedro de Moncayo que inicia las antologías de romances nuevos. Se siguen reeditando, con menor frecuencia ya, la poesía de Garcilaso (Rivers [1966]), novelas pastoriles, las colecciones de romances iniciadas hacia 1550, numerosos poemas épicos de tema nacional y, sobre todo, religioso, y, en resumen, Garcilaso, Montemayor, Figueroa, fray Luis, Herrera, Ercilla y las «flores» de poetas ilustres italianos serán los modelos sobre los que construyen sus poemas Padilla, López Maldonado, Gálvez de Montalvo, Cervantes, etc. Pero tampoco en este caso los impresos revelan las innovaciones. Si 1582 conoce la publicación de la poesía de Herrera y 1583 las traducciones de los salmos de fray Luis, si San Juan de la Cruz ha compuesto sus mejores poemas, dos jovencísimos poetas están revolucionando la poesía octosilábica —con letrillas y romances nuevos— y la poesía endecasílaba —con sonetos—. Son Góngora y Lope. Pero sus obras no verán la luz pública, salvo en el caso de sus romances y anónimamente, hasta años más tarde, al iniciarse la centuria siguiente, porque en el último decenio del siglo XVI la imprenta se dedicó a seguir editando romanceros, poemas épicos y poesía con una tendencia cada vez más marcada hacia la temática religiosa y nacional. Bien es cierto que en estos años los romanceros presentaban la novedad, importantísima, de incluir romances nuevos que acabarán constituyendo el *Romancero General* de 1600, y no hay que olvidar que el romance nuevo era la mayor innovación en la poesía octosilábica. En 1605 Pedro Espinosa publica las *Flores de poetas ilustres,* antología que recoge en su inmensa mayoría composiciones de poetas vivos, entre los que no faltan jóvenes como Quevedo. Allí, los autores con mayor representación son ya Góngora, como patriarca, y Lope. En la colección de Espinosa se hallan todos los temas, géneros y metros en boga al finalizar el siglo XVI, desde el poema descriptivo barroco o las numerosas traducciones e imitaciones de Horacio, hasta los sonetos manieristas y, sobre todo, letrillas, décimas y poemas satíricos y burlescos, género que comienza a abundar en Europa al cerrarse el siglo XVI y que en España encontrará en Góngora y en Quevedo sus dos más ilustres representantes.

Hasta aquí el panorama general que se presenta a los ojos del historiador de la poesía de la segunda mitad del siglo XVI. Panorama mal iluminado todavía, en el que el fondo nos es escasamente conocido y sólo algunas figuras principales presentan perfiles nítidos; el resto de los personajes, como hemos de ver a continuación, permanece oculto en la penumbra de un borroso segundo plano.

La poesía de don Juan Hurtado de Mendoza (¿1493-156...?) puede leerse en la edición facsímil de Pérez Gómez [1956], y el único estudio importante sobre este curioso poeta sigue siendo el que le dedicó Dámaso Alonso [1960]. Constance Hubbard Rose [1971] ha escrito una cuidada monografía sobre Alonso Núñez de Reinoso y en apéndice publica la edición facsímil de su obra poética, pero la autora está más interesada por la biografía de Reinoso que por su obra lírica. Eugenio Asensio [1972], en un valioso artículo que da a conocer nuevos textos del poeta, sitúa a Reinoso en las coordenadas literarias de su tiempo. También está más interesado por el problema de los conversos que por la lírica el reciente editor del *Cancionero* de Sebastián de Horozco (Toledo, h. 1510-1580), J. Weiner [1975], que ha escrito una serie de artículos sobre el tema converso y las distintas actitudes de Horozco según el género literario que utiliza [1977, por ejemplo]. El *Cancionero* de Jorge de Montemayor (Montemor-o-Velho, h. 1520-Italia, h. 1560) sigue esperando una edición que supere la benemérita pero incompleta de González Palencia [1932]. Aparte de las páginas dedicadas por López Estrada [1956] a la epístola a Ramírez Pagán y las de Darbord [1965] a la poesía religiosa de Montemayor, Dámaso Alonso [1972] señala las huellas de la *Fábula de Píramo y Tisbe* en Marino y B. W. Ife [1974] analiza las relaciones entre esta fábula y la traducción de Ovidio de Sánchez de Viana. Mientras que la obra narrativa de Antonio de Villegas ha despertado el interés de la crítica, su poesía apenas ha recibido más análisis que el dedicado por López Estrada [1955-1956] a la única edición moderna del *Inventario*. Tampoco la poesía de Ramírez Pagán ha suscitado más estudio que el preliminar de Pérez Gómez [1950] a la edición de la *Floresta de varia poesía* (1562). Tras el estudio y antología de Marín Ocete [1939] de la poesía de Gregorio Silvestre (Lisboa, 1520-Granada, 1569), sólo se han ocupado accidentalmente de él Darbord [1965] que dedica unas páginas a la obra religiosa y Cossío [1952] que analiza las fábulas mitológicas. Mi estudio y edición crítica de la obra de Silvestre verán la luz en breve. La figura del padre Cristóbal Cabrera ha sido objeto de una excelente monografía de Elisa Ruiz [1977] y la del padre Pedro Tablares (1500/1506-Roma, 1565) de un fino estudio de A. L. Askins [1967] que en fechas recientes ha publicado buena parte de los sonetos del jesuita con excelente anotación [1979]. Para Francisco de Figueroa (Alcalá, h. 1530-d. 1585) hay que acudir todavía a la edición y estudio preliminar de González Palencia [1943]. He tratado recientemente [1979] de las fuentes italianas —Alamanni— de la *Fábula de Narciso* incluida entre las poesías de Figueroa pero obra, en realidad, de Gregorio Silvestre; Fucilla [1960] rastreó varios antecedentes italianos y Entrambasaguas [1957] dio a conocer un texto de la «Égloga Pastoral».

La figura de Francisco de la Torre sigue siendo un enigma. Crawford ya insinuó que el autor publicado por Quevedo (1631) podría ser en realidad don Juan de Almeida († Salamanca, 1573), identificación que no es en modo alguno inverosímil. En fechas recientes, Jorge de Sena [1974], que publica la obra de Almeida, defiende que Francisco de la Torre es el maestro Miguel Termón, hipótesis que me parece menos plausible que la anterior, porque las pruebas que aduce De Sena no son del todo convincentes. El mejor análisis de la obra de este misterioso autor sigue siendo el de Zamora Vicente [1944] como prólogo a la única edición moderna del poeta. En fechas recientes, Brown [1976], en un estudio comparativo, se ocupa del aspecto retórico de los sonetos amorosos —la descripción de la amada y su loor— y Hughes [1975] insiste en los versos bimembres y en las construcciones correlativas de los sonetos de Francisco de la Torre, aspecto que ya había sido analizado por A. del Campo [1943].

El estudio más completo sobre Fernando de Herrera (Sevilla, 1534-Sevilla, 1597) sigue siendo el de Oreste Macrí [1972 2], que analiza la biografía, el vocabulario y la temática y da una antología crítica de la poesía del sevillano. Macrí, frente a J. M. Blecua [1958], acepta como auténticas las numerosas e importantes variantes del texto de Herrera editado por Pacheco (1619), punto de controversia que es capital a la hora de analizar la lengua poética de Herrera y su posible evolución. En fechas próximas ha aparecido la edición crítica de la obra poética de Herrera llevada a cabo por J. M. Blecua [1975], que en los casos de coincidencia entre el texto editado por el poeta y el de Pacheco sigue la edición de aquél de 1582 (de la que existe una edición facsímil de Antonio Pérez Gómez [1967]). Kossoff [1966] ha publicado el vocabulario del poeta y A. Gallego Morell [1972 2] el texto de las *Anotaciones* a Garcilaso, del que también existe una reciente edición facsímil (Gallego Morell [1973]). Si, en general, los estudios sobre la lírica de Herrera se hacen desde la crítica estilística que culmina en Macrí, como excepción puede presentarse la tesis de Juan Carlos Rodríguez [1975], uno de los escasos ejemplos de crítica marxista desde la vertiente althusseriana aplicados a la lírica del siglo xvi. Juan Carlos Rodríguez intenta explicar la creación del poema como «segregación» de la ideología de un período histórico determinado. En el caso de Herrera —como en los de Garcilaso o fray Luis— la matriz ideológica sería la animista, típica del Renacimiento y del modo de producción precapitalista, pronto desterrada por la ideología organicista típica del Barroco. En los últimos años, la crítica se ha interesado más por las obras en prosa (vid. Randell [1971] que estudia el sentido de la historia en la *Relación de la guerra de Chipre* y en el *Tomás Moro*) y particularmente por las *Anotaciones* y las ideas estéticas de Herrera. Un excelente artículo de Pring-Mill [1967] señala las deudas de Herrera para con Escalígero; Entenza de Solare [1965] analiza el método utilizado en la edición de Garcilaso frente al sistema del Brocense —en realidad, la edición de Herrera debe leerse como contrapunto de la del Brocense, muy superior filológicamente, de quien discrepa en cuanto puede (A. Blecua [1970]). En fechas próximas han estudiado las ideas estéticas Brancaforte [1976], Bianchini [1976] y J. Almeida [1976], indicando la originalidad de las ideas del poeta pero también sus deudas con la tradición crítica del Renacimiento que pasa a las *Anotaciones*. J. Alcina [1975-1976] ha mostrado que la poesía latina del canónigo Francisco Pacheco —humanista muy representativo del ambiente de Herrera— es elemento de relieve para la comprensión de la lírica romance coetánea.

Excepto la reciente monografía de Fallacy-D'Este [1977] sobre la tradición y originalidad de Francisco de Aldana (¿Nápoles?, 1537-Alcazarquivir, 1578), los mejores estudios sobre el poeta siguen siendo el clásico de Luis Cernuda [1946], y los de Lefebvre [1953], Rivers [1955] y O. H. Green [1958], interesados sobre todo en la temática neoplatónica, poco frecuente en la lírica española y de clara raíz italiana como casi toda la obra de este poeta bilingüe. La edición depurada de la poesía de Aldana, que proyectaba ya Quevedo y que no llevó a cabo, está por realizarse. La edición de M. Moragón [1953] se limita a· reproducir el texto defectuoso de la primera impresión, la preparada por el hermano del poeta, Cosme, en 1591, y Rivers [1957] da sólo una antología, aunque extensa y cuidada, de la obra de Aldana.

Después del estudio y edición de la obra poética de Pedro Laýnez (¿Madrid, 1538?-Madrid, 1584) llevado a cabo por Joaquín de Entrambasaguas [1951], sólo J. M. Blecua [1966] ha contribuido a la bibliografía del poeta con un poema desconocido sobre Lepanto. Y lo mismo ocurre con Baltasar del Alcázar (Sevilla, 1530-Sevilla, 1606), poeta tan interesante para la introducción del epigrama de tipo marcialesco, del que, tras el estudio y edición de Rodríguez Marín (1910), poco se ha dicho de nuevo, a excepción de R. Pike [1967] que publica unos interesantes datos sobre el origen converso de la familia del poeta. De Pedro de Padilla, del que sólo pueden consultarse algunos de sus muchos poemas y en ediciones decimonónicas, apenas hay referencias de la crítica que no sean tangenciales (Montesinos al tratar del romancero nuevo [1952] o López Estrata al tratar del romancero del *Abencerraje* [1965] y Chevalier del ariostesco [1968]). Fucilla [1955] publicó un poema que consideraba el último compuesto por el poeta «estando a la muerte», pero en realidad se trata de un texto editado en vida por el propio Padilla que, a salvo ya de su enfermedad, siguió escribiendo con la prolijidad que criticó Cervantes. Smieja [1955] dio las fuentes italianas —de fray Gabriel Fiamma— de unos poemas religiosos de Padilla, y Pérez Gómez [1966] se ha ocupado de los problemas bibliográficos del *Jardín espiritual* (1585).

De Juan López Maldonado hay que contentarse con la edición facsímil [1932] del *Cancionero* (1582); de Romero de Cepeda con la bibliografía que publicó Rodríguez-Moñino [1940], y de Jerónimo de Lomas Cantoral con el estudio de Segura Covarsi [1952] sobre este «petrarquista olvidado» que merecería ser reeditado otra vez después de 1578. La extensa *Silva* de Eugenio de Salazar aparecerá en breve en una edición con estudio preliminar de J. M. Blecua Perdices. Glenn [1973] ha dedicado una útil monografía a Juan de la Cueva (Sevilla, 1543-1612), aunque centrada en el teatro; Watson [1975] analiza la actitud política de Cueva en relación con la sucesión de Portugal; Verdevoye [1962] compara las dos redacciones del poema de Venus y Adonis y E. Caldera [1970] dedica una útil monografía a su poesía. Se halla en prensa el estudio y edición crítica de la obra lírica de Cueva realizados por José M.ª Reyes Cano, que ha encontrado nuevos datos sobre la biografía del poeta.

Tampoco se ha estudiado la poesía de Vicente Espinel (Ronda, 1550-1624) desde que Clarke [1951] prologó y editó las *Rimas diversas* (1592), pues A. Navarro [1977] no añade nuevos datos sobre sus versos. La obra lírica de Juan Rufo (Córdoba, h. 1547-d. 1620), tan interesante por su conceptismo, puede consultarse en mi edición [1974], que se limita a reproducir el texto de 1596 con algunas notas aclaratorias. Del *Romance de los comendadores* se ha ocupado Margit Frenk Alatorre [1971] en un estudio sobre el tema y las dos redacciones del romance de Rufo.

En fin, después del excelente análisis y edición de la obra de Francisco de Medrano (Sevilla, 1570-Sevilla, 1607) realizados por Dámaso Alonso [1948] con la colaboración de Stephen Reckert [1958], en los que se estudia, partiendo de la estilística —la relación entre forma exterior y forma interior—, el método de imitación utilizado por el poeta sevillano, apenas existen estudios posteriores. López Estrada [1959] discute el problema del sevillanismo de Medrano y Rodríguez-Moñino [1969] publica una veintena de romances inéditos de temática religiosa procedentes de un manuscrito con composiciones de jesuitas andaluces.

Finalmente, por lo que respecta a la épica culta, a la que ya nos hemos referido con anterioridad, contamos con el utilísimo libro de conjunto de Frank Pierce [1968 2]. Estudia su autor la teoría literaria renacentista sobre la épica, la historiografía desde finales del siglo XVII y los juicios de los contemporáneos, analiza los poemas más importantes y da un precioso catálogo de autores y ediciones. En fechas recientes, Caravaggi [1974] ha publicado una colección de estudios sobre la épica hispana, entre los que hay que destacar, para la época que estudiamos, el dedicado a las traducciones del *Orlando* de Boiardo. Trabajo de suma importancia es, sin duda, el de Maxime Chevalier [1966] sobre la presencia de Ariosto en España, estudio espléndido donde se halla una gran riqueza de materiales que superan el carácter monográfico del libro, que se complementa con otro del mismo sobre el romancero de tema ariostesco [1968]. Entre los artículos recientes destacan el de Pierce [1975], con un nuevo examen crítico de la épica, el de Prieto [1975] sobre los tópicos introductorios y el agudo trabajo de Eugenio Asensio [1973] sobre la fortuna de *Os Lusíadas* que engarza con otro más antiguo del mismo autor sobre la visión de España en la épica portuguesa [1949], estudios ambos en los que se hallan perspectivas críticas siempre luminosas. Por lo que se refiere a las ediciones modernas y a monografías sobre autores, las lagunas son inmensas. En general, salvo en el caso de *La Araucana* de Ercilla, de la que existe la monumental edición de Medina y de la que ha aparecido otra excelente de M. A. Morínigo e I. Lerner [1979], hay que acudir todavía a los textos poco fidedignos, aunque meritorios, de la Biblioteca de Autores Españoles. En realidad, comenzando por *Las lágrimas de Angélica* de Barahona y acabando por la *Universal Redención* de Hernández Blasco o la traducción del *Orlando* de Urrea, famosísimas ambas, gran parte de la poesía épica del Renacimiento sigue esperando pacientes editores y, desde luego, pacientes lectores. Y lo mismo podemos decir acerca de las monografías sobre los autores. Como excepción sabe señalar algunos estudios, como el excelente de Pierre Geneste [1975] sobre Jerónimo de Urrea; E. Clocchiatti [1963] ha examinado las traducciones del *De Partu Virginis* de Sannazaro, aunque centrándose en Herrera Maldonado; Manuel Alvar [1972] ha analizado excelentemente, desde una perspectiva lingüística, la lengua de Juan de Castellanos con sus abundantes americanismos, y en fechas recientes Esther Lacadena [1980] ha publicado una exhaustiva monografía dedicada a *Las lágrimas de Angélica* de Luis Barahona de Soto (1548-1595). Pero es Alonso de Ercilla (Madrid, 1533-Madrid, 1594) la figura que, con razón, ha acaparado, por distintos motivos, la atención de la crítica. Una excelente guía bibliográfica es la de Aquila [1975] que, con breves juicios críticos, nos permite adentrarnos por la maraña de estudios sobre Ercilla, estudios que, en su mayor parte, están dedicados no tanto a la labor creadora del poeta como a la rebusca de las fuentes históricas —la veracidad— y literarias y a su actitud frente a la conquista. Excepciones notables son los artículos de W. Krauss [1975] y en particular de Carlos Albarracín-Sarmiento [1974], quien, tras las huellas de Avalle-Arce [1971] y Durling [1965], caracteriza las distintas actitudes del narrador en *La Araucana*.

BIBLIOGRAFÍA

Albarracín-Sarmiento, Carlos, «Arquitectura del narrador en *La Araucana*», *Studia Hispanica in Honorem R. Lapesa*, II, Gredos, Madrid, 1974, pp. 7-19.

Alcina, Juan F., «Aproximación a la poesía latina del canónigo Francisco Pacheco», *Boletín de la Real Academia de Buenas Letras de Barcelona*, XXXVI (1975-1976), pp. 211-263.

Almeida, J., *La crítica literaria de Fernando de Herrera*, Gredos, Madrid, 1976.

Alonso, Dámaso, *Dos españoles del Siglo de Oro*, Gredos, Madrid, 1951.

—, *En torno a Lope*, Gredos, Madrid, 1972.

— y Carlos Bousoño, *Seis calas en la expresión poética española*, Gredos, Madrid, 1951.

— y Stephen Reckert, *Vida y obra de Medrano*, CSIC, Madrid, 1948-1958.

Alvar, Manuel, *Juan de Castellanos*, Publicaciones del Inst. Caro y Cuervo, Bogotá, 1972.

Aquila, August J., *Alonso de Ercilla y Zúñiga: A Basic Bibliography*, Grant and Cutler (Research Bibliographies and Checklists, 11), Londres, 1975.

Asensio, Eugenio, «España en la épica portuguesa del tiempo de los Felipes (1580-1640)» (1949), ahora en su libro *Estudios Portugueses*, Gulbenkian, París, 1974; pp. 455-496.

—, «Alonso Núñez de Reinoso, gitano peregrino, y su égloga Baltea», *Studia Hispanica in Honorem R. Lapesa*, I, Gredos, Madrid, 1972, pp. 119-136; reimpr. en [1974], pp. 123-144.

—, *La fortuna de «Os Lusíadas» en España (1572-1672)*, Fundación Universitaria Española, Madrid, 1973; reimpr. en [1974], pp. 303-317.

Askins, Arthur Lee-Francis, «Amargas horas de los dulces días», *Modern Languages Notes*, LXXXII (1967), pp. 238-240.

—, *The Cancioneiro de Cristóvao Borges*, Touzot, París, 1979.

Avalle-Arce, Juan Bautista, «El poeta en su poema. El caso Ercilla», *Revista de Occidente*, XXXII, 95 (febrero 1971), pp. 152-170.

Bianchini, Andreina, «Fernando de Herrera's *Anotaciones*: A look at his sources and the signifiance of his Poetics», *Romanische Forschungen*, LXXXVIII (1976), pp. 27-42.

Blecua, Alberto, «Algunas notas curiosas acerca de la transmisión poética española en el siglo XVI», *Boletín de la Real Academia de Buenas Letras de Barcelona*, XXXII (1967-1968), pp. 113-138.

—, *En el texto de Garcilaso*, Ínsula, Madrid, 1970.

—, ed., Juan Rufo, *Las seiscientas apotegmas y otras obras en verso*, Espasa-Calpe (Clásicos Castellanos, 178), Madrid, 1972.

—, «Gregorio Silvestre y la poesía italiana», en *Doce consideraciones sobre el mundo hispano-italiano en tiempo de Alfonso y Juan de Valdés* (Bolonia, 1976), Roma, 1979, pp. 155-173.

Blecua, José Manuel, «La sensibilidad de Fernando de Herrera. Tres notas para su estudio», *Ínsula*, n.º 86 (1953), p. 3; reimpreso en *Sobre el rigor poético en España y otros ensayos*, Ariel, Barcelona, 1977, pp. 75-82.

—, «¿Un nuevo poema de Pedro Laýnez?», *Homenaje. Estudios de Filología e Historia Literaria...*, La Haya, 1966, pp. 137-142; reimpreso en *Sobre poesía de la Edad de Oro*, Gredos, Madrid, 1970, pp. 89-95.

—, «De nuevo sobre los textos poéticos de Herrera», *Boletín de la Real Academia Española*, XXXVIII (1958), pp. 377-401; reimpreso en [1970], pp. 110-144.

—, «Corrientes poéticas en el siglo XVI», *Ínsula*, 80 (agosto 1952); reimpreso en [1970], pp. 11-24.

—, «Mudarra y la poesía del Renacimiento: una lección sencilla», *Studia Hispanica in Honorem R. Lapesa*, I, Gredos, Madrid, 1972, pp. 173-179; reimpreso en [1977], pp. 45-56.

—, ed., Fernando de Herrera, *Obra poética*, Real Academia Española, Madrid, 1975, 2 vols.

Bonneville, Henry, «Sobre la poesía de Sevilla en el Siglo de Oro», *Archivo Hispalense*, 55 (1972), pp. 79-112.

Brancaforte, Benito, «Valor y límites de las *Anotaciones* de Fernando de Herrera», *Revista de Archivos, Bibliotecas y Museos*, LXXIX (1976), pp. 113-129.

Brown, G. J., «Rhetoric in the sonnet of praise», *Journal of Hispanic Philology*, I (1976), pp. 31-50.

Caldera, E., *La poesía de Juan de la Cueva*, Bozzi, Génova, 1970.

Campo, Agustín del, «Plurimembración y correlación en Francisco de la Torre», *Revista de Filología Española*, XXX (1946), pp. 385-392.

Caravaggi, Giovanni, *Studi sull'epica ispanica del Rinascimento*, Università di Pisa, 1974.

Cernuda, Luis, «Tres poetas metafísicos» [1946], en *Prosa completa*, Barral, Barcelona, 1975, pp. 761-776.

Clarke, Dorothy Clotelle, ed., Vicente Espinel, *Diversas rimas*, Nueva York, 1956.

Clocchiatti, Emilio, *El «Sannazaro español» de Herrera Maldonado*, Ínsula, Madrid, 1963.

Cossío, José M.ª de, *Fábulas mitológicas en España*, Espasa-Calpe, Madrid, 1952.

Chevalier, Maxime, *L'Arioste en Espagne (1530-1650)*, Burdeos, 1966.

—, *Los temas ariostescos en el Romancero y en la poesía española del Siglo de Oro*, Castalia, Madrid, 1968.

—, «La *Diana* de Montemayor y su público en la España del siglo XVI», en A. Amorós, *et al.*, *Creación y público en la literatura española*, Castalia, Madrid, 1974, pp. 40-55.

Darbord, Michel, *La poésie religieuse espagnole des Rois Catholiques à Philippe II*, París, 1965.

Durling, R. M., *The figure of the Poet in Renaissance epic*, Harvard, 1965.

Entenza de Solare, Beatriz «Fernando de Herrera ante el texto de Garcilaso», *Filología*, 11 (1965), pp. 65-98.

Entrambasaguas, Joaquín de, ed., Pedro Laýnez, *Obras*, CSIC, Madrid, 1951, 2 vols.

Entrambasaguas, Joaquín de, «Un texto desconocido de la Égloga pastoral de Francisco de Figueroa el Divino», en *Miscelánea erudita*, Madrid, 1957, pp. 47-50.

Fallacy-D'Este, Laurianne, «Tradition et originalité chez Francisco de Aldana», *Ibérica*, I, París, 1977.

Frenk Alatorre, Margit, «Un desconocido cantar de los Comendadores, fuente de Lope», *Homenaje a William L. Fichter*, Castalia, Madrid, 1971, páginas 211-222.

Fucilla, Joseph G., «Two generations of Petrarchism and Petrarchist in Spain», *Modern Philology*, XXVII (1930), pp. 277-295.

—, «Le dernier poème de Pedro de Padilla», *Bulletin Hispanique*, LVII (1955), pp. 133-136.

—, *Estudios sobre el petrarquismo en España*, CSIC, Madrid, 1960.

Gale, Glen R., ed., Sebastián de Córdoba, *Garcilaso a lo divino*, Castalia, Madrid, 1971.

Gallego Morell, Antonio, *Estudios sobre poesía española del primer Siglo de Oro*, Ínsula, Madrid, 1970.

—, *Garcilaso de la Vega y sus comentaristas*, Gredos, Madrid, 1972².

—, ed., *Las obras de Garcilaso de la Vega con anotaciones de Fernando de Herrera*, edición facsímil, CSIC, Madrid, 1973.

García Berrio, Antonio, *Formación de la teoría literaria moderna*, Planeta, Madrid, 1977.

—, «Lingüística del texto y texto lírico», *Revista Española de Lingüística*, VIII (1978), pp. 19-75.

García de la Concha, Víctor, «Tradición y creación poética en el Carmelo castellano del Siglo de Oro», *Boletín de la Biblioteca Menéndez y Pelayo*, LII (1975), pp. 101-133.

García de Enterría, M.ª Cruz, *Sociedad y poesía de cordel en el Barroco*, Taurus, Madrid, 1973.

Geneste, Pierre, *Essai sur la vie et l'œuvre de Jerónimo de Urrea*, Université de Lille, 1975, 2 vols.

Glenn, R. F., *Juan de la Cueva*, Twayne, Nueva York, 1973.

González Palencia, Ángel, ed., Jorge de Montemayor, *Cancionero*, Sociedad de Bibliófilos Españoles, Madrid, 1932.

—, ed., Francisco de Figueroa, *Poesías*, Sociedad de Bibliófilos Españoles, Madrid, 1943.

—, ed., *Romancero General*, CSIC, Madrid, 1947, 2 vols.

Green, O. H., «On Francisco de Aldana: Observations on Dr. Rivers's study *El Divino Capitán*», *Hispanic Review*, XXVI (1958), pp. 117-135.

Guillén, Claudio, «Sátira y poética en Garcilaso», *Homenaje a J. Casalduero*, Gredos, Madrid, 1972, pp. 209-233.

Hughes, Gethin, «*Versos bimembres* and parallellism in the poetry of Francisco de la Torre», *Hispanic Review*, XLIII (1975), pp. 381-392.

Ife, B. W., *Dos versiones de Píramo y Tisbe: Jorge de Montemayor y Pedro Sánchez de Viana*, Exeter University Press, 1974.

King, W. F., *Prosa novelística y Academias literarias en el siglo XVII*, Madrid, 1963.

Knoke, Ulrich, *Die Spanische «Maurenromanze»*, Gotinga, 1967.

Kossoff, David, *Vocabulario de la obra poética de Herrera*, Real Academia Española, Madrid, 1966.

Krauss, W., «Algunos apuntes acerca de *La Araucana* de Ercilla», *Beitrage zur Romanischen Philologie*, XIV (1975).

Lacadena, Esther, *Nacionalismo y alegoría en la épica española del XVI: «La Angélica» de Barahona de Soto*, Universidad de Zaragona, Zaragoza, 1980.

Lapesa, Rafael, «Poesía de cancionero y poesía italianizante» [1962], reimpreso en *De la Edad Media a nuestros días*, Gredos, Madrid, 1967, pp. 145-171.

Lázaro Carreter, Fernando, «Los sonetos de fray Luis de León», *Mélanges ...Jean Sarrailh*, II, París, 1966, pp. 29-40.

Lefebvre, A., *La poesía del capitán Aldana*, Universidad de la Concepción, 1953.

López Estrada, Francisco, ed., Antonio de Villegas, *Inventario*, Joyas Bibliográficas, Madrid, 1955-1956, 2 vols.

—, «La epístola de Jorge de Montemayor a Ramírez Pagán», *Estudios dedicados a Menéndez Pidal*, VI (1956), pp. 386-406.

—, «Literatura sevillana (I). Medrano en su sitio», *Archivo Hispalense*, XXXI (1959), pp. 9-35.

—, *Romancero del Abencerraje*, Anaya, Salamanca, 1965 (y cf. cap. 5).

López Maldonado, Juan, *Cancionero*, Madrid, 1932.

Macrí, Oreste, *Fernando de Herrera*, Gredos, Madrid, 1972 [2].

Marín Ocete, Antonio, *Gregorio Silvestre. Estudio biográfico y crítico*, Granada, 1939.

—, ed., Gregorio Silvestre, *Poesías*, Granada, 1939.

Menéndez Pidal, Ramón, *Romancero Hispánico*, Espasa-Calpe, Madrid, 1953, 2 vols.

Montesinos, José Fernández, «Algunos problemas del Romancero Nuevo», *Romance Philology*, VI (1952-1953), pp. 231-247.

Moragón, M., ed., Francisco de Aldana, *Obras completas*, CSIC, Madrid, 1953, 2 vols.

Moríñigo, M. A., e Isaías Lerner, eds., Alonso de Ercilla, *La Araucana*, Castalia, Madrid, 1979, 2 vols.

Navarro, Alberto, *Vicente Espinel. Músico, poeta y novelista andaluz*, Universidad de Salamanca, 1977.

Navarro Tomás, Tomás, *Métrica Española*, Syracuse, 1956 (última reedición en Guadarrama, Madrid, 1979).

Orozco Díaz, Emilio, «Poesía tradicional carmelitana», *Estudios dedicados a Menéndez Pidal*, VI (1956), pp. 407-446.

—, *Manierismo y Barroco*, Cátedra, Madrid, 1975.

Pérez Gómez, Antonio, ed., Juan Hurtado de Mendoza, *Buen Plazer Trobado* (Alcalá, 1550), Cieza, 1956.

—, ed., Diego Ramírez Pagán, *Floresta de varia poesía*, Selecciones Bibliófilas, Barcelona, 1950, 2 vols.

—, ed., Fernando de Herrera, *Algunas obras (Sevilla, 1580)*, Cieza, 1967.

—, «El *Jardín espiritual* de Pedro de Padilla. Peculiaridades bibliográficas», *Homage to John M. Hill*, Indiana, 1968, pp. 59-63.

Pierce, Frank, *La poesía épica del Siglo de Oro*, Gredos, Madrid, 1968 ².

—, «La épica literaria española. Examen crítico», en *Homenaje al Instituto de Filología y Literaturas Hispánicas «Dr. Amado Alonso»*, Buenos Aires, 1975, pp. 310-331.

Pike, Ruth, «The converso family of Baltasar del Alcázar», *Kentucky Review Quartely*, XIV (1967), pp. 349-365; recogido parcialmente en *Aristócratas y comerciantes*, Ariel, Barcelona, 1978 ², pp. 45-59.

Prieto, Antonio, «La sextina provenzal y su valor como elemento estructural de la novela pastoril», *Prohemio*, I, 1 (1970), pp. 47-70.

—, «Del ritual introductorio en la épica culta», en *Estudios de literatura europea*, Narcea, Madrid, 1975.

Pring-Mill, R. D. F., «Escaligero y Herrera: citas y plagios de los *Poetices libri septem* en las *Anotaciones*», *Actas del Segundo Congreso Internacional de Hispanistas*, 1967, pp. 489-498.

Randell, Mary Gaylord, *The historical prose of Fernando de Herrera*, Támesis, Londres, 1971.

Reyes Cano, José M.ª, *La poesía lírica de Juan de la Cueva*, Sevilla [en prensa].

Rico, Francisco, «El destierro del verso agudo (con una nota sobre rimas y razones en la poesía del humanismo)», *Homenaje a J. M. Blecua*, Gredos, Madrid, en prensa.

Rivers, Elias L., ed., Francisco de Aldana, *Poesías*, Espasa-Calpe (Clásicos Castellanos, 143), Madrid, 1957.

—, *Francisco de Aldana, el Divino Capitán*, Badajoz, 1955.

—, «Garcilaso divorciado de Boscán», *Homenaje al prof. Rodríguez-Moñino*, II, Castalia, Madrid, 1966, pp. 121-129.

Rodríguez, Juan Carlos, *Teoría e historia de la producción ideológica I. Las primeras literaturas burguesas*, Akal, Madrid, 1974.

Rodríguez-Moñino, Antonio, «Joaquín Romero de Cepeda, poeta extremeño del siglo XVI (1577-1590). Estudio bibliográfico», *Revista del Centro de Estudios Extremeños*, XIV (1940), pp. 167-192.

—, ed., Juan Timoneda, *Cancioneros llamados «Enredo de Amor...»*, Castalia, Valencia, 1951.

—, ed., *Flor de romances, glosas, canciones y villancicos (Zaragoza, 1578)*, Castalia, Valencia, 1954.

—, ed., *Suplemento al Cancionero General de Hernando del Castillo (Valencia, 1511)*, Real Academia Española, Madrid, 1958.

—, ed., Juan López de Úbeda, *Cancionero General de la Doctrina Cristiana*, Sociedad de Bibliófilos Españoles, Madrid, 1962.

—, ed., Juan Timoneda, *Rosas de Romances (Valencia, 1573)*, Castalia, Madrid, 1963.

—, *Construcción crítica y realidad histórica en la poesía española de los siglos XVI y XVII*, Castalia, Madrid, 1965.

—, ed., *Cancionero de Romances (Anvers, 1550)*, Castalia, Madrid, 1967.

—, ed., Lorenzo de Sepúlveda, *Cancionero de Romances (Sevilla, 1584)*, Castalia, Madrid, 1967.

—, ed., Lucas Rodríguez, *Romancero historiado (Alcalá, 1582)*, Castalia, Madrid, 1967.

Rodríguez-Moñino, Antonio, *Poesía y Cancioneros (siglo XVI)*, Castalia, Madrid, 1968.

Española, XLIX (1969), pp. 495-550; recogido en *La transmisión de la poesía española en los siglos de oro*, Ariel, Barcelona, 1976, pp. 73-136.

—, *Diccionario de pliegos sueltos poéticos (siglo XVI)*, Castalia, Madrid, 1970.

—, ed., *Silva de Romances (Zaragoza, 1550-1551)*, Zaragoza, 1970.

—, *Manual bibliográfico de Cancioneros y Romanceros, I-II: Impresos durante el siglo XVI*, Castalia, Madrid, 1973.

Romeu, Josep, *Joan Timoneda i la «Flor de Enamorados», cançoner bilingüe*, Real Academia de Buenas Letras, Barcelona, 1972.

Rose, Constance Hubbard, *Alonso Núñez de Reinoso. The lament of a sixteenth-century exile*, Associated University Press, Cranbury, N. J., 1971.

Ruiz, Elisa, «Cristóbal Cabrera, apóstol grafómano», *Cuadernos de Filología Clásica*, XII (1977), pp. 59-126.

Salomon, Noël, «Algunos problemas de la Sociología de las Literaturas de lengua española», en A. Amorós, *et al., Creación y público en la literatura española*, Castalia, Madrid, 1974, pp. 15-39.

Sánchez, J., *Academias literarias del Siglo de Oro español*, Gredos, Madrid, 1961.

Segura Covarsi, Enrique, «Don Jerónimo de Lomas Cantoral: un petrarquista olvidado», *Revista de Literatura*, II (1952), pp. 39-75.

Sena, Jorge de, *Francisco de la Torre e D. João de Almeida*, Gulbenkian, París, 1974.

Simón Díaz, José, *Bibliografía de la literatura hispánica*, IV, CSIC, Madrid, 1955.

Smieja, F., «Pedro de Padilla and Gabriele Fiamma», *Philological Quarterly*, XXXIV (1955), pp. 18-26.

Verdevoye, P., «Le poème *El auto de Venus en la muerte de Adonis* de Juan de la Cueva dans sa version definitive en partie inédite», *Mélanges...Marcel Bataillon*, 1962, pp. 677-689.

Wardropper, Bruce, *Historia de la poesía lírica a lo divino en la cristiandad occidental*, Revista de Occidente, Madrid, 1954.

Watson, Anthony, *Juan de la Cueva and the Portuguese Succession*, Támesis, Londres, 1975.

Weiner, Jack, ed., Sebastián de Horozco, *Cancionero*, University of Utah, 1975.

—, «Sebastián de Horozco y la historiografía antisemita», *Actas del Quinto Congreso Internacional de Hispanistas*, Burdeos, 1977, pp. 873-882.

Zamora Vicente, Alonso, ed., Francisco de la Torre, *Poesías*, Espasa-Calpe (Clásicos Castellanos, 124), Madrid, 1944.

—, *Sobre Petrarquismo*, Universidad de Santiago, 1945.

Antonio Rodríguez-Moñino

LA TRANSMISIÓN POÉTICA EN EL SIGLO DE ORO

La historia de la poesía lírica castellana en el siglo XVI está por escribir y aún transcurrirá mucho tiempo antes de que podamos reunir los materiales necesarios para redactarla. [...] Cuatro son los caminos por los cuales llegan al estudioso los materiales que necesita: *los volúmenes impresos con obra individual, los textos manuscritos, los pliegos poéticos y las antologías o cancioneros colectivos.* Ninguno de ellos, por sí solo, presentará el panorama completo: será necesario aunar los cuatro para tener a la vista los elementos indispensables. Y contar, además, con el hueco de lo perdido, de lo que el abandono y la incuria han ido destruyendo poco a poco. Mientras no poseamos una montaña de estudios bibliográficos previos, mientras no se hallen catalogadas las existencias actuales (y aun los rastros que han quedado de lo inexistente, en inventarios y registros viejos), todo intento de historiar con seriedad nuestra poesía antigua está condenado a la provisionalidad o al fracaso. El papel del historiador, en tales circunstancias, podrá compararse al de un banquero que pretendiera movilizar su capital en negocios, sin saber qué dinero posee ni dónde lo tiene guardado. [...]

En nuestra exploración por el campo de los libros viejos de poesía nos encontraremos con ediciones realizadas por amigos, familiares o admiradores, a los pocos años de ocurrir el deceso, y parece que entonces vamos a caminar sobre terreno seguro. Profundo error y fácil sima para la caída de inexpertos. Veamos un par de ejemplos: don Diego Hurtado de Mendoza, Francisco de Figueroa.

Antonio Rodríguez-Moñino, *Poesía y Cancioneros (siglo XVI),* Castalia, Madrid, 1968, pp. 17-29.

Don Diego fallece en 1575, y tres décadas y media después un frey Juan Hidalgo, caballero del hábito de San Juan, publica en Madrid, en la misma imprenta donde había visto la luz el *Quijote,* un volumen conteniendo noventa y seis piezas del famoso diplomático. Él mismo nos dice que eliminó todas las obras burlescas y otras muchas «por no contravenir a la gravedad de tan insigne Poeta». Con respecto a los textos utilizados, no puede ser más explícita la confesión de que eran mediocres y vulgares: «Yo he cogido estas flores [dice] de partes diferentes y, a lo que entiendo, no con aquel verdor y sazón que en sus principios tuvieron, siendo imposible que flores que han pasado por tantas manos dejen de estar algo marchitas». ¿Podrá extrañarse nadie de que en aquel informe revuelto haya poesías que no pertenecen al autor de la *Guerra de Granada?* Así sucede con el soneto «Aquestos vientos ásperos y helados», que es de Luis Barahona de Soto, o con las redondillas «Lloremos, ojos cansados», reclamadas como propias por Alonso Gerónimo de Salas Barbadillo en su deliciosa novela *El sutil cordobés Pedro de Urdemalas.* Claro está que, como compensación, podemos leer en las *Varias poesías* de Hernando de Acuña, impresas por su viuda el año 1591, los sonetos de Hurtado «Amor me dijo en mi primera edad» y «En una selva al parecer del día» estampado desde 1554 el primero y en manuscrito viejo el segundo. La inseguridad nos ronda desde el momento en que comenzamos a revisar superficialmente las obras de don Diego.

Francisco de Figueroa «el Divino» fallece en fecha indeterminada y, antes de morir, destruye cuanto escribió. Un su amigo, don Antonio de Toledo, posee un cuadernillo de pocas páginas que regala a Luis Tribaldos, éste al conde de Villamediana, Villamediana a don Vicente de Noguera y Noguera otra vez a Tribaldos, quien lo imprime en un tomito el año de 1625: desde entonces viene haciendo fe tal edición y justificando el que se dé a su autor el altísimo calificativo con que se le conoce. Pero todo lo que sabemos del material que sirvió para la impresión es lo indicado: que esas pocas rimas las poseía don Antonio de Toledo. Ni siquiera podemos asegurar que se tratase de autógrafos o buena copia, ni que procediesen directamente de Figueroa. La autoridad de la edición ha de ser puesta en entredicho, tanto más cuanto que en ella figuran poesías que evidentemente no pertenecen a aquel poeta. Bastará señalar la conocidísima epístola «Montano che nel sacro e chiaro monte» que es sin duda alguna obra de Pedro Laínez, puesto que se halla en el cancionero autógrafo que este escritor dedicó a Jacobo Boncompagno.

Se podrían multiplicar los ejemplos de estas ediciones póstumas, hechas con la mejor voluntad del mundo por amigos o familiares y que han venido a complicar la ya por sí difícil tarea de la depuración textual. El sistema seguido por los recopiladores parece elemental, fácil y lógico: sacar de entre los papeles del difunto un puñado de folios o cuadernos conteniendo poesías escritas de su letra y considerarlas obra auténtica. Como la información sobre la ajena es mínima, basta que entre esas hojas haya copias autógrafas para justificar sin vacilaciones la atribución. He ahí por qué las ediciones antiguas de nuestros poetas no realizadas por ellos están abarrotadas de adscripciones falsas y es precisa una labor de criba muy delicada antes de poder afirmar nada con la seguridad necesaria. [...]

Infinitamente más modestos o más despreocupados que nosotros, nuestros antepasados no tenían la comezón de publicar sus obras y de llenar los estantes de las bibliotecas con los frutos de su minerva. Muchos poetas se negaron a imprimir, estimando que no valía la pena poner en circulación sus versos; otros prescindieron de la paternidad, condenando a un anonimato de terribles consecuencias para la historia literaria los partos de su musa; otros, en fin, hicieron pavesas las páginas en las cuales habían volcado su sensibilidad. Numerosos casos podrían citarse de cada una de estas posiciones. Con nombre o sin él, son varios los centenares de manuscritos poéticos que aún se conservan en las bibliotecas españolas o extranjeras esperando los necesarios catálogos, ediciones y estudios, pero no brillan por su número los que contienen obra de un solo autor: son los más escasos. Y rarísimos los que podemos asegurar que son autógrafos. La mayor parte de lo conservado está constituida por lo que llamamos *cancioneros,* aplicando el nombre indistintamente a dos tipos de libros de muy diversa factura. El primero, que es el que merece con propiedad la denominación, suele ser de una sola letra y en él se ha reunido, por algún coleccionista, un conjunto de composiciones poéticas que presenta cierta unidad cronológica, temática, estilística o geográfica. [...]

El segundo grupo cabe mejor bajo la denominación de *Poesías varias* y está integrado por volúmenes en los que aparece el tesorillo poético de un aficionado, tal como ha ido llegando a sus manos. Aquí no hay método o propósito previo, sino solamente afán de coleccionar. Las piezas sueltas, copias de copias o autógrafos que ha ido proporcionándose el colector, de varias épocas, de autores muy distintos, de pureza muy desigual, cuando alcanzan grueso suficiente pasan al encuadernador quien asegura la conservación con el cosido y las tapas. En estos tomos de *Poesías varias,* que son los más frecuentes en las bibliotecas, hallaremos, al lado de oro puro, vil escoria, junto a la delicadeza de un Góngora en su más refinada versión, el papel satírico y chocarrero del día; no será extraño encontrar autógrafos vecinos de copias lamentables. El pequeño coleccionista no tiene tampoco justeza cronológica y reunirá sin escrúpulo las *Coplas del Provincial* con las liras de fray Luis de León. Todo está en verso, todo es materia legible y conservable.

No hay para qué examinar aquí al detalle los problemas infinitos que plantea la transmisión manuscrita de la poesía del siglo XVI. Son inmensos y se contraen principalmente a las cuestiones de autoría y pureza textual. Cuando tropezamos, en uno de esos conjuntos, con una pieza anónima, casi estamos de enhorabuena: lo difícil, aunque obsesionante, es desenredar la madeja de las múltiples atribuciones; es clásico ya el caso de la famosísima *Canción real a una mudanza* que comienza «Ufano, alegre, altivo, enamorado» y que en manuscritos antiguos figura como obra de ocho o diez autores diferentes, según la falsa o cierta información que tuviera el coleccionista: Antonio Mira de Mescua, Bartolomé Leonardo de Argensola, Morlanes, conde de Portalegre, Trevijano, un poeta de la Rioja, príncipe de Esquilache, conde de Salinas, Luis Vélez de Guevara, etcétera.

En las *Poesías varias* casi siempre privan sobre el interés histórico y cronológico que hoy nos apasiona, el estético o el de la simple curiosidad. Se conserva el poemita por lo que vale para el aficionado, más que por ser obra de tal o cual autor. Si se sabe el nombre de quien lo creó, se pone: la información no se criba en exceso y es frecuente hallar en el mismo volumen dos o tres copias de la misma poesía con otras tantas adscripciones a escritores distintos. Recoger y no tamizar demasiado parece haber sido la norma de estos coleccionistas, anónimos casi siempre, cuyos conjuntos abundan en nuestras bibliotecas.

Recordando al personaje de Anatole France, diríamos que no

hay problema cuando existe un solo texto. Las dificultades empiezan cuando queremos establecerlo en presencia de múltiples manuscritos. Durante el siglo XIX prevalecía entre los eruditos y críticos el valor estético sobre todo y se zanjaba la cuestión eligiendo los más bellos versos y casando un conjunto armónico: Böhl de Faber o Durán, en pleno romanticismo, no vacilan en suprimir o añadir, en «componer» una versión hermosa. Pero hoy, al editor de un manuscrito le atan numerosos problemas, derivados unos de la insatisfacción de los autores antiguos que no se contentaban con una redacción sino que recrean —como Quevedo— cuatro o seis veces una pieza antes y aun después de imprimirla; el estudio de Blecua acerca de «A las bodas de Merlo» es ejemplar. Otros, del diverso concepto que, en siglos pasados, autorizaba la refundición de obra ajena, sin que el refundidor se creyera obligado a confesarlo. Y otros, en fin, de la propia transmisión manuscrita de la poesía. Se olvida con demasiada frecuencia que la obra corta muchas veces no pasa de copia a copia sino del recuerdo al papel, de la memoria a la pluma. Y en este camino, cuando se han olvidado versos —y aun estrofas— el amanuense los completa sin escrúpulos, creando así variantes de importancia que muchas veces atribuiremos a los autores. Un ejemplo por todos: en mi biblioteca hay un puñado de folios de letra clara de persona culta, trazados en los primeros años del siglo XVII. Cópianse en ellos unas cuantas poesías, las cuales remite un amigo a otro, y dos hacen a nuestro propósito. La primera es la canción de fray Diego Murillo que comienza «Deja ya, musa, el amoroso canto», impresa en 1605 en las *Flores* de Espinosa y en 1616 en la *Divina, dulce y provechosa poesía* del autor. Cuando comparamos esta versión manuscrita con la estampada, observamos notables diferencias: ¿correcciones de autor, variantes, reelaboraciones? El copista pone al fin una nota a su amigo: «esta canción va errada en los pies pequeños, vuestra señoría la enmiende». Indudablemente, quien traslada lo está haciendo de memoria; él habría corregido lo que le pareció y encarga al destinatario que enmiende lo que entienda que va errado. La otra composición es el conocidísimo soneto de Góngora dedicado a don Luis de Vargas Manrique, «Tú cuyo ilustre entre una y otra almena»; aparecen variantes con respecto a la edición de Foulché, pero lo fundamental es que faltan, sobre catorce, los seis últimos versos, en sustitución de los cuales el copista coloca esta nota: «Los tercetos no me acuerdo». *No me acuerdo*, es decir, estoy copiando en estas hojas unos poemas de memoria, a veces doy el texto aproximado, *corríjalo vuesa señoría,* ahora se me olvidan los tercetos de este soneto. Pensemos por un momento en que el receptor de las páginas completase lo que faltaba, sin decirlo, naturalmente. ¿Qué problemas no plantearía al moderno estudioso? El caso pudo darse, y se habrá dado, más de dos y más de tres veces: me inclino a pensar que con poetas muy populares, como Lope, Góngora o Quevedo, en bastantes ocasiones estemos analizando estilísticamente fragmentos que no soñaron en escribir.

José Manuel Blecua

HERRERA Y LA OBRA BIEN HECHA

Alonso de la Barrera, el impresor sevillano de las *Anotaciones* a Garcilaso, debió de sentir hasta escalofríos cuando Herrera se presentó con su original, puesto que el gran poeta exigía nada menos que la fundición de nuevas letras. Fernando de Herrera quería que las *íes* no llevasen puntos arriba y que otras vocales, en cambio, los llevasen, ya que así podía marcar tipográficamente la lectura de un verso impidiendo las sinalefas, cosa muy importante, como verá el lector en la nota siguiente. Quería también ciertos acentos inusitados para señalar las diéresis y las sinéresis, y también muy distintos tipos de letras y hasta una paginación especial. Alonso de la Barrera cumplió con la pulcritud de un impresor del siglo XVI y sacó la obra lo mejor que supo y pudo.

Claro está que no pudo impedir que se deslizasen algunas erratas, lo que obligó a Herrera a poner en ciertos ejemplares una pequeña «fe» que contiene sólo trece. Sin embargo, una lectura más atenta le fue descubriendo otras muchas que habían escapado a su diligencia o a la del corrector, y no le quedó más remedio que cortar por

José Manuel Blecua, «La sensibilidad de Fernando de Herrera. Tres notas para su estudio», *Insula*, n.º 86 (1953), p. 3; reimpreso en *Sobre el rigor poético en España y otros ensayos*, Ariel, Barcelona, 1977, pp. 75-82 (75-80).

lo sano, puesto que el libro ya estaba concluso, y sospecho con fundamento que hasta encuadernado. Cortó por lo sano: suprimió parte de las dedicatorias, aprobaciones, etc., etc., y colocó nada menos que cinco páginas con los «yerros advertidos», aunque algunos no sean «yerros» sino correcciones muy escrupulosas. Pero todavía apareció otra errata que debió de atormentar bastante al divino sevillano. El verso 13 del soneto XIV de Garcilaso se imprimió así:

> Tanto que quanto quiere lo consiente.

¿Cómo salvar ese desliz cuando ya habían aparecido dos «fes» de erratas? Herrera encontró una solución muy original y pocas veces puesta en práctica: mandó imprimir la palabra *cuanto*, recortarla con toda pulcritud y pegarla encima de la errata. Y se pegó tan bien que en muchos ejemplares pasa inadvertida.

El hecho es en sí poco importante, pero ¡cómo revela toda una encendida pasión de vigilante exigencia y de decoro ante los demás! El amor por la obra bien hecha, que tanto ha postulado otro gran poeta andaluz, Juan Ramón Jiménez, tuvo antes en Fernando de Herrera su más gallardo representante.

Esta exigencia la vamos a comprobar también desde otro ángulo: del ángulo de la pura creación. Vamos a comprobar su exquisita sensibilidad para el fenómeno poético. En realidad vamos a comprobar también cómo los modernos estudios de estilística tienen una base más honda de lo que suelen creer los no especialistas y cómo han sido conocidos y utilizados esos métodos de análisis que no están al alcance de todos. Casi me atrevería a decir que sólo están al alcance de los mismos poetas —Herrera y nuestro gran Dámaso Alonso son buenos ejemplos— o de críticos cuya sensibilidad poética se aproxima a la de los anteriores.

Al comentar Herrera el verso cuarto del soneto XIII de Garcilaso, «Dé áspera corteza se cubrían», y el verso «Más infición dé áire en sólo un día», del soneto XVI, dice que

bien se deja ver que se levantan i hazen más grandes estos versos por causarse aquel hiato de aquellos elementos que no se juntan bien (....) Con esta imitación para dar a entender casi semejante dificultad i aspereza, osé yo dezir:

El ıertò, órrıdo rısco, despeñado,
ı la montañá áspera parece.

I para negar la entrada ı ımpedılla:

aquı nó éntra quıen no es desdıchado.

I para mostrar lo que se sıente ı duele la dıvısıón ı apartamıento:

dıvıdenme de vos, òh álma mıa.

I avıendo dıcho:

Tan cansado ı perdıdo, que no tengo
fuerça para arrıbar, ı nunca vengo,

con mejor consejo lo mudé assı:

pará árrıbar fuerça, ı nunca vengo.

I tambıén para descubrıŕ la grande dıscordıa ı dıstancıa que aı entre el
odıo ı el amor ı aquella contrarıedad de los ánımos dıferentes, dıxe:

Desconfıo, aborrescò, ámo, espero,

porque la *o* ı la *a* son elementos enemıgos ı que no se contraen fácılmente,
ı assı se hızo la dıvısıón en aquel lugar ı no en *desconfıo, aborresco,*
porque no eran tan enemıgos ı repunantes estos efetos como los otros.
I permıtaseme esta lıcencıa que usurpo en querer mostrar el cuıdado de
estos versos, porque no hallar fácılmente otros exemplos en nuestra
lengua me ofrecıó ocasıón ı osadıa para ello; ı mayormente la persuasıón
del lıcencıado Francısco Pacheco, cuya autorıdad, por su mucha erudıcıón,
tıene comıgo valor para dexarme llevar deste atrevımıento sın temor
alguno.

Nótese la extraordinaria sensibilidad de Herrera cuando modifica el verso «fuerza para arribar, y nunca vengo», cambiándolo con
toda sabiduría en «Para arribar fuerza, y nunca vengo», ya que ese
cambio, señalando además tipográficamente la pausa entre «Para» y
«arribar», establece la más íntima relación entre el significante y el
significado, utilizando esa terminología cara al maestro Dámaso
Alonso. Obsérvese también la finura y penetración de su análisis del
verso «Desconfıo, aborrescò, ámo, espero» y la modernidad de su
enfoque.

Oreste Macrí

MANIERISMO Y BARROCO EN HERRERA

Si intentásemos caracterizar, en forma preliminar, la evolución de la lengua herreriana, podríamos decir, en términos generales, que está dominada por una idea de clasicismo inherente a los mayores poetas del Occidente románico: una doble y complementaria aspiración a *sublime solemnidad* del significante y a *subjetiva intimidad* de los conceptos y de los afectos, a *objetividad* de las figuradas simbologías y a *dramatismo* de la presencia de la persona poética. En tal sentido está preordenado el más mínimo cambio dentro de un *texto a priori,* que es la misma idea evolutiva en la mente poética herreriana. Veremos que tal texto ideal está originariamente *lleno e, incluso, saturado,* por lo que el clasicismo se colora de un matiz barroco, continuamente amenazado por las figuras lógico-verbales de agregación y superabundancia: pleonasmo, polisíndeton, litote, anáfora, poliptoton, ampliación sinonímica, oración explícita, etc. La sublime solemnidad contribuye a la *monstruosa* generación de tales figuras y la subjetiva intimidad la ahonda y afina en esa extrema tensión e inestable equilibrio de construcciones y fonemas que se define en la categoría estética del *barroco.* El riesgo a un nivel más alto de expresión es ya la aventura del alma moderna que se adentra por la selva del *Verbo,* es decir, en la vida de sí misma, ampliada en el espejo visible de la *Palabra.* Herrera ha llevado a las últimas consecuencias la virtualidad lírica del petrarquismo y el neoplatonismo, que ha tratado de potenciar con la ciencia de los antiguos y del renacimiento italiano. Enorme es su contribución a la saturación verbal del barroco: no sin maravilla crítica asistiremos al drama de su contexto poético, que cada vez más se acrecienta y se complica en la cerrada coyuntura de lo heroico y de lo lírico-subjetivo. Ya que conviene advertir que el barroco herreriano tiene un carácter esencialmente *ideológico* de *contenido,* si la *forma* es sustancialmente manierista. Por este motivo los españoles del siglo actual, herederos del simbolismo franco-germánico

Oreste Macrí, *Fernando de Herrera,* Gredos, Madrid, 1972 [2], pp. 208-209 y 510-516.

del 800, se remitieron a Góngora conjugado con Mallarmé: forma-contenido absolutos, predominio de una objetividad cristalizada y reino del Silencio y de la Ausencia... [...]

El pindarismo barroco herreriano sube a la cúspide de la idealización astral en la canción a los Bazán (I, 4). El abuelo, el nieto y la nieta Francisca, apenas si pueden soportar los más solemnes y sublimes epítetos («luzero; prez; onor; gloria; grandeza real...») y la comparación con los númenes olímpicos («Talía; Febo o Cintio o Delio; Belona, Atenea, glorioso Cielo»). En determinado momento, la sacra inspiración, inflamada por el valor heroico de los Bazán, arrebata al poeta desde la superficie terrestre al éter luminoso, donde, cerniéndose al modo de Séneca o del *Somnium Scipionis*, contempla allá abajo el proceloso Ponto, y al mirar hacia arriba clava su mirada en el Sol. En el astro diurno brillan las virtudes y las perfecciones de los héroes, y a su pura claridad el poeta, gozoso, admira las mentes, los ingenios, los méritos inmortales y los rayos de la Belleza universal. La misma ascensión platónica se halla en la canción a Ponce de León (III, 3, 66-78, 316) con motivo de la contemplación de las gestas de sus antepasados en el cielo de Marte («Ya con no usado buelo me sublimo / con fuertes alas...», 66-67). Identificando la ilustre familia con la luz apolínea que difunde el Empíreo, los efectos no son distintos, tanto que la virtud excepcional y astral de los Bazán fecunda los cuatro elementos del universo, genera las estrellas, «la tierra, l'agua, el aire, 'l puro fuego». Su valor excede todo entendimiento humano, su luz ciega los ojos del sentimiento. Incluso la potencia del canto, admirada de sí misma, se detiene en el entusiasmo de la alabanza por tanto valor sobrehumano, y en cuya gloria «si «squaderna» —diríamos con Dante— «la grande, ingeniósa madre nuestra».

Los temas del Tiempo destructor y del heroísmo patriótico, que restituye la Virtud de la «bella edad passada» siguiendo el ejemplo de los «clarissimos mayores» que fulminaron a los bárbaros e infieles, es el argumento de otra solemne canción dedicada al duque de Medina Sidonia (III, 1), dominando también en ésta la idea de que la poesía es la única dadora de gloria, la «sagrada Musa» que «deshaze la sombra del Olvido», la voz trágica y lírica de Melpomene, el «divino coro d'Elicona» que corona la frente luminosa del príncipe con las doradas hojas de roble, única corona inmortal, ante la cual palidece la gloria que pueda crear el arte escultórico de Fidias. Y escuchad, en plena orquestación encomiástica, los timbres graves y opacos de la amargura y del destino: «ultimo llanto; Tiempo desdeñoso; esta edad oscura; olvido ingrato; la fatal, comun tristeza; la sombra d'el Olvido; el Tiempo vencedor...».

De aquí que la canción caiga en el tono elegíaco y que *canción* y *elegía* formen en Herrera un único género. La elegía a la muerte de don Pedro de Zúñiga (II, 6) es un excelente ejemplo de tema heroico, en el que el canto se convierte en fúnebre lamentación, que se generaliza a la miseria radical de la existencia humana, arrastrando, como por inercia, el motivo de la poesía dadora de gloria:

> I en esequias d'eterno sentimiento
> estos versos, que sean los despojos
> d'el bien que ya perdi, d'el mal que siento... (25-27).

En el terreno de la elegía, de la calamitosa naturaleza del vivir, a los ojos del hombre y del poeta acaban por borrarse las jerarquías y diferencias entre las calidades del valor y las del dolor personal, confundiéndose en un gris y tétrico horizonte de la existencia las hazañas patrias y las vicisitudes del propio amor. En la elegía antes citada, después de haber descrito con decidido acento la caída del «cuerpo generoso» de don Pedro —que, como Garcilaso, muere aplastado por una piedra arrojada por los bárbaros— sobre la «desnuda tierra elada» y el efecto del llanto universal de la vastísima nación (76-90), el poeta presenta el contraste cruel entre las hojas de los árboles que reverdecen con la nueva primavera y nosotros, los hombres, quienes, una vez apagado el soplo vital, «jamas el pie imprimimos en el suelo».

Luego dos tercetos (103-108) para decir del engaño de la vida y de la muerte:

> Breve, dudosa vida con tormento,
> ciego temor, desseos no acabados
> son de nuestra miseria el fundamento.
> Aspera i justa lei, que los cuidados
> i amor desvanecido i ciego enfrena
> d'umanos coraçones engañados.

He aquí, como apuntábamos, la equiparación temática y tonal de la existencia común y de la pasión. Del hecho heroico de don Pedro se pasa a la terminología afectiva de la poesía amorosa: «dudosa; temor; desseos no acabados; miseria; cuidados; amor desvanecido, ciego; coraçones engañados». Por lo tanto resulta fácil al poeta ponerse a sí mismo como ejemplo, recordando en primera persona su caso amoroso:

> Yo mesmo aquel dolor, que me condena,
> búsco i mi perdicion, i hago quexa
> d'el cielo que mis impetus refrena.

Siguen otros seis tercetos (112-129) sobre el tema general del mezquino vivir mortal, con la consabida terminología estoico-bíblica aplicada a la poesía erótica: «desierta, oscura via incierta, que se rebuelve 'n si; animo mesquino; ierto passo; tormento interno; mortal rigor; amor tierno; gloria caduca; alma ingrata; congoxa; temor; fuego eterno; pena inmortal».

Pero, entretanto, precisa urgentemente situar la sombra del héroe al que se coloca en las sublimes esferas, junto «al Rei d'el alto Olimpo triúnfante», mirando el espectáculo de la tierra, el mar y el cielo, gozando de la felicitad perfecta, de la «celeste hermosura». El héroe, finalmente, se convierte en santo, y el poeta le descubre mientras intercede ante el Señor:

> De gloria i piédad celeste lleno,
> ruegas por nuestras culpas por ventura,
> d'amor santo alargando el ancho seno.

La indiferenciación sustancial del tipo de heroísmo —ya sea guerrero y patriótico o de Belleza y Honestidad femeninas— a los efectos de una excitación del sentimiento poético, se hace evidente al comparar la elegía citada con otra a la muerte de la condesa de Gelves (III, 1), escrita casi doce años después. Aparte la madurez y densidad de la técnica del verso, el planteamiento y los temas son los mismos. Los efectos de la muerte de Leonor sobre España y el universo no son menos trágicos y luctuosos que los acaecidos por la muerte de don Pedro. Por ejemplo, refiriéndose a Zúñiga: «Turbò sus ondas Betis con gemido»; y en cuanto a Leonor: «I Betis remover d'el hondo assiento / negras ondas... (7-8)»; del mismo modo el motivo «i sus Ninfas lloraron a su amante» vuelve y se amplía en:

I Betis...
i triste, i sin el ancho curso undoso,
En medio de su fertil campo verde
harà qu'el coro todo se levante
de Ninfas, que con dulce voz concuerde (139-144).

Idéntica la adjetivación heroica en honor de la condesa: «gloria
augusta; valor; premio merecido de tu gloria; divino entendimiento;
onra; espiritu Febeo; Espéro tu memoria esclarecida hazer insine
exemplo de la Fama; la luz ecelsa d'inclita grandeza; sublime...».
Idéntica la santificación de Leonor:

Alma dichosa, tu, qu'el alto Cielo
enriqueces, alegre, i gloriósa
te cubres de purpureo i sutil velo (166-168).

De la misma manera, inversamente, hemos visto agolparse sobre los
ilustrísimos Bazán los atributos más descomunales de la Belleza y de
la Virtud. Este alternarse e intercambiarse de Gloria, Fama, Belleza,
Virtud, Honor, etc., demuestra un furor barroco de abstracción y
de absoluto, frente al que todo Héroe y toda Mujer son meros accidentes inmersos en una uniforme expresión de ritmos ascendentes y
verticales hacia la visión universal y cósmica de la pura Gloria, de
la pura Belleza, de la pura Virtud, etc., en su máximum de intensidad hipostática y transcendente. En suma, no interesa el Héroe, sino
el Heroísmo; ni Luz, sino su Hermosura, etc. Lo que especialmente
interesa es sentir y expresar el calofrío, el sacro horror del propio ánimo que tiende a ese *pindarismo solar,* a la pirámide del canto construida sobre el desierto y la muerte: misión última de la Poesía y de
su don de inmortalidad.

La unidad de la «hazaña» heroico-erótica se ve también en el
final de la elegía I, 7, 100-104, 89:

Qu'aunque se deve al cielo esta vitoria
mi fê es dina que sola tal hazaña
celébre, i álce 'n buelo su memoria,
por cuanto señorea i vence España.

Por lo demás, hasta qué punto sea poéticamente válido lo concreto de esta misma abstracción y lo humano anhelante a tal trans-

cendencia, es argumento que podrá explicar la crítica futura, a la que brindamos estos datos e indicaciones para la discusión. Por ejemplo: es interesante ver en las poesías citadas la naturaleza de la ascensión, y permanencia en el más alto cielo, de Bazán, don Pedro y Eliodora; confrontar tal ascensión y morada con las de fray Luis de León en las célebres *liras*, «Noche serena», «¿Cuándo será que pueda?», «Alma región luciente». Al avisado lector le será fácil advertir la coincidencia con fray Luis —con referencia en ambos a la Elisa de Garcilaso— en los versos a don Pedro:

> Nosotros, cuando rompe 'l mortal velo... (el. II, 6, 100)
> Dichoso tu, qu'al cielo arrebatado,
> alegre reluzir vês las estrellas,
> i yuso de tus pies el mar hinchado... (130-132).

o en los versos a **Leonor**:

> Dichoso, aquel espiritu divino,
> que l'alta frente descubrio seguro,
> sin temer el comun peligro indino,
> I, al estrellado claustro i ardor puro,
> encumbrò el facil buelo en paz, purgado
> de corteza moral i error oscuro... (el. III, 1, 76-81)
> I, desdeñando el duro ligamento
> deslazaste, i, en leve buelo suelta,
> pisas el cerco eterio i firme assiento... (124-126).

Se trata, en sustancia, de un «Olimpo» lleno de hipóstasis del sentimiento pagano de la ética y de la religión natural, y por lo tanto poéticamente válido, en cuanto refleja la sinceridad de la pasión y de la fantasía; límites estrechos y ambiguos, en cuanto tal Empíreo se le hace equívocamente análogo con un aura platónico-cristiana extraña en ideología y sentimiento. Aunque en fray Luis no se percibe la «visión» mística de un San Juan de la Cruz, el anhelo por la mansión celestial es auténticamente davídico y platónico-cristiano; es más, la misma carencia de la «visión» interior acentúa la vibración religiosa y lírica del *ascensus*, prefigurando los dones y gozos de la vida del cielo («Noche serena»):

> Inmensa hermosura
> aquí se muestra toda; y resplandece
> clarísima luz pura,
> que jamás anochece;
> eterna primavera aquí florece.
> ¡Oh campos verdaderos!
> ¡oh prados con verdad frescos y amenos!
> ¡riquísimos mineros!
> ¡oh deleitosos senos!
> ¡repuestos valles de mil bienes llenos!

Compárense las terribles y fragorosas consecuencias de la muerte en los héroes herrerianos, con el casto y profundo acento de la primera estrofa de la oda «En la Ascensión», al desaparecer el Pastor:

> ¿Y dejas, Pastor santo,
> tu grey en este valle hondo, escuro,
> con soledad y llanto;
> y tú, rompiendo el puro
> aire, te vas al inmortal seguro?...

Basta leer los primeros 51 versos de la elegía a la muerte de Leonor: la poesía se concreta cuando Eliodora desciende de su Olimpo inaccesible para consolar con su luz al viandante:

> Tu seràs en el Cielo nueva Aurora,
> antes luziente Sol, que muestre al dia
> la riqueza i valor qu'en ti atesora.
> I cuando la desnuda noche fria
> oscuresca el fulgor, seràs Luzero,
> que descubra en su orror serena via.
> I viendo el color tuyo verdadero... (91-97).

Con la bucólica cristiana de fray Luis contrasta en Herrera la monstruosa unión Mito-Naturaleza: la Aurora, el Sol, Éspero — ese «Luzero» que es una nota obsesionante en el cancionero herreriano y que aplica indistintamente a su dama y a Bazán.

Juan Carlos Rodríguez

IMAGINERÍA ANIMISTA Y EROTISMO EN HERRERA

La Dama no puede ser nunca el mal en sí mismo, jamás Herrera la concebiría así, pero sí son paralelos los efectos de ambas atracciones. Podríamos decir incluso que la imagen de la Dama como Absoluto se aproxima más en Herrera a esa imagen del Diablo —como Absoluto— que a la imagen de Dios. Y ello nos llevaría a divagaciones sorprendentes: el obsesivo horror, por ejemplo, que Herrera manifiesta hacia el Amor como carne, como cuerpo [...] parece provenir opacamente de esta peculiar imagen en la que la Dama puede sin embargo albergar en sí elementos demoníacos. Pues resulta evidente que en él esta concepción —tan contradictoria— de la Dama se establece a partir: 1) de toda la *imaginería animista laica* sobre el amor y sobre la mujer; éste es el elemento determinante en primer lugar, pues sin tal imaginería es imposible concebir al Amor como un verdadero Dios terreno (podría decirse que también esto ocurre en los provenzales, pero ya hemos señalado repetidamente cómo tal provenzalismo erótico no es más que una segregación de la ideología feudal del servicio, y cómo el animismo burgués tiene que romper con esa ideología del «servicio» para establecerse); 2) en segundo lugar, Herrera parte asimismo de la *imaginería característica del animismo cristiano* que es la que le permite concebir la idea de que la propia alma es una realidad mutilada en tanto que mero reflejo de otra alma, y que es la imaginería que paralelamente le lleva a la vez a reducir el carácter divino que el Amor tenía para el animismo laico: pues desde esta perspectiva la Dama (aun pudiendo seguir siendo concebida como Absoluto) es a la par también una *mujer*, es decir, una conjunción «normal» de espíritu y de carne, algo igualmente mutilado pues, como está mutilado (para este animismo cristiano) el propio sentido del Amor, en tanto que concebido ahora como mero reflejo del divino, etc. Es así desde esta perspectiva animista cristiana desde donde Herrera puede comenzar a concebir a la

Juan Carlos Rodríguez, *Teoría e historia de la producción ideológica. I. Las primeras literaturas burguesas*, Akal, Madrid, 1974, pp. 299-302.

Dama —y a lo erótico— como un poder ambiguo y peligroso, porque nunca se podrá saber muy bien si la conversión de la mujer en Absoluto se ha hecho a partir de su lado espiritual o si se ha hecho a partir de su lado carnal, o sea, no se podrá saber nunca si la Dama es un Absoluto similar a Dios o un Absoluto similar al Diablo. 3) Con lo cual finalmente [...] Herrera está siempre al borde de una recaída en las viejas concepciones feudales (organicistas) de la mujer como representación por antonomasia del mal y del pecado (la vagina como representación literal de la oquedad y la oscuridad del infierno; la piel femenina a la vez como fascinante y como transparencia de la piel de la serpiente), etc. Y aunque esta recaída en el organicismo feudal es mucho más visible en los textos teóricos de Herrera que en sus textos poéticos, no cabe duda, sin embargo, de que su especial temor ante la Dama (y sobre todo: su horror ante la idea de que la carne y la piel tengan algo que ver con el amor) arrastra consigo toda esa vieja imaginería organicista medieval que ahora, a fines del xvi, volverá a irse estableciendo paulatinamente como ideología hegemónica (y no sólo por lo que hace al tema de la mujer) en el ámbito del Estado absolutista español.

Sean cuales sean en fin los elementos originariamente determinantes de esta especial concepción herreriana del erotismo carnal, lo cierto es que tal erotismo jamás aparece sino *en hueco* (como «rechazo» o como «refoulement») en los textos poéticos de Herrera. Y tal *hueco* (lo que nos interesa por tanto) es perceptible ante todo en torno a ese tema central en que se configura el poder erótico como algo que puede ser también demoníaco o destructor. Esta ambigüedad es pues el nudo mismo de la poética de Herrera. Y en concreto: si cuando la Dama nos aparece como Absoluto verdadero vemos también que la imagen clave de tal poder atractivo es el *fuego* (el fuego irradiado por ella, que da calor y da vida, que derrite el *hielo* con que se hallaba cubierta el alma del poeta antes de «saltar») no podemos olvidar, sin embargo, que ese *fuego* puede convertirse en asesino y destructor, puede destruir a quien atrae: el *fuego* puede producir *hielo*.

Los textos poéticos de Herrera nos ofrecen así esta doble correlación: como se nos dice, por ejemplo, en un soneto, tras recibir la llamada de la Dama:

> Yo que tan tierno engaño oí, cuitado,
> abrí todas las puertas al deseo,
> por no quedar ingrato al amor mío.
> Ahora entiendo el mal, y que engañado
> fui de mi Luz, y tarde el daño veo,
> sujeto a voluntad de su albedrío.

No se trata por supuesto de lo que luego, en el ámbito de la divulgación romántica (*pequeño-burguesa*) del XIX se llamará «un amor no-correspondido», etc. Hay que tener en cuenta (y si no no entenderemos nada) la profundísima complejidad vital (el profundísimo valor inscrito en el inconsciente ideológico cotidiano) que esta problemática erótica tiene para los animismos burgueses del XVI. Lo que en el romanticismo bordea siempre los límites de la parodia y lo grotesco, posee en el XVI, sin embargo, un definitivo carácter «trágico», esto es, decisivo respecto a la orientación básica de la propia vida (aparte de que tal problemática erótica no es en absoluto *la misma cosa* en una coyuntura histórica y en la otra —la romántica y la del XVI— como puede comprenderse fácilmente: todos los términos y los valores del problema han variado radicalmente entre una perspectiva y la otra).

La serie de cuestiones que Herrera escenifica en sus textos poéticos es pues algo literalmente decisivo respecto a la especial encrucijada en que se halla el inconsciente animista, dentro de la formación absolutista española, en esta etapa final del XVI. Decisivo como *síntoma* al menos de los grilletes que atenazan el libre desarrollo de tal animismo pleno, ahora cercado y presionado por todas partes, en primer lugar por su variante «espiritualista-cristiana», en seguida —y mucho más decisivamente— por el nuevo auge que las ideologías feudalizantes (nobiliarias y eclesiásticas) van a cobrar en el país. La poética animista de Herrera supone así un ejemplo clave de tales contradicciones: ni el Erotismo puede ser considerado ya como verdad plena, ni la Dama (por más que se la identifique con lo Absoluto) puede dejar de ser vista con una mezcla de sospecha y de recelo. De ahí que, para la propia poética herreriana, la relación «fuego hielo» presenta una tercera posibilidad: ante el temor de ser «asesinado» por el fuego erótico el poeta adopta una postura defensiva. Y esta postura defensiva consiste ante todo en ofrecer una coraza de *hielo* suficientemente espesa como para impedir que la *luz*, la *llama* o el *fuego* penetren a través de ella. Por supuesto que al adoptar tal postura defensiva el alma «bella» sabe que está renunciando a la posibilidad de alcanzar su plena realización, sabe que está conformándose con permanecer limitada y mutilada (con ser una realidad «a medias») pero prefiere conformarse con eso (en vez de intentar el salto total hacia el Absoluto) porque a fin de cuentas tal «alma bella» sigue siendo así al menos ella misma, en vez de ofrecerse inerme a la destrucción que puede ir oculta bajo la «alocada» (en sentido platónico: esto es, la «aireada» o «enfurecida» o «destructora de barreras») atracción erótica que la Dama representa. El *hielo*, pues, es usado en esta perspectiva con el doble sentido que tal temática ofrece: por un lado como signo evidente de que el alma amorosa, al renunciar a la fusión plena, queda obligada en gran medida a aceptar su propia mutilación (su propio páramo y su propia heladez); y por otro lado, sin embargo, como signo básico de esa postura de defensa, de esa barrera o coraza insalvable que el alma ofrece para oponerse a la invasión del fuego erótico.

Elias L. Rivers

LA FORMACIÓN DE ALDANA

Como joven florentino, adquirió Aldana no sólo un conocimiento del neoplatonismo, sino también, hasta cierto punto, esa actitud medio pagana de hedonismo filosófico que asimismo era típica de la Italia renacentista. Ficino había creído reconciliar el platonismo con la doctrina cristiana; pero el hedonismo siempre había de ser una desviación más o menos consciente de los ideales ascéticos del cristianismo medieval. El espíritu que renacía con el estudio de los autores de la antigüedad pagana, de Horacio y de Virgilio, daba la nota pastoril que fue un elemento importante en la juventud de Aldana, pasada en las orillas del Arno. [...]

Elias L. Rivers, ed., Francisco de Aldana, *Poesías*, Espasa-Calpe (Clásicos Castellanos, 143), Madrid, 1957, pp. xiv-xvii.

Tal vida, que provenía del humanismo literario y también se expresaba por medio de él, era en parte, sin duda, una ficción. Pero no le faltaba por eso hondo significado vital, y más tarde Francisco había de sentir mucha nostalgia por esa vida horaciana; un año después de marcharse de Italia, Francisco escribiría desde Flandes las doloridas palabras de la Epístola II, 225-226:

> ¡Ay monte, ay valle, ay Arno, ay mi ribera;
> cómo vivo yo aquí lloroso y triste!

Otro elemento en la vida florentina del joven Aldana parece reflejarse en el tono de sensualidad que se percibe en gran parte de su poesía amorosa. Véase, por ejemplo, la descripción detallada, y al mismo tiempo idealizada, de los desnudos amantes, Medoro y Angélica (Poema II); hay aquí un deleite inocente en la pura contemplación de belleza del cuerpo humano. Menos desinteresada, y quizá más autobiográfica, es la actitud que se expresa en el Soneto XII, pues la pareja Damón y Filis aparece en varios sonetos amorosos de Aldana.[1] El Soneto XII, tan abiertamente sensual como el Poema II, no es idealista, sino intensamente realista y apasionado. Le falta por completo el refrenamiento que imponían las leyes del amor cortés; tampoco hay vestigio de la sublimación de lo erótico que se encontraba generalmente en la poesía amorosa de tradición dantesca o pe-

1.
> «¿Cuál es la causa, mi Damón, que estando
> en la lucha de amor juntos trabados
> con lenguas, brazos, pies y encadenados
> cual vid que entre el jazmín se va enredando
>
> y que el vital aliento ambos tomando
> en nuestros labios, de chupar cansados,
> en medio a tanto bien somos forzados
> llorar y suspirar de cuando en cuando?»
>
> «Amor, mi Filis bella, que allá dentro
> nuestras almas juntó, quiere en su fragua
> los cuerpos ajuntar también tan fuerte,
>
> que no pudiendo, como esponja el agua,
> pasar del alma al dulce amado centro,
> llora el velo mortal su avara suerte.»

trarquista. Es muy rara la combinación, que se halla en este soneto, de violencia animal en los cuartetos, y de neoplatonismo en los tercetos; tal originalidad nos lleva a creer aún más en la importancia autobiográfica de la actitud expresada por el soneto. (Pero quédese aquí afirmado que el sensualismo juvenil de Aldana no se parece nada al asqueroso «amor ferino» de la época; Aldana no tenía ese morboso sentido de pecado, sino una inocencia casi edénica.)

También pagana fue la única crítica del joven Aldana contra la pasión erótica: como Lucrecio, habla Aldana de tal pasión, no como de un pecado moral, sino como de una locura que lleva consigo más pena que placer. Esta crítica se encuentra en el citado Poema XI, 441-448, poema lleno de significado biográfico para el período florentino de Aldana.[2] El ideal (entre estoico y epicúreo) que en él se expresa parece señalar un paso pagano dado en el sentido del retraimiento contemplativo, y todavía humanístico, de su madurez plenamente cristiana. Según este poema, pues, su interés por la vida moderada y filosófica tuvo sus raíces en las ideas de paganos tales como Platón, Horacio y Lucrecio.

Todo esto no quiere decir, sin embargo, que durante este período juvenil careciera Aldana de todo contacto directo con su herencia cristiana y española. Aunque en el Poema XI no se haga referencia explícita al cristianismo, hay por lo menos un indicio de que Aldana era consciente de los elementos verdaderamente religiosos del neoplatonismo: «... todo me es escalón, todo escalera, / para el Señor de la dorada esfera» (439-440). De igual modo, en el Poema I (que trata largamente, y con ejemplos ovidianos, de los efectos universales del deseo erótico), Aldana sintetiza fácilmente el sensualismo y el cristianismo: «Hasta en el ángel hay santa lujuria / de pegarse al Autor por quien se informa» (539-540). Y cuando en 1562 Varchi llamó a Aldana «pio poeta», es de suponer que ya habría escrito poemas religiosos, probablemente el Poema XXI, «Parto de la Virgen», y otros parecidos, de narración teológica vertida en octavas reales. El «Parto de la Virgen», en gran parte imitación del *De Partu*

2. «Breve y triste placer, largo tormento, / vidrïosa esperanza, incierta vida, / encogido temor, tibio contento, / dura prisión y libertad perdida / tienes, amante, allá por fundamento, / con ser tú de ti mismo a ti homicida, / haciendo siempre en este mar sin calma / de tu propio dolor manjar al alma.»

Virginis de Sannazaro, tiene una armazón épica que es enteramente pagana: el arcángel san Gabriel, al ir del Cielo a la Tierra a hacer a Nuestra Señora la Anunciación, se detiene para charlar un rato con el dios romano de cada esfera planetaria. Al mismo tiempo, en este poema se echa de ver que Aldana conocía perfectamente las doctrinas católicas acerca de la Encarnación. Además, ya empieza Aldana, en el Poema XXI, a repudiar la amoralidad de su poesía amorosa más temprana; los versos 41-44 son efectivamente una palinodia. Aunque no hubiera de hacerse nunca un asceta extremado, llegaría a distinguir muy claramente entre el amor carnal y el amor divino, el *eros* y el *ágape*, como se puede ver en los versos 421-445 de la Epístola IV, escrita probablemente cerca de 1570, varios años después de ausentarse de Italia.[3]

Luis Cernuda

EL MISTICISMO DE ALDANA

Suele decirse que con el Renacimiento la personalidad humana se adueña de la escena del mundo. No hay para qué discutir aquí tal afirmación, aunque sí recordar a quienes en ella parecen complacerse,

Luis Cernuda, «Tres poetas metafísicos» [1946], en *Prosa completa*, Barral, Barcelona, 1975, pp. 761-776 (767-772).

3. «Y porque vano error más no me asombre, / en algún alto y solitario nido / pienso enterrar mi ser, mi vida y nombre / y como si no hubiera acá nacido, / estarme allá, cual Eco, replicando / al dulce son de Dios, del alma oído. / Y ¿qué debiera ser, bien contemplando, / el alma sino un eco resonante / a la eterna beldad que está llamando / y, desde el cavernoso y vacilante / cuerpo, volver mis réplicas de amores / al sobrecelestial Narciso amante; / rica de sus intrínsicos favores, / con un piadoso escarnio el bajo oficio / burlar de los mundanos amadores? / En tierra o en árbol hoja algún bullicio / no hace que, al moverse, ella no encuentra / en nuevo y para Dios grato ejercicio; / y como el fuego saca y desencentra / oloroso licor por alquitara / del cuerpo de la rosa que en ella entra, / así destilará, de la gran cara / del mundo, inmaterial varia belleza / con el fuego de amor que la prepara...»

que eso a lo cual llamamos hoy personalidad, poco tiene que ver con el hombre interior revelado en la «Epístola a Arias Montano» de Francisco de Aldana. Nada encierra de groseramente personal su concepto del hombre interior: es el ser que nos habita, como distinto de nuestra figura exterior, a cuya dualidad representativa parece responder la otra dualidad que Aldana halla entre realidad visible e invisible. El excesivo contacto exterior, si no traiciona, daña a este amigo incomparable, que sentimos diferente e idéntico a nosotros, que nos dicta nuestros gestos más puros, brotados de la naturaleza y del espíritu íntimamente individuales, no por presión de los acontecimientos en torno, los cuales tantas veces al individuo acorralan y oponen.

Aldana abre ahí el camino de nuestros místicos, entre los que pudiera considerársele, y no como el menor, a la manera de Juan de Valdés, un místico al que sin irreverencia llamaríamos no profesional; porque el místico, para buscar y sentir a Dios, debe hacerlo por intercesión de ese yo profundo, el único digno en nosotros de tan divino acercamiento. Mas el hallazgo y proyección interior del compuesto espiritual que llamamos personalidad, acarrea también el que otros busquen luego su proyección exterior. El hombre no se siente ya a solas consigo y con su Dios, sino ante un corro cuyo pasmo y aplauso alimenta, por esa misma profanación de la verdad íntima que dentro de sí ha hallado. Acaso el concepto del ingenio, no como facultad mental, sino como representación calificativa de un artista, concepto que tanta boga tuvo durante el siglo XVII, sea reversión exterior del hombre interior de los místicos. Al menos parece posible considerarle así respecto de escritores como Lope y Quevedo, quienes tantas veces consumen en alardes espectaculares la riqueza espiritual propia y aun la ajena, que otros habían aquilatado antes en soledad lentamente.

Tres poetas nuestros, Manrique, Garcilaso, Aldana, soldados todos tres, mueren como soldados en la guerra; pero sólo uno de ellos, Manrique, fiel a su ideal mundanamente heroico de la existencia, ha de celebrar la profesión de las armas. Ni Garcilaso ni Aldana han de hacer tal, aun viviendo como viven durante la época en que el destino lanza sobre España la pesada carga de dominar el mundo. Cierto que Aldana, en unos versos que dirige a Felipe II, manifiesta gran opinión acerca de la carrera del soldado; mas comparando dicha composición con un pasaje de la «Epístola a Arias

Montano», la contradicción es evidente, y no semeja difícil decidir que este pasaje comunica su expresión más sincera y conclusiva, además de tener un valor poético que los otros versos no tienen:

> Oficio militar profeso, y hago
> Baja condenación de mi ventura,
> Que el alma dos infiernos da por pago.
>   Los huesos y la sangre que natura
> Me dio para vivir, no poca parte
> De ellos y de ella he dado a la locura.

Según Manrique la acción exterior es condición decisiva por la que accedemos a la realización plena de nuestra existencia, exceptuando, naturalmente, aquellos cuyo estado religioso les lleva por otro camino; según Aldana la acción exterior es inútil o perjudicial para nuestro verdadero existir, porque la realidad que él persigue sólo en el apartamiento del mundo se halla, y es fruto de pasividad. En la «Epístola a Arias Montano» aparece como posesión actual lo que para Manrique era sólo posible como aspiración, al movimiento sucediendo la fruición contemplativa. Respecto de Aldana las formas visibles no tienen ya realidad sino al desdoblarse en imagen interior, aquella adecuación que para Manrique había entre lo visible y lo invisible rota ahora en favor de lo invisible, cuya intuición aniquila el encanto del mundo exterior. Sea exclusivo gusto personal, sea disgusto del estado de cosas que halla en el mundo, Aldana nada quiere de éste; y mientras San Juan de la Cruz todavía encuentra en el mundo imágenes y símbolos de la suprema realidad invisible, los versos de la «Epístola a Arias Montano» apartan el alma de las imágenes y símbolos terrestres:

> Pienso torcer de la común carrera
> Que sigue el vulgo, y caminar derecho
> Jornada de mi patria verdadera.
>   Entrarme en el secreto de mi pecho
> Y platicar en él mi interior hombre,
> Do va, do está, si vive, qué se ha hecho.
>   Y porque vano error más no me asombre,
> En algún alto y solitario nido
> Pienso enterrar mi ser, mi vida y nombre.

Y como si no hubiera acá nacido,
Estarme allá cual eco, replicando
Al dulce son de Dios, del alma oído.
    Y ¿qué debiera ser, bien contemplado,
El alma, sino un eco resonante
A la eterna beldad que está llamando?

Hay en la posición mística de Aldana un elemento pasivo mayor que en San Juan, aunque también haya un elemento activo, que es el amor. Con su intervención éste mitiga la tendencia quietista que tan evidente parece, pues el alma va a anegarse en Dios como los ojos van «sabrosamente al sueño ciego». La inmortalidad a que aspira no es la exaltación personal del ser terreno, tal en Manrique, sino el enajenamiento del mismo en su Hacedor, sin conservar de sí otro atributo que el impulso amoroso individual, el cual es, respecto de Dios, como el aire respecto de la luz por él extendida.

Se diría que tal voluntad de aniquilación encadena misteriosamente su sino, llevándole a la desaparición final en Alcazarquivir y a la pérdida de la mayor parte de cuanto escribiera. ¿Qué fue de sus manuscritos, de aquel *Tratado de Amor en modo Platónico,* de aquella *Obra de Amor y Hermosura a lo Sensual,* de sus versos, excepto el manojo que salva y publica su hermano? ¿Tendríamos en todo ese trabajo perdido cosas tan bellas como la «Epístola a Arias Montano»? ¿O será ésta, lo mismo que son las «Coplas» de Manrique, obra singular donde queda consignada enteramente la experiencia vital y espiritual de un poeta?

La expresión de Aldana tiene menos unidad que la de Manrique, y si unas veces es más brillante, otras es más prosaica; aunque tales fluctuaciones accidentales no desentonen demasiado la sobriedad de su acento dominante. Aldana parece buscar en el verso, también como Manrique, un equilibrio entre el ritmo métrico y el ritmo de la frase, bien visible en su uso del *enjambement*, de manera que no sea el primero, sino el segundo, quien dirija el movimiento melódico. Su tono no es oratorio ni dramático, al contrario de como, consciente o inconscientemente, ocurre en no pocos poetas nuestros, y ello tal vez explique en parte la desatención que ha sufrido. La belleza de sus versos, en conclusión, no es conceptual ni formal, sino que pensamiento y expresión forman en ellos un todo inseparable, como el fuego y la rosa de que él nos habla:

Y como el fuego seca y desencentra
Oloroso licor por alquitara,
Del cuerpo de la rosa que en ella entra.
   Así destilará de la gran cara
Del mundo inmaterial, varia belleza
Con el fuego de amor que la prepara.

Y pensar que durante cuatro siglos la posteridad no ha tenido espacio, atención ni gusto para reconocer al autor de la «Epístola a Arias Montano» como uno entre nuestros mayores poetas...

Carlos Albarracín-Sarmiento

EL NARRADOR EN *LA ARAUCANA*

En el discurso del narrador de *La Araucana* hay enunciados que suspenden la función mimética de mundo del poema: el lenguaje deja de servir a la creación de espacio, tiempo, personajes, sucesos. Nos da, en cambio, imágenes del *hablante*; lo refleja, hasta el punto de que esas reflexiones hayan sido transferidas, por algunos críticos, al autor, a Ercilla. No voy a inventariar aquí esas atribuciones, ocurridas desde la crítica temprana hasta la reciente. La voz poética del texto enuncia, alternativamente, retóricas de artista (*narrador aedo*) y escrúpulos de historiador (*narrador cronista*); emite también juicios y reflexiones morales (*narrador moralista*). Todos esos enunciados son miméticos de narrador o, lo que es lo mismo, *no miméticos* («no miméticos de mundo» del poema).

La presencia, en el mundo del poema, del *personaje* Ercilla da lugar a que la primera persona, el hablante (implícito o explícito) del texto, la «persona» responsable de todo el discurso narrativo, enuncie su participación como personaje (*protagónico, secundario* o mero *testigo*) en los sucesos que narra. En tales casos, no sólo hay

Carlos Albarracín-Sarmiento, «Arquitectura del narrador en *La Araucana*», *Studia Hispanica in Honorem Rafael Lapesa*, II, Gredos, Madrid, 1974, pp. 7-19 (7, 8, 14-19).

mímesis del narrador, sino también, a la vez y fundamentalmente, mímesis del personaje como figura en el mundo del poema. Lo
fundamental de estas frases es la mímesis del personaje, elemento
del mundo que el discurso crea. Ellas son parte del discurso *mimé-
tico*. [...]

Omito analizar aquí la oposición entre la primera parte y las
restantes en cuanto a hipótesis sobre la composición del poema y la
unidad (o falta de ella) consiguiente a su crecimiento. No me con-
tengo, sin embargo, de señalar cómo, pareja con la soltura retórica
del *aedo*, notable desde la segunda parte, desde allí aumenta la «libertad poética» (en cuanto a proporción de sucesos ficticios e ingreso
de lo maravilloso), contra lo que hubiese permitido suponer esta
oportunidad de dar un testimonio más «autorizado». La aparición de
Ercilla en las guerras araucanas que presenció, en seguimiento de Hurtado de Mendoza, sugiere la posibilidad de que el correlato poético
de éstas ofrezca la mayor coetaneidad del texto y los sucesos (algo
menor sería en el caso en que el poeta canta las anteriores guerras
presididas por Valdivia). Sorprende entonces que el verismo guarde
proporción inversa con esa coetaneidad. Lo cierto es que Ercilla, su
persona y, posiblemente, su intención poética, se hallaban más cerca
de las guerras históricas de Valdivia al cantarlas, que lo que se hallaron de las de Mendoza, al concebir un texto que las incluyera. No
hay duda de que sólo las primeras fueron poetizadas por él en Chile
(o acaso en Perú), tal como la octava que fechó. Distancias físicas y
artísticas alejan al escritor madrileño de la historia narrada en las
partes segunda y tercera, única historia «vista y vivida» por él.

Aquí me importa destacar que en la primera parte el *narrador-
cronista* no historia «lo visto y lo vivido», no puede invocar *adtestatio
rei visae* (aunque sí su experiencia del lugar, en circunstancias similares). En las partes siguientes, alterna el testimonio directo del
cronista con la narración de un personaje protagonista de sucesos
fabulosos. Las narraciones del *cronista* y del *personaje* aparecen, canto a canto, enmarcadas por las manifestaciones de los que llamamos
aedo y *moralista*; no sólo en la primera parte sino en todas. La pluralidad del «yo» hablante del texto se organiza en esta unidad estructural en la que *aedo* y *moralista* alternativamente reclaman la atención
del oyente ficticio, la autoridad o autoría de cada canto, situados
como están en los extremos de cada uno de ellos.

Aedo y *moralista* aparecen en situación preminente sobre el *cro-*

nista. Los demás narradores son *personajes* del mundo del poema; aunque converjan en un mismo «yo» con los anteriores, están situados en el plano de los otros personajes, sujetos a la mirada del cronista y abarcados, desde un nivel más alto, en la visión del aedo y la reflexión del moralista. El *aedo* procede con libertad poética; desde la cúspide, asume el dominio de las criaturas del mundo creado por el canto, sean ellas imágenes de la fantasía o de la historia. El *moralista* ve, de los sucesos de ese mundo, lo que es esencial; ve en las guerras de Arauco una manifestación de la guerra; en la conducta de los personajes, manifestaciones circunstanciales de la condición humana; desde la cúspide traduce a enunciados universales el acaecer particular.

Tal arquitectura del narrador permite que se la compare con normas de relación entre realidad e historia y poesía, vigentes en la historiografía y la literatura del siglo XVI. Parece lícito afirmar que, entre las normas historiográficas de su época, Ercilla pudo tener muy presente la que realizaban las «historias verdaderas de Indias», escritas por cronistas que se hallaron en circunstancia idéntica a la suya. Esta norma reclama la «verdad de lo visto y lo vivido» (contra las que sustentan una «verdad histórica científica, distanciada de los hechos concretos e individuales...» o las que entienden como verdad histórica el reconocimiento «místico-intuitivo asequible solamente al "hombre espiritual" y, en especial, al *poema* de la oculta "sustancia" del acaecer histórico»). Los cronistas de Indias realizan también la vieja norma que entiende la verdad histórica como «reproducción de "fama" de hechos y hombres». Es obvia la motivación polémica e interesada de la conducta historiográfica que siguieron estos cronistas, las causas personales y pragmáticas que renuevan y desfiguran los principios de Tucídides y Polibio y el de Herodoto de preservar las ejemplaridades y sancionar con el olvido el nombre de personajes culpables. El *narrador-cronista* de *La Araucana* procede conforme a estas normas, como he mostrado oportunamente. Y, como en los «cronistas verdaderos», su narración incluye la propia «información de servicios», y aun la protesta de disfavor y falta de recompensa a sus merecimientos.

Es verdad que el principio historiográfico de Polibio (largamente abandonado como tal y reasumido ahora por los «cronistas verdaderos») se convirtió, desde Macrobio, en tópico de la literatura medieval «arquetípicamente realizado en Virgilio, que consistía en la necesaria protesta por el "autor", de haber sido testigo de vista de los acontecimientos relatados por él (*adtestatio rei visae*)». También es verdad que la preservación de la fama fue concebida, antes de Herodoto, como atributo del poeta, perseverante tradición homérica que atraviesa la Edad Media. Ercilla, hombre de indudable más lectura que los «cronistas verdaderos», pudo advertir que las normas historiográficas que ellos realizaban, convergían con normas tópicas de la literatura; y este cotejo me parece representativo de su ambigua o doble concepción del poema.

Parece lícito pensar que Ercilla no haya tenido en la más alta estima este concepto de la historiografía profesado en las crónicas de «lo visto y lo vivido», por más que algunas veces remita a ellas la preservación de lo que él omite. No hay duda de que pudo asimilar su propia situación ante las guerras de Arauco, con las de los «cronistas verdaderos de Indias» en su condición de partícipes en los sucesos que historiaron. Desde su arribo a Chile, él pudo sentirse cronista potencial y aun mirarse como *cronista* entre los personajes del mundo que poetizaba o iba a poetizar. Es difícil saber si fue o no con intención de cronista que tomó nota *in situ* de testimonios y circunstancias de las guerras de Valdivia, tal como se presenta en la octava 18 del canto noveno. La «arquitectura del narrador» autoriza a pensar que el cronista y su crónica quedaron inmersos en el mundo del poema, situados, como el poema los presenta, en un mismo nivel con el personaje que es Ercilla en los sucesos de esa crónica.

Puede pensarse también que, émulo de poetas latinos, italianos y españoles, cuya frecuentación exhibe *La Araucana*, el autor colocaba en un nivel más alto su concepción de la verdad. Cultura y aptitudes literarias de Ercilla permiten suponer que él se asignó la función de «hombre espiritual», del linaje de los «varones divinos …, mediadores entre los dioses y los hombres», a quien es asequible el conocimiento «de la oculta sustancia del acaecer histórico». Su «inspiración divina» está representada en los sucesos maravillosos que el personaje Ercilla protagoniza, raptado por Belona o elegido por Fitón, quienes le ofrecen una visión, «desde la altura» o en la redoma mágica, que ningún simple mortal podría tener. Los artificios y ficciones que son circunstancia normal del *narrador aedo*, representan al autor como ubicuo y omnisciente; él puede abarcar y confundir el tiempo-espacio de la narración y el de lo narrado, el destino de los personajes y el destino de su canto. El conocimiento «místico-intuitivo» de la «oculta sustancia del acaecer histórico» aparece en el texto formulado por el *narrador moralista*. Como en el caso del *aedo*, el *moralista* existe en un tiempo-espacio indefinido (imagen de la alocalidad e intemporalidad de los juicios que se consideran universales y eternos; o, si se prefiere, tiempo-espacio de la comunicación ficticia) que puede sobreponerse al tiempo-espacio del mundo del poema, sobre el cual esta voz ejerce su judicatura o descubrimiento.

La primacía de *aedo* y *moralista* en la arquitectura del narrador de *La Araucana* nos propone la imagen de Ercilla en tanto *autor*. Entre ambos narradores queda encerrado (o abarcado) el mundo del poema. Ellos se reparten el cumplimiento de las funciones del precepto horaciano: el deleitar y el descubrir que concurren en la función poética; a ella concurren ellos por igual, con el arte del cantor y la inspiración del reconocedor de la verdad. Ambas imágenes del autor se conjugan en una: la imagen con que Ercilla se representa en *La Araucana* como *vate*.

En el mundo del poema se sitúan el *cronista* y el *personaje* que representan la presencia de Ercilla en el «acaecer histórico» de Arauco. Toda vez que el narrador funciona como emisor de testimonio histórico del que es sujeto y, a veces, objeto, al señalar su presencia de testigo o de partícipe, en diferente grado, de ese acaecer, sus enunciados se deponen en tiempo-espacio identificable como histórico, determinado por la situación, temporal y local, de los sucesos y de su cronista. Ejemplo destacado es el que tantas veces traigo de la octava 18 del canto IX, en la que se fecha no sólo el suceso sino también su escritura por el autor. Cuando la máquina del texto conduce al personaje cronista hasta la situación de cantar, lo transfigura en *aedo*; cuando lo lleva al descubrimiento de la verdad esencial, lo transfigura en *moralista*. El texto ofrece señales suficientes para que estas ascensiones no sean confundidas con el movimiento del personaje en el plano del acaecer comprobable.

En un mismo plano con el cronista y personaje de sucesos comprobables, documentables, se presenta el *narrador protagonista* de sucesos inventados, cuya existencia se sostiene sólo en la ficción literaria, criatura libre de cotejo con lo testimoniado o lo testimoniable. El protagonista de episodios corteses y de episodios prodigiosos puede moverse en dos direcciones: puede, él también (y con menor esfuerzo), ascender al plano del *vate* cuando la máquina de la ficción lo coloca en trance de *narrador aedo*. Y puede, además, traspasar los límites que distinguen a la fantasía del testimonio histórico: la *adtestatio rei visae* del cronista puede, por intermedio de este personaje, pasar de norma historiográfica a norma literaria. La falta de condición histórica del personaje fabuloso propicia el movimiento vertical que lo identificará con el vate. El movimiento horizontal, por su parte, pone en duda los límites entre realidad y fantasía. La sobreposición del personaje fabuloso y el de inspiración histórica favorece la promiscuidad de fabulación y testimonio histórico que caracteriza a *La Araucana* (y la restringe en su valor documental para la crónica histórica o la biografía del autor).

La arquitectura del narrador de *La Araucana* propone, entonces, a la vez, una jerarquización de las imágenes de sí mismo que Ercilla proyectó en el texto, y la aceptación consiguiente del sentido que él confirió a su poema. *Aedo* y *moralista* son las dos funciones (o doble faz) del *vate*, imagen de Ercilla concibiéndose como creador de *un* mundo, recreador *del* mundo o contemplador privilegiado de los sucesos del mundo, proyectado más allá de él en un tiempo-espacio indefinido desde donde ejercita su dominio o su visión del tiempo-espacio de éste. Bajo el dominio o visión del *vate*, aparece el *cronista* y partícipe de los sucesos de su crónica, personaje o figura del mundo creado o contemplado por aquél. Narrador y personaje de la empresa conquistadora, el poeta lo ve como uno, no muy destacado, de los compañeros de Mendoza: «Yo con ellos también…». El *personaje* y *cronista* del acaecer histórico representado en el poema, presenta una imagen de Ercilla tal como se reconoce a sí mismo en cuanto soldado de Indias que fue y «cronista verdadero» que hubiese podido ser. El *protagonista* de sucesos corteses y prodigiosos compensa la escasa situación protagónica de Ercilla en los sucesos de inspiración histórica, es imagen *simbólica* del *vate* y es imagen *negativa* (o negadora) de la importancia asignada por el autor al cronista (y a su crónica) en el poema.

Con todo, debo reconocer que la ocasión de representarse a sí mismo como cronista de «lo visto y lo vivido», por lo que esta imagen tiene de común con el modelo renacentista de «las armas y las letras», debió tentar a Ercilla (y confundir en adelante a historiadores y críticos literarios).

DÁMASO ALONSO

FRANCISCO DE MEDRANO, FRENTE A HERRERA Y FRANCISCO DE LA TORRE: UN EJEMPLO DE VIVIFICACIÓN POÉTICA

Dentro de la poesía española podemos mencionar una reminiscencia de Boscán, una imitación patente de Góngora y la indudable huella de fray Luis de León, que hemos de considerar en su momento. Se ha señalado también influjo de Francisco de la Torre, y aparte lo tratamos después. Queda el problema de sus relaciones con el arte de Herrera.

Que conoció la poesía de éste, no podemos dudarlo. Que le tratara, es poco probable, pues Herrera muere en 1597, y Medrano, que había salido, niño aún, en 1584, de Sevilla, no se asienta en ella hasta 1602. De Herrera parecería venirle el gusto por las inversiones: algunos de los tipos que emplea, son frecuentes en el cantor de Luz; pero también emplea esas inversiones fray Luis, y Medrano va en este sentido mucho más lejos que los dos, como veremos. De Herrera le viene indudablemente el uso de una ortografía especial.

También en el léxico podrían rastrearse huellas: el verbo *acquistar*, característico de Herrera y tomado a los italianos, aparece alguna vez en Medrano; es curiosa la mención del *ciclamor* por uno y otro. Un manierismo típico de Medrano es el empleo constante de adjetivos formados con *mal*: de vez en cuando se comprueba este uso en Herrera. Pero el espíritu mismo de la poesía no puede ser más distinto. Si hay puntos de semejanza es en la parte (no especialmente grande) petrarquesca que ofrece la obra de Medrano, y aquí no hay necesidad de imaginar contacto directo. Cierto que, ocasionalmente, puede escribir una oda patriótica, según el gusto de Herrera que ya había seguido el Góngora mozo, o más aún, según la especial manera rimbombante de este último, que hacia 1600 tantos imitan. Pero es sólo un momento, y nada más pegadizo en la obra de Medrano. Es curioso. Siendo la de éste obra de imitación mucho más cercana, más fiel, que

Dámaso Alonso, *Vida y obra de Medrano*, I, CSIC, Madrid, 1948, pp. 144-150.

lo que pudo ser «imitación» en Herrera, y siendo a la par mucho más breve, descubre mucho más el hombre y es más varia, más rica en contrastes. La monotonía de la poesía amorosa de Herrera no deja apreciar su infinita riqueza y delicadeza de matiz, sino bebida a muy pequeños sorbos; además, la posición de Herrera en la imitación, es «arqueológica» (entendida esta palabra en el sentido amplio de su etimología). Lo cual resulta bien patente en composiciones como la «Égloga venatoria», o las canciones «Esparce en estas flores» y «Cuando con resonante», o la elegía «Estoy pensando en medio de mi engaño»:

> Cuando con resonante
> rayo y furor del brazo poderoso
> a Encélado arrogante
> Júpiter glorïoso
> en Edna despeñó vitorïoso...
> ¡Oh hijo esclarecido
> de Juno! ¡Oh duro y no cansado pecho
> por quien Mimas vencido
> y en peligroso estrecho
> el pavoroso Runco fue deshecho!

Nada hay semejante a esto en la obra de Medrano. Entiéndase bien, porque es uno de los puntos esenciales para la comprensión del poeta. En esos versos hay una gran frialdad: están escritos objetivamente, sin que participe ni con su menor latido el corazón. Están, además, como enquistados en la vida española del siglo XVI. Nunca se encontrará nada semejante en Medrano, ni aun apenas en sus momentos menos felices.

Y no es así en Herrera sólo. Una gran parte de nuestra poesía de inspiración clásica tiene esa misma frialdad. La imitación será en unos más ágil, en otros menos, pero en casi todos manifestará falta de autenticidad, su carácter de evocación de condiciones vitales ya no existentes, su voluntario divorcio con respecto a la vida, sol falso que no calienta, sino que acaso hiela, y tanto más, cuanto más miente colores y pasión. No es Herrera sólo, no; léase en Francisco de la Torre:

    ... salve, la mensajera del bermejo
pastor bello de Anfriso,
envuelta y adornada del pellejo
rojo de Helles y Friso.
    Tres y más veces salve,
madre de Menón fuerte;
salve, la soberana y transformada
Menonia, por la muerte.

O en otro lugar:

    Claras lumbres del cielo y ojos claros
del espantoso rostro de la noche,
corona clara y clara Casiopea,
Andrómeda y Perseo,
    vos, con quien la divina Virgen, hija
del Rector del Olimpo inmenso, pasa
los espaciosos ratos de la vela
nocturna que le cabe,
    escuchad vos mis quejas.

Torre podrá fingir pasión, podrá quizá sentirla. Si la sentía, interponía tantos filtros que ni tibieza llega al lector, del original fuego. No en balde en su nocturna poesía juega tanto papel la luna. Paisaje de luz lunar, azulada, sobre bellos mármoles, con frío e irrealidad de noche, me parece toda su poesía, a veces de una hermosura serena y delgadísima.

No; en vano se intentará buscar frialdades semejantes en Medrano. El arte de Medrano no es frío nunca: su temperatura de hombre pasa por el verso; éste estará imitado, pero una selección previa, por medio de la sensibilidad y la inteligencia, le ha llevado ya al ámbito del poeta: y por eso es sincero, tierno, dulcemente apasionado. Y así como late con el mismo pulso de Medrano, está en comunicación de elementos vitales, con el arte y la vida española de su siglo. Ténganse presentes los versos anteriores de Herrera con su Encélado, su Juno, su Runco; los de Torre con su Menón, su Helles, su Rector del Olimpo, etc., y compárese. Voy a transcribir un poema de Medrano que es una imitación tan cercana que se podría llamar versión: persisten en él los pormenores o, mejor, el sentido de los pormenores, y su orden, y ese prodigioso complejo de acciones y reacciones que llamamos forma. La Oda no está copiada en frío, sino revivida, trasplantada. La oda de Horacio *Vides ut alta* (I, 9) es lo más imitado.

ODA V

A Luis Ferri, entrando el invierno.

¿Ves, Fabio, ya de nieve coronados
los montes? ¿Ves el soto ya desnudo
y, con el yelo agudo,
los arroyos parados?

Llégate al fuego, y quítame delante
esos leños mayores. ¡Oh, qué brasa!
¡Y qué a sabor las asa
Nise! ¡Y el alicante

qué tal es! Come bien, que estan süaves
las batatas, y bebe alegremente:
que no serás prudente
si necio ser no sabes.

Remite a Dios, remite otros cuidados,
que Él sabe, y puede encarcelar los vientos,
cuando, más turbulentos,
los mares traen hinchados.

Huye saber lo que será mañana:
salga la luz templada, o salga fría,
tú no pierdas el día,
no, que jamás se gana.

Y mientras no con rigurosas nieves
tu edad marchita el tiempo, y tus verdores,
coge, de tus amores,
coge las rosas breves.

Ahora da lugar la noche escura
y larga, al instrumento bien templado,
y al requiebro aplazado
ocasión da segura.

Baja a la puerta (de su madre en vano
guardada) con pie sordo la doncella,
y por debajo della
te deja asir la manó.

«Suelte», risueña, «que esperar no puedo»,
dice, y turbada, «¡Suelte, no me ofenda!»
Quitarle has tú la prenda
del malrebelde dedo.

¡Cómo se conservan los valores! ¡Cómo se trasplantan! Los gozos del invierno están vistos primero en las veladas junto al fuego, luego en los amores que la oscuridad favorece. Pero han desaparecido del poema español el Campo de Marte y las plazas (aunque con ello se haya tenido que llevar algunos de los versos más bellos de Horacio: *lenesque sub noctem susurri*); se conserva el *latentis proditor ... gratus puellae risus*, así como el *pignusque dereptum ... digito male pertinaci*, unas veces casi con las mismas palabras, otras en su sentido o su evocación indirecta; pero toda la escena ha entrado dentro de la vida española, dentro del ambiente, que sentimos y conocemos por la novela y el teatro: ¡y cómo está vivificado ese ambiente en la muchacha —encerrada y guardada— que baja con sigiloso pie hasta la puerta, y por debajo de ella, o entre puertas, da el mínimo favor de una mano, y en el juego atrevido del mozo anhelante, y en el enfado de ella, que no puede impedir que, quien le ha encaprichado la fantasía, si no el corazón, lleve la prenda de un anillo arrancado al dedo en vano rebelde!

¿Infidelidad, pues? No: hay la imitación arqueológica, objetiva, alejada. Es un arte que mira hacia atrás. El poema o la estatua, así vistos, son proyectados mentalmente hacia la época en que se debían haber producido. Hay, por otra parte, la vivificación. El arte vivificador se apoya en el de una época pretérita, pero él mismo no se propone producir «sensación de época», no quiere crear mirando hacia soles muertos, sino al auténtico sol caliente de su día. La imitación arqueológica es yerta y desamorada. La vivificación puede producir un arte humano y tierno.

Menéndez Pelayo dijo que Medrano era «el más latino» de los imitadores de Horacio. La expresión es equívoca, y me temo que su genial autor la entendía, precisamente, del lado equivocado. En cierto sentido, no refiriéndonos ya sólo a horacianos, Herrera y Torre son mucho más latinos, y aun griegos, que Medrano. Desde otro punto de vista, es profunda verdad: es verdad en cuanto a los secretos de la estructura de la oda. Pero Medrano consigue que agarre y brote en suelo español una planta viva y utilizable; no, la copia en yeso o cera. Quiere, pues, salvar lo humano eterno del clasicismo y salvarlo con la técnica, con los moldes, que otra vez lo habían impuesto al corazón y al cerebro de la Humanidad.

Hay que agregar, inmediatamente, que en esta vivificación no va Medrano solo, sino en compañía de alguno de los mejores imitadores de Horacio. Ante todo, fray Luis. Pero hay una diferencia —también fundamental— que tendremos que señalar. Lo característico del arte de Medrano es que en él se juntan la más tierna, la más humana vivificación del modelo con la más estricta conservación de la forma exterior e interior y, por tanto, del encanto de la oda de Horacio.

José F. Montesinos

EL ROMANCERO NUEVO

No será posible nunca hacerse cargo de lo que fue la vida literaria del siglo XVII —en literatura, el siglo XVII se inicia hacia 1580— sin un conocimiento cabal del Romancero nuevo: el Romancero nuevo, contemporáneo absolutamente de la Comedia nueva, a la que se asemeja en mil cosas, con la que confluye mil veces. Comedia y Romancero son la expresión de aquella sociedad española, su idealización, su caricatura; gesto solemne o ademán irónico. Lo absorben todo, lo transforman todo, y todo cuanto acogen se conforma en moldes previstos.

Sería imposible, en el brevísimo espacio de que ahora dispongo, trazar, ni aun sumariamente, la evolución del género, a partir de aquella *Flor de varios romances nuevos y canciones*, recopilada por el bachiller Pedro de Moncayo e impresa en Huesca en 1589, libro de que han hablado muchos que jamás lo han leído, y que no tiene gran cosa que ver con la primera parte que el mismo Moncayo publicó luego, junto con una segunda, de las que he visto una edición de 1591. La *Flor* de Huesca, 1589, es como la transición entre las primeras tentativas de Romancero nuevo, que podemos poner bajo los nombres de Pedro de Padilla o de Lucas Rodríguez, y el logro pleno de la nueva forma. (Moncayo no incluyó, que yo sepa, roman-

José F. Montesinos, «Algunos problemas del Romancero Nuevo», *Romance Philology*, VI (1952-1953), pp. 231-247; reimpreso en *Estudios de Literatura Española*, Revista de Occidente, Madrid, 1970, pp. 109-124 (111-113, 115-119, 121-124).

ces de Padilla en su libro, pero sí muchos de Rodríguez, alguno de los cuales ya rodaba en pliegos sueltos, más muchas letrillas de tipo distinto de las que se leen en el *Romancero general* y que no pasaron a él. No nos admiraremos de que así fuese al constatar que Moncayo, en esta primera compilación, hubo de incluir hasta algún romance de Juan del Encina y del comendador Castelví, sacados probablemente del *Cancionero general*, que aún se reimprimía en 1573.) Apenas aparecido su libro, Moncayo se percató de que se había equivocado, de que el arte romanceril emprendía otros caminos que el pobre Rodríguez, tan prosaico siempre, no había sospechado siquiera. Cuando Moncayo imprimía su compilación de Huesca, el *Romancero* de Rodríguez había salido de molde varias veces, y de cualquiera de aquellas ediciones hubo de tomar el bachiller aragonés sus textos —aunque algún pliego suelto pudiera ponerlo en duda; bien examinados, más bien lo confirman—. Eran aquellos de Rodríguez romances destinados desde luego a la lectura, romances que no imaginamos siquiera se pudieran cantar, aunque en el siglo XVI se cantaran cosas que nadie creería hoy pudieran serlo nunca. Pero los otros romances que en aquella *Primera parte* salieron habían sido arrancados por Moncayo a los músicos [...]; eran un nuevo género de lírica, en el sentido estricto y etimológico de la palabra, y su éxito creciente justificaba cada día la genial tentativa de sus autores. Moncayo se da cuenta de que estos romances, llevados por las alas de la popularidad, son los que valen la pena. Popularidad debida precisamente a la música, que los acercaba a todos, y en ocasiones los malparaba de manera que sus mismos autores se negarían a reconocerlos. [...]

Hay, pues, una pugna indudable entre editores y músicos, pero ello no significa una pausa en la colaboración de compositores y poetas. Significa más bien un reconocimiento de los textos como alta poesía, y la iniciación de una etapa reflexiva, atenta a atesorar y acendrar esos versos «descarriados». ¿Estaban tan de acuerdo los compiladores con los ingenios que habían creado el Romancero? ¿Estaban siempre de acuerdo con Lope de Vega —citamos al más ilustre— gran amador del Romancero antiguo, y quizá por ello mismo iniciador del nuevo? Había músicos y músicos, pobres ejecutantes y egregios compositores, que eran ejecutantes distinguidos también. ¿Haría Juan Blas de Castro lo que Moncayo, Flores o Sebastián Vélez de Guevara atribuyen a «los músicos»? No estaba Lope tan a mal con éstos cuando en *La Dorotea*, a propósito de un romance de sus tormentosas mocedades, hace decir a Gerarda: «Esto cantan ahora los músicos del duque de Alba». No podían estar los poetas tan en desacuerdo con los músicos cuando este Romancero artístico había nacido primeramente de una intención musical. [...]

Una de las que no se han intentado nunca es la morfología de los romances de nueva inspiración, los que empiezan a aparecer después de 1580. Se los ha clasificado siempre por asuntos —como se hizo con las comedias— sin tener en cuenta que, con análogo asunto dos romances pueden ser muy diferentes, y muy afines otros de tema disparejo, pero de estructura semejante, cosa que ocurre también con las comedias. Podríamos demostrar que hay romances moriscos y pastoriles *avant la lettre* en libros de Rodríguez o de Padilla, inconfundibles con los de Lope o Liñán. Y es que éstos nacían de una posibilidad musical. A muchos los caracterizaba un rasgo que se buscaría en vano en Padilla o en Rodríguez, y que, a mi juicio, señala el comienzo del Romancero artístico, consciente ya de su carácter peculiar. Me refiero a los estribillos.

Los estribillos, tan variados, venían a definir un tipo de composición que nada tenía ya que ver con otras desviaciones del romance que va abandonando la métrica tradicional. Los estribillos acentuaban en el romance el carácter lírico, y reclamaban el canto. La de Padilla, por ejemplo, como la polimetría de la comedia, era una musicalidad verbal que se bastaba a sí misma; esta polimetría era una manera de prescindir, de antemano, de la música. No podía ser lo mismo —aun habida cuenta de que aquella música no era la nuestra—, no podía ser lo mismo cantar una tirada de romance, y luego unas octavas, después unas quintillas, para volver al romance, que describir una flexible línea melódica que hallaba en cada estribo un punto de culminación. Aunque Liñán, muy raramente, tenga algo del viejo estilo, aunque tal vez Lope introduzca en algún romance famoso unas pocas redondillas, no cabe duda de que los gustos —y tal vez las posibilidades técnicas— han cambiado. El romance nuevo no se cantaba ni podía cantarse según las melodías tradicionales; se atenía ahora a los modos de una nueva música cortesana. El cambio de gustos flexibilizó el romance, acentuó su entonación lírica, adaptándolo a las exigencias de la música cortesana, a las exigencias del cantor.

Es posible que una de las causas de que los progresos logrados en el estudio del Romancero nuevo no nos satisfagan, sea que eruditos y musicólogos no han podido o sabido colaborar en el planteamiento y solución de estos problemas. En el estudio de este romancero los músicos tendrán más de una vez la última palabra, pues más de una vez sólo las estructuras musicales podrán explicar las estructuras verbales [y ayudarán a comprender extrañezas].

Y con esto llegamos a otro de los problemas que me proponía tocar en estas brevísimas consideraciones. Se hace urgente recoger, o por lo menos inventariar con todo detalle, la inmensa cantidad de versos, letrillas o romances, desperdigados en infinitos impresos o manuscritos de los siglos XVI y XVII. Hay que registrar pronto y bien lo que nos queda de aquel inmenso clamor en que prorrumpe la España de la Edad de Oro. Y al hacerlo, ya que en las susodichas compilaciones figuran a veces atribuciones singulares, que pueden no convenir con nuestras ideas preconcebidas, hay que proceder con infinita cautela. Los problemas que se plantean a los que hayan de ocuparse en esta urgente labor de explorar y publicar impresos y manuscritos —sobre todo esos «cartapacios» de que habla S. Vélez de Guevara, predecesores de los romancerillos, según testimonio suyo, e infinitamente preciosos— son, pues, dos: uno, de crítica textual: hay que tener en cuenta esa cooperación, no siempre pugna, de poetas y músicos, que explica, por ejemplo, que los romances hayan sido transmitidos en versiones de diferente extensión, sin que las más extensas lo sean siempre por interpolación de versos pegadizos. Esto sin contar las variantes de palabra, que podrán tener o no interés para la fijación del texto, pero de las que no es prudente prescindir del todo. El otro problema, el que hoy más atrae a los investigadores, es, naturalmente, el de las atribuciones. De largos años, han sido muchos los que han sentido el halago de ir al Romancero a resolver estos pequeños enigmas: descifrar alusiones, rastrear indicios autobiográficos, triunfar, en fin, del anonimato en que se complacen poetas y editores, inscribiendo un nombre, ilustre a ser posible, sobre cada romance. No han tenido siempre en cuenta razones de peso que nos obligan a poner un prudente interrogante sobre muchas de las modernas atribuciones. Olvidamos con demasiada frecuencia algo evidentísimo, que descubrimientos de estos años han puesto constantemente de relieve: que en la España del Romancero nuevo no existían solamente Lope, Góngora, Liñán, Cervantes y otros pocos poetas, sino infinitos, altamente dotados, muchos olvidados ya, nada mediocres los otros. [...]

Cuando nos acercamos al Romancero, conscientes de las dificultades de que está erizado, y sin el ingenuo optimismo de que nombres poéticos, situaciones o alusiones nos digan desde luego de sus autores y de la ocasión con que los romances fueron escritos, cabe maravillarse de lo poco que hemos avanzado, de lo menudamente que hay que cribar lo ya hecho. Baste recordar cómo los romances «Elicio, un pobre pastor» y «Galatea, gloria y honra», por la autoridad de los nombres poéticos, fueron atribuidos a Cervantes hasta que fue inexcusable devolverlos a Salinas. O que en el que comienza «Corrientes aguas de Tormes» el nombre de Filis no tiene valor autobiográfico alguno, puesto que la Filis de Lope nunca vivió allí con éste. Quizás el texto esté viciado, pero la frecuente atribución a Lope justifica todas las cautelas. El romance «Pues ya desprecias el Tajo» podría ser muy bien de Lope, pero el *Ramillete de flores* lo atribuye a Liñán, y dado que lo que dicen los versos no podía ser ningún secreto para éste, tampoco es imposible la suposición de que, por dar gusto a Lope, él también hubiera tomado parte en el saeteo a Filis. Y de otra parte, así como a Lope se le atribuyeron romances que no eran suyos, lo mismo debió de acontecer con Liñán. Debió de haber poetas mozos que se llamaron Riselos como otros se llamaban Belardos. El romance, citado por Gallardo, «Al baile salió el disanto», de tema muy liñanesco y en que aparece Riselo, va atribuido en cierto manuscrito a un incógnito Ortiz. Puede tratarse de una simple imitación.

Quedan por revisar y reseñar muchedumbres de códices, papeles sueltos y cartapacios. Muchos ofrecerán problemas y dificultades como las apuntadas. Ninguna atribución, ninguna indicación puede orillarse partiendo de apriorismo alguno, ninguna debe tomarse en cuenta sin someterla a los más eficaces reactivos de la crítica. [...]

Hay que cambiar de métodos. Cuando conozcamos en detalle lo más delicado de la estructura de los romances, cuando podamos proceder a apreciarlos en cuanto al estilo —primero es necesario intentar su restauración—, todos los otros indicios serán plenamente utilizables. Hasta entonces, las deducciones que se intenten, salvo contados casos, parecerán pueriles. Con certeza matemática no nos será posible atribuir poemas de este tipo a autores determinados, a menos de basarnos en manuscritos autógrafos, y es improbable que aparezcan, a menos que se imprimiesen o recogiesen antes o después en colecciones de obras de algún poeta conocido, debidamente autorizadas, cosa rara tratándose de las composiciones del *Romancero general,* si exceptuamos algunas de Rufo, de Salinas, de Lasso de la Vega o de Ledesma; y toda otra conjetura será poco convincente, aun para los mismos que la formulen, si no es cuando algún ingenio, como Lope, por su insistencia en citar ciertos romances nos induzca a creerlos obra suya, o así nos lo hagan presumir reiteradas atribuciones antiguas. Lo único que podemos hacer ahora sin gran margen de error es, desglosando todo esto —los romances que el manuscrito Chacón nos asegura ser de Góngora y contados más—, agrupar los otros según escuelas y procedencias. Por ejemplo, los que se originan en aquella desatentada aventura literaria que fue la corte ducal de Alba de Tormes, muchos de los cuales serán de Lope, es cierto, aunque no siempre podamos lograr la plena certidumbre de ello. Si Lope mismo, según verosímiles indicios, escribió miles de versos lacrimosos sobre las cuitas de su señor, ¿no pudieron Liñán, Vargas, Medinilla, quien fuese, escribir otros a la intención de Belardo? No sólo existió una estrecha colaboración de todos ellos, pero una íntima relación amistosa hizo que nadie tuviera secretos para nadie. Y además se amaba y se sufría, por decirlo así, en público. Lo que pasaba en Alba era conocido de mucha gente. [...] Sabían que esta forzada actitud sentimental, que este largo plañir junto a las orillas de un río saudoso, eran algo aristocrático y exquisito, la estilización monumental de algo tan entrañablemente humano, que debía perdurar como un alto ejemplo. Y así, paralelo a la comedia, este Romancero nuevo, tan popular, cantado por todas las fregonas y todos los menestrales de España, era la concreción poética de lo que se consideraba más noble. Como la comedia, imán de todos los corazones, por plebeyos que fuesen, se constituía en torno a caracteres nobles, ejemplares por tanto, el Romancero, relicario de todas las exaltaciones, de todos los sentimientos e impulsos que una maravillosa intensidad ennoblecía, daba la notación de cuanto todos sentían como noble en sus propias almas. La popularidad del Romancero se explica como la boga inmensa de la Comedia. Ambos fenómenos tenían las mismas causas. Los poetas habían encarnado sus afectos en moros y pastores «para hacerlos más perfectos», como de lo pastoril había dicho una comedia antigua; haciéndolo así, apartando de la ganga del vivir cotidiano, perecedero, anecdótico, pasiones que todos sentían como ennoblecedoras, habían dado a todos la posibilidad de ver su propia vida sentimental sublimada por el arte. [...]

Ello nos explica por qué lo que de más logrado había en él, aquello que aún le da su valor permanente, fuese un estímulo a la emulación, que España se llenase de poetas y que, al decir de Lope, tantos mozos diesen en llamarse Belardos. Es increíble el número de los que se destierran voluntariamente, en verso al menos, para llorar junto a una ruina o riberas de un río amores imaginarios. Ello dificultará no pocas veces el cribado cuidadoso de las atribuciones. La imitación no era difícil. Ante la España de estos años finales del siglo XVI nos encontramos como ante ciertos aspectos del prerromanticismo y por las mismas causas. Vida y literatura confluyen, se intenta siempre dar a la vida un ademán noble, que no puede ser otro que el ademán más pasional. Lo que importa son las actitudes que se diputan poéticas, y la poesía se reduce a dar cuenta de un momento dignamente vivido. [...] Después de haber gustado hasta el empacho de los últimos relieves de la mesa petrarquesca, después de haber sentimentalizado hasta la insensatez una literatura que desde sus comienzos tuvo el don de lágrimas, esta generación de 1580 se pone de propósito a ironizarla. [...]

Y sobre todos ellos, capitaneándolos, estaba Góngora, el parodista nato, el ironista acerado, que nunca pudo incurrir en el exhibicionismo sentimental de los otros, que cuando hubo de escribir cosas tiernas y patéticas, se vio en el caso de suponerlas, de «novelizar». («La más bella niña», romancillo escrito, según Chacón, cuando el poeta contaba 19 años [1580]; nótese lo que frente a él supone el romance de Lope, tan semejante por el tema, «De pechos sobre una torre».) Góngora, en medio de aquel tumulto de lloriqueos, muecas, quejumbres, gestos desesperados, escribirá la letrilla que el mismo manuscrito dice ser de 1583, cuando el poeta andaba por los 22 años: «Manda amor en su fatiga / que se sienta y no se diga, / pero a mí más me contenta / que se diga y no se sienta...».

No hay que olvidar las partes paródicas o irónicas del *Romancero general,* con lo que no me refiero, o no me refiero tan sólo a las polémicas, ataques o defensas de los romances de moros o pastores, sino a muchos otros que deliberadamente burlan de la forzada tensión sentimental que ya a principios del siglo XVII comenzaba a bajar de tono. Ni podemos olvidar que un año después de aparecida la tercera y más completa edición del *Romancero general* salían a luz las *Flores de poetas ilustres,* antología extraordinaria, junta de poemas de una generación a cuyo adiestramiento no habían sido ajenos los mayores poetas del Romancero, tampoco ausentes del florilegio de Espinosa, aunque no fuesen romances lo que contribuyeran a él. Y las *Flores* son un claro indicio del desviarse la lírica española de sentimentalidades, gimoteos, confesiones públicas hacia el culto de musas más severas. El mismo Romancero nuevo va a cambiar de tono, probablemente a consecuencia de una profunda transformación de los gustos musicales. Desde que a comienzos del nuevo siglo culmine la prodigiosa boga de las seguidillas, seguidillas serán muchos de los estribos de romance. Y la seguidilla no permitía ya los desgarramientos patéticos de antaño. El cotejo del *Laberinto amoroso*, publicado por Chen en 1618, o de la *Primavera y flor*, cuya primera edición es de 1621, con los romances, tan recientes aún, del *Romancero general*, no deja dudas respecto al cambio, tan radical, que todo lo anterior aparece de pronto como una antigualla. El anonimato de los primeros romances artísticos comienza a hacerse impenetrable para los lectores más mozos. Un romance como el de la «estrella de Venus», que aún se cantaba por las calles, parecía tener sobre sí polvo de siglos. Otro punto que no cabe olvidar. Cualquier atribución contenida en manuscritos de bien entrado el siglo XVII, o atribuciones ocasionales que en otros lugares puedan ocurrir, deben compulsarse y contrastarse del modo más escrupuloso. No es probable que compiladores oscuros supiesen lo que ya ignoraban Patón o Gracián.

Como la Comedia, el Romancero había creado un molde en que se vertieron, conformándose a sus contornos, todas las lavas en que hervía la literatura de fines del siglo XVI. Como en la Comedia, esta uniformidad no fue tal que impidiese a los egregios fijar su impronta en aquella masa ardiente. Desde los romances moriscos a las jácaras más tardías, o hasta que poetas como Cáncer comiencen a prefigurar los romances vulgares del siglo XVIII, una serie de estilos perfectamente discernibles pueden determinarse con precisión en los romanceros. Podemos describirlos, atribuirlos al ejemplo de un gran poeta y ponerles un nombre. Más difícil será devolver a sus autores cada uno de los romances, al menos por ahora, cualesquiera que sean sus excelencias formales, sus méritos literarios, o aunque parezcan alusión patente a las circunstancias de una vida. En los días de mayor fervor esas circunstancias podían fingirse y la vida se imitaba, como la literatura.

9. SANTA TERESA, SAN JUAN DE LA CRUZ Y LA LITERATURA ESPIRITUAL

CRISTÓBAL CUEVAS

Con el rótulo de «literatura espiritual» nos referimos fundamentalmente a las dos disciplinas clásicas del «camino de perfección», es decir, la *ascética* y la *mística*. La primera busca el dominio de sí mismo y la purificación moral a través de la ejercitación del espíritu, pudiendo ser *positiva* —práctica de virtudes— y *negativa* —ruptura con todo lo que implica un desorden ético—. La segunda, de acuerdo con los estudios modernos de O. Schneider [1965] o M. Knowles [1966], podría definirse como la experiencia directa de la esencia divina por parte del hombre, que la recibe pasivamente, con el acompañamiento eventual de los carismas (visiones, éxtasis o revelaciones). Ascética y mística no son, pues, en su conjunto otra cosa que un *itinerarium mentis ad Deum*, estructurado tradicionalmente en tres etapas o vías —purgativa, iluminativa y unitiva—, correspondientes a otros tantos estados de oración —recogimiento, quietud y unión—.

La literatura pertinente a esas dos disciplinas, cultivada ya en la España medieval (San Ildefonso, Llull, etc.), alcanza un auge singular en nuestro Siglo de Oro, con características que pueden resumirse en los siguientes rasgos: sincretismo ideológico —con fuerte predominio del neoplatonismo agustiniano—, madurez doctrinal, propósito vulgarizador, riqueza y sugestividad de imágenes, capacidad de introspección, valoración del ascetismo, raíces en lo medieval europeo, realismo y alto valor literario. Desde tales perspectivas, su estudio podría acometerse a través de dos métodos distintos: el comparativo —por cotejo de fuentes y derivaciones— y el analítico-estructural de autores y obras.

Para clasificar este *corpus* literario puede recurrirse a criterios cronológicos, y así deslindaríamos los períodos *de importación e iniciación* (desde los orígenes hasta 1500), *asimilación* (1500 a 1560), *aportación y producción nacional* (1560-1600) y *decadencia o compilación doctrinal* (hasta mediados del siglo XVII); o bien cabe echar mano de presupuestos doctrinales, generalmente en relación con las órdenes religiosas, lo que daría origen a cuatro tipos de misticismo: *afectivista* (franciscanos), *intelectualista* (dominicos y jesuitas), *ecléctico* (carmelitas y agustinos) y *heterodoxo* (de influencia protestante, quietistas, panteístas e iluminados). Así se introduce un principio de orden en esa masa literaria de más de dos mil volúmenes (amén de piezas menores, como el celebérrimo soneto *No me mueve, mi Dios, para quererte*; vid. ahora L. López-Baralt [1975]), cuyos autores fundamentales serían los *franciscanos* Francisco de Osuna († 1540), Bernardino de Laredo (1482-1540), Pedro de Alcántara (1499-1562), Juan de los Ángeles (1536-1609) y Diego de Estella (1524-1578); el *dominico* Luis de Granada (1504-1588); el fundador de los *jesuitas* Ignacio de Loyola (1491-1556); los *agustinos* Alonso de Orozco (1500-1591), Luis de León (1527-1591) y Pedro Malón de Chaide (1530-1589); los *carmelitas* Teresa de Jesús (1515-1582) y Juan de la Cruz (1542-1591), aparte Juan de Ávila (1500-1569), perteneciente al *clero secular*. La *mística heterodoxa* constituiría un insoslayable apéndice, todavía no suficientemente analizado por la crítica, con figuras de la talla de Juan de Valdés (h. 1490-1541) en la corriente protestantizante, Miguel Servet (1511-1553) en el panteísmo, y, ya fuera de nuestro período, Miguel de Molinos (1628-1696) en el iluminismo quietista.

No es del caso repasar la bibliografía sobre cada una de esas corrientes e individualidades, casi siempre menos asediadas con enfoque literario que desde perspectivas apologéticas, doctrinales o de historia religiosa. Hemos de limitarnos a recordar que, desde los fundamentales trabajos de Menéndez Pelayo (recogidos por P. Sainz Rodríguez [1956]), no faltan estudios de conjunto y compilaciones de monografías para ir penetrando, con el horizonte que aquí nos interesa, en la riquísima floresta de la espiritualidad española del siglo XVI (véanse P. Sainz Rodríguez [1927, 1961], E. A. Peers [1927-1960, 1941], H. Hatzfeld [1955, 1976 ³], E. Orozco [1959], J. M. (Cruz) Moliner [1961, 1971], M. Andrés Martín [1975. 1976-1977], J. I. Tellechea [1977]). Pero, por otro lado, también conviene llamar la atención sobre algunas contribuciones de ámbito más limitado y, sin embargo, de especial pertinencia para nuestros intereses en *HCLE*: así, a J. B. Gomis [1948-1949] se debe una accesible colección de místicos franciscanos, A. González Palencia [1946] ha divulgado la obra maestra de Juan de los Ángeles, F. de Ros [1936, 1948] es autor de dos libros imprescindibles sobre Osuna y Laredo, y algunos textos de Estella han servido a F. Lázaro [1965] para ilustrar al propio San Juan de la Cruz; R. Barthes [1971] ha dado una lectura de Loyola tan sugestiva como ahistórica; Alonso de Orozco y Malón de Chaide van ganando en estimación artística (A. J. Bulovas [1975], H. Hatzfeld [1961]); Juan de Ávila, magistralmente editado por L. Sala Balust [1952-1953], ha dado pie a F. Márquez [1973] a una estimulante reconsideración del trasfondo social del misticismo hispano; R. H. Bainton [1973] ha aquilatado bien la figura de Servet, y J. I. Tellechea [1976] ha dado una magnífica edición de la *Guía espiritual* de Molinos (y cf. Valente [1974]).

En ese extenso panorama, el dominico fray Luis de Granada destaca por su interés literario, por la difusión que lograron sus obras, por los estudios que se le han dedicado y por la incidencia que tuvo entre los espirituales posteriores. De larga vida dedicada al estudio y a la predicación, estuvo abierto a las corrientes espirituales de su tiempo, singularmente, como señala Dámaso Alonso [1958], al erasmismo. Dentro de una orientación fundamentalmente ascética, su ideología se apoya gustosamente en Platón, San Agustín y San Buenaventura, quizá con raíces más profundas en el franciscanismo que en el intelectualismo dominicano. De entre sus escritos hay que recordar aquí el *Libro de la oración y meditación* (Salamanca, 1554), cuya autoría (¿se debe a San Pedro de Alcántara?) ha sido motivo de una apasionante polémica, analizada por M. Ledrus [1962-1963]; el *Libro llamado Guía de pecadores* (Lisboa, 1556), que hubo de rehacer por orden de la Inquisición, ejemplo paradigmático para M. Bataillon [1948] de sus hábitos creativos; y, claro está, la *Introducción del símbolo de la fe* (Salamanca, 1583), su mejor y más extensa obra, a cuya apreciación contemporánea han contribuido catadores tan finos como Azorín y Pedro Salinas. Literariamente, los libros de Granada se caracterizan por su visión realista y próxima de la naturaleza (E. Orozco [1970]), aliento oratorio, estilo ciceroniano (R. Switzer [1927]), capacidad suasoria, riqueza de lenguaje, acierto de síntesis, variedad de tonos y profundidad de ideas.

Pero es la escuela carmelitana la que, por el genio literario de sus principales representantes, su misticismo esencial, psicologismo, eclecticismo, fidelidad a la tradición y originalidad alcanza en nuestro Siglo de Oro los mayores logros estéticos y el más alto nivel representativo. Por lo demás, su ideario se ajustaba mejor que ningún otro al espíritu de los tiempos: armonismo, activismo y sobriedad sentimental, desnudez espiritual, neoescolasticismo entre agustiniano y tomista, afán vulgarizador, cristocentrismo y contrarreformismo. Por eso, no es de extrañar que la crítica vea en Santa Teresa y en San Juan de la Cruz los exponentes máximos del misticismo hispano.

La biografía de Teresa de Jesús (1515-1582), trazada con rasgos tradicionales por F. de Ribera (1590), D. de Yepes (1606) o A. de la Encarnación (1614), cuenta con la monumental síntesis que, todavía desde perspectivas clásicas, nos legó el P. Silverio [1935-1937], cuyas aportaciones siguen siendo válidas en lo fundamental. Tras sus huellas surgen los trabajos, menos (o nada) renovadores, de W. T. Walsh (1943), E. A.

Peers (1945), M. Auclair (1950), R. Hoornaert (1951), H. A. Hatzfeld [1969] y Efrén de la Madre de Dios-O. Steggink [1977²]. Gran importancia tuvo en este campo la polémica sobre la ascendencia judía de la Santa, ampliamente demostrada por F. Márquez Villanueva [1968] y J. Gómez-Menor [1970], aspecto del que Américo Castro (volviendo en [1972] sobre un pionero ensayo de 1929) hacía depender el carácter corpóreo-espiritual del misticismo teresiano y su tesis de la desnudez de alma. O. Steggink [1974] renueva los presupuestos tradicionales desde los que se analiza su labor de reformadora, enfocándola en la perspectiva del humanismo cristiano renacentista (compárese J. Marichal [1957]).

V. García de la Concha [1978] ha contemplado reveladoramente su obra literaria como una faceta más de su actividad religiosa y contrarreformista. Para llevar a cabo tal misión, Teresa de Ávila se apoya, no sólo en su propia experiencia, sino en la búsqueda de doctrina acreditada, a través de diversas lecturas, investigadas, en trabajos que en su tiempo supusieron un radical cambio de puntos de vista, por A. Morel-Fatio [1908], G. Etchegoyen [1923] y M. Bataillon [1964]. Desde esta misma perspectiva de búsqueda de eficacia hay que estudiar su estilo, que R. Menéndez Pidal [1946] calificó, por su sencillez, esencialidad y falta de afectación, de «ermitaño», aunque trabajos más modernos hayan puntualizado todo lo que de consciente y reflexivo hay en muchos de sus aparentes descuidos (García de la Concha [1978]). De todas formas, la ausencia de erudición, lo espontáneo de las ideas y el interés por un público de lectores no letrados justifica el carácter ensayístico que algunos han atribuido a sus escritos. El plasticismo de su expresión, como señala M. Florisoone [1956], se debe en buena parte a motivos de idiosincrasia, y se manifiesta en la expresión de lo sobrenatural a través de un simbolismo sensorial que H. Hatzfeld [1968²] relaciona con la pintura del Greco.

En su obra literaria es necesario realzar cuando menos el *Libro de la vida* (ed. D. Chicharro [1979]), compuesto entre 1562 y 1565, que es al mismo tiempo una biografía y un tratado de misticismo basado en experiencias personales, al estilo de las *Confesiones* de San Agustín, cuya metáfora capital, como encadenamiento de motivos, ha estudiado H. Hatzfeld [1972]. Complemento suyo es el *Libro de las Fundaciones*, donde se relata la de los dieciocho primeros conventos reformados, de maduro y reflexivo estilo analizado por G. Mancini [1970]. Ambos libros se continúan en las *Relaciones*, emocionante descripción de las experiencias de la Santa en las vías místicas. Importancia decisiva tienen en este aspecto el *Camino de perfección* (redactado entre 1565 y 1570), y, sobre todo, las *Moradas del Castillo interior* (1577), tratado que constituye, sin duda, la cumbre sistemática de la doctrina teresiana, estudiado por R. Ricard [1965] en sus implicaciones literarias fundamentales. En cuanto a sus cerca de cuatrocientas cartas, son un prodigio de psicología, candor, idealismo, sugestividad expresiva y buen sentido.

Mención aparte merece su producción lírica, aunque el número de poemas indudablemente auténticos que de ella se nos han conservado sea corto en extremo (A. C. Vega [1972]). Su verso, basado en la glosa y el villancico de ritmo octosilábico, acusa las características de verbalismo, conceptismo y un cierto amaneramiento retórico típicas de la poesía profana en que se inspiró. Pensamos, sin embargo, que exagera Hatzfeld [1955] cuando, comparando el «Vivo sin vivir en mí» teresiano con el sanjuanista, califica a la Santa de simple versificadora. Otros poemas suyos son las quintillas «¡Oh hermosura que excedéis...!», en que el impulso místico trasciende los tópicos del molde cancioneril, o bien los villancicos hondamente populares «Este niño viene llorando» y «Vertiendo está sangre». La poesía teresiana, relacionada por E. Orozco [1959] con el ambiente conventual carmelitano, se caracteriza por su emoción, popularismo, finalidad piadosa y dependencia íntima de la música (no en balde fue concebida como letra para cantar).

La culminación del misticismo hispano hay que buscarla, sin embargo, en la figura de San Juan de la Cruz (1542-1591). Su vida, contada con sugestiva objetividad por Crisógono de Jesús [1946], se deja resumir en pocos datos: nace en Fontiveros (Ávila), de familia de ascendencia conversa, como demuestra J. Gómez-Menor [1970]; profesa en el Carmelo en 1563. Emprende su reforma en 1567. Tras la persecución por parte de los Calzados y el encarcelamiento toledano, es prior en Baeza en 1579; en Granada en 1582; en Segovia en 1588. En 1591 vuelve a Andalucía, al convento de la Peñuela, en plena Sierra Morena. Tras breve y dolorosa enfermedad, muere en Úbeda en 1591.

Su obra literaria —que al igual que en Santa Teresa es una faceta más de su actividad apostólica y reformista— cuenta con los estudios de conjunto de J. Baruzi [1924] y el P. Crisógono [1929] —trabajos clásicos, todavía útiles—, y más modernamente con las amplias lecturas de E. A. Peers [1950], P. Chevallier [1959], Eulogio de la Virgen del Carmen [1969], J. L. L. Aranguren [1973] y C. P. Thompson [1977], así como con el ágil resumen de G. Brenan [1973]. En su doble vertiente de prosa y verso, esta obra culmina doctrinal y estéticamente en los tratados extensos, en los que, como señaló M.ª R. Icaza [1957], el comentario es prolongación inexcusable del poema y su única «explicación auténtica», siguiendo de cerca, según he advertido (C. Cuevas [1979]), la técnica de las «glosas» morales contemporáneas a diversos poemas, sobre todo las que hizo el ubetense Luis de Aranda (Valladolid, 1552) a las *Coplas* de Jorge Manrique.

Dámaso Alonso [1942, 1950], al estudiar las relaciones entre mística y literatura en Juan de la Cruz, ha subrayado reiteradamente el carácter espontáneo de los logros artísticos del Santo. Últimamente, sin embargo, se tiende a valorar más la consciencia estilística sanjuanista, y de ello son buena prueba trabajos como los de M. Florisoone [1956], E. Caldera [1970], V. García de la Concha [1970] y L. López Baralt [1978]. Por otro lado, cada vez se acepta menos la imagen de un San Juan de la Cruz milagrosamente original e independiente de toda influencia, viéndosele, con mayor objetividad, en relación más o menos explícita con fuentes ricas y diversas: la Biblia (J. L. Morales [1971]), los clásicos (M. R. Lida [1939]), los místicos musulmanes, los espirituales germánicos y flamencos, algunos contemporáneos como fray Luis de León (F. García Lorca [1972]), e incluso el propio espíritu renacentista, o la poesía de Garcilaso a través de la versión «a lo divino» de Sebastián de Córdoba (Dámaso Alonso [1942], B. W. Wardropper [1958]; vid. cap. 8).

Lo literario es para San Juan, sin embargo, sólo un instrumento para dar eficacia a su doctrina, por lo que el estilo tiene en él más de teología aplicada que de retórica, y es la suya —escribe G. Celaya [1964]— «poesía comprometida». Las formas poéticas cancioneriles, los metros tradicionales, la revolución de Boscán y Garcilaso, todo se vuelve «a lo divino», levantándose más allá de sus límites aparentes. Incluso el paisaje, como ha señalado E. Orozco [1974], se carga de sentido trascendente, viéndose y gustándose progresivamente desde claves alegórico-simbólicas que lo espiritualizan.

Como artista de la palabra, San Juan de la Cruz es ejemplo patético de la lucha por la expresión de lo inefable. El verso, concebido como lenguaje del amor y el sentimiento, se le convierte en único camino de salida de esta insoluble aporía. Ante la insuficiencia del lenguaje (Jorge Guillén [1969]), se ve obligado a recurrir a la música del poema, que en él alcanza inusitados matices de cadencia y delicadeza (G. Diego [1942]). Ello explica que sus palabras surjan cargadas de los más inesperados significados, como tan sugestivamente ha investigado H. Chandebois [1949-1950] a propósito, verbigracia, del comentario al verso «¡Oh christalina fuente!»; y a ello se debe también el uso del lenguaje figurado, y, sobre todo, la insuperable utilización de la alegoría y el símbolo, analizados en su estructura por G. Morel [1959], en sus mutuas relaciones por F. Ynduráin [1953] y en sus posibles raíces y últimos significados por E. A. Maio [1973]. En última instancia, y al reunir en sí de una forma admirable los rasgos más típicos de la poesía mística, San Juan, como ha demostrado H. Hatzfeld [1963-1964], se constituye en paradigma de ese linaje de poesía; y son sin duda sus logros en ese dominio estrictamente literario los más atractivos hoy y los más explorados con los instrumentos de la crítica moderna, desde los trabajos básicos de D. Alonso [1942, 1950] a las aportaciones de L. Spitzer [1949], M. Wilson [1975], C. P. Thompson [1977] o E. M. Wilson [1977]. La apasionante problemática aneja a esos enfoques cuenta hoy con una amplia y moderna bibliografía, recogida en útil catálogo por P. P. Ottonello [1967].

Por lo que hace a su prosa, basada en la combinación de lógica y entusiasmo, se hace progresivamente más sencilla y directa con el transcurso del tiempo. Su lenguaje muestra una digna naturalidad —muy distinta del ascético popularismo de Santa Teresa—, ajena por igual a la afectación y a la vulgaridad. «Prosa pura y prístina», la llamó Azorín, lo que no excluye la existencia de desigualdades, aridez ocasional, reiteraciones. Lo habitual, sin embargo, es la cadencia, el número, la precisión, la emotividad y el buen gusto. Conscientemente lejana de los excesos razonadores y didácticos, esta «prosa arrebatada» abunda en exclamaciones, diminutivos, recursos paradójico-evocativos, opósitos, apóstrofes, siendo admirablemente sobria en metáforas y adjetivación. No puede extrañarnos, en consecuencia, el que fray Francisco de Santa María, contemporáneo del Santo, viera en las exposiciones doctrinales de éste un trasunto de su conversación encendida, tan sugestivas, vivas y persuasivas como ella.

Cuatro son las obras lírico-doctrinales de San Juan de la Cruz: la *Subida del Monte Carmelo* y la *Noche oscura del alma*, cuyo posible carácter unitario, justificado para algunos en el hecho de comentar un único poema, discute por extenso F. Ruiz Salvador [1968]; el *Cántico espiritual*, cuya génesis apasionante ha estudiado R. Duvivier [1971], mientras P. Chevallier —que expone su postura definitiva en [1953]— puso en marcha una fecunda polémica sobre la autenticidad textual de la segunda de sus versiones, útilmente historiada en trabajos como los de J. Iparraguirre [1949] y Eulogio de la Virgen del Carmen [1969]; y, en fin, la *Llama de amor viva*, donde H. Hatzfeld, en dos notables artículos [1952 *a* y *b*], ha estudiado la calidad artística de la prosa y la estructura que adopta el símbolo de la «caverna».

Por cuanto atañe al resto de su producción literaria, y ya en el campo exclusivamente lírico, recordemos los romances trinitarios —bíblicos, teológicos, y de un narrativismo casi abstracto—, las turbadoras coplas hechas sobre un éxtasis de alta contemplación —«Entréme donde no supe»—, la glosa al tema tradicional «Vivo sin vivir en mí» —considerada por Hatzfeld [1955] como caracterizadora de su poesía mística frente a la teresiana—, la genial metáfora de la caza de altanería de «Tras de un amoroso lance» —cuyas fuentes rastrea F. López Estrada [1944] y Dámaso Alonso [1947] examina perceptivamente—, la ambigüedad de su glosa a ese *No sé qué* divino *que se alcanza por ventura*; o bien, los poemas «Que bien sé yo la fonte» —abordando en sus aspectos estilísticos y léxicos por R. Ricard [1964] y H. Hatzfeld [1967]—, y «El pastorcico», cuyas fuentes y técnica han precisado J. M. Blecua [1949] y E. A. Peers [1952].

BIBLIOGRAFÍA

Alonso, Dámaso, *La poesía de S. Juan de la Cruz (Desde esta ladera)*, CSIC, Madrid, 1942; Aguilar, Madrid, 1958 ² (y reimpresiones).

—, «La caza de amor es de altanería (Sobre los precedentes de una poesía de San Juan de la Cruz)», *Boletín de la Real Academia Española*, XXVI (1947), pp. 63-79; reimpr. en *De los siglos oscuros al de oro*, Gredos, Madrid, 1958.

—, *Poesía española. Ensayo de métodos y límites estilísticos*, Gredos, Madrid, 1950.

Andrés Martín, Melquíades, *Los recogidos. Nueva visión de la mística española (1500-1700)*, Fundación Universitaria Española, Madrid, 1976.

—, *La Teología española en el siglo XVI*, BAC, Madrid, 1976-1977, 2 vols.

Aranguren, José Luis L., «San Juan de la Cruz» (1973), *Estudios literarios*, Gredos, Madrid, 1976, pp. 9-92.

Bainton, R. H., *Servet, el hereje perseguido*, apéndices y trad. de M. E. Stanton y A. Alcalá, Taurus, Madrid, 1973.

Barthes, R., *Sade, Fourier, Loyola*, Seuil, París, 1971.

Baruzi, J., *Saint Jean de la Croix et le problème de l'expérience mystique* (1924), Alcan, París, 1931 ².

Bataillon, M., «Genèse et métamorphoses des œuvres de Louis de Grenade», *Annuaire du Collège de France*, XLVIII (1948), pp. 194-201.

—, *Varia lección de clásicos españoles*, Gredos, Madrid, 1964.

Blecua, J. M., «Los antecedentes del poema del "Pastorcico", de San Juan de la Cruz» (1949), *Sobre poesía de la Edad de Oro*, Gredos, Madrid, 1970, pp. 96-99.

Bulovas, A. J., *El amor divino en la obra del beato Alonso de Orozco*, Fundación Universitaria Española, Madrid, 1975.

Caldera, E., «El manierismo en San Juan de la Cruz», *Prohemio*, I (1970), pp. 333-355.

Castro, Américo, *Santa Teresa y otros ensayos*, Madrid, 1929; reimpr. con adiciones: *Teresa la Santa y otros ensayos*, Alfaguara, Madrid, 1972.

Celaya, Gabriel, *Exploración de la poesía*, Seix-Barral, Barcelona, 1964, 1971 ².

Crisógono de Jesús Sacramentado, *San Juan de la Cruz: su obra científica y su obra literaria*, El Mensajero de Sta. Teresa, Madrid, 1929, 2 vols.

—, «Biografía de San Juan de la Cruz» (1946), en *Vida y obras de S. Juan de la Cruz* (1946), BAC, Madrid, 1973 ⁷.

Cuevas García, C., ed., San Juan de la Cruz, *Cántico espiritual. Poesías*, Alhambra, Madrid, 1979.

Chandebois, H., «Lexique, grammaire et style chez St. Jean de la Croix. Notes d'un traducteur», *Ephemerides Carmeliticae*, III (1949), pp. 543-547; IV (1950), pp. 361-368.

Chevallier, P., «Le texte définitif du *Cantique spirituel*», *Quaderni Ibero-Americani*, II (1953), pp. 249-253.

Chevallier, P., *Saint Jean de la Croix, docteur des âmes*, Montaigne, Aubier, 1959.

Chicharro, D., ed., Teresa de Jesús, *Libro de la vida*, Cátedra, Madrid, 1979.

Diego, G., «Música y ritmo en la poesía de S. Juan de la Cruz», *Escorial*, IX (1942), pp. 163-186.

Duvivier, R., *La genèse du «Cantique spirituel» de Saint Jean de la Croix*, Les Belles Lettres, París, 1971.

Efrén de la Madre de Dios y Otger Steggink, *Tiempo y vida de Santa Teresa*, BAC, Madrid, 1977².

Etchegoyen, G., *L'Amour divin. Essai sur les sources de Sainte Thérèse*, Bibliothèque de l'École des Hautes Études Hispaniques, Burdeos-París, 1923.

Eulogio de la Virgen del Carmen, *San Juan de la Cruz y sus escritos*, Cristiandad, Madrid, 1969.

Florisoone, M., *Esthétique et mystique d'après sainte Thérèse d'Avile et saint Jean de la Croix*, Seuil, París, 1956.

G[arcía] de la Concha, V., «Conciencia estética y voluntad de estilo en San Juan de la Cruz», *Boletín de la Biblioteca Menéndez Pelayo*, XLVI (1970), pp. 371-408.

—, *El arte literario de Santa Teresa*, Ariel, Barcelona, 1978.

García Lorca, Francisco, *De fray Luis a San Juan. La escondida senda*, Castalia, Madrid, 1972.

Gómez-Menor Fuentes, J., *El linaje familiar de Santa Teresa y de San Juan de la Cruz*, Toledo, 1970.

Gomis, J. B., ed., *Místicos franciscanos españoles*, BAC, Madrid, 1948-1949, 3 vols.

González Palencia, A., ed., fray Juan de los Ángeles, *Diálogos de la conquista del reino de Dios*, Real Academia Española, Madrid, 1946.

Guillén, J., *Lenguaje y poesía*, Alianza Editorial, Madrid, 1969.

Hatzfeld, H. A., «Ensayo sobre la prosa de S. Juan de la Cruz en la *Llama de amor viva*», *Clavileño*, n.º 18 (1952), pp. 1-10.

—, «Las profundas cavernas. The Structure of a Symbol of St. Juan de la Cruz», *Quaderni Ibero-Americani*, II (1952), pp. 171-174.

—, *Estudios literarios sobre mística española*, Gredos, Madrid, 1955, 1968², 1976³.

—, «The Style of Malón de Chaide», *Studia Philologica. Homenaje a Dámaso Alonso*, II, Gredos, Madrid, 1961, pp. 195-214.

—, «Los elementos constitutivos de la poesía mística (San Juan de la Cruz)», *Nueva Revista de Filología Hispánica*, XVII (1963-1964), pp. 40-59.

—, «Una explicación estilística del *Cantar del alma que se huelga de conoscer a Dios por fe* de San Juan de la Cruz», *Quaderni Ibero-Americani*, XXXIV (1967), pp. 71-80.

—, *Santa Teresa de Ávila*, Twayne, Nueva York, 1969.

—, *Estudios de literaturas románicas*, Planeta, Barcelona, 1972.

Icaza, M.ª R., *The stylistic relationship between poetry and prose in the «Cántico espiritual» of S. Juan de la Cruz*, Washington, 1957.

Iparraguirre, J., «Estudios decisivos para fijar el texto auténtico del *Cántico espiritual* de San Juan de la Cruz», *Estudios Eclesiásticos*, XXIII (1949), pp. 227-232.

Knowles, M. D., *The Nature of Mysticism*, Hawthorn Books, Nueva York, 1966.

Lázaro Carreter, F., «Textos de fray Diego de Estella para ilustrar a San Juan de la Cruz», *Homenaje al prof. E. Alarcos García*, II, Universidad de Valladolid, 1965, pp. 281-288.

Ledrus, M., «Grenade et Alcántara. Deux manuels d'oraison mentale», *Revue d'Ascétique et de Mystique*, XXXVIII (1962), pp. 439-460; XXXIX (1963), pp. 32-44.

Lida de Malkiel, M. R., «Transmisión y recreación de temas grecolatinos en la poesía lírica española» (1939), *La tradición clásica en España*, Ariel, Barcelona, 1975, pp. 35-99.

López-Baralt, Luce, «Anonimia y posible filiación islámica del soneto *No me mueve, mi Dios, para quererte*», *Nueva Revista de Filología Hispánica*, XXIV (1975), pp. 243-266.

—, «San Juan de la Cruz: una nueva concepción del lenguaje poético», *Bulletin of Hispanic Studies*, LV (1978), pp. 19-32.

López Estrada, F., «Una posible fuente de San Juan de la Cruz», *Revista de Filología Española*, XXVIII (1944), pp. 473-477.

Maio, E. A., *St. John of the Cross: The Imagery of Eros*, Playor, Madrid, 1973.

Mancini, G., «La crítica actual ante la obra de Santa Teresa. Las *Fundaciones*, un libro a medio camino entre el cielo y la tierra», *Eidos*, XVI (1970), pp. 61-82.

Marichal, Juan, «Santa Teresa en el ensayismo hispánico», *La voluntad de estilo*, Seix-Barral, Barcelona, 1957, pp. 103-115; reimpresión: Revista de Occidente, Madrid, 1971.

Márquez Villanueva, F., *Espiritualidad y literatura en el siglo XVI*, Alfaguara, Madrid, 1968.

—, «Los inventos de San Juan de Ávila», *Homenaje al profesor Carriazo*, III, Universidad de Sevilla, 1973, pp. 3-14.

Menéndez Pidal, R., *La lengua de Cristóbal Colón. El estilo de Santa Teresa y otros ensayos*, Espasa-Calpe, Madrid, 1942.

Moliner, J. M. (Cruz), *Historia de la literatura mística en España*, El Monte Carmelo, Burgos, 1961.

—, *Historia de la espiritualidad*, El Monte Carmelo, Burgos, 1971.

Morales, J. L., *El «Cántico espiritual» de San Juan de la Cruz: su relación con el «Cantar de los Cantares» y otras fuentes escriturísticas y literarias*, Madrid, 1971.

Morel, G., «La structure du symbole chez St. Jean de la Croix», *Le Symbole*, París, 1959, pp. 67-183.

Morel-Fatio, A., «Les lectures de Sainte Thérèse», *Bulletin Hispanique*, X (1908), pp. 17-67.

Orozco, E., *Poesía y mística*, Guadarrama, Madrid, 1959.

—, *Manierismo y barroco* (1970), Cátedra, Madrid, 1975 [2].

—, *Paisaje y sentimiento de la naturaleza en la poesía española* (1968), Ediciones del Centro, Madrid, 1974 [2].

Ottonello, P. P., «Une bibliographie des problèmes esthétiques et littéraires chez saint Jean de la Croix», *Bulletin Hispanique*, LXIX (1967), pp. 123-138.

Peers, E. A., *Studies of the Spanish Mystics*, Londres, 1927, 1960; 3 vols.

—, *Spirit of Flame. A study of St. John of the Cross* (1943); trad. cast. de E. Galvarriato: *San Juan de la Cruz, espíritu de llama*, CSIC, Madrid, 1950.

—, *The Mystics of Spain*, Londres, 1941; trad. cast. de C. Clavería, *El misticismo español*, Espasa-Calpe, Buenos Aires, 1947.

—, «The source and the technique of St. Juan de la Cruz's poem *Un pastorcico*», *Hispanic Review*, XX (1952), pp. 248-253.

Ricard, R., «Le symbolisme du "Chateau intérieur" chez Sainte Thérèse», *Bulletin Hispanique*, LXVII (1965), pp. 25-41.

Ros, F. de, *Un maître de Sainte Thérèse, le Père François d'Osuna*, G. Beauchesne, París, 1936.

—, *Un inspirateur de Sainte Thérèse, le frère Bernardin de Laredo*, París, 1948.

Ruiz Salvador, F., *Introducción a San Juan de la Cruz. El escritor, los escritos, el sistema*, BAC, Madrid, 1968.

Sainz Rodríguez, P., *Introducción a la historia de la literatura mística en España*, Voluntad, Madrid, 1927.

—, ed., M. Menéndez Pelayo, *La mística española*, A. Aguado, Madrid, 1956.

—, *Espiritualidad española*, Rialp, Madrid, 1961.

Sala Balust, L., ed., Juan de Ávila, *Obras completas*, BAC, Madrid, 1952-1953.

Schneider, O., *Die mystische Erfahrung*, Pattloch, Aschaffenburg, 1965.

Silverio de Santa Teresa, *Vida de Santa Teresa de Jesús*, El Monte Carmelo, Burgos, 1935-1937, 5 vols.

Spitzer, Leo, «Tres poemas sobre el éxtasis (John Donne, San Juan de la Cruz, Richard Wagner)» (1949), *Estilo y estructura en la literatura española*, Crítica, Barcelona, 1980, pp. 213-256.

Steggink, O., *Experiencia y realismo en Sta. Teresa y S. Juan de la Cruz*, Editorial de Espiritualidad, Madrid, 1974.

Switzer, R., *The Ciceronian Style in Fray Luis de Granada*, Hispanic Institute, Nueva York, 1927.

Tellechea Idígoras, J. I., ed., M. de Molinos, *Guía espiritual*, Fundación Universitaria Española, Madrid, 1976.

—, *Tiempos recios. Inquisición y heterodoxias*, Sígueme, Salamanca, 1977.

Thompson, C. P., *The Poet and the Mystic: A Study of the «Cántico espiritual» of S. Juan de la Cruz*, Oxford University Press, Oxford, 1977.

Valente, J. A., *Ensayo sobre Miguel de Molinos*, con la edición de M. de Molinos, *Guía espiritual* y *Defensa de la contemplación*, Barral, Barcelona, 1974.

Vega, A. C., *La poesía de Santa Teresa*, BAC, Madrid, 1972.

Wardropper, B. W., *Historia de la poesía lírica a lo divino en la Cristiandad occidental*, Revista de Occidente, Madrid, 1958.

Wilson, Edward M., «Ambigüedades y otras cuestiones en los poemas de San Juan de la Cruz», *Entre las jarchas y Cernuda. Constantes y variables en la poesía española*, Ariel, Barcelona, 1977, pp. 203-219.

Wilson, Margaret, *San Juan de la Cruz, Poems. A Critical Guide*, Grant and Cutler, Londres, 1975.

Ynduráin, F., *Relección de clásicos*, Prensa Española, Madrid, 1969.

Francisco Márquez Villanueva

MISTICISMO Y SOCIEDAD MODERNA
(SOBRE LOS INVENTOS DE SAN JUAN DE ÁVILA)

Hay en la vida de San Juan de Ávila un extraño episodio que particularmente desarma incluso a unos devotos muy habituados a verle caminar lejos de los senderos trillados. Tan particular causa de sorpresa está motivada por ciertos documentos notariales en los que el gran contemplativo y predicador (hombre realista si los ha habido) aparece ocupándose, hacia 1550, de asegurar sus títulos jurídicos a los beneficios que en el futuro produzcan varios inventos suyos de que espera fuertes ingresos, del orden de hasta seis mil ducados anuales. «Yo el Mtro. Juan de Ávila, clérigo presbítero predicador, que al presente reside en la muy noble e muy leal cibdad de Córdoba ..., digo que es ansí que yo hallé con mi trabajo e industria cuatro artes o ingenios de subir agua de bajo a alto, que se nombran *balanza de cajas*, y *alentador de aguas muertas*, y *suplevientos*, y *prudentes maneras de sacar agua*». Se trataba, pues, de unos ingenios hidráulicos que hemos de imaginar un poco al estilo de aquellas máquinas leonardescas en que el inventor parece haber infundido un soplo de vida pensante para suplir lo primitivo de sus materiales. No se nos dice exactamente para qué habrían de servir los flamantes inventos, pero no es nada arriesgado suponerlos destinados a prestar buenos servicios en achaques de regadíos y fuerza motriz.

La idea de un contemplativo como el maestro Ávila dedicado a semejantes investigaciones debía parecer en la época muy extraña,

Francisco Márquez Villanueva, «Los inventos de San Juan de Ávila», *Homenaje al profesor Carriazo*, III, Universidad de Sevilla, 1973, pp. 3-14 (3-5, 8-14).

si ya no hasta un poco escandalosa. [...] Nunca se encarecerá bastante cómo aquellos inventos de San Juan de Ávila se daban en uno de los ambientes históricos más indiferentes y hostiles contra la tecnología y, en general, contra todas las actividades intelectuales orientadas en el sentido de la ciencia moderna. [Con pocas excepciones (véase arriba, p. 148), incluso las frecuentes referencias al *artificio de Juanelo* se limitan a dos reacciones igualmente extremas: o bien asombro bobalicón ante la compleja maquinaria, antojada poco menos que arte mágica, o bien manifestaciones de ridículo y burla.]

Hijo de familia conversa, se ha visto Juan de Ávila procesado por la Inquisición en 1531-1533, muy al comienzo de su carrera religiosa, acusado de reprender a quienes confiesa el odio a los penitenciados del Santo Oficio, de predicar que es mejor dar limosnas que fundar capellanías, que el cielo es para pobres y labriegos y de varias doctrinas de sabor iluminista-erasmista, de todo lo cual pudo sin embargo dar cuenta satisfactoria. Hacia el final de su vida la Inquisición hace una severa crítica de su gran libro *Audi filia*, insatisfecha hasta de sus versiones autocensuradas. Entre ambos negocios transcurre una existencia tan intensa como alejada de prelacías, de cuanto no sea predicación al pueblo, muy cerca de sus miserias, y adoctrinar su círculo de fieles discípulos, algunos de los cuales se incorporarán por su consejo a la naciente Compañía de Jesús. Su grande e irrealizada ilusión, para la cual no bastaban sus fuerzas, era ver fomentar a la Iglesia institutos de nuevo cuño, destinados a la investigación de las Sagradas Escrituras como medio de renovar y elevar el nivel de la vida cristiana. No deseó fundar nueva orden religiosa, bien sea porque pensara que había ya demasiadas o bien por desanimarle de antemano las dificultades que para ello había de encontrar un contemplativo, *tiznado* por la Inquisición y de origen, para colmo, converso. El Santo se había anticipado a San Ignacio en un cierto escepticismo sobre el monacato al uso, y fundaba como focos de su espiritualidad colegios y universidades en Andalucía, centros de cultura superior encaminados, no como los de San Ignacio a la difusa influencia social, sino a la formación de un clero secular preparado para el apostolado y la predicación con la más alta responsabilidad moral y literaria. Y todo ello, insistimos, silenciosa y marginalmente, sin más ayuda que la de un puñado de amigos, entre los que cuentan algunos aristócratas andaluces y clérigos de rango intermedio. Cuando su amigo y compañero de estudios don Pedro Guerrero, arzobispo de Granada, desea llevarle consigo a Trento en 1551, Ávila declina poniendo como excusa su estado de salud. Pero es que, sobre todo, el Concilio no le ilusiona. Considera mal planteadas de raíz las intenciones de reformar por vía jurídica los problemas de la Iglesia.

Toda suerte de abusos y corruptelas están condenados desde hace mucho tiempo, sin que sea posible dar cumplimiento a las leyes existentes, por lo cual «tiene el negocio mal fin, y suele parar en lo que agora está: que es, mucha maldad con muchas y muy buenas leyes». El Santo sólo cree en los efectos de una posible e improbable renovación del espíritu religioso, en un movimiento de base, centrado instrumentalmente en el bajo clero que tanto le desvela, que permita a la Iglesia renovarse con el autodespojo de las riquezas y poderíos mundanos que ahora la desprestigian sin remedio, sobre todo a los ojos de los humildes. Y por eso se limitó a exponer en un brillante memorial todas aquellas ideas que sabía destinadas de antemano a no tener eco en Trento.

Cuanto antecede debería bastar para confirmarnos contra la noción, demasiado circulada, de que la España de los siglos XVI y XVII (por no decir nada de la posterior a ellos) fuera *mística*, ni de veras influida en la práctica por las ideas de su gran literatura religiosa. Las tendencias místicas vivieron de hecho bajo una estrechísima vigilancia inquisitorial que lindaba con la persecución y a menudo las forzó a formas de vida semiclandestinas. Ya nos hemos referido en otro lugar (Márquez [1968]) al milagro de la Descalcez teresiana, suscitada en condiciones tan idealmente adversas que nadie que examine las premisas con alguna profundidad dejará de ver allí el barro moldeado por la mano increada. La sociedad española no escuchó en realidad a San Juan de Ávila, ni a Santa Teresa, ni a San Juan de la Cruz ni a fray Luis de León. Fue todo lo contrario de lo que éstos hubieran deseado y (especialmente en el caso de Santa Teresa) resultó una solución cómoda subirlos a los altares para dejarlos cubrirse allí de polvazo. Se olvida, por ejemplo, que San Juan de la Cruz murió casi proscrito y totalmente fracasado en su lucha contra el giro que había tomado la Descalcez bajo inspiración indirecta del poder real. El admirable movimiento de colegios de San Juan de Ávila se disolvió en pocos años a raíz de su muerte, en medio de un desinterés universal. La sociedad española tenía tan poca necesidad de las ideas y espíritu de los místicos como de los ingenios hidráulicos del Santo, que al parecer nadie llegó a utilizar ni produjeron un maravedí a su ilustre inventor.

Nuestros místicos y ascetas del XVI nos sorprenden una y otra vez por su adscripción vital a actividades totalmente repudiadas y poco menos que tenidas por impuras por la sociedad española. La obra toda de San Ignacio puede ser entendida como una de las más precoces manifestaciones de la moderna mentalidad primordialmente organizadora y técnica, raíz de su éxito al mismo tiempo que de sus debilidades. Venimos ponderando la inesperada dimensión tecnológica de San Juan de Ávila, y en seguida podríamos hallarle un paralelo insigne en la afición de Santa Teresa a relacionarse con banqueros, asentistas y mercaderes, gentes prosaicas pero eficaces y llanas de tratar, con las que obviamente se siente entre los suyos. No es tampoco inoportuno el recuerdo de las dotes administrativas de la Santa, harto notables en una España con su Real Hacienda en suspensión de pagos y en la que, no ya por falta de oro, sino por absoluta incapacidad económica, pasaban hambre y estrecheces las hijas del César Carlos. Por contraste, la Santa sabe estirar sus dinerillos, asegurar a sus hijas el mendrugo y el pedacito de sardina cecial y ocuparse, en medio de los más graves negocios, de un hornillo sumamente económico que dicen haber inventado en el convento de Sevilla, pero que puesto a prueba, lejos de ser «el machuelo de Soto», viene a quedar en pura andaluzada.

Si avanzamos un paso hacia la comprensión de tales hechos, se nos impone observar cómo los contemplativos han tendido a acercarse con ello a formas y estilos de vida de signo *moderno*, europeo que diríamos hoy. Apuntaban en el fondo a una mentalidad de tinte claramente burgués, en virtud de un proceso sociológico que en el caso muy visible de Santa Teresa es posible explicar ya hoy en toda su profundidad. La red de hasta quince colegios universitarios que alcanza a fundar Juan de Ávila con su puñado de amigos y discípulos constituye, sin duda, el mayor esfuerzo que se haya realizado en España en el sentido de centros de cultura creados por legítima iniciativa particular, sin el apoyo activo de la Iglesia ni del Estado y hasta sin el arrimo, que se diría indispensable, de una orden religiosa. Advirtamos cómo este interés de la mesocracia en erigir centros universitarios que reflejen sus aspiraciones constituye un indicio de sazonada madurez social, hasta el punto de no haber llegado a cuajar por completo más que en ambientes anglosajones decisivamente moldeados por las formas puras del sistema capitalista y de la ética protestante. Aquella magnífica obra de los colegios del Maestro Ávila sirve como claro indicio de un rumbo de nuestra historia social que, a pesar de su prometedora madurez, se hace de pronto inviable en la segunda mitad del siglo XVI. Los colegios se disolvieron en pocos años; su memoria, y mucho más su significado, se hallan tan sepultos para nosotros que su descubrimiento alcanza a sorprendernos en un plano idéntico al de las inesperadas noticias sobre el invento de los ingenios hidráulicos.

El punto a que así venimos a desembocar es que misticismo, tecnología, capitalismo, tendían a darse en España como fenómenos concurrentes y solidarios, como facetas de un *continuum* arraigado en el mismo terreno vital. La actitud mística representa en España una radical novedad en ruptura con el pasado; la Edad Media castellana la desconoció por completo, por razones quizás afines a las que retardaron varios siglos el florecer de la lírica culta y redujeron a simples intentos el teatro sacro medieval. Misticismo, tecnología, capitalismo, coincidían en ser formas de *modernidad* todas ellas, pero por lo mismo carecían de futuro en una España que enconadamente repudiaba toda suerte de *novedades* y no permitía las mínimas estructuras sociológicas a través de las cuales las minorías y *élites* intelectuales (aplicadas a economía, ciencia, tecnología, pensamiento) iban a influir en la vida de las naciones modernas. España elige en cambio el inmovilismo intelectual garantizado por una alianza indestructible de plebe y aristocracia: una sociedad que se deja jerarquizar en grado sumo porque previamente esas jerarquías y sus órganos de poder han renunciado a fomentar otros valores que los de la elemental plebeyez cristiano-vieja. Era, sí, la famosa *democracia frailuna* de que con satisfacción hablaba Menéndez Pelayo, y ese tipo de sociedad no podía ni deseaba tener en su seno místicos ni científicos. En 1559 el índice del inquisidor Valdés (inspirado por Melchor Cano, acérrimo escolástico y enemigo integral de los místicos) asesta un duro golpe a las tendencias contemplativas. Pero en la misma fecha fatídica, y como presagio del futuro reservado entre nosotros a la ciencia moderna, las Cortes de Castilla tratan de prohibir las más visibles formas de experimentación en «edificios y novedades de ingenios».

Cierto que tales formas de modernidad se daban hacia aquellos años en un contexto de lucha religiosa, aparejadas en Europa con un desafío y repudio del orden cristiano tradicional. Pero no así en España, donde en el plano religioso tienden a funcionar no ya de acuerdo con la ortodoxia, sino profundizando en ella y enriqueciéndola de lozana vitalidad. La España que se hizo inviable no iba, en su vertiente religiosa, con Lutero ni con Calvino, sino con el maestro Ávila, con Santa Teresa y con fray Luis. [...] Una España que hubiese de veras aceptado una religiosidad de inclinaciones místicas hubiera podido ser también una nación moderna en todos los demás sentidos. [...] En una España de místicos habría habido también, por paradoja, riqueza, ciencia e inventos. Hemos carecido de todo eso porque en un determinado momento histórico la mayoría de los españoles prefirieron ser un pueblo de inquisidores, arbitristas y matamoros. Las consecuencias nos cercan hoy por todos lados; en una España mística el léxico tecnológico no estaría, como hoy está, perdido de barbarismos y de objetos que no sabemos cómo llamar, sino rebosante de expresiones tan bellas como *balanza de cajas, alentador de aguas muertas, suplevientos* y *prudentes maneras*.

Emilio Orozco

LA VISIÓN DE LA NATURALEZA
EN FRAY LUIS DE GRANADA

La observación directa, concreta y detallada de la naturaleza alcanza con fray Luis de Granada un punto extremo sólo equiparable precisamente al que ofrecen nuestros artistas del Barroco. Animales, plantas, flores y frutas han sido observados en su vivir y cambiar, no con fría mirada de naturalista, sino con amor y regocijo, demostrándonos cuántas horas debió de pasar en la huerta de su convento parándose a observar lo mismo el juego y habilidades de un pajarillo, que la astucia de los gatos para cazar por tapias y sembrados, o que el madurar de la fruta y el abrir de la flor, y hasta el cómo la hoja de un árbol se va perforando por obra de un gusanillo. Nos referimos a la parte primera de la *Introducción al Símbolo de la Fe*, obra que —como todas las suyas—, aunque revela innumerables lecturas, sin embargo, acusa y declara insistentemente esta observación personal que en forma directa quiere poner ante el lector.

Con respecto a los animales es extraordinaria la riqueza de observación del religioso y la satisfacción que demuestra en esa próxima

Emilio Orozco Díaz, «Fray Luis de Granada y la visión realista y próxima de la naturaleza», *Manierismo y barroco*, Cátedra, Madrid, 1975, pp. 97-101.

contemplación de su vivir. Nota, por ejemplo, «viendo echar de comer a una gallina con sus pollos, que si llegaban los de otra madre a comer de su ración, a picadas los echaba de allí, porque no le menoscabasen la comida de sus hijos». También *ve* en la huerta las habilidades de los gatos para cazar. Así, el que «se extendía ... entre los árboles y las legumbres y se estiraba y tendía de tal manera que parecía muerto», o aquella otra astucia de la que *fue testigo*, cuando otro que perseguía a una lagartija por el borde de una tapia, al meterse ésta bajo una teja «puso la una mano a la boca de la teja más estrecha, y por la más ancha metió la otra ... y desta manera alcanzó la caza que buscaba». [...] El extremo de visión de lo pequeño, de minuciosidad de miniaturista, que nos hace pensar en la pintura de insectos y animalillos, tan abundante en los floreros flamencos, lo vemos en la observación que demuestra del mosquito. Así, recuerda de este *animalillo* que un día se le *asentó uno junto a la uña del dedo pulgar y se puso en orden para herir la carne*. El religioso escritor se contuvo observando qué hacía al *no poder penetrar aquella parte del dedo*: «Tomó el aguijón —dice— entre las dos manecillas delanteras, y a gran priesa comienza a aguzarlo y adelgazarlo con la una y con la otra, como hace el que aguza un cuchillo con otro».

La misma exactitud descriptiva en visión de primer término encontramos al describir plantas y flores. Piñas, castañas, nueces, membrillos o cidras, son recordadas con algún rasgo de su especial estructura; pero el artista se detiene y recrea morosa y amorosamente pintando la granada; *no puede dejar de representarla por lo mucho que declara su artificio*:

Pues primeramente el (Creador) la vistió por defuera con una ropa hecha a su medida que la cerca toda, y la defiende de la destemplanza de los soles y aires: la cual por defuera es algo tiesa y dura, mas por dentro más blanda, porque no exaspere el fruto que en ella se encierra, que es muy tierno: más dentro della están repartidos y asentados los granos por tal orden que ningún lugar, por pequeño que sea, queda desocupado y vacío. [...]

Merece destacarse de entre sus visiones de flores la preciosa y precisa pintura que hace de la azucena, que nos la presenta, llamando nuestra atención cual si quisiera ponérnosla ante la vista:

Poned los ojos en el azucena y mirad cuánta sea la blancura desta flor y de la manera que el pie della sube a lo alto acompañado con sus hojicas pequeñas, y después viene a hacer en lo alto una forma de copa, y dentro tiene unos granos como de oro, de tal manera cercados que de nadie puedan recibir daño.

Y anotemos, por último, otro extremo de su observación analítica en que se detiene al describir las hojas de los vegetales, con el enrejado de venas que la cruzan: «Lo cual noté yo en unas hojas de un peral, de las cuales se mantienen unos gusanillos que comían lo más delicado de la sobreaz de la hoja, y así quedaba clara aquella maravillosa red y tejedura de venas muy menudas que allí se descubrían». Ante esa observación pensamos en la complacencia de algunos pintores del Barroco, en el mismo Caravaggio —*Cesta con frutas*, de la Ambrosiana— y, antes, en Boschaert, que gustan perfilar cuidadosamente las hojas picadas, dejando ver el fondo tras los irregulares huecos de las picaduras. En conjunto, todas esas descripciones, que tan morosa y amorosamente nos ofrece fray Luis, constituyen el anticipo en la literatura de los bodegones ascéticos del pintor cartujo Sánchez Cotán, quien, seguro lector de fray Luis, se acerca con el mismo amor y espíritu trascendente a la más humilde de las criaturas —verduras, flores y frutas— para erigirla en tema independiente en grandiosa visión de primer término y bajo una luz violenta, tenebrista, que realza la estructura y calidad de su ser hasta sus más minúsculos detalles. Recuerda tanto a fray Luis que es necesario pensar lo leería más de una vez; y no sólo en la Cartuja —donde tanto se leyó al dominico—, sino incluso antes de su ingreso en ella durante su virtuosa vida de pintor en Toledo. En el hecho de esta influencia nos demuestra no sólo cuán general y profundamente penetraron los escritos de nuestros místicos en el sentimiento de los españoles, sino, además, cómo la sensibilidad de algunos artistas descubrían en ellos un sentido expresivo, acorde o idéntico al que sentían como impulso y determinante de su arte.

Américo Castro

TERESA LA SANTA

La abundosa literatura acumulada en torno a la Santa tal vez no pensó en multiplicar por su feminidad el sentido religioso de su vida y de su obra. Y, sin embargo, es necesario tomar esa feminidad como supuesto para la obra, ya que sin ninguna duda encontramos en ella la forma más compleja y más grácil que la palabra de mujer presentó jamás en España. [...]

Santa Teresa rechaza la abstracción, prefiere el amor divino inspirado en la humanidad de Cristo, fundado en elementos sensibles y expresados en símbolos y metáforas que alimenten la fantasía. No hay aquí «noche oscura del alma», como en Juan de la Cruz; en Teresa, la uniòn mística se produce, necesariamente, en un previo estado de ausencia de sí misma, en un total vacío de la mente, pero en un vacío cegador por su luz, no por su tiniebla; y rara vez sin el concurso de sus sentidos [...]:

Quisiera yo poder dar a entender algo de lo menos que entendía, y pensando cómo pueda ser, hallo que es imposible; porque en sólo la diferencia que hay de esta luz que vemos a la que allá se representa, siendo todo luz, no hay comparación, porque la claridad del sol parece cosa muy desgustada. En fin, no alcanza la imaginación, por muy sutil que sea, a pintar ni trazar cómo será esta luz, ni ninguna otra cosa de las que el Señor me daba a entender, con un deleite tan soberano, que no se puede decir; porque *todos los sentidos gozan en tan alto grado* y suavidad, que ello no se puede encarecer, y ansí es mejor no decir más.

En el ámbito de lo divino, Teresa no prescinde de los sentidos; el no poder imaginar ni expresar lo acontecido en la superna aventura es, sobre todo, por una dificultad cuantitativa; nuestra imaginación no alcanza a tanto, pero no se niega la posibilidad de que sea imaginable lo que entonces acaece. Aunque Teresa haya alcanzado alguna

Américo Castro, *Teresa la Santa y otros ensayos*, Alfaguara, Madrid, 1972, pp. 59, 62, 64-66, 68-69, 76-77, 78-79, 87-88 (es reimpresión, adicionada, de un estudio de 1929).

vez momentos rigurosos en su contemplación mística (en *Las Moradas*), lo que domina en su obra es esta transposición de la experiencia sensible al mundo de lo que estrictamente aceptado debiera ser inefable, y que felizmente para nosotros y para el arte, no quiso la Santa que fuera así. [...] Los místicos de más subido tono —Eckart, Juan de la Cruz— hunden sus sensibles naves al lanzarse a esa busca desenfrenada de lo absoluto, de lo que a nada está atado, abismo sin forma y sin fondo. Teresa, alma muy femenina, transpuso su querer en su pensar, y éste arrastrará siempre, como preciosa ganga, el tesoro de su emoción y de su fantasía. Teresa se torna morada propicia y apacible para lo divinal, y en ella realiza el prodigio de perder la razón de sí misma sin, a la vez, dejar de existir en el mundo de lo extrarracional. De ahí la seducción de su arte, de temas que dan la impresión de ser nuevos, virginales y sin análogo en la milenaria vastedad del ensueño místico. [...]

La renuncia ascética a toda exterioridad no se hace para trascender de lo finito creado a la infinitud de lo absoluto; la Santa, en su ingenuidad intelectual, piensa que es así: «Cuando veo alguna cosa hermosa, rica, como agua, campos, olores, música, etc., paréceme no lo querría ver ni oír; tanta es la diferencia de ello a lo que yo suelo ver; y ansí se me quita la gana de ellas ... *esto me parece basura*». Y si antes contemplaba las manifestaciones de lo natural, era mediatamente, y preparándose para renunciarlas: «Aprovechábame a mí también ver campos, agua, flores: en estas cosas hallaba yo memoria del Criador, digo que me despertaban y recogían, y servían de libro». En realidad, todo ese mundo exterior que como tal no es sino *basura*, no queda aniquilado, puesto que se resuelve en reminiscencia, en imagen, en metáfora sublimada dentro de la experiencia interna; no se desrealiza la vida mística de Teresa, sino que todo acontece en ensoñación, como jugando a que «esto era». Aceptado semejante convencionalismo —como el niño que cree ocultarse tapándose el rostro—, Teresa vuelca su tesoro íntimo y sensible, es decir, no abandona en realidad lo humano y terreno; desvela su recato, segura de que no va a escuchar sino quien ella eligió. Temblorosas, las frases entorpecidas pugnan por abrirse paso, anhelantes, frenéticas:

Dirán que soy una necia, que *béseme con beso de su boca* no quiere decir esto; que tiene muchas significaciones, que está claro que no habíamos de decir esta palabra a Dios (que *por eso está bien que estas cosas no las lean gente simple*). Yo lo confieso que tiene muchos entendimientos; mas el alma que está abrasada de amor que la desatina, no quiere ninguno, sino decir estas palabras.

Cuando en este comento del *Cantar* surgen frases como «mejores son tus pechos», Teresa retrocede, y al pronto vacila en interpretar: «os encomiendo mucho que cuando leyerdes algún libro, y oyéredes sermón u pensáredes en los misterios de nuestra sagrada fe, que lo que buenamente no pudiéredes entender, *no os canséis, ni gastéis el pensamiento en adelgazarlo*: no es para mujeres, ni aun para hombres muchas cosas». [...]

En esta oración de que hablo, que llamo yo de quietud, por el sosiego que hace en todas las potencias..., parece que todo el hombre interior y exterior conhorta, como si le echasen en los tuétanos una unción suavísima; a manera de un gran olor; como si entrásemos en una parte de presto, donde le hubiese grande, no de una cosa sola, sino muchas; y ni sabemos qué es ni dónde está aquel olor, sino que nos penetra todas. Así parece es este amor suavísimo de nuestro Dios: se entra en el alma, y es con gran suavidad, y la contenta y satisface, y no puede entender cómo ni por dónde entra aquel bien: querría no perderle, querría no menearse, ni hablar, ni aun mirar, por que no se le fuese.

Un intento así de descripción directa de la vivencia de un estado íntimo, no se halla antes de Santa Teresa. En la literatura profana brota el lirismo antes del siglo XVI como un balbuceo discontinuo. El artista proyecta a veces en sus personajes el tema de la visión interior, en toque rápido y sin analizar con exceso; pero no sabe todavía contarnos, en estilo directo, el drama de su experiencia íntima. [...] En la pluma de Santa Teresa, el sujeto individual se expresa con ímpetu y audacia exquisitos:

Veía un ángel, cabe mí ... en forma corporal ... hermoso, mucho, el rostro tan encendido, que parecía de los ángeles muy subidos ... veíale en las manos un dardo de oro, largo, y al fin del hierro me parecía tener un poco de fuego. Éste me parecía meter por el corazón muchas veces, y que me llegaba a las entrañas: al sacarle, me parecía las llevaba consigo, y me dejaba toda abrasada en amor grande de Dios. Era tan grande el dolor, que me hacía dar aquellos quejidos; y tan excesiva la suavidad que me pone este grandísimo dolor, que no hay desear que se quite, ni se contenta el alma con menos que Dios.

(La Santa pensaba en un dardo o en una flecha, armas muy usadas todavía entonces, sobre todo por los indios americanos de los que mucho se hablaba en Castilla. No saquemos las cosas de tino.) El fenómeno descrito es el conocido con el nombre de transverberación; pero la violencia lírica y sin trabas de la descripción hará que este y muchedumbre de análogos pasajes se incorporen a la historia del arte puro y desinteresado. La sensibilidad de la Santa fue agudizándose mediante continuos y adecuados ejercicios, y se nos revela con los más varios temples: ingenua o con enérgica iniciativa; en el callado estremecimiento de la cortejada, o con el frenético desatino del amor disparado. Y todas esas formas que van presentando surgen impregnadas de la divinidad a cuya luz se nos descubren.

Esa maestría para intimar con la propia conciencia, hace que Teresa domine el arte de ser íntima con los demás. El tema recóndito la atrae, y fácilmente, de confesada se vuelve confesora. Siendo aún muy joven, y antes de entrar en religión, influyó enérgicamente en su confesor, un clérigo concubinario:

No fue la afección de éste mala, mas de demasiada afección venía a no ser buena... Con el embelesamiento de Dios que traía, lo que más gusto me daba era tratar cosas de Él; y como era tan niña, hacíale confusión ver esto; y con la gran voluntad que me tenía, comenzó a declararme su perdición... La desventurada de la mujer le tenía puestos hechizos en un idolillo de cobre, que le había rogado le trajese por amor de ella al cuello; y éste nadie había sido poderoso de podérselo quitar... Por hacerme placer, me vino a dar el idolillo, el cual hice luego echar en un río. [...]

La mística, y en forma única la obra de Santa Teresa, ha abierto a la literatura moderna la senda de la confidencia y de la confesión; representa un estilo y un tema nuevos, y eso se debe a que en el fondo común e internacional de la mística vino a insertarse aquel arriscado temperamento de mujer, que no renuncia a nada, cuando pretende renunciar a todo; especialmente no renuncia a su esencia femenina, que nos brinda íntegra, que no teme desvelar porque el carácter divino que ella asigna a su maravilloso soliloquio la pone a cubierto de toda humana sospecha.

Víctor García de la Concha

LOS ESTILOS DE SANTA TERESA

Fue Menéndez Pidal el primero que se propuso «fijar en qué consiste la espontaneidad (teresiana), a qué móviles obedece y qué grado de originalidad alcanza». Su tesis, simplemente esbozada a comienzos del siglo [y sólo desarrollada en 1942], alcanzó, de inmediato, gran aceptación y fue incorporada a todos los manuales. Parte don Ramón del hecho objetivo de que la Santa comienza a escribir cuando su formación está ya completa y en la coyuntura de verse privada de libros a causa del *Índice* de Valdés. Escribirá, por tanto, apoyada en los recuerdos. Pero sus «desviaciones» terminológicas, en relación con la norma léxica doctrinal, no constituyen sólo «imprecisión disculpable, sino también una liberación que el espíritu de la santa buscaba respecto del vocabulario tópico de las escuelas, dentro del cual no cabría su experiencia íntima». Hay, además, otras motivaciones de esa espontaneidad que pudiera calificarse de heterodoxa. «La renuncia a la voz precisa hemos de explicarla —dice el gran maestro— como un acto de humildad»; «si Santa Teresa, al nombrar la *mística teología*, añade "que *creo se llama ansí*", es para mostrarse olvidada de sus libros; le ruboriza emplear un tecnicismo: "no piensen que quiere parecer docta"». Por último, «otra causa de la indomable espontaneidad teresiana es la improvisación llevada a grado extremo». En la línea de Juan de Valdés —«escribo como hablo»— nuestra mística va mucho más allá: «ya no escribe, sino que habla por escrito».

Enunciada de este modo, la tesis menendezpidalina resulta no sólo irreprochable sino muy fecunda. Pero es el caso que, partiendo del punto más discutible —desviación de la norma por humildad—, y extrapolando algunos textos que ahora contemplaremos, ha ido configurándose la imagen de una escritora artista «a pesar suyo», la cual, decidida a apartarse del mundo, *desclasa* su lenguaje y adopta un habla rústica, un «estilo ermitaño», que resulta enormemente

Víctor G. de la Concha, *El arte literario de Santa Teresa*, Ariel, Barcelona, 1978, pp. 97-101, 107-109, 112.

atractivo sin pretenderlo. A este propósito, sitúa don Ramón a Santa Teresa junto a «la noble ascética granadina doña Catalina de Mendoza ... que, ejercitada en toda clase de mortificaciones, hacía consistir una de éstas en ocultar su admirado talento escribiendo sus cartas según la redacción de una inculta sirvienta». Confieso que no veo cómo podría semejante comportamiento encajar en la tipología espiritual teresiana. [...]

Es cierto que la Fundadora ordena al visitador de sus conventos:

> También mirar en la manera del hablar, que vaya con simplicidad y llaneza y relisión, que lleve más estilo de ermitaños y gente retirada que no ir tomando vocablos de novedades y melindres —creo los llaman— que se usan en el mundo, que siempre hay novedades. Précianse más de groseras que de curiosas en estas cosas.

Pero la ordenanza debe interpretarse en referencia a la intención de la legisladora y a la luz de otros textos concordados. Porque Santa Teresa pretende tres cosas: que, en ningún modo, el tipo del lenguaje utilizado por cada monja pueda establecer un signo de distinción clasista, como podía ocurrir en la Encarnación y otros conventos entre las «doñas» hidalgas y las demás monjas menos cultas; en segundo lugar, que en el trato con seglares se evite la agudeza o afectación. Isabel Bautista declara que la Fundadora «no sufría ninguna palabra que oliese a ... agudeza o afectación. Cuando los seglares le preguntaban alguna cosa de lo que hacían dentro de casa sus religiosas, respondía con toda verdad y sin rodeos ... : "La verdad nunca desedifica ni daña"»; finalmente, quiere que las monjas del nuevo Carmelo, negadas al mucho coloquio exterior, busquen, sobre todo, hablar con o de Dios, que es el trato que interesa.

En el *Camino de perfección* había aclarado la Santa que «todo el estilo que pretendemos llevar es de no sólo ser monjas sino ("en la línea del primitivo Carmelo") ermitañas, y ansí se desasen de todo lo criado». La perfección de la carmelita reformada consiste en el *hablar bien* con Dios: «porque algunas personas hablan bien ("en la vida social") y entienden mal ("en las cosas del espíritu"), y otras hablan corto —y no muy cortado— y tienen entendimiento para mucho bien: que hay unas simplicidades santas que saben muy poco para negocios y estilo del mundo y mucho para tratar con Dios». Y poco más adelante: «Ya saben que sois religiosas y que vuestro trato es de oración (...). Si os tuvieran por groseras ("por no cultas"), poco va en ello (...): ganaréis de aquí que no os vea sino quien se entendiese por esta lengua; porque no lleva camino, uno que no sabe algaravía, gustar de tratar mucho con quien no sabe otro lenguaje». No se rechaza, pues, el lenguaje culto en sí mismo ni, mucho menos, se preceptúa buscar uno fingidamente deturpado. Se descarta que la cultura pueda ser signo de clase en los conventos, se persigue la vana curiosidad de las modas. [...]

Disponemos de testimonios que reflejan cómo la fluida espontaneidad de escritura a que el temperamento primario abocaba a Teresa de Jesús, se enfrenaba, de continuo, por una manifiesta voluntad de precisión lingüística. La madre María del Nacimiento declara en el Proceso de Madrid que

una noche (la Fundadora) estuvo escribiendo en el monasterio de Toledo hasta más de las doce y teniendo muy mala la cabeza; porque le pareció que en una carta iba una palabra no muy cierta, no la quiso pasar, aunque su compañera le decía no era de mucha importancia; y con ser la carta muy larga y tan tarde, y ella con gran dolor de cabeza, quiso más tornar a trasladar la carta, que no fuese en ella aquella palabra que no podía decirse con mucha certeza.

Si esto ocurre en el género epistolar, podemos fácilmente conjeturar lo que ocurrirá en las obras mayores y, sobre todo, en las místicas.

Debemos tener en cuenta, a este propósito, que la escritura de las vivencias espirituales sirve a Santa Teresa para perfilar y fijar su conciencia doctrinal refleja de ellas. En consecuencia, cabe, diría, incluso, que hay que predecir *a priori* un íntimo condicionamiento de exactitud. Y esta misma exigencia se refuerza desde la consideración de los destinatarios. Son los confesores a quienes, sobre la base precisamente de tales escritos, pide un juicio de autenticación. O sus monjas, a quienes quiere guiar como maestra, atenta a disipar confusiones y mixtificaciones. Tales objetivos, ¿permiten imaginar, siquiera, una redacción descuidada o, mucho menos, con voluntad de *desclasamiento*? Creo que no. Bastaría como prueba de hecho ese planteamiento estructural constante, con que nuestra escritora aborda el mismo tema una y otra vez desde diversas perspectivas, asediándolo mediante acumulaciones de imágenes, multiplicando sinónimos, etc. Son procedimientos que pertenecen a la retórica del afecto, pero que, a la vez, connotan con claridad este propósito básico.

Acotando el tema en el ámbito lingüístico, hay que decir que si efectivamente se diera en Santa Teresa una voluntad de principio de desclasamiento del lenguaje, carecerían, en gran parte, de sentido las remodelaciones que manifiestan el autógrafo de la *Vida* y, sobre todo, el del *Camino* (códice de Valladolid), [donde son visibles] la criba de imágenes y las mutaciones del léxico y la sintaxis hechas de acuerdo con una implícita norma de superior decoro, [desde la substitución de *ylesia* o *demoño* por *yglesia* o *demonio*, hasta el rechazo de expresiones coloquiales como *prometer con la boca*, etc.]. Pero, prescindiendo ya de esto que, en algún modo, pudiera considerarse como excepcional, en la redacción de la *Vida* y las *Moradas* o en la primera del *Camino*, y en todos los niveles lingüísticos, se advierten por doquier signos del doble propósito que constituye la cara y cruz de la moneda del estilo teresiano: expresar de manera directa y eficaz la vivencia interior, sin mediatizaciones convencionales de fórmulas estereotipadas; expresarla, a la vez, con fidelidad. [...]

En Santa Teresa confluye, desde luego, la tradición del medievo, pero no en la dimensión de simple continuidad que Etchegoyen [1923] insinúa, sino revitalizada con la savia de las nuevas corrientes personalizadoras del Renacimiento y contrastada en la crisis contrarreformista. De ahí, la absoluta libertad con que manipula los sedimentos de sus lecturas y la decisión con que afronta nuevas formas de expresión, capaces de transmitir eficazmente su personal vivencia interior. El esfuerzo es titánico. Los moldes lingüísticos de los libros espirituales constituían verdaderos estereotipos. Santa Teresa los engloba bajo una expresiva caracterización: «concertados»; esto es, escritos de acuerdo con un armónico plan preestablecido y útiles para entendimientos del mismo tipo. Su personalidad rebasa, sin embargo, tales esquemas y, como torrente impetuoso, busca terreno libre. Arroja luz sobre esto el Prólogo del *Camino*:

Pienso poner algunos remedios para tentaciones de relisiosas, y el intento que tuve de procurar esta casa (...) y lo que más el Señor me diere a entender, como fuera entendiendo y acordándoseme, que, como no sé lo que será, no puedo decirlo con concierto; y creo es lo mijor no le llevar, pues es cosa tan desconcertada hacer yo esto.

Y, poco después: «¡qué desconcertado escrivo!, bien como quien no sabe qué hace. Vosotras teneis la culpa, hermanas, pues me lo mandais. Leeldo como pudierdes, que ansí lo escrivo yo como puedo; y si no, quemaldo por mal que va». Pocos meses, discontinuos, bastaron para la composición del *Camino*; sólo dos, para las profundas *Moradas*.

Podemos calar todavía más en la significación del término «*concertado*». Porque, en última instancia, traduce al plano religioso el ideal renacentista de vida: algo racional, armónico, moderado. Tanto Teresa de Jesús como Juan de la Cruz claman, desde la perspectiva maximalista del místico, contra esas almas que viven rectamente, que, incluso, se mortifican, pero que no se deciden a esa negación total que implica la autodejación en manos de Dios, a fin de que sea Él quien obre con sus modos, *desconcertantes* para los hombres. Visto con ojos racionales, el mundo que Teresa de Jesús comunica en sus escritos, es, también, absolutamente desconcertante: en él aparecen, en efecto, maridados lo natural y lo sobrenatural, el milagro y lo más cotidiano. El capítulo 35 del *Camino* me parece, en este punto, revelador. Allí advierte a sus monjas que, para entrar en ese mundo es necesaria «una grande y muy determinada determinación de no parar hasta llegar ... , venga lo que viniere, suceda lo que sucediere, travaje lo que se travajare, mormure quien mormurare ... siquiera me muera en el camino ... siquiera se hunda el mundo». Salta a la vista la connotación de maximalismo. A renglón seguido, desprecia la Santa las voces *concertadas* de la racionalidad —«"hay peligros", "hulana por aquí se perdió", "el otro se engañó" (...)»— y aclara: «si no estuviese ya nuestra flaqueza tan flaca y nuestra devoción tan tibia, no eran menester otros *conciertos* de oración, ni eran menester otros libros, ni era necesario otras oraciones». Es decir, para esas almas *concertadas* ya existen «libros muy bien *concertados*», pero ella escribirá para almas *desbaratadas* por la acción impetuosa del Espíritu y tratará con ellas de otra oración *desbordada* de los cauces ordinarios y ordenados. Cuando, obedeciendo al mandato del padre García de Toledo, redacta el discurso de su vida, le pide: «sea sólo para vos algunas cosas de las que viere vuestra merced *salgo de términos*; porque no hay razón que baste a *no me sacar de ella* cuando *me saca el Señor de mí*, ni creo soy yo la que hablo ... ; parece que sueño lo que veo, y no querría ver sino enfermos de este mal que estoy yo ahora». [...]

En Santa Teresa todo parte de la historia individual o pasa por ella. Porque incluso las zonas de vivencias espirituales no experimentadas reflejamente, son inquiridas desde el propio proceso de concienciación o de comunicación. Ya no cabe, por consiguiente, hablar de equidistancia entre el tratado y la biografía: la historia personal se hace teoría teológica y/o ésta se concreta vitalmente en lo biográfico. Por eso, sugiero hablar de *estilos* teresianos y no de estilo de Santa Teresa. Por eso, en el análisis del *Libro de la Vida*, nos topamos con estructuras polimórficas, en las que se mezclan los estratos ensayísticos con la crónica o la autobiografía, y al tono expositivo se le adhiere el didáctico o el parenético o el que simplemente connota la expansión lírica. Cotejando esta práctica con la retórica tradicional de los tratados espirituales, brota espontáneo un calificativo; justo el que la escritora se autoatribuyó: *desconcertado*.

FRANCISCO YNDURÁIN Y CRISTÓBAL CUEVAS

POESÍA Y PROSA EN SAN JUAN DE LA CRUZ

1. Es evidente que el místico está más atento a comunicar una vivencia para hacernos participantes o para servirnos de guía que a una labor de interpretación de su propia obra poética en cuanto tal. Ni la crítica de entonces estaba atenta a valores que nos parecen hoy de más fuste en la lírica. Sin embargo, y con carácter subsidiario y ocasional, lo cierto es que los comentarios de San Juan de la Cruz al explicar sus poemas, abundan en finas observaciones de matices expresivos, a veces delicadísimos. Así en la declaración de qué signifiquen y qué calidades encierran los «sotos», las «ínsulas extrañas» (el arcaísmo del sustantivo parece apuntar a lugares de pura maravilla), las «montañas», los «valles», por no mencionar la rica y exótica imaginería tomada al *Cantar de los Cantares* o a otros libros de la Biblia. Hay en San Juan un delicadísimo sensitivo, incluso para las sensaciones externas, aunque sólo le sean eco o reflejo de otras viven-

i. Francisco Ynduráin, «San Juan de la Cruz, entre alegoría y simbolismo», en *Relección de clásicos*, Prensa Española, Madrid, 1969, pp. 11-21 (15-20).
ii. Cristóbal Cuevas García, «El *Cántico espiritual* como glosa. Relaciones entre prosa y verso», ed., San Juan de la Cruz, *Cántico espiritual. Poesías*, Alhambra, Madrid, 1979, pp. 32-37.

cias íntimas y secretas. Ese maravilloso verso de la canción xiv en el *Cántico espiritual*:

«El silbo de los aires amorosos», da lugar a esta fina percepción del *silbo*: «Y para que mejor se entienda lo dicho, es de notar que así como en el aire se sienten dos cosas, que son toque y silbo o sonido, así en esta comunicación del Esposo se sienten otras dos cosas, que son sentimiento de deleite e inteligencia. Y así como el toque del aire se gusta en el sentido del tacto, y el silbo del mismo aire con el oído, así también el toque de las virtudes del Amado ... ».

Tenemos muestra también de su matizado sentido auditivo para obtener efectos expresivos en moderadas aliteraciones, tan justas y sobrias como penetrantes. En el mismo *Cántico*, y en su canción ii (empleo «canción» y no «estrofa» por seguir la terminología del poeta), hallamos dos formas verbales, «vierdes» y «fuerdes», ambas en rima, que resultan levemente arcaicas en su tiempo. No creo que se tratara sólo de evitar una rima esdrújula, según el uso garcilasiano y generalizado, al evitar las correspondientes «viéredes» y «fuéredes». Parece claro que las formas llanas, con su -*r*- más vibrante, comunican reforzando el tono de busca ansiosa, apremiante. Luego, en la declaración consiguiente, nos encontraremos con la forma «viéredes». En la prosa ya no necesita que la palabra vibre; le basta con que se haga significante, no le hace que sugiera.

Junto a estas, escasas, ocasiones en que el poeta vence, lo que domina es la actitud de quien acomoda a un plano alegórico la expresión del verso. Así ocurre con la palabra «noche», deliberadamente cargada con sentidos segundos; así, con los demás objetos «bellos» de la lírica petrarquista en la que San Juan estaba inmerso. En la canción iv del *Cántico*, donde invoca: «¡Oh, prado de verduras, / de flores esmaltado!», luego se nos declara que «esta es la consideración del cielo, al cual llama "prado de verduras", porque las cosas que en él hay criadas siempre están con verdura inmarcesible que ni fenecen ni se marchitan con el tiempo, y en ellas, como en frescas verduras, se recrean los justos... Este nombre de "verduras" pone también la Iglesia a las cosas celestiales, cuando, rogando a Dios por las ánimas de los fieles difuntos, hablando con ellas dice: *Constituat vos Dominus inter amoena virentia*». El *locus amoenus* es uno de los más viejos tópicos de la literatura bíblica y clásica, pasando por la Edad

Media. Aquí, flores y verdura, escenario tradicional de amores, funcionan con intención alegórica, no de otra manera que en la «Introducción» a los *Milagros* de Berceo, donde el prado «verde e bien sençido» está por la virginidad de María, y las restantes notas de paisaje, árboles, fuentes, flores y pájaros no son sino corteza que ha de quitarse para alcanzar el «seso», el «meollo» donde está el sentido verdadero. Otra cosa será la «fermosa cobertura» de que hablará Santillana, pero seguimos en una dicotomía análoga, aunque no haya tan riguroso sistema de correspondencia en el marqués galante.

Al utilizar la calificación de «alegórica» para la declaración de las canciones en San Juan, debo hacer una precisión y una reserva. La precisión es que entiendo por alegoría la interpretación, tan usual en las mentes de la Edad Media, sobre todo cuando se trata de textos bíblicos. El *sensus allegoricus* viene a traer, con su juego de *aliud dicitur, aliud demonstratur* ['se dice una cosa, se refiere a otra'], las verdades sobrenaturales hasta un plano sensible, supuesto que todos los cuerpos hacen referencia a realidades invisibles. [...] Por el camino de la declaración alegórica llegaremos muy lejos o muy alto, pero en última instancia se nos propone un término y un agotamiento. Ahora bien, la poesía de San Juan es de las que tienen más levantado vuelo y se dejan apresar menos por sentidos tropológicos. La oposición entre «alegoría» y «símbolo» pudiera facilitarnos esta distinción, si tomamos, entre los múltiples sentidos atribuidos a «símbolo», el mismo que E. de Bruyne analiza en la expresión de los místicos medievales; o con carácter menos histórico y más como constante del imaginar humano, *símbolo* significaría posibilidad e indicio de un significado todavía más amplio y elevado, más allá de nuestras capacidades de comprensión. Así C. J. Jung en su libro *El problema de lo inconsciente en la psicología moderna*. No estamos muy lejos de la contraposición de Juan Ramón Jiménez entre «poesía abierta» y «poesía cerrada», ni de la literatura crítica reciente que con tanta frecuencia y vario sentido está utilizando esa oposición (Umberto Eco, *Obra abierta*; René Nelli, *Poésie ouverte, poésie fermée*).

La verdad es que desde la escuela simbolista es cuando se ha venido prestando más atención a una poesía abierta hasta las más remotas resonancias, y al mismo tiempo que se ha querido hacer poesía con ese arranque y destino, se ha leído con otra actitud la poesía anterior. La magia verbal y el puro simbolismo inagotable, he aquí los valores, las calidades específicas y privativas de la lírica de San Juan, las mismas por las que tiene hechizo y llamada hasta para los no creyentes, aunque los tenga de otro modo al no implicar emociones y creencias, esperanzas y anhelos, cultura y tradición compartidos. T. S. Eliot ha escrito en alguna parte que «la prueba de que una poesía sea excelente —no afirmaré que la contraria sea válida— es que antes de ser comprendida conmueve», lo cual es venir a decir que hay una manera de comunicación que es *poética* y que nada tiene que ver con otros medios y modos de comunicación y conocimiento. Se me dirá que esto es una tautología, y tampoco he querido eludirla.

En cualquier caso, si bien los comentarios en prosa declaran el sentido de la aventura mística con sus pasos y nos apasionan con la misteriosa elevación del alma que busca y se une, cuando releemos los poemas nos queda un excedente inexplicado, nos queda la magia de una poesía singular. Las expresiones paradójicas de «la música callada», «la soledad sonora», «el cauterio suave», «la regalada llaga» son habituales en la lírica amorosa, sólo que en el *Cántico* suenan de otra manera y sabemos que lo inefable ahora es de orden infinito.

Sí, San Juan inaugura entre nosotros la poesía *simbolista*, y en ello radica su encanto tan distinto. Cuando aparecen en la última canción del *Cántico espiritual* estos dos versos inesperados, no esperables: «y la caballería / a vista de las aguas descendía», no se preocupa el declarador de justificar la presencia de «caballería» ni de «las aguas», aunque nos explica que por «las aguas entiende aquí los bienes y deleites espirituales» que en estado de unión goza el alma, y que por «caballería», «entiende aquí los sentidos corporales de la parte positiva así interiores como exteriores». El caballo, desde Platón, representa alegóricamente la parte concupiscible, y las aguas han valido, desde la Biblia, con muy obvia figuración, para representar el riego espiritual, y en San Juan como en Santa Teresa es un alegorismo tópico. Pero esto es con la visión de una mente que tiene una cultura determinada y racionalmente liga cosas con ideas; pero nos queda algo más en esos versos, en su contexto, fabulosamente inquietantes, apelando a una comunión poética que luego explicaremos, acaso, por los efectos que en nosotros hayan producido, por algunos de ellos, pero que difícilmente reduciremos a equivalencias.

11. San Juan de la Cruz ve en el verso un lenguaje apto, aunque sólo aproximativo, para encerrar en símbolos sus ideas y experiencias. [...] Por ello, a la hora de elegir un género literario mínimamente adecuado, comprende que el poema habrá de formar parte de él como punto de partida para cualquier racionalización de sus intuiciones. Pero, a la vez, la necesidad de comunicación que le imponen sus propias inquietudes y las demandas de sus discípulas le obligan a explicitar lo que oscuramente contenían los versos. Y entonces recurre, por necesidad interna más que por elección caprichosa, a un género híbrido, mixto de prosa y verso, que contaba a la sazón con una larga tradición literaria: la glosa de un poema simbólico en prosa doctrinal. Para nosotros, estos dos elementos son de pareja importancia en la concepción sanjuanista. Es verdad que los lectores preferirán uno u otro según la actitud con que se acerquen al libro. Los teólogos se inclinarán por la prosa y los artistas por el verso. Pero para su autor, ambos son elementos constitutivos de una unidad superior. Casi hilemórficamente, los versos actúan como materia prima de esta criatura bifronte, sellada y definida inequívocamente por la paráfrasis como por una forma sustancial aristotélica. Y ya se sabe que en cualquier ente compuesto, materia y forma son inseparables. [...]

San Juan recurre, pues, a la «glosa» para aprovechar las posibilidades raciocinadoras de la prosa junto a las simbolizadoras y emotivas del verso. Pero, a nuestro entender, otras causas influyen también en esta elección. La primera sería su concepción de la poesía como *inspiración* y *revelación* de lo alto. Parece claro que el Santo, en una línea platónica que le une a fray Luis, tenía el convencimiento de que Dios, al menos en cierta medida, le había inspirado sus poemas —por eso afirma que éstos se han compuesto «en amor de abundante intelligencia mística»—. La madre Magdalena del Espíritu Santo cuenta, a este respecto, una anécdota reveladora: «Causándome admiración la bibeça de las palabras, y su hermosura y sutileça —dice, refiriéndose al cuadernillo de Beas, que incluía el *Cántico espiritual* primitivo—, le pregunté un día si le daba Dios aquellas palabras que tanto comprehendían y adornaban, y me respondió: "Hija, unas beces me las daba Dios, y otras las buscaba yo"». San Juan concibe, en efecto, sus poesías como algo semejante a la Biblia, ya que ambas vienen por inspiración. [...] Siendo esto así, no puede extrañarnos que el místico de Fontiveros explique sus versos por métodos exegéticos, más que filológicos o retóricos. Como en los tratados de hermenéutica bíblica, el texto «inspirado» se respeta al máximo, figurando al principio del libro y, estrofa a estrofa, al frente de cada comentario. En éste se aplican, no las técnicas humanísticas de análisis textual, sino las normales en el siglo XVI para el comentario escriturístico: pesquisiciones reiteradas y desde distintos puntos de vista, búsqueda de los cuatro sentidos tradicionales —literal, típico, alegórico y acomodaticio—, recurrencia a «figuras, comparaciones y semejanzas» que han de leerse con «sencillez del espíritu de amor e inteligencia...», según es de ver en los divinos *Cantares* de Salomón», confirmación doctrinal con textos patrísticos, reconocimiento de la multiplicidad de sentidos posibles, etc. Así se explica la notable semejanza existente entre los tratados sanjuanistas y los libros de exégesis, más o menos contemporáneos, de Antonio de Honcala, Gutiérrez de Trejo, Domingo de Soto, Gregorio Gallo —autor de una verdadera «glosa» a los caps. 1-9 de la epístola a los *Romanos*—, y, sobre todo, fray Luis de León. El día que se estudie en detalle la influencia de la exégesis bíblica en la técnica glosatoria de nuestro místico, tal como se aplica en sus comentarios, se habrá dado, a nuestro parecer, un paso decisivo en la comprensión de sus mismas peculiaridades literarias.

Ahora bien, en la adopción del género «glosa» como esquema estructural de sus libros, San Juan de la Cruz no procede aisladamente. Muy al contrario, en su elección debieron de influir decisivamente los numerosos comentarios espirituales y morales que corrían en su tiempo sobre poemas de diversa índole. Recordemos —aparte los tratados luisianos de exégesis bíblica— la *Hesperodia* de Jerónimo Bermúdez, la *Glosa peregrina* de Alonso López, los *Proverbios de Salomón... glosados* de Francisco del Castillo, las diversas *Glosas* a las coplas de Jorge Manrique (Alonso de Cervantes, Rodrigo de Valdepeñas, Jorge de Montemayor, Diego Barahona, Garci Ruiz de Castro, Gregorio Silvestre, etc.), o los libros, aún más próximos, de Hernando Alcocer y Alonso de Fuentes. [...] En todos ellos encontramos innegables rasgos de semejanza, en estructura y metodología, con los tratados que estudiamos. Así, en el de Alonso de Fuentes se copia, al frente de cada «declaración» —palabra que, sintomáticamente, designa una explicación en prosa del propio autor— el romance —«canto»— que se ha de declarar; a esta «declaración», de carácter histórico y literal, sigue una «moralización» de matiz tropológico. Menos semejanzas ofrecen los comentarios a Manrique de Garci Ruiz de Castro, donde la glosa métrica acompaña a la prosística; sin embargo, en la búsqueda de los diversos sentidos de los textos, en la exégesis estrofa a estrofa, en la inclusión del verso glosado en el comentario, en las citas bíblicas y patrísticas, y en otros detalles de menos importancia, hallamos también un hito de interés en la tradición de la «glosa» espiritual que lleva a las del santo carmelita.

Para nosotros, no obstante, el precedente más claro de nuestros tratados se halla en la *Glosa de moral sentido* de Luis de Aranda. Nos parece muy probable que San Juan conociera este libro —publicado, no lo olvidemos, en 1552—, ya que su autor, como Sebastián de Córdoba, era vecino de Úbeda, y es de presumir que sus obras tuvieran amplia difusión entre sus conciudadanos. El libro de Aranda se articula estructuralmente en 26 unidades doctrinales, formadas por otras tantas estrofas manriqueñas con sus comentarios en prosa —de hecho, sólo se comentan las coplas morales, prescindiéndose de las laudatorias—. Cada una de estas unidades se halla encabezada por una copla, a la que sigue el comentario prosístico, en el que se integran ocasionalmente uno o varios versos de la copla, de la misma manera que lo hace San Juan de la Cruz. El método exegético se basa también en la búsqueda de los cuatro sentidos clásicos de la hermenéutica bíblica. Y resulta curioso el que Aranda, a propósito del verso «contemplando», haga una apología de la contemplación, orientada sobre todo a la reflexión religiosa en soledad, algo muy próximo a la meditación discursiva.

Roger Duvivier

NOCHE OSCURA DEL ALMA

Veamos el poema de la *Noche oscura*, que comentan dos tratados, en apariencia con bastante libertad, pero fielmente en cuanto al
fondo: «La noche preside la *Subida* y la *Noche oscura* ... , proporciona un tema que se adapta a la experiencia hasta el punto de confundirse con ella». La noche es el despego entendido en un sentido
tan radical que el pensamiento sistemático conserva la palabra para
darle un valor «técnico»: «noche activa», «noche pasiva», «noche
del sentido», «noche del alma». «Por su total negación, la noche
expresa una permanente impotencia de nuestra imaginación», afirma
Jean Baruzi [1924]. Se utiliza también para suplir en cierto modo
esa deficiencia por medio de una violencia que se hace a la misma
imaginación. ¿Cómo ese símbolo privilegiado se usa en el plano
poético, es decir, allí donde se desarrolla según una lógica apoyada
en la experiencia, y que no perturba ninguna irrupción del proceso
discursivo del pensamiento trivial? Ante la *Noche oscura*, Baruzi
adopta una actitud de recogimiento: «Contemplo con una mirada
nueva unos versos que me traen imágenes. Me adhiero al mismo
movimiento lírico». Permanezcamos como él tan disponibles como
lo requiere la lectura, pero limitémonos, durante todo el tiempo que
sea posible, a no subrayar más que líneas de fuerza que se adviertan
exteriormente, a no consignar más que observaciones impersonal-
mente objetivas, sin prestar «todo nuestro ser» más que en la medida en que descubramos unos procedimientos que así lo exijan.

Para empezar, tres estrofas íntimamente vinculadas, desarrollan
un único movimiento.

> 1. En una noche oscura
>   con ansias en amores inflamada,
>   ¡oh dichosa ventura!
>   salí sin ser notada,
>   estando ya mi casa sosegada.

Roger Duvivier, *La genèse du «Cantique spirituel» de Saint Jean de la Croix*,
Les Belles Lettres, París, 1971, pp. 182-188.

2. A oscuras y segura
    por la secreta escala, disfrazada,
    ¡oh dichosa ventura!
    a oscuras y en celada,
    estando ya mi casa sosegada.

3. En la noche dichosa,
    en secreto, que nadie me veía,
    ni yo miraba cosa,
    sin otra luz y guía
    sino la que en el corazón ardía.

Desde el primer verso, la noche se presenta como el lugar, y su característica esencial es algo en lo que se insiste, y que se subraya con el calificativo «oscura». El segundo verso acaba de precisar el clima hablándonos del sentimiento, que es la ansiedad amorosa. Luego, una exclamación de triunfo lanzada desde el momento actual retrasa por un instante más el verbo de movimiento que brota al comienzo del cuarto verso: *salí*. El movimiento adquiere un relieve extraordinario: primera manifestación evidente de la persona que habla, indica la entrada en escena. El uso del pretérito supone que la empresa ha llegado a su término: se habla de ella retrospectivamente, en medio de una exultación que ya se expresaba en el verso precedente. Un hecho importante es el de que el verbo se emplea con un valor absoluto; aparece desprovisto de un complemento que nos indique de dónde salió el narrador, y de ese modo el acto reviste un alcance indefinido, por no decir ilimitado. El tema de la salida va a asociarse íntimamente muy pronto al elemento nocturno convirtiéndose en tema de evasión por la alusión al secreto (*sin ser notada*). La atmósfera se completa con una nota de paz (*estando ya mi casa sosegada*).

Las dos estrofas siguientes, desprovistas del verbo, se deslizan por la estela de «*salí*» y aportan repeticiones y variaciones respecto a lo que canta la primera estrofa: el secreto, la paz, situaciones que se engloban en la negación que implica en sí misma la noche; la insistencia en la negación se hace explícita en el segundo y tercer verso de la tercera estrofa (*en secreto que* nadie *me veía* / ni *yo miraba* cosa). Una especie de paralelismo envuelve las estrofas segunda y tercera en el clima de la primera, prolongando de forma alusiva el impulso de *salí*. Esta construcción, que es muy curiosa, sugiere una correspondencia muy íntima entre todos los elementos propuestos.

El verbo ausente se convierte en el lugar en el que se entrecruzan todas las relaciones, y el acto que expresa parece situarse en el origen de toda la elaboración poética. Todas las evocaciones sólo parecen aportar perspectivas diversas que se refieren al impulso fundamental. Únicamente la imagen de la noche parece tener un alcance tan general como el propio movimiento: encabezando la tercera estrofa, después de toda una estrofa sin verbo, la repetición del complemento de lugar basta para renovar poderosamente el impulso primitivo, como si *salí* se absorbiese realmente en la imagen *en la noche dichosa*: en efecto, el final de la estrofa alude a la continuación del movimiento, convertido en viaje (*sin otra luz y guía*). La entrada y el avanzar por la noche son como el reverso de la salida.

Todos los detalles de cierta consistencia plástica no cobran cuerpo en un paisaje: las alusiones a la casa, a la escalera, al disfraz, son meramente funcionales, y de alcance moral. La incidencia exclusivamente simbólica del lenguaje se confirma con la alusión al corazón; se considera éste como la sede de la llama que guía sus pasos. La manifiesta objetivación de realidades interiores nos sugiere que interpretemos la negación general como un rechazo del mundo objetivo. La estrofa cuarta no permitirá albergar la menor duda a ese respecto.

En efecto, en el estadio siguiente, la subjetividad (*quien yo bien me sabía*) se convierte abiertamente en el terreno de una transmutación de los valores negativos (*en parte donde nadie parecía*) en una realidad secreta de orden superior (*más cierto que la luz del mediodía*):

> 4. Aquésta me guiaba
>   más cierto que la luz del mediodía,
>   adonde me esperaba
>   quien yo bien me sabía,
>   en parte donde nadie parecía.

Una alusión oblicua insinúa la presencia de un compañero en el seno del mundo de la negación. La existencia del «otro» es objeto de una certidumbre, no de una aprehensión; su persona es la meta asignada al movimiento.

Una quinta estrofa tiene por objeto celebrar el logro de las empresas expuestas en las estrofas precedentes:

> 5. ¡Oh noche que guiaste!
> ¡Oh noche amable más que la alborada!
> ¡Oh noche que juntaste
> Amado con Amada,
> Amada en el Amado transformada!

Los amantes se nombran al mismo tiempo que se nos dice que se han reunido. Todo el mérito del encuentro se atribuye a la noche: constantemente ligada hasta aquí a una acción, ahora se exalta en calidad de agente. La transformación de la noche en luz, de lo negativo en positivo, queda plenamente realizada, y corresponde a la absorción de la Amada en el ser del Amado; esta última indicación escapa al desarrollo del símbolo propiamente dicho, y confina con los dominios de la relación autobiográfica y de la justificación de orden teológico.

Pero una vez alcanzada la meta, la noche se desvanecerá. El movimiento cesa, o al menos se debilita. Lo estático imperfecto reina entonces sobre dos estrofas impregnadas de una blanda euforia. La delectación amorosa se pinta en una nota de discreto antropomorfismo, con el fondo de un paisaje apenas esbozado en el que una pincelada de exotismo introduce una referencia al Cantar de los Cantares:

> 6. En mi pecho florido
> que entero para Él solo se guardaba,
> allí quedó dormido,
> y yo le regalaba,
> y el ventalle de cedros aire daba.

> 7. El aire del almena
> cuando yo sus cabellos esparcía,
> con su mano serena
> en mi cuello hería,
> y todos mis sentidos suspendía.

Por fin, el retorno al pretérito señalará, no una vuelta a la actividad, sino la caída final de la curva.

> 8. Quedéme y olvidéme,
> el rostro recliné sobre el Amado,
> cesó todo y dejéme,
> dejando mi cuidado
> entre las azucenas olvidado.

Es aquí donde encontramos más verbos, pero también menos actividad, al menos aparente. Los pretéritos indefinidos, relegando la estrofa a un pasado ya terminado, aumentan el efecto evanescente. La persona de la Esposa, llena de ansiedad durante la búsqueda, serenada más tarde, se abisma en una quietud evocada con tal lujo de verbos que sin duda ha de tener un reverso de eminente actividad. Pero el personaje del Amado parece escapar a nuestro campo visual, en el que por otra parte nunca ha aparecido de un modo claro. Una última imagen —una cortina de azucenas— viene a interponerse entre nosotros y la misteriosa pareja.

Si ahora abarcamos el poema en una visión general, comprobaremos que se divide en dos tiempos netamente diferenciados en el orden del espacio y del movimiento. El símbolo de la noche sólo recubre explícitamente la primera parte: la noche no es más que el medio y la prolongación de un movimiento propiamente negativo. Salir es ir de lo determinado hacia lo intedeterminado, y la noche convierte en total esa indeterminación. La función del movimiento negativo es tan esencial que, valiéndose de artificios de construcción, las estrofas 2 y 3 dependen del verbo *salí*, y que permanecemos bajo su efecto hasta que se alcanza la meta (*¡Oh noche que guiaste!*); mientras, como ningún pretérito indica el paso a una nueva actividad, el viaje evocado en imperfecto parece vincularse al acto de ruptura (*Aquésta me guiaba...*). En la segunda parte el movimiento se aminora, florecen imágenes, se transparenta un paisaje; los verbos se acumulan en una profusión que sólo parece dibujar un fondo estático. La llegada anula la tensión directriz, y una vez el deleite ocupa el lugar de la búsqueda, el medio negativo accede a una cierta existencia plástica. La calidad del movimiento y del espacio rigen, pues, el desarrollo del poema. El elemento fundamental del simbolismo no es la noche en sí misma, sino el movimiento al que ésta corresponde.

A pesar de la situación de ignorancia en la que nos hemos instalado por hipótesis, hemos llegado a entrever que el movimiento fundamental concuerda con un proceso psíquico e incluso con un contenido espiritual. Las alusiones al corazón, luz «de la noche», la convicción íntima de una presencia invisible, han insinuado que la realidad experimentada de manera negativa se opone a la realidad tangible, pero reprimida, del mundo exterior. De ello puede deducirse que el poema no se proyecta en un espacio puramente ficticio, sino que se articula en una cierta experiencia interior. Más aún, la orientación del movimiento inicial nos revela una perspectiva imaginaria significativa de una actitud muy particular. En efecto, el impulso de *salí* aborda como un «fuera» lo que llamamos habitualmente el «dentro». La diferencia de punto de vista es radical: el «dentro» se nombra como una orilla; se convierte en lo de afuera en el momento en que el espíritu se aparta de la orilla para hundirse en la profundidad indefinida. El eje de la función imaginaria se desplaza en función de un despego riguroso de lo sensible. Mientras el alejamiento no encuentra ninguna compensación, la interioridad se describe como un recorrido sin contorno, se define únicamente como medio en el que se produce el hundimiento. Cuando la experiencia resulta coronada por estados de plenitud, ya no vuelve a hablarse ni de fuera ni de dentro: el cielo interior se convierte entonces, con toda naturalidad, bajo la forma de un decorado idílico, en el medio ambiente. Saboreada con tal grado de evidencia, la realidad mística ya no se define explícitamente por contraste con la realidad trivial.

Marcado por el sello de la experiencia, el poema nos ha llevado hacia ella de un modo tan irresistible como si nos hubiéramos propuesto averiguar su sentido en un esfuerzo de simpatía activa. Examinando la construcción general, observando las desviaciones de la imagen en relación al funcionamiento habitual del espíritu, llegamos a las mismas conclusiones obtenidas por el fervor receptivo de Baruzi. Escuchémosle: «La conciencia se somete a un movimiento que parece ir del exterior al interior, del mundo sensible al universo nocturno, de las imágenes que representan objetos a las que sólo expresan momentos de la acción. Una sobriedad plástica corresponde así a la grave lentitud del ritmo. El poema, en su devenir, representa una absorción de uno mismo en uno mismo... *Hay un alma que se adentra en la noche y a la que sólo sostiene un universo interior*».

Por medio del análisis y por la vía de la participación, parece que queda claro que el poema de la *Noche oscura* traslada la experiencia mística a un movimiento que es la fuente y el regulador de las imágenes. La experiencia y el símbolo confluyen en lo que llamaremos, a falta de mejor expresión, el espacio interior: aunque tiene que quedar claro, lo repito, que no restituye la contemplación misma, y menos aún su objeto, el poema refleja bien aquí las configuraciones psíquicas vinculadas a la existencia contemplativa. Todo proceder va unido a una imagen de ese proceder. Y la poesía, que no narra el mismo Dios, trata de captar el impulso de la busca o la exultación del descubrimiento en una expresión a un tiempo verbal y plástica. El «despego», condición de la experiencia, se vive según modalidades diversas; el «viaje», en el plano de la expansión lírica, se armoniza con esas peripecias. La confusión del espacio poético y de la espacialidad subjetiva es el resultado de la transposición del movimiento psíquico al plano de un lenguaje figurado. Por consiguiente, la imaginería simbólica sólo existe en relación a un dinamismo fundamental, que no depende menos de la experiencia que de la poesía. Para Baruzi la noche es un símbolo dinámico en la medida en que está atravesada por un movimiento. De hecho, es el movimiento mismo lo que constituye el símbolo en el sentido en que lo entiende Baruzi: medio nocturno o decorado idílico no son más que subproductos que se armonizan con ritmos del dinamismo fundamental. Verdaderamente, podemos hablar de un simbolismo del movimiento.

José Luis L. Aranguren

LA ACCIÓN DEL *CÁNTICO ESPIRITUAL*

Los poemas [de San Juan de la Cruz], si se los lee como poemas —y eso es lo que son—, no significan más que amor, embriaguez de amor, y sus términos se afirman sin cesar humanos. ... En los tres grandes poemas no hay más que imágenes: irreales representaciones concretas que forman el relato de un amor. Nada abstracto se mezcla a la historia, reducida a los pasos y las emociones de una pareja enamorada. La acción no puede avanzar más limpia de adherencias aclaratorias. He aquí a la Esposa y el Esposo, he aquí sus trasportes. Y el relato queda autónomo, bastándose a sí mismo como tal relato en la mayoría de sus versos. ¿Qué significación se esconde bajo la maravilla? Por de pronto, ahí está la maravilla con su primer horizonte y sus infinitas lontananzas y resonancias poéticas.

Jorge Guillén

José Luis L. Aranguren, «San Juan de la Cruz» (1973), *Estudios literarios*, Gredos, Madrid, 1976, pp. 9-92 (11-16, 20-21).

Manteniéndose en la misma posición de lectura exenta —o de voluntad de tal, frente al recubrimiento interpretatorio—, el lector del *Cántico espiritual* no puede desconocer que éste le suena a otro poema bien sabido y consabido, el bíblico *Cantar de los cantares*.

El acercamiento directo, inmediatamente laico, al sacralizado texto fue tarea harto más arriesgada —recuérdese a fray Luis de León— y dificultosa que la nuestra. Sin embargo, hoy se admite —sigo la Biblia llamada *de Jerusalén*— que de este libro se han propuesto «las interpretaciones más divergentes» y que una de ellas es la de quienes «se atienen al sentido natural del texto. Piensan éstos que el *Cantar* es una colección de cantos que celebran el amor humano legítimo, que consagra la unión de los esposos. El tema no es meramente profano, es religioso, puesto que Dios ha bendecido el matrimonio» y, por tanto, la transposición, llevada a cabo por los profetas, a la relación de Yahvé con Israel y, más tarde, de Cristo con la Iglesia, y del alma individual con Dios, sería perfectamente legítima.

Nosotros no tenemos prisa por llevar a cabo tal transposición. Nos importa en cambio sobremanera la confrontación del *Cántico espiritual* con el *Cantar de los cantares*. En cuanto a la estructura formal general, salta a la vista que el Esposo habla más en el *Cantar* que en el *Cántico* (pese a que éste lleve el subtítulo de «Canciones entre el alma y el esposo»); que el Coro ha desaparecido del *Cántico* y que, en su lugar, aun cuando desempeñando una función sensiblemente diferente, hay una «Respuesta de las criaturas» a la pregunta por la Esposa que les hace el Amado. Tal diferencia nos muestra ya el carácter intimista del *Cántico*, en contraste con la apertura ceremonial, comunitaria, de la celebración de los amores del Rey en el *Cantar*. (La personificación en «el alma», como expresamente la llama San Juan de la Cruz, de la Iglesia o del Pueblo elegido, resulta imposible de hacer en el *Cántico*.)

Si de la estructura general pasamos a la lectura en detalle, las diferencias son también muy visibles. El *Cantar* —que, retengamos esto, canta un matrimonio consumado ya— es un poema oriental, lleno de sensualidad, [...] de sobrecargado ambiente de placer, de exceso metafórico y aromático, de atracción y deleite para todos los sentidos. A la vez, la sensación que nos da la lectura es puramente plástica, como la de visión de un espléndido cuadro, sensación estática, intercambio entre el esposo y la esposa de suntuosos piropos, brillantes metáforas. En el poema —quizá por no ser tal poema sino un conjunto de poemas cuasi-repetitivos— *no pasa nada*, no hay apenas acción, sólo hacia el final del segundo y hacia el comienzo del cuarto, la búsqueda anhelante del esposo por la esposa y la pregunta —conjuro, mejor— a «las hijas de Jerusalén».

En contraste con el *Cantar*, el *Cántico* es un poema desnudo, escueto, despojado de galas y mucho más simbólico que metafórico (aun no llegando a ser, como la *Noche* y la *Llama*, un puro símbolo). Y, sobre todo, un poema en el que hay acción: no un «cuadro plástico», sino un acontecimiento dramático. ¿En qué consiste éste?

Recordemos una vez más que vamos a hacer la lectura directa de un poema «exento», separado de interpretaciones y comentarios, que sólo *después* habremos de asumir. Así pues, volvamos a preguntarnos: ¿Qué ocurre en el *Cántico*? Si la *Noche oscura* es el poema de la Noche y la *Llama de amor viva* el de la Llama, el *Cántico* es el de la unión de amor. No quiero decir de ninguna manera, claro, que *Noche* y *Llama* sean menos poemas de amor que el *Cántico*. Lo único que digo es que el «argumento», la «acción» del *Cántico* es la consumación de la unión amorosa, enteramente narrada. Lo que digo es que en el *Cántico* asistimos —lo que no es el caso de los otros dos poemas, ni tampoco del *Cantar de los cantares*— al acto mismo de la unión de los amantes. El *Cantar de los cantares* era un poema sobrecargadamente sensual. El *Cántico* no es sensual, pero es en cambio profundamente erótico. En otro lugar he escrito sobre la «mística» intrínseca al hecho erótico (que, dicho sea por ahora entre paréntesis, es lo que ha hecho no sólo posible sino inevitable que la imagen por excelencia de la *unio mystica* sea la unión erótica). A través del sexo y de la comunión sexual, vivida en toda su hondura, hay una búsqueda, un afán de Absoluto, de trascendencia del finito yo y, en sentido amplio, de religiosidad mística.

Si sin gazmoñería alguna aceptamos leer el *Cántico* así, pronto veremos en qué tremenda medida es un poema erótico (pero no, por supuesto, lo que en el lugar que se acaba de citar he llamado, un tanto provocativamente, arte-pornográfico: el proceso hacia la unión, y la consumación de ésta, están expresados aquí indirectamente, en transposición poética; es al movimiento del verso y al *tempo* del poema a los que se confía la «descripción» del acto). La Amada llama desde el principio a su Querido, sale, anhelante, en su busca, a los pastores les transmite, por si le encuentran, su mensaje de amor, y a las criaturas todas, a los bosques y a las espesuras, a los verdores y a las flores, pregunta por él. En la estrofa 6 pide la entrega total, sin intermediario o mensajero, y en la 7 comienza ya el desfallecimiento de amor ante el «no sé qué que quedan balbuciendo» cuantos intentan referir lo indecible, las gracias sin cuento del Amado. La lira

8 es la del desvivirse, morir sin acabar de morir, y a continuación viene el dulce improperio a quien llaga y no sana, a quien roba y no toma para sí lo robado. La exaltación sube todavía más a partir de la canción 10, en la que la amante pide la visión de los ojos deseados, que ella tiene ya grabados en sus propias entrañas. Esta «visión» que, en rigor, no es tal, por entrañable, desde dentro, lo que supone fusión y confusión en un solo ser, fue, sin duda, lo que determinó la interpolación de una nueva lira aquí mismo, según la segunda versión: tal amor demanda clara y distinta «presencia» y «figura» para prevenir —obsesión contrarreformadora de ortodoxia— una posible lección panteísta. Con todo, la nueva estrofa 11 posee fuerza poética y apenas puede decirse que frene el ímpetu ascendente. El clímax, el éxtasis erótico se alcanza al comienzo de la estrofa 12 de la versión primera. [...] El propio San Juan de la Cruz lo declara así cuando al comentar la estrofa 27, se refiere a «la canción donde se hizo este divino desposorio», que dice: «Apártalos, Amado».

Tras él, prolongándolo, se sucede el *afterglow* de la felicidad, que parece ir a detener para siempre el supremo instante, aserenado ya: ritmo largo, que abraza el universo entero en el abrazo íntimo, de las liras 13 y 14: «Mi Amado, las montañas...», «La noche sosegada...». Después la amante vuelve a sí, vuelve en sí, y mirando en derredor, repara en el lecho florido donde ha consumado su amor, en lo que ha sido su entrega total —tiempo pasado inmediato, que perdura en el presente—, en la promesa que, sin necesidad de palabras, ha hecho de ser para siempre la esposa del Amado. El anticlímax es, más que tal, una idílica escena: ella ya no tendrá otro ejercicio que el del amor y, enamorada, hará guirnaldas, las entretejerá en su cabello y, reclinando su cuello sobre los dulces brazos del amado, dormirá en ellos sueños de amor. A partir de la lira 31 recomienza la excitación erótica. Los amantes, lejos de todos, y ella yendo, en sus ensueños, por ínsulas extrañas, están juntos, en soledad, de amor heridos. Internándose por la espesura penetran en las bien escondidas cavernas, donde otra vez se embriagarán, donde —secreto lenguaje alusivo de los amantes— «...luego me darías / allí tú, vida mía, / aquello que me diste el otro día». El poema termina con dos estrofas cuya función de asosegamiento y, a la vez, de conservación perdurante del pasmo orgiástico, se corresponde con las de las liras 13 y 14 en el éxtasis anterior. El *Cántico* es un poema místico. Pero por de pronto es un espléndido poema erótico. [Sin embargo, si lo leemos como mero canto de la acción, erótica, a la luz de su símbolo configurador, el éxtasis erótico mismo], precisamente al llegar al instante de la unión, la estrofa 12, nos quedamos perplejos. Sus palabras nos suenan extrañas, no son las que en este momento esperaríamos de dos amantes, y parecen estar diciendo que allí se trata de «otra cosa» —otra cosa que todavía, en una lectura exenta, no podemos imaginar cuál sea—. O, dicho de otro modo, tal momento de extrañeza nos hace sospechar que el símbolo erótico sólo imperfecta, insuficientemente responde a la misteriosa experiencia que allí ha tenido lugar. Otros versos del poema nos confirman en la misma sospecha de que estamos ante un «misterio», y de que no se está hablando, sin más, de lo que nos parecía, de humano amor.

Dámaso Alonso

LA LENGUA POÉTICA DEL *CÁNTICO ESPIRITUAL*

Tres influjos [se hacen sentir fundamentalmente en la lírica de San Juan de la Cruz]: el de la poesía bíblica del *Cantar de los Cantares*, y los dos de la poesía castellana de su siglo: tradición de la poesía culta italianizante y tradición de la poesía popular y de los cancioneros. [...]

San Juan de la Cruz no vacila en usar alguna vez los artificios estilísticos que le ofrecía la tradición literaria. Pero en él no resultan nunca fórmulas exteriores, fríamente sobrepuestas, sino que le sirven de atinados, intuitivos refuerzos de la expresión afectiva o del desarrollo conceptual. [...] La aliteración, en un verdadero poeta, no es nunca un artificio, sino un fenómeno intuitivo, profundamente ligado a la entraña de la creación. A este tipo de hallazgos corresponde sin duda el verso «un no sé qué que quedan balbuciendo...» (*Cántico*, estr. 7). En general, la sucesión inmediata de tres sílabas *que* resul-

Dámaso Alonso, *La poesía de San Juan de la Cruz (Desde esta ladera)*, Aguilar, Madrid, 1966, pp. 123, 128-134, 136-141.

taría molesta al oído. En este caso, tras la vaguedad de *un no sé qué*, esa repetición indica una duda, un entrecortado titubeo, que va a complementarse, a recibir su justificación con el gerundio *balbuciendo* en el que cuaja la acción verbal. Puestos a apurar artificios, encontraríamos algunos ejemplos de trasposición, aunque de los tipos menos complicados: [por ejemplo], «y miedos de las noches veladores» (29). [...] Considérese ese endecasílabo y véase en él cómo al separarse el adjetivo de su sustantivo, en ese lapso que va desde *miedos* hasta *veladores* se intensifica el nocturno desvelo, la expectación, la prolongada y temerosa alerta. Estos casos de trasposición estaban ya en la poesía del siglo XVI. De allí los toma San Juan de la Cruz. Mas la fuerza selectiva que le lleva a usarlo, precisamente en esa ocasión, pertenece también al más oscuro y prodigioso fondo de la creación poética. [...]

Saltan a nuestro encuentro las oposiciones y contrastes. Las encontramos repetidas veces lo mismo en las poesías en endecasílabos que en las coplas castellanas. Son expresiones como: «cauterio suave», «llaga delicada», «que tiernamente hieres», «con llama que consume y no da pena», «matando muerte en vida la has trocado», «oh vida, no viviendo donde vives», «me hice perdidiza y fuí ganada», «que muero porque no muero», «vivo sin vivir en mí»; «entréme donde no supe / y quedéme no sabiendo / toda ciencia trascendiendo», «y abatíme tanto, tanto / que fuí tan alto, tan alto...»» La antítesis es un recurso estilístico de todas las épocas; existente en la poesía popular, se agudiza en las escuelas más cortesanas y cultas. Arrastrada de los cancioneros a la segunda mitad del siglo XVI, va a tener un extraordinario desarrollo en la poesía barroca, en el conceptismo y el gongorismo del siglo XVII. Esto por lo que se refiere a los orígenes literarios. Pero ¿por qué ha de abundar tanto en un escritor tan poco inclinado a manierismos como es San Juan de la Cruz? La clave está, si no me engaño, en la inefabilidad de los estados cimeros del proceso místico. Una de las más fuertes raíces escolásticas del pensamiento lógico y del criterio psicológico, en la doctrina de San Juan de la Cruz, es la proposición «dos contrarios no pueden caber en un mismo sujeto». Esto en cuanto a la razón. Pero los cuadros lógicos se rompen precisamente ante los estados inefables de las alturas místicas, [...] y la destructora atribución de contrarios a un mismo sujeto le sirve como de aniquiladora fórmula de expresión de lo inefable. [...]

El léxico popular y rústico, sobre todo en el *Cántico*, [aflora] en palabras como «ejido», «majadas», «manida», «adamar», «compañas»…, bien abundantes y de intención evidente. Quiero señalar sólo, junto a esta veta, las palabras de sentido hierático, procedentes del *Cantar de los Cantares*: «ciervo», «Aminadab», «cedros», «almena», «azucenas», «granadas», «palomica», «tortolica»…, y, en fin, la abundancia de voces cultas, fuertemente latinizantes: «vulnerado», «ejercicio» 'ocupación', «nemoroso», «socio» 'consorte', «emisiones». «bálsamo», «discurrir» 'marchar', «aspirar» 'soplar'… Otras, como «fonte», son evidentes dialectalismos. Otras, como «esquiva», proceden del vocabulario amoroso trovadoresco. […] Tenemos huellas rurales y dialectales: nutrición del niño de Fontiveros. Cultismos: imbibición del escolar salmanticense. Hieratismos bíblicos: producto de sus estudios escriturarios. Voces poéticas: huella de la lectura de cancioneros y de Boscán y Garcilaso.

[Al analizar la contextura nocional y gramatical de la poesía de San Juan de la Cruz], eso que llamábamos condensación, velocidad, fuerza expresiva de la palabra desnuda, se traduce en sintetismo de las nociones, función predominante del sustantivo, [para empezar], a expensas de la función verbal. Notemos en primer lugar cuán escasos son los versos en que se acumulan varios verbos. Cuando sobreviene uno, «decidle que adolezco, peno y muero» (2), se debe a que las tres acciones expresan tres matices distintos, y bien pautados conceptualmente, y los comentarios insistirán en hacernos notar la diferencia. […] Más frecuente es aún que en la oración a un solo verbo corresponda un complemento múltiple. Así en

> A las aves ligeras,
> leones, ciervos, gamos saltadores,
> montes, valles, riberas,
> aguas, aires, ardores,
> y miedos de las noches veladores,
>   por las amenas liras
> y canto de serenas os conjuro… (29-30)

Es decir: «yo os conjuro, a las aves, a los leones, a los ciervos», etc. A una sola acción verbal corresponde un complemento que se descompone en nada menos que once términos, ordenados en yuxtaposición y expresados por nombres. […] Otras veces, en fin, no existe verbo, porque la cópula sustantiva no ha sido expresada. Y surgen así esas maravillosas enumeraciones como las de las estrofas 13 y 14 del *Cántico*: «Mi Amado, las montañas, / los valles», etc. Esta ausencia de cópula, este subdividirse de los miembros no verbales de la oración, tienen como resultado una gran condensación de materia. En los ejemplos del segundo tipo un solo efluvio verbal vale para múltiples complementos. Como el matemático que quiere simplificar la fórmula, el poeta extrae el factor común de una larga serie de sumandos. El verso se adensa y se nutre a la par de nociones y de irradiaciones de luz poética, cada una lanzada a un objeto concreto: «yo os conjuro: a las aves, leones, gamos, montes, valles...». Vamos entreviendo.

Función predominante del sustantivo, a expensas de la función verbal, pero sobre todo a expensas del adjetivo. [Para comprobarlo, basta cotejar el *Cántico espiritual* con la canción de Garcilaso *A la flor de Gnido*.] Las 22 liras de la *Flor*, comparadas con las 22 primeras del *Cántico*, nos dan este resultado: la proporción de adjetivos propiamente dichos en Garcilaso excede del doble, podríamos decir que es aproximadamente el triple que en esas liras de San Juan de la Cruz. Para comprobar el resultado, he analizado las 17 liras últimas del *Cántico*: la proporción de adjetivos es casi exactamente igual a la de las 22 primeras estrofas. Al hacer este análisis encontramos hechos casi increíbles: en las diez primeras estrofas del *Cántico* no hay ni un solo adjetivo propiamente dicho. Nos vamos explicando su intensidad y su rapidez verbales. Otra diferencia importantísima es la que atañe a la colocación del adjetivo. El número de los antepuestos, o epítetos, en esas liras de Garcilaso, es casi el doble de los pospuestos o especificativos; el número de los antepuestos en las 22 primeras liras del *Cántico* es menos de la tercera parte de los pospuestos, y en la totalidad del *Cántico* se aproxima a la tercera parte. [...]

Las consecuencias inmediatas de la escasez en el empleo del adjetivo por San Juan de la Cruz, se comprenden en seguida: se aumenta la velocidad, la cohesión y la concentración de todo el período poético; resulta resaltada la función del nombre. Resalta en dos sentidos: porque los sustantivos se adensan, se suceden con una mayor rapidez, y, aún más importante, porque el nombre aislado, desnudo, tiene que multiplicar sus valencias afectivas, recargándose al mismo tiempo de su original fuerza intuitiva, que en la poesía del Renacimiento había cómodamente abandonado a la función adjetival. De aquí esa sensación de frescura, de oreo que experimentamos al pasar a la poesía de San Juan de la Cruz. Tómense los versos «¿Adónde te escondiste, / Amado, y me dejaste con gemido?» (1). Pensemos en el valor de ese sollozo final: «con gemido». Y tratemos de añadirle cualquier adjetivo oportuno: el sentido, en lugar de avivarse, se embota.

Hay otro rasgo que tiene un gran valor estilístico. El poeta emplea muy pocos adjetivos; pero con frecuencia, cuando los emplea suelen venir acumulados en una o dos estrofas. Transcurren las diez primeras del *Cántico* sin uno solo. ¡Diez estrofas sin un solo adjetivo! Pero, he aquí que en la 11 empiezan a aparecer, y que en la 13 y la 14 se amontonarán, se sucederán casi verso a verso:

Mi amado, las montañas,
los valles solitarios nemorosos,
las ínsulas extrañas,
los ríos sonorosos,
el silbo de los aires amorosos.

La noche sosegada,
en par de los levantes de la aurora,
la música callada,
la soledad sonora,
la cena que recrea y enamora.

Y este cambio ha coincidido, en la contextura interna del poema, con el paso de la mortificación y meditación (vías purgativa e iluminativa) a la vía unitiva. De un modo isócrono, el movimiento estilístico ha cambiado también. La apresurada velocidad de la búsqueda ha desaparecido. El poeta, en la purgación del sentido y en la espiritual, iba veloz, como el alma enamorada. En nada, en ningún encanto (y en ningún espanto) se detenía: «Buscando mis amores, / iré por esos montes y riberas, / ni cogeré las flores, / ni temeré las fieras...» (3). Pero ahora ha encontrado al Amado. Y su voz se remansa y se explaya en anchura de gozo, y las cosas, las flores bellas del mundo, ya tienen un sabor y un perfume. Ya no es necesaria la premura. Los adjetivos entonces expanden la frase y jugosamente y jubilosamente la hinchan. Al cambio de línea interna del poema ha acompañado un cambio de la andadura estilística.

10. EL TEATRO PRELOPESCO

MERCEDES DE LOS REYES PEÑA

El término «prelopesco» en el presente capítulo está empleado en un sentido amplio, abarcando la producción dramática que se realiza desde comienzos del siglo XVI hasta la llegada a la escena de Lope de Vega: es decir, el teatro de la época más propiamente renacentista. Es una etapa difícil para el drama, caracterizada por una serie de búsquedas, fracasos y logros que van preparando el terreno para la creación en el siglo XVII de la comedia española (según subraya Surtz [1979] últimamente).

Delimitado el campo de estudio (cuyo mejor repaso sigue siendo el de Crawford [1937², 1967³]), presentaremos en rápido recorrido el panorama teatral del siglo XVI, para detenernos después en los aspectos y figuras rigurosamente más importantes. En orden cronológico, el primer lugar lo ocupan Torres Naharro y Gil Vicente. Uno y otro, junto con Juan del Encina y Lucas Fernández —ya considerados estos en *HCLE* (I, 11), con la perspectiva de la tradición medieval—, forman parte de esa serie de dramaturgos a los que se podría agrupar según Ruiz Ramón [1979³] bajo el nombre de «generación de los Reyes Católicos», a causa de su fecha de nacimiento —alrededor de 1470— e ideología. Tras su producción y la de autores secundarios, pero de gran interés, como Hernán López de Yanguas (González Ollé [1967]), Diego Sánchez de Badajoz (Weber de Kurlat [1968 y 1972]) y Sebastián de Horozco (González Ollé [1979]), se desarrollan a lo largo del siglo XVI diversas tendencias. El teatro cómico (cuyos elementos deslinda muy bien Weber de Kurlat [1963]) se continúa cultivando con obras en las que se imita a algunos de esos autores y *La Celestina*, sin que aparezcan innovaciones hasta Lope de Rueda. Aun si abundan las piezas autónomas de notable valor (véase, por ejemplo, Rodríguez-Moñino y Wilson [1973]), el drama religioso está representado, sobre todo, por el *Códice de Autos Viejos* (cuyo estudio y edición preparo), núcleo de un mal conocido teatro, sobre el cual, además de los trabajos ya clásicos de Wardropper [1953] y Flecniakoska [1961], pueden consultarse los análisis temáticos de Gewecke [1974] y Hess [1976], y el dedicado a la función de la alegoría por Fothergill-Payne [1977]; aunque se siguen escribiendo dramas relacionados con los ciclos de Navidad y Pascua (puede resultar útil la antología de Moll [1969]), se manifiesta una mayor tendencia a asociar las obras religiosas con la festividad del *Corpus Christi* (Shergold [1967]), camino que conducirá al «auto sacramental». Existe además un teatro universitario dirigido a un público reducido, cuyos autores, con finalidad pedagógica, traducen y adaptan al castellano dramas greco-latinos, como hace Hernán Pérez de Oliva (Peale [1976]), o bien escriben piezas en lengua latina (aunque de forma ocasional incorporan también el romance) imitando esos mismos modelos (García Soriano [1945] y Hermenegildo [1973]). En la segunda mitad del siglo, surge un teatro de colegio, principalmente en los centros de la Compañía de Jesús, que recoge la práctica de las representaciones universitarias y, guiado por un propósito didáctico-moral, produce dramas de tendencia clásica, religiosa o popular (según el elemento predominante en ellos, pues esas tendencias suelen aparecer combinadas en una misma obra), en los que se va relegando de forma progresiva el latín en favor del castellano, hasta el punto de que existen pocos completamente en latín, la mayoría está en ambas lenguas y bastantes sólo en castellano (García Soriano [1945], Flecniakoska [1961], Roux [1968] y Griffin [1976]). En el último tercio del siglo, hay que destacar el intento de crear una tragedia española, realizado por un grupo de autores (Jerónimo Bermúdez, Andrés Rey de Artieda, Cristóbal de Virués, Juan de la Cueva, Lupercio Leonardo de Argensola, Miguel de Cervantes, Gabriel Lobo Lasso de la Vega) a los que Ruiz Ramón [1979 [3]] reúne bajo el epígrafe de «la generación de los trágicos» y para quienes Hermenegildo [1973] prefiere el nombre de escritores de «la tragedia de horror», por su forma de resolver «la puesta en escena de los diversos conflictos trágicos». Por último, se debe señalar la presencia en España de compañías de comediantes italianos (Falconieri [1957], Arróniz [1969]). Aunque la primera llega en 1548 y desde antes nos visitan actores individuales o en pequeños grupos, es entre 1574 y 1587 cuando vienen de forma bien organizada. Estas compañías, que tenían un repertorio variado —*commedia dell'arte*, tragedias, tragicomedias, pastorales...—, contribuyen al establecimiento del teatro como espectáculo permanente y al desarrollo de la escenografía en el teatro cortesano (Arróniz [1969]).

El teatro de Torres Naharro, Gil Vicente y Diego Sánchez de Badajoz, igual que el de Encina y Lucas Fernández, ha sido considerado por Américo Castro [1965 y 1976 [4]] como producto de conversos y medio de expresión de sus inquietudes y aspiraciones. También Ruiz Ramón [1971 [2]] piensa que este teatro es fruto «de la necesidad vital, más que simplemente literaria», de dar cauce a los problemas vividos por sus autores, y Hermenegildo [1971] —que ve en la presencia de los toscos pastores que pueblan nuestro teatro primitivo una intención de ridiculizar a la masa campesina cristiano-vieja— cree que estamos ante «la primera literatura social de nuestra historia», porque a la protesta debe unirse el deseo que se advierte en las obras religiosas (de Encina, Lucas Fernández, Sánchez de Badajoz, Hernán López de Yanguas, Fernando Díaz...) de construir una sociedad justa, en la que desaparezcan las diferencias entre conversos y cristianos viejos. Esta corriente de la crítica (y véase también Wilson [1970]), al contemplar el teatro de finales del siglo xv y primera mitad del xvi sobre el fondo de la tensa situación socio-religiosa de la época y emergiendo en ella, va más allá de la perspectiva tradicional, para la que dicho teatro fue sólo un entretenimiento cortesano, en el que los pastores rústicos harían reír, por contraste, al auditorio aristocrático.

El extremeño Bartolomé de Torres Naharro (¿1485?-1520, según Gillet [1961]) se sitúa con el *Diálogo del Nascimiento* en la escuela iniciada por Encina y continuada por Lucas Fernández, cuya influencia, sin embargo, reduce pronto a los *introitos* y algunas escenas de sus obras. En estos pasajes encontramos de nuevo al pastor tosco que habla el dialecto rústico convencional llamado «sayagués» (Weber de Kurlat [1949], Lihani [1958 y 1973], Teyssier [1959], Stern [1961], López Morales [1968], Stegagno [1969]), cuya comicidad provocaría la risa en los espectadores. No obstante, el pastor o rústico de Torres Naharro presenta diferencias con los personajes de este tipo creados por Encina o Lucas Fernández. Para Gillet [1961] está totalmente alejado del bucolismo y de las especulaciones sobre el amor, siendo sujeto de las realidades menos agradables de la vida campesina y sintiendo el amor como necesidad física; y para Gilman [1963-1964] es, en general, más rudo, enrevesado y ridículo que los pastores de los salmantinos. Brotherton [1975] ve en el empleo del pastor rústico recitando el *introito* una de las soluciones de Torres Naharro al conflicto existente entre la comedia italo-clásica con su *servus* o *lacayo* y la farsa medieval española con su *pastor-bobo*. Consciente de la ineptitud de este personaje para el drama de intriga, lo saca del cuerpo de la obra, reduciendo su papel al *introito*, o, si lo deja en su interior, limita su intervención a unas cuantas escenas cortas que no obstaculizan el desarrollo de la trama principal.

Teórico, además de escritor, Torres Naharro deja sus reflexiones sobre el teatro en el «Prohemio» de la *Propalladia*. En él —la primera preceptiva dramática de Europa impresa durante el Renacimiento (Gillet [1961])—, muestra una gran independencia de criterio y elabora su teoría desde su propia experiencia como hombre de teatro: aunque parte de los preceptos de los antiguos, los abandona pronto para expresar su opinión personal.

Estas características, los avances de Torres Naharro y la condición

profética de su concepción de la comedia respecto a la fórmula que llegaría
a triunfar con Lope de Vega fueron puestas de relieve por Gillet [1961]
en un completo estudio sobre la preceptiva dramática del escritor extremeño. La obra de Torres Naharro se imprimió en Nápoles, 1517, con el
título de *Propalladia* (la *Comedia Calamita* fue incluida por primera vez
en la edición de Sevilla, 1520; y la *Aquilana*, en la de Nápoles, 1524),
y ha sido también magistralmente publicada y —sobre todo— anotada por
Gillet [1943-1951].

Como la mayor parte de su producción fue escrita en Italia, la crítica
ha tratado de determinar la posible influencia del teatro italiano sobre
ella. Aunque debió de influirle (tal vez proceda de ahí, por ejemplo, la
idea de introducir en sus comedias la vida y las costumbres contemporáneas, como ya indicó Menéndez Pelayo y admite Gillet [1961], que
apunta, no obstante, que también pudo haberla tomado de *La Celestina*),
no cabe determinar con certeza sus préstamos, y hay que suponer que la
obra de Torres Naharro fue de inspiración española (Gillet [1961],
Arróniz [1969]). Torres Naharro hizo avanzar el teatro y lo enriqueció
con sus propias contribuciones: fue el creador del *introito*, monólogo
cómico separado del cuerpo de la obra y recitado por un pastor en dialecto
rústico (excepto en la *Tinellaria*), que, unido al *argumento*, llegó a ser la
forma de prólogo dominante en la primera mitad del siglo XVI (Meredith
[1928], Gillet [1961], Flecniakoska [1975]); siguiendo el dictado clásico,
dividió la comedia en cinco actos que llamó «jornadas»; amplió la galería
de personajes..., pero sobre todo le corresponde el mérito de haber hallado
la fórmula de la comedia española en un primer intento que cristalizará
en el siglo XVII con la producción de Lope de Vega (Gillet [1961], Surtz
[1979]). La evolución del pensamiento de Gillet hasta admitir una posible
relación *genética* entre el drama de Torres Naharro y el de Lope de Vega
ha sido mostrada por Otis H. Green (en Gillet [1961]; y cf. las observaciones de Bataillon [1967]).

A pesar de ser portugués, Gil Vicente (¿1465/70?-1536/40) tiene su
puesto en la historia de nuestro teatro, pues aunque su idioma nativo
domina en su producción, otra gran parte de ella está escrita en castellano
o en ambas lenguas (Teyssier [1959], Beau [1960] y Stegagno [1969],
entre otros, han estudiado las posibles razones que llevaron al poeta a
elegir una u otra). Gil Vicente, el mayor dramaturgo de la Europa de su
tiempo, en opinión largamente aceptada, y el creador del teatro literario
portugués (Révah [1950]), realizó su producción dramática para la corte
real portuguesa entre 1502 y 1536, siendo publicada en 1562 por sus
hijos Paula y Luis, el cual mutiló desgraciadamente el texto original
(Révah [1951 *b*], Stegagno [1969]).

Reckert [1977], al estudiar los procedimientos de composición de Gil
Vicente, insiste en su continuo recurso al principio de la economía de

esfuerzos, a un someter sus materiales —fuentes, temas y personajes— a los procesos de variación, repetición y combinación (los tres autos de las *Barcas* son modulaciones de un mismo motivo, e igual ocurre, por ejemplo, con el *Auto de los Cuatro Tiempos* y *O Triunfo do Inverno*). Esta economía, sin embargo, le dejó al mismo tiempo libertad para hacer experimentos y abrir nuevos caminos, como la dramatización de fuentes hasta entonces no explotadas por nuestro teatro (las Horas canónicas en el *Auto de los Cuatro Tiempos* —que es una laude escenificada, como señala Asensio [1949]— y las novelas de caballerías en *Don Duardos* y *Amadís de Gaula*) o el empleo de la canción lírica para hacer avanzar la intriga y caracterizar psicológicamente a los personajes, junto con otros recursos también indicados por Reckert.

Las deudas de Gil Vicente respecto al teatro castellano deben buscarse en la tradición del auto religioso —parte de la égloga salmantina de Encina y Lucas Fernández— y en la de la comedia —que crea bajo la influencia de Torres Naharro—, mas no en el campo de la farsa, que elabora a partir de manifestaciones pertenecientes a la tradición portuguesa (Révah [1950 y 1951 *a*]). Si bien en las primeras piezas de los autos religiosos sigue modelos salmantinos (aunque los supera, como afirma Young [1972] que intenta revalorizar el *Auto pastoril castellano*, 1502, y el *Auto de los Reyes Magos*, 1503, demostrando que ya aparecen en ellos muchas de las cualidades por las que se ha admirado el posterior *Auto de la Sibila Casandra*, muy probablemente de 1513), luego evoluciona hacia la moralidad, donde alcanza su más alta cima con los autos de las *Barcas*, el *Auto da Alma* y la *Obra da Geração Humana* (que le ha sido atribuido por Révah [1948 y 1949]). El fruto de las moralidades de Gil Vicente no se recogerá en Portugal sino en España, como precedente del auto sacramental (Révah [1950]). También Wardropper [1953] le ha reconocido el papel de precursor en este campo, al estudiar los orígenes del auto sacramental en la primera mitad del siglo XVI. En relación con la comedia, Révah [1951 *a*] cree que Gil Vicente no sacó todo el partido posible de la obra de Torres Naharro, pues, aunque reconoce que la *comedia a noticia* ofrecía poca novedad al creador de la farsa portuguesa —género que no cultiva en sus obras castellanas—, piensa que pudo aprovechar más los recursos que le brindaba la *comedia a fantasía*, pero impulsado por el gusto del público se dedicó con preferencia a la comedia alegórica.

Escrito en castellano, el *Auto de la Sibila Casandra* ha demostrado tener suficiente valor para haber interesado a varios importantes críticos modernos, entre los que podemos citar a T. R. Hart, María Rosa Lida de Malkiel, Leo Spitzer e I. S. Révah, que han estudiado sus fuentes, estructura, significado, fecha, etc. (cf. Parker [1967]). Mientras que Hart [1958 y 1962] es partidario de una interpretación alegórica y estudia el auto a esa luz, que muestra su coherencia y unidad internas, M. R. Lida [1959] y Révah [1959] rechazan dicha interpretación, y Spitzer [1959], aunque admite el estudio de Hart [1958], propone también una explicación más literal del auto, capaz de mostrar igualmente su indiscutible unidad.

Entre sus comedias castellanas (la designación de *tragicomedia* que aparece en la *Copilaçam* de 1562 es apócrifa, según Révah [1951 a], no debiéndose a Gil Vicente, sino a su hijo Luis), debemos destacar *Don Duardos*, dramatización impregnada de lirismo de episodios procedentes del *Primaleón*, escrita probablemente en 1522 (Révah [1951 a]). Dámaso Alonso [1942], que en el estudio preliminar a su excelente edición presenta esta obra como una de las «más poéticamente bellas de nuestra literatura», destaca entre sus valores la unión de medievalismo y renacentismo, la incorporación del paisaje al arte dramático y la matización psicológica que se observa en el gradual crecimiento del amor de Flérida por Don Duardos, que contrasta con los repentinos cambios del teatro de Lope de Vega. Frente al fallo en la estructura dramática que supone el desmesurado episodio de Camilote, Rivers [1961] defiende la cerrada unidad lírica y temática de la obra, al considerarla expresión de un único tema, el amor, del que las distintas escenas no son más que variaciones. En fin, E. Asensio [1958] ha advertido la relación del *Don Duardos* y *Amadís* con las fiestas cortesanas del siglo XVI (cf. también Keates [1962]), y Reckert [1977], ha cribado los problemas textuales de la pieza y la ha reinterpretado haciéndose cargo de las aportaciones previas. Del conjunto del teatro vicentino en castellano, hay una útil edición de Hart [1962], pero el *Amadís* y la *Comedia del Viudo* deben leerse en las preparadas por Waldron [1959] y Zamora [1962], respectivamente.

En el segundo tercio del siglo XVI aparecen en España los primeros actores profesionales, siendo uno de ellos el sevillano Lope de Rueda (primero o segundo decenio del siglo XVI-1565), que comenzó a representar hacia 1540 (o tal vez antes) y a quien se debe en gran medida el establecimiento del teatro profesional en España (Shergold [1967]). Actor, director de compañía y escritor dramático, Lope de Rueda estuvo plenamente relacionado con el teatro (Tusón [1965]).

Dispuesto a conseguir el interés del público, Rueda buscó nuevos temas en el drama italiano contemporáneo, adaptando sus comedias con un gran sentido teatral. Aunque las sigue a veces de forma casi literal —*Los engañados* y *Medora*—, sabe convertirlas en dramas aptos para ser puestos en escena, como ha demostrado Arróniz [1969]. El hilo argumental de sus comedias se detiene con frecuencia para dar paso a escenas episódicas de carácter cómico y diálogo vivaz, que ponen de relieve la gran habilidad del escritor para la creación de tales situaciones (véase González Ollé [1973]). Estos cuadros sueltos, sin relación con· la trama, son los llamados «pasos», que llegan a independizarse del cuerpo de la comedia. Constituyen un género menor, el «entremés», cuya creación se debe a Lope de Rueda (Asensio [1965]). La evolución semántica del término «entremés» hasta llegar a adquirir esta acepción dramática y su vinculación con Lope de Rueda, en su generación y en la siguiente, ha sido esclarecida por F. Lázaro Carreter [1965].

Timoneda publicó las obras de Lope de Rueda en Valencia, en 1567 (*Las cuatro comedias y dos coloquios pastoriles del excelente poeta y gracioso representante Lope de Rueda y El Deleitoso*) y 1570 (*Registro de Representantes*, con pasos también de otros autores). A su producción en prosa —las cuatro comedias, los dos coloquios y los pasos—, se han añadido como auténticas tres obras en verso —*Diálogo sobre la invención de las calzas, Coloquio llamado Prendas de Amor* y *Comedia llamada Discordia y Cuestión de Amor*—, cuya pertenencia al dramaturgo sevillano, junto con la de la *Farsa del Sordo* —que se ha venido incluyendo entre las obras de atribución dudosa—, ha sido rechazada por Alberto Blecua [1978].

Creador de una prosa coloquial sacada del lenguaje cotidiano en sustitución del verso (Veres D'Ocón [1950]) y de un teatro en el que se aúnan lo literario y lo espectacular, Lope de Rueda gozó de fama como dramaturgo y representante entre sus contemporáneos y sucesores. En algunos de los testimonios conservados (Juan Rufo, 1596; Agustín de Rojas, 1603, y Cervantes, 1615), se hace referencia a las condiciones de representación de la época de Lope de Rueda que, a juzgar por los documentos y textos mismos, no debían de ser tan primitivos como dichos testimonios sugieren (Shergold [1967]). Aunque Rueda recibió permiso del Ayuntamiento de Valladolid para la construcción de un «corral», los primeros teatros permanentes sólo comienzan a aparecer en el decenio de 1570 (Shergold [1967], Arróniz [1977]).

En distinto terreno (comp. Sánchez Escribano y Porqueras [1972²]), nuestro siglo XVI se caracteriza por el deseo de aclimatar la tragedia en España, realizándose sucesivos intentos para conseguirlo (Hermenegildo [1973]). Tras la fracasada tentativa de adaptar el género al castellano que se produjo en medios humanistas durante la primera mitad del siglo, hay que destacar, en el último tercio, un nuevo esfuerzo para crear una auténtica tragedia española: el empeño, aunque tampoco tuvo éxito, posee el mérito de haber preparado con sus hallazgos el camino para el triunfo de Lope de Vega. En las tragedias entonces nacidas —agrupadas por Hermenegildo [1973] bajo el título de «tragedias de horror»— se observan dos tendencias: una de tipo clásico, representada por Bermúdez y la *Elisa Dido* de Virués; y otra más evolucionada e importante que, partiendo de los clásicos, se aleja de ellos en un deseo de adaptar su arte a los nuevos tiempos: en esa dirección van Artieda, Virués, Cueva, López de Castro, Lupercio Leonardo de Argensola, Cervantes y Lobo Lasso de la Vega. Mientras Ruiz Ramón [1969³] cifra las causas de este último fracaso en la falta de una idea clara de lo que debía de ser la nueva tragedia y en la de un dramaturgo capaz de encontrar la fórmula adecuada, Hermenegildo [1973] cree que las sucesivas tentativas de crear una tragedia en España —fruto de un pequeño grupo de intelectuales— no lograron triunfar por «estar desconectadas de la parte de la población (la masa cristiana vieja) cuyos criterios acabaron imponiéndose». Así, esta tragedia de finales de siglo no tuvo repercusión en el gran público, según Hermenegildo, porque, convertida por sus autores en instrumento de denuncia, atacó de forma muy dura las instituciones y principios que aquél defendía.

Entre este grupo de trágicos nos detendremos en la figura de Juan de la Cueva (Sevilla, h. 1550-1609/10), quien, a causa principalmente de haber introducido los temas de historia nacional y el romancero en el drama, como señala Wardropper [1955], ha sido considerado de forma tradicional por la crítica como innovador y el precursor inmediato de Lope de Vega. Esta alta valoración fue puesta en tela de juicio por Bataillon [1935] que, basándose en el silencio que sobre Cueva guardan sus contemporáneos —sólo Agustín de Rojas le dedica cuatro versos en *El viaje entretenido* (1603)—, atribuye la gran importancia que se le ha concedido al hecho de que por haberse conservado su obra (debido más que a su propio valor a haberla publicado en colección cuando no era costumbre hacerlo), entre muchas desaparecidas, llena casi por sí solo una época de la comedia. Contra estas puntualizaciones de Bataillon han reaccionado algunos críticos (Morby [1940], Wardropper [1955], Hermenegildo [1973]) reafirmando el valor de la obra de Juan de la Cueva (véase también Caso [1965, 1969]), mientras que otros, como Froldi [1968 ²], se han adherido a ellas.

Su producción dramática conservada (Sevilla, 1583) está compuesta por diez comedias y cuatro tragedias que se representaron en los «corrales» sevillanos entre 1579 y 1581. Shergold [1955], que admite la posibilidad de que Cueva pensara en dichos «corrales» al escribirlas, trata de reconstruir el tipo de escenario y los recursos disponibles a través de los textos, y concluye que este escenario fue básicamente el mismo que se siguió utilizando hasta que se sustituyeron los «corrales» por los teatros modernos.

Ciertos críticos han tratado de poner en relación la obra de Cueva con la realidad política española de su época. Anthony Watson [1971] cree que Juan de la Cueva, igual que otros escritores de dramas históricos del siglo XVI, utilizó el pasado como reflejo de situaciones políticas contemporáneas para que, arrojando luz sobre ellas, pudiera servir de ejemplo en el presente, e intenta demostrar a lo largo de su estudio que los dramas históricos de Cueva (con la posible excepción de *La muerte de Virginia*) parecen escritos para iluminar aspectos del problema de la sucesión a la corona portuguesa y la política de Felipe II respecto a ella, o sucesos relacionados con la misma. Pero el escritor sevillano —continúa Watson— fue aún más lejos, porque no sólo se limitó a la historia, sino que creó también dramas pseudo-históricos —la comedia y la tragedia de *El príncipe tirano*— e incluso novelescos —*El viejo enamorado* y *El infamador*— con el mismo propósito. Hermenegildo [1973] ve la figura de Felipe II manifestarse tras los rasgos caricaturescos de *El príncipe tirano*.

En una valoración de conjunto, la obra de Juan de la Cueva ofrece, junto a defectos y debilidades, características que aprovechará y desarrollará Lope de Vega. Dramaturgo en el aspecto teórico y práctico, dejó en el *Exemplar poético* (1606) sus reflexiones sobre el teatro (Sánchez Escribano y Porqueras [1972²]), manifestándose partidario del arte nuevo del que se considera iniciador.

Froldi [1968²], que ve en Juan de la Cueva un autor de segunda fila, ha reaccionado contra la corriente crítica que lo considera como inmediato precursor de Lope de Vega, defendiendo, en cambio, las influencias que sobre el Fénix ejerció el ambiente dramático valenciano. Froldi destaca los sucesivos esfuerzos que se advierten en Palmireno, Timoneda, Rey de Artieda, Virués, el canónigo Tárrega, etc., por adaptar el teatro al gusto del público y encontrar su lenguaje en un equilibrio entre lo literario y lo escénico, afirmando que Tárrega (1553/55-1602) es el iniciador de la comedia española: su obra *El prado de Valencia* (fechada por Merimée en 1589) presenta muchas características que la convierten ya en una verdadera comedia. Para el citado crítico, fue en Valencia donde alcanzaron un mayor desarrollo las estructuras de la comedia y donde las encontró Lope de Vega a su llegada a dicha ciudad en 1588. Lope aprovechará estas conquistas y con su indiscutible genio dará a la comedia su forma definitiva. F. Lázaro Carreter [1965, 1966] elogia el trabajo de Froldi, señalando, en [1965], que a medida que se observan los hechos parece aumentar la importancia que tuvo la ciudad de Valencia en la formación de la comedia nacional. En [1966], tras mostrar las actividades dramáticas valencianas del siglo XVI, indica que, aunque los rasgos que en la obra de Tárrega apuntan hacia la comedia son incipientes y dispersos, están ahí abriendo la posibilidad de que Lope los hubiera tomado de «sus supuestos discípulos valencianos»; además, al estudiar la obra del Fénix, se advierte que éste no había encontrado aún su camino antes de su destierro a Valencia. En fecha reciente, Weiger [1978] también ha destacado el papel fundamental que tuvieron los autores valencianos Rey de Artieda, Virués, Tárrega, Gaspar de Aguilar y Guillén de Castro en la formación de la comedia española.

BIBLIOGRAFÍA

Para una bibliografía más amplia, véanse McCready [1966] y Crawford [1967 ³].

Alonso, Dámaso, ed., Gil Vicente, *Tragicomedia de Don Duardos*, Consejo Superior de Investigaciones Científicas, Madrid, 1942.

Arróniz, Othón, *La influencia italiana en el nacimiento de la comedia española*, Gredos, Madrid, 1969.

—, *Teatros y escenarios del Siglo de Oro*, Gredos, Madrid, 1977.

Asensio, Eugenio, «El *Auto dos Quatro Tempos* de Gil Vicente», *Revista de Filología Española*, XXXIII (1949), pp. 350-375.

—, «De los momos cortesanos a los autos caballerescos de Gil Vicente» (1958), en *Estudios Portugueses*, Fundação Calouste Gulbenkian, París, 1974, pp. 25-36.

—, *Itinerario del entremés. Desde Lope de Rueda a Quiñones de Benavente*, Gredos, Madrid, 1965, 1971 ² (con revisiones).

Bataillon, Marcel, «Simples réflexions sur Juan de la Cueva», *Bulletin Hispanique*, XXXVII (1935), pp. 329-336; trad. cast.: «Unas reflexiones sobre Juan de la Cueva», en *Varia lección de clásicos españoles*, Gredos, Madrid, 1964, pp. 206-213.

—, «Le Torres Naharro de Joseph E. Gillet», *Romance Philology*, XXI (1967), pp. 143-170.

Beau, Albin Eduard, «Sobre el bilingüismo en Gil Vicente», en *Studia Philologica. Homenaje a Dámaso Alonso*, I, Gredos, Madrid, 1960, pp. 217-224.

Blecua, Alberto, «De algunas obras atribuidas a Lope de Rueda», *Boletín de la Real Academia Española*, LVIII (1978), pp. 403-434.

Brotherton, John, *The «Pastor-Bobo» in the Spanish Theatre Before the Time of Lope de Vega*, Tamesis Books Limited, Londres, 1975.

Caso González, José M., ed., J. de la Cueva, *El infamador*, Anaya, Salamanca, 1965.

—, «Las obras de tema contemporáneo en el teatro de Juan de la Cueva», *Archivum*, XIX (1969), pp. 127-147.

Castro, Américo, *De la edad conflictiva*, Taurus, Madrid, 1961, 1976 ⁴.

—, «*La Celestina*» *como contienda literaria (castas y casticismos)*, Revista de Occidente, Madrid, 1965.

Crawford, J. P. W., *Spanish Drama before Lope de Vega*, University of Pennsylvania Press, Philadelphia, 1937 ²; reedición con adiciones bibliográficas de W. T. McCready, Philadelphia, 1967.

Falconieri, John V., «Historia de la *Commedia dell'Arte* en España», *Revista de Literatura*, XI y XII (1957), pp. 3-37 y 69-90.

Flecniakoska, Jean Louis, *La formation de l'«auto» religieux en Espagne avant Calderón (1550-1635)*, Montpellier, 1961.

Flecniakoska, Jean Louis, *La loa*, SGEL, Madrid, 1975.

Fothergill-Payne, L., *La alegoría en los autos y farsas anteriores a Calderón*, Tamesis, Londres, 1978.

Froldi, Rinaldo, *Lope de Vega y la formación de la comedia*, Anaya, Salamanca, 1968, trad. revisada y ampliada de *Il teatro valenzano e l'origine della commedia barocca*, Pisa, 1962.

García Soriano, Justo, *El teatro universitario en España*, Toledo, 1945.

Gewecke, Franke, *Thematischen Untersuchungen zu dem vor-Calderonianischen Auto Sacramental*, Droz, Ginebra, 1974.

Gilman, Stephen, «Retratos de conversos en la *Comedia Jacinta* de Torres Naharro», *Nueva Revista de Filología Hispánica*, XVII (1963-1964), pp. 20-39.

Gillet, Joseph E., *«Propalladia» and Other Works of B. de Torres Naharro*, vols. I-III, ed. y notas, Bryn Mawr, Pennsylvania, 1943-1951; vol. IV, *Torres Naharro and the Drama of the Renaissance*, ed. Otis H. Green, The University of Pennsylvania Press, Philadelphia, 1961.

González Ollé, Fernando, ed., Fernán López de Yanguas, *Obras dramáticas*, Espasa-Calpe (Clásicos Castellanos, 162), Madrid, 1967.

—, ed., Lope de Rueda, *Los engañados. Medora*, Espasa-Calpe (Clásicos Castellanos, 181), Madrid, 1973.

—, ed., Sebastián de Horozco, *Representaciones*, Castalia (Clásicos Castalia, 97), Madrid, 1979.

Griffin, Nigel, *Jesuit School Drama. A Checklist of Critical Literature*, Grant & Cutler, Londres, 1976.

Hart, Thomas R., «Gil Vicente's *Auto de la Sibila Casandra*», *Hispanic Review*, XXVI (1958), pp. 35-51.

—, ed., Gil Vicente, *Obras dramáticas castellanas*, Espasa-Calpe (Clásicos Castellanos, 156), Madrid, 1962.

Hermenegildo, Alfredo, «Sobre la dimensión social del teatro primitivo español», *Prohemio*, II (1971), pp. 25-50.

—, *La tragedia en el Renacimiento español*, Planeta, Barcelona, 1973; edición renovada y ampliada de *Los trágicos españoles del siglo XVI*, Fundación Universitaria Española, Madrid, 1961.

Hess, Rainer, *El drama religioso románico como comedia religiosa y profana (siglos XV y XVI)*, Gredos, Madrid, 1976.

Keates, Laurence, *The Court Theatre of Gil Vicente*, Lisboa, 1962.

Lázaro Carreter, Fernando, «El *Arte Nuevo* (vs. 64-73) y el término entremés», *Anuario de Letras*, V (1965), pp. 77-92.

—, *Lope de Vega. Introducción a su vida y obra*, Anaya, Salamanca, 1966.

Lida de Malkiel, María Rosa, «Para la génesis del *Auto de la Sibila Casandra*», *Filología*, V (1959), pp. 47-63; reimpr. en *Estudios de literatura española y comparada*, Eudeba, Buenos Aires, 1966, pp. 157-172.

Lihani, John, «Some Notes on *Sayagués*», *Hispania*, XLI (1958), pp. 165-169.

—, *El lenguaje de Lucas Fernández. Estudio del dialecto sayagués*, Instituto Caro y Cuervo, Bogotá, 1973.

López Morales, Humberto, *Tradición y creación en los orígenes del teatro castellano*, Alcalá, Madrid, 1968.

McCready, W. T., *Bibliografía temática de estudios sobre el teatro español antiguo*, University of Toronto Press, Toronto, 1966.

Meredith, Joseph A., *Introito and Loa in the Spanish Drama of the Sixteenth Century*, University of Pennsylvania, Philadelphia, 1928.

Moll, Jaime, ed., *Dramas litúrgicos del siglo XVI: Navidad y Pascua*, Taurus, Madrid, 1969.

Morby, Edwin S., «Notes on Juan de la Cueva: Versification and Dramatic Theory», *Hispanic Review*, VIII (1940), pp. 213-218.

Parker, Jack Horace, *Gil Vicente*, Twayne, Nueva York, 1967.

Peale, C. George, ed., Fernán Pérez de Oliva, *Teatro. Estudio y edición*, Real Academia de Córdoba, Córdoba, 1976.

Reckert, Stephen, *Gil Vicente: Espíritu y letra, I. Estudios*, Gredos, Madrid, 1977.

Révah, I. S., *Deux «autos» méconnus de Gil Vicente*, Lisboa, 1948.

—, *Deux «autos» de Gil Vicente restitués à leur auteur*, Lisboa, 1949.

—, «Gil Vicente a-t-il été le fondateur du théâtre portugais?», *Bulletin d'Histoire du Théâtre Portugais*, I (1950), pp. 153-185.

—, «La *Comédia* dans l'œuvre de Gil Vicente», *Bulletin d'Histoire du Théâtre Portugais*, II (1951), pp. 1-39.

—, *Recherches sur les œuvres de Gil Vicente, I. Édition critique du premier «Auto das Barcas»*, Lisboa, 1951.

—, «L'*Auto de la Sibylle Cassandre* de Gil Vicente», *Hispanic Review*, XXVII (1959), pp. 167-193.

Rivers, Elias L., «The Unity of *Don Duardos*», *Modern Language Notes*, LXXVI (1961), pp. 759-766.

Rodríguez-Moñino (†), Antonio, y Edward M. Wilson, «*Auto de la confusión de San José*, suprimido en 1588 por la Inquisición», *Ábaco*, IV (1973), pp. 7-53.

Roux, Lucette Elyane, «Cent ans d'expérience théâtrale dans les collèges de la Compagnie de Jésus en Espagne. Deuxième moitié du XVIᵉ siècle. Première moitié du XVIIᵉ siècle», en *Dramaturge et société: rapports entre l'œuvre théâtrale, son interprétation et son public au XVIᵉ et au XVIIᵉ siècles*, ed., J. Jacquot, París, 1968, vol. II, pp. 479-523.

Ruiz Ramón, Francisco, *Historia del teatro español, I. Desde sus orígenes hasta 1900*, Alianza Editorial, Madrid, 1967, 1971²; Cátedra, Madrid, 1979³.

Sánchez Escribano, Federico, y Alberto Porqueras Mayo, *Preceptiva dramática española del Renacimiento y el Barroco*, Gredos, Madrid, 1965; 1972², ampliada.

Shergold, N. D., «Juan de la Cueva and the Early Theatres of Seville», *Bulletin of Hispanic Studies*, XXXII (1955), pp. 1-7; trad. cast.: «Juan de la Cueva y los primeros teatros de Sevilla», *Archivo Hispalense*, XXIV (1956), pp. 57-64.

—, *A History of the Spanish Stage from Medieval Times until the End of the Seventeenth Century*, Clarendon Press, Oxford, 1967.

Spitzer, Leo, «The Artistic Unity of Gil Vicente's *Auto da Sibila Casandra*», *Hispanic Review*, XXVII (1959), pp. 56-77; trad. cast. en *Sobre antigua poesía española*, Universidad de Buenos Aires, Buenos Aires, 1962, pp. 107-128.

Stegagno Picchio, Luciana, *Ricerche sul teatro portoghese*, Edizioni dell'Ateneo, Roma, 1969.

Stern, Charlotte, «Sayago and *Sayagués* in Spanish History and Literature», *Hispanic Review*, XXIX (1961), pp. 217-237.

Surtz, Ronald E., *The Birth of a Theater. Dramatic Convention in the Spanish Theater from Juan del Encina to Lope de Vega*, Princeton University y Castalia, Madrid, 1979.

Teyssier, Paul, *La langue de Gil Vicente*, Librairie C. Klincksieck, París, 1959.

Tusón, Vicente, *Lope de Rueda: Bibliografía crítica*, Consejo Superior de Investigaciones Científicas (Cuadernos Bibliográficos, 16), Madrid, 1965.

Veres D'Ocón, Ernesto, «Juegos idiomáticos en las obras de Lope de Rueda», *Revista de Filología Española*, XXXIV (1950), pp. 195-237; reimpr. en *Estilo y vida entre dos siglos*, Bello, Valencia, 1976, pp. 33-64.

Waldron, T. P., ed., Gil Vicente, *Tragicomedia de Amadís de Gaula*, University Press, Manchester, 1959.

Wardropper, Bruce W., *Introducción al teatro religioso del Siglo de Oro (La evolución del auto sacramental: 1500-1648)*, Revista de Occidente, Madrid, 1953; Anaya, Salamanca, 1967 ².

—, «Juan de la Cueva y el drama histórico», *Nueva Revista de Filología Hispánica*, IX (1955), pp. 149-156.

Watson, Anthony, *Juan de la Cueva and the Portuguese Succession*, Tamesis Books, Londres, 1971.

Weber de Kurlat, Frida, «El dialecto sayagués y los críticos», *Filología*, I (1949), pp. 43-50.

—, *Lo cómico en el teatro de Fernán González de Eslava*, Universidad de Buenos Aires, Buenos Aires, 1963.

—, ed., Diego Sánchez de Badajoz, *Recopilación en metro (Sevilla, 1554)*, Universidad de Buenos Aires, Buenos Aires, 1968.

—, «Relaciones literarias: *La Celestina*, Diego Sánchez de Badajoz y Gil Vicente», *Philological Quarterly*, LI (1972), pp. 105-122.

Weiger, John G., *Hacia la comedia: de los valencianos a Lope*, Cupsa Editorial, Madrid, 1978.

Wilson, Edward M., ed., Fray Ignacio de Buendía, *Triunfo de Llaneza*, Ediciones Alcalá, Madrid, 1970.

Young, Richard A., «Gil Vicente's Castilian Debut», *Segismundo*, VIII (1972), pp. 25-50.

Zamora Vicente, Alonso, ed., Gil Vicente, *Comedia del Viudo*, Lisboa, 1962.

JOSEPH E. GILLET

TORRES NAHARRO Y LA TRADICIÓN TEATRAL

Bartolomé de Torres Naharro, un español medieval con un barniz clerical, soldado, parásito de familias nobles, luchando para llevar en resumidas cuentas una difícil existencia en la Roma de León X, consiguió dar una hechura concreta a la incipiente forma dramática que iba a convertirse en la comedia de la España de los Siglos de Oro, una forma cuyas raíces son medievales, cuyo tronco pertenece al Renacimiento y cuya floración corresponde al barroco. Las obras de Torres Naharro (sobre todo los introitos) son como palimpsestos en los que se puede leer la escritura de muchas generaciones, algunas con claridad, otras de un modo muy borroso, y otras en fin distinguibles tan sólo con la ayuda de los rayos infrarrojos de la investigación histórica intuitiva. La técnica dramática elaborada por Torres Naharro —medieval, clásica y genuinamente española (tanto desde el punto de vista de su origen como de su carácter literario)— es nueva e independiente. Estamos ante un romántico, aunque vestido con un ropaje lógico que le ha dado el humanismo, y que soporta impacientemente. Su obra es alógica o prelógica, y ha de ser considerada como un conjunto. Si cometemos el error de estudiarla con criterios abstractos, hechos de divisiones y subdivisiones, obtendremos un concepto dramático que será lógico, pero también irreal, porque su teatro en el fondo es *primitivo y mágico*.

Torres Naharro *presenta*, no analiza ni explica; del mismo modo

Joseph E. Gillet, ed., Torres Naharro, *«Propalladia» and Other Works of Bartolomé de Torres Naharro*, IV: *Torres Naharro and the Drama of the Renaissance*, ed. Otis H. Green, The University of Pennsylvania Press, Philadelphia, 1961, pp. 564-569.

que Lope de Vega presenta, dejando el análisis y la explicación para Racine. El secreto de dar forma dinámica a la confusa materia medieval (la catedral con las indecorosas muecas de sus gárgolas) permanecía aún encerrado en Aristóteles. Torres Naharro *adivinó ese secreto*, y lo aplicó con éxito, mientras Italia y el resto de Europa lo buscaban aún a ciegas. Su teoría de la «comedia a fantasía», que reivindica el libre ejercicio de la imaginación, era un desafío y un grito de libertad comparable al prólogo de *Hernani*.[1]

1. [En el *Prohemio* a la *Propalladia* (1517), el autor reconoce dos «géneros de comedias»: *a noticia* y *a fantasía*. «Este principio es algo nuevo, completamente distinto de los superficiales y confusos criterios de clasificación que establecían diferencias por la edad del protagonista (indicada por su atuendo), o por la situación o la época de los hechos entre distintas clases de comedias como *stataria*, *pretexta*, *tabernaria*, *palliata*, *togata*, *motoria* [evocadas en el mismo *Prohemio*]. Ello se refiere no sólo al teatro, sino a toda la literatura. Decenios antes de que empezara a entenderse la *Poética* de Aristóteles, y de que la verdad universal de la poesía se reconociese como igual o incluso superior a la verdad particular de la historia (en 1536), Torres Naharro reconoció explícitamente la validez de creación imaginativa "de cosa fantástiga o fingida, que tenga color de verdad aunque no lo sea", igualándola con la literatura de "verdad", "de cosa nota y vista en realidad de verdad". Solamente el segundo de esos dos tipos de literatura había sido considerado legítimo por la Edad Media, aun cuando la creación libremente imaginativa había florecido sin la bendición del clero, y a menudo bajo la capa protectora de la interpretación alegórica. En 1517 reconocer la igualdad de derechos de la literatura realista y de la idealista, aun siendo un hecho al que se ha prestado poca atención incluso en nuestros días, fue un logro crítico de primera importancia en la literatura de la Europa occidental. Las *comedias a noticia* se presentan con el realismo que Torres Naharro podía haber aprendido en España de *La Celestina*, en Italia de obras como la *Mandragola* de Maquiavelo (¿1512?) o la *Calandria* del Bibbiena (1513), dotadas de elementos boccaccescos, si no de las primeras obras más clasicistas de Ariosto, como la *Cassaria* (1508) o los *Suppositi* (1509); pero mientras Italia ofrecía ejemplos prácticos de *comedias a noticia*, los italianos no fueron conscientes del hecho hasta que Giovan Maria Cecchi (nacido en 1518) se jactó de sus *commedie osservate*. El peculiar carácter del realismo de Torres Naharro en la *Soldadesca* y en la *Tinellaria* corresponde más bien a un prerealismo, seducido aún parcialmente por lo pintoresco o lo simplemente típico, aunque (sobre todo en la *Tinellaria*) el individualismo de algunos personajes asoma ya rompiendo los moldes del arquetipo. Las *comedias a fantasía* son obras de imaginación, o, mejor dicho, obras inventadas, pero en modo alguno carentes de un pensamiento coherente, sistemático y filosófico. Torres Naharro cita entre ellas la *Seraphina* y la *Ymenea*, y parece ser que consideraba incluidas en esta clasificación a todas las demás, excepto las dos *comedias a noticia*. En rigor, ni la *Seraphina* ni la *Calamita*, a pesar de no ser históricas, podían llamarse dramas

Hay que reconocer que Italia no dio un gran teatro. Lo que hicieron los italianos fue proporcionar traducciones y adaptaciones más o menos afortunadas de los antiguos modelos, como en *I Suppositi* de Ariosto; sin embargo, Torres Naharro hubiera podido tener acceso a dichos modelos, y tal vez así ocurrió, recurriendo directamente a Terencio y a Plauto. Los italianos podían por otra parte sugerir (y en cierto modo ejemplarizar) la idea de usar dramáticamente la vida contemporánea, como en la *Mandragola* de Maquiavelo o la *Calandria* del Bibbiena. Sin embargo, en ese aspecto Torres Naharro también podía inspirarse en una obra española semidramática como *La Celestina*, que imitó con mucho más entusiasmo que el que puso en la imitación de cualquier otro posible modelo italiano. En la *Comedia Ymenea* Torres Naharro fue mucho más lejos de lo que podía ofrecerle cualquier muestra de la incipiente y estéril tradición italiana. Sus obras constituyen un gran modelo dramático que anuncia sorprendentemente el florecimiento teatral español de fines del siglo, y que se produjo decenios antes de que en todo el resto de Europa se hiciera algo comparable.

Esencialmente español, Torres Naharro resultó tan poco cambiado por la influencia italiana como Juan del Encina (aunque tal vez más que Gil Vicente). Pero, bajo el sol de Italia, más cerca por lo tanto del núcleo de la cultura renacentista, su genio produjo inmediatamente lo que la propia España —más lejos— sólo iba a poder dar de un modo lento y más tardíamente, por medio de los afortunados intentos de Juan de la Cueva, López Pinciano, Cervantes y, finalmente, Lope. Torres Naharro siguió siendo completamente español, rígidamente *ablehnend* no sólo en su poesía satírica —carente de sutileza y de malicia, saludable y sencillamente irritada—, sino también en sus situaciones y personajes dramáticos, que son fuertes, sencillos, claros, todos de una pieza, ideados para satisfacerle a él y a un

poéticos, mientras que la *Jacinta*, la *Ymenea* y la *Aquilana* merecen esta denominación. La *Trophea*, una comedia de circunstancias, constituye un grupo aparte por sí sola. El sentido de la expresión *a fantasía*, que Torres Naharro explica como algo imaginario, pero que está dentro de los límites de la verosimilitud, se refuerza con la connotación musical que tenía la palabra *fantasía* en el siglo XVI, época en la que designaba una improvisación en la que podía darse libre curso a la libertad inventiva. *Fantasía, motete, ricercata* o *glosa* era esencialmente una transformación imaginativa de un tema vocal en una composición instrumental» (pp. 440-442).]

público español que era ya el mismo que en la época de Lope. [...]

Los impulsos primitivos de muchos de los personajes de Torres Naharro no son únicamente rasgos cómicos de personajes campesinos, sobre todo en el caso de tipos rústicos como los que recitan el introito, jardineros, pajes o bobos. En ellos se manifiesta un mundo de instintos genésicos vitales, pegados a la tierra, vigorosos y abiertos a todos los poderes de la magia. Las manifestaciones de ese mundo dentro de la economía de todas estas obras son tan significativas que un lector consciente del papel desempeñado por la religión y el rito en el teatro primitivo se siente cerca de los orígenes. Tal asociación de ideas acude en seguida a la mente en la *Comedia Trophea*, en casi todos los introitos, en las pullas o en los conjuros, pero a lo largo de toda su producción hay también una honda sugerencia de fuerzas sobrenaturales y de apuntes eróticos que se transmiten de un modo directo o indirecto por medio de episodios, alusiones o incluso simplemente juramentos.

En líneas generales, el teatro español del siglo XVI, al igual que el medieval, tiene una base prearistotélica. No es una imitación, una interpretación y explicación de la realidad, sino un intento de limitarse a *presentarla*. El dramaturgo lo que desea es mostrar como aparece la vida en un momento dado, sin hacer que el público, de un modo vicario y consciente, la comprenda. Ese tipo de teatro no es propiamente arte, sino más bien un *acto de culto*, una afirmación del carácter sagrado de la vida, y en consecuencia un homenaje a Dios. Hay que distinguir en él elementos de un culto, quizá de una forma estilizada de culto, que es ritual. Más adelante, en los autos de Calderón ese teatro estará mucho más cerca de ser un culto en una forma codificada, que podríamos llamar religión. La eficacia de sus recursos podría medirse por el grado de participación del público. En un principio, en las procesiones religiosas griegas que dieron origen a la tragedia, no había público. Más tarde el coro griego mantenía una constante relación entre el actor y el público, pero ya entre los romanos la separación entre los histriones y el público fue completa. Sin embargo, esta relación se restableció en el teatro religioso medieval nacido de una liturgia que exigía la participación de los fieles en el misterio de la misa, o en el teatro profano, a menudo patrocinado por los gremios, y que era en mayor o menor medida una obra de la comunidad, [como en ciertas celebraciones de *moros y cristianos* o en remedos palaciegos de la Adoración de los Magos].

El teatro de Torres Naharro, íntimamente ligado a ese tipo de representaciones, no sólo es aclásico, sino incluso anticlásico. Torres Naharro había asimilado plenamente las teorías dramáticas clásicas que su tiempo había redescubierto; pero cuando nos da su propia definición de comedia, su fórmula es inaplicable al concepto clásico, ya que exige «notables acontecimientos»; sí en cambio encaja en el tipo de comedia tan peculiarmente española que se hizo dos generaciones después.[2] Si la comedia ha de diferenciarse de la tragedia (según afirmaba la crítica dramática del siglo XVI), por la intrascendencia de su tema, la baja posición social de sus personajes, por su comienzo y su final, así como por un estilo opuesto al elevado, resulta evidente que en las obras de Torres Naharro, escritas en verso pero mezclando la más florida retórica con el habla corriente y el tosco sayagués, con reyes y príncipes que se codean con jardineros y rústicos, con la sombra de la muerte y las exigencias del honor cerniéndose

2. [«La característica más sobresaliente de la dramaturgia de Torres Naharro, [según se formula en el *Prohemio* a la *Propalladia*], es la impaciencia con que soporta la autoridad tradicional, su independencia y su originalidad. Igualmente significativa es su captación intuitiva del integralismo español, rechazando las distinciones artificiales entre tragedia y comedia, y adivinando, y en parte incluso explicando con su exigencia de "notables acontecimientos" la forma definitiva que iba a adoptar la comedia española del Siglo de Oro. Su afición a las intrigas ingeniosas se anticipa a lo que será el teatro del futuro. Igualmente intuitiva y profética es la tranquila y segura afirmación de los derechos de la imaginación, como equiparables a los de la observación, en literatura. Finalmente hay en él una penetrante nota de experimentalismo que justificaba la división en cinco actos reconociendo las limitaciones de las fuerzas humanas en los actores y de la capacidad de mantener despierta la atención por parte del público, y que determinaba el número de personajes de una obra por el efecto práctico producido en el público: tedio por falta de animación, confusión por exceso de personajes. En este aspecto fue un verdadero aristotélico antes de que se redescubriera a Aristóteles. Sus exigencias, como las de Aristóteles (por ejemplo, en lo relativo a la extensión que debía tener una obra teatral), estaban concebidas en términos de reacciones humanas. Lo llamativo y lo nuevo del *Prohemio* estriban, pues, en el hecho de que en el fondo no es la obra de un teórico. Si se libró de las pedanterías de los gramáticos fue porque pensaba en el teatro en términos experimentales. El *Prohemio* es el primer manifiesto del arte poética moderna. Un siglo más tarde, Lope de Vega iba a seguir sus pasos, teniendo muy en cuenta la constante amenaza de la ira del público español, o su facilidad para abandonar los teatros si la intriga dejaba de interesarle. En ambos esta actitud experimental fue sin duda alguna una manifestación del Renacimiento, al igual que los inicios de la ciencia experimental» (pp. 443-444).]

sobre los amantes cortesanos, no se respetan en absoluto los conceptos y las distinciones tradicionales en el arte dramático. Como ocurre en *La Celestina*, dentro de la misma obra la vida se describe desde ángulos distintos, y en todo lo esencial, la nueva fórmula —que más tarde renovará Lope— aquí aparece ya plasmada.

Luciana Stegagno Picchio

TRAYECTORIA DE GIL VICENTE

Gil Vicente adopta el sayagués en el *Monólogo del Vaquero* o *Auto de la Visitación* (1502) porque ésta es en aquel momento la lengua oficial, y al propio tiempo la más nueva, del teatro ibérico de ambiente campesino, y porque el *Monólogo* se concibe sobre la falsilla del *Auto del Repelón* de Juan del Encina. Pero lo adopta también porque la reina María es española, y la corte de Lisboa es culturalmente bilingüe, y por lo tanto propensa a aceptar guiños lingüísticos que se han puesto de moda en la vecina España. Luego, durante varios años más, seguirá el mismo rumbo, y su teatro, nacido sayagués (en los textos y en los personajes rústicos) y castellano (en los diálogos cultos), y solamente en una segunda etapa buscará en la expresión portuguesa (también con la creación de una peculiar lengua rústica nacional) la propia originalidad y el reflejo de situaciones locales que ningún modelo hubiera podido ofrecerle. Lo cual no impide que hasta sus últimos años, a lo largo de todo el curso de su vida, recurra al castellano y al sayagués como «niveles lingüísticos» distintos de los que le ofrecía su lengua materna. [...]

Las obras devotas, ya sean misterios o moralidades, pasan de las convenciones sayaguesas del *Auto pastoril castellano* (que la tradición supone compuesto para la Navidad del año 1500, y que Révah

Luciana Stegagno Picchio, *Profilo storico della letteratura portoghese*, Vallardi, Milán, 1967, pp. 8-16, donde la autora recoge y complementa numerosas conclusiones de su *Storia del teatro portoghese*, Ateneo, Roma, 1964, y de los trabajos reunidos en sus *Ricerche sul teatro portoghese*, Ateneo, Roma, 1969.

quisiera datar en cambio en 1509) y del *Auto de los Reyes Magos* (Epifanía de 1503, según Révah 1510) a los elementos góticos del *Auto da Alma* (1510); de la presentación en forma pastoril del canto navideño que desde hacía siglos en las iglesias ibéricas atribuía a la Sibila (Eritrea y luego Casandra) la profecía del advenimiento de Cristo (*Auto de la Sibila Casandra*, 1513) al himno dramático *de los Cuatro Tiempos* (Navidad de 1513). La lengua va pasando progresivamente del sayagués al portugués hasta llegar a aquel *Auto Pastoril Portugués* (1523) que traduce en clave nacional y realista la convención literaria de los pastores encinianos; y hasta aquel *Auto da Feira* (¿1526?) que hace del portugués el instrumento de una despiadada e intensa crítica antirromana. [...]

La obra maestra del teatro religioso vicentino es, según el criterio más general, la llamada trilogía de las *Barcas* (*Auto da Barca do Inferno*, 1517; *Auto da Barca do Purgatório*, 1518; *Auto de la Barca de la Gloria*, 1519): aquí Gil Vicente une su condición de autor de misterios a la de poeta civil. Su voz de hombre del pueblo se levanta para criticar los males de una sociedad vista desde abajo con los maliciosos ojos del plebeyo. Pero su voz de católico exalta a los caballeros de la Fe, es decir, a los cruzados que en nombre de Cristo conquistan a costa de su sangre en tierras de África nuevas posesiones para el rey de Portugal. Las *Barcas* están concebidas como tres tiempos de una única y grandiosa representación; se le han buscado precedentes en la Grecia de Luciano, cuyo relato aqueróntico sin duda tuvo presente el poeta, que no carecía de cultura clásica, aunque fuese de segunda mano; pero también en las danzas de la muerte medievales, cuya idea reaparece aquí en el desfile de los personajes representativos que se apiñan en torno a las barcas de la salvación y de la perdición para ser llevados a un más allá que ya no es clásico ni lucianesco, sino sólo medieval, entendido como infierno de los condenados o paraíso de los elegidos. El purgatorio, como en Dante, es una situación transitoria de las multitudes que se encaminan hacia la salvación celestial.

Sin embargo, los personajes de Gil Vicente ya no son los arquetipos de la *Farsa llamada de la Danza de la Muerte* (1551) de Pedraza. Además del noble, del clérigo y del usurero, concebidos como figuras representativas según los esquemas preexistentes, irrumpen en la escena vicentina, aquí como más tarde en las farsas y en las comedias, todos los habitantes de una Lisboa del siglo XVI sentida como el corazón de un mundo que se está construyendo. Son coma-dres urbanas, porque el poeta, a pesar de sus comienzos pastoriles y de sus viajes por los campos de Beira y por los montes de la Serra da Estrela, es un poeta esencialmente ciudadano. Todo parece indicar que el hecho de vivir en la corte y dentro de la corte le haya dado una perspectiva visual y unos horizontes propios de un cortesano. Parece como si de todos sus personajes, los más grandes sean los nobles, los caballeros de la Fe, los poetas cortesanos, a los que ve en primer plano. Detrás de ellos, la muchedumbre del pueblo que lleva a la corte sus mercancías y su habla directa. Al fondo, el puerto, el mar y las naves en las que se parte para una India concebida sólo como fuente de ganancias para el rey y como causa de desventuras para el bajo pueblo. Cada uno de esos personajes tiene una lengua peculiar, porque el teatro de Gil Vicente no sólo permanece abierto al binomio español-portugués, impuesto por las condiciones acciden-tales de la corte, sino que también acoge todas las formas de lenguaje capaces de caracterizar a sus figuras dramáticas. Podría afirmarse que Gil Vicente es esencialmente un lingüista en la acepción más amplia del término, y que de esas caracterizaciones lingüísticas nacen sus personajes. Tenemos así la lengua arcaizante de las comadres (coma-dronas, alcahuetas, pescaderas, vendedoras ambulantes, lavanderas, hechiceras al servicio del mejor postor); el judeo-portugués de los cristianos nuevos (sastres, artesanos, rufianes), la *língua de preto* de los negros, que en el siglo XVI portugués constituyen ya una categoría y una realidad nacional; y además la lengua agitanada de los gitanos andaluces. Pero el interés lingüístico de Gil Vicente, mucho mayor por ejemplo que el de Torres Naharro, quien sin embargo ya había ofrecido algunos modelos claros en este sentido, no se limita a esas caracterizaciones sociales que pueden prestar a cada tipo un sello y unos perfiles humanos: hay un diablo que habla en picardo, porque los picardos eran considerados como astutos y tramposos; hay un francés fanfarrón y un italiano vanidoso; y además clérigos, pastores cultos salidos de la liturgia, gente del pueblo que frecuenta las sacris-tías y que hablan todos un sabrosísimo latín. [...]

Gil Vicente pasa casi sin que nos demos cuenta del teatro reli-gioso al profano: porque los personajes son los mismos y no hay diferencias profundas ni soluciones de continuidad entre las obras devotas y las farsas. Las diferencias se darán en cambio entre la moralidad y la farsa por un lado, y las comedias y tragicomedias (si aceptamos tan discutida distinción) por otro. Las farsas son en su mayoría obras de un único acto que se centra en una acción cómica, con personajes sacados del pueblo: está la farsa del escudero pobre, llamada *Quem tem farelos?* ('¿Quién tiene moyuelo?') por los primeros versos del diálogo; la *Farsa o Auto da Índia* (1509), que se enfrenta de un modo realista con el problema de las conquistas en ultramar, con todos los desastres que acarrean para el bajo pueblo; la *Farsa do Velho da Horta* (1512), que se burla de los viejos que cortejan a las muchachas; la *Farsa dos Físicos* ('de los médicos'); la *Farsa dos Almocreves* ('de los palafreneros', 1526 o 1527); pero sobre todo la *Farsa de Inês Pereira* (1523), obra maestra del teatro vicentino, superior tal vez a las mismas *Barcas*, porque en éstas lo que creaba el clima emocional era el espíritu y el impulso místico, mientras que en la farsa (y en su continuación *Juiz da Beira*, 1525-1526) es sobre todo la construcción dramática. La protagonista es una joven y fantasiosa doncella casadera cuya madre, muy práctica, quisiera casarla del modo más ventajoso; pero Inês disfruta de la libertad de criterio y de acción que en el siglo XVI renacentista caracteriza la vida de Lisboa. Y elige un marido según sus propios gustos de muchacha vanidosa, un hidalgüelo arruinado que es el prototipo de toda una categoría de *fidalgos* que a partir de ese momento inundará la escena portuguesa. Luego, cuando la desilusión le haya abierto los ojos, aceptará el dócil marido que antes le había ofrecido el cínico sentido práctico de su madre, aquel Pero Marques que reúne en su persona la condición del *parvo*, es decir, del tonto, equivalente portugués del «bobo» castellano, y la del *ratinho*, aldeano que se encuentra desambientado en la maliciosa Lisboa. Inês podrá ahora iniciar una nueva vida de mujer autoritaria, que ejemplifica el refrán renacentista que según la tradición se había dado a manera de tema al poeta cortesano: Mejor un asno que me lleve que un caballo que me desarzone. [...]

Hasta aquí el poeta sólo encuentra dentro de sí mismo, en los precedentes de la tradición medieval y en el mundo humano que le circunda, el estímulo para su creación dramática. Parece imposible que esos textos se hayan escrito mientras los sabios de toda Europa se preocupaban tanto por el problema de las unidades aristotélicas y ponían en escena los siervos, las matronas y la ambientación greco-itálica de la comedia plautina y terenciana. Se ha hablado de una polémica entre Gil Vicente y Sá de Miranda, el humanista que por

aquellos mismos años introducía en Portugal, desde Italia, las formas
de la comedia regular. Es posible que ambos hubieran mantenido
relaciones, y que en el hijo del *Clérigo da Beira*, protagonista de
otra agudísima farsa de Gil Vicente, haya que ver al humanista Sá
de Miranda, hijo natural de un canónigo de Coimbra. Es posible
también que el empeño de Gil Vicente por dar el nombre de *comedia*
a textos profanos que no tenían nada que ver con los procedimientos
de representación medieval y que se dirigían a un público cortesano,
al igual que a un público de la corte se dirigían las comedias regulares de los humanistas italianos, fuese una tentativa de insertarse
en una nueva corriente cultural. Pero Gil Vicente nunca fue más
allá de la tentativa: de un modo inconsciente o tal vez deliberado.
Los personajes que pueblan sus comedias, procedentes de la tradición
de la novela sentimental ibérica (*Comedia de Rubena*), de la realidad
de una nueva burguesía lusitana (*Comedia del viudo*), de una mitología convencional, pero siempre fantástica (*Floresta de Enganos*) y
también de las llamadas *tragicomedias* (el término aparece en la
Copilaçam de 1562, pero tal vez fue una tardía etiqueta de Luis
Vicente), están muy lejos de las figuras urbanas que pueblan la nueva
comedia regular. Las tragicomedias están empapadas de cultura artúrica, que penetró en la Península Ibérica con el nuevo florecimiento
de la novela caballeresca, sus protagonistas se llaman Don Duardos
o Amadís, y no tienen nada en común con los héroes de Plauto o de
Terencio, que eran los modelos de los comediógrafos renacentistas;
pero son los mismos personajes que llenan libros como el *Amadís de
Gaula*, el *Palmerín de Olivia* o el *Primaleón*. Las comedias, o si se
prefiere tragicomedias, de Gil Vicente, no respetan ninguna unidad,
los dioses de la mitología (*Templo de Apolo, Cortes de Júpiter*) se
mezclan con los pastores de la Serra da Estrela en una ilógica y poética relación, del mismo modo que en las obras devotas los ángeles
y los demonios del infierno cristiano conversaban con Caronte y con
las mujeres de la Ribeira. Y de la misma manera que los dramas religiosos se modulaban con dos cuerdas, un continuo bordón de realismo
provinciano y risueño, y de improviso melismas melódicos de alambi-
cado lirismo, en el teatro profano el ambiente es áulico, como corresponde a los oídos de los espectadores cortesanos, y las fugas repenti-
nas se producen ahora hacia lo plebeyo, hacia ese tipo de comicidad
bonachona y familiar, que cose con un mismo hilo todos los elementos de la obra vicentina. La corte provinciana de Lisboa se mira

complacida en el espejo de los caballeros de tradición carolingia y artúrica; pero ríe plebeyamente cuando se satiriza a los extranjeros, ya sea el jactancioso italiano, el vanidoso francés o el español mal hablado. La corte ríe con los ataques contra Roma; Portugal no reconoció nunca la superioridad de la Iglesia central, y en la desgracia de Roma ve reforzada su propia posición de paladín de la Fe; ve justificada ideológicamente las propias conquistas en ultramar, y Gil Vicente puede convertirse así en el poeta de una empresa nacional. La crítica anti-romana implica también la crítica del clero; y en la sabrosa parodia del fraile cortesano (el Frei Paço de la *Romagem de Agravados*, 'Peregrinación de los desdichados') volvemos a encontrar el espíritu plebeyo y el sólido sentido común del católico de la periferia, desconfiado y malicioso como todo hombre del pueblo. Es exagerado (según concuerdan en afirmar diversos críticos, entre ellos una gran autoridad en la materia como Marcel Bataillon) hablar de erasmismo a propósito de Gil Vicente. Para Gil Vicente, el erasmismo —si es que se trata de erasmismo lo que hay en él, y si es que tuvo en cuenta para algunas de sus escenas algún pasaje de Erasmo— no pudo haber sido más que un erasmismo de oídas. Todo en Gil Vicente es de oídas: el latín, la liturgia, la historia, la cultura humanística y hasta la cultura religiosa, absorbida, como se ha dicho recientemente, más que por la frecuentación directa de los libros sagrados, por las viñetas de los «libros de horas». Como todos los grandes artistas, interpretaba a su manera estados de ánimo y convenciones generales más de lo que pensaba racionalmente y en términos de cultura. En eso estriba su limitación y su grandeza.

Stephen Reckert

DON DUARDOS: LAS INNOVACIONES DE GIL VICENTE

Gil Vicente partía, allá en los albores del siglo XVI, de una base muy estrecha: las toscas églogas pastoriles de la incipiente escuela salmantina o leonesa; el drama litúrgico en latín (cuya existencia en Portugal, en escala más bien modesta, es razonable postular); las procesiones religiosas y populares... Poco más había. Para su obra no religiosa, por lo menos, importan sobre todo los momos: aquellos fastuosos espectáculos alegóricos que en el reinado de Juan II y primeros años del de Manuel el Afortunado acompañaban inevitablemente todos los acontecimientos mayores de la vida cortesana, fuesen éstos las bodas de una princesa, la recepción de algún dignatario extranjero, o la entrada del propio rey en una de las villas de su reino. En resumen, una tradición más bien variada que rica; y de verdadero teatro, casi nada: ni siquiera *La Celestina*, a la que Vicente debe tal cual personaje o situación dramática, le brindaba lecciones utilizables de técnica propiamente teatral. [Esa pobreza de modelos dejaba libre e incitaba al autor a experimentar imaginativamente con la dramatización de fuentes y materiales no dramáticos, a menudo a través de variaciones sobre un mismo tema o una misma técnica.]

La *Tragicomedia de Don Duardos* (¿1522?), para la que la *Comedia del Viudo* puede considerarse un delicioso borrador en miniatura, chorrea de júbilo y de fresca sensualidad francamente paganos. Aquí el venerable *topos* virgiliano «omnia vincit Amor», después de impregnar la obra entera, sirve al cabo para resumir su sentido global, como una jarcha dramática, en la triple coda constituida por la cantiga «Al Amor y a la Fortuna / no hay defension ninguna», la confesión de Flérida «que el Amor es el Señor / deste mundo», y la sentencia del *romance por fim do auto*, «que contra la Muerte y Amor / nadie no tiene valía». [En ese marco, teñido de «melancolía renacentista», se inserta el episodio del ridículo Camilote enamorado de la feísima Maimonda.]

El poeta y crítico William Empson, partiendo de la teoría de que toda idea noble lleva en sí misma su propia autoparodia grosera,

Stephen Reckert, *Gil Vicente: Espíritu y letra*, vol. I: *Estudios*, Gredos, Madrid, 1977, pp. 31-32, 38-45, 49, 54-58.

«muy parecida a ella, y con idéntico nombre», explica el fenómeno de la intriga secundaria cómica en un drama serio como una estratagema para anticipar la reacción escéptica o burlona que de otra manera podría ocurrírsele espontáneamente al público. Se trataría en realidad, según Empson, de una seudoparodia, destinada no a parodiar el argumento principal, sino exactamente lo contrario: a evitar que el público imagine que se ha adelantado al autor en reconocer lo que ese argumento tiene de parodiable. Es ésta, desde luego, la interpretación más evidente del episodio de Camilote y Maimonda, intercalado en la acción central de la tragicomedia vicentina. La grotesca pareja serviría para permitir al autor curarse en salud, caricaturizando en un espejo deformador a sus románticos protagonistas don Duardos y Flérida antes que se le ocurra al auditorio hacerlo por su propia cuenta. [Por otro lado, E. Asensio [1956] ve en la escena de Camilote y Maimonda un artificio para representar al mismo tiempo el espíritu agonístico y el de galantería. Pese a ser todo ello exacto,] algo, no obstante, aún queda por explicar.

Es la *Tragicomedia de Don Duardos*, sin duda, la pieza que más nítidamente ejemplifica la importancia de los momos para un entendimiento a fondo del teatro vicentino posterior. A raíz del comienzo de la carrera de Gil Vicente como autor dramático, los documentos dejan de referirse ya a esos grandiosos «momos, os serãos de Portugal, tam falados no mundo» (como afirma, en una nostálgica carta, Sá de Miranda) en los años inmediatamente anteriores. La ineludible inferencia es que fueron desbancados por los espectáculos teatrales cada vez más vistosos que el dramaturgo oficial de la corte iba produciendo, y que para el cortesano medio no debían de representar otra cosa que un nuevo tipo de momo considerablemente más elaborado. Pero sólo después de mediada esa carrera, entre una serie de tanteos en obras de menos envergadura como la *Frágoa d'Amor*, el *Templo d'Apolo* y la *Nao d'Amores*, se decidió a emprender en el *Don Duardos* la plena dramatización del momo.

[En un estudio fundamental], E. Asensio [1956] puntualiza, de paso, la tradicional asociación de los momos con el torneo. A veces, como acontece con los primeros momos portugueses ampliamente documentados, en agosto de 1451, eran «un preludio o una invitación a la justa o torneo del día siguiente»; y el cronista Rui de Pina describe cómo en los de Évora de 1490 —los más deslumbrantes de que hay constancia en Portugal— el mismo rey Juan II entró disfrazado en la sala, haciendo el papel de Caballero del Cisne, y se dirigió entre los cortesanos hasta el estrado, donde «sobre... concrusões d'amores... desafiou para justa d'armas... a todo-los que o contrairo quisessem combater». Entre los pasajes vicentinos que revelan un contacto inmediato entre representantes y auditorio, ha señalado L. Keates [1962] el final de la *Comedia del Viudo*, en que los actores acuden a Juan III para que decida el desenlace de la pieza; estarían aquéllos, evidentemente, en la parte baja de la sala, y la familia real en el estrado. Obsérvese, pues, que no deja de ser curioso: la última escena de la *Comedia del Viudo* —bosquejo preliminar del *Don Duardos*— coincide con la primera de éste.

Tal es el contexto en que hay que entender esa primera escena: de lo que se trata es, en efecto, de un momo dentro de un momo. La corte de Constantinopla está reunida —la familia imperial sentada en el estrado con su séquito, y los cortesanos, como siempre, de pie— cuando entra un misterioso caballero extranjero que se abre paso entre ellos, dirigiéndose al soberano para pronunciar un desafío: «depois destes [= la familia imperial y los gentilhombres y damas de honor] assentados, entra dom Duardos a pedir campo ao Emperador com Primaleam seu filho, sobre o agravo de Gridonia». El paralelo con los momos de 1490 no podría ser más exacto. [...] A fines del siglo xv el torneo mismo ya no era más que un gran momo público: «los caballeros venían a la liza en toda clase de fantásticos disfraces; los desafíos eran redactados en términos de romántica galantería» (Welsford). ¿Llevaría don Duardos, por ventura —como era de costumbre en los momos corrientes—, una carátula? [...] De todos modos, la referencia a fantásticos disfraces y desafíos románticos le iría tan bien a don Juan en Évora como a don Duardos en Constantinopla: la vida real y la fantasía ya no se distinguían. Precisamente en Constantinopla, y en 1524 —a los dos años de la fecha probable del *Don Duardos*—, los mercaderes venecianos y florentinos de la capital otomana armaron para Carnaval unos momos en que salió un «embajador» nada menos que del rey de Portugal, con dos «sarracenos» que justaron después de bailar una morisca.

De manera análoga la contienda de don Duardos con Primaleón, en vez de ser un verdadero combate preludiado por el momo, pertenece al mismo plano de realidad, o más bien de irrealidad, que éste. De ahí que pueda y deba tener lugar allí mismo, sin tener que posponerse al otro día. [...] Cuando la enternecida princesa Flérida la interrumpe, y don Duardos se marcha tan abrupta y misteriosamente como llegó, el emperador y la corte entera se quedan como inmovilizados en las mismas actitudes en que les vimos al principio, con

ademán de quien no sabe qué hacerse. En fin, como si estuvieran
esperando.

Y eso es, en realidad, lo que están haciendo. Aquí no se trata de
la consabida torpeza de los dramaturgos primitivos para hacer entrar
y salir a sus personajes: por lo que la corte está todavía en su sitio,
cuchicheando con aire de expectativa, es porque es un *público*; y lo
que ese público está aguardando es el próximo «número» del programa. Su paciencia no necesita ser puesta a prueba: casi en seguida
asoma el estrafalario Camilote, llevando de la mano a su ridícula
compañera y proclamando «que en la tierra a la redonda / no se
halló nunca su par», y sobre esa «concrusão d'amores» desafía, como
otro don Juan II, «a todo-los que o contrairo quisessem combater»;
y acto continuo presenciamos un nuevo combate, muy diferente del
primero (si bien, diría Empson, «con idéntico nombre»).

La figura más constante de los momos de toda Europa es probablemente el «salvaje», [una de cuyas especies más populares en la baja Edad
Media fue el tipo del «caballero salvaje», mezcla de juglar, mensajero y
heraldo, a quien correspondía, por ejemplo, dar gritos llamando a la
batalla o al torneo, y a quien, en el reparto de papeles de la vida cortesana (acabamos de ver al Rey como «Caballero del Cisne»), se adjudicaba
el de fanfarrón desaforado y grotesco. En *Don Duardos*,] el auténtico
caballero salvaje —sin perder un ápice de su tosquedad, su peculiar sus-
ceptibilidad galante o su malhadada afición al combate— se ha transformado, en la persona del hidalgo Camilote, de espantajo de pantomima
en personaje dramático hecho y derecho. Sobre todo, hecho. La figura de
Camilote había sido tan marginal en el *Primaleón* —fuente del *Don Duardos*— como resulta ser en éste; pero al trasladarle resueltamente de la
novela de caballerías a su tragicomedia, Gil Vicente no se equivocaba.
Al mismo tiempo que le permite repetir su primera escena en una tonalidad distinta, como ya había hecho con piezas enteras, ese traslado representa también una habilidosa estratagema para ahorrar trabajo introduciendo en escena (para la fácil delectación de un público que, criado entre
momos, sabrá qué esperar así que reconozca a su viejo amigo el caballero
salvaje) un personaje «prefabricado». [...]

Hoy, cuando aun antes de rasguear las primeras cuartillas de un
nuevo libro no pocos novelistas ya están contando con los derechos
de cine, la escenificación de una novela es sin duda el método más
obvio de ahorrar trabajo; para la época vicentina, en cambio, constituía una flamante innovación. Y no sólo en lo que se refiere a la

fuente, sino hasta en la técnica: de los tres procesos de dramatizar una obra no dramática —la simple trasposición, la expansión de un núcleo pequeño (en Lope, a veces, un cantarcillo; en la *Farsa de Inés Pereira*, un refrán), y la reducción selectiva de un original mucho más extenso— el *Don Duardos*, como advierte Dámaso Alonso, imponía el último y más difícil, que obliga al dramaturgo a presentar «en un esquema intensificado, capaz de sostenerse sobre las tablas..., lo que en la narración novelesca... se deshila... a lo largo de páginas y páginas». [...]

De las innovaciones que podríamos calificar de «puras» —es decir, las que no resultan de la economía de recursos habitualmente practicada por Vicente—, hay algunas cuyo alcance es extensivo a obras enteras. Basta recordar las dos novedades registradas por Dámaso Alonso [1942] en el *Don Duardos*: la incorporación del paisaje a la literatura, por primera vez sin referencia al tópico del *locus amoenus*, y la matización psicológica con que se revela el florecimiento gradual del amor de Flérida por don Duardos (sabiamente contrapuesto, podríamos añadir, al «flechazo» de éste). Otras veces la fuerza innovadora del dramaturgo se concentra en la fina observación del pormenor: el naturalismo casi magnetofónico de la conversación entre niños en la *Comedia Rubena*, por ejemplo, que se diría transcrita de las investigaciones de un Piaget, forma un asombroso contraste con el habla estereotipada de los tipos sociales y étnicos que el teatro de la época (incluso el propio vicentino) acostumbraba poner en escena. [...] Ya en la primera fase de su carrera, a partir del auto de *La Sibila Casandra*, la poesía lírica había asumido una función rigurosamente estructural en el esquema de sus piezas. No se trata ya tan sólo de redondear una obra con un villancico o un romance que resuma y ponga de relieve su significado global, como antes en Encina o siquiera en el propio *Don Duardos* (si bien es verdad que uno de los ejemplos más logrados del método nuevo se encuentra en esa misma obra, señaladamente en la encantadora escena del jardín en que don Duardos y Flérida representan en diálogo una «cantiga de cantigas»), sino de utilizar la canción sistemáticamente para motivar la intriga o dar a los personajes una dimensión psicológica insospechada por los dramaturgos anteriores o contemporáneos.

En esto, como en otros respectos, Vicente anticipa a Lope de Vega. Si el nombre que con más frecuencia se asocia al suyo es precisamente el de Lope, no es por casualidad, porque sólo en el Lope «de las fuerzas naturales», magistralmente estudiado por Dámaso Alonso, volveremos a sentir el huracán que silba a través de las mejores páginas de la *Copilaçam* vicentina, y sólo en el de las seguidillas y letras para cantar encontraremos —por lo menos hasta llegar a Rosalía de Castro y García Lorca— una equivalente identificación con la tradición oral: una identificación tan completa que nos deja a veces (y más veces en Gil Vicente, fuerza es decirlo, que en Lope) con la duda de si un verso es realmente del poeta que lo firma, o si no es más bien el eco de una voz oída en la calle.

EUGENIO ASENSIO

LOPE DE RUEDA Y LA CREACIÓN DEL ENTREMÉS

El entremés constituye un tipo teatral fijado por Lope de Rueda que se mueve entre dos polos: el uno, la pintura de la sociedad contemporánea con su habla y costumbres; el otro, la literatura narrativa, descriptiva o dramática. De la literatura oral o escrita, es decir, de la facecia, la acción celestinesca, la novela picaresca, la fantasía satírica, la descripción de tipos y ambientes, toma sobre todo un repertorio de asuntos, personajes, gracejos, atmósfera. De la comedia se apropia, además de un almacén de asuntos, inspiraciones y modelos de forma o estilo. La historia del entremés, género secundario, exige constantes incursiones a otras zonas literarias de las que recibe alimento y renovación. Frente a la comedia, de la que empieza siendo un simple esqueje trasplantado, siente una creciente necesidad de especializarse y diferenciarse en tonalidad y fórmulas. [...]

Lope de Rueda no rompió del todo con el verso como molde de lo cómico, ya que siguió usándolo en escenas desglosables de los coloquios pastoriles. Pero acaso por un oscuro sentimiento de que los metros líricos —los que usaban el *Auto del repelón* y Sebastián de Horozco en modalidades cercanas al entremés— servían mejor

Eugenio Asensio, *Itinerario del entremés. Desde Lope de Rueda a Quiñones de Benavente*, Gredos, Madrid, 1965, pp. 25-26, 41-48, 57-58.

para deliquios emocionales que para cuadros de costumbres y comportamiento cotidiano, adoptó en las comedias y pasos la prosa. Fue un viraje decisivo. Pudo remedar las inflexiones del habla, los modismos y matices de la conversación, explorar así nuevos sectores de la naturaleza humana y de la vida de su tiempo.

No me atrevería a incluir entre los «inventores» a Juan de Timoneda, literato *de pane lucrando*, con buen olfato para la moda y ningún escrúpulo en apropiarse y rehacer obras ajenas. [...] El mayor servicio que Timoneda prestó al teatro fue la impresión de las piezas de Lope de Rueda. [...] Timoneda sacó a luz primero (Valencia, 1567) cuatro comedias y dos coloquios de Lope de Rueda, escardados de «algunas cosas ilícitas y mal sonantes». Las comedias desconciertan por la yuxtaposición de cuadros de la vida vulgar vigorosamente trazados y de marañas novelescas opacas y descoloridas: risa y deliquios sentimentales alternan sin orden ni coherencia. Los personajes románticos, carentes de motivación psicológica, palidecen ante los tipos cómicos cuya vida desbordante se trasluce en movimientos naturales, en ritmos de diálogo. Timoneda, con su instinto comercial, se percató de que las partes jocosas se podían desglosar e injerir en otras comedias: acaso se lo vio practicar a Lope de Rueda. Por eso al final de los coloquios pastoriles añadió una *Tabla de los passos graciosos que se pueden sacar de las presentes comedias y colloquios y poner en otras obras*. El mismo año de 1567 imprimió *El deleitoso* «en el qual se contienen muchos passos graciosos del excellente Poeta Lope de Rueda, para poner en principio y entre medios de Colloquios y Comedias». Tres años más tarde, en 1570, sacó el *Registro de representantes* «a do van registrados por Joan Timoneda muchos y graciosos passos de Lope de Rueda y otros diversos autores, assí de lacayos como de simples y otras diversas figuras». La creciente emancipación de los pasos se refleja en los tres tomos: en el primero van insertos en la comedia o coloquio, en el segundo se desglosan sugiriendo la posibilidad de intercalarlos, mientras en el tercero la portada para nada menciona la posibilidad de injerirlos en el cuerpo de la comedia. Casualidad, ciertamente, pero denunciadora de la progresiva independencia.

El divorcio de paso y comedia queda refrendado cuando el nuevo tipo adopta, estrechándole su antiguamente amplio significado, el nombre de *entremés*, acotando como propia la comicidad de personajes y zonas inferiores. Personajes no amanerados por una rutina literaria, ni presos en las redes de la retórica tradicional, a los que cabe hacer hablar la lengua viva de cada día, dando a sus acciones triviales o fantásticas una ilusión de corporeidad, una atmósfera realista y despoetizada. La prosa será el adecuado molde. La invención de Rueda se ajustó de tal modo a las necesidades de su tiempo que embelesó a los menudos, agradó a críticos tan melindrosos como el Pinciano y formó escuela. [...]

Dos de los más excelentes *pasos* de *El deleitoso*, el de *Las aceitunas* y *La tierra de Jauja*, tienen raigambre folklórica. La contienda sobre el precio de las futuras aceitunas entre el simple Toruvio y su mujer Águeda repite la configuración mental de refranes vulgares como «jugar el sol antes que amanezca» y halla precedentes no tan sólo en facecias internacionales, sino también en los entrenamientos oratorios usados en las escuelas de retórica y que podríamos denominar el «pleito imposible», el «pleito por cosas inexistentes». Ya había subido a las tablas un acontecimiento parecido en el teatro religioso de Inglaterra, en una de las *Wakefield plays* —también llamadas *Towneley plays*— donde los pastores Gyb y John Horne riñen por los pastos de un rebaño imaginario. Esta ocurrencia pasó a dos famosas compilaciones inglesas de facecias, los *Hundred Merry Tales* (1526) y los *Madmen of Gotham* (hacia 1540). El núcleo de entrambas es idénticamente derivado del *misterio*: dos locos o necios se encuentran en la orilla de un río y pelean por el derecho, afirmado por uno, negado por otro, de atravesar el puente con un rebaño que todavía no fue comprado. Aparece un tercer loco, el cual los separa y echa en cara el disputarse por cuestiones imaginarias. Luego, vaciando a su vez en el río un saco de harina que llevaba al hombro, les alecciona: «Tenéis tanto seso como harina este saco».

Una conseja tradicional de contenido semejante sirvió de fuente a *Las aceitunas*. Lope de Rueda, que amaba el folklore como artista, no como colector, es decir, con libertad imaginativa de rehacerlo y actualizarlo, trasladó el asunto al plano de la experiencia española, lo proyectó sobre un fondo campesino de hogar pobre en que la llegada del marido mojado y hambriento desata la perenne guerrilla conyugal, prestó gesticulación a la pareja de simples Toruvio y Águeda, pero en lugar de aceptar el tercer loco, ideó el personaje de la hija que recibe los golpes, sirviendo escénicamente de eje al ir y venir del razonamiento, al juego mímico alternativo, mientras el tercer loco se transforma en el vecino prudente que saca la moraleja. El final anticlimático, que puede interpretarse como un relajamiento de la tensión dramática, se explica tal vez por buscar un puente entre el paso y la comedia o coloquio. Aloxa, el vecino árbitro que remata «Razón será que dé fin a mi embajada», semeja un recitador de prólogo y hace sospechar que a renglón seguido anunciaba la pieza principal. Posteriormente, al cobrar el entremés una existencia segregada, se instauró la costumbre de terminar con una escena agitada y sorprendente, ya invirtiendo de pronto la situación, ya recurriendo a la persecución, el aporreo o algo que suscitase la carcajada.

La tierra de Jauja moderniza la conseja medieval de la tierra de Cucaña, trasplantándola al continente americano donde el descubrimiento de Jauja había espoleado a un coplero astuto a remozar el mito. En varios pliegos de cordel se nos evoca aquel sueño de vientres hambrientos, de panzas al trote: el jardín donde los árboles producen manjares cocinados, los ríos desbordan de vino y miel y la vida es holganza y banquete perenne. El simple Mendrugo, embelesado con el relato, deja que la cazuela de comida que lleva para su mujer encarcelada desaparezca, devorada por los famélicos ladrones que alternativamente cortan y reanudan la narración. Las lejanas maravillas y el hambre acosadora forman un divertido contraste gráficamente reproducido por los ademanes aéreos del que narra y los gestos bajos del que traga. Este elocuente juego mímico, esta gesticulación hecha lenguaje triunfó en los patios españoles y se incorporó al repertorio de la *Commedia dell'arte* en forma de *lazzo* o incidente cómico que se podía insertar. Así pagó en buena moneda la quincalla italiana, quiero decir las desatinadas marañas y enredos que del teatro italiano había usurpado, «el más flaco servicio de Lope de Rueda a la escena española», según atinado juicio de María Rosa Lida de Malkiel.

Rueda subió al tablado los tipos coloridos que pululaban por ciudades y caminos de España: maleantes de Valencia, rústico de Extremadura, negras parlanchinas llegadas a través de Portugal, gitanas urdidoras de embelecos, cada uno con su matiz de lenguaje y su toque local. [...] Esta capacidad para dar corpulencia y estado civil a los títeres tradicionales del retablo cómico mediante la densidad de la atmósfera y el verismo coloquial ha sido un fecundo ejemplo de Rueda a sus seguidores. Sus modos de ensanchar el dominio de la risa y dar dimensión escénica a los entes gastados por el uso se revelan en la representación del fanfarrón y del simple o bobo. [...] En el plano real el rufián o fanfarrón se embriaga con los tufos del honor y la valentía, mientras el bobo no aspira más que a los goces tangibles. En el plano verbal, mientras el rufián, exaltándose con su facundia y virtuosismo, levanta al compás de dramáticos ademanes sus aéreos castillos de mentidas proezas pretéritas, el bobo, incapaz de disimular, tropieza y cae en todas las armadillas del lenguaje, retardando morosamente la acción con su eterno remedar y preguntar, disolviendo la supuesta lógica de las acciones, y subrayando a la par los golpes cómicos. Son los dos polos del entremés.

Ernesto Veres D'Ocón

LAS DEFORMACIONES LINGÜÍSTICAS EN LAS COMEDIAS DE LOPE DE RUEDA

El Renacimiento, inmerso todo él en una corriente de armonía neoplatónica, valora el cultivo de la persona junto con otros temas producto de la preponderancia otorgada a la Naturaleza (la Edad Dorada, lo pastoril, las lenguas vulgares, etc.), y rechaza los casos de error y desarmonía como algo nefando. La traslación hacia un plano burlesco y cómico de estos casos de error la tenemos en la mayoría de los juegos idiomáticos que observamos a continuación [en las comedias de Lope de Rueda], juegos mediante los cuales se hace funcionar al personaje rústico en condiciones lingüísticas reprochables, con el fin de obtener el máximo valor expresivo y poder presentar, unidos con toda claridad, los dos ambientes culturales opuestos: el de vulgaridad o rusticidad, por un lado (error), y el de selección o urbanidad, por otro (armonía).[1] [...]

E. Veres D'Ocón, «Lope de Rueda y los juegos idiomáticos renacentistas» (1950), en *Estilo y vida entre dos siglos*, Bello, Valencia, 1976, pp. 36, 40-52.

---

1. [Concretamente a propósito de *Los engañados*, Fernando González Ollé [1973], pp. xxvi-xxix, realza que «en los personajes de clase superior se dan, en diversos momentos, parlamentos dispuestos con amplia y matizada andadura sintáctica, de clara ascendencia retórica (verbo pospuesto; enlaces con *cual*; cláusulas parentéticas; fórmulas apelativas, etc.)»; por ejemplo: «Señor Gerardo, no tengas pensamiento que esté yo con menos congoja que tú podrás

El mismo rústico (representado, en la mayoría de las obras de Rueda, por el simple o por un personaje que habla una jerga) tiene conciencia de lo deficiente y bajo de su sistema expresivo y tiende a elevarse, a veces, sobre las condiciones corrientes de su lenguaje:

VERGINIO: Pues ¿cómo decías que te habías embarrado?
PAJARES: Pues díjelo por afeitar el vocablo, que mejor dijera encerado o alquitarado, que no embarrado. (*Los engañados*, I.)

Pero es en las llamadas por Amado Alonso «prevaricaciones idiomáticas» donde mejor se manifiesta esta oposición cultural, este oponerse del rústico a los ideales renacentistas del cultivo de la persona y del espíritu.

1. Unas veces este desatinar nace del trueque de uno o varios sonidos en una palabra, deformándola y dándole una apariencia distinta a la que tenía entre las personas instruidas. Como se comprenderá, el habla de Mulién Bucar y aún más el de las negras constituyen por sí una inmensa prevaricación. Los ejemplos son numerosos:

GUIOMAR: En apué, ¿no me manda siñora Clavela que colamo la flor de la cucucena?
GERARDO: De azucena, diablo; que eso pienso que querrás decir. (*Los engañados*, III.)

GUIOMAR: ¿Quin sa borracha, Chuchuleta? ¡Ay, mandaria, mandaria! ¡Plégate Dios que mala putería te corra y no veas carralasolendas!
CLAVELA: ¡Ay, amarga, qué carnestoliendas y qué mal pronunciadas! (*Los engañados*, III.)

---

tener por no haber dado fin en un negocio que para cada uno de los dos tan desseado tenemos; mas no debes maravillarte, pues sabes que mi ausencia no ha dado lugar a que con más brevedad se efetuasse». «En contraste con este estilo enfático —añade González Ollé—, el diálogo de la obra resulta, por lo general, muy vivaz: parlamentos muy breves, preguntas y respuestas que se suceden con rapidez ("—¿Quién te las vistió? —Yo me las vestí. —¿Para qué? —Estasse lavando mi sayo", etc.), abundantes manifestaciones exclamativas, repeticiones expresivas, etc. Constituye este realismo coloquial el rasgo más característico del estilo lingüístico de *Los engañados*, que afecta por igual a todos los personajes... Esta espontaneidad del diálogo constituye, en el plano lingüístico, lo que, respecto del contenido representa la presencia escénica de situaciones de la vida cotidiana y la creación de tipos populares. Encuadrar estos elementos, bien realzados, en el marco de la comedia novelesca, erudita, italiana, constituye la fecunda novedad, el gran acierto de Lope de Rueda».]

En ambos casos se repite el mecanismo de corrección, que pone más de manifiesto la barbaridad idiomática que constituye la deformación de la palabra. Pero en muchísimas ocasiones es el simple el que con sus vulgarismos se hace objeto de corrección; prevaricación que resulta tanto más divertida porque se hace en condiciones cultas, o sea, cuando el simple dialoga con sus amos, de cultura superior, tratando de emplear palabras que, si bien ya generalizadas entre la gente instruida, por no ser patrimoniales del idioma y haber sufrido una evolución normal, no eran asequibles al vulgo:

MELCHIOR: Pues ¿de qué? En verdad, señor, que no se ha hallado tras della tan sola una máscula.
LEONARDO: Mácula querrás dezir. (*Eufemia*, I.) [...]

En otras ocasiones el esquema sufre a modo de una reduplicación, y la prevaricación se repite antes y después de haber sido corregida:

GUIOMAR: Por eso primer fijo que me nacer en Portugal le yamar Diguito, como señor su saragüelo.
CLAVELA: Su abuelo dirás.
GUIOMAR: Sí, siñora, su sabuelo. (*Los engañados*, I.) [...]

2. En un segundo tipo de prevaricaciones, el desatinar no se limita tan sólo a trastrueques de sonidos, sino que el simple sustituye una palabra por otra, de tal suerte que la noción que se expresa tiene así un significado diferente o, al menos, constituye un disparate idiomático. La prevaricación está introducida en el mismo mecanismo con corrección ulterior. Es muy frecuente en el habla de las negras:

EULALLA: Tráigame para mañana un poquito de moçaça, un poquito de trementinos de la que yaman de puta.
POLO: De veta querrás dezir. (*Eufemia*, VII.)

También son muy abundantes en el lenguaje del simple:

LENO: ... Después de ido el consejo quieren tomar el conejo, como dice allá el proemio o rufián.
SULCO: ¿Qué diablo de rufián o proemio? Proverbio o refrán querrás decir. (*Tymbria*.) [...]

El esquema de prevaricaciones con deformación ulterior tambié[
abunda. [Por ejemplo,] en el rústico:

PABLOS: ... Al tiempo que yo y la burra estábamos embebidos mirand[
el rueco o la rueca del hijo prólogo, o como se llama.
GINESA: ¿El carretón del *Hijo pródigo*, querréis decir?
PABLOS: Sí, sí, del hijo hipócrito... (*Camila.*) [...]

3. En un tercer grupo tenemos aquellos trueques, especialment[
con nombres propios, cuya explicación cultural es similar a las ante[
riores. Unas veces el trastrueque consiste únicamente en el cambi[
de nombres propios:

LEONARDO: ¡Por cierto que sois hijo de honrado padre!
MELCHIOR: Pues ¿cómo dice la señora Peñalosa que puede ella bivi[
con mi çapato, siendo todos hijos de Adrián y Estevan? (*Eufemia*
I.) [...]

Otras veces se tiende a añadir un significado grotesco por la confu[
sión del nombre propio con un objeto:

EULALLA: Pues buena fe ha sinco noche que faze oración a siñor Nicolá[
de Tramentinos [= 'trementina'].
POLO: San Nicolás de Tolentino querrás dezir. (*Eufemia*, VII.) [...]

Por último, hay casos en los que el nombre es deformado grotesca[
mente de tal forma, que cobra una significación intencional comple[
tamente nueva:

AMOR: Suéltame, si eres servido,
desatándome de aquí,
y habrás galardón de mí.
BOBO: ¿Cómo os llaman?
AMOR: Cupido.
BOBO: ¿Escupido? ¡Oxe de ahí!
¿No veis qué bonita pieza?
¿Queríades os desasir
para después me escupir
por el pescuezo y cabeza
sin poderme rebullir?
(*Discordia y cuestión de amor*, II.) [...]

4. No siempre aparece el trueque como un hecho aislado.
A veces se sucede ininterrumpidamente en el curso de una exposición: el que habla dice unas palabras por otras. Tenemos el caso del
zapatero en *Armelina*:

DIEGO: Ven acá: aguija a casa de mi compadre Pero Alonso, que me
    haga merced de aquellos contraortes y aquellos chambariles, digo,
    aquellas guarniciones para el çapato sobresolado.
RODRIGO: ¿Qué dezís?
DIEGO: Digo para el cuártago.
RODRIGO: Sí haré señor. — Encomendaos, ¡pecador de mí!, que os des-
    truís vós mismo.
DIEGO: No avía mirado. ¿Pusiste al cobro aquellas hormas?
RODRIGO: ¿En qué pensáis?
DIEGO: No quiero dezir sino aquellas almohadas.
RODRIGO: ¿Tantas almohadas habéis de tener?
DIEGO: Mirad: sacarme a mí de curso es echarme a perder y destruirme.
    Mas callad, que agora lo enmiendo todo.
RODRIGO: Vaya.
DIEGO: Aparejadme aquel boix y aquellas tixeras, digo, aquel peine y
    aquella limpiadera. Etc. (*Armelina*, III.)

El zapatero Diego se confunde y trueca unas palabras por otras (las
propias de su oficio) cuando se siente en presencia de su amada.
Estos trastrueques son los que tienen un parentesco más estrecho
con los que nacen del teatro medieval: la acumulación de disparates
sigue un esquema, en algunos aspectos similar al medieval, de empleo en varios idiomas, pero ofreciendo, por otro lado, el desacertado
uso de la lengua vulgar: en el esquema medieval se han infiltrado los
elementos renacentistas.

5. Las prevaricaciones surgen en otras ocasiones no por trastrueque de sonidos o palabras, sino por el cambio de éstas dentro
del orden de la frase. Naturalmente, estos trueques se dan muy a
menudo en el habla de las negras, pero en todos estos casos, tan
abundantes, son peculiaridades características que van unidas al conjunto de su sistema expresivo. No son, sin embargo, muy abundantes
en el lenguaje del simple. Cobran mayor significación cuando los
trueques se realizan dentro de una frase hecha, generalmente un refrán, con lo que el efecto cómico es mayor, dado que el proverbio
por sí constituye un clisé expresivo que queda roto con la prevari-

cación. Abundan en el habla de las negras: «a otro güeso con aquesse perro» (*Eufemia*), «quien tenga loficio tenga la maleficio», etc. El único refrán que emplea el moro Mulién Bucar lo deforma grotescamente: «A buenox palabrax poco entendedorex» (*Armelina*). Más interesante es el caso en que el desatinar se consigue cuando se dice todo lo contrario de lo que se pretendía. En el momento en que el lacayo Polo cuenta a Eulalla la próxima ejecución de Leonardo, exclama la negra, lamentándose: «¡Ay, mal logradoz! Por ciertos que me pesas como si no fueras mi fijo» (*Eufemia*).

N. D. Shergold

EL LUGAR TEATRAL:
REPRESENTACIONES SACRAS Y ESCENARIOS PROFANOS

Las primeras obras teatrales para el Corpus Christi datan como mínimo de comienzos del siglo XVI. Sin embargo, en el segundo cuarto del siglo ese tipo de representaciones parecen centrarse primordialmente en Sevilla. Es en Sevilla donde al parecer se producen manifestaciones semejantes a las de Valencia, es decir, que a alguien se le ocurre escribir obras para un espectáculo que ya existía y que parece proceder de la doble tradición barcelonesa y valenciana. Ello debió de suceder en una fecha no bien determinada anterior a 1542, y no sería de extrañar que descubriéramos que de un modo u otro ocurrió en alguna relación con Lope de Rueda, quien en ese período es una figura destacada del Corpus sevillano; pero por otra parte es posible que haya que remontarse a una fecha algo más antigua. Sea como fuere, al parecer hubo durante esos años una profunda reorganización de los espectáculos destinados a celebrar la festividad del Corpus, y de un modo más concreto en el uso de los carros. Para aludir a éstos aún se emplean de vez en cuando las palabras «roca»

N. D. Shergold, *A History of the Spanish Stage from Medieval Times until the End of the Seventeeth Century*, Clarendon Press, Oxford, 1967, pp. 110-112, 174-176.

y «castillo», pero van abandonándose y aparece ya el término «carro», que se convierte en el vocablo más usual, o «medio carro» cuando había dos. Esta última expresión sugiere la presencia de un carro de gran espectáculo a la usanza antigua, convenientemente dividido en dos mitades, y éste pudo haber sido el origen de los «medios carros». Los dos carros juntos siguieron llamándose un «carro». En las calles, para llevar a cabo la representación, se les unía otro carro, y a veces un tablado. Los tablados se montaban dentro de las iglesias, y los carros probablemente se introducían en ellas siempre que cupieran por la puerta. Algunos carros, aunque quizá no todos, parecen haber servido para una segunda historia, lo cual hubiera resultado difícil si la puerta de la iglesia no era suficientemente alta, pero los textos en cuestión acaso correspondan a obras tardías, destinadas a representarse solamente al aire libre, es decir, en lugares en los que tal dificultad carecería de importancia. El empleo de dos carros y de un tablado invita a hacer comparaciones con el escenario múltiple, el *décor simultané*, pero el sistema parece haberse originado de forma independiente, según las condiciones de cada lugar. La identificación de Sevilla como la ciudad en la que los autos hicieron sus primeros y más notables progresos depende en cierta medida de la relación que puedan tener los textos del *Códice de autos viejos* —publicados por L. Rouanet— con las obras mencionadas en los documentos; con todo, incluso prescindiendo de esta relación, los documentos en sí mismos ofrecen ya pruebas suficientes de la importancia de Sevilla en este aspecto.

Probablemente no sea una coincidencia que el auge de las representaciones del Corpus a partir poco más o menos de 1540 coincida aproximadamente con la época en que aparece por vez primera el actor profesional. Aunque tales obras sean breves, exigen más memoria y más técnicas de representación teatral de lo que exigían los tropos cantados de la primitiva liturgia [cf. *HCLE*, I, 11], o la puesta en escena de misterios como los de Valencia, en los cuales las palabras y la acción eran familiares a todos los jóvenes que se habían criado en la ciudad, ya que los habían visto representar año tras año. Los clérigos y los miembros de los gremios que anteriormente habían actuado en los «juegos» de Corpus, sin duda alguna respiraron aliviados al poder confiar esas representaciones teatrales a unos actores de oficio. El documento de 1593, con su alusión a «cantidad de autos diferentes» sugiere que los actores por su parte

acumulaban de año en año un repertorio de obras religiosas de entr
el que los organizadores de la festividad del Corpus Christi podía
elegir; y es posible que ello sea la explicación del *Códice de auto
viejos*, que podría ser sencillamente uno de esos repertorios.

Las representaciones del Corpus eran verdaderos acontecimiento:
y la documentación al igual que los textos conservados demuestra
que se celebraban ante los dignatarios más importantes de la Iglesi
y del Estado, y a veces incluso ante el propio rey y los miembros d
la familia real. A fines del siglo XVI los municipios se encargaro
de financiarlas, y se gastaron considerables sumas de dinero en repr
sentar obras con un aparato escénico cada vez mayor. La loa de
Colloquio de Fide Ypsa también nos recuerda que esas obras se repr
sentaban ante el Santísimo Sacramento, ya que una acotación señal
que el actor que dice el prólogo tiene que recitar sus versos mientra
está arrodillado ante Él. Hay también una mención de ese tipo en l
canción que sigue a la loa de la *Farsa del Sacramento*: «esta osti
sagrada / que todos vemos presente». [Un documento de Segovia]
de 1594, menciona asimismo la presencia del Santísimo Sacrament
Naturalmente, todo eso no debe confundirse con las hostias y cálice
a que a veces se alude como accesorios escénicos en algunas obra
determinadas. En suma, no es posible estudiar el auge de las repre
sentaciones teatrales de Corpus en el siglo XVI sin hacer referencia
otras festividades y al desarrollo de espectáculos profanos que tiene
características paralelas, así como también a la «comedia» y a lo
nuevos procedimientos de escribir y representar obras que ésta traj
consigo, junto con los nuevos caminos abiertos gracias a la aparició
del teatro comercial. [...]

A comienzos del siglo XVI,[1] para la representación de una obr
profana sólo se podía contar con el patronazgo de la nobleza, l
corona, la Iglesia o los municipios; pero hay importantes diferencia
entre la fastuosa puesta en escena de ciertas piezas italianas, com
por ejemplo en la corte del duque Hércules de Este en Ferrara,
representaciones españolas, más sencillas y más íntimas, como la
que se daban en el palacio del Duque de Alba, por más que el equiva
lente de estas últimas también podía encontrarse en Italia. Es poc
lo que se sabe de los primitivos actores, aparte del hecho de qu

---

1. [Sobre los primeros teatros públicos, aparecidos en el decenio de 1570
y los corrales característicos del siglo XVII (y aun del XVIII), véanse los volú
menes III y IV de la presente *HCLE*.]

ncina, Lucas Fernández y probablemente Torres Naharro intervi-
ieron también en la representación de sus propias obras, al igual
ue lo hizo Lope de Rueda, una vez empezó a existir el teatro profe-
onal, y parece que también Timoneda. Al parecer, en estos primeros
empos era el autor dramático quien reunía a los actores que tenían
ue representar sus obras, y él en persona, o bien intervenía asimis-
o como actor en la representación, o bien como mínimo recitaba
l prólogo que presentaba tales obras al público. [...] No obstante,
ronto dejó de ser así, y la distinción entre las dos actividades de
ramaturgo y de actor se hizo muy clara, aparte la existencia de unos
ocos actores que también escribían para el teatro. Sin embargo es
osible que esta íntima asociación entre el autor y la representación
e su obra haya podido originar la expresión «autor de comedias»,
ue a partir de entonces se usó habitualmente para designar al direc-
or de la compañía o empresario.

Antes de 1565 parece ser que tanto en el teatro privado como
n el profesional es posible advertir ciertos rasgos comunes de
uesta en escena: las dos entradas del escenario; las ventanas superio-
es; y, tal vez, si damos crédito a Cervantes, la cortina que cubre la
arte posterior del escenario para formar el «vestuario». También
a estructura de una representación dramática empieza a tomar forma:
a división en actos; el prólogo, que en un principio aparece como
argumento» o «introito», pero que posteriormente se convierte en
a habitual «loa» que precedía a todas las obras teatrales del Siglo
e Oro; los «entremeses», intercalados entre acto y acto; los bailes
 la música. Todo eso se encuentra tanto en el teatro escolar como
n el comercial, y son características que no faltan tampoco en las
bras de tipo religioso. De especial interés en la dramaturgia de
os colegios es el uso de la palabra «theatro», que se aplica a la
epresentación de 1556 en Alcalá, al parecer en el sentido general
e 'teatro', aunque en el siglo XVII el término sirve para designar el
scenario. El «theatro» de 1556 era un zaguán, pero las disposicio-
es escénicas de ese año pueden compararse con las que se men-
ionan en un documento de Plasencia de 1562, y con otras funciones
e los jesuitas, para las cuales los padres usaban como teatros los
atios de sus colegios. Estas piezas escolares, representadas por los
ismos estudiantes, contribuyeron al desarrollo de la «comedia», así
omo también a la de las obras de carácter religioso; pero fue la
parición de compañías profesionales lo que hizo del teatro un espec-

táculo comercial, para un público mucho más vasto del que había tenido hasta entonces. Los primeros testimonios de la existencia de esas compañías corresponden al segundo cuarto del siglo XVI, y antes de 1565 la más importante de ellas es la de Lope de Rueda, aunque no fuera éste exclusivamente un histrión popular, ni tampoco sus representaciones tan ingenuas como a veces se ha imaginado. Otros interesantes aspectos de la historia teatral de este período son el posible uso de máscaras por parte de los actores; el hecho de que los papeles femeninos estuvieran a cargo de actores adolescentes; el inicio, con Alcocer, de la preocupación de los moralistas por el teatro contemporáneo; la aparición de histriones populares de menor relieve, tales como acróbatas, volatineros, magos y titiriteros.

Alfredo Hermenegildo

LA TRAGEDIA ESPAÑOLA EN EL ÚLTIMO TERCIO DEL SIGLO XVI

Hasta los años que median entre 1570 y 1590 el gusto del público había determinado casi por entero el carácter del teatro. Ahora ya es observado más críticamente por los dramaturgos, que se dan cuenta de sus diferencias y errores. Se basan en los autores italianos ya versados en el manejo de modelos antiguos. Parten del Humanismo y, en mayor o menor grado, introducen modificaciones. Con arreglo al diverso grado de aceptación de los preceptos y prácticas antiguas, los escritores ocupan los distintos peldaños de la escena de la segunda mitad del XVI.

Dos tendencias, ya señaladas por Crawford [y otros estudiosos], aparecen entre estos trágicos. La primera tiende a producir obras siguiendo una observación estricta, en cierto sentido, del clasicismo; tal tendencia es la del fraile gallego Jerónimo Bermúdez. La segunda manera se aleja bastante de los antiguos, y fue cultivada por Andrés

Alfredo Hermenegildo, *La tragedia en el Renacimiento español*, Planeta, Barcelona, 1973, pp. 159-162.

Rey de Artieda, Juan de la Cueva, Lupercio Leonardo de Argensola, etc. Cristóbal de Virués, el capitán valenciano, sigue ambas orientaciones: en la *Elisa Dido*, por una parte, y en el resto de su producción, por la otra. La primera es una estricta imitación; las otras cuatro son una modificación ya iniciada por la escuela senequiana del renacentismo italiano. Una tercera dirección encontramos nosotros en las obras de Gabriel Lobo Lasso de la Vega, que están ya muy cercanas a la dramaturgia de Lope. [...]

Es muy probable que hubiera en las creaciones de nuestro grupo de autores una gran influencia de los libros de caballerías, tan extendidos entre el público de entonces. La fantasía de estas novelas debió de provocar entre los lectores un desbordamiento de la imaginación e, inconscientemente, influyó en las mentalidades de Cueva y demás dramaturgos.

En esta época empieza a utilizarse de forma general la reducción del número de actos a tres, en lugar de los cinco en que se habían dividido los dramas hasta entonces. Artieda, Cervantes y Virués creyeron ser los descubridores de la obra con tres jornadas, y toda su vida alardearon de ello. Pero antes que nuestros trágicos, en 1553, Francisco de Avendaño había escrito en coplas de pie quebrado una pieza, en cuyo introito se autoalaba por ser el primer introductor de las tres jornadas. [...]

Los autores de tragedias de horror, restauradores en cierto modo del arte clásico, ignoran el teatro cómico y el religioso. Los dejan fuera de su tentativa de renovación para dedicar su actividad únicamente a la tragedia. Es extraño que en una época en que se traducía a Plauto y Terencio, se imitase a Séneca. Tampoco sirvieron de nada los precedentes de Vasco Díaz Tanco de Fregenal, Micael de Carvajal y Juan de Mal Lara, porque el teatro religioso casi no fue tocado por los autores de 1580. El monopolio de tragedias sagradas y dramas católicos estaba en manos de los jesuitas y sus colegios. La única excepción a la regla de la exclusión de la temática religiosa es la *Isabela*, de Lupercio L. Argensola.

Según palabras de Juan de la Cueva, la historia debe ser el fundamento de la tragedia, y en ella buscan nuestros autores todos sus personajes, sean verdaderos o falsos. No distinguen en este punto la crónica de la leyenda. Lo esencial es que los caracteres, auténticos o no, estén acreditados por una larga tradición. Por esta razón, encontramos a los siete infantes de Lara junto a un Atila antihistórico, o a los defensores de Numancia al lado de la poética invención popular de los dos amantes de Teruel. Además, estos personajes han de ser nobles o, por lo menos, deben estar aureolados por algo superior, como los mártires cristianos de Argensola.

Estos personajes sacados de un fondo histórico más o menos auténtico aparecen en las obras como seres llenos de vicios, como figuras desmesuradas y anormales. «Por ello —dice Ruiz Ramón [1967]— nunca alcanzan verdad dramática, ni, mucho menos, categoría de símbolos. Son casos, nunca personas.» La acción se interrumpe con largos parlamentos más retóricos que dramáticos, que sirven «para explicar las ideas del autor o para contar la acción que el dramaturgo no ha sabido *presentar* escénicamente».

Estos autores escriben tragedias que persiguen una enseñanza moral, con amontonamiento de muertes y truculencias. Influidos por Séneca a través de Italia, quisieron que sus piezas tuvieran eficacia en la renovación de las costumbres, aunque para algunos, como Cueva, el valor moral no es ningún compromiso. Generalmente, buscaron la lección final y, para conseguirla, no dudaron en multiplicar las peripecias sangrientas y refinadas crueldades que asustaron a la elegancia espiritual de Moratín. En general supeditan la acción trágica a la acción moral y convierten al héroe trágico en personaje anormal. Virués supera a todos en tremendismo, y suele adelantar un asesinato al principio de la obra para preparar el estado de ánimo de los espectadores antes de que llegue la catástrofe final. La lección será más efectiva si corre sangre en abundancia y hay mezclada con ella algún carácter extranatural, fantasmas, dioses o alegorías. A pesar de la voluntad de moralizar, la lección viene impuesta desde fuera por el autor y no forma parte integrante del universo de la tragedia.

El estilo adoptado es digno y elevado. Utilizan el verso con acentos solemnes para dar a la epopeya aires de grandeza. El lirismo funde la magnitud con la dulzura de alguna de sus escenas, la retórica hueca y altisonante con la delicadeza de ciertos caracteres. Nunca suelen caer en la expresión vulgar, aunque no se retraen ante las escenas más escabrosas o palabras sumamente duras. En ocasiones, sobre todo en las grandes relaciones de los antecedentes del argumento, utilizan también el estilo épico más característico.

Estos trágicos quisieron sustituir las notas formuladas por Torres Naharro por un cuerpo de doctrina más o menos coherente que abarcase todo el arte dramático. Y su creación la hicieron con plena conciencia, porque todos escribieron, de una u otra manera, su arte poética (las charlas de los hermanos Argensola, la *Carta al marqués de Cuéllar* de Artieda, el *Exemplar Poético* de Juan de la Cueva, algunas notas de Cervantes, etc.). En ningún caso se puede hablar de una preceptiva completa, pero gran parte de los elementos apuntados por ellos fueron recogidos por Pinciano y ajustados a los principios aristotélicos. Sería injusto equiparar totalmente los gustos de Pinciano, Cascales y González de Salas a los de nuestros trágicos, pero hay muchas coincidencias. [...]

Todos los trágicos de nuestro estudio se acercaron a la Antigüedad para comprenderla, pero no para imitarla, y eligieron el camino más fácil y accesible: la adaptación libérrima de las obras de Séneca, bien distantes de las tragedias traducidas por Fernán Pérez de Oliva. En éste, un lenguaje moderno encubre el contacto directo con Sófocles y Eurípides. En Cueva, Argensola, etc., no hay más imitación que la de la técnica teatral senequiana. Ni los argumentos, en general, están sacados de la Antigüedad, sino de la historia nacional. No se someten a las reglas de Aristóteles, a pesar de las reiteradas manifestaciones que hicieron en pro de su conveniencia. Se apartan de toda traducción, actividad literaria que incluso fue duramente criticada por Juan de la Cueva. [...]

La influencia del trágico cordobés fue grande en el teatro español, pero más como credo literario que como esquema dramático. Su espíritu —según Karl Vossler— se asimiló pronto y se incorporó al catolicismo español, quedando poca huella de la imitación. La proclamación poética de su autoridad sobre la escena hispana la hizo Cueva en su *Exemplar*. Por eso es incomprensible la actitud de algunos críticos al negar ascendiente clásico al teatro nacional español. Si Lope es el representante máximo y Juan de la Cueva su antecesor más inmediato, no se puede pasar por alto que el autor de *El infamador* es el senequista mayor de todo el siglo XVI. La tragedia senequiana fue asimilada por el teatro de Lope. R. Mac Curdy (*Francisco de Rojas and the Tragedy*, Alburquerque, 1958) analiza los temas del filósofo hispanorromano y encuentra algunos parecidos en Lope de Vega. Por ejemplo, la venganza (*Tiestes*) aparece en España, pero modificada por un especial código de honor. Si la ofensa es tiránica, acarrea una rebelión en masa, librándose el drama de toda legislación para dar una solución más rápida al asunto (*Fuenteovejuna*). La inconstancia de la fortuna está en nuestro teatro con su más pura forma senequiana, principalmente en las obras sobre el favorito caído. [...]

Nuestros trágicos tuvieron el gran mérito de aportar mayor disciplina en la construcción dramática, de enriquecer y ennoblecer el lenguaje teatral, de ampliar con nuevos temas la escena española y de utilizar la historia (o sus sucedáneos) como fuente y fundamento de las tragedias.

BRUCE W. WARDROPPER

HUMANISMO Y TEATRO NACIONAL EN JUAN DE LA CUEVA

Hasta 1935 se venía aseverando que Juan de la Cueva fue el principal representante del arte dramático en el último tercio del siglo XVI. Entre los comienzos del teatro renacentista —Encina, Torres Naharro, Gil Vicente— y su plenitud —Lope, Guillén de Castro, Tirso— no se descubría mayor dramaturgo que Juan de la Cueva: en comparación con él, Diego Sánchez de Badajoz era un primitivo; Timoneda resultaba poco original, si no un plagiario; Lope de Rueda, con ser un gran entremesista, compuso comedias frías. Pero Juan de la Cueva, con excepción de sus obras grecorromanas, parecía ser el Bautista de la era de Lope (así lo llamó Ramón Pérez de Ayala) y formar parte de la gran tradición dramática española: *El saco de Roma, El infamador*, y sobre todo las comedias histórico-nacionales, *Los siete infantes de Lara, La libertad de España por Bernardo del Carpio, La muerte del rey don Sancho,* prefiguraban el teatro de Lope. Juan de la Cueva, por ser el primero en valerse de la historia nacional para fines dramáticos y por haber introducido el romancero en el teatro, tenía, así, un mérito extraordinario de innovador. [...]

Esta valoración de Juan de la Cueva fue deshecha súbitamente en el ya citado año de 1935, cuando Marcel Bataillon publicó sus «Simples réflexions sur Juan de la Cueva», [donde se le niega importancia histórica e influencia sobre los lopistas —prácticamente nunca lo citan—, y se atribuye su prestigio moderno al azar de que se publicaran sus obras

Bruce W. Wardropper, «Juan de la Cueva y el drama histórico», *Nueva Revista de Filología Hispánica*, IX (1955), pp. 149-156.

—de segunda fila— y no las de otros autores del floreciente teatro coetáneo]. Ahora bien, lo que hace Bataillon es teorizar respecto a una fase poco conocida de la historia literaria. ¿No sería un procedimiento más justo tratar de valorar la obra de Juan de la Cueva fuera de la historia literaria, juzgar del mérito intrínseco de sus dramas? Porque puede ser que tengan un valor independiente, y más allá de la mera innovación. Tal, por lo menos, es nuestra pretensión en este ensayo. Pero ya que queremos demostrar que la técnica dramática de Juan de la Cueva no sólo es eficaz por sí, sino que bosqueja una concepción nacional del teatro histórico, pasamos por alto sus comedias y tragedias exclusivamente humanistas y nos limitamos a estudiar uno de sus dramas históricos: la *Comedia de la muerte del rey don Sancho y reto de Zamora por don Diego Ordóñez.*

Al escoger una comedia de tema nacional no negamos que es también una obra de arte humanista, fundada en lecturas clásicas y escrita en estilo erudito con vocablos latinizantes. Si se introducen en ella versos de romance, [...] quedan sumergidos en redondillas, o sea, adaptados a una métrica aconsonantada:

> GUARDA: Echa por vando preciso
> al traydor de aquesse rancho;
> *rey don Sancho, rey don Sancho,*
> *no digas que no te aviso.*
> Y por que estés advertido,
> te vengo a avisar agora
> *que del cerco de Çamora*
> *un traydor avía salido.* [...]

Todavía es temprano para que se hable en verso de romances en el tablado. Por pruritos pedantes, el poeta prefiere insertar ripios a dejar que hablen sus personajes en el metro vulgar.

Desde el comienzo se nota el lenguaje altisonante, encajado en octavas reales llenas de pompa clasicista:

> CID: Ecelso Rey, en nombre tuyo e sido
> citado, que viniesse a tu presencia,
> en la qual puesto, humilde estó, ofrecido
> a tu querer, constante en mi obediencia.
> REY: Gran Cid, de quien el bárbaro atrevido
> teme, y huyendo con infame ausencia,
> desocupa los límites de España,
> que ya opressó, y agora no los daña...

¡No se hablaba así en la épica antigua! Se da cuenta el lector de que el Cid y don Sancho han sido desarraigados del ambiente juglaresco en el que literariamente nacieron, para incorporarse a la tradición renacentista, disfrazados de soldados romanos. Nada quitan de esta literarización del Cid las parcas reminiscencias del romancero. [...] Lo nacional español queda de esta manera engastado en lo cosmopolita renacentista del siglo XVI.

De la tradición humanista —diálogos lucianescos— proceden también los argumentos en prosa de la obra entera y de cada jornada en particular: prueba de que la obra va destinada, más que a la representación pública, a la lectura en casas particulares, [aunque se escenificara ocasionalmente, pues consta que «fue representada la primera vez en Sevilla, año de 1579», por Alonso Rodríguez, «en la güerta de doña Elvira».] Faltan las acostumbradas acotaciones dirigidas a los representantes; ni siquiera se indican las salidas y entradas de los personajes.

El hecho de que la *Muerte del rey don Sancho* no se haya emancipado de la fórmula humanista característica de Juan de la Cueva no debe cegarnos al hecho igualmente significativo de que en la comedia incorpora materia épica: el asunto dio lugar al conocidísimo refrán: «No se ganó Zamora en una hora»; los personajes derivan de la epopeya; se glosan dos romances. Si no insistimos en esto es porque ya ha sido suficientemente comentado por la crítica.

Queremos enfocar bien el problema: el teatro histórico-nacional es un producto del humanismo sevillano del siglo XVI. El arte de Juan de la Cueva, en esta obra, consiste en la fusión de lo humanista y lo tradicional; la Edad Media se infiltra en un drama de concepción renacentista; la poesía y los sentimientos populares coexisten con el arte erudito. Por mucho que aluda al romancero, o lo cite, nuestro autor se sirve de una métrica, de un vocabulario, de una concepción de la poesía dramática que, siendo eruditos, se mantienen en un nivel intelectual superior al de las fuentes romancistas. Su interés por lo popular es el del artista, del estudioso, que condesciende con el pueblo, lo mismo que Erasmo o el Marqués de Santillana al recoger los adagios o refranes: procedimiento totalmente opuesto al de Lope de Vega o de Góngora, quienes asimilan lo popular identificándose, en el momento de la composición, con el pueblo. El popularismo de Cueva es fruto de la erudición renacentista, no una creación a lo popular. Podríamos resumir así su actitud: si Lope, en su primera época, reniega del *arte* para escribir según el dictado de la *naturaleza* —para el pueblo y como el pueblo—, Cueva sólo permite que la naturaleza se asome a su teatro. Pero no por eso hay que desprestigiar su arte. El condenar a Cueva por su incapacidad de absorber lo popular nos obligaría a condenar de igual modo y por idéntico motivo a Calderón, al gran dramaturgo barroco que no logra identificarse con el pueblo, o que renuncia a ello.

Pero la defensa de Cueva no consiste sólo en señalar su manera de valerse del romancero y de temas populares: su esfuerzo por conciliar humanismo y romancismo. Estriba más bien en el arte con que supo fundir los elementos más o menos dispares de que se compone su drama. Esto lo consigue mediante una estructura ideológica y dramática que, con sus dos niveles —ideas y acción, pensar y obrar—, reúne las actitudes medieval y renacentista.

El problema ideológico que plantea la comedia, el de la relación entre la fuerza y la justicia —la cuestión de si «fuerza es derecho»—, se plantea en una forma dramática dualista. Se preguntan los personajes si la disputa sobre la herencia territorial ha de resolverse mediante la fuerza militar —un empeño colectivo: sitio y defensa— o mediante la proeza individual —el asesinato, el desafío, el duelo. Resulta ser una indagación a lo Maquiavelo de la conexión entre política y ética.

En estos dilemas históricos el autor se coloca frente a la mayor parte de sus personajes. Es decir, introduce una discrepancia entre el punto de vista adoptado por sus personajes, [convencidos de que el Dios de las batallas favorece a los lidiadores justos], y la realidad histórica representada por la acción, [harto más compleja: en el caso concreto del cerco de Zamora, ni siquiera es fácil determinar dónde está la justicia]. El resultado dramático, en nuestra comedia, es un cuasi-empate: el valor personal de Diego Ordóñez —su brío egocéntrico— está equilibrado por la justicia zamorana, contaminada por la debilidad de la familia de Arias Gonzalo y la traición de Vellido Dolfos.

[Tres de los protagonistas incurren en errores políticos que son a la vez tachas morales, e inútilmente] tratan de imponer una solución individual a un problema colectivo. Vellido Dolfos recurre a un tiranicidio cobarde que atrae sobre su comunidad la vergüenza y la deshonra. Diego Ordóñez lanza un reto individual —y por lo tanto absurdo— a la ciudad de Zamora: reto condenado, a causa de su exageración, por los dos bandos. Arias Gonzalo, impelido por la debilidad femenina de doña Urraca, emprende la defensa de la honra zamorana a pesar de que les faltan a sus hijos el vigor y la experiencia necesarios. [La intrusión personal, en los tres casos, es prueba de soberbia, el pecado que siempre lleva a la caída: así, aunque Zamora esté en lo justo, la soberbia de Vellido Dolfos la priva de su justicia, de una victoria contundente.] Es curioso notar que el único personaje con bastante humildad para evitar una caída trágica es Rodrigo, el héroe, aquel a quien llaman en los romances antiguos «el soberbio castellano». Si no fuera por esta revaloración de la tradición juglaresca, la *Muerte del rey don Sancho* tendría que calificarse de «tragedia» y no de «comedia» con su «fin... alegre, sin temor nocivo» (Cueva, *Exemplar poético*). El carácter recto del Cid no le deja entregarse a las debilidades que caracterizan a los demás personajes. Puesto él también en un dilema —vasallo político de un rey cuyas injusticias no desconoce; vasallo, por el amor cortés, de la enemiga de este rey, «mi señora»—, sale ileso por su lealtad para con ambos. Es el árbitro justo, aceptable a cada bando. Por su integridad ejemplar se salva la honra tanto de los zamoranos como de los castellanos; la guerra termina felizmente.

En resumen, la *Comedia de la muerte del rey don Sancho* y los demás dramas históricos de Cueva introducen en el teatro humanista para leer, temas populares ya integrados en los diálogos y tratados renacentistas. Por esta insistencia nueva en lo folklórico se desvía el teatro aristocrático hacia las formas populares —farsas y autos— comprendidas por aquella época en el *Códice de autos viejos*. La convergencia de las dos tendencias —la clásica y la popular— produce en la obra de Juan de la Cueva un drama perfectamente integral y representativo del pleno Renacimiento español. Ser popular en España es ser nacional; por esto Cueva no pudo menos de incorporar en su drama humanista problemas estéticos, éticos y legales heredados de la Edad Media. De resultas de esta fusión, peculiar al genio de Juan de la Cueva, nació el drama histórico de Lope y de Guillén de Castro.

CERVANTES Y EL «QUIJOTE»

JUAN BAUTISTA AVALLE-ARCE

1. En Alcalá de Henares y en 1547 nació Miguel de Cervantes Saavedra. Como fue bautizado en la iglesia parroquial de Santa María la Mayor el 9 de octubre, se ha supuesto, y con buen fundamento, que vino al mundo el 29 de septiembre, festividad de San Miguel Arcángel, y se siguió con él la vieja y digna tradición hispánica de honrar el *día del santo* en el propio acto del bautismo. Para las mismas fechas (28 de septiembre), en Sevilla se bautizaba Mateo Alemán, el otro gran novelista del siglo, pero en el género picaresco, que Cervantes tuvo buen cuidado de evitar, al menos en su forma canónica —la del *Lazarillo* y del *Guzmán*—, lo que nos dice mucho acerca de las preferencias mentales cervantinas y de su concepto del arte novelístico (Blanco Aguinaga [1957], Guillén [1966], Bataillon [1973]). En ese mismo año, y en la misma Andalucía, morían Francisco de los Cobos, el secretario imperial, y el conquistador Hernán Cortés. El pírrico triunfo imperial en Muhlberg, siempre en 1547, refrenda el ocaso de una época que Cervantes no olvidará nunca.

La monumental biografía de Astrana Marín [1948], utilísima por su documentación, es casi inmanejable por la total ausencia de buenos índices. Breve pero seguro resumen de los problemas biográficos tiene Sánchez, cuya contribución abre la *Suma cervantina* [1973], balance —obra por obra y tema por tema— de los conocimientos y tendencias actuales en los estudios cervantinos. Tras las *Meditaciones del «Quijote»* (1914) de Ortega y Gasset, Américo Castro abrió el «período moderno» de tales estudios con un libro magistral: *El pensamiento de Cervantes* (publicado en 1925 y reimpreso en 1972 con una serie de notas y complementos que se hacen cargo de las posteriores aportaciones de don Américo [1957, 1966], fundamentales también, por más que presididas por unas perspectivas muy distintas que en 1925 y asestadas a fines muy diversos: cf. M. Bataillon [1977] y A. Peña [1975]). El centenario de 1947 dio pie a numerosas misceláneas y volúmenes de homenaje en que se aprecia bien la importancia de la contribución de Castro y, a la vez, la búsqueda de nuevos enfoques; la *Suma* de 1973 define con nitidez los logros de los últimos años. Un sumario libro de conjunto sobre Cervantes proporciona Durán [1974], quien se desempeña con acierto, a pesar del forzado pie editorial.[1]

Cervantes publica su primera obra a los treinta y ocho años de edad, y es una novela pastoril, *La Galatea* (Alcalá, 1585). Con anterioridad había impreso versillos de circunstancias y de poca monta. Pero no sólo *La Galatea* es su primera obra de envergadura, sino que siempre promete continuarla y terminarla, hasta en su lecho de muerte (dedicatoria del *Persiles*, 1617). El tema pastoril constituye así una infragmentable unidad en el pensamiento cervantino, lo que no quiere decir, en absoluto, que el tratamiento literario e ideológico del tema se quede osificado en su producción en una forma predeterminada. Muy al contrario. La temprana preferencia por el bucolismo renacentista nos debe abrir nuevas ventanas hacia la interioridad cervantina, hacia aquellas zonas en que se conjugan los años del vivir humano con los años del decurso de las bogas literarias, que no son otra cosa que marejadas del espíritu. Pero el hecho de que Cervantes no publique hasta casi los cuarenta años de edad nos debe revelar otros aspectos de la personalidad íntima de nuestro máximo ingenio. Sobre todo si se tiene en cuenta el hecho de que su próxima obra saldrá a la luz sólo veinte años más tarde: la primera parte del *Quijote* (1605). Después de tan largo silencio oficial, en efecto, Cervantes saca a la luz la primera entrega de su obra maestra cerca de los sesenta años de edad. Decir que Cervantes no fue un genio precoz es subrayar lo obvio, a la manera del maestro Pero Grullo. Menos frecuentado es el hecho (asimismo evidente, por lo demás) de que los últimos diez años de la vida de este sexagenario mutilado de guerra produjeron un alud de obras originales que por sí solas bastarían a poner su nombre a la cabeza de cualquier literatura: *Novelas ejemplares* (1613), *Viaje del Parnaso* (1614), el segundo *Quijote* (1615), *Ocho comedias y ocho entremeses* (1615) y su larga novela póstuma *Los trabajos de Persiles y Sigismunda* (1617).

Es natural que un escritor primerizo tenga vacilaciones, dudas, titubeos, al quedarse a solas con el género literario preferido, sobre todo si éste está en plena etapa de desarrollo y abierto a todo género de experimentos,

---

1. · La bibliografía sobre la vida y la obra de Cervantes es la más extensa relativa a un autor de la literatura española: R. L. Grismer [1946, 1963] ha publicado dos volúmenes sobre la misma, y J. Simón Díaz [1970] le dedica más de 400 páginas. El vocabulario del conjunto de las obras cervantinas ha sido compilado por C. Fernández Gómez [1962]. Los progresos de la investigación y la crítica pueden seguirse en los *Anales cervantinos* [1951 sigs.].

como lo estaba la novela de hacia 1580. De ahí los largos silencios, la falta de premura en ir a la imprenta, la sosegada reflexión. Pero debe ser evidente, asimismo, que el líquido pensamiento cervantino comienza a cuajar en arte a poco de entrado el siglo XVII: de allí ese verdadero aluvión creacional, que encierra en sí las respuestas —acumuladas a lo largo de una larga, zarandeada y meditabunda vida— a los misterios de la creación, planteados en torno y en función de un mutilado escritor alcalaíno.

En la Italia de 1570, el futuro novelista comienza a pisar firmemente el escenario de la Historia. A los tercios de Nápoles le lleva su destino militar, que le hará cubrirse de gloria y de heridas en la batalla naval de Lepanto (1571), «la más alta ocasión que vieron los siglos pasados, los presentes, ni esperan ver los venideros» (prólogo, *Quijote* de 1615). Convalecencia y algunos años más de soldadesca cumplen con su destino militar. De vuelta a España a reintegrarse en una órbita vital previa que no encontrará jamás, su galera es apresada por los piratas argelinos, y comienzan los cinco duros años del cautiverio en Argel (1575-1580). El preso es un castrado del espíritu —es el martilleante mensaje de la posterior obra literaria cervantina—, a menos. que se redima en la lucha por su libertad, alcanzada o inalcanzable (Rosales [1960]). La captura por los piratas argelinos en 1575 es el gozne sobre el que se articula fuertemente toda la vida de Cervantes. Es una divisoria que deja a un lado Lepanto (1571) y la vivencia imperial, y al otro la Armada Invencible (1588) y la España filipina. En el paso de un hemisferio a otro, el campo magnético de las inspiraciones y posibilidades vitales de Cervantes se desnortó y empequeñeció. Al heroico soldado de los tercios de Italia le sucede el burocrático proveedor de víveres de la Armada. Que la íntima necesidad de salvarse de esta progresiva indignificación volcase a Cervantes a la literatura fue la solución providencial que el mundo siempre admirará (J. B. Avalle-Arce [1975]).

La redención por los frailes trinitarios, el regreso a España después de una ausencia de tres lustros, la lucha diaria y dura por la dignidad, llenan lo que queda de ese destino, que identificó, gracias a Dios, su dignidad con su literatura. Es un vivir agónico *por ser él quien es*, y no otro, una lucha que reencarna en tantos de sus personajes literarios, sobre todo y en particular en el imperecedero e irrepetible don Quijote de la Mancha.

Para los mismos días en que Juan Gracián comenzaba a imprimir en Alcalá de Henares *La Galatea*, se casaba Cervantes en Esquivias, pueblo de la provincia de Toledo, con una hidalga del lugar, Catalina de Palacios (diciembre de 1584). Que Cervantes recuerde en su obra a Esquivias sólo como tierra de vinos (*El licenciado Vidriera*), y que nunca mencione ni recuerde a su mujer, nos revela, en forma indirecta, algo de la historia de un matrimonio triste. La vida se empeñaba en cerrarle a Cervantes

todas las posibles puertas de escape del olvido, y sólo le dejaba abierta
la de la literatura. Y si ahora sigue un silencio oficial de veinte años en
los anales literarios, eso mismo contribuye a hacer resaltar más la dedicación plena y ejemplar de esa vida a las letras. Y en dicha dedicación la
vida redimió para siempre los fracasos.

La Galatea, desde luego, no entra en la categoría de los fracasos.
Tampoco fue, claro está, un éxito clamoroso. Tuvo dos reediciones en
vida de Cervantes, pero ambas lejos de la tutela del autor, la primera
en Lisboa, 1590, y la segunda en París, 1611. Hoy se cuenta con la buena
edición de Avalle-Arce [1961], y con el estudio particular de López Estrada [1948], quien enfoca bien amplios sectores ideológicos (la naturaleza, el amor), para situar luego a la novela dentro de la tradición pastoril.
El género pastoril en su conjunto es el tema a que está abocado en la
actualidad López Estrada [1974] y al que dedicó un libro particular
Avalle-Arce [1974 ²]. Los antecedentes pastoriles de la novela cervantina
los estudia Ricciardelli [1966], mientras que Lowe [1966] analiza el
tema de la «cuestión de amor». El conjunto estructural del relato es
desentrañado por Cortázar [1971]. La labor crítica acerca de La Galatea
la revisó con cuidado Osuna [1963]. Véase, en fin, la perspicaz lectura
de Casalduero [1973].

Con objetividad, aunque con despego, escribió Cervantes acerca de
su primera novela: «tiene algo de buena intención; propone algo y no
concluye nada: es menester esperar la segunda parte que [el autor] promete; quizá con la enmienda alcanzará del todo la misericordia que ahora
se le niega» (Quijote, I, VI). Nuestro juicio sobre La Galatea debe abarcar
su puesto dentro de la tradición pastoril española y su puesto dentro de
la producción cervantina. Colocada en la tradición pastoril es de una
novedad absoluta, que renueva el material de acarreo, al mismo tiempo
que novela con aspectos de una realidad vedada por los cánones. Pero
la intención de recrear una realidad integral, por encima de la circulante
en las letras de su tiempo, queda fallida, pues el esfuerzo es prematuro.
Mas lo que se debe tener muy en cuenta es que La Galatea plantea en
forma cabal el problema de Vida y Literatura. Esta respuesta ha fallado,
pero ya habrá otras, a cuya intelección recta ayudará la buena lectura de
su primera novela (J. B. Avalle-Arce [1974 ²]).

La publicación de La Galatea la podemos aceptar como fecha simbólica, en el sentido de que para los mismos años parece sellarse el destino
literario de Cervantes. La composición de la novela se alterna con la composición de obras dramáticas. Al menos dos pertenecen a los años que
van del regreso a España a la publicación de La Galatea, de 1580 a 1585.
Me refiero a Los tratos de Argel y La Numancia. Y dicha alternancia se
mantiene a lo largo de los años, ya no con La Galatea, claro está, sino
con el Quijote, el Persiles, y sus demás obras no dramáticas, porque Cer-

vantes sólo decidió publicar su propio florilegio teatral muy cerca ya del final de su vida: *Ocho comedias y ocho entremeses nuevos nunca representados* (Madrid, 1615). A pesar de nuevos reveses, la confianza y seguridad en su destino literario crecen, y así, en Sevilla, el 5 de septiembre de 1592, Cervantes firma con Rodrigo Osorio, empresario de teatros, un contrato por el cual se obliga a escribir seis comedias, en términos bien dignos de destacar y ponderar: «Y si habiendo representado cada comedia pareciere que no es una de las mejores que se han representado en España, no seais obligado de me pagar por la tal comedia cosa alguna».

Poco en la realidad diaria justificaba una seguridad tal en sí mismo, rayana en la jactancia. Los puestos *pro pane lucrando* que desempeña Cervantes lo conducen a Andalucía, y allí los altibajos de su azacaneo diario le llevan a dar en más de una ocasión con sus huesos en la cárcel por desairados trabacuentas. Pero los albores del siglo XVII corren un velo acerca de otros posibles sinsabores y se desdibuja la silueta del Cervantes documental. Éste sólo vuelve a aparecer, para ya no perdérsele pisada, en Valladolid y en 1604. A la ciudad del Pisuerga se había trasladado la corte de Felipe III, a poco entrado el siglo XVII, y allí se halla enredado el novelista en nuevos disgustos judiciales, creados alrededor del asesinato de don Gaspar de Ezpeleta, en el verano de 1605, a la puerta de la casa que ocupaba Cervantes con casi toda su familia. Pero el éxito ya le sonríe, porque aproximadamente para las mismas fechas el impresor Juan de la Cueva sacaba en Madrid la primera de sus dos ediciones de 1605, en que veía la luz pública la primera parte del *Quijote*. El éxito fue instantáneo, y la obra se reimprimió cinco veces en ese mismo año, aunque Cervantes no participó en ninguna de las seis ediciones, lo que plantea un serio problema editorial en la actualidad. La edición fantasma de 1604 debe darse por tal: no existió nunca (R. M. Flores [1975]).

El soñado éxito había llegado, y ya nunca se le escaparía de las manos; en todo caso la producción literaria del último decenio de su vida daría a Cervantes un dominio imperial sobre las letras españolas. Pero ese éxito, por desgracia, nunca llegó a contarse en dineros y la penuria de éstos no mermó en medida alguna. Ahora sí, desde que la corte volvió de Valladolid a Madrid, el novelista también vive, y ya de fijo, hasta su muerte, en la villa y corte de Madrid. «Y entramos en la última fase de la vida de Cervantes, la más intensa en su actividad de escritor; como si en su ancianidad, más que sexagenaria, se hubiese concentrado toda su potencia creadora y le urgiera transmitir a la posteridad los jugosos frutos de su ingenio. No solamente los que podemos hoy saborear, sino los proyectos y esbozos que no llegaron a sazón: la anunciada comedia, de título tan enraizado en la ideología cervantina como *El engaño a los ojos*, o las *Semanas del jardín*, posiblemente de muy variado y gustoso recreo, o la segunda parte de *La Galatea*, ilusión nunca abandonada» (A. Sánchez [1973]).

Al poner punto final al *Quijote* de 1605, no cabe duda de que Cervantes ya tenía adobada en su ingenio la continuación, como demuestran las siguientes palabras del último capítulo: «Pero el autor desta historia, puesto que ['aunque'] con curiosidad y diligencia ha buscado los hechos que don Quijote hizo en su tercera salida, no ha podido hallar noticia de ellas, a lo menos por escrituras auténticas; sólo la fama ha guardado, en las memorias de la Mancha, que don Quijote la tercera vez que salió de su casa fue a Zaragoza, donde se halló en unas famosas justas que en aquella ciudad hicieron, y de allí le pasaron cosas dignas de su valor y buen entendimiento». Es bien sabido —y volveremos sobre ello— que el usufructo de tal plan narrativo no lo llevó Cervantes sino su anónimo y destemplado imitador Alonso Fernández de Avellaneda. Pero, al parecer, a Cervantes no le corría prisa completar su inacabada obra, aunque la aparición del *Quijote* apócrifo de Avellaneda algo habrá azuzado la composición. El caso es que entre los dos *Quijotes*, entre 1605 y 1615, Cervantes llevó adelante, y en forma simultánea, la composición de varias obras. En 1613, por lo pronto, publicó sus doce *Novelas ejemplares*, y al año siguiente el largo poema narrativo y satírico *Viaje del Parnaso* y su graciosa *Adjunta al Parnaso* en prosa. Y en 1615, el mismo año de la aparición de la segunda parte del *Quijote,* imprimió sus *Ocho comedias y ocho entremeses*. Pero no sólo estas obras estampadas para 1615, a más tardar, se compusieron en el intervalo entre ambos *Quijotes*, sino que partes de algunas de ellas se redactaron con anterioridad. Así, por ejemplo, el *Rinconete y Cortadillo*, la tercera de las *Novelas ejemplares* (1613), ya estaba compuesta antes de 1605, como se menciona en el *Quijote* de ese año (I, XLVII). Y del propio *Persiles y Sigismunda*, publicado póstumo en 1617, se ha afirmado, con buenas razones, que su primera parte (los dos primeros libros, de los cuatro que componen la novela) estaban escritos para 1605 (J. B. Avalle-Arce [1969]).

El vendaval creativo que singulariza los últimos años de Cervantes no llega a quitarle el tiempo para atender a otras y bastante engorrosas responsabilidades familiares. Estos últimos años madrileños, por lo pronto, se caracterizan por rápidos cambios de domicilio, por problemas creados por sus relaciones con la hija ilegítima, Isabel de Saavedra, y, como contrapeso, por un marcado aumento en sus prácticas devotas y, por consiguiente, en su religiosidad. Para 1610 Cervantes sueña con librarse de sus aprietos económicos por medio de un nuevo viaje a Nápoles, esta vez en el séquito de su generoso mecenas, el conde de Lemos, que acaba de ser nombrado virrey de aquellas tierras. Pero este añorado viaje sólo se cumplió en la imaginación, y con todas las adherentes libertades de los productos de la fantasía, en el *Viaje del Parnaso*. Cervantes ya nunca abandonaría Madrid, y allí, víctima de debatida dolencia, murió el viernes 22 de abril del año de 1616. La fecha tradicionalmente consignada como la de su fallecimiento (el 23 de abril, el Día del Libro), sólo lo es de su sepelio. Fue enterrado en lugar desconocido del convento madrileño de la Orden Trinitaria.

La extraordinaria producción literaria que acumula Cervantes en los últimos años de su ajetreada vida hace aún más admirable la composición del *Quijote*, obra que agota todos los superlativos, pero cuyo análisis se posterga hasta el siguiente apartado. Ahora cabe hacerse cargo de la próxima obra cervantina en el tiempo, las *Novelas ejemplares* (1613). Inútil entrar en el insoluble problema de la fecha de redacción de cada una de ellas; ningún sistema de datos, internos o externos, da asidero al crítico como para acotar fechas con mayor precisión. Es la primera obra que Cervantes decide sacar a la luz del día después del éxito clamoroso de su *Quijote*, que sirve para confirmar la aceptación de la revolución novelística iniciada en 1605. Esta observación sirve para justipreciar las siguientes palabras del Prólogo de las *Novelas ejemplares*: «Me doy a entender (y es así) que yo soy el primero que he novelado en lengua castellana; que las muchas novelas que en ella andan impresas, todas son traducidas de lenguas extranjeras, y éstas son mías propias, no imitadas ni hurtadas: mi ingenio las engendró y las parió mi pluma, y van creciendo en los brazos de la estampa». No hay hueca baladronada aquí, ya que la afirmación es cierta en lo esencial. Por *novela* se entendía en época de Cervantes 'novela corta', y esta aclaración impide el cotejo con la originalísima *novela picaresca*, cuya forma era la de una larga pseudoautobiografía, como en el *Lazarillo de Tormes* (1554) o en el *Guzmán de Alfarache* de Mateo Alemán (1599 y 1604).

Hay que considerar una segunda afirmación del mismo Prólogo, poco anterior a la ya copiada: «Heles dado el nombre de *Ejemplares*, y si bien lo miras, no hay ninguna de quien no se pueda sacar un ejemplo provechoso; y si no fuera por no alargar este sujeto, quizá te mostrara el sabroso y honesto fruto que se podría sacar, así de todas juntas como de cada una de por sí. Mi intento ha sido poner en la plaza de nuestra república una mesa de trucos, donde cada uno pueda llegar a entretenerse sin daño de barras». La literatura de entretenimiento que Cervantes encarna en estas doce novelitas tiene, desde la entrada, un bien proclamado y positivo valor moral. No hay común acuerdo entre los críticos en lo que es la moralidad de estas novelas, ni en lo que implica, pero quizás uno no se aparte demasiado del blanco si no se separan los términos de finalidad moral y de finalidad estética, porque, y esto es bien claro, Cervantes «no es ni un moralista ingenuo ni un desinteresado esteta» (P. Dunn [1973]).

De las doce *Novelas ejemplares* (últimamente bien editadas por H. Sieber [1980]), dos de ellas (*Rinconete y Cortadillo* y *El celoso extremeño*) se documentan en versiones anteriores y con sensibles cambios (en particular en el caso de *El celoso extremeño*) en el manuscrito llamado Porras de la Cámara, hoy día perdido. Por figurar en el mismo manuscrito la novela de *La tía fingida*, varios críticos, apoyados, asimismo, en razones más serias, se la han atribuido a Cervantes. Estos contenidos del manuscrito Porras los estudió estilísticamente Criado de Val [1953], y negó la paternidad cervantina de *La tía fingida*. Las novelas que publicó Cervantes las estudió con todos los rigores de la erudición positivista Amezúa [1956], metodología ajena por completo al estudio de Casalduero [1962], quien atiende, en particular, a lo que él denomina los «dos acentos rítmicos», con pormenorizado estudio temático. Dentro del amplio marco de las *novelle* románicas las ha considerado Pabst [1973], en particular con atención a los antecedentes italianos, tema también tocado por Meregalli [1960] al esbozar un marco cronológico de las *Novelas ejemplares*, que ha quedado ampliamente superado por El Saffar [1974], quien las estudia en función de un desarrollo artístico e ideológico a través del tiempo, en tanto Blanco Aguinaga [1957] y D. Alonso [1969] las sitúan en las coordenadas del realismo (de la picaresca y psicológico, respectivamente). Hacia la sociología tiende Molho en su estudio particular de *El casamiento engañoso y coloquio de los perros* [1970], completado más tarde con otro sobre lo folklórico y la noción de literatura popular en Cervantes [1976]. *El celoso extremeño* ha recibido análisis estilístico de Criado de Val [1952], e ideológico de Pierce [1970], siguiendo los pasos de Castro [1957]. *La ilustre fregona* la estudia Barrenechea [1961] como ejemplo de estructura novelesca cervantina. La falta de unidad que se veía en *El licenciado Vidriera* la corrige Casa [1964], mientras que Green [1964] contempla el relato en relación a otras obras de Cervantes y de la época. La función novelística del diálogo en *El coloquio de los perros* es el tema de Murillo [1961], en tanto que El Saffar [1976] lo escudriña en todos sus aspectos y la comprensión estructural de *Las dos doncellas* ocupa a Thompson [1963]. El realismo de *Rinconete y Cortadillo* ha sido estudiado por Varela [1968] y por Predmore [1969]. Completas, pero muy breves, son las anotaciones bibliográficas de Drake [1968].

En el Prólogo de las *Novelas ejemplares*, ya anunciaba Cervantes el *Viaje del Parnaso*: «Este, digo, que es el rostro del ... que hizo el *Viaje del Parnaso*, a imitación del de César Caporal perusino, y otras obras que andan por ahí sin el nombre de su dueño». El *Viaje*, pues, estaba compuesto antes de 1612, fecha del privilegio de las *Novelas ejemplares*, y sólo poco antes de enviarlo a la imprenta le agregó el *post scriptum* en prosa que constituye la *Adjunta al Parnaso*, y que fechó «a 22 de julio, el día que me calzo las espuelas para subirme sobre la Canícula, 1614». Salió, en consecuencia, un año después de las *Novelas ejemplares*, y, efectivamente, imita el *Viaggio in Parnaso* de Cesare Caporali di Perugia (1531-1601), aunque lo amplía y supera en mucho.

Se trata de un poema en tercetos, de más de tres mil endecasílabos, más el epílogo (la *Adjunta*) en prosa. Es el poema de mayor aliento que imaginó Cervantes, y es su muy personal tributo poético a la Poesía. Los malos poetas intentan apoderarse por asalto de las cumbres del Parnaso, y en tal aprieto Apolo envía a Mercurio a España a buscar la ayuda de los buenos poetas hispanos. Así se hace, lo que permite a Cervantes distinguir entre poetas buenos y malos, amigos y enemigos. Pero el juicio final, que no se emite, está en la mano de Apolo, quien reparte nueve coronas entre nueve poetas españoles innominados. En la *Adjunta* se impone otra vez la alegría, que ha estado curiosamente ausente del *Viaje*, desde el momento en que aparece el inefable poeta Pancracio de Roncesvalles. Es lástima que el hecho de que todo el interesantísimo poema gire sobre el concepto de Poesía y sus ministros españoles haya postergado la lectura de la obra. Pesa sobre ella, y es lástima, repito, el tradicional prejuicio de que Cervantes era mal poeta. No hay mejor momento para recordar a Marcelino Menéndez y Pelayo, cuando estampó, airado: «De que sea el primero de nuestros prosistas, ¿debe inferirse que sea el último de nuestros poetas?».

A Gaos se deben las más recientes ediciones y estudios de toda la poesía [1970, 1974, 1979], y en particular del *Viaje*, con buena introducción sobre Cervantes poeta e interesante apéndice en que se recogen textos sobre la «poética de Cervantes». Con motivo del centenario, y en su doble capacidad de profesor y poeta, estudió los versos cervantinos Gerardo Diego [1948], y lo mismo ha hecho Rivers [1973], con amplias indicaciones bibliográficas. Blecua [1947] precisa las múltiples huellas de Garcilaso en la prosa y en la poesía de Cervantes y se enfrenta con toda su lírica, arremetiendo contra el lugar común de que era mal poeta. Ayala [1963] ofrece un ajustado comentario del gran soneto *Al túmulo del rey Felipe II, en Sevilla*, y Correa [1960] estudia un aspecto particular, pero muy importante en el *Viaje del Parnaso*: la mitología.

En el mismo año que la segunda parte del *Quijote*, salió en Madrid el volumen que contenía las *Ocho comedias y ocho entremeses nuevos nunca representados* (1615). Nuevamente se trata de un personalísimo tributo a un género literario para el cual Cervantes siempre se creyó ampliamente dotado, pero cuyo cetro le había sido birlado por Lope de Vega, como reconoce con toda ecuanimidad en el prólogo al lector. Cervantes pertenecía a la generación anterior a la de Lope (los quince años que separan sus natalicios respectivos: 1547, 1562), y a pesar de su tardío estreno literario había comenzado a escribir dramas antes que

Lope: «Tuve otras cosas en que ocuparme, dejé la pluma y las comedias, y entró luego el monstruo de naturaleza, el gran Lope de Vega, y alzóse con la monarquía cómica». Pero Cervantes es siempre fiel a su concepción del Arte, así esto implique una caída del favor público, y no se entrega, en consecuencia, a las nuevas fórmulas dramáticas con que Lope electriza los corrales de comedias. Fiel a su destino literario, Cervantes abandona definitivamente las tablas y sólo en el ocaso de su vida burla el bloqueo teatral de Lope de Vega y saca un volumen con comedias que él escoge para demostrar su autonomía frente al monopolio lopesco.

No recogió, ni intentó hacerlo, toda su producción dramática. Dos de sus primeras contribuciones dramáticas (*La Numancia* y *Los tratos de Argel*) quedaron fuera de la colección, y en diversos lugares de sus obras Cervantes mencionó por el título comedias que se han perdido. Los problemas de cronología y de clasificación que presentan las comedias recogidas son análogos a los de las *Novelas ejemplares*, y a éstos se debe sumar el hecho de que el texto de las comedias en su *editio princeps* es muy defectuoso. Los entremeses que publica Cervantes también son ocho, si bien *a posteriori* se le han atribuido otros que no pasan de ser dudosos de autoría. Desde comienzos del siglo pasado la crítica ha tenido en mucha mayor estima a los entremeses cervantinos que a sus comedias, quizá porque la idea de la comedia en Cervantes era tema peliagudo que sólo ahora comenzamos a ver con claridad.

La teoría dramática de aquella época la ilustran Sánchez Escribano y Porqueras Mayo [1971], y Hermenegildo hace lo propio con el concepto de tragedia [1973, 1976]. Como tal encara Aub [1966] la *Numancia*, aspecto integrado en la interpretación ideológica de Avalle-Arce [1975] y en el inteligente planteo de W. F. King [1979]. El hallazgo de un importante manuscrito por Rodríguez-Moñino [1966] no pudo ser utilizado en la edición de Ynduráin [1962], cuya introducción es muy meritoria. Respecto a los entremeses, el estudio de Asensio [1965] y el prólogo a su edición [1970] calan mucho más hondo que la monografía de Agostini [1964]. El trabajo de Osuna [1971] apunta a otros fines. Casalduero [1967] fue el primero en plantearse sin prejuicios el estudio integral del teatro cervantino, empeño que ahora ha llegado a fructificar en la monografía de Canavaggio [1977], donde no sólo se revisa toda la bibliografía sobre esa producción dramática, sino que se estudia con gran amplitud de miras cada una de las obras teatrales de Cervantes, cuya vigencia ha puesto de relieve la imaginativa recreación de *Los baños de Argel* por Francisco Nieva (véase Monleón [1980]). Con todo, y pese a contribuciones tan estimulantes como Wardropper [1973], son los entremeses los que han recibido más pormenorizada crítica, como en el caso de *La guarda cuidadosa* (Márquez Villanueva

[1973]), el *Retablo de las maravillas* (Molho [1976]) o bien *El viejo celoso* (Kenworthy [1979]).

Tres días antes de morir Cervantes, el 19 de abril de 1616, ya en su lecho de muerte, firmaba la conmovedora dedicatoria (al conde de Lemos) de su última novela, *Los trabajos de Persiles y Sigismunda. Historia setentrional*. Los trámites de censura e impresión ya corrieron por cuenta de la viuda, doña Catalina de Palacios, y la obra salió, póstuma, en 1617. Pero tuvo un éxito instantáneo, de tanta envergadura como el obtenido con el primer *Quijote*, con seis impresiones en su primer año. La medida del éxito del *Persiles* fue tan grande que incitó a Lope de Vega a ponerse a su socaire para sacar segunda edición de su novela *El peregrino en su patria* (primera edición, 1604; segunda edición, 1618), asimismo del género *novela de aventuras*, que hay que preferir a la anodina denominación *novela bizantina* (vid. arriba, cap. 5). Bien es cierto que Cervantes había llevado a cabo una buena campaña publicitaria acerca de su última novela, al punto que en la dedicatoria del *Quijote* de 1615, nada menos, había estampado unas palabras cuyo alcance sólo ahora la crítica comienza a sopesar: «Con esto le despedí, y con esto me despido, ofreciendo a Vuestra Excelencia los *Trabajos de Persiles y Sigismunda*, libro a quien daré fin dentro de cuatro meses, *Deo volente*; el cual ha de ser o el más malo o el mejor que en nuestra lengua se haya compuesto, quiero decir de los de entretenimiento; y digo que me arrepiento de haber dicho *el más malo*, porque según la opinión de mis amigos, ha de llegar al estremo de bondad posible». No cabe duda: para Cervantes el *Persiles* sería la mejor obra de entretenimiento de la literatura española, ¡mejor aún que el *Quijote*!

Sólo hoy se ve claro el trasfondo ideológico que llevó a estampar tales afirmaciones, que en cualquier otra pluma se denominarían exageraciones hiperbólicas, pero que en Cervantes sólo pueden ser fruto de una sensata y sopesada reflexión. Porque el *Persiles* aspiró a ser la gran epopeya cristiana en prosa, propósito que ha desorientado a muchos lectores y provocado no menos desaciertos críticos. La plenitud del *Persiles* como novela fue sacrificada en las aras de la más alta intención ideológica. Así y todo, ha quedado un torso que debe provocar admiración en todo lector. Porque el *Persiles* es la verdadera *novela de un novelista*, en un sentido con el que ni siquiera soñó Palacio Valdés. El *Persiles* es una novela, es una idea de la novela, y es la suma de todos los puntos de vista posibles en su tiempo sobre la novela (J. B. Avalle-Arce [1973]).

El primero en acercarse al *Persiles* con objetividad fue Casalduero [1947], quien lo estudió como una suerte de parábola de la historia del hombre. Al seguir esta misma hilada, Avalle-Arce [1969] planteó el estudio del *Persiles* como una peregrinación de la vida humana a lo largo de la «cadena del ser». Forcione [1970, 1972] ahonda en los problemas de teoría literaria que erizan el *Persiles*, montado como está sobre sólidas bases estéticas. Análogas consideraciones habían llevado a Riley [1966] a considerar el sentido total de la teoría novelística de Cervantes. Stegmann [1971], por su parte, recoge y analiza cumplidamente un amplio repertorio bibliográfico sobre la última novela cervantina. La cronología del *Persiles*, en referencia a sus posibles fechas de composición, preocupó a Osuna [1968, 1970]. Con base en el excelente estudio de Vilanova [1949], Hahn [1973] estudia los diversos componentes del tema barroco de la *peregrinatio vitae*; Zimic [1964] se aboca al estudio de algunos personajes y temas, y Carilla [1968] replantea el problema del «bizantinismo» del *Persiles*.

2. El 26 de septiembre de 1604, en Valladolid (corte de las Españas para estas épocas), firmaba el secretario real Juan de Amezqueta el privilegio para imprimir por diez años en los reinos de Castilla «un libro intitulado *El ingenioso hidalgo de la Mancha*».[2] Quedaban iniciados así los engorrosos procesos dictaminados por la censura de la época, y sin los cuales no podía imprimirse ningún libro, so gravísimas penas; pese a ello, la primera parte de *Don Quijote* (curioso olvido de Amezqueta) salió sin la *aprobación*. Por contrapartida, el *Quijote* de 1615 saldrá con tres *aprobaciones*. El 20 de diciempre de 1604 Juan Gallo de Andrada firmaba la *tasa* (que publicaba el «precio de venta al público» del libro por salir a la calle), y en los primeros meses de 1605 el impresor Juan de la Cuesta ponía en manos del público madrileño interesado la primera parte de la novela que cambiaría la fisonomía de la literatura mundial (véase los ágiles ensayos de D. Alonso [1969] y H. Levin [1973]).

En estas fechas está encerrado todo lo que de cierto y preciso se puede saber acerca de la primera parte del *Quijote* desde un punto de vista cronológico y con anterioridad a su publicación. Cuándo y por qué Cervantes puso mano a la inmortal novela es un misterio que se mantendrá impenetrable. Dónde se inició la composición del primer *Quijote* ha dado bastante quehacer a plumas no muy bien ocupadas. Porque ocurre que en el Prólogo de 1605 Cervantes estampó las siguientes palabras, que todavía traen a muchos cervantistas al retortero, pues pueden aludir a inicios de redacción de nuestra novela: «Se engendró en una cárcel, donde toda incomodidad tiene su asiento y donde todo triste ruido hace su habitación». El sentido recto de la afirmación ha creado una tormentilla crítica, ya que Cervantes estuvo, de hecho, preso en la cárcel de Sevilla en 1597, y, quizás, hasta en 1602, o bien en la cárcel

2. L. A. Murillo [1978] ha dedicado un volumen de su edición del *Quijote* a una bibliografía fundamental de la obra, mientras D. B. Drake [1974, 1978] le consagra otra bien comentada.

de Castro del Río (provincia de Córdoba), donde sus malandantes huesos estuvieron brevemente en 1592. Pero esta actitud positivista (cárcel real=lugar de composición del *Quijote*) queda un poco desairada al invocar el hecho de que en la Biblia, en la Patrística y en la poesía provenzal, voces como *preizon, carcer*, etc., aluden a la cautividad de la vida terrena, al cuerpo que encarcela el espíritu, y en este sentido usó la metáfora Juan Ruiz, Arcipreste de Hita, al aludir al lugar donde se escribió su *Libro de Buen Amor* (vid. HCLE, I, 6). Pero éste es otro atolladero crítico donde más vale no entrar, ni rondar. El caso es que los datos iniciales del Prólogo del *Quijote* de 1605, al parecer tan concretos, bien pronto se nos tornasolan en problematismos, y se nos revelan tan escurridizos como es la interpretación del conjunto de la novela toda. Avalle-Arce [1975, cap. VI] enfoca los datos iniciales del *Quijote* de 1605 desde la tradición literaria, lo que hace resaltar más el carácter evasivo de los mismos. Rosales [1960] estudia el amplio panorama, en la obra cervantina, de la cadena de motivos «cárcel-prisión-cautiverio-libertad». (Con melancólica sonrisa debe recordarse la anécdota histórica que enlaza *Quijote*, cárcel y positivismo decimonónico. Hacia 1863 el gran impresor Manuel Rivadeneyra quiso presentar el más personal de los tributos a la memoria de Cervantes, y con tales fines a Argamasilla de Alba fueron a parar sus máquinas de imprimir. Y allí, bajo el fastidioso cuidado del académico Juan Eugenio Hartzenbusch, en cuatro lujosísimos volúmenes, salió la edición que lleva este despampanante pie de imprenta: «Argamasilla de Alba. Imprenta de Don Manuel Rivadeneyra. Casa que fue prisión de Cervantes». Si la prisión en que se compuso el *Quijote* no fue metafórica, con seguridad no fue la de Argamasilla de Alba, aunque no se ha acertado a darle sustituto concreto y efectivo.)

Una vez puesta en marcha la novela, y no bien se lanza en busca de aventuras el vejestorio hidalgo que se acaba de autobautizar don Quijote de la Mancha, en ese momento se plantea un nuevo tipo de problemas a la crítica, de muy distinto tipo al anterior, de calado mucho más hondo para el sentido de la novela —y hasta para la personalidad de su autor—, y, por consiguiente, de muy delicada solución. El problema inicial concierne a la primera salida de don Quijote y se puede esquematizar así: un hombre enloquece por la avidísima lectura de cierto tipo de libros, y sale convencido de que es uno de los personajes allí representados. Tiene un triste encuentro con terceros y es devuelto a su aldea, maltrecho pero no cuerdo. En el siglo pasado, el avieso erudito gaditano Adolfo de Castro publicó un anónimo *Entremés de los romances*, que guarda ciertas semejanzas superficiales con esta primera salida de don Quijote. Sin aducir mejores razones, se lo atribuyó a Cervantes en su libro *Varias obras inéditas de Cervantes* (Madrid, 1874), pero la atribución no prosperó en absoluto. Muy otro fue el destino de la cuestión del aparente y episódico parecido entre las dos obras, que ha dado mucha guerra. En su forma más sencilla el problema se puede plantear en los siguientes términos: si el *Entremés de los romances* es anterior al *Quijote*, entonces Cervantes imita, de manera consciente o inconsciente, el anónimo *Entremés*. Esta es la opinión que sustentó Ramón Menéndez Pidal [1920], y que defienden sus seguidores. Pero, en el supuesto caso de que el *Entremés de los romances* sea posterior al *Quijote*, entonces el anónimo autor imitó a Cervantes. Esta es la opinión que defendió Astrana Marín [1948]. La dificultad de fechar con precisión la composición del *Entremés de los romances* mantiene la cuestión en el aire, aunque la mayoría de los cervantistas se inclina por la opinión de Menéndez Pidal.

Al ahondar un poco más en la cuestión de la antelación cronológica del *Quijote* o el *Entremés*, el problema se complica en forma más considerable. Supongamos que el primero en el tiempo fue el *Entremés de los romances*, que tiene un final categórico: el protagonista, Bartolo, es devuelto a su casa, con la esperanza de un reposo curador. Este episodio entremesil se corresponde con los cinco primeros capítulos del *Quijote*, que narran la primera salida del protagonista. Al final del capítulo V éste es devuelto a su casa por un aldeano conocido, mientras que los otros personajes se esperanzan con la idea de un descanso largo y curador. Cierto sector del cervantismo hace hincapié en estas circunstancias para teorizar que Cervantes concibió lo que ahora es primera salida del enloquecido hidalgo (capítulos I-V) como una narración corta, aislada e independiente, de análoga urdimbre al *Entremés*, y que en su conjunto sería una suerte de novelita ejemplar.

Esta interpretación es una nueva manera de suscitar la vieja y desprestigiada idea de que Cervantes era un *ingenio lego*. Se nos viene a decir que, como el burro flautista de la fábula, Cervantes escribió la más grande novela de todos los tiempos por pura casualidad. Al parecer, Cervantes escribía en la misma forma en que pintaba Orbaneja: *a lo que saliere* (*Quijote*, II, III y II, LXXI). ¡Medrado favor se le ha hecho a Cervantes en pensar que el *Quijote* primitivo terminaba al final del capítulo V! De aceptar tal interpretación, la locura del hidalgo se convierte en algo de tan poca consecuencia como la del rústico Bartolo en el *Entremés de los romances*, en un objetivo propio del ridículo, sin más, y no en una clave fundamental para la recta interpretación del puesto del hombre en la vida, como lo había sido en lo más granado del pensamiento europeo de la época, en Erasmo, Rabelais y Shakespeare (Weinrich [1956]; Avalle-Arce [1976], cap. IV). Dicha interpretación deja sin sentido el fin principal de la primera salida del loco hidalgo, que es ser armado caballero. Porque la armazón de la caballería implica la concepción de una novela de largo alcance, a lo *Amadís de Gaula* o a lo *Tirante el Blanco*, ya que sólo como caballero andante puede salir don Quijote a «desfacer tuertos», y no puede caber la menor duda de que ésta es una misión para llenar una vida, y no una salida episódica de un par de días (Riquer [1967] recoge varias vidas de históricos caballeros andantes españoles). Y si se vuelve prontamente a su aldea el flamante caballero, hecho una criba, es porque este regreso posibilita la creación de Sancho Panza, y el escudero es perentoria necesidad en la vida de este aprendiz de Amadís de Gaula. Y, a su vez, la creación de Sancho Panza nos adentra en la concepción cervantina de la novela. Vista desde este cuadrante, la concepción de don Quijote es indisociable de la creación de Sancho Panza.

Los tanteos preliminares del autor en la concepción del *Quijote* y los rastros que de ellos quedan los estudió cumplidamente Stagg [1959, 1964]. La importancia novelística de Sancho la destaca bien Willis [1969]. Márquez Villanueva [1973] estudia la raigambre literaria de los antecedentes folklóricos de Sancho Panza, mientras que Barrick [1976] se atiene al folklore con sociología en su estudio de Sancho.

A Cervantes le resultaba inconcebible tener un protagonista solitario, porque él sabía, mucho antes que Ortega y Gasset, que «yo soy yo y mi circunstancia». Esta consideración debería derrumbar para siempre la teoría de que el primitivo *Quijote* se concibió como una novela corta, donde el protagonista sería un héroe solitario, inhallable, por lo demás, en toda la novelística cervantina. Después de la creación de Sancho, don Quijote se queda absolutamente solo en dos ocasiones, nada más: durante la penitencia en Sierra Morena (I, xxv) y en la cueva de Montesinos (II, xxiii). Esta inusitada soledad destaca más la importancia medular de ambos episodios. El ángulo ariostesco de la penitencia en Sierra Morena lo estudió muy bien Chevalier [1966], mientras que Márquez Villanueva [1975] ahonda en la originalidad de Dorotea y Cardenio, los amantes de Sierra Morena. La profundidad de sentido del episodio de la cueva de Montesinos la expresa con claridad Avalle-Arce [1976, cap. vi], tarea en la que lo han secundado brillantemente Sieber [1971], Murillo [1975] y Percas [1975].

Esa historia, que nunca fue pensada como la novela de un solitario, la imprimió a comienzos de 1605 Juan de la Cuesta, pero es bien sabido que esta primera edición adolece de muy serios defectos editoriales, algunos subsanados en la segunda edición de Cuesta del mismo año, y otros no. Las conclusiones de Flores [1975, 1979] al respecto han sido revolucionarias. Hoy en día, tras cerrarse un ciclo de cervantismo a la antigua usanza con el último *Quijote* comentado por Rodríguez Marín [1947-1949], existen varias buenas ediciones manuales que respetan, en mayor o menor medida, el primer texto de 1605. En este sentido son de destacar las ediciones de Allen [1977], Murillo [1978] y Avalle-Arce [1979]; menos respetuosas con ese texto son las de Cortázar-Lerner [1969], Alcina Franch [1977] y Riquer [1975] (autor, además, de una útil guía a la lectura de la novela [1970]); los comentarios son adecuados en todas.

El cervantismo, alborozado ante los defectos aludidos, ha voceado desde los campanarios, hasta hace bien poco, las inenarrables distracciones de este anciano novelista, con lo que volvemos a la absurda tesitura de un Cervantes análogo al burro flautista de la fábula. Veamos algunos de los muy serios defectos de la primera edición de 1605: ciertos epígrafes no corresponden a lo que se narra en ese capítulo. Ejemplos: capítulo x, «De lo que más le avino a don Quijote con el vizcaíno y del peligro en que se vio con una turba de yangüeses», siendo así que los yangüeses aparecen en el capítulo xv; capítulo xxxvi, «Que trata de la brava y descomunal batalla que don Quijote tuvo con unos cueros de vino tinto, con otros raros sucesos que en la venta le sucedieron», cuando la aventura de los cueros de vino había ocurrido en el capítulo anterior. Este desacierto en la división en capítulos se ha interpretado como evidencia de una redacción de un tirón, de toda la primera parte, con una precipitada subdivisión *a posteriori* (Willis [1953]). Excede la imaginación suponer que una obra como el *Quijote* de 1605 se redactó sin divisiones, en particular cuando en la tradición literaria era de todo punto imposible encontrar un solo precedente. Otro enfadosísimo defecto de la primera edición es que entre el capítulo xxiii y el xxx el rucio de Sancho se da por robado y reaparece más tarde (cap. xlvi) sin explicación alguna. Y el capítulo xliii se publicó sin epígrafe (cf. ahora R. M. Flores, en *Nueva revista de filología hispánica*, XXVIII, 1979, pp. 352-360).

Todos esos casos defectuosos o anómalos se pueden explicar, pero no es esta la ocasión. Valga decir que hay una anomalía estructural hasta el robo y desaparición del rucio debida, con toda probabilidad, al hecho de que los actuales capítulos xi-xiv (cabreros: Marcela y Grisóstomo) pertenecieron, en versión anterior, a las aventuras de Sierra Morena, e iban poco antes de la penitencia del héroe. A última hora y con prisa, se intercalaron antes del episodio de los yangüeses (actual cap. xv, pero ya mencionado en el epígrafe del xi), para equilibrar mejor la materia quijotesca con la episódica, y no tener un demasiado largo interludio rústico-pastoril (Stagg [1959], Avalle-Arce [1978]). Se explica así el extraño título del capítulo x y el pasaje serrano del episodio de Grisóstomo y Marcela. La prisa de la revisión obligó a Cervantes a suprimir el robo del rucio por Ginés de Pasamonte, pues en el nuevo contexto el ladrón Ginés no había sido ni mencionado ni soltado aún por el héroe. El robo efectuado por Ginés ocurrió, verosímilmente, a fines del cap. xii, cuando el adormilado Sancho pasó la noche fuera de la choza de los cabreros «entre Rocinante y su jumento». Pero han quedado muchos rastros de la antigua discontinuidad entre el principio del cap. xxv y su actual segunda mitad, con extrañas alternancias entre un rucio robado y un rucio presente, sin aparente ton ni son. De ahí la acrobacia exegética incluida en II, iv (explicación de Sancho a Sansón Carrasco del robo del rucio en la primera parte) y la larga interpolación en I, xxiii, en que, a partir de la segunda edición de Juan de la Cuesta de 1605, se introduce el robo del rucio por Ginés de Pasamonte. Mas al desplazar un episodio hubo que modificar, asimismo, la división original de 1605 en cuatro partes. La solemne mención de Cide Hamete Benengeli al comienzo del cap. xxii (galeotes) es casi segura prueba de que allí comenzaba la primitiva tercera parte. Esto, a su vez, compensaría la pérdida de cuatro capítulos transferidos a la segunda (xi-xiv, episodio de Grisóstomo y Marcela), empezando ya con el actual cap. xv (yangüeses), cuyo principio hubo que modificar en consecuencia. La premura de la revisión, que causó estas anomalías y otras más, se debió, probablemente, al hecho de que Cervantes quería anticiparse a la publicación de otro libro de entretenimiento, lo que hace pensar en la segunda parte del tan exitoso *Guzmán de Alfarache* (1604) de Mateo Alemán, o bien en *La pícara Justina* (1605) de Francisco López de Úbeda, que Cervantes parece recordar con malicia en los preliminares de su primer *Quijote*, como vio sutilmente Bataillon [1969].

Ahora bien, la estructura del *Quijote* de 1605 es, en el fondo, respetuosa con los cánones tradicionales, al punto de aceptar el principio de variedad en la unidad, vale decir, insertar historias intercaladas totalmente ajenas al argumento central. En 1605 Cervantes interrumpe el relato de las acciones de don Quijote con un largo cuento italianizante (*El curioso impertinente*) y el relato autobiográfico del Capitán cautivo, de tonalidades orientales. No puede ser casualidad que el mismo tipo de relatos interrumpan la narración autobiográfica de Guzmán de Alfarache. Cuando en 1599 Mateo Alemán publicó la primera parte del *Guzmán*, intercaló dos historias ajenas por completo a las acciones de su protagonista. La primera es la de Ozmín y Daraja, de tonalidades orientales, aunque ocurre en España, y la de Dorido y Clarinia, italianizante y que tiene lugar en Roma. Sobre *El curioso impertinente* y su función en la estructura de la primera parte hay mucho escrito; de lo más jugoso es Castro [1957] y Ayala [1960]. Acerca de las relaciones entre la historia del Capitán cautivo y la estructura del *Quijote* ha escrito sesudamente Murillo [1973].

Pero para 1615 Cervantes ha superado completamente los cánones imperantes y no siente necesidad de rendirles pleitesía. Obsérvese que el segundo *Quijote* ya no tiene ningún tipo de poesías encomiásticas, ni siquiera festivas e inventadas como ocurrió en 1605, en un primer conato de liberación de las normas imperantes. Todo el aparato de los preliminares apunta a una nueva toma de conciencia de la estructura novelística, como señaló Castro [1957] y precisaron Rivers [1960] y Socrate [1974]. La estructura de la novela se ciñe ahora a la escueta silueta de don Quijote, y la sigue hasta las entrañas de la tierra en el central episodio de la cueva de Montesinos, de lejanos ecos virgilianos (según apuntó Marasso [1954]), aunque de subida complejidad, como muestran Togeby [1977], Percas [1975], Avalle-Arce [1975] y Navarro González [1979]. El hilo argumental no abandona a don Quijote, en esta segunda parte, ni cuando se eleva a los más altos cielos a lomos de Clavileño, episodio de raigambre caballeresca (Aebischer [1962]). Y si alguna vez el enfoque estructural pierde de vista a don Quijote, es sólo para seguir y narrar las andanzas de su *alter ego* en la Ínsula Barataria, donde la complejidad es muy superior a las fuentes folklóricas de cada uno de los juicios de Sancho, como muestra la bibliografía de Murillo [1978].

La riqueza episódica del *Quijote,* al servicio de dos estructuras novelísticas disímiles y de creciente originalidad, es impar. La Sierra Morena, al aire libre o en las fragosidades de la serranía, centra y distribuye los episodios de la primera parte (sin olvidar los cambios de última hora ya aludidos). Son todos casos de amor los que se han refugiado en la Sierra (no cabe descuidar que Grisóstomo y Marcela representaron, en una primera redacción, el caso de amor inicial de este abanico erótico), cuyas sutiles complicaciones y soluciones ha analizado con precisión Márquez Villanueva [1975]. El equivalente estructural y episódico de la segunda parte es la cueva de Montesinos, que transcurre en la oscuridad y silencio de las entrañas de la tierra, simetría de diseño con la primera parte notada por Avalle-Arce [1975, 1976]. Pero la sutileza narrativa de Cervantes engrana esto con episodios cursados en la épica y en la caballeresca, como el de los leones (el *Mío Cid,* el *Palmerín de Olivia:* véase Garci-Gómez [1972]), aunque con toques de originalidad absoluta, tal el caso del Caballero del Verde Gabán, comentado por Márquez Villanueva [1975].

La coherencia, solidez y originalidad de las ideas con que Cervantes fundamenta cada uno de estos episodios sólo se comenzó a ver con claridad a partir del libro magistral de Américo Castro [1925, 1972], ya mencionado. Aunque nunca serán suficientes, abundan las precisiones importantes, suscitadas en forma directa o indirecta, por la labor de Castro, y se deben consultar Parker [1948], Amado Alonso [1955], Maravall [1948, 1976], C. P. Otero [1972 [2]], Bataillon [1966, 1977], Avalle-Arce [1975]. Enfoques del *Quijote* particularmente sugestivos se deben a M. Van Doren [1962], R. Lida [1962], V. Llorens [1967], J. Caro Baroja [1967], F. Ayala [1974], C. Fuentes [1976], F. Martínez Bonati [1977], sin olvidar la interesante aproximación histórica de P. Vilar [1964].

Al abrigo de los últimos adelantos en el análisis literario, el estudio del arte narrativo de Cervantes en el *Quijote* ha tenido apreciables éxitos (una excelente muestra es Segre [1976]). Por ejemplo, se ha comenzado a prestar atención a las modulaciones técnicas de una serie indeterminada de «autores» que se interponen entre el lector y las aventuras de don Quijote, de los cuales el único con nombre preciso es Cide Hamete Benengeli. Un mayor o menor número de «autores-narradores» entre un suceso y su «lectura-conocimiento» implica un distanciamiento o acercamiento en medida proporcional. Y en nuestro caso particular siempre queda en pie el problema de si lo narrado es *story or history* (en la formulación de Wardropper [1965]). De todas maneras, la técnica de inventar un historiador que narra las aventuras del héroe es procedimiento que Cervantes hereda directamente de la novela caballeresca, donde el procedimiento está puesto a un uso de inocencia paradisíaca si consideramos las complicaciones cervantinas ulteriores, que han quedado muy bien enfocadas en los trabajos de Allen [1969, 1979] y El Saffar [1975]. Y, como microcosmos de este complejo sistema de controles autoriales sobre las distancias literarias, Haley [1965] ha presentado con claridad el episodio del retablo de maese Pedro.

Los personajes que animan estos episodios han recibido variable interés, pero siempre con don Quijote y Sancho como los focos de atención. Los trabajos de Iriarte [1948] y Weinrich [1956] han ayudado mucho a una más profunda comprensión de la caracterología de un loco a quien siempre se denomina *ingenioso*. En cuanto a Sancho Panza, Molho [1976] revela sus raíces folklóricas; Márquez Villanueva [1973], sus fuentes literarias; Amado Alonso [1948], el profundo sentido de sus prevaricaciones idiomáticas, y Dámaso Alonso [1962], su cambiante psicología y caracterización. El sentido del cambio del nombre de «Aldonza» a «Dulcinea» lo desentrañó con su acostumbrada maestría Lapesa [1967], y Rodríguez-Luis [1965-1966] profundiza en la problemática de su ausencia a lo largo de ambas partes.

Los estudios lingüísticos sobre el *Quijote* han sido coronados por Rosenblat [1971, 1973] (y para el vocabulario cervantino es utilísimo Fernández Gómez [1962]). Spitzer [1955, 1980] fue el primero en plantear la importancia decisiva de lo que denominó el «perspectivismo lingüístico» del *Quijote*, cuyo acabado análisis estilístico se puede ver en Hatzfeld [1966 [2]]. La inacabable riqueza de sentido del *Quijote* se puede ilustrar así: Casalduero [1966] subrayó su estructura barroca (y, en parte, el asunto preocupó también a Ayala [1960]); Bataillon [1966, 1977] y Vilanova [1965] plantean con claridad la influencia de Erasmo en Cervantes, mientras que Descouzis [1966, 1973] sigue la huella de los decretos del Concilio de Trento en el *Quijote*; Osterc [1963] ve todo como un ataque al medievalismo moribundo y al naciente capitalismo; pero hay que reenfocar la obra como libro para reír (Russell [1969]) y como juego (Torrente Ballester [1975]): así adquiere más profundidad el sentido de la parodia (Neuschäfer [1963]), y es el *Quijote* paródico de Tolstoy y Mark Twain el que analiza Serrano-Plaja [1967].

El cristianismo esencial del *Quijote* lo ven desde distintos ángulos Durán [1960], Moreno Báez [1968, 1973] y Morón Arroyo [1976]. La actitud de los personajes ante los libros y la literatura, en su sentido más amplio, forma el ángulo de visión de Predmore [1958], Girard [1961], Robert [1963], Navarro González [1964], Allen [1969], y los estudios citados por Nelson [1969]. Canavaggio [1958] replantea el problema de las ideas estéticas de Cervantes, labor a la que Riley ha dedicado buen número de importantes trabajos [1954, 1955, 1956, 1961, 1973] y un libro absolutamente fundamental [1966]. Los dos volúmenes de Drake [1974, 1978] brindan resúmenes de 320 y 339, respectivamente, interpretaciones distintas del *Quijote*.

Después de la embarazosa prisa por imprimir el *Quijote* en 1605 sigue un inesperado intervalo de diez años antes de imprimir la segunda parte, aunque ya quedaba anunciada y levemente esbozada al final de la primera parte. Pero dicho intervalo, según veíamos, sólo fue un alejamiento aparente, que no alcanza a disimular una labor creativa intensísima. Por fin, en 1615, y siempre en las prensas madrileñas de Juan de la Cuesta, sale la segunda parte del *Quijote*. Esta vez también hubo prisas de último momento para imprimir de una vez por todas, mucho más serias, según todas las evidencias, que las que acongojaron al novelista en 1605. Acerca del motivo de las prisas de 1615 no cabe la menor duda. Otra vez estos impensados atropellos obligaron al autor a tajantes cambios argumentales, pero, por suerte para el lector y crítico, éstos no se reflejaron en la impresión del texto, como ocurrió con los anteriores, para cavilación y desasosiego de todos. El factor que intervino en 1615, y que obligó a violentos cambios argumentales, fue lo que se puede denominar el «incidente Avellaneda».

En Tarragona, en 1614, salió una obra totalmente inesperada por Cervantes: el *Segundo tomo del ingenioso hidalgo don Quijote de la Mancha, que contiene su tercera salida y es la quinta parte de sus aventuras. Compuesto por el licenciado Alonso Fernández de Avellaneda, natural de la villa de Tordesillas*. Vaya por delante la afirmación de que no existe la menor certeza acerca de la identidad verdadera de Alonso Fernández de Avellaneda. Es el más hermético misterio de las letras españolas. En su acertado estudio del *Quijote* apócrifo, Gilman [1951] no se plantea el problema de la identidad, aunque con anterioridad [1946] había pasado revista a las diversas teorías adelantadas al respecto (véase aun Durán [1973] y Díaz Solís [1978]). Hoy existen dos buenas ediciones del *Quijote* apócrifo, la de García Salinero [1971] y sobre todo la de Riquer [1972].

Casi con toda seguridad Cervantes tampoco llegó a conocer el nombre real de su adversario (Sánchez [1952]), y los pocos datos al respecto que esparció en los preliminares de su propio *Quijote* en 1615 no son de mayor ayuda efectiva. Sorteado el problema de la identidad de Avellaneda por insoluble, no se puede hacer lo propio contra otras reacciones que provocó tan descarado hurto, llevado a cabo con el agravante de públicos insultos en el prólogo del *Quijote* apócrifo. Las respuestas de Cervantes fueron comedidas y ejemplares.

Es de sumo interés ver qué rastros dejó la lectura de Avellaneda en el curso de la composición del *Quijote* bueno. Por lo pronto, hay que observar que Avellaneda sí obedeció ciegamente las instrucciones cervantinas, que en 1605 anunciaban una futura salida de don Quijote con el destino de unas justas en Zaragoza. Así empieza el *Quijote* apócrifo, con tal destino. El *Quijote* cervantino de 1615 sigue un tácito plan propio. Pero hay un episodio en el buen *Quijote* que tiene su contrapartida en el malo. Es de regocijada memoria la forma en que don Quijote el bueno despachurra los títeres de maese Pedro, totalmente magnetizado por la ilusión teatral (II, XXVI). Don Quijote el malo reacciona con no menos violencia ante un ensayo dramático para la representación de *El testimonio vengado* de Lope de Vega (capítulo XXVII). Ante la imposibilidad de fijar precedencias cronológicas en lo que respecta a este episodio, ¿se trata de un episodio de ósmosis literaria?

Todos los indicios apuntan al hecho de que Cervantes leyó el *Quijote* de Avellaneda al llegar, en su composición, al capítulo LIX. Poco antes se ha terminado el largo episodio del palacio de los duques, y don Quijote «se salió del castillo, enderezando su camino a Zaragoza» (II, LVII). Se sigue el plan anunciado en 1605, pero, a poco, amo y escudero llegan a una venta donde otros huéspedes leen el *Quijote* de Avellaneda (II, LIX). Este es el momento en que Cervantes reconoce públicamente el impacto que le ha causado la lectura de la novela de Avellaneda. No hay improperios, sólo una elegante y contenida respuesta.

Ese cambio argumental sobre el plan de 1605, que implica ir del palacio de los duques a Barcelona sin pisar Zaragoza no parece haber provocado mayores desajustes en el resto del plan de la obra, por lo demás. Bien es cierto que a partir del capítulo LIX menudean las alusiones al fingido Avellaneda y su robo, y no siempre bien intencionadas, hasta al punto de que el propio don Álvaro Tarfe (personaje inventado por Avellaneda) llega a codearse con don Quijote el bueno en una venta del camino.

Es evidente que la lectura del *Quijote* apócrifo, con su plan modelado, en parte, sobre el cervantino de 1605, no condujo a un desbarajuste textual como el incurrido con el primer *Quijote* por motivos más misteriosos. Un reajuste sí hubo que hacerlo, y Cervantes lo reconoció paladinamente: «Don Quijote salió de la venta, informándose primero cuál era el más derecho para ir a Barcelona sin tocar en Zaragoza: tal era el deseo que tenía de sacar mentiroso aquel nuevo historiador que tanto decían que le vituperaba» (II, LX). Hasta cabe en la medida de lo posible que algún episodio zaragozano, ahora vedado, haya adoptado, sin aviso y con sigilo, un nuevo local barcelonés, en un máximo de economía narrativa, después del despilfarro incurrido en 1605, cuya solución se mantiene evasiva, pero cuya innegable presencia desvela a cada nueva generación de cervantistas.

BIBLIOGRAFÍA

Aebischer, Paul, «Paléozoologie de l'*Equus Clavileñus*, Cervant.», *Études de Lettres*, série 2, 6 (1962), pp. 93-130.

Agostini del Río, Amelia, «El teatro cómico de Cervantes», *Boletín de la Real Academia Española*, XLIV (1964), pp. 223-307, 475-539, XLV (1965), páginas 65-116.

Alcina Franch, Juan, ed., Miguel de Cervantes, *Don Quijote de la Mancha*, Aubí, Barcelona, 1977.

Alonso, Amado, «Las prevaricaciones idiomáticas de Sancho», *Nueva Revista de Filología Hispánica*, II (1948), pp. 1-20.

—, «Don Quijote no asceta, pero ejemplar caballero y cristiano», *Materia y forma en poesía*, Gredos, Madrid, 1955.

Alonso, Dámaso, «Sancho-Quijote, Sancho-Sancho», *Del Siglo de Oro a este siglo de siglas*, Gredos, Madrid, 1962.

—, *La novela cervantina*, Universidad Internacional Menéndez Pelayo, Santander, 1969.

Allen, John Jay, *Don Quixote: Hero or Fool? A Study in Narrative Technique*, University of Florida Press, Gainesville, 2 vols., 1969, 1979.

—, ed., Cervantes, *Don Quijote de la Mancha*, 2 vols., Cátedra, Madrid, 1977.

Amezúa, Agustín G. de, *Cervantes, creador de la novela corta española*, 2 vols., Consejo Superior de Investigaciones Científicas, Madrid, 1956-1958.

Anales Cervantinos, Consejo Superior de Investigaciones Científicas, Madrid, I (1951), en curso de publicación.

Asensio, Eugenio, *Itinerario del entremés desde Lope de Rueda a Quiñones de Benavente*, Gredos, Madrid, 1965.

—, ed., Cervantes, *Entremeses*, Castalia, Madrid, 1970.

Astrana Marín, Luis, *Vida ejemplar y heroica de Miguel de Cervantes Saavedra*, 6 tomos en 7 vols., Instituto Editorial Reus, Madrid, 1948-1958.

Aub, Max, «*La Numancia* de Cervantes», *La Torre*, IV, núm. 14 (1966), pp. 99-111.

Avalle-Arce, Juan Bautista, ed., Cervantes, *Galatea*, 2 vols., Espasa-Calpe (Clásicos Castellanos, 154 y 155), Madrid, 1961.

—, ed., Cervantes, *Persiles y Sigismunda*, Castalia, Madrid, 1969.

—, *La novela pastoril española*, Ediciones Istmo, Madrid, 1974 ².

—, *Nuevos deslindes cervantinos*, Ariel, Barcelona, 1975.

—, *Don Quijote como forma de vida*, Fundación Juan March-Castalia, Madrid, 1976.

—, Cervantes, *Don Quijote de la Mancha*, 2 vols., Alhambra, Madrid, 1979.

— y E. C. Riley, *Suma Cervantina*, Tamesis Books, Londres, 1973.
  Contenido: Alberto Sánchez, «Estado actual de los estudios biográficos», pp. 3-24; Joaquín Casalduero, «La *Galatea*», pp. 27-46; J. B. Avalle-Arce y E. C. Riley, «*Don Quijote*», pp. 47-79; Peter N. Dunn, «Las *Novelas ejemplares*», pp. 81-118; Elias L. Rivers, «*Viaje del Parnaso* y poesías sueltas», pp. 119-146; Bruce W. Wardropper, «Comedias», pp. 147-169; Eugenio Asensio, «Entremeses», pp. 171-197; J. B. Avalle-Arce, «*Los trabajos de Persiles y Sigismunda. Historia setentrional*», pp. 199-212; Marcel Bataillon, «Relaciones literarias», pp. 215-232; Enrique Moreno Báez, «Perfil ideológico de Cervantes», pp. 233-272; Martín de Riquer, «Cervantes y la caballeresca», pp. 273-292; E. C. Riley, «Teoría literaria», pp. 293-322; Ángel Rosenblat, «La lengua de Cervantes», pp. 323-355; Manuel Durán, «El *Quijote* de Avellaneda», pp. 357-376; Harry Levin, «Cervantes, el quijotismo y la posteridad», pp. 377-396; J. B. Avalle-Arce, «Atribuciones y supercherías», pp. 399-408; Bibliografía selecta.

Ayala, Francisco, *Experiencia e invención (Ensayos sobre el escritor y su mundo)*, Taurus, Madrid, 1960.

—, *Realidad y ensueño*, Gredos, Madrid, 1963.

—, *Cervantes y Quevedo*, Seix-Barral, Barcelona, 1974.

Barrenechea, Ana M.ª, «*La ilustre fregona* como ejemplo de la estructura novelesca cervantina», *Filología*, VII (1961), pp. 13-32.

Barrick, Mac E., «The Form and Function of Folktales in *Don Quijote*», *Journal of Medieval and Renaissance Studies*, VI (1976), pp. 101-138.

Bataillon, Marcel, *Erasmo y España. Estudios sobre la historia espiritual del siglo XVI*, segunda edición corregida y aumentada, Fondo de Cultura Económica, México, 1966.

—, *Pícaros y picaresca. «La pícara Justina»*, Taurus, Madrid, 1969.

—, «Relaciones literarias» (1973), en *Suma*, pp. 215-232.

—, *Erasmo y el erasmismo*, Crítica, Barcelona, 1977.

Blanco Aguinaga, Carlos, «Cervantes y la picaresca. Notas sobre dos tipos de realismo», *Nueva Revista de Filología Hispánica*, XI (1957), pp. 313-342.

Blecua, José Manuel, «Garcilaso y Cervantes» y «La poesía lírica de Cervantes» (1947), *Sobre la poesía de la Edad de Oro*, Gredos, Madrid, 1970.

Canavaggio, Jean, «Alonso López Pinciano y la estética literaria de Cervantes en el *Quijote*», *Anales Cervantinos*, VII (1958), pp. 13-107.

—, *Cervantès dramaturge. Un théâtre à naître*, Presses Universitaires de France, París, 1977.

Carilla, Emilio, «Cervantes y la novela bizantina (Cervantes y Lope de Vega)», *Revista de Filología Española*, LI (1968), pp. 155-167.

Caro Baroja, Julio, «El *Quijote* y la concepción mágica del mundo», *Vidas mágicas e Inquisición*, Taurus, Madrid, 1967.

Casa, Frank P., «The Structural Unity of *El licenciado Vidriera*», *Bulletin of Hispanic Studies*, XLI (1964), pp. 242-246.

Casalduero, Joaquín, *Sentido y forma de «Los trabajos de Persiles y Sigismunda»*, Sudamericana, Buenos Aires, 1947.

—, *Sentido y forma de las «Novelas ejemplares»*, Gredos, Madrid, 1962.

—, *Sentido y forma del «Quijote»*, Ínsula, Madrid, 1966.

—, *Sentido y forma del teatro de Cervantes*, Gredos, Madrid, 1967.

—, «La *Galatea*» (1973), en *Suma*, pp. 27-46.

Castro, Américo, *El pensamiento de Cervantes*, Centro de Estudios Históricos, Madrid, 1925; nueva ed. ampliada y con notas del autor y de Julio Rodríguez-Puértolas, Noguer, Barcelona-Madrid, 1972.

—, *Hacia Cervantes*, Taurus, Madrid, 1957, 1960 ².

—, *Cervantes y los casticismos españoles*, Alfaguara, Madrid-Barcelona, 1966.

Chevalier, Maxime, *L'Arioste en Espagne (1530-1650). Recherches sur l'influence du «Roland furieux»*, Institut d'Études Ibériques et Ibéro-américaines, Burdeos, 1966.

Correa, Gustavo, «La dimensión mitológica del *Viaje del Parnaso*», *Comparative Literature*, XII (1960), pp. 113-124.

Cortázar, Celina Sabor de, «Observaciones sobre la estructura de *La Galatea*», *Filología*, XV (1971), pp. 227-239.

— e Isaías Lerner, ed., Cervantes, *Don Quijote de la Mancha*, prólogo de Marcos A. Morínigo, 2 vols., Editorial Universitaria de Buenos Aires, Buenos Aires, 1969.

Criado del Val, Manuel, «De estilística cervantina: correcciones, interpolaciones y variantes en el *Rinconete y Cortadillo* y en el *Zeloso extremeño*», *Anales Cervantinos*, II (1952), pp. 231-248.

—, *Análisis verbal del estilo*, Consejo Superior de Investigaciones Científicas, Madrid, 1953.

Descouzis, Paul, *Cervantes a nueva luz*. I. *El «Quijote» y el Concilio de Trento*, V. Klostermann, Frankfurt, 1966; II. *Con la iglesia hemos dado, Sancho*, Ediciones Iberoamericanas, Madrid, 1973.

Díaz-Solís, Ramón, *Avellaneda en su Quijote*, Tercer Mundo, Colombia, 1978.

Diego, Gerardo, «Cervantes y la poesía», *Revista de Filología Española*, XXXII (1948), pp. 213-236.

Drake, Dana B., *Cervantes: A Bibliography*, I. The «*Novelas ejemplares*», Virginia Polytechnic Institute, Blacksburg, Va., 1968.

—, «*Don Quijote*» (1894-1970). A Selective and Annotated Bibliography, I, North Carolina Studies in Romance Languages and Literatures, Chapel Hill, 1974; II, Ediciones Universal, Miami, Florida, 1978.

Dunn, Peter, «Las *Novelas ejemplares*» (1973), en *Suma*, pp. 81-118.

Durán, Manuel, *La ambigüedad en el «Quijote»*, Universidad Veracruzana, Xalapa, México, 1960.

—, «El *Quijote* de Avellaneda» (1973), en *Suma*, pp. 357-376.

Durán, Manuel, *Cervantes*, Twayne Publishers, Nueva York, 1974.

El Saffar, Ruth S., *Novel to Romance. A Study of Cervantes' Novelas ejemplares*, John Hopkins University Press, Baltimore, Md., 1974.

—, *Distance and Control in «Don Quixote». A Study in Narrative Technique*, North Carolina Studies in the Romance Languages and Literatures, 147, Chapel Hill, 1975.

—, *«El casamiento engañoso» and «El coloquio de los perros». A critical guide*, Grant & Cutler (Critical Guides to Spanish Texts), Londres, 1976.

Fernández Gómez, Carlos, *Vocabulario de Cervantes*, Real Academia Española, Madrid, 1962.

Flores, R. M., *The Compositors of the First and Second Madrid Editions of «Don Quixote»*, Modern Humanities Research Association, Londres, 1975.

—, «Cervantes at Work: the Writing of *Don Quixote*, Part I», *Journal of Hispanic Philology*, III (1979), pp. 135-150.

Forcione, Alban K., *Cervantes, Aristotle and the «Persiles»*, Princeton University Press, Princeton, 1970.

—, *Cervantes' Christian Romance: A Study of «Persiles y Sigismunda»*, Princeton University Press, Princeton, 1972.

Foucault, Michel, *Les mots et les choses*, Gallimard, París, 1966; trad. cast. Siglo XXI, México, 1968.

Fuentes, Carlos, *Cervantes o la crítica de la lectura*, Mortiz, México, 1976.

Gaos, Vicente, ed., Cervantes, *Poesías*, Taurus, Madrid, 1970.

—, ed., Cervantes, *Viaje del Parnaso*, Castalia, Madrid, 1974.

—, *Cervantes. Novelista, dramaturgo, poeta*, Planeta, Barcelona, 1979.

García Salinero, F., ed., Alonso Fernández de Avellaneda, *Don Quijote de la Mancha*, Castalia, Madrid, 1971.

Garci-Gómez, Miguel, «La tradición del león reverente: glosas para los episodios en *Mío Cid, Palmerín de Oliva, Don Quijote* y otros», *Kentucky Romance Quarterly*, XIX (1972), pp. 255-284.

Gilman, Stephen, «Alonso Fernández de Avellaneda. A Reconsideration and a Bibliography», *Hispanic Review*, XIV (1946), pp. 304-321.

—, *Cervantes y Avellaneda. Estudio de una imitación*, El Colegio de México, México, 1951.

Girard, René, *Mensonge romantique et vérité romanesque*, Grasset, París, 1961.

Green, Otis H., «El licenciado Vidriera: Its Relation to the *Viaje del Parnaso* and the *Examen de Ingenios* of Huarte», *Linguistic and Literary Studies in Honor of Helmut A. Hatzfeld*, Catholic University of America Press, Washington, 1964.

Grismer, Raymond L., *Cervantes: a Bibliography*, I, Wilson, Nueva York, 1946, y II, Burgess-Beckwith, Minnesota, 1963.

Guillén, Claudio, «Luis Sánchez, Ginés de Pasamonte y los inventores del género picaresco», *Homenaje a Rodríguez-Moñino*, Castalia, Madrid, 1966, I, pp. 221-231.

Hahn, Jürgen, *The Origins of the Baroque Concept of «Peregrinatio»*, University of North Carolina Press, Chapel Hill, N. C., 1973.

Haley, George, «The Narrator in *Don Quixote*: Maese Pedro's Puppet Show», *Modern Language Notes*, LXXX (1965), pp. 145-165.

Hatzfeld, Helmut, El «Quijote» como obra de arte del lenguaje, 2.ª ed. refundida y aumentada, CSIC, Madrid, 1966 ².

Hermenegildo, Alfredo, La tragedia en el Renacimiento español, Planeta, Barcelona, 1973.

—, La «Numancia» de Cervantes, Sociedad General Española de Librería, Madrid, 1976.

Iriarte, Mauricio de, El doctor Huarte de San Juan y su «Examen de Ingenios». Contribución a la historia de la psicología diferencial, 3.ª ed. corregida, CSIC, Madrid, 1948.

Kenworthy, Patricia, «The Character of Lorenza and the Moral of Cervantes' El viejo celoso», Bulletin of the Comediantes, XXXI (1979), pp. 103-108.

King, Willard F., «Cervantes' Numancia and imperial Spain», Modern Language Notes, 94 (1979), pp. 200-221.

Lapesa, Rafael, «Aldonza-Dulce-Dulcinea», De la Edad Media a nuestros días, Gredos, Madrid, 1967.

Levin, Harry, «Cervantes, el quijotismo y la posteridad», en Suma, pp. 377-396.

Lida, Raimundo, «Vértigo del Quijote», Asomante, 18 (1962), pp. 7-26.

López Estrada, Francisco, La «Galatea» de Cervantes. Estudio crítico, La Universidad de La Laguna, La Laguna de Tenerife, 1948.

—, Los libros de pastores en la literatura española. La órbita previa, Gredos, Madrid, 1974.

Lowe, Jennifer, «The Cuestión de amor and the Structure of Cervantes' Galatea», Bulletin of Hispanic Studies, XLIII (1966), pp. 98-108.

—, «Theme and Structure in Cervantes' Persiles y Sigismunda», Forum for Foreign Language Studies, III (1967), pp. 334-351.

Lloréns, Vicente, «La intención del Quijote», Literatura, historia, política, Revista de Occidente, Madrid, 1967, pp. 205-222.

Marasso, Arturo, Cervantes. La invención del Quijote, Librería Hachette, Buenos Aires, 1954.

Maravall, José Antonio, El humanismo de las armas en Don Quijote, Instituto de Estudios Políticos, Madrid, 1948; nueva versión: Utopía y contrautopía en el «Quijote», Pico Sacro, Santiago de Compostela, 1976.

Márquez Villanueva, Francisco, Fuentes literarias cervantinas, Gredos, Madrid, 1973.

—, Personajes y temas del «Quijote», Taurus, Madrid, 1975.

Martínez Bonati, Félix, «Cervantes y las regiones de la imaginación», Dispositio, II, 1 (1977), pp. 28-53.

—, «La unidad del Quijote», Dispositio (Teoría), II, 5-6 (1977), pp. 118-139.

—, «El Quijote: juego y significación», Dispositio (Estudios), III, 9 (1977), pp. 315-336.

Menéndez Pidal, Ramón, «Un aspecto en la elaboración del Quijote» (1920), ahora en De Cervantes y Lope de Vega, Espasa-Calpe, Madrid, 1940.

Meregalli, Franco, «Le Novelas ejemplares nello svolgimento della personalità de Cervantes», Letterature Moderne, X (1960), pp. 334-351.

Molho, Maurice, ed., Cervantes, El casamiento engañoso y Coloquio de los perros, Aubier-Flammarion, París, 1970.

—, Cervantes: Raíces folklóricas, Gredos, Madrid, 1976.

Monleón, José, ed., M. de Cervantes y Francisco Nieva, *Los baños de Argel*, Centro Dramático Nacional, Madrid, 1980.

Moreno Báez, Enrique, *Reflexiones sobre el «Quijote»*, Prensa Española, Madrid, 1968.

—, «Perfil ideológico de Cervantes» (1973), en *Suma*, pp. 233-272.

Morón Arroyo, Ciriaco, *Nuevas meditaciones del «Quijote»*, Gredos, Madrid, 1976.

Murillo, Luis Andrés, «Cervantes' *Coloquio de los perros*, a Novel-Dialogue», *Modern Philology*, LVIII (1961), pp. 174-185.

—, *The Golden Dial. Temporal Configuration in «Don Quijote»*, Dolphin Book Co., Oxford, 1975.

—, ed., Cervantes, *Don Quijote de la Mancha*, 3 vols., Castalia, Madrid, 1978; el vol. III está dedicado a una «Bibliografía fundamental».

Navarro González, Alberto, *El Quijote español del siglo XVII*, Rialp, Madrid, 1964.

—, *Las dos partes del Quijote (Analogías y Diferencias)*, Universidad de Salamanca, Salamanca, 1979.

Nelson, Lowry, ed., *Cervantes. A Collection of Critical Essays*, Prentice-Hall, Englewood Cliffs, N. J., 1969.

Neuschäfer, Hans-Jörg, *Der Sinn der Parodie im «Don Quijote»*, Carl Winter, Heidelberg, 1963.

Osterc, Ludovik, *El pensamiento social y político del «Quijote»*, Andrea, México, 1963.

Osuna, Rafael, «La crítica y la erudición del siglo XX ante la *Galatea* de Cervantes», *Romanic Review*, LIV (1963), pp. 241-251.

—, «El olvido del *Persiles*», *Boletín de la Real Academia Española*, XLVIII (1968), pp. 55-75.

—, «Las fechas del *Persiles*», *Thesaurus*, XXV (1970), pp. 383-433.

—, «La distribución de las obras literarias con referencia a los entremeses de Cervantes», *Homenaje a William L. Fichter*, Castalia, Madrid, 1971, pp. 565-574.

Otero, Carlos-Peregrín, *Letras I*, Seix-Barral, Barcelona, 1972 [2].

Pabst, Walter, *La novela corta en la teoría y en la creación literaria (Notas para la historia de su antinomia en las literaturas románicas)*, Gredos, Madrid, 1973.

Parker, A. A., «El concepto de la verdad en el *Quijote*», *Revista de Filología Española*, XXXII (1948), pp. 287-305.

Peña, Aniano, *Américo Castro y su visión de España y de Cervantes*, Gredos, Madrid, 1975.

Percas de Ponseti, Helena, *Cervantes y su concepto del arte. Estudio crítico de algunos aspectos y episodios del «Quijote»*, 2 vols., Gredos, Madrid, 1975.

Pierce, Frank, *Two Cervantes Short Novels*, Pergamon Press, Oxford, 1970.

Predmore, Richard L., *El mundo del «Quijote»*, Ínsula, Madrid, 1958.

—, «*Rinconete y Cortadillo*. Realismo, carácter picaresco, alegría», *Ínsula*, 23 (enero, 1969).

Ricciardelli, Michele, *Originalidad de la «Galatea» en la novela pastoril española*, Morales-Mercant, Montevideo, 1966.

Riley, E. C., «Don Quixote and the Imitation of Models», *Bulletin of Hispanic Studies*, XXXI (1954), pp. 3-16.

—, «Episodio, novela y aventura en *Don Quijote*», *Anales Cervantinos*, V (1955-1956), pp. 209-230.

—, «"El alba bella que las perlas cría": Dawn Description in the Novels of Cervantes», *Bulletin of Hispanic Studies*, XXXIII (1956), pp. 125-137.

—, «Who's Who in *Don Quixote*? Or an Approach to the Problem of Identity», *Modern Language Notes*, 81 (1961), pp. 113-130.

—, *Teoría de la novela en Cervantes*, Taurus, Madrid, 1966.

—, «Three Versions of Don Quixote», *Modern Language Review*, 68 (1973).

—, «Teoría literaria» (1973), en *Suma*, pp. 293-322.

— y Juan Bautista Avalle-Arce, «*Don Quijote*», en *Suma*, pp. 47-79.

Riquer, Martín de, *Caballeros andantes españoles*, Espasa-Calpe, Madrid, 1967.

—, *Aproximación al Quijote*, Salvat-Alianza, Madrid, 1970.

—, ed., Alonso Fernández de Avellaneda, *Don Quijote de la Mancha*, 3 vols., Espasa-Calpe, Madrid, 1972.

—, ed., Cervantes, *Don Quijote de la Mancha*, Planeta, Barcelona, 1975, 1980².

Rivers, Elias L., «On the Prefatory Pages of *Don Quixote*, Part II», *Modern Language Notes*, LXXV (1960), pp. 214-221.

—, «*Viaje del Parnaso* y poesías sueltas», en *Suma*, pp. 119-146.

Robert, Marthe, *L'ancien et le nouveau, de «Don Quichotte» à Kafka*, Bernard Grasset, París, 1963.

Rodríguez-Luis, Julio, «Dulcinea a través de los dos *Quijotes*», *Nueva Revista de Filología Hispánica*, XVIII (1965-1966), pp. 378-416.

Rodríguez Marín, Francisco, ed., Miguel de Cervantes, *El ingenioso hidalgo Don Quijote de la Mancha*, nueva edición crítica, Atlas, Madrid, 1947-1949.

Rodríguez-Moñino, Antonio, «Reaparición de un manuscrito cervantino», *Anuario de Letras*, IV (1964), pp. 269-275.

Rosales, Luis, *Cervantes y la libertad*, 2 vols., Gráficas Valere, Madrid, 1960.

Rosenblat, Ángel, *La lengua del «Quijote»*, Gredos, Madrid, 1971.

—, «La lengua de Cervantes» (1973), en *Suma*, pp. 323-355.

Russell, P. E., «*Don Quixote* as a Funny Book», *Modern Language Review*, LXIV (1969), pp. 312-326; trad. cast.: *Temas de «La Celestina» y otros estudios*, Ariel (Letras e Ideas: Maior, 14), Barcelona, 1978.

Sánchez, Alberto, «¿Consiguió Cervantes identificar al falso Avellaneda?», *Anales Cervantinos*, II (1952), pp. 313-331.

—, «Estado actual de los estudios biográficos», en *Suma*, pp. 3-24.

Sánchez Escribano, Francisco, y A. Porqueras Mayo, *Preceptiva dramática española del Renacimiento y del Barroco*, Gredos, Madrid, 1971.

Segre, Cesare, *Las estructuras y el tiempo*, Planeta, Barcelona, 1976.

Serrano-Plaja, Arturo, *Realismo «mágico» en Cervantes: «Don Quijote» visto desde «Tom Sawyer» y «El idiota»*, Gredos, Madrid, 1967.

Sieber, Harry, «Literary Time in the Cave of Montesinos», *Modern Language Notes*, 86 (1971), pp. 268-273.

—, ed., *Novelas ejemplares*, Cátedra, Madrid, 1980.

Simón Díaz, José, *Bibliografía de la Literatura Hispánica*, CSIC, Madrid, 1970, pp. 3-442, vol. VIII, dedicado a Cervantes.

Socrate, Mario, *Prologhi al «Don Chisciotte»*, Marsilio, Padua, 1974.

Spitzer, Leo, *Lingüística e historia literaria*, Gredos, Madrid, 1955.

—, *Estilo y estructura en la literatura española*, Crítica, Barcelona, 1980.

Stagg, Geoffrey, «Revision in *Don Quijote*, Part I», *Hispanic Studies in Honour of Ignacio González Llubera*, Dolphin Book Co., Oxford, 1959, pp. 347-366.

—, «Sobre el plan primitivo del "*Quijote*"», *Actas del Primer Congreso Internacional de Hispanistas*, Dolphin Book Co., Oxford, 1964, pp. 463-471.

Stegmann, Tilbert Diego, *Cervantes' Musterroman «Persiles». Epentheorie und Romanpraxis um 1600*, Hartmut Ludke Verlag, Hamburgo, 1971.

Suma Cervantina, ed. Juan Bautista Avalle-Arce y E. C. Riley, Tamesis Books, Londres, 1973.

Togeby, Knud, *La estructura del Quijote*, Universidad de Sevilla, Sevilla, 1977.

Thompson, Jennifer, «The Structure of Cervantes' *Las dos doncellas*», *Bulletin of Hispanic Studies*, XL (1963), pp. 144-150.

Torrente Ballester, Gonzalo, *El «Quijote» como juego*, Guadarrama, Madrid, 1975.

Van Doren, Mark, *La profesión de Don Quijote*, trad. Pilar de Madariaga, Fondo de Cultura Económica, México-Buenos Aires, 1962.

Varela, José Luis, «Sobre el realismo cervantino en *Rinconete*», *Atlántida*, VI (1968), pp. 434-449; reimpr. en *La transfiguración literaria*, Prensa Española, Madrid, 1970.

Vilanova, Antonio, «El peregrino andante en el *Persiles* de Cervantes», *Boletín de la Real Academia de Buenas Letras de Barcelona*, XIII (1949), pp. 97-159.

—, «La *Moria* de Erasmo y el prólogo del Quijote», *Collected Studies in Honour of Américo Castro's Eightieth Year*, Lincombe Lodge Research Library, Oxford, 1965, pp. 423-433.

Vilar, Pierre, «El tiempo del *Quijote*», *Crecimiento y desarrollo*, Ariel, Barcelona, 1964.

Wardropper, Bruce W., «*Don Quixote*: Story or History?», *Modern Philology*, LXIII (1965), pp. 1-11.

—, «Comedias» (1973), en *Suma*, pp. 147-169.

Weinrich, Harald, *Das Ingenium Don Quijotes. Ein Beitrag zur literarischen Charakterkunde*, Aschendorff, Münster, 1956.

Willis, Raymond S., *The Phantom Chapters of the «Quijote»*, Hispanic Institute, Nueva York, 1953.

—, «Sancho Panza: Prototype for the Modern Novel», *Hispanic Review*, XXXVII (1969), pp. 207-237.

Ynduráin, Francisco, ed., Cervantes, *Obras dramáticas*, Atlas (Biblioteca de Autores Españoles, CLVI), Madrid, 1962.

Zimic, Stanislav, «El amante celestino y los amores entrecruzados en algunas obras cervantinas», *Boletín de la Biblioteca Menéndez Pelayo*, XL (1964), pp. 361-387.

Américo Castro

EL PENSAMIENTO DE CERVANTES

Si hay en Cervantes una preocupación máxima, sería la de expresar literariamente el contraste entre las imaginaciones extraordinarias y fantásticas y la experiencia común y usual. Al final del prólogo a las comedias, uno de esos prólogos en que el autor emite juicios muy intencionados, leemos: «Para enmienda de todo esto le ofrezco una comedia que estoy componiendo y la intitulo *El engaño a los ojos*, que si no me engaño le ha de dar contento». Cervantes daba así nombre, en 1615, a una dirección de su arte que saltaba sobre los usos tradicionales: «Renovóse la admiración en todos..., en don Quijote por no poder asegurarse si era verdad o no lo que le había pasado en la cueva de Montesinos» (II, 34); «Extraño es el devaneo / con quien vengo a contender, / pues no me deja creer / lo que con los ojos veo» (*Gallardo español*); «... entre creo y no creo, / me tienen estas sombras que parecen» (*Casa de los celos*).

Don Quijote es el mayor portador del tema de la realidad oscilante: «Como a nuestro aventurero todo cuanto pensaba, veía o imaginaba *le parecía* ser hecho y pasar al modo de lo que había leído» (I, 2). Esa inseguridad acerca de la consistencia de lo que vemos, a veces se da plenamente en don Quijote, es decir, que un mismo objeto puede ofrecer diferentes apariencias; aunque lo más frecuente sea que él perciba un aspecto de las cosas y nosotros, con los demás personajes, otro distinto. El Hidalgo sabe que lo visto por la gente posee muchos modos de realidad: «Andan entre noso-

Américo Castro, *El pensamiento de Cervantes*, nueva edición ampliada, Noguer, Barcelona-Madrid, 1972, cap. IV, pp. 82-85, 123-126, 141.

tros siempre una caterva de encantadores que todas nuestras cosas mudan y truecan..., y así, eso que a ti te parece bacía de barbero me parece a mí el yelmo de Mambrino, y a otro le parecerá otra cosa» (I, 25). [...] A veces esta vacilación ante la realidad no se produce espontáneamente, sino que es suscitada. Se ha advertido desde hace mucho que la segunda parte del *Quijote* gira en torno a las aventuras que los demás crean al héroe, aventuras que en la primera parte surgen por sí mismas. Pues bien: en la serie de fenómenos que analizo ocurre también que, desde fuera de ellos, se hace que las cosas presenten una realidad ficticia al lado de la verdadera. Todos recuerdan las bodas de Camacho y la fingida muerte de Basilio; técnica análoga encontramos en la simulada riña de la comedia *La Entretenida*, y en todos aquellos casos en que intencionalmente se descubre el plano verdadero en que descansaba una ilusoria apariencia, un «engaño a los oídos».

CRISTINA: El sacristán me deshonró el otro día cuando fui al Rastro...
ELLA: ¿Y dónde te llevó, traidora, para deshonrarte?
CRISTINA: Allí en mitad de la calle de Toledo, a vista de Dios y de todo el mundo me llamó de sucia y de deshonesta...
ELLA: ¡El alma me ha vuelto al cuerpo!

Cervantes se sirvió literalmente, una y otra vez, del hecho de ser interpretables en forma distinta las cosas que contemplamos: «Eso que a ti te parece bacía de barbero, me parece a mí el yelmo de Mambrino y a otro le parecerá otra cosa». Este mundo que nos cerca ¿es «el engaño a los ojos»? Nuestro autor nos envía así un eco de lo que fue tema central para los pensadores del Renacimiento. El siglo XVI está cruzado por gérmenes de lo que más tarde, desde Descartes, ha de llamarse filosofía idealista, cuyo precedente son las ideas platónicas renacentistas irradiadas desde Florencia.

Claro está, sin embargo, que Cervantes ni era filósofo, ni estaba interesado en el abstracto problema de a qué esencial realidad refiriera el falible testimonio de los sentidos. El tema y la preocupación de Cervantes giraban en torno a cómo afectase a la vida de unas imaginadas figuras el hecho de que el mundo de los hombres y de las cosas se refractara en incalculables aspectos. Por ser esto así escribió que carecían de «punto preciso y determinado las alabanzas y los vituperios» (Prólogo a las *Novelas ejemplares*). Hoy llamamos a eso «relatividad de los juicios de valor». A lo largo de toda la obra cervantina se manifiesta el afán de formular juicios acerca de todo lo existente, sea ello sacro o profano; y al mismo tiempo queda sometida la validez de tales juicios a la circunstancia de ser expresión de cómo va desarrollándose el vivir de quienes los formulan, comenzando por el mismo Cervantes, cuyos juicios acerca de su propia obra no fueron siempre unos. [...] Debo advertir que al hablar de «pensamiento» en Cervantes me refiero ahora a la función expresivo-valorativa de ese pensamiento, y no a su dimensión lógica. La España de 1600 estaba regida totalmente por la OPINIÓN, por las decisiones de la masa opinante, del vulgo irresponsable contra el cual una y otra vez arremete nuestro autor, porque sus decisiones afectaban a si uno era católico o hereje, o si tenía o no tenía honra, o si escribía bien o mal, etc. Frente a esa OPINIÓN, monstruosa y avasalladora, Cervantes opuso una visión suya del mundo, fundada en *opiniones*, en las de los altos y los bajos, en las de los cuerdos y en las de quienes andaban mal de la cabeza. En lugar del *es* admitido e inapelable, Cervantes se lanzó a organizar una visión de *su mundo* fundada en *pareceres*, en circunstancias *de vida*, no de unívocas objetividades. En lugar de motivar la existencia de sus figuras desde fuera de ellas, de moldearlas al hilo de la OPINIÓN según acontecía en el teatro de Lope de Vega, y agradaba al vulgo, Cervantes las concibió como un hacerse desde dentro de ellas, y las estructuró como unidades de vida itinerante, que se trazaban su curso a medida que se lo iban buscando. [...]

Gusta Cervantes de dar fundamento interno a la actividad del personaje, y separa, en lo objetivo, la zona posible de la fantástica (por ejemplo, astrología frente a brujería). Pero al mismo tiempo el lector nota la importancia de lo que llamo tema de la realidad oscilante, procedente en línea derecha, de las inquietudes psicológicas del Renacimiento. Cada observador posee un especial ángulo de percepción, en función del cual varían las representaciones y los juicios.[1]

---

1. [«Cervantes se sitúa en el fondo de la conciencia de quienes surgen de su pluma, ya que en ellos radica el observatorio y fábrica de su realidad. Las primeras líneas del prólogo de su primera obra ya nos lo presentan esforzándose por colocarse en el punto de vista de los demás: "La ocupación de escribir églogas en tiempo que, en general, la poesía anda tan desfavorecida, bien recelo que no será tenida por ejercicio tan loable que no sea necesario *dar alguna particular satisfacción a los que, siguiendo el diverso gusto de su*

En ciertos casos, lo que a Cervantes le interesa es el mero espectáculo de esa oscilación ideal, y surge así el tema de «el engaño a los ojos», cuyo más poderoso Atlante es nuestro señor don Quijote; pero Cervantes no es un pirronista («el engaño a los ojos» es un problema y no una tesis), puesto que hay determinadas realidades, tanto físicas como morales, que para él son de existencia tan evidente como esta luz que nos alumbra. Entre esas realidades morales hay algunas cuya existencia se establece dogmáticamente, y que son en Cervantes verdaderas tesis de combate; entre ellas ninguna de importancia mayor que la libertad amorosa. El amor es la máxima esencia vital: no en vano estaba Cervantes impregnado de la íntima doctrina neoplatónica de los *Diálogos* de León Hebreo; la naturaleza —fuerza mística

---

inclinación natural, todo lo que es diferente de él estiman por trabajo y tiempo perdido". Mucho se ha escrito, naturalmente, sobre la profundidad psicológica de don Quijote y de las otras creaciones literarias de Cervantes. Pero ahora no intento valorar la profundidad de la psicología cervantina, sino hacer ver cómo se refleja o refracta la realidad en la conciencia del personaje: "No se podrá contar buenamente los pensamientos que los dos hermanos llevaban, ni *con cuán diferentes ánimos* los dos iban mirando a Leocadia, deseándole Teodosia la muerte, don Rafael la vida" (*Dos doncellas*). "Recaredo... con presteza se pasó a la capitana, donde halló que unos lloraban por el general muerto y otros se alegraban con el vivo" (*Española inglesa*). Hay estados de ánimo que imposibilitan ciertas percepciones: "No hay cosa más excusada y aun perdida que contar el miserable sus desdichas a quien tiene el pecho colmo de contentos" (*Galatea*)... El punto de vista de cada uno va expresando la forma de lo que se observa y sus varias facetas. El hecho es característico de Cervantes, ya que ningún otro de nuestros clásicos organiza así la expresión vital de sus figuras. Una persona frente a otra aparece como un problema: "En tanto que Auristela esto decía, la miraba Periandro con tanta atención, que no movía las pestañas de los ojos, corría muy apriesa con el discurso de su entendimiento para hallar dónde podrían ir encaminadas aquellas razones" (*Persiles*). Más a menudo, la figura literaria percibirá aquella faceta a tono con su estado psíquico: "Auristela miraba con celos, y Sinforosa con sencilla benevolencia" (*id.*). "Para los que tenían (noticia) del humor de don Quijote, era todo esto materia de grandísima risa; pero para los que le ignoraban, les parecía el mayor disparate del mundo" (I, 45)... El obrar del personaje se nos presenta como consecuencia de una actitud inicial: el camino viene trazado por la psique. "A vuestra consideración discreta dejo el imaginar lo que podía sentir un corazón a quien de una parte combatían las leyes de la amistad y de otra las inviolables de Cupido" (*Galatea*)... El caso de Rosamunda, en *Persiles*, es ejemplo característico de la armonía entre el ser íntimo y su exteriorización: "Desde el punto que tuve uso de razón, no la tuve, porque siempre fuí mala con *los años verdes* y con *la hermosura mucha*; con *la libertad demasiada* y con *la riqueza abundante* se fueron apoderando de mí los vicios de tal manera, que han sido

que, según el Renacimiento, comparte con la divinidad el regimiento del universo— ha hecho del amor un principio armónico *per se*; malhaya, pues, quien ignorando tan tremenda verdad rompe la ecuación vital representada en el amor concorde. Cervantes es en tales casos tan implacable como es magnánimo cuando se trata de dos voluntades dispuestas a fundirse naturalmente. Tragedia del desacuerdo (error), exaltación épica de lo armónico y concorde en el amor recíprocamente logrado: por estas opuestas vertientes discurren en último término las más de las fábulas cervantinas (serie errónea: *Celoso extremeño*, *Grisóstomo*, etc.; serie armónica: *El Cautivo, Persiles*, etc.).

Examinemos la *serie errónea*. Leemos en *Persiles* que el mejor pensamiento es el más sosegado, «cuando no se mezcle con error de entendimiento». El error puede consistir en la falsa interpretación de una realidad física (venta — castillo; molino — gigantes; carne-

---

y son en mí como accidentes inseparables... Como *los vicios tienen asiento en el alma* que no envejece, no quieren dejarme". Esto podría tomarse como un rasgo de moral, que en otra parte fácilmente hallaríamos; pero lo que es cervantino es la conexión entre este estado íntimo, tan finamente analizado, y los concertados razonamientos de Rosamunda, perfectos desde su punto de vista. Es ella partidaria de que las jóvenes vayan al matrimonio avezadas a la práctica del amor: "La experiencia en todas las cosas es la mejor muestra de las artes, y así mejor te fuera entrar experimentada en la compañía de tu esposo que rústica e inculta". Su acompañante llama a Rosamunda "rosa inmunda", porque aquélla se coloca en el plano de la moral corriente; pero Rosamunda sigue el norte que le señala su propia estrella. El valor moral de sus actos será apreciado desde fuera, y esta apreciación valdrá como elemento exterior que nada influye en el curso predeterminado del personaje. No es necesario aducir más ejemplos para que se perciba con claridad este esencial aspecto de la técnica cervantina: el vivir literario consiste en expresar más el trasfondo que la apariencia del vivir. De esa suerte, el personaje máximo y más conocido, don Quijote, se presenta, como tantos otros, estructurado inicialmente, como una consecuencia del estarse haciendo de su propia vida: "Del poco dormir y del mucho leer se le secó el celebro de manera que vino a perder el juicio", etc. La génesis de la estancia vital de nuestro héroe queda señalada, lo mismo que acontece en Anselmo (*Curioso impertinente*) y en otros. El hilo interno que guía las andanzas y decires de estas figuras está, pues, manifiesto; no hay arbitrariedad posible; *de esa conexión dependen el realismo y la verosimilitud...* La significación interna, en cuanto motivación psicológica, será, además, como el despliegue de un mismo hecho en diferentes planos. Cuando la reina de Inglaterra ofrece silla a Ricardo, que le trae rico cargamento de especiería, alguien observa: "Ricardo no se sienta hoy sobre la silla que le han dado, sino sobre la pimienta que él trujo" (*Española inglesa*)» (pp. 75-79).]

ros — ejército; río Ebro — Océano, etc., etc.); sus resultados, en fin de cuentas, *se sitúan siempre en la gama de lo cómico* (ridículo, humorismo, etc.). Puede asimismo consistir el error en mala interpretación de una realidad moral (típico ejemplo es Anselmo, en el *Curioso impertinente*, creyendo que la virtud de Camila es como oro que puede ponerse al fuego para probar su pureza); las consecuencias de tales errores no suelen ser cómicas, sino trágicas, y *a menudo tales yerros se castigan con la muerte.* Los errores más interesantes, desde el punto de vista de la ideología del autor, son, por consiguiente, los de este último tipo. En ellos se percibe la oposición y desarmonía entre dos puntos de vista. Además, el mero y constante error sobre las apariencias físicas supone ser francamente loco, como lo son Quijana, Tomás Rodaja y sus congéneres; el error moral, en cambio, se aloja fácilmente en quienes pasan por cuerdos, ya que sus raíces, siendo más amplias e intrincadas que las de las perturbaciones meramente sensoriales, pueden envolverse en aparente discreción. Hay un número considerable de personajes que se engañan moralmente, fuera de los del *Quijote*, lo cual prueba que se trata de una tendencia en el autor, de la que es caso máximo su obra maestra. Y tal tendencia es de índole más amplia que la estructura misma de los personajes, ya que muchos de ellos ni se equivocan ni aciertan siempre de modo sistemático. Don Quijote está en lo firme más de una vez; Sancho suele desbarrar, pese a su evidente buen sentido. Las series de la desarmonía (error) y de la concordancia (atracción vital, sobre todo en el amor) son caminos reales por los que discurren unos u otros personajes cervantinos, o alternativamente, un mismo personaje. [...] Hay casos de profunda complicación en que los planos del acierto y el error se intersectan. Así, en los galeotes. Cervantes intenta hacernos ver que aquellos sujetos no deben ir a galeras; no hay justa consecuencia entre los delitos y sus penas («el torcido juicio del juez», etc.). La sociedad y la justicia no debieron, moralmente, imponer aquellos castigos, juzgados arbitrarios por don Quijote y por Cervantes; henos ante un primero y fundamental error. Pero los guardas están obligados, por su función, a no soltar a los galeotes, punto de vista explicable, pero que don Quijote, por altos designios, cree de su deber violentar: segundo error. Los galeotes están libres y aspiran a correr por el ancho mundo; su libertador quiere que vayan con las cadenas a hacer pleitesía a Dulcinea. Nueva incongruencia de dos puntos de vista: tercer error. Debe, sin embargo, tenerse en cuenta que, al decir en este caso «error», no podemos coincidir enteramente con el concepto usual aplicable a otros casos de sencilla confusión, que suponen una realidad firme, evidente y fácilmente perceptible. La realidad moral, para nuestro novelista, es aquí ondulante y tornasolada. Con ciertas reservas hay, pues, que hablar de error en este episodio, ya que lo erróneo confina con lo problemático. ¿Tiene razón la justicia al condenar a los galeotes? ¿La tienen los guardas? ¿O los galeotes? ¿O don Quijote mandándoles ir con sus cadenas a los pies de Dulcinea? ¿Yelmo? ¿Bacía? ¿Baciyelmo? La técnica es la misma. [...]

La figura de don Quijote, en uno de sus mayores aspectos, no es sino la magnificación de un tema que corre por toda la obra cervantina, y no invalida esta manera de ver la inmortal figura el que esa desarmonía inicial se torne luego armonía inefable. Los demás personajes quedan, en cambio, mucho más apegados a la concepción doctrinaria de la moral cervantina. Contemplando en conjunto la doctrina del error llegamos al siguiente resultado. El error es una ruptura de las acordadas armonías de la naturaleza, idea que ya poseía el autor al escribir su primera obra: «Hermosa Galatea, en fe de la razón que he dicho y de la que tengo de adorarte, te hago este ofrecimiento, el cual te ha de obligar a que tu voluntad me descubra, *para que yo no caiga en error de ir contra ella en cosa alguna*». Ese acuerdo de las voluntades es un aspecto del unido ritmo del universo, idea neoplatónica que Cervantes toma de escritores como Castiglione y León Hebreo, muy imitados por él. El error es, pues, una infracción del orden natural, y el castigo que Cervantes da a los infractores revela que la misma naturaleza es la encargada de aplicar automáticamente las sanciones, y no los poderes extranaturales. En suma, esta justicia cervantina va implícita en la culpa, es inmanente.

Juan Bautista Avalle-Arce

LA *GALATEA*

Cuando Cervantes se inicia formalmente en el mundo de las letras, no le faltaban modelos en que inspirarse para escribir una novela pastoril. Entre varios otros de menor nombradía, ya lo habían precedido Montemayor, Alonso Pérez, Gil Polo y Gálvez de Montalvo. Las características externas de su novela se moldean sobre aspectos de la técnica narrativa [presentes] en todos estos escritores. Una sucinta enumeración basta para demostrar la obvia subordinación formal que atestigua su cualidad de obra primeriza: mezcla de prosa y verso, historias intercaladas, casos de amor, una égloga representable, cartas, un largo elogio en verso de los poetas contemporáneos (*Canto de Calíope*), etc. Pero el hecho escueto de tanta deuda no tiene trascendencia crítica alguna. La identidad de la *Galatea* no está dada en el acto de la imitación, sino en la intención que se infunde en lo imitado. [...] La numerosidad de estos relatos y las evidentes relaciones temáticas tejidas entre ellos revelan una intención que va más allá del ocasionar divertimiento en la lectura. Por ejemplo, varias de estas historias ocurren en un ambiente de pueblo, pero los acaecimientos son tan distintos como para establecer una serie de perspectivas. La materia inicial es la misma, amores pueblerinos, pero la posibilidad vital allí agazapada es inagotable. El arte cervantino hace florecer tres brotes de la misma semilla: el trágico amor deshecho en sangre de Lisandro, el idílico de Theolinda y el contrariado de Rosaura. En forma semejante se pueden considerar las historias encadenadas, como la de Silerio y Timbrio, o la de Theolinda y Leonarda. La realidad novelada es la misma pero el punto de vista del narrador ficticio es distinto, y lo más importante: el narrador hace prevalecer su punto de vista con todo su impulso vital, como sucede en el caso de Leonarda, quien recurre aún al fraude para validar su sentir íntimo. Por lo demás, historias como la de Leonarda, que introduce el viejo tema de los gemelos —Theolinda

Juan Bautista Avalle-Arce, *La novela pastoril española*, segunda edición corregida y aumentada, Istmo, Madrid, 1974, capítulo VIII, pp. 230, 232-233, 238-239, 241-243, 246-247.

y Leonarda, por un lado; Artidoro y Galercio, por el otro—, producen, con sus embrollos, en la historia medular de la *Galatea*, una densidad argumental que no se daría de otra suerte en el mundo de relaciones estereotipadas de la novela pastoril. [...]

En el universo poético captado en la *Galatea* el elemento informador es el concepto del amor, como era dable esperar, aunque no tiene tan nítidos e íntegros contornos como en la *Diana*, por ejemplo. Cervantes rara vez ve la cosa como infragmentable, y lo más logrado de sus obras es un sabio esfuerzo para desmontar la realidad, ideal o física. En consecuencia, el amor adquiere aquí una complejidad conceptual que representa, no tanto una multiplicidad de teorías, sino la variedad natural del ángulo de incidencia de ese amor sobre las vías noveladas. El punto de partida del que arranca el concepto en la *Galatea* es el mismo que determina y da vida al género. El amor es pasión general, pero el verdadero amor —el «buen amor» de Montemayor— se halla sólo entre los pastores, y es propio de esta vida incontaminada. [...] Estos discursos de tanto meollo podrían suponerse impropios en bocas de pastores, pero se debe recordar la forma en que el neoplatonismo concibe la idea del amor. Para los platonizantes del siglo XVI el amor, como fuerza trascendente que es, de acercamiento a la forma perfecta, tiene ínsita la virtud cognoscitiva. El pastor —el más fino enamorado que se pueda dar— posee en estas materias, por consiguiente, ciencia infusa. [...]

La invalidación ocasional del neoplatonismo por una apreciación vitalista del arte literario es novedad de excepción, pero la *Galatea* ofrece, siempre dentro del concepto del amor, otras mayores. En un limpio acto de superación espiritual Cervantes va más allá del neoplatonismo y llega a las riberas de las nuevas corrientes espirituales, cuyo cauce corre profundísimo en el siglo XVI italiano y español:

Y puesto caso que la hermosura y belleza sea una principal parte para atraernos y desearla y a procurar gozarla, el que fuere verdadero enamorado no ha de tener tal gozo por último fin suyo, sino que, aunque la belleza le acarree este desseo, la ha de querer solamente por ser bueno, sin que otro algún interesse le mueua; y éste se puede llamar, aun en las cosas de acá, perfecto y verdadero amor, y es digno de ser agradecido y premiado, como vemos que premia conocida y aventajadamente el Hazedor de todas las cosas a aquellos que, sin mouerles otro interesse alguno de temor, de pena o de esperanza de gloria, le quieren, le aman

y le sirven, solamente por ser bueno y digno de ser amado; y ésta es
la última y mayor perfección que en el amor divino se encierra.

El punto de partida de la cita es uno de los más conocidos supuestos platónicos: el deseo de belleza y su contemplación nos acercan a la divinidad. Por un momento parece como si Cervantes fuera
a repetir los arrebatos de Pietro Bembo en el último libro del *Cortesano* de Castiglione, quien alternativamente va de la contemplación de la belleza humana a la divina. Pero el tono cambia rápidamente, y a mediados del pasaje el lector se halla en pleno ámbito de
la doctrina del amor puro de la mística cristiana. Aunque marginali-
zada por la Iglesia, esta doctrina produce en el siglo XVI brotes de un
interés y una importancia enormes; en Italia, con Juan de Valdés,
los *spirituali* y la escuela del Beneficio de Cristo. En España se puede
marcar el comienzo de su difusión con el *Audi filia*, esa extraordinaria
obra del maestro Juan de Ávila, pero su formulación artística más
cabal y famosa será siempre el soneto «No me mueve, mi Dios, para
quererte», con el que hay contactos verbales en la *Galatea*, ya que
ambos trabajan desde dentro de la misma tradición expresiva. [...]

A medida que se penetra en el mundo de la *Galatea* se va haciendo evidente un curioso movimiento pendular que deja pocos
aspectos de la realidad novelable con una presentación única. Lo
propio aquí es la presentación de la cosa y su contrapartida, muy
al contrario de Montemayor, cuya característica normal es el desarrollo dentro de un esquema fijo. [...] El movimiento pendular es de
una amplitud tal que marca indeleblemente la conformación de la
Galatea. En este sentido, [es provechoso repasar] los primeros episodios de la novela: aparición de Elicio, vivir poético; aparición de
Erasmo, vivir circunstancial —poetización de entrambos— irrupción
de Carino y Lisandro, vivires circunstanciales. Un polo de la doctrina
literaria neoaristotélica provoca la aparición de su opuesto, y sobre
esta sucesión se estructura la novela. [...] ¿Cuál es el significado
de este enorme movimiento pendular que abraza intencionalmente
aspectos tan distintos de la realidad literaria, o bien física en ocasiones? Lo más indicativo es que se trata de un riguroso apareamiento
de opósitos: el mito poético y la circunstancia real, corte y aldea,
con primacía alternativa, feminismo y antifeminismo, paganismo y
cristianismo. El método con que esto se lleva a cabo —entiéndase
que no hablo de método dialéctico, sino de aquel compatible con la

creación artística—, ese método es evidencia de una visión del cosmos poetizable como algo susceptible de síntesis. La intención del autor, puesta al servicio de la concordancia, tratará de crear una nueva *ars oppositorum* cuya mecánica estará determinada por la concepción de una meta-realidad literaria en la que estos opuestos podrán existir lado a lado, sin cancelación mutua. Esto implica una revolución imponderable en el esquema de las relaciones entre Vida y Literatura, ya que para dar efectividad a esa mecánica es imprescindible concebir al personaje literario como poseedor de una autarquía de existencia imposible dentro de las rígidas relaciones que predicaba la pastoril anterior. [...]

Pero conviene poner las afirmaciones precedentes en una doble perspectiva que nos dará la medida del logro efectivo de la *Galatea*. Colocada en la tradición pastoril es de una novedad absoluta, que renueva el material de acarreo, al mismo tiempo que novela con aspectos de una realidad vedada por los cánones. Dentro de la imponente perspectiva de las obras cervantinas, la *Galatea* acusa muchas características que pasarán más adelante a la historia literaria como marcas indelebles del arte novelístico de su autor. Pero la intención de recrear una realidad integral, por encima de la circulante en las letras de su tiempo, queda fallida, pues el esfuerzo es prematuro. La armonía del cosmos poetizable no se logra, y a lo más que se llega es a adosar opuestos. Hay demasiada literatura para que esto pueda ser vida, y un exceso de vida que la aleja del idealismo del género. Mas lo que se debe tener muy en cuenta es que la *Galatea* plantea en forma cabal el problema de Vida y Literatura. Esta respuesta ha fallado, pero ya habrá otras, a cuya intelección recta ayudará la buena lectura de su primer novela.

Carlos Blanco Aguinaga y Joaquín Casalduero

LAS *NOVELAS EJEMPLARES*

I. Es ya común considerar, sobre todo en el mundo hispánico, que la novela moderna tiene sus orígenes, por una parte, en la picaresca (específicamente en el *Lazarillo*) y, por otra, en el *Quijote* y en alguna que otra novela más de Cervantes. Tanto ciertas novelas cervantinas —el *Quijote*, *Rinconete*, el *Coloquio*...— como la picaresca, se nos dice, significan la destrucción del mundo heroico o bucólico de la novela idealista; es decir, las unas y las otras son similares en su función, en cuanto que *no son* novelas idealistas. De aquí parece deducirse que tanto las unas como las otras son, de alguna manera, igualmente «realistas»: las primeras novelas realistas. Esta identificación de algunas de las novelas de Cervantes con la picaresca en los orígenes del realismo de la novela moderna responde, pues, a una analogía por oposición, la cual, por más que parezca razonable y satisfactoria, es, en rigor, como toda identificación negativa, elemental e insuficiente porque es imposible llevarla al plano positivo de la comparación entre sí. Al emparentar como se ha hecho la novela picaresca y la cervantina se confunden por vaga aproximación dos tipos de realismo que, en rigor, son absolutamente antagónicos: el que podríamos llamar *realismo dogmático* o *de desengaño* y el *realismo objetivo*. Dos maneras contrarias de concebir la novela.

Para llegar a esta conclusión ha sido necesaria la comparación positiva entre la novela cervantina y la picaresca, y para poder lograr la comparación ha sido el punto de partida de nuestro análisis el más convencional: hemos comparado, una vez más, la novela picaresca [según se da en el *Guzmán de Alfarache*] con aquellas novelas de Cervantes en que aparecen pícaros o vidas picarescas, aunque sin detenernos, como se ha hecho casi exclusivamente hasta ahora, en si los «pícaros» de Cervantes son más alegres o más limpios o más

I. Carlos Blanco Aguinaga, «Cervantes y la picaresca. Notas sobre dos tipos de realismo», *Nueva Revista de Filología Hispánica*, XI (1957), pp. 313-342 (313-314, 337-342).

II. Joaquín Casalduero, *Sentido y forma de las «Novelas ejemplares»*, Gredos, Madrid, 1969², pp. 12-13, 20-21, 24-26.

simpáticos o de mayor nobleza que Guzmán o Pablos o Marcos o Lázaro o Justina. Nuestro análisis se refiere al sentido y forma de las novelas mismas, a la manera como un mundo es reflejado por su novelista. De la confrontación se deduce que Cervantes no escribió jamás una novela picaresca —y que sus «pícaros», por lo tanto, son muy distintos de los otros— porque su manera de ver el mundo y de novelar, es decir, su realismo, es esencialmente antagónico al de los autores de las picarescas más famosas.

[De niño, Guzmán de Alfarache, creyendo que la vida que le ofrece el mundo es buena, se lanza a ella para gozarla. No tarda en llegar al desengaño y, a partir de él, a la experiencia del mundo y su rechazo. De ahí que el personaje tome la postura desde la cual narra el novelista. El personaje-novelista, que nos presenta la realidad desde un solo punto de vista, va deslindando contrarios, aceptando unos y rechazando otros. La forma autobiográfica del *Guzmán* es tan importante porque permite que la vida, narrada naturalmente *a posteriori*, sea concebida *a priori* como ejemplo de desengaño. La unidad personaje-novelista es la base formal del realismo dogmático de desengaño.]

[*Rinconete y Cortadillo*, en cambio, es una obra temática y formalmente abierta.] A veces se la considera más un cuadro de costumbres que una novela. Ahora bien, una de las características del cuadro de costumbres es que, limitado como está por un tiempo y un medio concretos, es, sin embargo, totalmente libre y abierto en cuanto que puede ser el que es o cualquier otro: la voluntad del artista escoge, arbitrariamente o por casualidad, una realidad cualquiera donde se le presenta, y termina su pintura de ella en cualquier parte, cuando los personajes salen del cuadro para seguir su vida presente. El cuadro de costumbres no tiene ni principio ni fin; está libre de prehistoria y de continuación exacta. El procedimiento es clarísimo en el clásico principio de *Rinconete y Cortadillo*: «En la venta de Molinillo, que está puesta en los fines de los famosos campos de Alcudia, como vamos de Castilla a la Andalucía, un día de los calurosos del verano se hallaron en ella al acaso dos muchachos de hasta edad de catorce a quince años...». A diferencia del *Quijote* y del *Coloquio de los perros*, se nos da aquí un lugar exacto; pero en este lugar dos muchachos —cuyos nombres no sabremos hasta que estemos ya *dentro* de la narración— se encuentran *al acaso*. La novela, pues, empieza ahí como podía haber empezado en otra parte.

La prehistoria determinadora queda, desde el primer momento, eliminada. [...] Lo que importa a Cervantes es la «historia» que ante nuestros ojos y oídos va a ir haciéndose a partir del momento en que él, novelista extraño a lo narrado y, por tanto, ignorante de pasados, llega a ella. Lo narrado *a posteriori* pero concebido con anterioridad a la historia no cabe en la manera cervantina de novelar. Después de esto, los dos muchachos (nótese que, desde el principio de la novela, no son solitarios) empiezan a dialogar, y sólo en el diálogo, por lo demás lleno de recovecos y juegos ingeniosos de palabras, empezaremos a saber quiénes son.

[En ningún momento cabe deducir que sus vidas queden marcadas para el futuro: desde que se encuentran, se dejan llevar por el acaso.] Lo que se dice y se hace en el patio de Monipodio es la novela dentro de la novela; éste es, propiamente, el cuadro de costumbres presentado, dentro del cuadro primero de Rincón y Cortado, ante dos espectadores que (como Cervantes, como el lector) no juzgan, sino que, asombrados, observan y oyen la vida haciéndose. [...] Nada concluye, y, en esta apertura hacia el futuro, el comentario moral se pierde. Una vez más en Cervantes, el lector se queda con la esperanza de más vida, siempre posible. [...]

La ilustre fregona trata de las aventuras de Tomás y Diego, sus amores, sus matrimonios, y el final feliz que en ellos lograron sus vidas. Como en toda novela idealista, la historia aquí contada tiene su prehistoria y su post-historia: se nos cuentan los orígenes de los dos muchachos y cómo, después de lo aquí contado, fuera de la novela, siguieron felices. [...] Lo primero que nos dice Cervantes es que «en Burgos, ciudad ilustre y famosa, no ha muchos años que en ella vivían dos caballeros principales y ricos: el uno se llamaba don Diego de Carriazo, y el otro don Juan de Avendaño». Son los padres de Diego y Tomás, descritos lacónicamente, pero con exactitud, en esta prehistoria. En seguida se pasa a la narración de la vida picaresca de Diego. Excepción hecha de la forma autobiográfica, deberíamos tener aquí todos los elementos para explicarnos por qué Diego ha resultado ser pícaro. [...] Ahora bien, lo notable es que se nos dice ante todo y explícitamente que Diego no ha sido arrojado a la vida picaresca, sino que se ha lanzado a ella por su gusto, sin que nada en su prehistoria lo haya determinado. [...] La *inclinación* y no los rasgos hereditarios —bíblicos o no—, ni sólo el medio ambiente, es lo que lleva a los individuos a sus actos. El individuo siempre por encima del tipo. [...] Conoce Diego, cómo no, la maldad del mundo y los hombres, sus bajezas, el determinismo del hambre, las cárceles, pero conoce también el heroísmo, la libertad, el amor, el optimismo. En su visión del mundo los contrarios se armonizan, fluyen los unos hacia los otros envueltos bajo el signo de la realidad total. Y todo en él es aceptación voluntaria y gozosa de esa realidad; no rechaza nunca nada desde su contrario porque no hay contrarios absolutos. [...] En el elogio que sigue a la vida del pícaro encontramos una frase que nos lleva ya de lo formal al centro temático del realismo cervantino: *Allí* —en la vida picaresca— *está la suciedad limpia.* [...]

Los planos de la realidad se entrecruzan siempre en Cervantes sin que ninguno de ellos aparezca como verdad absoluta. Presentación abierta del entrejuego entre la materia y el espíritu, no oposición entre los dos que permita desde el espíritu el rechazo de la materia, como en la picaresca o, al revés, desde la materia al rechazo del espíritu, como en el plano más obvio y falso del *Quijote.* La realidad es una suciedad limpia, o al revés, y toda ella es presentada por el novelista —poeta imitador de la realidad— sin rechazar ninguna de sus partes. Aceptación vital y presentación, nunca rechazo, como no sea el de la forma artística que *resuelve*, por oposición, la armonía de contrarios que es el mundo. Por algo decía el licenciado Vidriera «que los buenos pintores imitaban la naturaleza; pero que los malos la vomitaban». Cervantes, novelista presentacional, pinta la realidad como quien la ve, en toda su complejidad, desde fuera, sin pretender conocerla absolutamente por dentro como el personaje-novelista de la picaresca, o el dramaturgo-teólogo o el satírico. Frente a la narración premeditada de vidas *a posteriori*, presentación polifacética de vidas haciéndose en presente. Frente al realismo que nos dice que el mundo todo es sólo «muladares y partes asquerosas» y engaño (*Guzmán de Alfarache*), el realismo prismático de la «suciedad limpia». En esta frase, como en la palabra «baciyelmo», tan bien comentada por A. Castro [1925], los contrarios, en vez de enfrentarse para la lucha —«milicia es la vida del hombre en la tierra» (*Guzmán*), y sólo milicia—, se unen para subrayar la ambigüedad de la realidad, para demostrarnos que «realismo» no significa necesariamente desengaño y suciedad absolutos frente a la limpieza y engaño absolutos de las novelas de fantasía; que no significa rechazo de la materia ni del espíritu, es decir de la vida, sino fusión de ambos en goce vital; que no significa Sancho contra don Quijote, sino Sancho y don Quijote, conviviendo y viviéndose, haciéndose ante nuestros ojos y oídos, en su historia; que realismo para Cervantes no significa verdad absoluta frente a engaño-mentira, ni vida contemplada desde la muerte, sino en la vida misma, que es tiempo; que no significa punto de vista único presentado de antemano con el pretexto de narración *a posteriori*, sino presentación e intercambio de todos los puntos de vista; y que, finalmente, las novelas llamadas picarescas de Cervantes nada tienen que ver con la picaresca cuya cima formal y temática es el *Guzmán de Alfarache*, sino que se oponen a ella. Porque novelar no significa para Cervantes adjetivar, canonizar, decidir, juzgar, sino crear un mundo, a imagen del que percibimos, que, a partir de su creación, es libre de su creador, mundo fragmentario siempre, pero completo en cada fragmento; mundo que, como el nuestro, se va haciendo fuera de nosotros mientras nos hacemos en él y en el entrejuego de cada uno de nosotros con los demás. Novelar para Cervantes es, en cierto sentido, dejar hacer y dejar vivir en el mundo creado, mundo de medias verdades y medias mentiras que ningún hombre ha sabido todavía deslindar a satisfacción. Visión del mundo ésta que nos dice que el novelista —¡raro inventor, en verdad!— es, sí, como un dios que, por la palabra, lanza la realidad toda, pero como un dios tal vez un poco escéptico de su capacidad de juicio, aunque con fe en la libertad de su creación y lleno de amor por ella; un dios que crea y se aleja porque su oficio, según palabras de Cipión al narrador Berganza, no es meterse donde no le llaman; creador primero, espectador luego, que observa, benévolo e irónico, el progreso de lo creado sin poder condenar ya ninguna de sus partes, ninguna de sus criaturas; un dios que, a lo sumo, si quiere corregir, lanza al mundo un nuevo personaje dotándole de la palabra, la cual, inevitablemente, le lleva al diálogo, diálogo en el que resulta ser el suyo un punto de vista más entre tantos. Realidad creada por la palabra que va haciéndose en obra rigurosa, sí, pero hacia un destino desconocido en el tiempo, un destino en el cual todo es siempre posible.

En este sentido podemos hablar de realismo cervantino. Y oponerlo al de la picaresca y a cualquier otro tipo de realismo de desengaño. En este sentido —apertura total, presentación prismática—, y sólo en este sentido son las novelas de Cervantes *ejemplares*.

II. Cada una de las once *Novelas ejemplares* nos cuenta una historia de amor, la cual ocupa un plano distinto en cada obra y, por lo tanto, da lugar a una perspectiva diferente en cada novela, con la consiguiente ordenación de valores. El amor es el punto de arranque de la novela, y entonces ésta no es otra cosa que el constante anhelo de un alma para hacerse merecedora de la unión: *La gitanilla, El amante liberal, La española inglesa, La fuerza de la sangre, La ilustre fregona.* En *La gitanilla* la voluntad de una mujer decide las condiciones para el matrimonio, las cuales dan lugar al movimiento más importante de la novela. Siendo desechado por la amada en *El amante*, siendo amado por ella en *La española*, el destino acumula obstáculos para el matrimonio, que la voluntad de los amantes vence. El hombre viola a una doncella que no conoce y el destino le lleva a reconocerla como mujer en *La fuerza de la sangre*. *La ilustre fregona* nos cuenta cómo, enamorado de una desconocida por su fama de bella y virtuosa, un joven llega a casarse con una muchacha.

De este grupo de cinco novelas pasamos a otro de dos en que ya no se trata del amor, sino de la necesidad del matrimonio. Una vez sin hijo, otra con hijo; una vez por causa del hombre, otra por peripecias fortuitas, dos mujeres tienen que buscar al hombre que aman y del cual se ven separadas. En lugar de ser el hombre el que corre tras la mujer, como en las cinco anteriores, es la mujer la que tiene que buscar al hombre, voluntaria o involuntariamente separado de ella. Con *Las dos doncellas* y *La señora Cornelia*, de la misma manera que el personaje activo es la mujer y no el hombre, el tema se desplaza del amor al matrimonio. Con la misma exactitud que se ha agrupado *La fuerza de la sangre* con las novelas del amor, se la podría unir a las del matrimonio. En esta novela, amor —impulso fatal que lleva al hombre a la mujer— y matrimonio —impulso fatal que lleva a la mujer al hombre— se mantienen en un delicado y complicado equilibrio.

En el último grupo, formado por las cuatro restantes novelas: *Rinconete, El licenciado Vidriera, El celoso extremeño, El casamiento engañoso y coloquio de los perros*, amor y matrimonio son anteriores a la narración, y, o quedan relegados a un mero episodio, aunque de gran importancia en el movimiento de la obra (*Rinconete*), o son el punto de partida de una experiencia extra-amorosa o extramatrimonial —*El licenciado Vidriera, El celoso, El casamiento*—. En esta última novela Cervantes subraya tan marcadamente la desviación del tema, que no se contenta con señalarla como introducción al *Coloquio*, sino que la cuenta como obra independiente.

Con estos tres grupos de novelas forma Cervantes su colección ejemplar, en la cual se han distinguido siempre dos acentos diferentes. Los lectores del siglo XVII se sintieron atraídos especialmente por las narraciones que después se llamaron de imaginación como *La gitanilla, El amante liberal, La fuerza de la sangre*; en cambio, del siglo XIX, a partir de su segunda mitad, hasta hoy, comentadores y antologistas han mostrado su preferencia por las novelas llamadas realistas, como *Rinconete, El celoso* y *El casamiento engañoso*, con una diferencia entre las dos épocas, digna de ser señalada; el siglo XVII no rechazaba ninguna novela; el XIX, por el contrario, al preferir seleccionaba, y aun en estudios más o menos recientes se ha creído necesario disculpar a Cervantes por haber escrito obras como *El amante liberal*, y, del grupo de ésta, si se salva *La gitanilla* o *La ilustre fregona* es por los arrieros o gitanos que aparecen en ellas. [...]

A la luminosa claridad de la primera novela, *La gitanilla*, se opone el claroscuro de la torrentera de la última, el *Coloquio*, en la cual se recogen los dos temas que corren por toda la colección: ideal del hombre de la Contrarreforma (*La gitanilla*); sentido demoníaco de la vida (*Rinconete*). La aparición de los dos temas en el *Coloquio* recuerda lo que ha sido llamado *reprise* en el *Quijote* de 1605. Pero en el *Coloquio*, en lugar de aludir a la diversidad formal e incluso temática de los dos motivos principales, como sucedía en el *Quijote* con la *reprise* del tema amoroso, primero, y, luego, con la del tema caballeresco, lo que se hace es aludir a la fuente de donde los dos temas brotan, transformándolos por dos razones: para que entren dentro de la tonalidad y ritmo del *Coloquio*; para enriquecer la alusión con toda clase de armónicos y que alcance así nueva brillantez. Al contar la anécdota del conde que se hizo gitano, se hace descender a los gitanos del plano ideal en que se movían en *La gitanilla* y se les inserta en la realidad. Esta realidad social es la que conviene al *Coloquio*, pero al mismo tiempo, el contraste con *La gitanilla* da un poder extraordinariamente vital al mundo ideal de Preciosa. También aparece Monipodio, quien en el *Coloquio* ha perdido todo el aire mítico que tenía en *Rinconete*, recobrando el aspecto de un facineroso. Como conservamos las dos redacciones de *Rinconete* (1606, 1613) podemos ver las modificaciones que Cervantes introduce en una obra con vistas a la armonía del todo. En 1606, contaba Cervantes la vida de una moza del partido; esta escena queda reducida a unas líneas en 1613, y, en cambio, se cuenta en el *Coloquio*. La alusión social era innecesaria en *Rinconete*; en cambio tenía su puesto en el *Coloquio*: por eso se suprime en 1613 la descripción del medio social de Loaisa, que se hacía en *El celoso* de 1606. Leída la novela por separado, el elemento social es un sostén sobre el cual cae el peso del tema principal; dentro de la colección ese apoyo es innecesario, y, por lo tanto, molesto, ya que su función se ha trasladado a otras novelas, y el tema principal consigue su equilibrio gracias al juego de otras fuerzas, una de ellas la de *La ilustre fregona*. [...]

La gitanilla es la obertura, que expone al mismo tiempo el alto ideal de vida y el alto ideal poético que han de regir el mundo de la Contrarreforma, y, juntamente a estos dos ideales, el concepto que Cervantes tiene de la novela como un acontecer maravilloso, como un cielo más transparente que el cielo que ven nuestros ojos, como un sol con luz más nueva, como un hecho, en fin, digno de ser contado para admiración y espanto de los hombres. Las doce novelas son doce maravillas, una continua maravilla, que nos lleva desde esa niña, cuya belleza la inclemencia de los elementos no aminora y cuya virtud no sufre entre gente de vivir libre, hasta unos perros que dialogan, pasando por *El amante liberal*: hazañas y virtud; *Rinconete*: asombroso espectáculo del mal; *La española inglesa*: unión de dos almas, que cada paso que dan las separa para aproximarlas más verdaderamente; *El licenciado Vidriera*: raro cambio y perturbación de un estudiante; *La fuerza de la sangre*: desmán cometido a una muchacha y el prodigio de su reparación; *El celoso extremeño*: extraordinario caso de celos; *La ilustre fregona*: contradicción singular pero verdadera; *Las dos doncellas*, *La señora Cornelia*: manera peregrina y peligrosa de recobrar dos damas a sus amantes y de que una tercera encuentre también marido; *El casamiento engañoso*: increíbles y cotidianos sucesos. Cervantes advierte al lector de las *Novelas ejemplares* que se disponga a penetrar en un mundo maravilloso; el lector desde las primeras líneas de *La gitanilla* se da cuenta de que va a presenciar un prodigio, pero, además, los mismos personajes se exaltan ante la realidad que están viviendo, ya sean dos nobles caballeros, como en *La señora Cornelia,* o dos perros, como en el *Coloquio.*

La manera polar de sentir y concebir el mundo Cervantes es la que le impone el orden de sus novelas. Las doce narraciones se disponen en tres grupos de a cuatro, oponiendo las cuatro primeras a las cuatro últimas, y reuniendo las cuatro centrales en dos parejas, cuyos dos elementos se oponen entre sí. La primera (*La gitanilla*) se opone a la duodécima (el *Coloquio*), la segunda (*El amante liberal*) a la undécima (*El casamiento engañoso*), la tercera (*Rinconete*) a la décima (*La señora Cornelia*), la cuarta (*La española inglesa*) a la novena (*Las dos doncellas*), la quinta (*El licenciado Vidriera*) a la sexta (*La fuerza de la sangre*), la séptima (*El celoso extremeño*) a la octava (*La ilustre fregona*). Quizá se considerará esta visión orgánica de la colección de novelas únicamente como ingeniosa, y puede que sólo lo sea y, además, que sea un error; esto no impide que sea obligatorio el considerarla como un conjunto, pues Cervantes, en su Prólogo, dice: «y si no fuera por no alargar este sujeto, quizá te mostrara el sabroso y honesto fruto que se podría sacar; así de todas juntas, como de cada una de por sí». Mi teoría podrá ser errónea, pero la manera de estudiar la obra es la única lícita.

Jean Canavaggio

EL TEATRO

«Un teatro frustrado»: al calificar en estos términos a la producción dramática cervantina, la crítica ha confirmado sin rodeos la condenación *de facto* pronunciada por la posteridad. Discutirla retrospectivamente sería absurdo; pero, a reserva de considerar que la Historia no revisa nunca sus fallos, no menos vano sería convertirla en dogma. No es una decisión inapelable la que se nos da en esta forma; es una mera comprobación, necesariamente relativa, de la

Jean Canavaggio, *Cervantès dramaturge. Un théâtre à naître,* Presses Universitaires de France, París, 1977, pp. 11-14, 448-450. (Traducción de Ana Prieto, con revisión del autor.)

que importa saber quién la hizo primero, y en qué circunstancias. A decir verdad, fue el propio Cervantes quien tuvo este amargo privilegio: sin la referencia insustituible que constituyen las declaraciones del *Quijote*, del *Viaje del Parnaso*, de las *Comedias y entremeses*, no tendríamos más remedio que tomar nota del descrédito que el teatro cervantino conoce desde hace casi cuatro siglos, sin poder determinar cuándo se originó. Claro que la versión de los hechos que nos ha dejado el autor de *Numancia* no podía ser sino subjetiva y, como tal, tenemos que recibirla con precaución. Pero, fuera de que el carácter hondamente personal de estas confidencias les comunica un interés indiscutible, su valor excepcional se debe a que son, prácticamente, las únicas fuentes que tenemos para tratar de reconstruir las vicisitudes de una carrera desafortunada. Así lo han entendido, por lo menos, los historiadores modernos, al evocar con sus propias frases el fracaso padecido en vida por nuestro dramaturgo. A falta de elementos nuevos, de testimonios inéditos, coincidentes o contradictorios, se excluye, pues, someter a discusión estas declaraciones, así como el propósito que las dictó. Sin embargo, conviene por lo menos volver a examinar su contenido, a fin de analizar y apreciar las razones aducidas por el manco de Lepanto para explicar su poco éxito.

Un dato esencial se desprende acto seguido de una primera lectura: lo que solemos llamar el fracaso de Cervantes fue más bien para él un desengaño, y un desengaño tardío. Lo que él nos dice de sus primeros estrenos, al regresar de Argel (1581-1587), deja vislumbrar, al contrario, un período fausto, durante el cual hizo representar sus obras con éxito ante el público madrileño. En cuanto a los años posteriores, los de su estancia en Andalucía (1587-1601), corresponden aparentemente a una época en la cual «las cosas en que tuvo en qué ocuparse» le mantuvieron apartado del mundo del teatro, y ello mientras Lope de Vega, al poco tiempo de su aparición, empezaba ya a imponer su «arte nuevo». Sólo después de su traslado a Valladolid, primero (1602-1606), y luego a Madrid (1606-1615), el autor del *Quijote*, al volver a su «antigua ociosidad», se resolvió a tomar la pluma otra vez: entonces —si hemos de darle fe— sí se enfrentó con la incomprensión de los profesionales del teatro, en el mismo momento en que su obra maestra conseguía un aplauso unánime: incomprensión constante, según parece, ya que alude a una primera negativa de los «autores de comedias» [como se llamaba a los 'empresarios'], confirmada al poco por un librero más franco que caritativo. De ahí la publicación, en 1615, de las *Ocho comedias y ocho entremeses nunca representados*: resolución que traduce el despecho de un escritor obligado, en el umbral de la muerte, a dar sus obras dramáticas a la estampa, a falta de poder hacerlas representar; pero también, resolución que nos ha permitido conservar un conjunto de textos que, en caso contrario, hubieran probablemente desaparecido en el naufragio de las comedias de la primera época.

Tan rápida evocación comporta, claro está, demasiadas imprecisiones y silencios para poder tomarse al pie de la letra. Pero, desde nuestro punto de vista, el problema no es tanto apreciar su valor puramente documental, cuanto, más bien, descubrir su coherencia y determinar el sentido que cobra. Dentro de esta perspectiva, tres puntos claves merecen destacarse.

1) Nada permite suponer que el éxito aludido por Cervantes fuera un triunfo comparable al que pudieron conocer, en adelante, un Lope de Vega o un Calderón. Entre los contemporáneos de nuestro poeta, Agustín de Rojas, en el *Viaje entretenido*, es el único en referirse a sus primeros intentos; ahora bien, sólo menciona *Los Tratos de Argel*, mientras —lo que no deja de extrañar— hace caso omiso de *La Numancia*. En cuanto al propio Cervantes, no nos dice nada de lo que pudo ser aquel público madrileño, ni tampoco nos indica cuántas veces se representaron sus obras. El «general y gustoso aplauso de los oyentes» del que se ufana señala más bien la acogida reservada a una de sus innovaciones técnicas: la introducción de figuras morales, destinadas a plasmar en el escenario «los pensamientos escondidos del alma». Por lo demás, se limita a una formulación que el recurso a la lítotes hace tan prudente como evasiva: «...compuse en este tiempo hasta veinte comedias o treinta, que todas ellas se recitaron sin que se les ofreciese ofrenda de pepinos, ni de otra cosa arrojadiza; corrieron su carrera sin silbos, gritas ni barahúndas». Según su propio testimonio, el autor de *Numancia* se perfila así como un poeta más bien novato, entronizado por un público tal vez confidencial, mal definido en todo caso, en un momento en que los corrales madrileños apenas inauguraban su larga carrera, mientras la escena española no había conseguido todavía una existencia nacional.

2) En cuanto se toma la medida exacta de este éxito, el paréntesis andaluz se nos aparece bajo una luz un tanto distinta. Cervantes deja entender que fue consecuencia de dificultades externas, probablemente de tipo económico; pero la forma en que se expresa —«tuve otras cosas en que ocuparme»— es lo bastante imprecisa para autorizar cualquier

deducción. Si recordamos que, en 1592, como revela el contrato con Rodrigo Osorio, no había renunciado a componer obras de teatro, cabe preguntarse si su momentáneo silencio no se relacionaba con el advenimiento de Lope, más que con los inevitables azares de una vida afanosa.

3) En estas condiciones, el divorcio entre Cervantes y el mundo de la farándula, consumado a la hora del regreso definitivo del poeta a Madrid, no hizo más que concluir un proceso iniciado desde el último decenio del siglo XVI; en otros términos, a partir del momento en que se establecen por toda España salas permanentes, se organizan compañías regulares y de título, se confirma el monopolio de las cofradías en lo tocante a representaciones, se desarrollan los progresos materiales de la escena, se constituye un público socialmente diverso, pero ideológicamente homogéneo, se difunde la producción masiva del Fénix y de sus discípulos, determinando una comercialización a gran escala del teatro y condenando al autor de *Numancia* al papel de precursor y marginado. Claro que éste no pudo tomar conciencia inmediata de tal confinamiento, al apartarle sus quehaceres extraliterarios de su vocación prístina; pero le resultó tanto más amargo el día en que, consagrado como primer prosista de su tiempo y convertido también él en profesional de las letras, se vio negar, por aquellos intermediarios obligados que eran los «autores», un reconocimiento similar al que los lectores del *Quijote* acababan de tributarle en el campo de la novela. De ahí su deseo de conseguir este reconocimiento sin pasar por los canales acostumbrados; al buscar directamente a un público potencial de adictos —los llamados «discretos»—, tenía la esperanza de difundir sus comedias a despecho de los corrales y, mediante un éxito editorial, convencer a los «autores» de abandonar sus prejuicios. Dicho de otro modo, se trataba, para él, de un trastrocar los procedimientos de distribución establecidos por unos círculos mal avenidos con el «raro inventor» que consideraba haber sido en sus tiempos.

El fracaso de esta tentativa ilustra, sin duda alguna, el aislamiento de un dramaturgo incapaz, con sus solas fuerzas, de instaurar un modo de producción distinto del que había sido confirmado por veinte años de vida teatral intensa. Pero, por lo mismo, nos incita a ir más allá de los argumentos aducidos, tanto por Cervantes como por sus interlocutores. Tales argumentos no se han de despreciar: no cabe duda de que sus dificultades materiales privaron al manco de Lepanto del imprescindible contacto con el público, imponiéndole una tremenda desventaja, en el mismo momento en que Lope de Vega mantenía un trato privilegiado con los corrales; también es cierto que la negativa de los «autores» no se dio solamente por motivos de carácter comercial; al declarar que «de su prosa se podía esperar mucho, pero que del verso, nada», señalaban sin miramientos las deficiencias de una escritura de la cual él mismo nos habla sin excesiva benevolencia. Pero parejas consideraciones no justifican, contra lo que se ha dicho mucho tiempo, un fracaso sentenciado para siempre por un supuesto tribunal del buen gusto; muestra más bien que este fracaso procede del doble desajuste sufrido por aquel teatro: tanto con las condiciones de producción y difusión de la comedia nueva, como con una ideología compartida por los poetas en boga, los profesionales de las tablas y los espectadores a los que se dirigían. Así, pues, queda fuera de duda que el autor de *Numancia* vio sus anhelos e ilusiones cruelmente defraudados. Pero su fracaso inmediato se sitúa en un contexto preciso, sin el cual no se puede determinar su sentido y aclarar sus limitaciones. En otros términos, la negativa que se le dio corresponde ante todo a un momento histórico dado, lo mismo que la indiferencia padecida por su teatro en el transcurso de los siglos. El olvido en el que ha sido sepultado no es el fallo de una justicia inmanente; es el resultado de una serie de incomprensiones sucesivas, cada una con su significado peculiar. [...]

La impresión general que se desprende del teatro de Cervantes, [tras un análisis exhaustivo], es la de una extraordinaria diversidad tras la cual se afirma, a pesar de todo, una profunda unidad. La riqueza de los diferentes elementos —autobiográficos, históricos, literarios, folklóricos— aprovechados por este teatro queda plasmada en una ficción cuya verdad resulta irreductible a la de sus referencias. La multiplicidad de las formas que vienen a configurar esta ficción revela, más allá de los avatares de una técnica y un lenguaje, la elaboración progresiva de una dramaturgia experimental. Su significado abarca una pluralidad de sentidos que se complementan. Tales características, vistas en conjunto, aclaran la importancia histórica de esta producción. Al ponerse en contacto con los dramaturgos prelopistas, Cervantes, con toda evidencia, ha meditado su ejemplo. Pero, aunque su primera época lleve la huella de los tanteos de un Argensola o un Cueva, aunque esta huella perdure a lo largo de su trayectoria, nunca ha pretendido amoldarse a sus procedimientos. La distancia que separa sus primeras obras de los intentos eruditos de los poetas de su generación señala por sí sola su superioridad, confirmando el valor de sus propias innovaciones. De la misma manera, querer ver en él un vago precursor de la comedia nueva o un discípulo amargado de su creador carecería de sentido. Un atento examen de las comedias que componen la edición de 1615 muestra al contrario que no se propuso tanto asimilar el modelo elaborado por Lope, como, antes bien, experimentar su eficacia y probar sus limitaciones. Esta relación crítica —comparable con la que une los *Ocho entremeses* con el entremés precervantino— no traduce, a nuestro modo de ver, un mero resentimiento: corresponde con la búsqueda de un lenguaje adecuado, adaptado, en lo posible, a las preferencias de un público potencial, pero cuyo carácter específico queda siempre preservado. Testigo de un momento decisivo en la historia del teatro occidental, Cervantes nos permite medir su transcendencia exacta. Desde luego, sería absurdo suponer, como hizo Blas Nasarre, que no tuviera más ambición que la de proponer a la España de Felipe III una parodia de las comedias al uso; con todo, su quehacer dramático nos descubre, más allá de sus intenciones, la otra cara de la comedia lopesca.

Tan ambigua postura ilustra, claro está, el fracaso de los anhelos cervantinos; pero importa no equivocarse respecto al sentido de semejante fracaso. La indiferencia manifestada por «autores» y mosqueteros, el silencio de la posteridad, la condenación sentenciada por la mayoría de los críticos son hechos irrefutables; pero no explican un desastre inevitable; se limitan a confirmar un descrédito que, en nuestros días, nadie puede atreverse a profetizar como irremediable. Por supuesto, la mirada del crítico enjuicia tanto como revela: cualquier interpretación de la obra dramática cervantina pasa por un balance lúcido —lo hemos intentado— de sus valores y de sus puntos flacos. Pero las dificultades surgen en cuanto se pretende ir más allá de su trayectoria histórica y sus vicisitudes, rebasando el estudio de las razones circunstanciales que pudieron motivarlas, para aquilatar su calidad intrínseca o, si se prefiere, su transhistoricidad. Enfocados según esta perspectiva exclusiva, los criterios que suelen aducirse para negar tal calidad requieren un nuevo planteamiento. [Para nosotros no es dudoso lo que hay que pensar] de las torpezas de una técnica y de las deficiencias de una escritura: si bien no se pueden discutir, conviene sin embargo reducirlas a su exacta medida, en vista del carácter improvisado, apresurado, que denota la producción dramática de Lope y, más aún, la de sus secuaces. Queda el reparo máximo: el hecho de que no se da en las comedias, sino en los entremeses, aquel sentido del movimiento y del ritmo que reduce la complejidad de los acontecimientos vividos a un esquema sencillo, insertándolo en un tiempo fragmentado, condensado, eficaz. No pretendemos rechazar *a priori* este reproche; pero, a nuestro modo de ver, ya no es posible formularlo en nombre de una «esencia del teatro» que, hoy en día, parece más bien un mito: averiguar si es o no es legítimo supone, en todo caso, la prueba de una escenografía exenta del peso de cualquier estética anacrónica, cualquier ideología caduca; una labor teatral que también implica, [aparte ahora otras orientaciones fundamentales], un conjunto de procedimientos precisos: examen detallado de los textos; *découpage* atento a su espíritu y a su letra; aprovechamiento de las posibilidades de que disponen hoy adaptadores y escenógrafos para colocar la ficción en un espacio concreto, trasmutarla mediante el poder del verbo y del juego, comunicar a la acción su ritmo propio, a fin de establecer, entre comediógrafos e investigadores, entre actores y espectadores, un diálogo parecido al que han conseguido crear un Peter Brook para Shakespeare o un Grotowski para Calderón. Esta labor queda por emprender, y no desesperamos de verla iniciarse algún día.

Además, si bien podemos lamentar, a veces, el que las figuras cervantinas prefieran las palabras a las obras, esta actitud recobra su valor si la comparamos con la de los galanes de la comedia lopesca arrastrados e impulsados por voluntades contrapuestas, y que parecen carecer a menudo de cualquier autonomía. En contraste con su ausencia de conciencia reflexiva, tal actitud traduce, en efecto, una duda metódica del héroe acerca de las condiciones y sentido de su existencia. Pues bien: ¿cómo se nos podría escapar que esa duda se asemeja —para no decir que se confunde con ella— a la búsqueda problemática de sí mismos que anima a los protagonistas de la obra novelesca? Más allá de las afinidades de situaciones y temas en que coinciden comedias, entremeses y novelas, la trayectoria de un Cristóbal de Lugo o de un Pedro de Urdemalas no deja de recordar el largo camino que van recorriendo don Quijote y Sancho al separarse de su prehistoria para inventarse conforme se van buscando a sí mismos, para construirse al compás de sus descubrimientos. Tanto más significativo resulta el parecido cuanto que el *Quijote* no se limita a transcribir, en forma narrativa, una sucesión de situaciones teatrales (armamento en la venta, intervención de los encantadores, bodas de Camacho, retablo de maese Pedro, aventuras con los Duques, gobierno de Barataria, combate con el caballero de Blanca Luna): también se estructura según un esquema en el que el coloquio dramático se compagina con el relato propiamente dicho. Si recordamos, con Américo Castro, que «la novela no consiste en lo que acontezca a la persona, sino en cómo ésta se encuentra existiendo en lo que acontece», la frase profunda de José Bergamín viene a cobrar su máxima transcendencia: «Cervantes hizo teatral la novela, al no poder novelizar el teatro». Nos deja entrever hasta qué punto la práctica teatral cervantina pudo preparar la génesis y el nacimiento de la novela moderna.

Con todo, sería despreciar este teatro considerarlo sólo como el crisol en que se plasmó una nueva forma de narrativa; sería desconocer la fascinación que, a pesar de su fracaso, sigue ejerciendo sobre nosotros. Esta fascinación se debe primero a que, dentro de un campo relativamente reducido, nos ofrece, en cualquier registro, un mundo cuya riqueza aúna el sabor de lo vivido con el encanto de las quimeras; también se debe a una representación de este mundo que desarrolla los recursos de un lenguaje total, simbólico y concreto a la vez, cuyas ambigüedades cuadran perfectamente con las contradicciones de nuestro tiempo; se debe más aún a que la visión que le corresponde se diferencia tanto del reflejo o del calco como de las deformaciones inherentes a los convencionalismos trillados. Al reelaborar incansablemente la relación del ser y del mundo, esta visión nos propone una interrogación que hacemos nuestra. Arraigado en una época que expresa pero de la que se separa a la vez, el teatro de Cervantes, teatro imposible, teatro nacido muerto, según se dijo tantas veces, se nos aparece como un teatro por nacer: un teatro que nuestro tiempo está dispuesto a llenar con sus dudas y sus angustias, tal vez, también, con las razones que le quedan de creer y esperar.

Eugenio Asensio

LOS ENTREMESES

La situación de Cervantes, reputado por bastantes como el más genial de los entremesistas, confina con la paradoja. Sus *Ocho comedias y ocho entremeses nuevos* (Madrid 1615), según asegura en la dedicatoria al conde de Lemos, «no van manoseados ni han salido al teatro, merced a los farsantes que, de puro discretos, no se ocupan sino en obras grandes y de graves autores, puesto que tal vez se engañen». Si en su oponión acerca de las comedias disculpamos a los farsantes, en los entremeses, por primores literarios descubiertos en la lectura y comprobados modernamente en la representación, otorgamos a Cervantes una primacía jamás reconocida por su tiempo. Frisaba en los sesenta y siete años cuando en la *Adjunta al Parnaso* (1614) confesaba tener en sus gavetas seis comedias «con otros seis entremeses» y que pensaba «darlas a la estampa para que se vea de espacio lo que pasa apriesa». ¿Cuáles son los dos que añadió a los ya escritos entre 1614-1615? Como es sabido, seis están en prosa, a saber, *El viejo celoso, La cueva de Salamanca, El retablo de las maravillas, El vizcaíno fingido, La guarda cuidadosa, El juez de los divorcios*; y dos en verso, *El rufián viudo* y *La elección de los alcaldes de Daganzo*. Nuestra primera conjetura es que los dos en verso, pero no conseguimos corroborarlo por evidencia interna. Don Adolfo de Castro y Aureliano Fernández Guerra han intentado aumentar este caudal con algunos otros anónimos en los que quieren reconocer la marca de su estilo, atribuyéndole, a más de los ya discutidos (*Los romances, El hospital de los podridos, La cárcel de Sevilla*), *Los habladores* y *Los mirones*. Sin negar la valía de estas criaturas adoptivas, ningún argumento sólido apoya su paternidad. Bástenle a Cervantes sus méritos sin que necesite usurpar los ajenos.

Cervantes remoza el entremés importando en su campo temas y técnicas de la novela. A veces somete la morosa contemplación de la novela, el lento madurar de sus acciones a la simplificación fulmi-

Eugenio Asensio, *Itinerario del entremés*, Gredos, Madrid, 1965, pp. 98-102, 107-109.

nante del entremés, como al trasponer a *El viejo celoso* el motivo
central de *El celoso extremeño*. Los escrúpulos e indecisiones de
Leonora quedan esquematizados en aquel diálogo de la moza mal-
casada Lorenza con su desenvuelta sobrinilla:

Doña Lorenza: ¿Y la honra, sobrina?
Cristina: ¿Y el holgarnos, tía?
Doña Lorenza: ¿Y si se sabe?
Cristina: ¿Y si no se sabe?

El trasplante al plano entremesil ha sido a costa de renunciar al
combate de la astucia y el instinto con el sentimiento moral. Cambiando la perspectiva, transformando el proceso dilatorio de la novela en mero combate entre la vana precaución del vejete y los urgen-
tes apremios de la sexualidad de la esposa, convierte los personajes
en títeres de retablo. Otras veces, por el contrario, quiere introducir
en el angosto marco del teatro menor visiones que lo desbordan,
ensanchándolo hasta romperlo con descripciones propias de la novela
cuyo radio las abarca. Así ocurre, por ejemplo, en *El juez de los
divorcios*, cuando el soldado pobre, abandonando la convención dramática, evoca la pintoresca figura del pretendiente favorecido con
una comisión en provincias saliendo de Madrid «con una vara en
las manos y sobre una mula de alquiler pequeña, seca y maliciosa,
sin moço de mulas que le acompañe». Graciosa viñeta que encajaría
en el molde novelesco, mejor que en el dialogar rápido del entremés,
es la de su viaje y aventuras provincianas.

Entre estos dos extremos se sitúa una zona intermedia donde el
género, aspirando a una dimensión humana más honda, se amplía y
ennoblece. Basta ver lo que hace con dos tipos básicos, el bobo y el
fanfarrón, para percatarse de que lo que acaso pierde en gesticulación y teatralidad lo gana en matices. El fanfarrón, antes lacayo o
rufián, es ahora pobre soldado, ya enamorado y roto como el de
La guarda cuidadosa, ya ocioso y andante en corrillos y timbas, como
el de *El juez de los divorcios*, personaje entre ridículo y melancólico,
sin más presente o futuro que sus quimeras y sus versos. El bobo
elemental desaparece, aunque su modo de gracejo pervive repartido
entre otros personajes: la niña ingenua, el regidor aldeano. Cristinica,
en *La guarda cuidadosa*, recoge el recurso de la literalidad, cuando a
las preguntas de su ama sobre si alguno de sus galanes la ha deshon-

rado, replica: «El sacristán me deshonró el otro día cuando fui al Rastro», provocando alarmas y reconvenciones hasta que se pone en claro que la *deshonra* ha consistido en algunas injurias de enamorado celoso. Así lo que en el bobo era chiste mecánico sugiere la inocencia y pureza de la criadita. La deformación de vocablos, asimilados a otros más concretos y corrientes —que en el bobo marcaba simplemente estupidez—, descubre ahora intentos de caracterización. Las enmiendas de Algarroba a las palabras deturpadas por Panduro, además de diversificar su aptitud intelectual, reflejan la animosidad entre los regidores de Daganzo, cazurro el uno, agudo el otro. Cervantes, miembro de una generación que cultivó junto a la idealización pastoril la sátira villanesca, reparte entre sus aldeanos dos herencias: la tosquedad sayaguesa y la sabiduría del villano del Danubio, o de Marcolfo. Pedro de Padillo, en su *Tesoro*, inaugura un tema que prosperará en la comedia y en el entremés: la rencilla entre autoridades aldeanas, las banderías para elegir cargos municipales. En su *Romance pastoril de la elección del alcaide de Bamba*, donde figuran Pero Panza y Sancho Repollo, se discuten las condiciones que ha de tener el que ha de «dar alcaldadas», acabando la fiesta en porradas y poniendo paz el escribano. Salvo las violencias físicas y el lenguaje chabacano, Cervantes dramatiza una escena semejante en *Los alcaldes de Daganzo*, diversificando, sin embargo, los aspirantes con cuidado, y prestando a Pedro Rana una equívoca sabiduría que nos hace presentir los juicios de Sancho Panza en la Ínsula Barataria.

Cervantes alía en el entremés la continuidad de la narración, la consistencia imaginativa de las situaciones con la variedad de personajes rápida e inolvidablemente esbozados. Frente a los nuevos pobladores del entremés, cada vez más puntualizados por una obsesión o rasgo definitorio, propone personajes amalgamados de seriedad y jocosidad, contemplados a la vez desde la risa irónica y la simpatía benévola. Pinta no entes de una pieza —lo que llamo *figuras*—, sino seres con una sombra de complejidad, con una alternancia de sentimientos que con intención moderna tendríamos la tentación de llamar *caracteres*. Muchos cervantistas, extremando la nota, han ponderado la «profundidad psicológica», la «verdad de los caracteres». No les falta disculpa, pues dentro de la comicidad somera por fuerza de las breves piezas, las suyas insinúan personas más complicadas, presentan gérmenes de caracterización, atisbos humorísticos, matices de carcajada y de sonrisa. Chanfalla, el del *Retablo de las mavarillas*, oscilando entre la truhanería y la filosofía; Trampagos, el *Rufián viudo*, enmendando con su sentido de la realidad sus exaltaciones ceremoniales de la muerta, pasando de las ponderaciones de virtud y belleza a la aceptación de la miseria fisiológica, mudando el luto por el baile y el jarro con perfecta naturalidad, nos muestran toda una gama de posibilidades e interpretaciones. [...]

En *El juez de los divorcios* Cervantes vacila entre el ritmo propio del entremés perfectamente mantenido en los lamentos de las mujeres y los exabruptos del cirujano, y el sosiego razonador inherente a la novela. Sosiego que nos parece pintiparado en los discursos del juez, pero exagerado en las reflexiones del soldado pobre martirizado por su esposa. Había que afrontar el dilema: o salvar la fórmula del entremés simplificando personajes y móviles, o tirar por la borda las ocasiones de jocosidad para salvar una visión compleja, no limitada a mera exterioridad, a aspavientos de gesticulación y actitudes tajantes. A veces, como en *La cueva de Salamanca* y *El viejo celoso*, se atuvo a la línea central del género, regocijándose con la estupidez, la lubricidad, la astucia de los apetitos: son vacaciones del código moral. *El viejo celoso* ilumina la radical divergencia, en sus términos extremos, del lenguaje escénico y el narrativo, al llevar a las tablas la anécdota sustancial de *El celoso extremeño*. [...] En *El retablo de las maravillas* atenuó los elementos discursivos a que la materia se prestaba, fundiendo diestramente sentido y acción, verismo y vigor imaginativo. La identidad entre verdad y convención sale malparada en esta irónica presentación de una historieta folklórica hábilmente manipulada para hacer ver con ojos nuevos la manía de la pureza de sangre. [...] Cervantes deja al lector en el cruce de dos posibilidades: o interpretar la pieza como una parábola de la credulidad humana capaz de dar corporeidad a lo que se propone, o como una insinuación oblicua de que la cacareada «limpieza» no pasa de vacía ficción a la que el pudor social atribuye la solidez de lo verdadero. El entremés deja abiertos los dos caminos.

TILBERT DIEGO STEGMANN Y ALBAN K. FORCIONE

EL *PERSILES*

1. Cervantes quiso escribir con el *Persiles* —como él mismo lo dijo en la dedicatoria del *Quijote*, II— «el (libro) mejor que en nuestra lengua se haya compuesto, quiero dezir de los de entretenimiento». Y los lectores (algunos amigos de Cervantes) que ya habían leído el manuscrito del *Persiles* confirmaron el éxito de su intento: «según la opinión de mis amigos, ha de llegar al estremo de bondad possible». Con el *Persiles* Cervantes intentaba lograr un puesto de alta estimación literaria, al cual el *Quijote* no podía aspirar. El *Quijote* había tenido un gran éxito, sí, pero no era una novela seria. Para quienes conocían los cánones literarios aplicables a la prosa narrativa, el *Quijote* sólo era parodia de los libros de caballerías y compartía con ellos la poca autoridad literaria: era un libro cómico, pero no una obra de arte en el sentido clásico. Esto, sin embargo, lo representaría el *Persiles*, «libro que se atreve a competir con Heliodoro», como dice Cervantes, nombrando la máxima autoridad, el modelo para lo que él considera la novela del futuro, que llenaría el vacío que había dejado la acción parodiante y demoledora del *Quijote*. El *Quijote* acaba con lo viejo, el *Persiles* empieza con lo nuevo. El *Quijote* deshace, el *Persiles* hace. Así pensaba Cervantes y así pensaban los contemporáneos versados en materia de literatura. [...]

Cuando los hombres del siglo XVI mencionan a Heliodoro, suelen hacerlo con gran estimación. Los erasmistas y Escalígero lo consideran como modelo para la poesía épica. Pero quienes más lo estiman son El Pinciano y Cervantes. El Pinciano coloca a Heliodoro al lado de Homero y Virgilio: la *Ilíada*, la *Odisea* y la *Eneida* son modelos del poema épico «en verso» y la *Historia etiópica* es modelo del poema épico «en prosa». Se ve que para El Pinciano (y para Cer-

1. Tilbert Diego Stegmann, *Cervantes' Musterroman «Persiles». Epentheorie und Romanpraxis um 1600*, Hartmut Ludke Verlag, Hamburgo, 1971, pp. 288-295.

11. Alban K. Forcione, *Cervantes' Christian Romance: A Study of «Persiles y Sigismunda»*, Princeton University Press, Princeton, 1972, pp. 142-143, 145-148. (Traducción de Ana Prieto.)

vantes) la novela no se diferencia sustancialmente de la epopeya. Al contrario, les importaba mucho postular una unidad de género, que comprendiese tanto la epopeya como la novela, porque así la antigüedad clásica y el respaldo teórico aristotélico del poema épico se podían extender directamente a la novela —punto de vista fundamental para una época, cuyos cánones literarios aún estaban dentro de la tradición humanística—. La empresa realizada por Cervantes con el *Persiles* se basa en un modelo práctico, Heliodoro, y en un modelo teórico, El Pinciano y toda la tradición de teoría literaria del *Cinquecento* italiano, basada a su vez en Aristóteles. Cervantes quiso fundir ambos modelos en un nuevo modelo práctico. [...]

Las narraciones introducidas por los propios personajes son un elemento fundamental que entraña una gran cantidad de efectos para la estructura de la novela. 1) La narración de un personaje (central) puede servir para comunicar la primera parte de la acción que aún queda por contar, cuando la novela ha empezado *in medias res*. El autor mantiene la continuidad de la acción presente, puesto que la acción pasada se comunica por medio de la narración de un personaje, cuyo acto de narrar transcurre en el presente. Así la inversión cronológica sólo es aparente. Esto no sólo se encuentra en la *Historia etiópica* y en el *Persiles*, sino ya en la *Odisea*, la *Ilíada* y en las novelas pastoriles españolas del siglo XVI, incluso *La Galatea*. El Pinciano y varios otros juzgaron que Heliodoro había sido quien con más habilidad utilizaba este artificio de la inversión por medio del relato de un personaje. 2) Mientras Heliodoro se atiene casi estrictamente a esta primera clase de narraciones, Cervantes las combina con otras que sirven de «entremés» episódico dentro del argumento de la novela, siguiendo así los preceptos mencionados por El Pinciano y logrando no sólo la *variedad* y *amenidad*, sino también la *admiración* ante los casos inesperados que relatan los recién llegados.

Tanto la primera como la segunda clase de narraciones insertadas son generalmente relatos autobiográficos, que los otros personajes exigen a la persona que entra en el ámbito de la novela. Mas hay que señalar que para referir la exposición o la primera parte de los acontecimientos se necesita una persona central, como Ulises, Eneas o Persiles, mientras que para la inserción de una historia con valor episódico basta cualquier personaje marginal. Sin embargo, la manera de encuadrar las narraciones dentro del cuerpo de la novela es muy parecida en ambos casos. Al comparar las situaciones, acciones y preguntas tópicas, que suelen servir en la *Etiópica* y en el *Persiles* para anudar el relato a la acción central, nos damos cuenta de la existencia de toda una red de tópicos.

[En cuanto a los momentos de la acción que no son narraciones insertas], al apurar el análisis de lo que quieren decir exactamente «argumento» y «episodios» en la poética del Pinciano, notamos que confunde cuatro conceptos diferentes (que tampoco quedan bien separados en la poética de Aristóteles). Con «argumento» designa *a*) el argumento propiamente dicho, es decir, el resumen del libro, y *b*) la acción principal, sin episodios. Con «episodios» designa *a*) los episodios o las escenas, en las cuales se concretiza el argumento y que son como las etapas de la acción, y *b*) los episodios que forman una acción secundaria destacable, por ejemplo, todas las narraciones insertas. [...] Los episodios dan variedad a la novela y al mismo tiempo tienen un valor como ejemplo. Ambos aspectos son fundamentales para la novela bizantina, cuyo camino novelesco se desarrolla pasando por una serie de episodios y donde cada uno de estos episodios es una prueba nueva (un «trabajo») para la pareja de amantes. Ellos salen airosamente de los más de estos trabajos, poniendo de manifiesto su carácter noble. Su única falta es el ser «vencidos de amor» y jóvenes no casados que han huido de su sociedad. La experiencia de los trabajos los purifica y al fin hace posible su matrimonio y su reintegración completa a la sociedad. [...]

Parece que el esfuerzo de escribir y terminar el *Persiles* fue bastante mayor que el del *Quijote*. Cervantes debe haber escrito las dos partes del *Quijote* con bastante rapidez, acaso uno o dos capítulos por semana, mientras que el *Persiles*, ya anunciado en 1612 como «puesto a pique para la estampa», aún tardó cuatro años más en terminarse. La razón debe ser que en el *Quijote* Cervantes pudo proseguir la acción de la novela con toda libertad, añadiendo un episodio a otro, siguiendo la lógica momentánea e interna de lo relatado. Pudo escribir a su gusto, sin necesidad de someterse estrictamente a convenciones literarias. Las intenciones teóricas de Cervantes no se avenían bien con su talento narrativo natural (como se nota hasta en algunos lugares del *Quijote*, donde Cervantes se defiende contra las críticas). Pero el *Persiles* justamente quiso atenerse a un modelo y superarlo y quiso someterse a los preceptos de la teoría literaria. El argumento del *Persiles*, que seguía las líneas de la novela heliodórica o bizantina, dejaba ya definida la meta de la novela y la manera de alcanzarla. También estaba prescrito un cierto tipo de construcción artística que Cervantes logró con menos naturalidad que Heliodoro. El talento específico de Cervantes no era el de construir novelas a la manera de la novela policíaca (recuérdense los olvidos que cometió en el *Quijote*, I). Además en el *Persiles* estaba prescrito el carácter ejemplar de las personas principales, que no les permitía mucha evolución personal. Aquí el contraste con la libertad de evolución de don Quijote y Sancho Panza es absoluto. Don Quijote y Sancho tienen una independencia casi pirandelliana. Cada episodio muestra nuevos aspectos de su personalidad, o, para formularlo desde el punto de vista de la creación, cada confrontación con una nueva situación evoluciona, ensancha y cambia el personaje que la novela va poniendo delante de nosotros.

La actitud de Cervantes ante la «obra en marcha» es diferente en el *Quijote* y en el *Persiles*. En el *Quijote* Cervantes puede sentirse como improvisador que incorpora libremente sus inventos narrativos personales; en el *Persiles* debe sentirse como constructor que ha de filtrar su ímpetu creativo a través de modelos prácticos y teóricos. Esto es lo que los contemporáneos esperaban de un autor. Habría que aguardar casi dos siglos para encontrar un público que considerara como lo más importante la creatividad individual. La perspectiva del autor en el caso del *Persiles* es una perspectiva de identificación. Cervantes se identifica con su modelo Heliodoro y con sus personajes ejemplares y, además, ¡quiere que el lector también lo haga! Aquí otra vez la posición del *Quijote* difiere fundamentalmente. Tanto las diferentes personas de la novela, don Quijote, Sancho, el barbero y el cura, Sansón Carrasco, los duques, etc., como el lector y los diferentes autores-traductores fingidos por Cervantes tienen perspectivas muy diferentes y Cervantes mismo mantiene esta poliperspectiva sin dejarse reducir a una sola (¡ni a la perspectiva paródica!). Cervantes, en el *Quijote*, mantiene una actitud de distancia ante las opiniones diferentes, respetando contradicciones y evitando una nivelación de la complejidad de la vida. No le interesa postular principios absolutos. Le parece mucho más importante sondear los diversos aspectos humanos de cada problema. La verdad para él no puede ser una cosa monolítica. Toda esta riqueza humana sólo pudo entrar marginalmente en el *Persiles*. Así nos damos cuenta de la importancia trascendental que tuvo el punto de partida paródico del *Quijote*. Como Cervantes no se propuso seguir modelos o escribir una obra académica, sino criticar y parodiar una moda, todos los inventos narrativos que se le ocurrían al proseguir su parodia podían incorporarse sin escrúpulos dentro de la nueva obra. Esta situación no cambió, aun cuando la «obra en marcha» se independizó de su punto de partida inicial y, creando su propia lógica, esbozó las condiciones del futuro desarrollo del *Quijote*, que abrió nuevos horizontes en la historia literaria.

II. En mi análisis de la estructura del *Persiles* en relación con las teorías aristotélicas de la unidad en Cervantes (A. K. Forcione [1970]), concluí que la mayor parte de los episodios no son «nacidos de los mesmos sucesos» (*Quijote*, II, 44) y que, a causa de su independencia y su extensión, desvían la atención del lector del desarrollo de la trama principal, destruyendo el efecto de suspensión que había conseguido la *Historia etiópica* de Heliodoro y que todos los teóricos de la época señalaban como objetivo de las técnicas de la *dispositio*.[1] También sostuve que la coherencia estética, en el labe-

1. [«Una ojeada al *Persiles* revela que la principal deuda de Cervantes con Heliodoro y con los teóricos que analizaron los métodos de éste reside en su uso de la exposición retardada, tanto mediante el comienzo *in medias res* al introducir los hilos narrativos individuales, como en la posterior fragmentación de su desarrollo por la introducción de nuevos hilos. El proceso es visible tanto en la línea principal de la narración, es decir, en las aventuras de los protagonistas, cuya identidad y móviles no son completamente revelados hasta los capítulos finales de la obra, como en las numerosas líneas narrativas secundarias, esto es, en los episodios. El episodio de Feliciana de la Voz (III, 2-5) muestra perfectamente los métodos narrativos del *Persiles*. Cuando los protagonistas viajan por Extremadura, un hombre a caballo sale de las tinieblas, deja a un niño con el grupo de peregrinos, y desaparece. Casi inmediatamente después, una mujer medio desnuda se dirige tambaleándose hacia el grupo y suplica protección y comida. Algunos pastores de la región la ocultan en el hueco de un árbol; y a la mañana siguiente, la mujer revela que ha dado a luz un niño ilegítimo y que es perseguida por su vengativo padre y por su hermano. Después de dar cuenta de los sucesos precedentes, la narración pasa a otro episodio y sólo después de concluirlo vuelve a la perseguida madre. Los peregrinos visitan el monasterio de la Virgen de Guadalupe, donde, para su admiración, asisten al momento culminante de las ordalías de Feliciana. El vengativo hermano, el padre del niño y el gentío convergen con la madre ante el altar de la Virgen, sucediéndose rápidamente los momentos de peligro, reconciliación y júbilo. El breve episodio que separa la primera y la segunda aparición de Feliciana es esencialmente igual en cuanto a su estructura. Como si siguiendo las recomendaciones de Tasso, Cervantes introdujera el episodio como un obstáculo en el camino de los héroes: "...nunca los buenos deseos llegan a fin dichoso sin

rinto de hilos narrativos que forman la sobrefaz del *Persiles*, debe estudiarse en relación con criterios de unidad no-aristotélicos, [entendiendo por «aristotélicas» las interpretaciones renacentistas de la *Poética*], y sugerí que los principios de unidad estructural son la analogía y la repetición, al par que el motivo de los «trabajos» funciona como principio de unidad temática.

Casi todos los episodios del *Persiles* reiteran el ritmo cíclico marcado por la trama principal. Reconstituyendo el ciclo de catástrofe y restauración sobre el fondo del mito cristiano de la caída y la redención, los episodios forman una serie de unidades, cada una de las cuales está en analogía con el movimiento global del *Persiles* (restablecimiento del orden en los reinos nórdicos y redención del hombre) y en analogía con las aventuras individuales de los protagonistas («casi-muerte» y salvación). La presentación de motivos duales que corresponden a los dos momentos del ciclo —proceso que he comparado con la exposición del *tema* y la *respuesta* en la composición a modo de fuga—[2] se repite en los episodios. Muerte/resurrección, cautiverio/liberación, desesperación/júbilo, mar/tierra, desierto/ciudad, esterilidad/fertilidad son los familiares motivos que oímos a través de esta serie de episodios aparentemente interminable. Al igual que en la trama principal, el primer miembro de la dualidad domina en la primera mitad, es decir, en las aventuras nórdicas, y el segundo miembro empieza a dominar en las aventuras del Sur. [...]

Las misteriosas lecciones de sabiduría que Auristela dirige a Periandro, tras su propio aprendizaje con los penitenciarios en Roma [...], no sólo representan una concisa declaración del espíritu que anima la obra, sino que además brindan una analogía reveladora de su estructura.

---

estorbo que los impidan, quiso el cielo que el de este hermoso escuadrón ... fuese impedido con el estorbo que agora oiréis"» (pp. 19-20).]

2. [Recuérdese que «la fuga se basa en un *tema* o *sujeto* melódico de carácter marcado, que se establece al principio de una composición musical y reaparece durante el curso de la obra en varios lugares y alturas de sonido. La *respuesta* es la imitación exacta del tema, generalmente a una quinta justa por encima o a una cuarta justa por debajo del tema, es decir, transpuesta a la tonalidad de dominante, para así conservar un estrecho parentesco armónico con el tema» (Ottó Károlyi, *Introducción a la música*, Alianza Editorial, Madrid, 1975, pp. 113-114).]

Nuestras almas, como tú bien sabes, y como aquí me han enseñado, siempre están en continuo movimiento y no pueden parar sino en Dios, como en su centro. En esta vida los deseos son infinitos, y unos se encadenan de otros, y se eslabonan, y van formando una cadena que tal vez llega al cielo, y tal se sume en el infierno (IV, 10).

Podría decirse, en efecto, que Periandro descubre en este momento el secreto que ilumina los oscuros senderos por los que la búsqueda ha conducido a los héroes,[3] y que, del mismo modo, el lector encuentra en las palabras de Auristela la clave que le permite moverse a través del laberinto narrativo que es la sobrefaz del *Persiles* y entender la coherencia estética de la obra. Esa clave está en las implicaciones de la metáfora de la «cadena». Por una parte, la cadena arquetípica que enlaza los reinos terrenos y los sobrenaturales es modo convencional de describir el movimiento vertical del hombre cristiano en su ascenso al cielo o en su descenso al infierno. Al evocar el arquetipo, la cadena viene a ser una apropiada analogía de la peregrinación de los héroes desde el fin de la tierra hasta Roma, imagen de la ciudad celestial, puesto que, en un plano del significado simbólico del *Persiles*, la peregrinación representa la salvación del alma humana y su ascenso al cielo. Por otra parte, la analogía de la cadena se acomoda muy bien a transmitir la creencia cristiana de que la aparente confusión y movimiento sin objetivo que marcan la vida terrena y la historia humana avanzan en una dirección ordenada por

3. [«El *Persiles* es el relato de una búsqueda (*a quest romance*): los héroes deben abandonar una sociedad imperfecta, cruzar extraños mundos llenos de fuerzas amenazadoras y sufrir numerosas pruebas y luchas, antes de llegar a su destino. En este punto sus sufrimientos son recompensados con una sabiduría superior, y pueden volver para elevar su sociedad al estado de perfección que ellos mismos encarnan. La principal línea narrativa presenta una sucesión de aventuras que afectan a los héroes y cada una de las cuales, en su estructura y en sus implicaciones temáticas, repite el modelo cíclico de la búsqueda total. Junto a la trama principal hay numerosas líneas secundarias de narración, y cada una de ellas forma un episodio y presenta una búsqueda por parte de un personaje secundario. Cada búsqueda secundaria representa un análogo en miniatura de la búsqueda de los héroes, tanto en su estructura como en sus implicaciones temáticas. El efecto principal de tal estructura es realzar vigorosamente la exposición del tema mediante la repetición ritualística. Por otra parte, a través de la narración fragmentaria, Cervantes logra superponer los episodios a la trama principal, creando una textura rica y compleja e intensificando el efecto de intemporalidad que provoca la repetición del ritual» (p. 30).]

Dios y pueden, en último término, reducirse a un simple paradigma. Pues aunque los eslabones de una cadena pueden ser infinitos en número, no por ello dejan de ser idénticos en su forma y dirigidos en una dirección fija.

Además de las obvias implicaciones de la metáfora en cuanto a la unidad temática del *Persiles*, la cadena ofrece una vívida analogía visual de la estructura de la obra. La serie de aventuras, aparentemente interminable, de la trama principal y de los episodios, la independencia y la integridad de cada uno de ellos, la estructura cíclica de caída y restablecimiento que da a todas las aventuras y episodios el mismo patrón circular y el tortuoso movimiento siempre progresivo, en ascensión desde las profundidades de la mazmorra a la colina que domina Roma, son cualidades estructurales que pueden expresarse con eficacia concentrándolas metafóricamente en los eslabones de una cadena que se extiende en una dirección fija.

[Pero la metáfora espacial de la «cadena» no da cuenta de las dimensiones *temporales* que cobra el *Persiles* merced a una multiplicidad de efectos de movimiento rápido, reiteración, acumulación caótica y posterior sosiego ordenado. Esas dimensiones temporales sugieren más bien la analogía con una *fuga* musical.] Lejos de lograr la unidad lineal que los aristotélicos del siglo XVI celebraron en las obras de Virgilio y Heliodoro, el *Persiles* presenta una textura ricamente entretejida, cuya coherencia puede ser comparada al tramado contrapuntístico de una fuga. Los súbitos desplazamientos de la acción principal a un episodio que la reconstruye analógicamente, la rápida conclusión de unos episodios y la inmediata introducción de otros, el mantener simultáneamente varios hilos narrativos (la técnica expositiva fragmentaria de Heliodoro se perfecciona en nuevas posibilidades expresivas), la intersección repentina de acción principal y episodio son técnicas narrativas análogas a las que el compositor de una fuga utiliza para desarrollar contrapuntísticamente la variación episódica del tema principal, dándole entrada al mismo tiempo que a cada episodio.

El vigor del *Persiles*, como el de una fuga, se basa en los principios de fragmentación, recurrencia y acumulación dentro de la repetición y variación aparentemente interminables de un tema básico que se anuncia con toda claridad en la obertura. En correspondencia con la polarización del tema básico de una fuga en el tema y la respuesta, está el complejo de motivos antitéticos que acompañan a los dos momentos del patrón cíclico que el *Persiles* celebra: cautiverio/ liberación, tinieblas/luz, desesperación/expectativas triunfales, muerte/renacimiento, espacio amenazador/templo, desierto/ciudad, esterilidad/fertilidad, temor/esperanza, separación/boda y confusión/ armonía. El resultado de dicha fragmentación y repetición en el *Persiles* es, creo, similar al de la recurrencia de motivos en una fuga. Repitiendo el pasado y prefigurando el futuro, cada momento importante de la narración adquiere algo de la intensidad que caracteriza el momento de la elevación mística. La obra consigue de este modo una especie de monumentalidad sucesiva o temporal. Por otra parte, al igual que una fuga, el *Persiles* no marcha hacia la victoria de una de las dos polaridades sobre la otra, sino más bien hacia una resolución en la que ambas se concilian en una síntesis superior, dependiente de su oposición. Al alcanzarse una tonalidad definitiva, domina uno de los dos motivos constitutivos, pero el otro permanece implícitamente presente. El efecto de reconciliación de contrarios se deriva de la interminable repetición de *ambos* momentos del ciclo y de las frecuentes antítesis que refuerzan la ceñida interdependencia de los momentos. Pero tal efecto, sin embargo, se produce aún más vigorosamente cuando la predominancia del momento triunfal del ciclo se contrarresta inesperadamente por la aparición de uno de los motivos que acompañan al momento más bajo. Ocurre ello, hacia el final de la novela, cuando Arnaldo refiere que los bárbaros han resurgido de las cenizas de su reino nórdico y restituido sus repugnantes costumbres; como ocurre también a la muerte del tío, con el consiguiente luto de la novia, Isabela, o a la muerte del conde tras casarse con la hija de Antonio; y ocurre, no menos sorprendentemente, en la referencia de Cervantes a la persistente maldad de Bartolomé y Luisa en la celebración de las distintas bodas y sus secuelas en la conclusión de la obra.

Al igual que el tramado de una fuga desemboca, a través de un plano de modulaciones, en la confirmación culminante del tema, el *Persiles* se modula partiendo de una oscura tonalidad en la primera mitad —cuyos motivos dominantes son el cautiverio, la muerte, las tinieblas y la luz que brilla débilmente a lo lejos— hasta llegar a una tonalidad luminosa en la segunda mitad, cuyos motivos dominantes son la liberación, el renacimiento, la luz y la oscuridad vencida. A medida que crece el tono festivo, Cervantes, como el compositor de una fuga en sus múltiples variaciones, puede jugar ocasionalmente con el tema principal introduciendo en la obra una nota de parodia triunfal. El movimiento de una fuga, a través del laberinto del contrapunto, lleva a una clara, casi triunfante confirmación de su tema, al momento culminante en el que los ires y venires del tema consiguen el premio del reposo largamente esperado, con la solemnidad de los masivos bloques de armonía de la coda. Estructural y temáticamente, el *Persiles* se dirige hacia un momento así: la llegada a Roma, donde los hilos narrativos se desenmarañan y donde los peregrinos descubren la imagen de ese punto en el que se extingue todo deseo, ese punto al que conduce la peregrinación del hombre a través de los tortuosos caminos de la vida terrena.

FRANCISCO AYALA Y VICENTE GAOS

EL SONETO «VOTO A DIOS QUE ME ESPANTA ESTA GRANDEZA» Y EL *VIAJE DEL PARNASO*

1. Esta es la variante más aceptada del soneto cervantino «Al túmulo del rey Felipe II en Sevilla»:

> Voto a Dios que me espanta esta grandeza
> y que diera un doblón por describilla;
> porque ¿a quién no sorprende y maravilla
> esta máquina insigne, esta riqueza?
> Por Jesucristo vivo, cada pieza
> vale más de un millón, y que es mancilla
> que esto no dure un siglo, ¡oh gran Sevilla,
> Roma triunfante en ánimo y nobleza!
> Apostaré que el ánima del muerto,
> por gozar este sitio, hoy ha dejado
> la gloria donde vive eternamente.

I. Francisco Ayala, «El túmulo» (1963), *Los ensayos. Teoría y crítica literaria*, Aguilar, Madrid, 1971, pp. 718-730 (720-722, 725-728, 730).

II. Vicente Gaos, *Cervantes. Novelista, dramaturgo, poeta*, Planeta, Barcelona, 1979, pp. 171-176.

> Esto oyó un valentón, y dijo: «Es cierto
> cuanto dice voacé, señor soldado.
> Y el que dijere lo contrario, miente».
> Y luego, incontinente,
> caló el chapeo, requirió la espada,
> miró al soslayo, fuese, y no hubo nada.

Tras su lectura, uno se siente invadido de melancolía. Podemos quizá fijar el matiz de esa melancolía atribuyéndole las notas de profunda y solemne. Pero no bastan. Profunda y solemne será la melancolía que despierte en nosotros el soneto de Quevedo «Miré los muros de la patria mía», también impregnado de soledad, de abandono, de silencio; dominado también por el triunfo de la muerte, según se manifiesta en la decadencia de la patria. Pero en el soneto de Cervantes se encuentra algo más: hay sarcasmo. El desengaño está ahí presente, sí; pero está también el sentimiento de amargura que ese desengaño produce, mezclado con desesperación y tácita protesta. Y, como conviene a la obra artística de calidad superior y al espíritu del poeta, expresado todo ello, no directamente, sino a través de la forma misma del poema, cuya perfección es extrema.

El desengaño (en cuya omnipresente experiencia cifró con acierto, aunque tal vez con alguna exageración, Leo Spitzer la actitud vital de la época), el tan mentado desengaño barroco, no está declarado —todo lo contrario— en las frases del soneto, sino que se incorpora a su estructura misma. Ha comenzado en una vocativa admiración para expandirse en el elogio más enfático del monumento funerario. Pero no se trata propiamente de admiración con el ánimo contemplativo que esta palabra sugiere. El poeta usa el verbo «espantar», cuya semántica, es cierto, ha cambiado algo desde entonces, pero que de todos modos acentúa el efecto paralizador de una impresión que nos deja atónitos. A partir del «espanto» ocasionado por la grandeza del túmulo, avanzan los dos cuartetos y el primer terceto acumulando hipérbole sobre hipérbole, con reiteración de juramentos («Voto a Dios»; «Por Jesucristo vivo»), ponderaciones pecuniarias («diera un doblón»; «vale más de un millón») y temporales («que esto no dure un siglo»; «la gloria donde vive eternamente») y loas grandilocuentes («¡oh gran Sevilla, Roma triunfante en ánimo y nobleza!»). El lector que ha seguido, línea tras línea, las pomposas, engoladas y un tanto vulgares expresiones de asombro llega a descubrir, pero no antes de haber alcanzado el segundo terceto, que quien ha hablado hasta ese momento no es el poeta mismo, sino un personaje inventado por él. Así viene a aclararlo otro nuevo, «un valentón», que ha estado escuchándolo y que se le dirige llamándolo «señor soldado». Lo que se nos había dado por retórico elogio al monumento resulta ser ahora no ótra cosa que la tirada fanfarrona de un soldado. Debiéramos haberlo sospechado por su lenguaje. Ahora que caemos en la cuenta, el soldado se nos aparece de cuerpo entero, con sus ademanes excesivos y su desmedida elocución. Nuestros ojos han descendido desde el túmulo con su grandeza espantosa hasta las dos figuras grotescas paradas al pie: el señor soldado que hablaba y el valentón que le replica. Es el desengaño: en nuestro oído resuenan a hueco sus frases engoladas; y el monumento mismo se nos viene al suelo. ¿Cómo no nos habíamos percatado? Si, con toda su prosopopeya, el elogio lo ha calificado de «máquina insigne», apuntando a su carácter de artificio teatral, mientras que insinúa su condición efímera por contraste con la Ciudad Eterna…

La hipérbole del primer terceto (siempre en lenguaje soldadesco: «Apostaré») es tan excesiva que frisa en sarcasmo: el alma del difunto Felipe ha de haber abandonado, «por gozar este sitio», la gloria divina. La actitud de Cervantes frente a Felipe II es un tema que espera todavía el merecido estudio monográfico, cuyas dificultades son obvias: si basta una mediana capacidad de intuición para percibir la antipatía con que el escritor contempla al rey, ha de ser, en cambio, sumamente laboriosa, y siempre cuestionable en sus resultados, la tarea de documentar la realidad de ese sentimiento; y esto, no sólo por razón de las posiciones respectivas, sino también por el peculiarísimo estilo de la reticencia cervantina, que se aplica a todos sus juicios, y con mayor motivo a los que afectan al soberano, a su política, y al conjunto de los valores culturales que reclamaban en la España de la segunda mitad del siglo XVI la lealtad de los súbditos. Las décimas cuyo primer verso dice: «Ya que se ha llegado el día», compuestas por Cervantes con ocasión de la muerte de Felipe, y que estuvieron puestas en el túmulo con otros papeles laudatorios de diferentes plumas, esas mismas décimas circunstanciales envuelven críticas a veces bastante cargadas de ironía, bajo la capa del convencional elogio, como advertirá quien las lea con atención. […] En verdad, el valentón no hace sino duplicar al soldado a quien replica: es un eco suyo por su lenguaje fanfarrón; lo es por su atuendo —chapeo, espada—, por sus ademanes; y sobre todo lo es porque sus palabras corroboran lo que él acaba de decir. «Y el que dijere lo contrario, miente»: desafío en el aire, gesto innocuo, que lleva hasta el absurdo cómico la sensación de oquedad. Basta. Nos hallamos ante un túmulo de tan enormes proporciones que llena la nave gigantesca de la catedral de Sevilla; ante una grandiosa arquitectura de madera y cartón pintado, hecha en imitación de El Escorial, y cubierta de decoraciones suntuosas destinadas a engañar la vista. Su aspecto es magnífico: conocemos todos los detalles gracias a una *Descripción del Túmulo* [y otros testimonios coetáneos]. Pues bien: esta *grandeza* tan deleznable, la imponente estructura erigida para celebrar unas honras fúnebres que iban a durar dos días, es lo que admiran y celebran con frases rimbombantes nuestros sospechosos personajes, el soldado y el valentón, que grotescamente desbordan de pretensiones falsas. El ambiente se ha hecho opresivo. ¿Qué puede pasar ahora? Los catorce versos del soneto han terminado con el vano «mentís» del valentón, sin destinatario alguno. Ahora ¿qué puede pasar? El comentario desmesurado de los dos fanfarrones, por venir de quien viene, ha hecho que también este edificio del túmulo caiga por la planta: estamos desengañados; el desengaño nos agobia. Pero todavía el autor va a intensificar nuestra angustia con ese estrambote que, a manera de pluma vistosa, queda temblando al aire. Tras el desafío tremendo lanzado en vano al vacío, el valentón esboza todavía un ademán gallardo, y se va. Nos parece oír los pasos que se extinguen en el silencio, hacia esa nada definitiva en que termina todo, concluyendo el soneto.

Muchos son los sonetos de la época barroca que desembocarán significativamente en la palabra «nada». Con ella cierra Cervantes su hinchada celebración del monumento funerario a Felipe II. El poeta ha creado una realidad ficticia capaz de sellar en forma indeleble los hechos de la realidad práctica. [...] Como en una cripta, Cervantes encerró en la estructura de su soneto un mundo de significaciones cuya evidencia percibimos, pero que se resisten a los esfuerzos de una mente empeñada en reducirlas a formulación racional. Es, una vez más, la desesperante ambigüedad del gran arte; y el arte cervantino excede a todos en constituir unidades poéticas de sentido inagotable. Por eso, a propósito de este soneto, han podido discutirse las intenciones del autor en los mismos términos y con análogas discrepancias que a propósito de sus obras mayores, el *Quijote* en primer lugar. ¿Qué es lo que verdaderamente pensaba Cervantes?

La respuesta será, siempre de nuevo (sonrisa de la Gioconda), el nexo dado en la organización de la obra en estos dieciocho versos que empiezan: «Voto a Dios», etc. [...] Quevedo no hallaba «cosa en que poner los ojos / que no fuese recuerdo de la muerte». La muerte, la nada que este poeta supremo encuentra por todas partes, estaba ya también en el soneto de Cervantes al túmulo de Felipe II; pero aquí el escritor no aparecía entregado, no se resigna; quizá, probablemente, de seguro, sabe que la lucha es inútil, que las cosas no tienen remedio, y así nos lo va a indicar, crípticamente, en el *Quijote* muy pronto. Pero que sea inútil la lucha no implica que carezca de sentido: en tal caso, don Quijote no hubiera pasado de ser un fantoche. Y, desde luego, el escritor mismo no se siente arrastrado por la catástrofe, sino que, fiel al humanismo heroico de que su juventud se había nutrido, contempla con dolorosa ironía el espectáculo desde el mirador invulnerable de su conciencia, y nos comunica, no su juicio —el juicio va acaso envuelto—, no su opinión condenatoria, como en la sátira contra el duque de Medina Sidonia; nos comunica su visión misma, haciéndonos ingresar en el ámbito del poema, donde —como aquel que cuenta: «estando yo en la Santa Iglesia, entró un poeta fanfarrón...»— *sintamos* la futilidad del grandioso monumento, y el corazón se nos apriete al sentirla.

II.   La tardía fecha de composición del *Viaje del Parnaso*, así como su considerable extensión, nos indican, sin más, la importancia que Cervantes concedía a esta obra suya, por lo común tan mal entendida. En efecto, dentro de la general subestima por la labor poética de Cervantes, el *Viaje* sale en particular mal librado, entre otras causas por ser la única obra que escribió enteramente en verso (aparte el verso dramático de sus *Comedias*). [...] La verdadera finalidad del *Viaje* no fue, desde luego, la de duplicar el antiguo *Canto de Calíope*. Como apunta bien Blecua [1947], «no se trata sólo de elogiar a los poetas contemporáneos, sino de algo mucho más hondo y serio». El *Viaje* no es, según lo calificó Menéndez Pelayo, un «ingenioso, discreto y elegante poema *crítico*», si el término que subrayo se refiere a la crítica literaria. Es lugar común comparar el *Viaje* con el *Laurel de Apolo*, para dictaminar en seguida la superioridad de Lope. Pero la obra de éste y la de Cervantes tienen muy poco que ver entre sí. La pura verdad es que las únicas obras con las que guarda estrecha relación el *Viaje* no son sino las restantes del propio

Cervantes en sus años postreros —el *Quijote*, el *Persiles*—, y es en este contexto como hay que entenderlo.

Si el *Viaje* fuese meramente un poema crítico o didáctico, por más que la caracterización de los poetas incluidos en él, o las observaciones de arte poética, fuesen personales y agudas, distaría aún de ser una gran obra, poéticamente considerada. A lo sumo, hoy sería una pieza documental, de interés arqueológico. [...] Por lo que respecta al *Viaje* podemos estar seguros de que se trata de algo más que de un pasatiempo o desahogo del anciano Cervantes, de una intrascendente «evasión». Pues si en parte es esto último, lo es porque la «evasión», como la «inverosimilitud», fueron anhelos centrales del espíritu cervantino. [...] No era intención real de Cervantes la de hacer crítica literaria. Lo que no significa que en ocasiones no acertase en este sentido. Sin embargo, estaba convencido de haber embarcado en su *Viaje* a grandes y a chicos, sin distinguir su tamaño, y midiéndolos deliberadamente a todos por el común rasero del elogio estereotipado e igualitario, manifiestamente irónico. De ahí que por boca ajena se interpele humorísticamente a sí mismo, censurando su falta de discernimiento:

—¡Oh tú —dijo—, traidor, que los poetas
canonizaste de la larga lista,
por causas y por vías indirectas!
¿Dónde tenías, magancés, la vista
aguda de tu ingenio, que así ciego
fuiste tan mentiroso coronista? (IV, 490-495)

Cervantes sabía que algunas ausencias y la burla de unos cuantos poetas ínfimos le salvaguardaban lo suficiente para que los incluidos y alabados se sintieran agradecidos al autor del *Viaje*. Tal es la vanidad del poeta, del hombre. De otro modo, su poema, en vez de granjearle amigos (que tanto le faltaban), como quizá se propuso secundariamente, hubiese surtido el efecto opuesto. El soneto de «El autor a su pluma» que encabeza el *Viaje* es clara muestra del aislamiento en que se hallaba. [...] Observemos que Cervantes elogió a sus colegas *por causas y por vías indirectas*. Como que, en efecto, la finalidad directa del *Viaje* —una de ellas— era la de legar a la posteridad una autobiografía reivindicadora. La única crítica literaria que en verdad hay en el poema es la relativa a su propia obra. Los únicos elogios sinceros, los que se dedica a sí mismo y a su solitaria y personal hazaña creadora. Esos pasajes no tienen sólo interés documental. Tienen la profunda dignidad, la noble emoción que les confiere el haber sido escritos con el sereno aunque amargo orgullo, con el íntimo tono confesional, más allá ahora de toda burla, de quien sabe bien quién es, lo que ha hecho, lo que se le debe, y necesita decirlo. [...]

Sale de su patria en «viaje ideal» de memoria y vuelta a la añorada Italia de su juventud, surcando en su imaginación el Mediterráneo azul y deslumbrante, pues uno de los encantos del *Viaje* —como del *Persiles*— es la presencia del mar, de su luz, de su movimiento, de su belleza. Se evade también de la realidad mediante la figuración de una mitografía. Sale, en fin, de sí mismo desdoblándose en otro, insertándose en ella como personaje a la par que autor, y pudiendo así a través suyo, o del dios Mercurio, echar fuera del pecho lo que llevaba encerrado en él, acongojándolo. Cumplida esta primera finalidad del *Viaje*, Cervantes la amplía hasta convertirlo en la epopeya burlesca de las ilusiones y vanidades del hombre, ejemplificadas en el ciego afán de gloria de los poetas. Si como obra ideal e imaginativa el *Viaje* es obra del mismo autor del *Persiles*, como sátira no desmiente la pluma que trazó el *Quijote*. Cervantes, aunque se sienta íntimamente incomprendido y solo, ha gustado ya las mieles del éxito, ha ganado nombre y fama. Si experimenta un legítimo orgullo de escritor, no por eso se juzga exento de la sátira, que alcanza a todos, y en particular a sí mismo, sobre quien, como humorista de pura cepa, dispara a veces los dardos más maliciosos y agudos. Si en el *Quijote* había sentado «que la épica también puede escrebirse en prosa como en verso», ahora lo hará en verso. Salvadas todas las diferencias, y aun reconociendo que tanto el *Viaje* como el mismo *Persiles* representan en algún sentido cierto retroceso artístico con respecto al *Quijote*, esto es, en suma, el *Viaje*: un pequeño *Quijote* en verso encaminado a hacer patente que el hombre suele juzgarse por encima de sus propios méritos, de qué modo le arrastra su quimérico concepto de sí mismo, hasta qué punto sus aspiraciones, deseos y sueños sobrepasan la posibilidad real que tiene de satisfacerlos. Tal es el último significado y alcance del *Viaje*, que no se reduce a ser una sátira de la vanagloria literaria, como el *Quijote* no se limita a consistir en una parodia de los libros de caballerías.

II

Edward C. Riley

LITERATURA Y VIDA EN EL *QUIJOTE*

La interacción de la literatura y la vida es algo fundamental en el *Quijote*. El tema no es propiamente la teoría literaria (a nadie se le ocurriría sugerir que el *Quijote* era una especie de tratado hecho novela), pero [...] existe una preocupación básica por la ficción literaria en la intención expresa del libro y en la concepción más elemental del héroe. Por mucho que su autor trascendiera esta intención, su propósito declarado era acabar con las novelas de caballerías. Aunque pueda representar otras muchas cosas, el héroe es, ante todo, un hombre que no sabe distinguir entre la vida y la ficción literaria: «todo cuanto pensaba, veía o imaginaba le parecía ser hecho y pasar al modo de lo que había leído» (I, 2). Por ello, la discusión sobre la historia (hechos reales) y la poesía (ficción) en el cap. 3 de la segunda parte, como por primera vez mostró G. Toffanin (en 1920), brota, igual que otros pasajes semejantes, del fondo mismo de la novela.

La crítica de las novelas de caballerías se hace de dos maneras: mediante juicios más o menos directos dentro de la ficción, y también mediante la ficción misma. Estas críticas en forma de ficción son casi siempre parodias, y el *Quijote* es hasta cierto punto una parodia; pero lo extraordinario del libro estriba en que el objeto de esa parodia está contenido dentro de la obra misma, como un ingrediente vital. Las novelas de caballerías existen en el libro de la misma manera que existen Rocinante o la bacía de barbero. Tan palpablemente se hallan presentes, que algunas de ellas pueden ser quemadas. La originalidad de Cervantes no reside en ser él mismo quien las parodie (ni en parodiarlas de manera incidental), sino en hacer que el hidalgo loco las parodie involuntariamente en sus esfuerzos por darles vida, imitando sus hazañas.

Edward C. Riley, *Teoría de la novela en Cervantes*, trad. Carlos Sahagún, Taurus, Madrid, 1966, pp. 66-80.

Una característica de las fantasías de don Quijote, más esencial aún que el hecho de que estén relacionadas con lo caballeresco, es la naturaleza libresca, fabulosa, de las mismas. La Edad de Oro de las hazañas caballerescas que él quiso resucitar tenía que ver muy poco con la auténtica Edad Media; eran unos tiempos que nunca existieron, los tiempos imaginarios de los cuentos infantiles que comienzan con la frase «Érase una vez». La historia sólo le inspiraba cuando, perdida en la distancia, se unía a la ficción para convertirse en leyenda. [...] Los ideales utópicos y mesiánicos de don Quijote pueden haber resultado, a la larga, lo más importante, pero fueron las novelas de aventuras fabulosas, nos dice Cervantes en el primer capítulo del libro, las que en un principio cautivaron su imaginación: «Llenósele la fantasía de todo aquello que leía en los libros». [...]

Su imitación de los héroes caballerescos aspira a ser tan completa que se transforma en una tentativa de vivir la literatura. No se siente impulsado por una vaga especie de emulación, ni su intención le lleva sólo a remedar los hábitos, modales e indumentaria de los caballeros andantes; no adapta simplemente los ideales caballerescos a otra causa, como San Ignacio de Loyola; ni siquiera está representando un papel, en el sentido usual de la frase. Se empeña en que nada menos que la totalidad de ese mundo fabuloso, compuesto de caballeros, princesas, encantadores, gigantes y todo lo demás, tenga que ser parte de su experiencia. Tan pronto como cree que él es realmente un caballero andante, y cree en su mundo de ficción, desciende desde la cumbre de la emulación idealista que los héroes le inspiran hasta la locura. No puede representar su papel como a él le gustaría, a no ser en este mundo fabuloso. Es en este sentido en el que trata de vivir la literatura. Su preferencia por la literatura es una forma adulterada y sumamente ficticia de épica, en la que él es el héroe idealizado y sobrehumano. Tiene aspiraciones épicas al honor y a la gloria mediante penalidades y peligros, posee el ideal caballeresco de servicio y el impulso del héroe para modelar el mundo a su medida. Va todavía más lejos: de hecho, se esfuerza por abandonar su existencia temporal e histórica para vivir en la región enrarecida de la poesía. Y como la narración cervantina de este esfuerzo es en sí misma una ficción poética —pues lo que es «vida» en la narración es una creación literaria de Cervantes—, empezamos a vislumbrar algunas de las complicaciones de la novela. Don Quijote trata de transformar en arte la vida que todavía se está viviendo, lo cual es imposible de realizar, porque el arte, y el arte idealista más que ningún otro, significa selección, y uno no puede seleccionar todos los fragmentos de su propia experiencia. La vida es una cosa y el arte otra, y saber exactamente en qué consiste su diferencia era el problema que confundía y fascinaba a Cervantes. [...]

Después de esto, el método más obvio y practicable que don Quijote podía seguir para imitar los libros de caballerías habría sido servirse de un medio artístico reconocido: por ejemplo, haber escrito novelas él mismo. De hecho, en un primer momento se vio tentado a hacer esto. Muchas veces se sintió impulsado a completar la novela inacabada de *Don Belianís de Grecia*, y la habría completado sin duda, y además muy bien, «si otros mayores y continuos pensamientos no se lo estorbaran» (I, 1). Los libros ejercían en él una influencia demasiado grande. Pero se vio obligado a coger la espada en lugar de la pluma. Don Quijote es a su manera, entre otras muchas cosas, un artista. El medio de que se sirve es la acción y, sólo secundariamente, las palabras. Al dar vida a un libro tan conscientemente y al actuar con vistas a que sus hazañas sean registradas por un sabio encantador, se convierte, en cierto sentido, en autor de su propia biografía. Incluso cuando ha abandonado la idea de expresarse en la forma literaria usual, conserva todavía muchas de las características del escritor. Llegado el caso, compone versos. Imita el lenguaje arcaico de las novelas de caballerías. Al comienzo de su empresa se anticipa a su cronista relatando con sus propias palabras la escena de su partida, en un lenguaje elevado y aparatoso que contrasta sobremanera, irónicamente, con el estilo usado por el autor real. Sus fantasías en los capítulos 21 y 50 de la primera parte y su descripción de la batalla de los rebaños son espléndidos «pastiches», no mucho más disparatados que los modelos literarios en que se inspiraban. La literatura le sirve de estímulo continuamente. Los versos de Cardenio que encuentra en Sierra Morena le inducen inmediatamente a pensar en imitarlos; la cita que Cardenio hace del *Amadís* ocasiona su desastrosa interrupción; el romance escenificado de Gaiferos y Melisendra le hace estallar violentamente. Su instinto artístico no le abandona cuando llega el momento de la acción, aunque pocas veces tiene oportunidad de funcionar con provecho. Don Quijote se ocupa ampliamente de sus preparativos. Como un escritor enterado, piensa mucho antes de elegir los nombres. Cuando las condiciones son especialmente favorables, como con motivo de la penitencia en Sierra Morena, presta la mayor atención a los detalles y se preocupa mucho de los efectos. Esto es arte de acción, aunque también sea locura. Pero la idea de traer el arte a los asuntos del vivir no resultaba extraña a los contemporáneos de Cervantes. La lección que se desprendía de la obra de Castiglione, tan leída entonces, era que la vida del perfecto cortesano debía ser una verdadera obra de arte. [...] Desgraciadamente, don Quijote es un mal artista, un artista frustrado. Sobrevalora sus capacidades y subestima la naturaleza especialmente incontrolable de su material, que es la vida misma. Lleva a cabo una parodia cómica. [...]

El *Quijote* es una novela de múltiples perspectivas. Cervantes observa el mundo por él creado desde los puntos de vista de los personajes y del lector en igual medida que desde el punto de vista del autor. Es como si estuviera jugando con espejos o con prismas. Mediante una especie de proceso de refracción, añade a la novela —o crea la ilusión de añadirle— una dimensión más. Anuncia esa técnica de los novelistas modernos mediante la cual la acción se contempla a través de los ojos de uno o más de los personajes en ella implicados, si bien Cervantes no se identifica con sus propios caracteres en el sentido acostumbrado. Lo que desde un punto de vista es ficción, es, desde otro, «hecho histórico» o «vida». Cervantes finge, mediante la invención del cronista Benengeli, que su ficción es histórica (aunque se trata de una historia un tanto incierta). En esta historia se insertan ficciones de varias clases. Un ejemplo de ellas es la novela corta del *Curioso impertinente*. Otro, de distinta especie, lo es la historia de la princesa Micomicona, cuento disparatado que se agrega al episodio «histórico» de Dorotea, que es, a su vez, parte de la «historia» de don Quijote escrita por Benengeli, contenida en la ficción novelística de Cervantes que lleva por título *Don Quijote*. No es necesario marearnos poniendo más ejemplos. Cuentos e historias, desde luego, son tan sólo las partes más claramente literarias de su novela, la cual constituye un inmenso espectro en el que se incluyen alucinaciones, sueños, leyendas, engaños y equivocaciones. La presencia en el libro de quiméricas figuras caballerescas produce el efecto de que don Quijote y Sancho, y el mundo físico en que ambos se mueven, parezcan, comparados con ellas, más reales. Con una sola pincelada, Cervantes ensanchó infinitamente el radio de acción de la prosa novelística, al incluir en ella, junto al mundo de las apariencias externas, el mundo de la imaginación. [...]

Si el lector adopta el punto de vista de cualquier compañero de viaje del Caballero y del Escudero que no esté loco, puede ver el problema de la unidad del *Quijote* desde otro ángulo. Los episodios o «digresiones» literarias de Cardenio, Leandra, Claudia Jerónima y otros personajes aparecen entonces como verdaderas aventuras, opuestas a las aventuras fantásticas imaginadas por el Caballero o urdidas para él por otras gentes. Para los personajes, estos episodios son verdaderos; para el lector que los ve desde fuera son cosas que pudieron haber sucedido; para unos y otro son sucesos extraordinarios, aventuras. [...] Los episodios se complican con la introducción de incidentes pastoriles, que, precisamente porque son por naturaleza más librescos que los otros, ejercen en don Quijote especial atracción, aunque éste nunca se sienta capaz de introducirse plenamente en el mundo pastoril. Cervantes se sirve una y otra vez de lo pastoril en las historias de Marcela y Grisóstomo, en la de la hermosa Leandra, en las bodas de Camacho y en el episodio de la fingida Arcadia. En el tema de la interacción de la vida y la literatura los episodios pastoriles ocupan un lugar especial, porque representan distintos niveles de una región intermedia que no es la de la ficción fabulosa e imposible a la manera de los libros de caballerías, ni forma parte del mundo cotidiano de venteros, barberos y frailes (mundo que incluye también a damas moras fugitivas, seductores, duques y duquesas, que no son menos reales, aunque sea menos corriente tropezarnos con ellos en la vida diaria).

La visión irónica de Cervantes le permite introducir en las páginas del *Quijote* cosas que por lo general se hallan automáticamente fuera de los libros y, al mismo tiempo, manejar la narración de forma que los personajes principales se sientan plenamente conscientes del mundo que existe más allá de las cubiertas del libro. Cervantes incluye en las páginas de su libro a un autor (a quien se supone «el autor») llamado Benengeli. Se introduce a sí mismo, de manera incidental, como el hombre que presenta al público la ficción de Benengeli. A veces cita su propio nombre como si se tratara de un personaje cuya existencia estuviese unida a la de los caracteres: como autor de *La Galatea* y amigo del Cura; como el soldado «llamado tal de Saavedra», a quien el Cautivo conoció en Argel; e indirectamente, también se nos hace recordarle como autor del *Curioso impertinente*, *Rinconete y Cortadillo* y *La Numancia*. Y no es esto sólo: también introduce al público en la ficción. La segunda parte está llena de personajes que han leído la primera y conocen bien todas las anteriores aventuras de don Quijote y Sancho. Llega incluso a introducir en esta segunda parte la continuación de su rival Avellaneda, dando entrada al libro mismo y a uno de los personajes pertenecientes a él. Hace conscientes de sí mismos a don Quijote y a Sancho, que se saben héroes literarios de una obra publicada, y son por tanto conscientes del mundo exterior a la narración. Las pretensiones de realidad del falso *Quijote* de Avellaneda se transforman, en la segunda parte, en una cuestión de cierta importancia para los protagonistas.

Cervantes traza su obra de manera que quede patente su total control sobre la creación que él tanto empeño pone en hacer que parezca independiente. Un ejemplo curioso de esto aparece al final del cap. I, 8. Bruscamente, Cervantes interrumpe la acción, tal y como podría uno detener un proyector cinematográfico. Todo queda parado en el momento dramático en que don Quijote y el Vizcaíno se hallan comprometidos en mortal combate. Se les deja paralizados, con las espadas en alto, mientras Cervantes intercala una narración, de varias páginas de extensión, acerca de cómo descubrió el manuscrito de Benengeli. A menudo se sirve del recurso de la interrupción como medio de lograr «suspense» y dotar a la obra de variedad, lo mismo que habían hecho Ercilla y otros escritores, aunque nunca tan gráficamente como en este pasaje. Esta destrucción de la ilusión es otra muestra típica de ironía. Es también una muestra de exhibicionismo artístico que sirve para exponer ostentosamente el poder del escritor. [...]

Hay razones artísticas que justifican los caprichosos artificios del *Quijote*. Los ya aludidos (a excepción del combate interrumpido, que es el mismo artificio, pero a la inversa) contribuyen a dos resultados importantes. Dan a la novela una notable apariencia de profundidad, comparada con la cual, las demás narraciones, en su mayoría, sólo tienen dos dimensiones. Dan también solidez y vivacidad a las figuras de don Quijote y Sancho y hacen que éstos parezcan existir con independencia del libro escrito sobre ellos. A veces ayudan a lograr este efecto los comentarios de otros personajes. Cardenio reconoce que la locura de don Quijote es tan rara y nunca vista que duda de que alguien pudiera ser capaz de inventarla (I, 30). Sansón Carrasco encuentra que el Sancho de carne y hueso es incluso más divertido de lo que él había sospechado al leer la primera parte (II, 7). [...]

Dos problemas importantes en la teoría de la novela de Cervantes sirven de base a estas manipulaciones de su ingenio. El primero lo constituyen la naturaleza y límites de la obra de arte. La confusión del Caballero entre ficción y realidad es un caso extremo, pero el autor muestra claramente que en parte está justificada. No sólo son imposibles de determinar los límites entre lo imaginario y lo real, sino también los límites entre el arte y la vida. La vida y el arte se interfieren continuamente. Problema inherente al anterior es el de la naturaleza de la verdad artística. Lo que la verdad es respecto a la historia lo es la verosimilitud respecto a la ficción. Pero, al simular que la ficción es historia, ¿queda con eso transformada la verosimilitud en algo tan convincente como lo es la verdad histórica? A lo largo del *Quijote* y del *Persiles* se plantea con insistencia esta cuestión. El segundo problema se refiere a los efectos que la literatura imaginativa produce en la gente. De nuevo es aquí don Quijote un caso extremo. Pero el tema era de importancia considerable en la época de la Contrarreforma, sobre todo en España. Durante el siglo —o poco más— que había pasado desde la invención de la imprenta, el número de lectores había crecido enormemente. La Iglesia era sensible, naturalmente, a los efectos que la literatura podía ejercer en la mentalidad de las gentes, y existía una clara conciencia, que no se reducía sólo a la Iglesia, del poder de la literatura y el arte para influir en la vida de los hombres. El impacto del libro impreso en el siglo XVI guarda cierta analogía con el de la televisión hoy, y produjo reacciones quizá no del todo distintas.

En la novela de Cervantes, la literatura imaginativa ha actuado sobre la conducta de otras muchas gentes además del héroe. ¿Qué especie de dominio no ejerce la ficción, por ejemplo, en las mentes del duque y la duquesa y en todos aquellos que urden para su propia diversión fantásticas y rebuscadas situaciones en que se hallan envueltos don Quijote y Sancho? ¿O en el ventero, de quien dice Dorotea (I, 32), con sugestiva confusión de ideas: «poco le falta a nuestro huésped para hacer la segunda parte de don Quijote» (o *Don Quijote*)? ¿O en las personas que idean la imitación de la Arcadia? Las vidas de las gentes que se ven afectadas por los libros; la literatura es parte de su experiencia; la novela de Cervantes se refiere, entre otras cosas, a la influencia de los libros en la vida.

Leo Spitzer

CERVANTES, CREADOR

Aunque los protagonistas de nuestra novela parecen ser don Quijote, con su continua tergiversación de la realidad, y Sancho Panza, con su escéptica semiaprobación del quijotismo, los dos son eclipsados por Cervantes, el artista de la palabra que combina un arte crítico e ilusionista de acuerdo con su libre albedrío. Desde el momento en que abrimos el libro hasta el momento en que lo dejamos, se nos da a entender que nos dirige un jefe supremo todopoderoso, que nos conduce adonde le place. [...] El prólogo muestra a Cervantes inmerso en la perplejidad del autor que da los últimos toques a su obra y colegimos que el amigo que, al parecer, acudió a ayudarle con una solución no era más que una voz dentro del poeta que creaba libremente. La primera oración de la narración propiamente dicha: «En un lugar de La Mancha de cuyo nombre no quiero acordarme» es una prueba más de que Cervantes insiste en su derecho a la libre invención. Si bien acepto las sugerencias hechas recientemente por J. Casalduero y María Rosa Lida de Malkiel en el sentido de que lo que tenemos aquí es un recurso habitual en los sencillos cuentos populares y opuesto a la complicada técnica de las novelas en las que se indicaba claramente el lugar de origen de los héroes, creo que también está presente, en este principio de la novela, cierto énfasis sobre el derecho del narrador a indicar u omitir los detalles que quiera, recurso este [...] mediante el cual el narrador recuerda al lector su dependencia respecto de él.

Es más, Cervantes finge no conocer a ciencia cierta el nombre de sus protagonistas: ¿el caballero se llamaba Quijada, Quijano o Quijote? ¿Sancho se llamaba Panza o Zancas? ¿Su esposa se llamaba Teresa Panza, Mari-Gutiérrez o Juana Gutiérrez? Cervantes finge no saberlo o que sus fuentes dan nombres distintos. Estas variaciones no son nada más que vindicaciones de su libertad artística para elegir los detalles de su historia entre infinitas posibilidades. Y en la última

Leo Spitzer, «Sobre el significado de *Don Quijote*» (1962), *Estilo y estructura en la literatura española*, Crítica, Barcelona, 1980, pp. 291-309 (303-308).

página del libro, cuando, tras la cristiana muerte de don Quijote, Cervantes hace que el historiador árabe Cide Hamete Benengeli (cuya crónica había utilizado supuestamente a guisa de fuente) guarde su pluma, que descansará para siempre encima de la espetera, con el fin de salir al paso de cualquier continuación espuria de la novela como la empresa piratesca de Avellaneda, sabemos que la referencia al pseudohistoriador árabe no es más que un pretexto que Cervantes utiliza para reclamar para sí la relación de padre verdadero (¡ya no el padrastro!) de su libro. Entonces la pluma del cronista suelta un largo discurso que culmina con las palabras: «Para mí sola nació don Quijote, y yo para él; él supo obrar, y yo escribir; solos los dos somos para en uno». Un imperioso «solos» que únicamente Cervantes podría haber dicho y en el que no sólo aparece lo que hoy día llamaríamos la reivindicación por parte de un autor de los derechos de propiedad intelectual sobre un personaje por él creado, sino en el que se afirma todo el orgullo renacentista del poeta: el poeta que era el inmortalizador tradicional de los grandes hechos de los héroes y príncipes históricos. Éste, como es sabido, era el transfondo económico del artista del Renacimiento; recibía su sostén del príncipe a cambio de la gloria inmortal que confería a su benefactor. Pero don Quijote no es ningún príncipe de quien Cervantes pudiera esperar recibir una pensión, tampoco es protagonista de grandes hechos en el mundo exterior (su grandeza radicaba solamente en su cálido corazón), y ni siquiera es un ser del que pudiera dar testimonio alguna fuente histórica, por mucho que Cervantes simulara disponer de tales fuentes. Don Quijote adquirió su inmortalidad exclusivamente en manos de Cervantes, como él mismo sabe y admite. Obviamente, don Quijote hizo solamente lo que Cervantes escribió, y nació para Cervantes en la misma medida en que ¡Cervantes nació para él! En el discurso salido de la pluma del pseudocronista tenemos una autoglorificación del artista, discreta pero al mismo tiempo franca. Es más, el artista Cervantes crece en virtud de la gloria alcanzada por sus personajes; y en la novela vemos el proceso mediante el cual las figuras de don Quijote y Sancho se convierten en personas vivientes, que surgen de la novela, por decirlo así, para ocupar su puesto en la vida real, convirtiéndose finalmente en figuras históricas inmortales. [...]

En la segunda parte de la novela, cuando el duque y la duquesa piden que se les deje ver las figuras ya históricas de don Quijote y

Panza, este último le dice a la duquesa: «... y aquel escudero suyo que anda, o debe andar, en la tal historia, a quien llaman Sancho Panza, soy yo, si no es que me trucaron en la cuna; quiero decir, que me trucaron en la estampa». En tales pasajes Cervantes destruye a propósito la ilusión artística: él, el titiritero, nos deja ver las cuerdas que mueven a sus marionetas: «mira, lector, esto no es la vida, sino un escenario, un libro: arte; ¡reconoce el poder que de dar vida tiene el artista como algo aparte de la vida!». Multiplicando sus máscaras (el amigo del prólogo, el historiador árabe, a veces los personajes que le sirven de portavoz), Cervantes no hace sino reforzar más su dominio sobre todo ese cosmos artístico que su novela representa. Y la fuerza de su dominio se ve realzada por la naturaleza misma de los protagonistas: don Quijote es lo que hoy día llamaríamos una personalidad escindida, a veces racional, a veces necia; también Sancho, que en ocasiones no es menos quijotesco que su amo, otras veces es incalculablemente racional. De esta manera el autor hace que le sea posible decidir en qué momento sus personajes se comportarán razonablemente, en qué otro lo harán neciamente (nadie es más imprevisible que un necio que pretenda ser sabio). Al empezar su viaje con Sancho, don Quijote promete a su escudero un reino en una isla en el que él gobernará, justamente lo que se hacía en numerosos ejemplos de literatura caballeresca en el caso de los escuderos. Pero, guiándose por su juicio crítico (del que no carece del todo), don Quijote promete dárselo inmediatamente después de su conquista, en vez de esperar a que el escudero se haga viejo, como se acostumbra a hacer en los libros de caballerías. La vertiente quijotesca de Sancho acepta su futuro reino sin poner en duda su posibilidad, pero su naturaleza más realista prevé —y critica— la escena real de la coronación: ¿qué aspecto tendría su rústica esposa, Juana Gutiérrez, con una corona sobre la cabeza? Dos ejemplos de necedad, dos actitudes críticas: ninguna de ellas corresponde a la actitud del escritor, que se mantiene por encima de las dos personalidades escindidas y de las cuatro actitudes. A veces Cervantes ni siquiera decide si las inferencias erróneas que don Quijote saca de lo que ve son o no totalmente absurdas: da a entender que la bacía de barbero le parece un yelmo a don Quijote y puede parecer otra cosa a otras personas: perspectivismo es lo que enseña y puede que incluso exista un «baciyelmo», es decir, una bacía que al mismo tiempo sea un yelmo: el hecho mismo de inventar una palabra es reflejo de las formas híbridas de la realidad. Pero mi opinión es que este perspectivismo realza la figura del novelista.

Con esta tolerancia hacia sus personajes, que es también un principio algo maquiavélico de «divide y vencerás», el autor logra hacerse indispensable para el lector: al mismo tiempo que, en su prólogo, Cervantes nos pide una actitud crítica de nuestra parte, nos hace depender aún más de él como guía que nos ayudará a atravesar las intrincaciones psicológicas de la narrativa: aquí, al menos, no nos deja libre albedrío. Incluso podemos inferir que Cervantes gobierna imperiosamente sobre su propio ser: él fue quien creía que su ser estaba escindido en una parte crítica y otra ilusionista (desengaño y engaño); pero en este *ego* barroco él puso orden, un orden precario, es cierto, al que sólo una vez llegó Cervantes en todas sus obras y al que en España sólo llegó Cervantes. [...] Y, a decir verdad, solamente una vez se ha dado este orden precario en la literatura universal: pensadores y artistas posteriores no dudaron en proclamar la inanidad del mundo: llegaron al extremo de dudar de la existencia de un orden universal y, al imitar el perspectivismo de Cervantes (Gide, Proust, Conrad, Joyce, Virginia Woolf, Pirandello), no alcanzaron a percatarse de la unidad que había detrás del perspectivismo, de manera que, en sus manos, a veces se permite la desintegración de la personalidad del autor mismo. Cervantes se encuentra en el polo opuesto de esa moderna disolución de la personalidad del narrador: lo que él intentó —en el último momento antes de que se desuniera la visión cristiana unificada del mundo— fue restaurar dicha visión en el plano artístico, mostrar a nuestros ojos un cosmos escindido en dos mitades separadas, desencanto e ilusión, que, sin embargo, como por obra de un milagro, no se deshacen. La anarquía moderna contenida por la voluntad clásica de equilibrar (¡la actitud barroca!). Constatamos ahora que no es tanto que la naturaleza de Cervantes esté escindida en dos (crítico y narrador) porque así lo exige la naturaleza de don Quijote, sino que antes bien don Quijote tiene un carácter escindido porque su creador era un crítico-poeta que sentía con fuerza casi igual la necesidad de la belleza ilusoria y la de claridad diáfana.

Podría ser que a los lectores modernos el «carácter patológico» de don Quijote les parezca un caso típico de frustración social: una persona cuya locura está condicionada por la insignificancia social en la que había caído la casta de los caballeros, con el comienzo de la guerra moderna, ya mecanizada hasta cierto punto, del mismo modo que en *Un coeur simple* de Flaubert se quiere que veamos como socialmente condicionadas las frustraciones de Félicité, la criada doméstica, que llevan a la aberración de su imaginación. Sin embargo, quisiera prevenir al lector en contra de interpretar a Cervantes en términos del resentimiento sociológico del siglo XIX que muestra Flaubert, ya que el propio Cervantes nada ha hecho por fomentar semejante enfoque sociológico. Don Quijote consigue recobrar su sensatez, aunque no sea hasta su lecho de muerte, y su locura de antes no es más que un reflejo de esa carencia de razón generalmente humana por encima de la cual el autor ha querido colocarse.

Muy por encima del cosmos a escala mundial creado por él, en el que se funden centenares de personajes, situaciones, vistas, temas, tramas y subtramas, se halla entronizado el ser de Cervantes, un ser creativo que lo abarca todo, un Creador artístico visiblemente omnipresente que graciosamente hace al lector partícipe de su confianza, mostrándole la obra de arte en fase de creación, así como las leyes a las que está necesariamente sometida. En un sentido este artista se parece a Dios, pero no está deificado; lejos de nosotros concebir a Cervantes como alguien que tratase de destronar a Dios y reemplazarlo por un semidiós artístico. Por el contrario, Cervantes se inclina siempre ante la sabiduría suprema de Dios, tal como la encarnan las enseñanzas de la Iglesia católica y del orden establecido del estado y la sociedad. Pero, por otra parte, el novelista, por el mero arte de su narrativa, ha ampliado la independencia de demiurgo del artista. Su humor, en el que caben muchos estratos, perspectivas, máscaras, de relativización y dialéctica, da testimonio de su alta posición por encima del mundo. Su humor es la libertad de las alturas, una libertad bajo la cúpula de esa religión que afirma la libertad del albedrío.

Cesare Segre

LÍNEAS ESTRUCTURALES DEL *QUIJOTE*

Dos afirmaciones preliminares, respecto al carácter y a la modalidad de las relaciones de Cervantes con su obra. Por un lado: extrema conciencia crítica, tan evidente, que hace del *Quijote* el prototipo de la novela-ensayo. Por otro: una redacción que sigue las flechas del tiempo, probablemente con escasos regresos (para reelaborar) sobre lo ya escrito; ausencia, o rápido abandono, de un proyecto establecido. De las dos afirmaciones nace la imagen de una aplicación crítica que, más que predisponer las estructuras y la temática del libro, amolda la progresiva elaboración a los propios desarrollos y reelaboraciones, según el modelo de autorregulación de los sistemas.

Por lo que respecta a la redacción de la novela, es de gran peso el hecho de que las dos partes en las que se divide las separa entre sí el espacio de un decenio (1605-1615). En la primera parte, después de haber hecho regresar a don Quijote a casa, confiándolo a la sobrina y al ama, Cervantes alude a una sucesiva «salida» de su héroe, pero con los epitafios y los elogios fúnebres de don Quijote, Sancho y Dulcinea da la impresión de querer cerrar cuentas. Por otro lado, si a media voz alude a una posible continuación, parece no excluir, con el final ariostesco («Forse altri canterà con miglior plettro»), que sean otros los que se apliquen a la empresa. Diez años después, encontramos en cambio a Cervantes que está llevando a término una segunda parte de la novela, incluso más larga que la primera. Le había precedido, precisamente en 1614, un tal Avellaneda, que recogiendo la invitación de la primera parte había escrito una segunda; rivalizando e incluso polemizando con Cervantes. La segunda parte del *Quijote* auténtico se convierte así, además de complemento, en defensa y apología.

También en el interior de las dos partes abundan las pruebas de que la redacción de la novela coincidió con su estructuración. Nótese, por ejemplo, la distinta amplitud de las dos primeras «salidas»: capítulos 2-5 y 7-52. En la primera «salida», además, a don Quijote no le acompaña

Cesare Segre, «Construcciones rectilíneas y construcciones en espiral en el *Quijote*», *Las estructuras y el tiempo*, trad. M. Arizmendi y M. Hernández Esteban, Planeta, Barcelona, 1976, pp. 185-218 (186-195, 201-202, 208).

todavía su deuteragonista y doble, Sancho; por último, él da la impresión de oscilar entre dos estereotipos culturales: las novelas de caballerías (que después dominarán sin rival) y los romances populares, que adapta a sus aventuras o con cuyos personajes se identifica. [...] Algunas de las invariantes del *Quijote* se presentan, por lo tanto, sólo en la segunda «salida». La segunda parte de la novela contiene un también sensible cambio narrativo. Está constituida por la polémica con el *Quijote* de Avellaneda, que, además de ser objeto de frecuentes alusiones despreciativas, estimula a Cervantes a caracterizar diferencialmente a su don Quijote, el «verdadero». [...]

La conciencia que tenía Cervantes del desfase entre su teoría y su práctica literaria (con ventaja para la segunda), y de su extraordinaria modernidad puede captarse dando una ojeada al complejo sistema de mediaciones puesto entre el autor y su obra. Quien firma las dedicatorias de las dos partes, y se pronuncia como autor en los respectivos prólogos (habiéndose ya probado los hábitos de «coautor»), se presenta como un recopilador de tradiciones contrastantes (I, 1, 2), para después convertirse en I, 8 en el «segundo autor» de un relato que «el primer autor» anónimo parece haber recogido a su vez de escritos anteriores. A partir de I, 9 empieza la pretendida apelación al manuscrito árabe de Cide Hamete Benengeli, que parece agotarse con el final de la primera parte (I, 52), donde se alude a sucesivas aventuras basadas en tradiciones orales, y se concluye con los epitafios y elogios encontrados en otro pergamino, el de los académicos de Argamasilla. En la segunda parte, por último, Cide Hamete reaparece, sin explicaciones, como única fuente del relato. [...] Mucho antes de la invención de los pergaminos de Cide Hamete, don Quijote, todavía solitario y sin historia, dice para sí: «¡Oh, tú, sabio encantador, quienquiera que seas, a quien ha de tocar el ser coronista desta peregrina historia! Ruégote que no te olvides de mi buen Rocinante», etc. (I, 2). El personaje evoca así a Cide Hamete antes aun de haber entrado en acción como «primer autor». Tenemos por lo tanto un escritor (Cervantes) que inventa a un personaje (don Quijote) que inventa al autor (Cide Hamete) que servirá como fuente a la obra del escritor (Cervantes). Y a menudo (I, 11, 21) parece que las acciones de don Quijote están o pueden estar influenciadas por iniciativas del autor Cide Hamete.

Esta construcción a lo Borges le permite a Cervantes depositar irónicamente la responsabilidad de lo que se ha narrado en un no creyente (por lo tanto, no merecedor de confianza; ¡cuántos juramentos en el nombre de Allah estamos implícitamente invitados a no creer!), y mago (por lo tanto, depositario de noticias inalcanzables para un común mortal). Cide Hamete tiene entonces a su disposición la inmensa distancia entre lo auténtico y lo improbable; mientras el «segundo autor», Cervantes, puede comportarse bien como narrador irresponsable, bien como crítico que rechaza o limita las afirmaciones de su fuente. El desdoblamiento del escritor encubre la crisis (= 'separación', 'elección', 'juicio') entre Renacimiento y Barroco: en primera persona, Cervantes es portavoz de la poética renacentista; disfrazado de Cide Hamete, crea personajes y sucesos barrocos en el gusto por los contrastes, en la consciente desarmonía, en el sentido de lo inestable de la realidad.

El *Quijote* no habla sólo de don Quijote y Sancho. Los dos personajes predominan en la atención y en la memoria de los lectores; pero soslayar los muchísimos capítulos en los que están ausentes significaría falsear la trabazón de la novela y, lo que es más grave, su significado. Es indispensable darse cuenta de la estructura del *Quijote* para comprender qué relaciones se establecen entre las dos partes y a qué exigencias pretenden responder.

A grandes líneas, el *Quijote* es una novela «ensartada» (para utilizar la expresión de Sklovski), a menudo interrumpida por interpolaciones narrativas que a veces permanecen ajenas a la trama, a veces se insertan en ella. Estas interpolaciones constituyen como cortes verticales en la horizontalidad seriada de las aventuras del caballero y de su escudero. Las modalidades de inserción varían: se va desde el procedimiento del «manuscrito encontrado» (como la historia del «Curioso impertinente», I, 33-35) al de la narración que hacen el protagonista de la intercalación (la «Historia del cautivo», I, 39-41) o, en capítulos sucesivos, los protagonistas (Cardenio, I, 24 y 27 y Dorotea, I, 28), o un narrador (la historia de Marcela, I, 12, 13). La diversidad de actuación de las intercalaciones depende claramente de un intento de *variatio*, pero se relaciona también con la posible participación de los personajes de las intercalaciones en la trama principal: una participación a menudo ocasional (provocan la locura, o a veces la sabiduría, de don Quijote, enriqueciendo y ahondando su casuística), a veces esencial (Dorotea, que acepta de buen grado el papel de Micomicona), y a veces inexistente («El curioso impertinente»). Es un problema de estructura sobre el que Cervantes debe haber meditado mucho, como se percibe en lo dicho en II, 44, [sobre el haber «usado en la primera parte del artificio de algunas novelas,

como fueron la del "Curioso impertinente" y la del "Capitán cautivo"»,
y concluir que, «pues se contiene y cierra en los estrechos límites de la
narración, teniendo habilidad, suficiencia y entendimiento para tratar del
universo todo, pide no se desprecie su trabajo, y se le den alabanzas no
por lo que escribe, sino por lo que ha dejado de escribir»]. El hecho es
que en la segunda parte las intercalaciones son más breves, y todas conec-
tadas íntimamente con la trama principal: así las «Bodas de Camacho»
(II, 20-21), la narración de doña Rodríguez (II, 48), las historias de
Claudia Jerónima (II, 9) y de Ana Félix (II, 65), la inocente escapada
de la hija de don Diego (II, 49). En cambio, la segunda parte ve por
primera vez mucho tiempo separados a don Quijote y Sancho, en todo
el episodio de Sancho gobernador (II. 44-53).

[Aun si el *Quijote* se asemeja a la novela picaresca por el carácter
de serie virtualmente abierta hasta el infinito de los episodios (esquema de «ensarte»), y aun si el procedimiento de las interpolaciones es
de origen caballeresco], la historia del caballero y del escudero mantiene
su linealidad, que las interpolaciones pueden detener pero no desviar;
las interpolaciones pueden colgarse al hilo del relato, pero no se entre-
lazan con él. Pocas veces los personajes de las interpolaciones se encuentran una segunda vez en el camino de don Quijote, y aún menos veces
se aprecian las consecuencias. Alternancia paritética —procedimiento de
ensamblaje— se da sólo entre don Quijote y Sancho las pocas veces
que se separan (I, 26-29; II, 44-53), no sin desagrado por parte de
ambos.

Si los relatos interpolados no son funcionales para la trama, lo
son para la temática de la novela. Sin necesidad de adentrarse en
las disquisiciones del XVI sobre los géneros literarios, se advierte en
seguida que las interpolaciones tienen un elemento común, el amor,
y pertenecen casi exclusivamente al género pastoril o sentimental,
excepto la historia del cautivo, que es un relato de aventuras. Una
primera aproximación nos la puede ofrecer este aspecto: que tantos
amores colman el vacío de sentimientos dejado abierto por el culto
totalmente fantástico, cerebral, de don Quijote por Dulcinea. La
concepción del amor que tiene don Quijote va, en efecto, mucho más
allá de lo que se ha llamado la «paradoja del amor cortés», cuyas
invocaciones exigen no ser satisfechas, y son tanto más altas y más
inspiradas cuanto más lejana, inalcanzable o incluso de dudosa existencia es la mujer (como precisamente Dulcinea del Toboso). Don
Quijote, a diferencia de gran parte de los personajes de las novelas,
excluye con rigor casi monástico cualquier concesión a la galantería.

Idéntico extremismo en la concepción de la aventura, que debe ser gratuita y sólo inspirarla el deseo de gloria. Así, Cervantes ha necesitado hacer pasar el unívoco itinerario espiritual de don Quijote entre personajes y acontecimientos que representasen zonas bastante extensas de la invención narrativa, al menos como estaba codificada en su tiempo. La mirada de don Quijote está tan fija en las metas soñadas, como la de los personajes de las intercalaciones se mueve sobre las personas y sobre las cosas; el sentimiento de don Quijote es tan inmóvil en su autosuficiencia, como el de los otros está dispuesto a arrebatos de pasión, de gratitud, de venganza; la aguja de la brújula de don Quijote está tan parada sobre su inalcanzable norte, como la de los demás oscila con el cambio de impulsos, situaciones, hechos más o menos fortuitos. [...] Podemos decir que las interpolaciones narrativas expresan la exigencia de la realidad, por mucho que le cueste al lector moderno, tan lejano de las convenciones literarias del XVI, tan dispuesto a reaccionar negativamente frente a la artificiosidad de la *cornice* y de las tramas, de las que puede al máximo gozar de la elegancia estilística y de los detalles coloristas. Baste observar que si la novela se desarrolla en dos planos, el de la irrealidad quijotesca y el de la realidad (es más, según el *gentlemen's agreement* entre escritor y lector, de la veracidad), los personajes de las interpolaciones pertenecen con pleno derecho al plano de la realidad fijado por el autor: tanto es así que Dorotea participa en la afectuosa conjuración para conducir al héroe de nuevo al redil.

Las interpolaciones están en la novela, además, para representar otra realidad: la de la problemática social. A don Quijote, hidalgo pobre y falso caballero, y al labrador Sancho se aproximan en las interpolaciones representantes de la nobleza, de la propiedad territorial, de la administración, del clero: adviértase que si se prescindiera de las interpolaciones, en la primera parte del *Quijote* el caballero encontraría casi siempre personas de clase social y de instrucción inferiores a él. También por esto las interpolaciones resultaban menos necesarias en la segunda parte, en la que personajes de alcurnia, como el Duque, y después don Antonio Moreno, monopolizan ampliamente al Caballero de la Triste Figura, y participan de forma determinante en sus aventuras. En la segunda parte la sociedad señorial no necesita ir hacia don Quijote, es don Quijote quien va hacia ella, acepta su hospitalidad y, ¡ay!, sus condiciones.

Pero la realidad de las interpolaciones tiene además otra función.

El *Quijote* es una especie de galería de los géneros literarios de su tiempo: el libro de caballerías, aunque en acepción paródica, consistente, en parte, en el recurso a los esquemas de la novela picaresca; y después el género pastoril, la novela de aventuras, el cuento, el diálogo literario; y no debe olvidarse la poesía amorosa, elemento común en las interpolaciones y en las aventuras de don Quijote (mientras sólo estas últimas documentan el género popular de los romances). Toda la historia del género novela puede verse como una serie de intentos de mezclar los diversos tipos de novelas: primero, el ciclo artúrico con el carolingio; después, la novela caballeresca y la novela bizantina con el sentimental o el arcádico. En el *Quijote* esta mescolanza es, en vez de una solución, una suspensión que deja sus componentes invariados; Cervantes ha distribuido acertadamente las secuencias pertenecientes a los diversos géneros, sin que los rasgos que los caracterizan se contaminasen o conciliasen. Es la definición de don Quijote que exigía la combinación, en vez de la fusión de los géneros literarios. [...]

Es significativo que en la segunda parte, mientras la reducción de las interpolaciones le permite a don Quijote una presencia más dominante, la deformación de la realidad no se atribuye ya exclusivamente a la locura del caballero, sino a la fantasía, también cruel, de sus interlocutores: como decir que la deformación de lo real, en principio fruto de una mente enferma, es ya acto repetible y definible. [...] El esquema en espiral individualizado en las relaciones entre escritor, personaje, «primer autor» (Cide Hamete), obra, reaparece aquí en las relaciones entre realidad, verosimilitud, sueño e invención de nuevas realidades. Dos espirales, evidentemente afines, que permiten una multiplicación de perspectivas y una disimulada vigilancia. Sólo tutelando la propia sabiduría (también de escritor), Cervantes podría narrar la locura de don Quijote; sólo manteniendo una poética renacentista Cervantes podría potenciar, y canalizar, sus visiones barrocas. [...]

Es muy evidente el cambio que padece don Quijote reapareciendo después de diez años, sobre todo en el ímpetu del éxito de la primera parte. En la primera parte de la novela las aventuras nacen, en general, del encuentro entre una ocasión-estímulo y la imaginación del héroe: que, basándose en un solo rasgo, cree individualizar una entera *Gestalt* y entra en esta *Gestalt* inexistente. La esquematización de las situaciones típicas del libro de caballerías hace de don Quijote un inventor de situaciones; la derrota la determina (predetermina) la absoluta extrañeza e incomparabilidad de la situación real con la literaria. En la primera parte, don Quijote pasa de todos modos de la exaltación al compromiso, premeditado, de remediar sus consecuencias: su orgullo puede ser más o menos intenso, pero no se siente (o no se confiesa) jamás herido; su lenguaje, reflejando todos los matices del humor, es, con admirable variedad, noble o modesto, rebuscado o inspirado, didáctico o capcioso.

La primera parte del *Quijote* es el relato de cómo el héroe *no* se ha convertido en un héroe de novelas de caballerías; pero es también la historia del nacimiento de un héroe de novela: de la novela de Cervantes. El contexto de la segunda parte ha cambiado profundamente por este elemento: todos los personajes, a partir del protagonista, conocen la existencia de la primera parte de la novela. Las nuevas aventuras de don Quijote, presentadas como verdaderas, están influidas por el conocimiento, literario, de las precedentes, y asimismo verdaderas. Tenemos así el impacto sobre la vida de dos tipos de libros: los caballerescos (mentirosos), dominantes sobre la inteligencia y sobre la acción de don Quijote, y la novela de Cervantes (verdadera, histórica), que ha popularizado la imagen del caballero, y por lo tanto cambia el ambiente en el que se mueve, y a él mismo. En definitiva, la primera parte de la novela ha ofrecido un reconocimiento objetivo a esa forma de automaduración que produce el sucederse de las aventuras; ahora don Quijote está seguro de sí mismo: él es lo que se ha hecho a sí mismo, y es, gracias a la circulación de la novela, un personaje. No ya improvisaciones o caprichos fantásticos: don Quijote habla y actúa de forma que enriquece y perfecciona los rasgos del personaje, con digna consciencia. También su lenguaje se ha hecho más seguro y uniforme: se mueve sobre una línea de tonalidad elevada pero no amplia. Un autocontrol, el suyo, al que no se podía sustraer ni siquiera la locura. Y ya que se trataba de una locura transfigurante, don Quijote parece que no logra ya transformar, como antes, la realidad: las tabernas ya no son castillos, las manadas de toros y de cerdos no son ejércitos enemigos, y los azotes que tienen que desencantar a Dulcinea se pagan a golpes de escudos. [...]

El *Quijote* es una nebulosa en expansión. Avanza a lo largo del tiempo de la escritura y del tiempo narrado; introducido de nuevo en la mira del telescopio después de diez años, deja entrever una fase mucho más avanzada de la expansión, que en la segunda parte reanuda su ritmo. Hay, por lo tanto, movimientos lineales hacia delante (por eso la sucesión horizontal de los episodios, que interrumpen pero evidencian las interpolaciones y los escasos ensamblajes), y movimientos de reorganización circular, que llenan el espacio de ideas, de relaciones y sugerencias que envuelven el núcleo del relato. Son estas reorganizaciones circulares las que nos han sugerido la imagen de la espiral. Cervantes, en esencia, no asume nunca un punto de vista preferencial; hace que las personas o sus actividades, o incluso los medios de expresión, remitan unos a otros espejos rotativos que hacen girar en torno nuestro realidad y fantasía, verdad y mentira, tragedia y comedia, ironía y poesía.

Juan Bautista Avalle-Arce

LOCURA E INGENIO EN DON QUIJOTE

Del poco dormir y del mucho leer se le secó el celebro, de manera que vino a perder el juicio. Llenósele la fantasía de todo aquello que leía en los libros, así de encantamentos como de pendencias, batallas, desafíos, heridas, requiebros, amores, tormentas y disparates imposibles; y asentósele de tal modo en la imaginación que era verdad toda aquella máquina de aquellas sonadas soñadas invenciones que leía, que para él no había otra historia más cierta en el mundo (I, 1).

Y es en este momento que «vino a dar en el más estraño pensamiento que jamás dio loco en el mundo», y se hizo caballero andante y salió a recorrer el mundo a la busca de agravios que deshacer y aventuras que vencer. [...] El hecho efectivo, y de interés ahora, es que a partir de este momento don Quijote está loco, según dictamina y refrenda el autor —o sucesión de autores, según un punto de vista estructural: Cide Hamete Benengeli, varios autores anónimos, Cervantes—, y lo estará hasta las últimas páginas de la segunda parte, cuando vuelve a sus cabales para adoptar la identidad con que quiere enfrentar a su creador.

Juan Bautista Avalle-Arce, *Don Quijote como forma de vida*, Fundación Juan March-Castalia, Madrid, 1976, pp. 108-112, 114-118, 120-123, 139.

No puede caber duda: la locura del hidalgo manchego surge de una lesión de la imaginativa. Recurro a Juan Luis Vives, con fines de transcribir una autorizada definición de la imaginativa:

Así como en las funciones de nutrición reconocemos que hay órganos para recibir los alimentos, para contenerlos, elaborarlos y para distribuirlos y aplicarlos, así también en el alma, tanto del hombre como de los animales, existe una facultad que consiste en recibir las imágenes impresas en los sentidos, y que por esto se llama imaginativa; hay otra facultad que sirve para retenerlas, y es la memoria; hay una tercera que sirve para perfeccionarlas, la fantasía, y, por fin, la que las distribuye según su asenso o disenso, y es la estimativa... La función imaginativa en el alma hace las veces de los ojos en el cuerpo, a saber: reciben imágenes mediante la vista, y hay una especie de vaso con abertura que las conserva; la fantasía, finalmente, reúne y separa aquellos datos que, aislados y simples, recibiera la imaginación (*De Anima et Vita*, I, x).

Estos textos de Vives o mucho me equivoco o nos vienen como anillo al dedo. Quedan perfectamente definidas las dos facultades del alma de don Quijote que él tiene permanentemente desacordadas de principio a fin de su historia: la imaginativa y la fantasía. Ahora bien, si le falla la imaginativa a nuestro héroe, las imágenes que percibe no pueden por menos que llegarle adulteradas. No hay que extremar la demostración de algo que quedará patente desde el primer encuentro que tiene nuestro novel caballero andante en su primera salida, cuando ya ha perdido la chaveta. Rocín y caballero se hallan muertos de hambre y de sed en la rasa campiña manchega, cuando el jinete distingue una venta, que será su puerto de salvación: «Estaban acaso a la puerta dos mujeres mozas, destas que llaman del partido» (I, 2). Lo que registran los sentidos de don Quijote son, pues, una humilde venta y a su puerta dos rameras. Pero esto es lo que podríamos llamar la impresión cutánea; según la concepción de la época, ya lo hemos visto, esas imágenes entonces deben pasar al alma donde las recibe la imaginativa. Pero la de don Quijote está lesionada y, en consecuencia, su alma sólo registrará imágenes deformadas y distintas de las que perciben sus sentidos. El autor no nos deja lugar a dudas al respecto, y desde este primer encuentro: «A nuestro aventurero todo cuanto pensaba, veía o *imaginaba* le parecía ser hecho y pasar al modo de lo que había leído». Y entonces, de inmediato, se produce la primera de esa larguísima serie de maravillas literarias que constituyen el *Quijote*: el autor nos describe las imágenes que se imprimen en el alma de un hombre cuya imaginativa está desarreglada, y, repito, es la imaginativa la receptora en el alma de lo que perciben los sentidos. «La venta se le representó que era un castillo con sus cuatro torres y chapiteles de luciente plata, sin faltarle su puente levadiza y honda cava, con todos aquellos adherentes que semejantes castillos se pintan.» «Se llegó a la puerta de la venta, y vio a las dos destraídas mozas que allí estaban, que a él le parecieron dos hermosas doncellas o dos graciosas damas que delante de la puerta del castillo se estaban solazando.»

Quiero destacar en la ocasión el hecho de que los sentidos no engañan a don Quijote en absoluto. Sus sentidos perciben una aislada venta manchega y dos prostitutas, imágenes autorizadas por la sucesión de autores que intervinieron en la redacción de la historia de don Quijote. Es en el paso de lo sensorial a lo anímico que estas imágenes quedan totalmente trascordadas: el alma de don Quijote registra, en vez de venta, un castillo, y dos hermosas doncellas en lugar de las dos mozas del partido. Y las imágenes sensoriales quedan totalmente metamorfoseadas y embellecidas en el momento de imprimirse en el alma de nuestro héroe. A la vista del texto de Juan Luis Vives que acabo de transcribir —y seguramente de varios más que la curiosidad del lector podrá suplir—, la explicación de fenómeno tan extraordinario es tan sencilla como contundente. Las imágenes que se perciben sólo pueden pasar de lo sensorial a lo anímico por la aduana de la imaginativa, y ésta don Quijote la tiene lesionada. En consecuencia, lo que registra el fuero más interno de nuestro caballero andante no responde en absoluto a la realidad que perciben sus sentidos. Pero es más grave aún, porque nuestro héroe tiene lesionada asimismo la fantasía, según ya se encargó de explicárnoslo el autor en el mismo pasaje copiado más arriba, donde nos informa del daño a su imaginativa. Y hemos visto que Vives y su época consideraban a ésta como la facultad del alma que registraba las imágenes sensoriales; pero la facultad que las perfeccionaba, dado que toda imagen sensorial es imperfecta, era la fantasía. Y así llego al final de este aspecto de mi demostración: la venta es recibida por el alma de don Quijote como un castillo por el desajuste de su imaginativa, y una vez que se imprime en su alma la imagen de un castillo acude su lesionada fantasía a perfeccionarla «con todos aquellos adherentes que semejantes castillos se pintan». Y lo mismo se puede decir acerca de las dos mozas del partido, que se perfeccionan a punto de llegar a ser dos hermosas damas. Y cuantas aventuras recuerde ahora el discreto lector.

Aquí está la matriz del gran tema del *Quijote* que don Américo Castro [1925] bautizó con el nombre de «la realidad oscilante», y cuyo ejemplo más depurado lo constituye el gran debate acerca de la bacía de barbero, que don Quijote mantenía que era nada menos que el yelmo de Mambrino (I, 21). [...] Desde luego que hay «realidad oscilante» en el *Quijote*. Pero quiero precisar que la hay no en cuanto a *Don Quijote* como libro, y aplicable a su conjunto, sino que la hay en cuanto a don Quijote de la Mancha: personaje y protagonista de ese libro que tiene lesionadas la imaginativa y la fantasía. A lo que voy es que en todo lo que se refiere a los demás personajes del libro, la realidad no oscila: es una y la misma, aunque a veces violentamente torsionada por la intervención de un loco. En ocasiones, asimismo, el tema de la realidad oscilante se puede estudiar en las acciones y reacciones de Sancho, y esto nos da la medida en que el escudero se quijotiza en el transcurso de la obra. En definitiva, me parece perfectamente aceptable la denominación de «realidad oscilante» para caracterizar el específico vivir del protagonista. Mas esta «oscilación» yo la veo desde la perspectiva de Vives y no de la filosofía del siglo xx. Y trataré de explicarme mejor: la realidad oscila porque entre la imagen sensorial y el alma se interpone una imaginativa-fantasía sensorial asimismo oscilante —oscilante por lesión, claro está—; la realidad de don Quijote, ni mucho menos la del libro en general, no oscila por ningún motivo existencialista ni de otras filosofías de vanguardia.

Las lesiones en esas dos facultades del alma de que sufre don Quijote ya no se denominan más de esa manera. La psicología que las diagnosticó periclitó hace siglos, y con ellas toda su terminología y «adherentes». Lesiones como las de don Quijote las conocemos ahora como *mitomanía*. En el fondo de todo mitómano moderno, y me refiero a la literatura, claro está, yace un poso irreductible de quijotismo, [desde Tartarín de Tarascón o el protagonista del *Miau* galdosiano hasta algún personaje de André Malraux].

El próximo problema que nos sale al paso es el hecho de que don Quijote el loco no es así denominado en el título de su historia, sino *El ingenioso hidalgo don Quijote de la Mancha*, lo que se confirma en 1615, en la *Segunda parte del ingenioso caballero don Qui-*

jote de la Mancha. ¿Por qué se llama a un loco «ingenioso»? En nuestra habla diaria, para no meterme en definiciones de diccionario, una persona ingeniosa es alguien ocurrente, gracioso, de maña y artificio. El grave empaque de don Quijote rechaza estas acepciones comunes y modernas. [...]

El punto de partida es la fisiología clásica (Aristóteles, Galeno, Hipócrates), tamizada y complicada por conceptos de varia procedencia en los siglos medios y llevada a su perfección en las primeras generaciones renacentistas (desde luego, hablo de una perfección relativa y totalmente alejada a la nuestra). Se trata de la teoría de los humores, algo ya tan remoto que el gran crítico inglés C. S. Lewis la incluyó en lo que él llamó *la imagen descartada*, vale decir, la imagen del universo que el hombre occidental descartó en el paso a la Edad Moderna y de la que hemos perdido toda idea, al punto que, a menos de ser uno especialista, es casi imposible captar el esquema general ideológico de cualquier obra anterior al siglo XVIII. La abandonada teoría de los humores, incomprensible para casi todos hoy día, nos decía que el cuerpo humano estaba constituido por cuatro humores, que eran la cólera (bilis amarilla), la sangre, la melancolía (bilis negra o atrabilis) y la flema. Según el balance alcanzado por los humores en cada ser humano, se daban las características psicológicas que distinguirían a cada individuo. Y si el predominio de un humor sobre los demás era muy notable, entonces surgían los siguientes tipos psicológicos, que hoy en día sí entendemos, aunque dentro de un contexto intelectual absolutamente distinto: el colérico, el sanguíneo, el melancólico y el flemático. [Cada uno de ellos, por otra parte, iba también asociado a un elemento del cosmos —con su cualidad correspondiente— y a un órgano del cuerpo]:

ELEMENTOS	CUALIDADES ESENCIALES	HUMORES	TEMPERA-MENTOS	ÓRGANOS SECRETORIOS
Fuego	Caliente	Sangre	Sanguíneo	Corazón
Tierra	Frío	Atrabilis o humor negro	Atrabilario o melancólico	Bazo
Aire	Seco	Bilis	Colérico	Hígado
Agua	Húmedo	Flema o pituita	Colérico o pituitoso	Cerebro

Visto este trabado juego de concatenaciones, debo agregar de inmediato que don Quijote es un individuo en quien predomina el humor de la cólera, vale decir, es un temperamento colérico. Mas el desgaste de los siglos que sufren rocas y palabras ya no nos dice nada: «montar en cólera» es en nuestros días una fórmula un poco cursilona de decir que alguien se ha enfadado. Así y todo, cuando nuestros antepasados decían que alguien era *colérico* se referían a un complicado juego de correspondencias que terminaba dándonos las características psicológicas —y hasta psicosomáticas— de dicho individuo. Decir que don Quijote era colérico lo definía de pies a cabeza, al menos en su época. Creo inútil extenderme en la demostración de que don Quijote era colérico. Mas me creo obligado a adelantar el usual botón de muestra. Después de la breve primera salida ocurre el escrutinio de la librería de nuestro héroe, con el resultado que la mayoría de sus libros son quemados por el brazo seglar del ama. A todo esto el héroe dormía; para ocultar la quema de los libros se decide tapiar el aposento donde se guardaban. Y así, al despertar don Quijote no encuentra ni libros ni librería. Con la imaginativa desquiciada, como sabemos que la tenía, el hidalgo manchego acusa de tal fechoría al sabio Frestón, un grande enemigo suyo, y la conversación que mantiene con ama y sobrina al respecto se caldea en forma peligrosa: «No quisieron las dos replicarle más, porque vieron que se le encendía la cólera» (I, 7). [Los coléricos —como se lee, por ejemplo, en el *Arcipreste de Talavera*— eran considerados «sabyos, sobtiles e engeniosos».] La sutileza y facilidad inventiva eran cualidades indispensables en el *ingenio*, según lo define Sebastián de Covarrubias en su *Tesoro de la lengua castellana o española* (1611): «Vulgarmente llamamos ingenio una fuerça natural de entendimiento, investigadora de lo que por razón y discurso se puede alcançar en todo género de ciencias, disciplinas, artes liberales y mecánicas, sutilezas, invenciones y engaños». Sin conocer ni por las tapas el texto de Covarrubias, Sancho ya había refrendado entusiastamente esta definición de ingenio, en particular aplicable a su amo. Pero es el propio don Quijote, aunque en forma indirecta, quien nos declarará que él es de muy subido ingenio. Todo empieza con su hermosísima definición de Poesía: «La poesía, señor hidalgo, a mi parecer, es como una doncella tierna y de poca edad, y en todo estremo hermosa, a quien tienen cuidado de enriquecer, pulir y adornar otras muchas doncellas, que son todas las otras ciencias, y ella se ha de servir de todas, y todas se han de autorizar con ella» (II, 16). En suma, la poesía es el compendio estético de todas las ciencias, y ocurre que don Quijote, cuando imagina sus proyectos pastoriles, confiesa a su escudero «el ser yo algún tanto poeta» (II, 67). De esta manera, y por admisión propia, don Quijote entra a formar parte de la definición de *ingenio* que nos ha dado Covarrubias.

Ahora, con el *Examen de ingenios* de Juan Huarte en la mano, podemos redondear esta exposición de cómo el loco protagonista de la novela es designado, desde la portada, como «ingenioso». En primer lugar, Huarte nos informa de que la ecuanimidad psicológica de los tales es precaria: «Por maravilla se halla un hombre de muy subido ingenio que no pique algo en manía, que es una destemplanza caliente y seca del cerebro». En don Quijote se dan todas estas características: era de subido ingenio, según acabamos de ver, y como colérico que era, primaban en él, *per definitionem*, lo caliente y lo seco. Y esto, en términos de Huarte, explica la facundia de don Quijote: «La oratoria es una ciencia que nace de cierto punto de calor» (*Examen de ingenios*, VII). En forma inevitable, el protagonista pica en manía, como diría Huarte, y su manía será la lectura de los libros de caballerías, que le hacen olvidar su manía anterior, la de la caza (I, 1). [...] Don Quijote de la Mancha era un colérico de subido ingenio, y como tal de temperamento seco y caliente. El paso de esta circunstancia a la locura se efectúa por resecamiento del cerebro («Del poco dormir y del mucho leer se le resecó el celebro») y la lesión a la imaginativa. Como dice Huarte: «La vigilia de todo el día deseca y endurece el cerebro, y el sueño lo humedece y fortifica». Hay un desequilibrio de humores, aquí causado por falta total de humedad, que sólo puede desembocar en el trastorno mental. El sueño restablece la humedad, pero ya estamos informados que la manía de don Quijote —los libros de caballerías— le mantenían en permanente vigilia: «Se le pasaban las noches leyendo de claro en claro, y los días de turbio en turbio». Esto provoca un trastorno total, al punto que a nuestro héroe «llenósele la *fantasía* de todo aquello que leía en sus libros ... y asentósele de tal modo en la *imaginación* que era verdad toda aquella máquina de invenciones que leía». La locura de don Quijote —colérico, sutil, ingenioso— se vio precipitada por una aguda falta de humedad que, a su vez, surgió a raíz de que las horas del sueño las dedicaba a la lectura. Es muy significativo observar ahora que cada regreso del héroe a su aldea, voluntario o involuntario, es seguido por un profundo sueño de duración de días, al parecer, y que le restableció en cada ocasión una cierta medida de juicio, lo que equivale a un restablecimiento de los humores a base de un aumento de humedad en el cerebro.

[En la España de Cervantes y en la Europa coetánea, por otra parte, toda una influyente facción intelectual —desde Erasmo— afirmaba la necesidad de la locura como ingrediente vital. Basta recordar el título de una obra de Jerónimo de Mondragón, publicada poco antes que el *Quijote*]: *Censvra de la locvra hvmana, i excelencias della: en cvia primera Parte se trata como los tenidos en el mvndo por Cuerdos son Locos: i por serlo tanto, no merecen ser alabados. En la segunda se muestra por via de entretenimiento como los tenidos comunmente por Locos son dignos de toda alabança: con grande variedad de apazibles i curiosas historias, i otras muchas cosas no menos de prouecho que deleitosas* (Lérida, 1598).

Francisco Márquez Villanueva

SANCHO PANZA: TRADICIÓN Y NOVEDAD

El aldeano manchego permanece, en conjunto, marcadamente fiel a la caracterización dramática del rústico [o pastor más o menos bobo que constituye la figura cómica más frecuente y capital en el teatro prelopista, en la tradición sayaguesa iniciada por Juan del Encina y enriquecida por Torres Naharro, Sánchez de Badajoz, Sebastián de Horozco, etc.] Sancho, que fue pastor y porquero en su mocedad, siente fraternal ternura por su rucio, es dormilón, enemigo de pendencias, muy aficionado a sus fiambres y al tinto de su bota, pero, sobre todo, soñador incurable con su ínsula o condado. Cervantes sabía muy bien que el tema de la recompensa desproporcionada constituía en el fondo un ataque contra la limpieza de sangre, y la mejor prueba de ello es que no deja de subrayar la magnitud

Francisco Márquez Villanueva, «La génesis literaria de Sancho Panza», *Fuentes literarias cervantinas*, Gredos, Madrid, 1973, pp. 83-88.

del absurdo con irónica valentía: «Que yo cristiano viejo soy, y para ser conde esto me basta». «*Y aun te sobra*», responderá don Quijote (I, 21). [...]

Si la caracterización dramática acostumbrada sigue siendo válida para Sancho Panza en cierto indiscutible nivel, hay que insistir, sin embargo, en que aquélla viene a quedar destruida en otro que es el que más importa. Cervantes la anula en un plano inédito desde el punto de vista artístico. Porque el verdadero Sancho surge, como intuyó W. S. Hendrix (en 1925), de un tejido de contradicciones: simple, pero agudo, materialista en un sentido, soñador y abnegado en otro. Pero, sobre todo, abandonada ya la andadera de la *máscara* del rústico, Sancho es hombre bueno, moralmente sano, sensato y blando de corazón en medio de sus defectos. La caracterización heredada, copioso haz de notas peyorativas con mira infamante, limita ahora su función a trazar el mapa psicológico de las debilidades humanas de un labrador manchego llamado Sancho Panza. Los vicios han perdido su virulencia al quedar ligados con la realidad, igualmente legítima, de sus virtudes. Si tomamos como punto de referencia la inclinación a cosas de bestias, en la que latía tanta mala voluntad, se advierte que en Sancho se nos da sólo como el módulo de una dulzura temperamental, que se encariña con cuanto le rodea y llega a adornarse con la bella cualidad del amor a los animales, que es en el fondo amor a la Naturaleza y a su Creador.

El más claro signo literario de esa voluntad de transformación se perfila con toda la nitidez deseable en la inexistencia que se da en Sancho de las dos notas de infamia en que culminaba el vejamen de los rústicos [en el teatro prelopista]. Porque Sancho no es cornudo, sino, por el contrario, buen esposo y padre, feliz a su manera en su vida conyugal, varón respetado y querido por todos los sujetos a su firme mano de patriarca. La cálida vida familiar de Sancho, que comienza por ser exigencia estructural con miras a superar una fórmula técnica, termina por ser amplia y exquisitamente tratada por Cervantes en la segunda parte del *Quijote*, donde se torna manantial de tanta conmovedora delicia: el coloquio con su esposa sobre el casamiento de la hija (II, 5), el intercambio de cartas de ambos cónyuges (II, 36 y 52), la seriedad del padre que no tolera bromas con el buen nombre de las mujeres de su familia (II, 13), la peregrina idea de celebrar a su mujer como pastora Teresona, pues ni de burlas puede acoger la idea de la menor infidelidad (II, 67). La otra

gran ausencia queda marcada por la buena formación cristiana de
Sancho Panza, tan opuesta a la falta de doctrina y materialismo religioso de aquellos otros rústicos del teatro. Por el contrario, Sancho
no sólo sabe bien su catecismo, sino que incluso ha absorbido bastantes puntos avanzados en materia de teología y de general familiaridad con las cosas eclesiásticas. Pero, sobre todo, Sancho *practica*
además su cristianismo a través de un gran ímpetu de caridad, que
le ablanda las entrañas a los dolores del prójimo y le incapacita para
toda maldad premeditada. Estamos de nuevo ante un propósito sostenido con plena conciencia a lo largo de toda la obra, prueba firme
de la pericia con que Cervantes sabe elegir los medios técnicos que
conducen a sus fines en el orden del arte y de las ideas.

Las únicas huellas, clarísimas, de los sayagueses en relación con
lo religioso se advierten en las dificultades sanchescas con el latín
eclesiástico: lo del *abernuncio* (II, 35), lo de *nula es retencio* (I, 25).
Pero aun ahí ha desaparecido toda intención aviesa, la granada carece de fulminante y el uso de tales expresiones sirve, en sentido in-
verso, para mostrarnos al rústico escudero en posesión de una casi
heroica cultura religiosa. La deturpación de los latines constituye
parte de la general dificultad que Sancho encuentra en la pronunciación de toda suerte de cultismos, vocablos cuyo simple conocimiento
basta para acreditarle, por otra parte, de entendimiento nada vulgar.
La herencia sayaguesa, invertida [...] en el plano estructural, no
constituye en el lingüístico más que un retrato objetivo de las dificultades de pronunciación de un campesino, en cuanto persona que no
posee una cultura formal. Quiere decir, pues, que nos encontramos
ante una nota más al servicio de un general afán de caracterización
verista en sentido ya totalmente moderno, que nada tiene que ver
con Torres Naharro ni con Horozco.

Toda esta benevolencia con que Sancho es visto por Cervantes
puede interpretarse a un nivel fácil como punto medio en el curso
de los tipos rústicos, desde la denigración habitual en el primer Renacimiento hacia su apoteosis barroca. Los valores religiosos de Sancho
podrían igualmente ser puestos a cuenta de espíritu tridentino. Se
trata, sin embargo, de explicaciones más bien vacuas. El estudio de
las fuentes basta para mostrarnos todo eso como resultados de una
lógica interna, centrifugada a partir del afán cervantino por crear *su*
obra, a la vez dentro y fuera de la tradición literaria de su tiempo.
La *máscara* del rústico tenía que ser repudiada en el fondo, porque

su norte era una estética de caricatura, definida por el prurito de dar una imagen peyorativa no de *rústicos*, sino de la *rusticidad*, lo cual equivale a correr detrás de abstracciones literarias. Y Cervantes era, en cambio, el primero en perseguir la creación de individuos, hombres de carne y hueso, de cuerpo y alma que se hicieran viviendo a través de las páginas del libro. El personaje de una pieza (totalmente bueno o malo) se quedaba sin presente ni futuro en la literatura. La cargazón de tintas venía a erigirse en el mayor pecado poético. De conservar el tipo tradicional, grotesco espantapájaros sin religión ni dignidad, Sancho no hubiera podido alcanzar, como máximo, otro relieve que el de su homónimo en Avellaneda. Pero en Cervantes tendría que mostrarse buen cristiano por el ineludible imperativo de desmantelar la vieja fórmula, es decir, por la misma razón que le impedía aparecer como cornudo. Y sólo después de tomar esto en cuenta podrá, quien lo desee, empezar a hablar de tridentinismo.

¿Y la ínsula? Todo nuestro estudio no ha hecho sino confirmarnos en su alcance de crítica social, dardo apuntado hacia la limpieza de sangre, aquella incurable y putrefacta llaga. El caso es grave, y los partidarios del Cervantes pacato en que tampoco «pasa nada» tienen en él duro hueso que roer. Ahí está, pues, la intención peligrosa, con toda su valentía y responsabilidad, pero también hay que decir que aliviada, al mismo tiempo, de todo aquel lastre grotesco y casi apocalíptico con que sus fuentes tendían a concebir dicho tema. La ínsula soñada por Sancho es mucho más. Se trata, por lo pronto, del elemento de mayor valor funcional en la caracterización de Sancho, pues nos hace palpar la capacidad de locura, de riesgo y fantasía que late como factor decisivo en el plano psicológico de éste. Pero la ínsula es en Sancho el elemento homólogo de Dulcinea en don Quijote, nexo a través del cual se establece la semejanza básica de don Quijote y Sancho, artificio que precisamente hace posible el juego de la pareja como protagonista dual. La ínsula se nos revela, por tanto, como una rica, inextricable fusión de diversos planos funcionales. Es, desde luego, una nota satírica, una gotilla de veneno endulzado, a la vez que cuenta entre los pilares que mantienen la obra en pie. Pero el verdadero golpe de genio se da a un nivel, totalmente imprevisto, de altísimo simbolismo en que la ínsula anhelada se eleva a exponente literario de la fecundidad del ideal, del poder de la ilusión para alimentar a la vez que consumir en su llama los más nobles y heroicos impulsos del ser humano.

Martín de Riquer

LA VARIEDAD ESTILÍSTICA DEL *QUIJOTE*

Examinado desde el punto de vista más inmediato y marginal, el *Quijote*, como tantas otras obras geniales de la literatura universal, ofrece una serie de defectos, fruto muchos de ellos de la precipitación y descuido con que parece estar redactado. Da la impresión de que Cervantes escribía sin releer su labor. [...] Esta prisa y descuido de Cervantes al escribir se manifiesta en aquel rasgo tan suyo y tantas veces repetido que consiste en dar un dato a destiempo introduciéndolo con la expresión «Olvidábaseme de decir...», que aunque suele dar una nota afectiva al estilo, en el fondo revela cierta pereza del escritor, que prefiere recurrir a este subterfugio a volver atrás en sus cuartillas para consignar el dato que se dejó en el tintero. Los defectos mismos del *Quijote*, pues, constituyen una característica de la obra y nos la hacen inmediata y próxima. Nos damos cuenta de que el escritor está constantemente a nuestro lado, y nos habla de su propio libro, de sus defectos, de su labor de novelista y de él mismo, cuando emerge en la acción presentándosenos en Toledo hallando el original de Cide Hamete Benengeli.

La variedad de asuntos y personajes que se mezclan en la primera parte del *Quijote* hacen que el estilo narrativo y dialogado de ésta no sea lo uniforme que es el de la segunda. Allí los matices son más acusados y los cambios de estilo harto frecuentes. Hay en el *Quijote*, en ambas partes, un estilo perfectamente acomodado a la trama principal de la novela. Pero en la primera parte hay pasajes de estilo propio de la novela pastoril, como es el episodio de Marcela y Grisóstomo. Los sutiles parlamentos de Ambrosio y de Marcela, ambos pastores ilustrados, nos trasladan al arbitrario mundo literario de las *Dianas* y las *Galateas*, y no faltan los pastores-poetas, como el propio Grisóstomo y el citado Ambrosio. [...] Estos pastores cultos ofrecen cierto contraste con el cabrero Pedro, cuyo relato está salpicado de vulgarismos que crispan a don Quijote. Pero el contraste

Martín de Riquer, *Aproximación al Quijote*, Salvat-Alianza, Madrid, 1970, pp. 157, 159-167.

más destacado de este episodio pastoril lo hallamos en la segunda parte de la novela cuando don Quijote y Sancho ven «saliendo de entre unos árboles, dos hermosísimas pastoras» (II, 58). [...] Se trata de una «fingida Arcadia» que, días después, en el triste regreso, sugerirá a don Quijote la idea de hacerse pastor y andar «por los montes, por las selvas y por los prados, cantando aquí, endechando allí, bebiendo de los líquidos cristales de las fuentes, o ya de los limpios arroyuelos, o de los caudalosos ríos...» (II, 67), y lo demás que sigue, donde Cervantes aplica a la novela pastoril el mismo estilo de parodia que ha aplicado a los libros de caballerías.

En la primera parte del *Quijote* apunta varias veces el estilo de la novela picaresca, tan en boga en aquel tiempo y con el que Cervantes había coincidido con sus novelas *Rinconete y Cortadillo* y *Coloquio de los perros*. Ello aparece principalmente en el capítulo dedicado a la aventura de los galeotes (I, 22), sobre todo en la figura de Ginés de Pasamonte, delincuente que está escribiendo «por estos pulgares» su autobiografía, que, como es natural, se titula *La vida de Ginés de Pasamonte*, que es tan buena que «mal año para *Lazarillo de Tormes* y para todos cuantos de aquel género se han escrito o escribieren». La jerga que emplean los personajes que aparecen en este capítulo —jerga que don Quijote se ve precisado a hacerse declarar— intensifica su parecido con la novela picaresca.

La historia del Cautivo cae dentro del estilo de las novelas moriscas de la época. El estilo de este relato intercalado se destaca muy acusadamente del normal en el *Quijote*, gracias a su atmósfera argelina y al gran número de arabismos que aparecen en la narración, procedimiento de dar color local que sólo el español, entre las demás lenguas europeas, puede lograr. La novela de *El curioso impertinente*, con su ambiente italiano, los nombres de sus personajes (Anselmo, Lotario, Camila, Leonela) y su conflicto psicológico, nos lleva a un tipo de relato muy diverso de aquel en el cual está intercalada, contraste que Cervantes hace patente y decisivo cuando interrumpe la lectura de *El curioso impertinente* para narrar la aventura de don Quijote con los cueros de vino (I, 35). Los discursos que pronuncia don Quijote en varias ocasiones son excelentes muestras de estilo oratorio: recordemos el de la Edad de Oro (I, 11), ante los cabreros, «que, sin respondelle palabra, embobados y suspensos, le estuvieron escuchando»; y el de las Armas y las Letras (I, 37), ante los discretos concurrentes de la venta de Palomeque, «que obligó a que, por entonces, ninguno de los que escuchándole estaban le tuviese por loco»; y la respuesta al eclesiástico que lo reprendió en la sobremesa del palacio de los duques (II, 32). Este último constituye una magnífica defensa, a cuya eficacia contribuyen las más clásicas y típicas figuras retóricas del arte oratorio. El de las Armas y las Letras, versión renacentista del medieval debate entre el clérigo y el caballero, es también una obra maestra de oratoria. [...] Las cartas que se intercalan en el *Quijote* ofrecen multitud de aspectos variados e interesantes. Tenemos la auténtica misiva amorosa, grave y en trágico trance sentimental, como son la de Luscinda a Cardenio (I, 27) y la de Camila a su esposo Anselmo (I, 34); pero también la amorosa paródica, como es la de don Quijote a Dulcinea (I, 25), en la que se imita burlescamente el estilo de las misivas que aparecen en los libros de caballerías y que incluso parece remedar conceptos que figuran con toda seriedad y elegancia en una epístola poética del trovador Arnaut de Maruelh, que, desde luego, Cervantes, desconocía totalmente. Las cartas que se ve precisado a dictar Sancho Panza son ejemplares por su naturalidad, su gracia y su estilo directo y familiar, pero las superan las de su mujer, Teresa Panza, a la duquesa y a su marido (II, 52). [...] Por lo que se refiere a escritos intercalados en el *Quijote*, es notable la «libranza pollinesca» (I, 25), graciosa parodia del estilo mercantil. Las historietas y cuentecillos tradicionales, que tanto abundan en el *Quijote*, muchas veces puestos en boca de Sancho, demuestran hasta qué punto un escritor culto y elegante como Cervantes es capaz de reproducir y asimilar el estilo coloquial del pueblo.

La prosa del *Quijote* reviste multitud de modalidades estilísticas encaminadas a la eficacia y al arte, a base de la fórmula que el propio Cervantes da en el prólogo de la primera parte, donde el fingido amigo le aconseja que procure que

a la llana, con palabras significantes, honestas y bien colocadas, salga vuestra oración y período sonoro y festivo, pintando, en todo lo que alcanzáredes y fuera posible, vuestra intención; dando a entender vuestros conceptos sin intricarlos ni escurecerlos. Procurad también que, leyendo vuestra historia, el melancólico se vuelva a risa, el risueño la acreciente, el simple no se enfade, el discreto se admire de la invención, el grave no la desprecie, ni el prudente deje de alabarla.

Una serie de factores, que sería largo enumerar, contribuyen a realizar este ideal de precisión y belleza. La descripción de los pies de Dorotea (I, 28), por ejemplo, es una excelente muestra de estilo detallista, pormenorizado, lento, en el que las alusiones al arroyo, al cristal, a la blancura y al alabastro producen en el lector una imagen perfecta de la belleza ideal de lo descrito y hacen que quede desde este momento perfectamente individualizada la imagen física de Dorotea. Contrastan con este estilo los pasajes de descripciones de pendencias y riñas, de palizas y tumultos, en los que Cervantes logra transmitir la impresión de movimiento rápido, de desorden y de acumulación de diversas acciones y situaciones de personajes lanzados al desenfreno. [...]

El diálogo es en el *Quijote* uno de los mayores aciertos estilísticos. Cervantes hace hablar a sus personajes con tal verismo que ello constituye un tópico al tratar de la gran novela. La conversación pausada y corriente con que don Quijote y Sancho alivian la monotonía de su constante vagar, es algo esencial en la novela, que suple con decisiva ventaja cualquier otro procedimiento descriptivo. Don Quijote se ve obligado a levantar la prohibición de departir con él que había impuesto a Sancho (I, 21), porque ni el escudero puede resistir el «áspero mandamiento del silencio», ni don Quijote es capaz de seguir callado, ni la novela pudiera proseguir condenando a sus dos protagonistas al mutismo. Pero otras veces el diálogo adquiere una especie de técnica dramática y se hace rápido, vivaz, y se enlaza en preguntas y respuestas. [...] Los personajes principales que hablan en el *Quijote* quedan perfectamente individualizados por su modo de hablar: Ginés de Pasamonte, con su orgullo, acritud y jerga; doña Rodríguez, revelando a cada paso su inconmensurable tontería; el Primo que acompaña a don Quijote a la cueva de Montesinos, poniendo de manifiesto su chifladura erudita; los duques, con dignidad, si bien ella revela en un momento determinado (II, 48) su bajeza; el canónigo aparece como un discreto opinante en materias literarias. El vizcaíno queda perfectamente retratado con su simpática intemperancia y con su divertida «mala lengua castellana y peor vizcaína» (I, 8), y el cabrero Pedro y Sancho Panza, con sus constantes prevaricaciones idiomáticas. Estos últimos casos —del vizcaíno, del cabrero y de Sancho— entran ya en una zona humorística, y Cervantes persigue con tales deformaciones idiomáticas suscitar la risa del lector. Pues no olvidemos que uno de los propósitos del novelista es lograr que «el melancólico se vuelva a risa, el risueño la acreciente». De ahí la infinidad de chistes y de juegos de palabras y expresiones irónicas que se acumulan para acrecentar la comicidad de las situaciones. Cervantes, cuando narra las aventuras de don Quijote, lo hace siempre en estilo irónico, lo que se advierte a cada paso en expresiones como «el jamás como se debe alabado caballero don Quijote de la Mancha» (I, 1). [...] Este estilo sería impropio de una obra de carácter grave, y bien se cuidó Cervantes de evitarlo en novelas como *La Galatea* o *Los trabajos de Persiles y Sigismunda*. En el *Quijote*, el novelista escribe cosas mucho más importantes, más serias y de más enjundia, con la sonrisa en los labios y el donaire siempre a flor de pluma. [...]

Así, pues, el *Quijote* —descontando las novelas intercalas de la primera parte— está estructurado y basado en un constante humorismo del escritor, pues no en vano la obra, desde el punto de vista de su clasificación entre los géneros literarios, es una parodia. El modo de hablar de ciertos personajes contiene también eficaces elementos humorísticos, tanto por lo que afecta a los que de sí son graciosos (como Sancho) como aquellos que sencillamente dicen tonterías (el ventero Palomeque, el Primo, doña Rodríguez, Pedro Recio, el labrador de Miguel Turra). La ironía de Cervantes desborda en los momentos más insospechados y adquiere gran fuerza cuando es totalmente gratuita, como cuando el ama afirma: «gasté más de seiscientos huevos, como lo sabe Dios y todo el mundo, y mis gallinas, que no me dejarán mentir» (II, 7). [...] Estas notas humorísticas, totalmente innecesarias, de que está lleno el *Quijote*, le dan un estilo cómico bien definido. Cervantes no se cansa de mantenerlo y logra que no decaiga jamás. Cuando el escritor acaba la segunda parte de la novela, tiene ya sesenta y ocho años, está en la miseria, ha padecido desdichas de toda suerte en la guerra, en el cautiverio, en su propio hogar, y ha recibido humillaciones y burlas en el cruel ambiente literario; a pesar de todo ello, y por encima de sus angustias, de su escasez y de sus penas, su buen humor y su agudo donaire inundan el *Quijote*, aunque sólo sea externamente y aunque tales bromas encubran amargas verdades y reales desengaños. Lo cierto es que la adversidad no ha agostado su buen humor ni ha amargado su espíritu.

ÁNGEL ROSENBLAT

LA PRIMERA FRASE Y LOS NIVELES LINGÜÍSTICOS DEL *QUIJOTE*

La lengua es patrimonio de todos, un bien colectivo, lugar común. Pero es también, a la vez, acto de expresión individual. La creación literaria consiste en convertir la lengua común en bien original y propio, [y Cervantes se complace en jugar con los lugares comunes.] Toma de la lengua popular los tópicos más manidos, los modos adverbiales y frases hechas, y los modifica o acumula, o juega con ellos para obtener un efecto expresivo o humorístico, [como hace en la primera frase del *Quijote*]:

En un lugar de la Mancha, de cuyo nombre no quiero acordarme, no ha mucho tiempo que vivía un hidalgo de los de lanza en astillero...

En un lugar de la Mancha es un verso octosílabo de un romance burlesco («El amante apaleado»), incluido en el *Romancero general* desde 1600 (y ya en la *Octava parte de las Flores del Parnaso*, Toledo, 1596, según ha señalado Francisco López Estrada): «Un lencero portugués / recién venido a Castilla, / más valiente que Roldán / y más galán que Macías, / en un lugar de la Mancha / que no le saldrá en su vida, / se enamoró muy despacio / de una bella casadilla...». Ese romance era sin duda muy conocido (la bella casadilla tiende una celada al enamorado lencero portugués, que tiene que huir apaleado y en camisa). Tampoco en él aparece el nombre del lugar de la Mancha: «en un lugar de la Mancha / que no le saldrá en su vida» (es decir, que no se le borrará en la vida la *mancha*, o el recuerdo). En varias otras ocasiones inicia Cervantes un capítulo con un verso: «Tres leguas deste valle está una aldea» (I, 51), «Media noche era por filo» (II, 9; del antiguo romance del Conde Claros), «Callaron todos, tirios y troyanos» (II, 26; de la traducción castellana de la *Eneida*). Cervantes los transcribe como prosa corriente, cosa que hace también en todas las ocasiones en que injerta versos

Ángel Rosenblat, *La lengua del «Quijote»*, Gredos, Madrid, 1971, pp. 68-72, 205-211, 242.

propios o ajenos en la narración. Al octosílabo inicial sigue un endecasílabo con acento en el *no* (sexta sílaba).

Pero ¿por qué *no* quería acordarse del nombre? Los cuentos populares y tradicionales —como ha señalado María Rosa Lida— empezaban por lo común así: «en una tierra de que non me acuerdo el nombre, había un rey» ... (*Conde Lucanor*); «un rey ..., de cuyo nombre no tengo memoria» (un cuento del *Decamerón* adaptado por Antonio de Torquemada). También el comienzo de la historia de Aladino, en las *Mil y una noches*: «He llegado a saber que en la antigüedad del tiempo y el pasado de las edades y de los momentos, en una ciudad entre las ciudades de China, de cuyo nombre no me acuerdo en este instante, había» ... También podía eludirse el nombre por no infamarlo. Dice Heródoto al hablar de un falsario (I, 51): «cuyo nombre no recordaré, aunque lo sé». María Rosa Lida recoge otros pasajes clásicos en que sobrevive con variantes la fórmula de los cuentos populares. A esa tradición ha agregado Francisco López Estrada la de las fórmulas notariales: «ha oído decir este testigo a muchas e diversas personas viejas e antiguas de cuyos nombres no se acuerda»; «ha oído decir por cosa pública e notoria en esta cibdad a muchas personas viejas e antiguas de cuyos nombres no se acuerda» ... (Probanzas y declaraciones de Antequera, año 1605.)

El mismo Cervantes recurre en el *Persiles* a esa construcción (III, 10): «el hermoso escuadrón de los peregrinos, prosiguiendo su viaje, llegó a un lugar no muy pequeño ni muy grande, de cuyo nombre no me acuerdo». Así, el comienzo del *Quijote* es un juego con un lugar común. Al sustituir el «no me acuerdo» o el «no puedo acordarme» por un «no quiero», trasmuta la anodina deficiencia de la memoria, real o ficticia, en un acto de voluntad, lleno de misterio.[1]

---

1. Nos parece pueril querer encontrar en esa frase malquerencia hacia un lugar determinado de la Mancha (Argamasilla de Alba o cualquier otro) en que pudo haber estado preso o haber tenido algún percance desventurado. Américo Castro ve ahí un ejemplo más del estilo elusivo de Cervantes, con su fondo de vaga tonalidad, de deliberada imprecisión. Para Spitzer es una afirmación de la libre voluntad de Cervantes, que elegía, aprobaba o desaprobaba los detalles de la narración. Otro tipo de explicaciones inició Joaquín Casalduero: «oposición a la técnica de las novelas de caballerías»; «el autor quiere presentarnos a un ser lo más antiheroico posible y lo más opuesto a los caballeros andantes». Riley lo explica como reacción contra el estilo ineficazmente documental de los libros de caballerías y su profusión de pormenores. Martín de Riquer cree que señala así el contraste entre ese humilde lugar de la Mancha

Es evidente que Cervantes no quería, ni podía, dar el nombre de ese misterioso lugar de la Mancha, donde había nacido su héroe, destinado, al menos inicialmente, a hacer reír a toda España. Todavía al final de la segunda parte, después de la muerte de don Quijote, prosigue su juego: «cuyo lugar no quiso poner Cide Hamete puntualmente, por dejar que todas las villas y lugares de la Mancha contendiesen entre sí por ahijársele y tenérsele por suyo, como contendieron las siete ciudades de Grecia por Homero».

[Las varias resonancias que se oyen tras la primera frase de la novela entroncan con el que quizá sea] el recurso más desconcertante de la lengua del *Quijote*, y el más típicamente cervantino: su juego con los distintos niveles del habla. Tratemos de ver sus modalidades, y su sentido.

La narración y el diálogo caballerescos tienen su propio lenguaje, sus propios medios; otros, el diálogo escuderil o el habla de los rústicos. El discurso tiene su estilo, y de él ha nacido precisamente el arte de la retórica. La prosa tiene sus formas, y el verso las suyas. En el *Quijote* el vizcaíno habla como vizcaíno («Juro a Dios tan mientes como cristiano. Si lanza arrojas y espada sacas, ¡el agua cuán presto verás que al gato llevas!», I, 8); los galeotes, como galeotes («acomodáronme las espaldas con ciento, y por añadidura tres precisos de gurapas», I, 22); el cabrero rústico de Sierra Morena, como un rústico («que es el diablo sotil y debajo de los pies se levanta allombre con donde tropiece y caya», I, 23); Zoraida, con sus voces arábigas («¡Sí, sí, María; Zoraida macange!», I, 37), que se entremezclan también en todo el relato del cautivo (I, 39-41); la labradora del Toboso —presunta Dulcinea encantada—, como labradora del Toboso («¡Mas jo, que te estrego, burra de mi suegro! Mirad

---

y los lejanos y extraños reinos e imperios de las aventuras caballerescas. Juan Bautista Avalle-Arce cree que ese comienzo destaca la intención paródica del *Quijote*: hay ahí una «desrealización burlesca del mundo caballeresco»; Cervantes prescinde de todos los datos que tradicionalmente singularizaban al caballero andante (patria, padres, nacimiento, nombre) para presentarnos un hidalgo sin linaje, con lo cual lo esencializa en su contorno más humano y antiheroico: «el comienzo del *Quijote* nos revela la intención firme y voluntariosa de crear una nueva realidad artística»; «proclama el *querer* del autor por encima del *deber* de los cánones». Efectivamente, los libros de caballerías empezaban por lo común con cierta solemnidad, en tierras lejanas, exóticas o fabulosas; en contraste con ellos, el *Quijote*, historia *verdadera* y contemporánea, se inicia en un lugar de la Mancha que el autor *no quiere* recordar.

con qué se vienen los señoritos ahora... ¡Vayan su camino e déjenmos hacer el nueso, y serles ha sano», II, 10); los peregrinos que acompañan a Ricote, con una mezcla de alemán y de italiano («¡Guelte! ¡Guelte!», «Españoli y tudesqui, tuto uno: bon compaño», II, 54); los bandoleros de Roque Guinart, con sus *pedreñales* y alguna palabra catalana (*frade, lladres*, II, 60). Marcela se expresa en estilo pastoril, los canónigos en su lenguaje elevado. Don Quijote habla como don Quijote, y Sancho como Sancho, con sus prevaricaciones y refranes (Heine observaba que don Quijote, al hablar, parece montado siempre en su alta cabalgadura, y Sancho, como a lomos de su humilde rucio). Estamos dentro de un amplio realismo expresivo. Pero de pronto, en el habla del caballero, o del escudero, o en mitad de los discursos, aparece una expresión del hampa, o una fórmula notarial o mercantil, o varios versos, o una frase de nivel social y expresivo discordante, en una especie de extraña promiscuidad lingüística.

El relato de la cueva de Montesinos (II, 23), que es evidentemente la relación de un sueño, acumula recursos de ese tipo. Juega con la tradición poética, pero es un juego a la segunda potencia, porque don Quijote, que hace el relato, cree a pie juntillas en esa tradición y en todo lo que ha visto, con su cruda mezcolanza de épocas, sentimientos y usos. Acumula una serie de detalles realistas o grotescos, desintegradores de lo poético. Montesinos se le aparece con extraño atuendo de seminarista: «hacia mí se venía un venerable anciano, vestido con un capuz de bayeta morada, que por el suelo le arrastraba; ceñíale los hombros y los pechos una beca de colegial, de raso verde; cubríale la cabeza una gorra milanesa negra, y la barba, canísima le pasaba de la cintura; no traía arma ninguna, sino un rosario de cuentas en la mano, mayores que medianas nueces, y los dieces asimismo como huevos medianos de avestruz». De la mitad del pecho de su grande amigo Durandarte había sacado el corazón, no con una daga, sino con «un puñal buido, más agudo que una lezna». Durandarte, tendido de largo a largo en su sepulcro, tenía puesta sobre el lado del corazón su mano derecha, «algo peluda y nervosa, señal de tener muchas fuerzas su dueño». Montesinos le había sacado con las propias manos el corazón, «que debía de pesar dos libras». A pesar de lo cual se quejaba y suspiraba «de cuando en cuando, como si estuviese vivo», y recitaba versos de su romance. Montesinos lo tranquiliza: «yo os saqué el corazón lo mejor que pude, sin que

os dejase una mínima parte en el pecho; yo le limpié con un pañizue-
lo de puntas» (= de encaje). Con sus lágrimas lavó de las manos la
sangre que tenían de haber andado en las entrañas de Durandarte;
echó en el corazón un poco de sal, para que no oliese mal y llegase
amojamado a la presencia de Belerma. Desfila con sus doncellas la
misma Belerma, «cejijunta y la nariz algo chata; la boca grande, pero
colorados los labios; los dientes... ralos y no bien puestos» ... En las
manos, «un corazón de carne momia, seco y amojamado». Sus grandes ojeras y su amarillez no venían —explica Montesinos— «de estar
con el mal mensil, ordinario en las mujeres, porque ha muchos meses,
y aun años, que no le tiene ni asoma por sus puertas». Guadiana, escudero de Durandarte, había sido convertido por el mago Merlín en
río, que de pesar se sumergía en las entrañas de la tierra, y la dueña
Ruidera y sus siete hijas y dos sobrinas, en lagunas de la Mancha.
En la cueva aparece la misma encantada Dulcinea, con las labradoras
que la acompañaban en el Toboso, una de las cuales se acerca a don
Quijote para pedirle que le preste media docena de reales para remediar las necesidades de su señora, y le ofrece en prenda el faldellín
que lleva puesto, «de cotonía, nuevo». Don Quijote sólo le pudo dar
cuatro reales, que era todo lo que llevaba en el bolsillo. La doncella
se despide con una cabriola: «se levantó dos varas de medir en el
aire». Cuando Montesinos le anuncia a Durandarte que ha llegado
don Quijote, después de quinientos años, para desencantarlos a todos,
él lo pone en duda: «Y cuando así no sea —respondió el lastimado
Durandarte con voz desmayada y baja—, cuando así no sea, ¡oh
primo!, digo, paciencia y barajar». Una expresión de jugador de naipes perdidoso, dicha por un paladín de la corte de Carlomagno. Y en
seguida, cuando Montesinos se atreve a comparar a su señora Belerma con Dulcinea, le interrumpe don Quijote: «¡Cepos quedos, señor
don Montesinos: cuente vuesa merced su historia como debe!».
¡Cepos quedos!, del lenguaje carcelario, se dirige al criminal que
remueve los cepos para huir (según Rodríguez Marín, se usaba en
los juegos para que cada uno se quedara en la posición en que lo
sorprendía la exclamación). Las dos expresiones, la de los jugadores
y la de los carceleros, tan reñidas con la tradición, con las circunstancias, con el lenguaje y el carácter del hablante, rompen la solemnidad que toma a ratos la relación, y dan al conjunto, como los detalles realistas y grotescos, un aire a la vez de sueño y burla.

Aún más. Al referir don Quijote lo que había visto, Sancho piensa que el puñal buido y afilado con el que Montesinos había abierto el pecho de Durandarte debía de ser de Ramón de Hoces el sevillano. Y don Quijote contesta: «No sé; pero no sería dese puñalero, porque Ramón de Hoces fue ayer, y lo de Roncesvalles, donde aconteció esta desgracia, ha muchos años; y esta averiguación no es de importancia, ni turba ni altera la verdad y contesto de la historia». El llamar «desgracia» ese episodio —era voz familiar—, respondía al mismo juego. Este recurso no debe confundirse con la utilización metafórica de una expresión. *Ella tomó la mano* 'tomó la palabra' (I, 46), aunque procede del habla de los jugadores, es uso metafórico incorporado a la lengua común (también «tomó primero la mano Cardenio, diciendo» ..., I, 29). El habla de los jugadores se ha prestado siempre a la utilización metafórica, en todas las esferas del lenguaje, y no es nada raro en Cervantes. Don Quijote invitó al bachiller Sansón Carrasco a «hacer penitencia con él» (II, 3), es decir, a almorzar, y dice Cervantes: «Tuvo el bachiller el envite». También el mozo de mulas de los mercaderes toledanos que apaleaba a don Quijote (I, 4) «no quiso dejar el juego hasta envidar todo el resto de su cólera». Cuando don Quijote le dice a Sancho que para gobernar una ínsula hay que saber por lo menos gramática, él replica (II, 3): «Con la *grama* bien me avendría yo; pero con la *tica* ni me tiro ni me pago». *Ni me tiro ni me pago* equivale a 'no entro en el juego'. Pero el *¡paciencia y barajar!* de Durandarte, también del habla de los jugadores, tiene otro carácter. No es simple uso metafórico, sino juego deliberado entre dos planos del lenguaje —el del romancero y el de los jugadores— y entre dos planos heterogéneos de la realidad social e histórica: la vieja tradición poética de la caballería carolingia y los modernos jugadores de naipes.

Claro que en un sueño cabe todo, lo congruente y lo incongruente, con su propio sentido, o con sus muchos sentidos. Pero ¿y en el famoso discurso sobre las armas y las letras? Don Quijote, después de describir la pobreza del estudiante, pasa a la del soldado (I, 38): «No hay ninguno más pobre en la misma pobreza, porque está atenido a la miseria de su paga, que viene o tarde o nunca, o a lo que garbeare por sus manos, con notable peligro de su vida y de su conciencia». Ese *garbear*, robar o pillar, del argot de los delincuentes, rompe bruscamente la tensión dramática —don Quijote está hablando en tono elevado—, y traslada a los oyentes a una esfera social distinta. Desde la altura a que los ha llevado, los despeña a los bajos fondos sociales. El juego con el argot de los delincuentes —la germanía— se da también en otra ocasión: la sucesión paronomástica de *garras* y *cerras* (las manos), en las coplas burlescas de la apicarada Altisidora (II, 57). Pero llama sobre todo la atención su uso en el relato de la cueva de Montesinos y en su discurso, porque, aunque Cervantes conocía muy bien el habla de los delincuentes, y la utilizaba a su gusto (recuérdese el *Rinconete y Cortadillo*, o *La ilustre fregona*, u otras obras), don Quijote no, y le desconcertaron, como correspondía a su condición de caballero andante, las expresiones hamponiles de los galeotes (I, 22). ¿Cómo se compagina entonces que use términos del hampa en esas ocasiones? Ello desdice de su actitud caballeresca, de su hidalguía, de su preocupación por el buen lenguaje. ¿Querría Cervantes destacar así el desvarío de su héroe? No parece, porque don Quijote, y también los otros personajes, y aun Sancho, proceden del mismo modo con las expresiones notariales y jurídicas y hasta con la lengua poética. No se pueden aplicar al *Quijote* los cánones sagrados del realismo expresivo.

En sus accesos de ira, don Quijote pierde, no sólo su sosiego caballeresco, sino la dignidad expresiva. Puesto en cólera porque Ginés de Pasamonte, liberado de sus cadenas, se niega a ir a rendir pleitesía a Dulcinea del Toboso, le dice (I, 22): «Pues voto a tal, don hijo de la puta, don Ginesillo de Paropillo, o como os llamáis, que habéis de ir vos solo, rabo entre piernas, con toda la cadena a cuestas». [...] No es raro tampoco que Sancho lo saque de sus casillas. Cuando se permite dudar de la belleza de Dulcinea, don Quijote lo trata de *villano ruin, bellaco descomulgado, gañán, faquín, belitre, socarrón de lengua viperina*, y le dice (I, 30): «¡Oh hideputa, bellaco, y cómo sois desagradecido!...». De todos modos, ¿qué se hizo el tradicional decoro del habla del caballero? Desde las alturas de la exaltación caballeresca, con su lenguaje arcaico, don Quijote desciende al humilde plano de la expresión vulgar y cotidiana.

En ese juego entre planos contrapuestos del lenguaje, lo más frecuente es la intercalación, en el habla, de fórmulas notariales y jurídicas, que testimonian, además, la triste familiaridad de Cervantes con escribanías y juzgados; [también se juega reiteradamente con las expresiones religiosas, los dichos latinos, la parla de los oficios, etc., y en especial se introducen versos —sobre todo del romancero y Garcilaso— en el habla de los propios personajes]. ¿Cómo pueden alternar la antigua lengua de los libros de caballerías con el habla actual, las expresiones de germanía con la elevación del discurso, las fórmulas notariales con la invocación y el desafío, los versos de Garcilaso con situaciones burlescas? Pero acaso ¿Cervantes no procede del mismo modo con sus personajes? ¿No alternan en don Quijote el heroísmo y la elevación de pensamiento con el desatino y la necedad? ¿No disuelve siempre una situación dramática con un exabrupto o con una escena grotesca? ¿No le hace componer a don Quijote, en las soledades de Sierra Morena, unos versos, ya por sí cómicos, para aniquilárselos además con un estribillo pueril (I, 26), «que no causó poca risa en los que hallaron los versos»? Es asombroso que la acción no se diluya o disgregue en una atmósfera de irrealidad o de falsedad, y que los personajes mantengan una portentosa plenitud de vida. «El *Quijote* —dice Riley— es una especie de truco de ilusionista. Entre los reflejos de reflejos, la realidad y la ilusión se hacen indiscernibles; como en los buenos juegos de manos, el hecho de que sepamos que todo es ilusorio no destruye el efecto, sino que lo aumenta.» Los seres del *Quijote* —dice Américo Castro— se sienten a la vez como imaginarios y como seres de carne y hueso; es la firme conciencia voluntariosa de cada uno lo que sostiene y rige esa prodigiosa creación, y evita que todo se resuelva en una fantasmagoría de linterna mágica; las gentes de las ciudades, de las ventas, de los pueblecitos, se transforman en materia de un estupendo retablo: «En este mundo del sí, del no, del tal vez, todo iba a hacerse simultáneamente posible e imposible, *razón de la sinrazón*».

ÍNDICE ALFABÉTICO

ÍNDICE

CERVANTES Y EL «QUIJOTE»
Juan Bautista Avalle-Arce

I

II